現代企業法の新展開

謹しんで
小島康裕先生に捧げます

執筆者一同

小島康裕先生

現代企業法の新展開

小島康裕教授退官記念

編集
泉田栄一
関　英昭
藤田勝利

信山社

はしがき

二〇〇一年三月末をもって、敬愛する小島康裕先生が新潟大学を定年退職された。東北大学・福島大学・新潟大学において通算四〇年の大学生活を送られたことになる。とりわけ、新潟大学では、法学部長、大学院研究科長・学長特別補佐という要職に就かれ、それらの重責を果たされるとともに大学の発展に大きく貢献された。現在、関東学園大学において、教育・研究活動に専念されておられる。

小島先生の研究は商法・経済法・国際取引法の領域に及ぶが、その代表的業績は、何と云っても『大企業社会の法秩序』と『市場経済の企業法』であろう。読む者をして引きつける文章の迫力とその「キレ」の良さは、まさに小島商法学の真髄である。

その魅力は、ドイツ留学により、B・グロスフェルト教授と学問的交流を深められた後、より一段とみがきをかけられたと思われる。国際的に著名な同教授をして、「ヘル小島の分析は鋭い」と云わしめたのも、宜なるかなである。

小島先生に直接教えを受け、または小島商法学に共感を覚えた執筆者一同、先生のますますのご健康をお祈り申し上げると同時に、今後もわれわれの師表としてご活躍いただけることを祈念する次第である。

氏名（名前）はその人の全人格を表す。同様に、書名はその書物の顔であり、いわば書物の氏名の如きものである。本書の書名『現代企業法の新展開』は、御寄稿いただいた諸論稿を総合し、それら全体を体現する名称として命名された。一連の商法改正が目指す将来像は何か、低迷する日本経済の現状をどのようにして乗り越えるか、われわれ執筆者一同大いに関心をいだいている。それは、企業法が将来どのように展開していくのか、という問でもある。小島先生が最も大切にされた、「人間の尊厳こそ、商法・経済法の分野においても、最高の価値基準である」ということ、われわれは、この言葉をいつも大切にしながら法的思考をしているつもりでいる。書名にはそのような期待も込められている。

御多忙にもかかわらず快く御論稿をお寄せくださった諸先生方に満腔の謝意を表したい。本書が滞りなく刊行できたのもひとえに諸先生方の御協力のお蔭である。

最後に昨今の出版事情の困難の折、本論文集の出版をご快諾いただき、さらに企画・編集にご尽力をいただいた信山社の袖山貴氏と戸ヶ崎由美子氏には、心から感謝とお礼を申し上げたい。

平成一三年八月一五日

小島康裕教授退官記念
『現代企業法の新展開』刊行発起人

泉田栄一
関　英昭
藤田勝利

目　次

泉田栄一・関　英昭・藤田勝利

目　次

執筆者紹介（五十音掲載順）

1	石原　全	（いしはら・あきら）	一橋大学大学院法学研究科教授
2	石山卓磨	（いしやま・たくま）	早稲田大学商学部教授
3	泉田栄一	（いずみた・えいいち）	新潟大学法学部教授
4	今泉邦子	（いまいずみ・くにこ）	南山大学法学部助教授
5	上村達男	（うえむら・たつお）	早稲田大学法学部教授
6	後藤紀一	（ごとう・きいち）	広島大学法学部教授
7	酒井太郎	（さかい・たろう）	熊本大学法学部助教授
8	坂本延夫	（さかもと・のぶお）	濁協大学法学部教授
9	沢田克己	（さわだ・かつみ）	新潟大学法学部教授
10	関　武志	（せき・たけし）	新潟大学法学部教授
11	関　英昭	（せき・ひであき）	青山学院大学法学部教授
12	多喜　寛	（たき・ひろし）	中央大学法学部教授
13	中島弘雅	（なかじま・ひろまさ）	東京都立大学法学部教授
14	西尾幸夫	（にしお・ゆきお）	関西学院大学法学部教授
15	早川　勝	（はやかわ・まさる）	同志社大学法学部教授
16	藤田勝利	（ふじた・かつとし）	大阪市立大学法学部教授
17	正井章筰	（まさい・しょうさく）	早稲田大学法学部教授
18	丸山秀平	（まるやま・しゅうへい）	中央大学法学部教授
19	三原園子	（みはら・そのこ）	東京工芸大学女子短期大学部講師
20	ハインリッヒ・メンクハウス (Heinrich Menkhaus)		マールブルク大学法学部教授
21	山浦広海	（やまうら・ひろみ）	福島大学経済学部教授
22	山田剛志	（やまだ・つよし）	新潟大学法学部助教授
23	山部俊文	（やまべ・としふみ）	一橋大学大学院法学研究科教授
24	吉川吉衞	（よしかわ・きちえい）	大阪市立大学商学部教授
25	吉本健一	（よしもと・けんいち）	大阪大学大学院法学研究科教授

現代企業法の新展開

1　約款と不正競争防止法

石原　全

一　はじめに

不当約款の是正手段としては、周知のように、形式的手段と実質的手段とがあるが、イギリス及びドイツは立法化をみているし、EU指令も存する。近時では、ことの当否は別として、ドイツでは、民法の改正作業において約款規制法を分解して、実質法的部分を民法に入れ、手続的部分を独立させることが考えられている。つまり、ドイツでは、債務法近代化法（Schuldrechtsmodernisierungsgesetz）草案で現行約款規制法の実質法部分を改正点も含めて一般債務法に一節を設けて規定し、手続法部分は新たな使用差止訴訟法に規定するものとされる。(1) これに関しては、透明性が失われること、整合性の欠缺、約款規制法のシグナル効果が消失してしまうといえ、仮に立法化されるとしても、それは、ピュロスの勝利（Pyrrhussieg）に終わろう等の批判(2)が存するが、立法者はこれらの批判を妥当でないとして、債務法改正法政府草案は本年五月九日に承認され、同法は来年一月一日から施行されるものとされている。このような趨勢のなかで、スイス法は不正競争法(3)で約款の実質的な内容規制と解される規定を設けている点で特異である。そこで、本稿では、このスイス法における約款と不正競争法との関係を検討して、何らかの示唆を得ようとするものである。

（1）これについては、Siehe Krebs, P., Die große Schudrechtsreform, DB 2000, Beil. Nr. 14, S. 25 u. 26. 政府草案では民法三〇五条から三一〇条に規定されている。

（2）Siehe Ulmer, P., Das AGB-Gesetz—künftig Teil des BGB? BB 2001 Heft 1, S. I.

（3）Bundesgesetz über den unlauteren Wettbewerb v. 19. Dezember 1986 (SR 241). 以下では、同法は不正競争法と訳するが、条文数で法律名を示していない場合は同法のそれを指す。これに対して、ドイツ及びわが国では不正競争防止法の語を使用する。

二　スイス法における約款の内容規制の概要

スイス法でも、約款の内容規制には、隠れた内容規制として適用規制、解釈による規制、公然たる内容規制としての実質的規制とが存する。適用規制は、いうまでもなく、約款が全体として明示又は黙示の合意によって契約内容となっているかを問題とするもので、特に、ここでは不意打ちであって異常な条項であれば、当該条項の拘束力は否定される。例えば、裁判管轄条項につき、「約款上の裁判管轄条項は、原則として、取引上馴染みのないものであり、異常な規定といえるから、取引相手方が条項を事実上その存在を知って、その意味を理解したと認められる場合にのみ正当化される。相手方が取引に熟達し、かつ、法的知識も有するのであれば、誤解のおそれがないもので、容易に目につく場所に位置しており、しかも、印刷の形態の点でもはっきり見えるものであれば、肯定される。他方、相手方が、取引に熟達していず、かつ法的知識も十分有していないならば、このことは当てはまらないのであり、この者は条項が誤解のおそれがないもので、他の契約条項からはっきりと区別できるものであっても、約款に含まれた管轄条項を気づかないか又はその射程距離を正しく認識しないものである。したがって、相手方に裁判管轄条項が特別に指示され、かつ、この者にその重要性が説明された場合に肯定される」[(4)]とされる。異常条項原則の適用要件は、主観的要件として、弱者か又は取引経験がない取引相手方のみが援用できることになる。弱者と解されるのは、他の取引相手方を見いだせないため約款を契約構成要素として承認せざるをえない者であり、取引経験がない者とは、当該取引分野に未知で、一回限りの取引をなす者である。客観的要件としては、客観的にみて約款が取引上異質な内容のものであることを要する。[(5)]ただし、既に指摘されているように、企業側が明確な文言で、見落とされない形態で規定していれば、適用されないことになるので、それほど効果的とはいえない。解釈原則としては、制限的解釈及び不明確原則が活用されているが[(6)]、不明確原則は理論的には不必要であろうという指摘も近時では存する。[(7)]

他方、公然の内容規制である実質的規制については、学説上、種々の主張が存する。例えば、民法二七条、二八条に依拠して私法においても第三者による過度な自由制限に対して自己発展という意味での人格権は保護されねばならないする見解、経済的又は知的な取引能力の格差の濫用（債務法二一条）による見解、信義則又は権利濫用（民法二条）による見解、公平なる裁量（債務法七一条）、公序違反（債務法一九条二項）等が主張されている。[8] これらの見解の中には、基準として、任意法の秩序機能による修正限界が指摘されているのは注目される。つまり、任意法の修正はそれ自体許容されるが、約款による任意法の排除は基本原則及び法秩序制度の侵害となるとされる。[9]

しかし、判例は、これらの学説に組みせず、内容規制には消極的であったのであり、現在でも状況はそれほど変わってはいない。たとえば、ベーカリー営業者がパン焼き釜を銀行融資の下で購入したが、売買約款によると、瑕疵及び保証約束については売主に対して主張しなければならず、銀行に対して分割払金の支払を拒否できないとされ、かつ、売主又は銀行に対する請求権をもって自己の売買代金債務と相殺するという買主の権利は放棄されるものとされていた事案で、「経済的に力が強く、かつ、取引経験を有する当事者によって多数の取引のために設定され、特定個別契約の構成要素となるものとされる約款の一括組込が問題となっている。裁判官による内容規制の基準として、契約の違法及び良俗違反に関する規定（債務法一九条以下）詐欺（債務法二一条）、人格権の保護（民法二七条）並びに権利濫用（民法二条二項）があげられている。……これらの学説上の見解につき立場を表明すべき理由は存しない。条項は決して異常の条項とはいえない[10]」とされた。さらには、「本件においても、学説によって部分的に要求されているように、裁判官は約款の適用規制のほかに、内容規制をなし得るか、かつ、その程度いかんという問題について意見を表明するのは不要である。むしろ、本件の特殊性に基づいて、被告が異常性を援用できるか否かが決定されねばならない。その際、内容上の見地は、条項が契約相手方の法的地位を非常に侵害していればいるほど、この原則の適用がなおいっそう正当化されうるという限りで、一つの役割を果たしうるにとどまる[11]」とされた。

当時は、連邦最高裁判所は非常に抑制的姿勢を保持していたのであり、「リベラルな法思想というバリア」

を尊重していたといえる。[12] 約款も、個別的に商議された契約条項と同じ態様で契約自由の内在的制限に服するとされ、一方的に事前作成された約款に対する特別な有効性判断基準が発展することはなかった。約款の利用者は、特に、消費者契約においても、連邦裁判所の判例による基準に従って約款が契約に組み込まれている限り、訴訟において自己の約款が否定されることを懸念する必要はなかった。[13]

このような判例の消極的な傾向に対して、学説はその不十分性を指摘して、既述のように内容規制の積極的活用を要請していた。[14] その根拠は公序（öffentliche Ordnung）の機能に求められている。債務法一九条二項は「制定法規定と異なる合意は、制定法が変更できない規定と定めていないか、または変更が公序違反、良俗違反ないしは人格権違反とならない場合にのみ、許される。」と規定しており、公序は全法秩序に内在する全ての評価原則及び秩序原則の総括概念と解される。[15] 約款の場合には、公序の違反は、事前作成された約款によって、直接又は類推適用される任意法である契約法及びこの規定によって目的とされた契約における権利義務の相対的に均衡化された分配が一括してかつ広範囲に排除され、しかも、これがきちんと交渉されることなしに生じている点に認められる。[16] 言い換えると、公序違反は、約款という形態において結果的に―社会学的に考察すれば―憲法上の正当化を欠いている他律的な私的立法が専横的に適用される点に認められる。さらに付加すれば、約款によって追求された、しばしば一方的な取引危険の顧客への転嫁は競争に一致しないものであるとともに、公共経済にも反するといえる。[17] ことに、消費者約款（約款利用者が自己の商人としての活動の枠内で契約を締結するが、この者の契約相手方はそうでない場合である）では、顧客は契約相手方によって一方的に事前確定された約款によって不意打ちとなる。というのは、顧客は条項化された規定の内容につき情報を得て、内容につき交渉する時間は有しないからである。[18] もっとも、契約法及び不正競争法に基づく約款の判断に際しては、約款利用者が経済的に優位であるか又は独占的地位にあるかは決定的ではない。約款の不透明性による濫用的利用の危険は、利用者が市場で強力な地位を有しなくとも、存在するからである。利用者の優位な地位は、契約内容を事前に確定することによって交渉段階で構造上十分に熟慮できる地位にあることと組織上の優位性に基づくものであって、経済的優位性によるものではない(19)。

なお、判例も、近時は公然たる内容規制につき、学説に歩み寄る傾向が見られる。例えば、一九九七年のある判例によれば、「一八八一年の債務法は取引生活における純粋に事務的な見解に基づいていたが、既に一九一一年の改正法は――特に民事法上の暴利行為の採用によって――実質的な契約思想に向かったのであり、この傾向はいわゆる社会的私法において絶えず強化されている。契約法はますます『実質化され』、形式的契約自由は実質的契約正当性によって排除されており、このことは、賃貸借及び労働法、消費者法又は約款の分野で明白である(20)」とされる。

(4) BGer 1. 3. 1978 BGE 104 Ia 278 (280f.). その後、判例は、署名された書面の裏面に条項が存した場合でなく、表頁に存した場合につき、「取引に熟達しており、かつ、法的知識を有するか否かで簡単に区別することはできず、むしろ、個々の事案において当該取引相手方の経験の具体的状況並びに条項の形式的明確性及び内容上の明瞭性の程度に応じて、合意の拘束性が肯定できるか、それとも否定されるべきかという中間段階が存する」と指摘する。BGer 16. 5. 1983 BGE 109 Ia 55 (57).

(5) BGer 6. 12. 1983 BGE 109 II 452 (457); BGer 5. 8. 1993 BGE 119 II 443 (446). Siehe auch Baudenbacher, C., Die Rechtslage in der Schweiz, In: Stauder, B (hrsg.), Die Bedeutung der AGB-Richtlinie der Europäischen Union für Schweizer Unternehmen, 1996, S. 3f. (以下, Stauder, B. (hrsg.), Die Bedeutung der AGB-Richtlinie と略記)。なお、一九八〇年代以降の異常性原則に関する判例のクロノロジーについては、

Siehe Brunner, A., Die Kontrolle Allgemeiner Geschäftsbedingungen der aktuellen schweizerischen Lehre und Praxis, ZSR 118 (1999) I, 305 (325 Fn. 114). Ders., aaO., S. 326 は、異常性原則の適用に関しては、契約相手方が弱者であるという見解は、商法においても消費者法においても破綻を来していると指摘する。

(6) Kuhn, M., Was bedeutet die offene Inhaltskontrolle von Allgemeinen Geschäftsbedingungen (AGB) gemäss Art. 8 neu UWG für die Schweizerische Versicherungswirtschaft?, SVZ 1987, 275 (277); Giger, H., Geltungs- und Inhaltskontrolle Allgemeiner Geschäftsbedingungen, 1983, 44f.

(7) Brunner, A., ZSR 118 (1999) I, 305 (325). もっとも、適用規制によるのでは個々の事案で過酷な結果をもたらすのを自覚して、判例は、スイス法を貫流する信頼原則の発現である、不明確原則と異常性条項の二原則を発展させたとの指摘もある。Siehe Weber, R.H., Allgemeine Geschäftsbedingungen der Banken—zum Problem einer Grenzziehung, SAG 1984, 150 (151f.).

(8) 詳細は、Siehe Merz, H., Landesbericht Schweiz, In: Caemmerer, E. (hrsg.), Richterliche Kontrolle von Allgemeinen Geschäftsbedingungen, 1968, S. 93f.; Baudenbacher, C., Wirtschafts-, schuld- und verfahrenrechtliche Grundprobleme der Allgemeinen Geschäftsbedingungen, 1983, S. 269f.（以下、Grundprobleme と略記)。

(9) Siehe z.B. Stockar, C.H., Zur Frage der richterlichen Korrektur von Standardverträgen nach schweizerischem Recht, 1971, S. 64; Bucher, E., Der Ausschluß dispositiven Gesetzesrechts durch vertragliche Absprachen, FG für H. Deschenaux, 1977, S. 249f.; Weber, R.H., SAG 1984, 150 (156f.). 約款に関しては、任意法は客観的な等価基準として規範的な秩序機能を有することになる。一方契約当事者が相手方の負担へと任意法規定と異なる規定をなし得るのは、真正の私的自治に基づくことを要し、定型化され交渉されていない約款ではできない。任意法の修正可能性が無制限でないことによって、必然的に内容規制の

特別な厳格化がもたらされる。つまり、約款は、伝統的な基準（強行規定、良俗、人格権等）によるばかりでなく、衡平コントロール（Billigkeitskontrolle）という意味で任意法という基準でも規制されることになる。Berner Kommentar, Das Obligationenrecht, Bd. VI, Abt. 1, Teil b. 2, Untert. 1a, 1991, Rdn. 277f. zu Art. 19-20 (Kramer)（以下、Kramer, E.A., Berner Komm. Bd. VI と略記）。

(10) BGer 21. 6. 1983 BGE 109 II 213 (217f.). BGre 20. 2. 1951 BGE 77 II 154 (159) は、運送取扱契約につき「たとえ、事実上の独占状態が立証されたとしても、債務法一〇一条二項及び三項によって自己の履行補助者に対する責任を免責しうるとされており、良俗違反に該当するとはいえない」とする。本判例は一九五〇年代のものであるが、基本的な立場はその後も変わっていない。Siehe auch Baudenbacher, C., Grundprobleme, S. 262; Weber, R.H., SAG 1984, 150 (154 u. 155).

(11) BGer 6. 12. 1983 BGE 109 II 452 (457).

(12) 例えば、BGer 4. 2. 1958 BGE 84 II 13 (29) は、債務法二〇条は裁判官をして行為能力者の後見人に就かせるものではないと指摘している。Siehe auch Kramer, E.A., Berner Komm. Bd. VI, Rdn. 279 zu Art. 19-22 OR.

(13) Stauder, B., Die AGB der Reiseveranstalter, In: Baudenbacher, C.u.a. (hrsg.), AGB-Eine Zwischenbilanz, 1991, S. 157（以下、Baudenbacher, C. (hrsg.), Zwischenbilanz と略記）。

(14) 判例の分析として、Siehe Kramer E. A., Berner Komm. Bd. VI, Rdn. 279f. zu Art. 19-20.

(15) Stockar, aaO. S. 69f.; Honsell, u.a. (hrsg.), Obligationenrecht I (Art. 1-529 OR), 1992, Rdn. 23 zu Art. 20 (Huguenin)（以下、Honsell u.a., Obligationenrecht と略記）Toller, M., Schuldrechtliche Folgen der Verletzung von Art. 8 UWG, In: Europa Institut Zürich (hrsg.): Aktuelle Fragen zum Wirtschaftsrecht, 1995, S. 68（以下、Europa Institut Zürich (hrsg.), Aktuelle Fragen と略記）; Baudenbacher, C., Grundprobleme, S. 293.

(16)　Honsell u.a., Obligationenrecht, Rdn. 28 zu Art. 20 (Huguenin); Botschaft zu einem Bundesgesetz gegen den unlauteren Wettbewerb, BBl 1983 II, S. 1051 (Ziff. 152. 6)（以下，Botschaft zum UWGと略記）. Weber, R.H., SAG 1984, 150 (156f.) は，条項の不当性は，任意法を基準として吟味される。というのは，制定法によって規定されたタイプは公的秩序の現れでもあるからであるとする。

(17)　Kramer, E.A., Berner Komm. Bd. VI, Rdn. 158 zu Art 19-20. なお，ders., aaO. は，約款規制のこの経済法的ないし競争法的関係は不正競争法八条で明示に認められていると指摘する。

(18)　Kramer, E.A., Berner Komm. Bd. VI, Rdn. 274 zu Art 19-20. 憲法上も消費者保護は肯定される。つまり，私的自治がその機能を発揮することができるのは，ほぼ同等な契約当事者が対立している場合に限られる。従って，弱い立場にある契約当事者を真に公平な交渉地位に立たしめるのに必要な限りで事実上の不平等を中和することは許されなければならない。消費者のシステム上不可欠で，経済的かつ法的な自己決定が脅かされるところでは，商業及び営業の自由は制約される。Aubert, J.-F. u.a. (hrsg.), Kommentar zur Bundesverfassung der Schweizerischen Eidgenossenschaft vom 29. Mai 1984, 1987, Nr. 61 zu Art 31 sexies BV (Rhinow); Schmid, J., Der EG-Richtlinienvorschlag über missbräuchliche Klauseln in Verbraucherverträgen- und mögliche Auswirkungen auf die Schweiz, In: Tercier, P.u.a. (hrsg.), Aspects du droit européen: Beiträge zum europäischen Recht, 1993, S. 244（以下，Tercier, P.u.a., (hrsg.), Aspects du droit européen と略記）。

(19)　Kramer, E.A., Berner Komm. Bd. VI, Rdn. 276 zu Art. 19-20.

(20)　BGer 26. 6. 1997 BGE 123 III 292 (297f.). この判例は，スイスにおける契約法，特に，約款に関して判例の変更をもたらすものといえるとされる。Siehe Brunner, A., ZSR 118 I 305 (331).

三　スイス不正競争法と約款

スイスでは一九四三年に不正競争法を制定したが、一九八六年[21]に改正している。同法は、一条で「本法は、全ての関係者のために誠実で真の競争（lauter und unverfälschter Wettbewerb）を保障することを目的とする」とし、二条で独立した一般条項として、「競争者間又は供給者と需要者間の関係に影響を及ぼす、欺罔的な又はその他の方法で信義誠実の原則に反する行為又は営業方針は不公正な行為であり、違法とみなされる」とする。これらの規定によって、不正競争法の保護対象が定められ、古典的意味での商業モラルと共に、競争の維持及びその機能が保護されるべきものとされる。[22]一条における「全ての関係者のために」という文言によって、保護客体の範囲が拡大され、消費者は競争の名宛人であると同時に競争の共同構成員であることを明確化し、競争法の三階層性、つまり、経済の利益、消費者の利益および公共の利益の同等性を明らかにしている。[23]さらに、「手段」の代わりに「行為及び営業方針」という表現が採用されており、違反者の範囲を広く把握する。また、不正競争法を市場法と理解するならば、競争関係の存在を要するかということが問題となるが、本法はこの点は問題とならないといえる。[24]

ところで、約款内容規制の点で注目される同法八条の立法過程について簡単に述べると、一九七八年一二月に国民議会議員より債務法を補完する法律案が提案され、そこでは約款の有効・無効に関する原則が定められるべきものとされ、この提案は受け入れられたが、約款問題は不正競争法の枠内で解決されるものとされた。一九八〇年に専門委員会は、不正競争法八条として「事前作成された約款の利用は、消費者の不利益に制定法規定を修正し、かつ、その表現又はその内容に基づき、消費者が申込の重要性に関する判断を形成するか又は他の申込との比較することを本質的に困難にするならば、不公正である」という規定を提案した。この規定は本質的に隠蔽を防ぐ見地で起草されており、したがって、単に適用規制を狙うものである。一九八三年[25]に連邦評議会は比較可能性という困難な前提条件を放棄して、ドイツ約款規制法九条にならって広い表現を採用した。つまり、「不公正な取引をなしているいると特にいえるのは、契約相手方の不利益に、(a)直接又は準用可能な制定法規定を修正しているか、又は、(b)権利義務の分配が契約の本質に非常に反する形で規定された、事前作成の約款を使用する場合である。」とした。これは明らかに公然の内容規制を狙ったものである。国民議会は、公然の内容規制の点は保持したが、規定の適用範囲から商人間取引を排除し、かつ、消費者取引の分野でも内容規制は契約相手方にとって「明らかに」不利益となる場合のみになしうるものとした。「明らかに」という文言の付加によって、連邦評議会案よりも約款利用者により広い裁量余地を認容したものである。また、商人間取引の除外は、経験のある商人はなんら法律上の手当をもって保護する必要はないと考えられたのである。上院は、なんら首肯できる理由づけなしに、再度、商人間取引にも適用あるものとしたが、国民議会案における「不利益が『明らか』でなければならない」という表現形態を「欺罔する(Irreführung)」ことを要するという文言に変え、国民議会もこれを受け入れた[26]。この文言の存在によってのみ、不正競争法(Lauterkeitsrecht)との関連づけが可能となるとされたのである[27]。かくて、現行の不正競争法八条は、「惑わす態様で一方契約当事者の不利益に、(a)直接又は準用可能な制定法上の規定を相当に修正するか、又は、(b)契約の性質に相当矛盾する権利義務の分配を規定する、事前作成の約款条項を利用する者は、特に、不公正に行為しているものである。」と、規定する。

不正競争法で内容規制を行うことは、もともと、消費者が具体的な個別契約締結の際に当該約款の内容を明確にし、競争企業の約款と比較する余裕がないという事情は、約款の不透明性の濫用的利用による不意打ちといえ、公正性という見地からも疑問であり、不公正競争規制になじむものといえる。より基本的には、一方的に相手方に負担を課す約款は、危険分配原則を機能させず、競争機能を妨げることになり、競争の選択機能及びコントロール機能を害することになる。(28) また、約款問題を不正競争法の枠内で解決することは、同法の規制手段も活用できる点で大きな利点があるといえる。(29) つまり、従来の約款規制手段が事後的であるのに対して、事前に予防するという効果を有するものである。(30) したがって、利用といえるには、当該約款を基礎として具体的な契約締結がなされることを要しない。不正競争法九条、一〇条一項によれば、営業者及び顧客が自己の経済的利益を脅かされるか又は侵害された場合には、これらの者は訴訟を提起できるとされるのであるから、八条の意味での利用とは法取引において契約締結のための準備段階での交渉に際して申込又は申込の誘因として使用されているので足りる。(31)

八条における約款とは、条文上は定義されていないが、多数の個別取引にとって統一的処置を達成するために、提供者によって事前作成された書面の形で定められた契約条項であって、当事者の相互の権利義務が可能な限り規定されているものであるとされ、(32) 利用者自身又は第三者が事前作成した約款をいい、事前作成された契約内容に属し具体的契約当事者によって個別的に交渉されていない個々の条項も該当する。(33) かかる条項は、利用者の契約相手方に不利益を負わせるものである。というのは、制定法によって又は契約の本質上規定された利益較量を相当に修正しているからである。不利益を与えるものか否かの判断に際しては、常に、全契約内容を考慮してなされ、例えば、制定法上の規定を相当に修正していて、契約相手方にそれ自体からみると不利益を与えるものであっても、他の法的利益（例えば、明らかに有利な価格）によって均衡をとっているならば、不当とはされない[34]。ただし、価格による均衡化は、明らかな価格選択が存するのでない限り、原則として否定されるとする見解が一般的で、いわゆる価格論拠を肯定すると、裁判官をして企業の価格計算根拠を判断するという、約款規制にとって望ましくなく、かつ、立法者も全く意図していない結果を必然的にもたらしてしまうからである。したがって、廉価はなんら不利益な条項を正当化するものではなく、企業は契約相手方の権利を非常に侵害する条項を含んでいない約款に基づいて価格を計算しなければならない[35]。

「惑わす態様で」という文言によって、改正法の目的は、一方的に負担を課す契約によって経済過程が妨害されるのを阻止することにあることを明らかにしている。本来、取引においては、企業の取引相手方は、自己にとって有利な取引条件を比較するという選択可能性を有しなければならず、当初の取引企業の提供する約款が不利であって、他に有利な約款が存するならば、そちらを選択できる可能性が存しなければならない。これが可能なのは、市場にある程度の競争が行われていることが必要である。他の競争者と取引を締結する可能性があることによって、自己にとって一方的に不利な約款を余儀なく承諾する危険から取引相手方（購入者）は保護されるといえる。つまり、例えば、売主が約款を惑わす態様で利用すると、買主は自己の選択可能性を制限されてしまう。顧客が落ち着いて考慮する可能性を奪われ、それによって決定をなすことが妨げられるならば、競争の妨害が生じているといえる。できる限り有利な条件を求めて比較することは競争が機能するためには不可欠なメルクマールで、これが存しないならば、機能障害が存するのである。これは当該分野に透明性が支配すれば防ぐことができる。ここでの市場透明性は、全ての経済主体が全ての重要な情報を意のままになしうることを意味する。この点で、不正競争法八条は市場透明性を確保することを意図するものである。[36] 競争者が多数いれば、競争によって市場透明性は確保できるが、そのような市場状況にない場合でも、同条は濫用の危険を阻止することを意図しているのである。市場参加者が事前作成された約款によって惑わされるならば、通常の経済過程は相当に害されるからである。[37] 企業が約款を惑わす態様にすることによって優位を得るならば、他の競争者及び顧客の自由な決定が制限されてしまう。したがって、事前作成された約款に関しては、文言の選択、条項の配列及び数によって具体的顧客が綿密な調査をなさなくて済むように、構成しなければならない。惑わす態様というものは市場透明性を阻止するエレメントといえるから、八条は競争維持の点で重要な任務を負っているといえる。[38]

この「惑わす態様」とは、数量的には、約款が当該取引圏の顧客の約一〇パーセントを惑わすものであれば、本条の意味での惑わす危険に該当するといえるが、立法者はこの文言によって八条の規定を無用なものとする意図ではなかったのであるから、有効な約款規制が可能なようにこの文言は解釈されなければならない。[39] これに関して、当該約款には不明確な表現形態が採られているとか、その複雑性、文言、配置、デザイン形態、さらには非常に広範なテキストに採り入れられているために、制定法又は契約の性質を不利に修正していることが隠蔽されているか又は不利な条項への注意を妨げた場合には、これを充足するとする見解がある。[40] しかし、この見解では、当該約款が内容上非常に過酷であっても、明確であって、かつ、形態の点でも非難できないような場合には、結果的に内容規制はなしえないことになり妥当とはいえない。[41] しかも、規定文言上は、約款の利用が惑わす態様であることのみでは不公正なものとはされず、これに加えて、顧客にとって内容上の不利が存在していることが要求されているから、惑わす態様は約款条項自体から、つまり、条項に内在するものでなければならない。[42] したがって、むしろ、取引相手方が約款条項の法律的な微妙さとか条項の多数性のために、契約内容につき錯誤したとか、約款条項が制定法規定から非常に乖離しているとか、契約の本質上権利義務が相当に修正されているため、自己の法的地位の劣悪化を意識せず、結果的に不意打ちとなっているというような場合には、惑わす態様に該当するといえよう。(43) ただし、この文言の存在により、濫用的条項はそれ自体違法ではなく、惑わす態様が存する場合のみ違法とされることになる。(44)

a号は、強行規定に反する条項、任意法を相当に修正する条項(45)に適用されるばかりでなく、制定法規定とは強行法及び任意法という成文法規範のみならず、命令(Verordnung)及び慣習法、判例学説によって発展され承認された法原則をいい、さらに立証責任規定も含む。また、同号は有名契約のみならず、無名契約にも適用可能である。(46)

b号における契約性質(Vertragsnatur)の相当な乖離とは、当該取引形態上全く異例であるか、取引の本質に矛盾する条項、例えば、具体的無名契約における契約類型に矛盾し、特に取引上典型的な基本的義務を無視する条項が該当する。(47) 基準は、契約の経済的目的であり、当該契約相手方にとって、契約上、その経済的目的に基づいて認容されるべき法的地位が本質的に侵害されている場合に肯定される。(48)

以上が、八条の意味内容である。因みに、ドイツでは、約款規制法でもって実質的内容規制手段を明定しているが、同法は制度としての公正な競争の保護及び約款利用者の競争者の保護をなすものではない。それにもかかわらず、同法九条ないし一一条の不正競争法との交錯は生じうる。というのは、不正競争防止法一条、三条に基づく不公正な、つまり誤認を生じせしめる競争行為の禁止は一般公衆、特に消費者の保護をも定めるものだからである。(49) 確かに、不当な約款は直接的には競争の目的で提供されてはいないが、契約相手方に比較して不公平な法的利益を自己に生じせしめるような無効な約款を契約の基礎とする者は、競争上不公正に行為しているといえる。というのは、誠実な潜在的な競争者に対して市場で優位を確保しようとするものだからである。[50] 具体的には、ドイツ不正競争防止法一条は「営業上の取引において競争の目的で、良俗に違反する行為をなす者は、差止及び損害賠償の請求権を行使される」とし、三条は「営業上の取引において、競争の目的で、営業関係につき、特に個々の商品もしくは営業上の給付又は全ての提供品に関して性質、出所、製造方法及び価格算定について、あるいは、価格表、商品の仕入方法又は仕入先、表彰の有無、販売の動機又は目的、在庫量について、誤認を生ぜしめるような表示をなした者は、表示の撤回を請求される。」と規定する。

同法一条の下では、無効な条項を含む約款の計画的な使用が不正競争性を充足する。この行為は、競争に反する誤認を生じせしめるものであり、かつ、契約相手方の法的知識の欠如を最大限に利用するという形態をとっているといえ、契約相手方は、契約上見せかけの拘束に服し、既存の権利の主張を妨げられるか又は負っていない義務ないしは責務の履行を強いられるという状況に置かれるからである。[51] 同法三条の不公正性は、約款利用者によって提供された当該約款の性質につき顧客の誤認を生じせしめる場合ないしは約款規制法一条二項に基づく個別交渉の見せかけを生じせしめる場合が考えられる。例えば、広告で主たる給付に関しない、その他の営業上の表示によって誤解を生じせしめる表示があげられ[52]し、有効な約款であっても、その広告で約款を不完全に形で再現した場合には三条違反となりうる。[53]

(21) 一九八六年法を概観したものとして、安田英且「スイスの不正競争に対する連邦法」判タ七九三号八四頁（一九九二）、同法の日本語訳として、田村善之「スイス不正競争防止法（訳）」同八九頁（一九九二）がある。

(22) Baudenbacher, C., Schwerpunkte der Schweizerischen UWG-Reform, In: ders. (hrsg.), Das UWG

auf neuer Grundlage, 1989, S. 15（以下、Baudenbacher, C.（hrsg.）, UWGと略記）; Sack, R., Probleme des neuen schweizerischen UWG im Vergleich mit dem deutschen UWG, In: Baudenbacher, C.（hrsg.）, UWG, S. 113.

(23) Botschaft zum UWG, BBl 1983 II, 1043（152. 1）, 1058（23）. 約款規制の点でいえば、同法の定義上、不利益を受ける契約当事者としては、消費者のみならず、企業、公法上の法人も入るのであり、約款の内容規制の目的から見るとこれが適切かは疑問である。Siehe Merz, H., Vertrag und Vertragsschluss, 2. Aufl., 1992, S. 56（以下、Vertragと略記）; Koller-Tumler, M., Der Konsumentenvertrag im schweizerischen Recht, 1995, S. 110f; Kramer, E.A., Berner Komm. Bd. VI, Rdn. 285 u. 298 zu Art. 19-20.

(24) Baudenbacher, C., In: ders.（hrsg.）, UWG, S. 15.

(25) 沿革的には、一九八一年改正の連邦憲法三一条の六において、消費者保護条項が規定され、そこでは、連邦は消費者保護のための措置を講ずること、消費者組織は不正競争法の範囲内で職業・経済団体と同一の権利を有すること及び最終消費者と供給者間の契約から生ずる訴訟につき調停手続又は簡易かつ迅速な訴訟手続を設けることとされた。そこで、物的範囲及び法的な考慮の点から見ても約款の規制は不正競争法でなすのが適当と思われることから、国民議会は不正競争法改正の機会を利用して、現行法上約款の濫用から生じる緊急の問題を解決することにした。このような経過で、不正競争法八条に約款規制規定が盛り込まれたのである。Botschaft zum UWG, BBl 1983 II, 1053（152. 6）.

(26) Baudenbacher, C., Ansätze zu einer AGB-Kontrolle im schweizerischen Recht, In: ders.（hrsg.）, Zwischenbilanz, S. 46f. 八条の立法過程については、Siehe auch Koller-Tumler, M., aaO., S. 108f.

(27) Baudenbacher, C., In: Stauder, B.（hrsg.）, Die Bedeutung der AGB-Richtlinie, S. 8. もっとも、立法過程では、この「惑わす態様」基準が採り入れられたのは、この要素が不正競争法にとって事物論理上固有のものであるという強力な論拠が存したわけではないといわれる。Siehe Kramer, E.A., Berner Komm.

Bd. VI, Rdn. 286 zu Art. 19-20.

(28) Toller, M., In: Europa Instituet Zürich (hrsg.), Aktuelle Fragen, S. 69; Baudenbacher, C., Grundprobleme, S. 202f.

(29) Kramer, E.A., Berner Komm. Bd. VI, Rdn. 281 zu Art. 19-20; ders., Allgemeine Geschäftsbedingungen: Status quo, Zukunftsperspektiven, SJZ 1985, 33(35). Siehe auch Botschaft zum UWG, BBl 1983 II, 1027 (142. 26). 競争の重要性は濫用的な約款の除去の点に存するのではなく、約款利用者が契約締結に際して通常存在している不意打ち状況を顧客の不利に利用する点に存するのであって、この見地からは、第一に、契約締結の経済的結果及び契約締結から生じる契約当事者（特に、約款利用者の契約相手方）の権利義務に関する見通しの良さ(Überschaubarkeit)、第二に、市場の透明性、つまり、異なる供給者の申込の比較可能性が八条の下では重要であることを指摘する見解として、Matt, P.C., Das Transparenzgebot in der deutschen AGB-Rechtsprechung: Ein Mittel zur Aktivierung von Art. 8 UWG?, 1997, S. 102.

(30) Sack, R., In: Baudenbacher, C. (hrsg.), UWG, S. 139.

(31) Baudenbacher, C., In: ders., Zwischenbilanz, S. 54; Matt, P.C., aaO., S. 104f.

(32) Siehe Botschaft zum UWG, BBl 1983 II 1051 (152. 6); Abbt, P.J., Konsumentenschutz und Wettbewerb—Ein Spannungsverhältnis, 1994, S. 52. 事前作成された約款であっても、両当事者の交渉によって修正されたかまたは同意されている場合は、個別契約といえ、不正競争法八条の適用範囲には入らない。Botschaft zum UWG, BBl 1983 II 1073 (241. 7).

(33) Matt, P.C., aaO., S. 104. 当然、契約書に組み込まれているか、別個の書面という形態をとるかを問わないし、書式契約も該当する。Matt. P.C., aaO.

(34) Gauch, P. u. Schluep, W.R., Schweizersiches Obligationenrecht, Allgemeiner Teil., Bd. I., 5. Aufl., 1991, Nr. 1155f. (以下、Gauch u. Schluep, Obligationenrecht, Allg. Teil と略記)；Botschaft zum

UGW, S. BBl 1983 II, S. 1074 (241. 7); Merz, H., Vertrag, S. 56.

(35) Baudenbacher, C., Grundprobleme, S. 234f.; ders., In: ders. (hrsg.), Zwischenbilanz, S. 52.; Stauder, B., In: Baudenbacher, C. (hrsg.), Zwischenbilanz, S. 185f.

(36) 市場透明性が競争者の約款との比較困難を克服し、競争が機能するための不可欠な前提条件であることを指摘するものとして、Siehe Sack, R., In: Badenbacher, C. (hrsg.), UWG, S, 139f.

(37) Abbt, P.J., aaO., S. 99f.

(38) Abbt, P.J., aaO., S. 101.

(39) Sack, R., In: Baudenbacher, C. (hrsg.), UWG, S. 145.

(40) Gauch, P., Die Verwendung "missbräuchlicher Geschäftsbedingungen"—Unlauter Wettbewerb nach Art. 8 des revidierten UWG, Baurecht 1987, 55 (未見。Kramer, E.A., Berner Komm. Bd. VI, Rdn. 287 zu Art. 19-20 による); Gauch u. Schleup, Obligationenrecht, Allg. Teil, Nr. 1154.; Baudenbacher, C., In: ders. (hrsg.), Zwischenbilanz, S. 54; Abbt, P.J., aaO., S. 53. この見解によれば、惑わすといいうるものであれば足り、利用者の詐欺意図とか、契約相手方が実際に欺かれたこととかにはよらないことになる。Gauch u. Schleup, aaO.

(41) Kramer, E.A., Berner Komm. Bd. VI, Rdn. 287 zu Art. 19-20.

(42) Matt. P.C., aaO., S. 106. もちろん、顧客が実際に惑わされることは要しない。この点では、約款条項への合意で十分である。異常な条項と異なり、惑わすという要件は利用者が惑わす条項を指示することによって除去できないものである。その限りで、条項への抽象的な合意でもって惑わすという結果を生じるに十分なのである。Matt, P.C., aaO., S. 107. Siehe auch BGer, 5. 8. 1993 BGE 119 II 443 (447).

(43) Sack, R., In: Baudenbacher, C. (hrsg.), UWG, S. 146f.; Büren, R. von u. David, L. (hrsg.), Schweizerisches Immaterialgüter- und Wettbewerbsrecht, Bd. 5: Wettbewerbsrecht, Teilb. I., Lauter-

keitsrecht, 1994, S. 205 (Guyet)（以下、Büren u. David, Lauterkeitsrecht と略記）。Baudenbacher, C., In: ders. (hrsg.), Zwischenbilanz, S. 54 は、法は決して非慣行性原則および不明確性原則を超えるものではなく、企業は文言上明確で、その位置上も疑問の余地がないように作成することによって、一方的な条項を使用できる余地がある、とする。

(44) Büren u. David, Lauterkeitsrecht, S. 203 (Guyet).

(45) あらゆる任意法の修正が不公正とされるのではなく、相当性（Erheblichkeit）が要求される。これは、当該規範の正当性内容が決め手となる。問題となっている約款条項が制定法によってなされている利益考量を全く遵守していない態様でこの核心的思想を無視しているならば、原則として相当性を充足しているといえる。Matt. P.C., aaO.S. 121.

(46) Sack, R., In: Baudenbacher, C. (hrsg.), UWG, S. 142f; Botschaft zum UWG, BBl 1983 II 1073 (241. 7); Abbt. P.J., aaO., S. 53. 準用可能な制定法規定とは、裁判所によって（有名契約および無名契約における）制定法の欠缺を補充するために創造された法をいう。Baudenbacher, C., In: ders. (hrsg.), Zwischenbilanz, S. 53.

(47) Siehe Kramer, E.A., Berner Komm. Bd. VI, Rdn. 297 zu Art. 19-20; Baudenbacher, C., In: ders. (hrsg.), Zwischenbilanz, S. 53; Stauder, B., In: Baudenbacher, C. (hrsg.), Zwischenbilanz, S. 169f.; Matt, P.C., aaO., S. 122.

(48) Gauch u. Schleup, Obligationenrecht, Allg. Teil, Nr. 1153. Büren u. David, Lauterkeitsrecht, S. 205 (Guyet) は、多くの場合はa号でカバーされるといえ、b号は副次的に援用されることになろうと指摘する。

(49) Ulmer u.a., AGB-Gesetz, 8. Aufl., 1997, §9 Rdn. 47; Ritter, F., Wettbewerbs- und Kartellrecht, 6. Aufl., 1999, §1 Rdn. 18; Baumbach/Hefermehl, Wettbewerbsrecht, 21. Aufl., 1999, UWG, Einl.

Rdn. 42 u. 55（以下、UWGと略記）。判例としては、Siehe BGH 19. 6. 1970 BGHZ 54, 188 (190f.).

（50） Ulmer u.a., AGB-Gesetz, §13 Rdn. 2.

（51） Ulmer u.a., AGB-Gesetz, §9 Rdn. 47 u. Einl. Rdn. 45; Wolf u.a., AGB-Gesetz, 4. Aufl., 1999, §9 Rdn. 41; Baumbach/Hefermehl, UWG, §1, Rdn. 196.

（52） Ulmer u.a., AGB-Gesetz, Einl. Rdn. 45 u. Fn. 87; Baumbach/Hefermehl, UWG, §3 Rdn. 51 u. 428 ff. 誤解を生じせしめる広告という要件を充足する場合としては、製品広告において、推奨された給付につき取引上不当な空洞化（Aushöhlung）が約款によって隠蔽され、広告上の表示によって取引の相当多数の顧客が誤解を生じせしめられた場合があげられる。Ulmer u.a., AGB-Gesetz, §9 Rdn. 48.; OLG Stuttgart 4. 5. 1981 WRP 1981, 604 (605); KG 10. 9. 1985 NJW 1986, 2715 (2716).

（53） Ulmer u.a., AGB-Gesetz, §9 Rdn. 41. Siehe KG 10. 9. 1985 NJW 1986, 2715 (2716).

四　不正競争法八条違反の効果

この場合、当然、不正競争法九条及び一〇条による個人又は団体による侵害の除去及び損害賠償などを民事訴訟で求めうる。問題は、同法八条違反の約款は、不正競争法上の効果のみを生じるのか、それとも、債務法上も無効という効果を生じるのか、である。この点は、立法過程ではなんら言及されていないので、学説に委ねられることになる。

債務法上の効果を否定する見解は、八条は契約内容又はその合意ではなく、契約が成立した態様のみを対象としている。単に同条に違反するのみでは、濫用的条項がたとえ具体的に契約に採り入れられても、債務法に基づく効力を否定することにはならない。つまり、八条違反は債務法二〇条の意味における内容上の瑕疵を根拠づけない。不公正な条項は債務法上は有効であり、ただ、九条一項に基づく侵害除去訴訟によってのみ、不利益を受ける者は約款条項の無効を主張できる。侵害除去訴訟は取消訴訟であり、場合によっては当該条項の取消を将来に向かって生じせしめることになる。[54] さらに、不正競争法違反による違法性は、少なくとも現行の不正競争法に基づく限り、競争者間の水平的関係に限定されるのであり、供給者と消費者間の関係には及ばないとされる。[55] したがって、相手方は、約款に関する不正競争法に基づく訴訟でもって、契約上の債務を免れることはできず、このためには、さらに、債務法上の規定の違反に基づき不公正な約款の無効宣言を裁判所から得る必要がある。この訴訟で勝訴しても、無効は訴訟の基礎となっている契約関係のみに生じるのであり、約款利用者は当該約款を第三者との契約関係でさらに使用できることになる。[56]

肯定する見解は、不公正な行為は違法な行為である（不正競争法一条）であるが、このことから、債務法上も無効となるとはいえない。[57] 債務法が無効とする契約は、その内容が違法であることを要し、締結の事情が違法であるのでは足りない。不公正な広告手段に釣られた消費者は、法律行為の取消を主張する請求権を有しない。だが、唯一の例外は濫用的約款の利用の場合である。八条は不公正な約款を内容上も否定するものである。約款の濫用性は、その誤認を生じせしめる効果の点のみならず、条項の内容が肯定できないものである点にも認められる。内容上の否定は任意法の修正が制限されることから明らかであるし、債務法二〇条に基づく無効を必然的に生ぜしめる内容の瑕疵となるといえる。[58] そこでは、約款が契約内容となっているからである。濫用的約款の利用が違法とされながら、その反面、内容が違法と性質決定できないというのは矛盾といわざるをえないであろう、とする。そして、当該条項は、債務法二〇条二項の意味での一部無効に基づき適用しえないことになる。[59] 全部無効とすることは、通常、過度なサンクションであって、特に約款利用者の契約相手方の利益を無視するものである。しかも、多くの場合、約款利用者も契約の保持に利益を有している。契約は既に履行されているか又は完了段階にあるから、契約を巻き戻すことには何ら意義が認められないからである。[60]

このように見解は対立するが、立法者の見解及び法構造から見て、八条違反は債務法上の無効を当然には生じないとする否定説が妥当であるといえる。

(54) Gauch u. Schluep, Obligationenrecht, Allg. Teil, Nr. 1156f.; Gauch, P., BR 1987, 51 (57f.)（未見）; Kramer, E.A., Berner Komm. Bd. VI, Rdn. 288 zu Art. 19-20; Sack, R., In: Baudenbacher, C. (hrsg.), UWG, S. 151; Koller-Tumler, M., aaO. S. 115. Toller, M., In: Europa Institut Zürich (hrsg.), Aktuelle Fragen, S. 65f. も、立法の沿革から見て、八条に基づく約款規制の不当な契約内容自体には及ばず、契約締結前における約款利用者の不公正な行為のみを規制することを指摘する。

因みに、ドイツ法上では、約款の利用が同時に不正競争防止法に反する場合でも、個々の契約相手方は約款規制法の内容規制を超えて不正競争防止法からなんら付加的な保護を得ることはできない。というのは、不正競争防止法一条違反はそれ自体無効効果を根拠づけるものではないし、契約相手方に訴権を認めるものではないからである。Ulmer u.a., AGB-Gesetz, §9 Rdn. 47; Wolf u.a., AGB-Gesetz, §9 Rdn. 41. ただ、約款規制法一三条以下の団体訴訟手続は、反射効として、約款を伴う不正競争を防ぐ効果を有するとはいえる。Wolf u.a., AGB-Gesetz, aaO.

(55) Gonzenbach, R., 《Pacta sunt servanda》 oder neues Licht auf einem alten Grundsatz—Notizen zu einem Konsumentenschutzproblem, ZSR 106 (1987) I, 444, Fn. 44. Honell u.a., Obligationenrecht, Rdn. 55 zu Art. 1 (Bucher) は、不正競争法八条は競争法上の公正さに資するものであって、本来の意味での契約法上の内容制限を定めるものではなく、同条違反は債務法二〇条の意味での内容上の瑕疵を意味しない

とする。

(56) Siehe Toller, M., In: Europa Institut Zürich (hrsg.), Akutuelle Fragen, S. 54f.

(57) 論者によっては、無効を肯定する。Siehe Abbt, P.J., aaO., S. 54.

(58) Matt, P.C., aaO. S. 123. Toller, M., In: Europa Institut Zürich (hrsg.), Aktuelle Fragen, S. 67f. bes. 70f. は、八条違反はその構造上必ずしも二〇条による違反とは結びつかないことを肯定するが、内容上不当な約款は競争の選択機能及び防止機能を害し、これによって取引危険の分配を機能させないものであって、公序に反するとして、債務法一九条二項に反し、したがって、債務法二〇条による条項の無効を生じる。公序違反による約款の無効は、いつでもいかなる訴訟手続においても主張できる、とする。

(59) David, L., Reformauswirkungen des neuen UWG aus der Sicht der Praxis, In: Baudenbacher, C. (herg.), UWG, S. 107. Siehe auch Sack, R., In: Baudenbacher, C. (hrsg.), UWG, S. 150. 論者によっては、八条違反は(職権を持って考慮すべき)無効をもたらすとする。Baudenbacher, C., In: ders. (hrsg.), Zwischenbilanz, S. 56. Siehe auch Matt, P.C., aaO., S. 124.

(60) Matt, P.C., aaO., S. 124. もっとも、全く稀には、契約を保持することが両当事者にとって期待できないものである場合には、全部無効を生じうる。Matt, P.C., aaO.

五　結　語

不正競争法八条は、「惑わす態様で」という限定を除けば、実質的にはドイツ約款規制法九条二項に一致する(61)と指摘されているが、同時に、同法の特殊な体系を考慮してせずに採り入れたために、多くの解釈上の問題を生じさせていることもまた指摘されている。八条の存在自体は、任意法の秩序機能に関する理論を明示に採用し、スイス法上特別に強化された約款規制という思想が認められたことを示しており、興味深い。

特に、権利濫用理論に基づく過度な一方性ではなく、制定法上の規定の「相当な」修正ということを要件としている点は注目される。(62) だが、本条による約款が問題となった判例は少なく、わずかに、自動販売機設置契約における、第三者に契約を譲渡することを約款設定者に認める約款条項は不公正（Unlauterkeit）に該当しないとしたのが注目されるにとどまる。(63) 当初、立法者は不正競争法八条によって特定の契約タイプを問わずに濫用的約款に対して対抗しうると考えたが、結果は期待に反するものとなった。つまり、当初案には存しなかった「惑わす態様で（in irreführender Weise）」という要件が付加されたため、本条が効果を発揮するのが困難となってしまったのであり、(64) 立法者の失敗作となってしまった。既述のように、「惑わす態様で」という文言を、条項の形式的な又は内容上の不透明性と解するならば、約款組込規制の問題点と即座に連結してしまい、明確で、概観しうる約款規定形態を企業が採用すれば、その結果、実質的な見地で条項の妥当性を吟味するという立法者の目的は達成されなくなる。(65) また、この文言を契約内容自体に結びつけるならば、不正競争法的エレメントは余計なものとなってしまう。(66) さらに、一般条項の形態を採用しており、ドイツ約款規制法一〇条、一一条のように具体的に無効とされる条項のブラック・リストを欠くし、(67) 任意法基準自体は妥当といえても、「相当な修正」とか契約の本質に相当に反する」権利義務の分配というような文言の存在は、具体化に際して裁判官に過大な負担を生ぜしめるといえる。そして、このことは、約款利用者及び顧客の両者にとって、予測困難性を生ぜしめるといえる。(68)

このような難点が指摘されており、一般的に、本条については批判が非常に強い。例えば、八条は死文化しているとか、(69) 本条は不公正競争の古典的構成要件の模倣であり、約款問題を不正競争法で解決しようという努力は骨折り損のくたびれもうけ（wie das Hornberger Schiessen）に終わるであろうとか、(70) さらには、約款問題を同法の枠内でついでに戦略的に処理しようとしたのではないかという疑問もあり、立法当初から、おとりテーマ（Lockvogelthemas）だったという厳しい指摘もある。(71)

ところで、わが国の不正競争防止法は、その第一条からも明らかなように、事業者間の公正な競争の確保にあり、スイス法のように消費者は保護対象とはなっていないし、かつ、第二条に列挙されている不正競争行為類型には不当約款使用は該当しないから、同法による不当な約款の規制は現行法上は問題にならないといえる。しかし、既に、不正競争防止法は消費者保護など国民経済全体を考慮した、広い経済秩序維持法への変革を迫られるであろうとか、競争行為に関する規制という観点にたって個々の不公正な競争行為を規制すると位置づけて考察するのが適切であると指摘されている。(72) この点からは、約款規制手段の一つとして、不正競争防止法の活用が考えられるのであり、その際には、スイス法の成果は参考になるといえる。

(61) Kramer, E.A., Das schweizerische Schuldrecht vor der Herausforderung des Europarechts, ZEuP 1995, 500 (505). ドイツ約款規制法との比較については、Siehe Sack, R., In: Baudenbacher, C. (hrsg.), UWG, S. 139f.

(62) Kramer, E.A., Berner Komm. Bd. VI, Rdn. 283 zu Art. 19-20.

(63) BGer 13. 8. 1991 BGE 117 II 332 (333). さらに、BGer 5. 8. 1993 BGE 119 II 443 (447f.) は、異常性原則を適用し、条項は契約内容となっていないとしたが、八条に関する傍論という形で、八条の意味での「惑わす態様」で、借主の責任に関する条項は副次的に適用されうる制定法規定を借主の不利益に修正するものといえる、と指摘する。

(64) Schmid, J., In: Tercier, P.u.a. (hrsg.) Aspects du droit européen, S. 245f.; Kramer, E.A., Berner Komm. Bd. VI, Rdn. 287 zu Art. 19-20; Brunner, A., ZSR 118 (1999) I, 305 (319f.). Toller, M.,

Europa Institut Zürich (hrsg.), Aktuelle Fragen, S. 63 も、当初の草案では内容規制を意図していたが、上院はこの文言の付加によって八条の適用範囲を本質的に制限したといえると指摘する。Siehe auch ders., aaO., S. 64f.

(65) Merz, H., Vertrag, S. 56f. は、八条の適用範囲を不当に制限してしまい、不明確原則および非慣行性原則に関する従来の実務に接近してしまっている、と指摘する。

(66) Stauder, B., In: Baudenbacher, C. (hrsg.), Zwischenbilanz, S. 163. Kramer, E.A., Neues aus Gesetzgebung, Praxis und Lehre zum Vertragsschluss, BJM 1995, 1 (13) も、惑わす態様という文言の存在によって、約款が誤解を生じない形態をとっていて契約上指定されているならば、それ自体濫用的な条項も公正な競争法上はその効力を保持する結果となるとする。

(67) Siehe z.B. Stauder, B., In: Baudenbacher, C. (hrsg.), Zwischenbilanz, S. 161; Kramer, E.A., SJZ 81 (1985), 33 (35). もっとも、Sack, R., In: Baudenbacher, C. (hrsg.), UWG, S. 144 は、ドイツ約款規制法一〇条、一一条はスイス不正競争法八条a号、b号の解釈にも参照しうると指摘する。

(68) Kramer, E.A., Berner Komm., Bd. VI, Rdn. 284 zu Art. 19-20.

(69) Stauder, B., In: Baudenbacher, C. (hrsg.), Zwischenbilanz, S. 217.

(70) Baudenbacher, C., Braucht die Schweiz ein AGB-Gesetz? ZBJV 123 (1983), 505 (526). さらに、ders., aaO. は、八条が狙っていることは法政策的には問題なく正しいが、法政策的に問題であることは八条をもって解決できないのであり、いずれにせよ、公然の内容規制は八条を基礎とするのでは不可能であるとする。Siehe auch ders., In: ders. (hrsg.), UWG, S. 30. Merz, H., Vertrag, S. 55 は、八条は多くの罠が仕掛けられており、問題を解決するよりもそれ以上の新たな問題を生じせしめているとする。

(71) Baudenbacher, C., ZBJV 123 (1983), 505 (526f.).

(72) これらの点については、小野昌延編著・新・注解不正競争防止法二九頁（小野）（二〇〇〇）、大村敦志・

消費者法二五八頁（一九九八）。なお、不正競争防止法と消費者法との関係については、田村善之・不正競争法概説二七八頁以下（一九九四）が示唆的である。

2　英国の株式会社をめぐるコーポレート・ガバナンス論の展開

石山卓磨

一　はじめに

欧米では一九八〇年代より、わが国においても九〇年代に入ってから、コーポレート・ガバナンス論がさかんに論議されて今日にいたっている。しかし、コーポレート・ガバナンス論とは何かと問われれば、必ずしもその意義は明らかでない。言葉どおりに理解するならば、企業統治ということで、各種の企業(特に大規模な株式会社)にとって、最もふさわしい企業統治形態とはいかにあるべきかを検討する議論を総称することになろうが、国により、論者により、主眼の置き所は同一でない。一つの見方として、欧米諸国では、この議論の下、株式会社の所有者である株主にとってもっとも効率的なつまり利潤が極大化するような統治形態とはどうあるべきかが検討されてきたのに対し、わが国では、バブル経済崩壊後の企業不祥事の発覚に対応し、会社経営者の独断的・専横的な経営を有効にチェックしうる体制とはいかにあるべきかが検討されてきたということもできよう。しかし、現在のコーポレート・ガバナンス論は、会社法領域のみならず会計学[1]や経営学の領域においても、企業における効率性および遵法性を包含しつつ、さらに詳密な検討対象・内容を備えた理論体系として、世界的な規模で展開されているのが実状である。そして、その対象となる企業も、ひとり営利企業のみならず、非営利企業である協同組合等にまで及んでいる。[2]コーポレート・ガバナンスの翻訳にしても、営利企業における「企業統治」もあれば、「協同組合」における「企業共治」もあるのである。

さて、本稿においては、コーポレート・ガバナンスの名の下に、株式会社について展開されてきた近時の英国における論議の動向、ならびに、それに先だち戦後いちはやく提唱され論議の対象となってきた実質的にはコーポレート・ガバナンス論の範疇に含まれるであろう従業員の参加問題をめぐる論議の動向をもあわせて概観し、英国におけるコーポレート・ガバナンス論の現時点における一応の到達点を確認したいと思う。

二　従業員代表制の導入をめぐる議論

(1)　伝統的会社法の限界

英国の会社法は、一八四四年に制定されて以来、今日にいたるまで、営利企業に対する資本の投下手段あるいは株主の利益の極大化手段としての会社概念に立脚して構成されており、会社従業員の地位や権利および利益に関してはほとんど規定がない。一九四五年に公表された会社法改正委員会報告（コーエン・レポート

(the Cohen Committee Report)[3]そして一九六二年に公表された会社法改正委員会報告（ジェンキンス・レポート（the Jenkins Committee Report)）[4]においてもこれに関する提言はなく、今日まで重ねられてきた会社法改正は、主に株主による経営者へのコントロールの強化、少数株主の利益保護、各種開示の強化などの角度から試みられてきているにとどまる。従業員をどのようなかたちで経営に参加させるか、そして従業員を包含するいかなる形態の会社構造を構築するかといった問題は、検討はなされてきているもののいまだ立法上実を結んではいないのである。[5]もっとも消滅した会社の換価財産をもって失業する従業員の補償に使用することは能力外の無効行為にあたるとした一九六二年のデイリー・ニュース社事件判決[6]などが契機となって、識者の一部の間には、投下資本に対する利益の極大化にのみ関心をもつ合理的な経済人である社員の結合としての「会社」およびそこにおける「会社の利益」なる観念は、現代の大会社にとっては時代錯誤的な解釈であり、この分野における法の変革が不可避であるという認識も浸透している。[7]

(2)　ＥＣ加盟による新展開

ついで英国における会社の機関構造と従業員の経営参加問題に対し新たなインパクトを与えたのは、一九七二年に、ＥＣ委員会がＥＣ閣僚理事会（Council of Ministers）に提出した第五指令案（the Draft Fifth Directive)である。[8]当初この案は、すべてのＥＣ加盟国において、一定規模以上の公開会社につき取締役会と監査役会（supervisory board）という二層制の機関構造を採用すべきことが意図されていた。その内容は、株主総会で監査役会構成員を選任し、監査役会が取締役会構成員を選任するというものであるが、監査役会の構成員選出に関しては、西ドイツ方式とオランダ方式のいずれかを選択すべきものとされていた。すなわち、西ドイツ方式とは、従業員五〇〇人以上の会社に対して監査役会における従業員の参加を義務づけるものであって、監査役会の構成員の三分の一以上が従業員の代表とされるものであり、オランダ方式とは、監査役会自体が監査役会の構成員を選出し、株主総会または従業員組織がこの選任に拒否権をもつというものであった。

しかし、この提案に対しては強く反対する加盟国もあって、一九七五年一一月、EC委員会は第五指令案を修正する緑書「従業員参加と会社構造」(9)を公表し、一定の移行期間を設け、加盟国における一層制か二層制の選択を認める姿勢を示した。ここでは、ECにおける公開会社としては二層制が最適ではあるが、一層制であっても業務執行取締役と非業務執行取締役のグループに区分し、後者が前者に対する監督的権限を行使することにより二層制類似の職務権限の分離を生み出すことは可能であるとの認識がもたれていた。そして、従業員参加に関しては加盟諸国の実状に応じて段階的にアプローチすべきであり、機関レベルでの従業員代表制を望まないならば、従業員との協議制度を公式・非公式に実験すべきであるともされていた。この第五指令案は一九八三年に改正されたが、これも閣僚理事会のワーキンググループにおいて長期にわたり詳細に検討が加えられており、従業員参加は必要とされても、それは従業員一〇〇〇人以上の公募会社に限られるとされるにいたっている。(10)

これに対し、英国では、一九七六年一二月一四日、時の労働党政権下において、産業民主主義調査委員会報告(ブロック・レポート(the Bullock Committee Report))(11)が公表され、注目される内容が示された。すなわち、イギリスの大会社の取締役会は、経営戦略的政策・資金配分・業績監督につき全般的な責任を負い、主に監督的な役割を果たしているのに対し、政策の細部にわたる作成と遂行の権限は、上級の業務執行者および経営委員会に委ねられていると現状分析したうえで、英国においては二層制すなわち監査役会(supervisory board）と取締役会（management board）の形態をとるよりは、むしろ一層的取締役会制度（one-tier board system）を選択すべきであると提言した。なぜなら、二層制はイギリス会社法における柔軟性ある伝統的慣行に反し、効率的経営にとって不利益であるし、監督と業務執行という職務権限の明確な区別は事実上不可能であるからである。そして、取締役会レベルでの従業員代表制を採用し、従業員二〇〇〇人以上の会社の取締役会は、同数の株主代表・従業員代表およびこれら双方の代表が共同して選出する第三グループによって構成されるべきものとした（二X＋Y方式）。

この報告に対し、一九七八年五月二三日、労働党政府白書「産業民主主義（Industrial Democracy）」[12]が公表され、そこでは、二層的取締役会制度の導入が望ましいとされた。すなわち、従業員代表と株主代表とが同格で参加し会社の政策を決定する政策決定取締役会（the policy board）と、日常的業務執行をなす業務執行取締役会（the management board）とからなる二層制の運営機構をよしとしたのである。

しかし、一九七九年発足の保守党政権は労働者参加には反対であり、折からの労働組合の勢力低下ともあいまって、労働者の経営参加・共同決定問題は公式問題から姿を消すことになるのである。もっとも、これまでの論議のささやかな成果として、一九八〇年の改正会社法により、取締役には従業員の利益を考慮すべき義務が課せられるにいたっている（現行一九八五年会社法三〇九条＝一九八〇年会社法四六条）。

ところで前述したEC第五指令案は従業員参加問題のみ扱うものではなく、取締役の責任、少数株主の保護、取締役会の構成・活動、監査役の選任・解任・権限・義務・責任などの問題も含まれており、近時の英国は、現労働党政権下においても従業員参加問題への意識は後退し、論議の焦点は大きくこちらに移行しているのである。

三　近時のコーポレート・ガバナンス論

(1)　トリッカーのコーポレート・ガバナンス論

一九八四年に刊行されたトリッカーの著書『コーポレート・ガバナンス』[13]は、著者がオックスフォード大学コーポレート・ポリシイ・グループ（The Corporate Policy Group）において、一九七九年から一九八三年にかけ研究した成果に立脚するものであり、当時の英国における研究者・実務家サイドのコーポレート・ガバナンス論の一端を知る上で注目される。彼は英国の株式会社を、公募会社（public company）、非公募会社（private company）、私的会社（proprietory company）、従属会社（subordinate company）に分類し、各々に関し、指揮（direction）、業務執行（executive management）、説明責任（accountability）、監督（supervision）が最も効率よく適正配分された会社統治機構のモデルを、以下のように提示している。[14]

まず公開会社の統治機構であるが、株主総会の下部機関として統治委員会（governing board）を設け、これは、統治委員会会長（chairman of the governing board）、監事（governors）、取締役からなるものとする。そして、統治委員会の下部機関として、取締役会（最低二名）と監事会（governors meeting）（最低二名）を並置させ、指揮と業務執行は原則として取締役会が行い、監事会がこれを監視することとする。株主総会においては、統治委員会会長が、会社の活動とその展望についての統治委員会の評価を説明・報告する。最初の監事は取締役会が選任するが、以後は、監事自身が指名委員会を設けて選任する。株主総会は独立した会計監査役（auditors）を選任し、監査役は取締役の報告と会計書類を監査し、その結果を株主総会と統治委員会に報告する、というものである。

非公募会社とは株式の公募をしない会社であるが、これには休眠投資家（dormant investors）、創業者一族、ベンチャー・キャピタルを提供する金融機関、ジョイント・ベンチャーのパートナーなどの外部株主が存在する。この統治機構としては、株主総会の下部機関として取締役会がある。取締役会は、議長、業務執行取締役そして非業務執行取締役からなる。非業務執行取締役は監査委員会を構成し、外部の独立した会計監査役とともに業務執行を監査する、というものである。

私的会社とは全株主が内部者として指揮と業務執行を行っており、それ以外には外部に株主のいない会社である。このような会社の場合には、株主のための営業報告書も計算書類も監査も不要とされる。必要なのは会社債権者の保護のために、会社登記官に年次の支払可能宣言書を届け出ることだけであり、これは独立した会計士の監査を受けなければならない。

従属会社とは他の支配会社に従属している会社であり、完全支配の親会社以外株主のいない子会社、他に少数株主もいるが多数株主である支配会社に支配されている子会社、あるいは株主の中に支配会社により経営をコントロールされている関連会社も含まれる子会社などをいう。この会社のガバナンスは、経営委員会(management board)によって行われるが、この委員会の構成メンバーは、主に当該会社自身の業務執行取締役であるが、加えて支配会社あるいはグループ内の究極の支配会社に雇用されている非業務執行取締役、さらには、当該会社やグループ内の会社に雇用されていない外部からの取締役からなりたっている。会社の指揮はこの経営委員会によって発せられるが、それは支配会社やグループから承認されたものでなければならず、それらの政策と一致しなければならない。業務執行行為は業務執行取締役によって行なわれ、監視権限は究極的には支配会社の取締役会あるいはグループの手中に握られる。説明責任は経営委員会が負担する。

少数株主も存在する場合には、株主総会の存在が必要とされるが、株主が完全支配会社の場合には株主総会は不要である。すべての従属会社の計算書類は監査され届け出されて公開されなければならない。

(2) 三つの委員会報告書

① キャドベリー報告書

一九九〇年代の英国のコーポレート・ガバナンス論の発展に拍車をかけた嚆矢は、一九九二年一二月一日に公表された、キャドベリー委員会による「コーポレート・ガバナンスの財務的側面（the Financial Aspects of Corporate Governance）」という報告書（Cadbury Committee Report）である。[15]これは英国内で一九八〇年代後半から生じた各種の企業不祥事に対応して設けられた会社制度の再検討委員会による報告書であり、企業トップの独断専行の阻止、財務情報の適正開示を意図して、英国の企業の実状分析と提言が試みられている。この報告書は、「勧告（Recommendations）」と「最善実務規範（The Code of Best Practice）」とからなりたっているが、第五指令案との関係では一元制維持の立場に立ち、取締役会を会社業務の指揮と監督の担い手として把握し、取締役会の監督機能は社外の非業務執行取締役（non-executive director）のみからなる監査委員会（audit committee）がはたすべきものと主張している。そして、すべての上場会社の取締役会が「最善実務規範」を遵守すべきであり、上場会社においては報告書と財務諸表に「最善実務規範」の遵守いかんと不遵守の理由を記載すべきことが証券取引所の継続的上場要件とされるべきであること、そして会計監査役（auditor）がこの遵守いかんに関する記載を公表前にレヴューすべきことを主張している。すなわちコーポレート・ガバナンスの実効性を経済界による自主規制によって確保し、会計監査役には会計監査以上の業務監査の職責まで認めようとしている点が注目される。

② グリーンベリー報告書

キャドベリー報告書が公表された後、一九九五年七月一七日には、取締役の高額報酬問題をきっかけとして発足したグリーンベリー委員会(Greenbury Committee)が、その報告書「取締役の報酬(Directors' Remuneration)」を公表している。[16] そこでは、説明責任（accountability)、透明性（transparency)、報酬と業績との連動（linkage of rewards to performance）を基本原理として、「最善実務規範」が示されている。この中には、①取締役会は、内部に独立した非業務執行取締役によって構成される報酬委員会を設置し、報酬委員会は、業務執行取締役の報酬に関する会社の方針と各業務執行取締役における報酬パッケージ（年金および補償金の受給権を含む）を決定すること、②報酬委員会は、毎年、取締役会にかわって株主あてに取締役の報酬に関する報告書を作成すること、③この報告書においては、業務執行者の報酬に関する会社の方針が記載され、かつ、各取締役の名前をあげて各自の報酬パッケージのすべての要素（基本給、現物手当、年次ボーナス、ストックオプション等の長期報奨計画など）について詳細が示されなければならないこと、そして、④報酬委員会会長は、年次総会において委員会の決定事項につき株主の質問に答えること、⑤取締役会自体は、定款所定の基準内で非業務執行取締役（報酬委員会の構成員を含む）の報酬を決定すること、などの諸規定が見られる。

この報告書においても、ロンドン証券取引所が、すべての上場会社に対し、報酬委員会に関する「最善実務規範」の遵守いかんと不遵守の理由を記載した報告書を作成し、株主に開示すべきことをその継続的義務として課すべきことを勧告している。これを受けて、同証券取引所は、上場会社に対し、年次遵守報告書（annual compliance statement）の作成を継続的上場義務として課すにいたった。[17] また、この報告書の勧告を受けて、一九九七年会社の会計（取締役の報酬の開示）規制（Company Accounts (Disclosure of Directors'

Emoluments) Regulation 1997) が制定されている。(18)

③　ハンペル委員会報告書

以上にみた一九九〇年代の各種委員会報告書を総括するかたちで、一九九八年一月二八日、ハンペル委員会 (Hampel Committee) の最終報告書「コーポレート・ガバナンス委員会最終報告書 (Committee on Corporate Governance Final Report)」が公表された。(19) その「結論と勧告の要約」の概要は以下のとおりである。

「コーポレート・ガバナンス原則」

会社は、年次報告書において、会社統治に関する広範な原則をいかにして適用しているかについて述べるべきである《原文通し番号一》。

「原則の適用」

会社は、「最善実務規範」からの逸脱を正当づける状況も含めて、そのガバナンス方針についてすすんで説明すべきである。ガバナンスを評価する立場の者は、本ガバナンス原則を、柔軟に、良識をもって、かつ、会社固有の状況を適正に考慮して、適用すべきである《二》。

「将　来」

本委員会は、キャドベリー委員会、グリーンベリー委員会、そして本委員会の成果を包含する、一連のコーポレート・ガバナンスに関する原則と行為規範の作成を試みた。ロンドン証券取引所が、上場規則の改正案とともにこれを検討することを希望する《三》。

「取締役」

①　業務執行取締役と非業務執行取締役は、法の下、同じ義務を負担すべきである《五》、②　経営者は取締

役会に適当かつタイムリーな情報を提供すべきである。取締役会会長は、取締役全員に対する情報の適切な伝達を確保すべき特別な責任を負う《六》。③ 上場会社の取締役に初めて選任される者は、その後も必要に応じて、適当な教育訓練を受けるべきである《七》。④ 取締役会は、会社全体の利益について幅広い観点で判断できる業務執行者の中から業務執行取締役を選任すべきである《八》。⑤ 非業務執行取締役の過半数は独立した取締役でなければならない。取締役会は年次報告書において、どの非業務執行取締役が独立しているると考えられるかについて開示しなければならない。これはあらゆる規模の会社に適用される《九》。⑥ 英国においては、一層制の取締役会が圧倒的に支持されており、二層制の取締役会はほとんど支持されていない《一〇》。⑦ 取締役会は、取締役会自体の総合的な業績および個々の取締役の業績を評価する手続の導入を検討すべきである《一一》。⑧ 非業務執行取締役は、取締役会の構成員中、少なくとも三分の一必要と考える《一二》。⑨ 広範な経歴を有する人材こそ非業務執行取締役として真に貢献しうるものと信ずる《一三》。⑩ 取締役会会長と最高経営責任者の役割は分離することが望ましい《一四》。⑭ 取締役会会長と最高経営責任者とが兼任しているか否かにかかわらず、上席の非業務執行取締役が年次報告書において明示されなければならない《一五》。⑪ 会社は新しい取締役の選任に際し、取締役会にこれを推薦する指名委員会を設けるべきである《一六》。⑫ 取締役は少なくとも三年ごとに改選されなければならない《一七》。⑬ 改選にかけられる取締役の氏名には、詳細な履歴が付されなければならない《一八》。⑭ 非業務執行取締役の在職期間と年齢については一定の規則があってはならない。しかし、在職期間の延長と高齢化には非効率性および非客観性というリスクがあるので、取締役会はこれに注意しなければならない《一九》。⑮ 任期満了前に退任する取締役については、株主に説明するのが適当かつ有益である《二〇》。

「取締役の報酬」

① 他社における報酬と比較して取締役の報酬水準を決定することには注意を要する。会社の実績をともなわない高額が決定される危険性があるからである《二一》。② 業績主義の報酬に関するグリーンベリー報告の規定に追加すべき改善策はない。かわりに、本委員会は、会社の特定状況にふさわしい計画を考案する際には、報酬委員会自身が判断すべきことを主張する。かかる計画についての報酬総額は過大であってはならない《二二》。③ 非業務執行取締役に会社の株式で報酬を支払うことには反対しない。しかし、これを一般的な実務として勧告するものではない《二三》。④ 取締役会は取締役の契約期間を一年以下に短縮することを目的とすべきである。しかし、これは直ちに達成できるものではないことを承知している《二四》。⑤ 取締役が事前に当該状況下の報酬について同意して早期に退任することには何らかの利点が認められる《二五》。⑥ 報酬の方針を発展させ、個々の業務執行取締役の報酬パッケージを案出するために、取締役会は報酬委員会を設けるべきである《二六》。⑦ 業務執行取締役の報酬パッケージに関する決定は報酬委員会に委ねられるべきである。業務執行取締役の報酬のおおまかな枠組とその費用については報酬委員会の助言に従う取締役会が関わるべき問題である。取締役会は、非業務執行取締役の報酬パッケージを案出すべきである《二七》。⑧ 取締役会に対し、年次報告書に報酬方針を記載すべきことを要求したい。この記述がより情報に満ちたものであることを希望する《二八》。⑨ 取締役個人の報酬パッケージが開示されなければならない。しかし、この開示は複雑になりすぎていると考える。本委員会は、最近の会社法ルールの簡素化を歓迎し、関係当局が一層の簡素化へ向けて検討を重ねるよう希望する《二九》。⑩ 英国企業の在外取締役に対しても、取締役個人の報酬の詳細について開示すべき要件を及ぼすべきである《三〇》。⑪ 本委員会は、証券取引所

の上場規則に含まれている、支払いの増加に対する年金の影響に関する開示の要件を支持する。本委員会は、会社は、転換価値（transfer values）は年間の報酬総額に有意義に加算しえない旨を明らかにすべきことを提案したい《三一》。⑫ 新規の長期報奨計画に対し株主の承認を求めるべきことには同意する。しかし、報酬報告書につき株主の承認を求めるべきことを、会社に義務づけることには賛成できない《三二》。

「株主および年次株主総会」

① 本委員会は、年金基金受託者に対し、ファンド・マネジャーに長期的視点に立って投資管理にあたるよう奨励することを勧告する《三三》。② 機関投資家には、顧客に対し彼らの議決権を熟考して行使すべき責任があると信ずる。本委員会は、あらゆる種類の機関投資家に対して、実行可能な場合には常に、顧客の管理下で投票するよう強く勧告したい。しかし、そのような投票が強制されるべきであるとは勧告しない《三四》。③ 機関投資家に対し、顧客から請求があれば、投票したか非裁量的委任状を提出した決議の割合に関する情報を伝えるよう勧告する《三六》。④ 年次株主総会に十分な出席者を得た場合、会社は、当該総会において、質問時間と返答時間を設けて、事業報告をなすよう勧告する《三八》。⑤ 本委員会は、会社が、各決議において挙手がなされた後、全委任状投票を計算しそれを発表すべきことを勧告する《三九》。⑥ 本委員会は、通商産業省が、株主総会決議、委任状および法人代表者に関する法律の提案をすみやかになすよう希望する《四〇》。⑦ 株主は、本質的に異なる別個の問題に関しては、別々に投票できるべきである。単一の決議において無関係の相異なる提案を「束ねる」実務はなくさなければならない《四一》。⑧ 議長は、即答できない重要な問題については、適宜、質問者に書面による返答を提出すべきである《四二》。⑨ 年次総会において誰が質問に答えるかの決定は、議長に委ねられる。しかし、監査委員会・報酬委員会・指名委員

会の各委員長も利用できることはよい実務手続と考える《四三》。⑩ 会社は、年次総会において、報告書と計算書類に関する決議を提案すべきである《四四》。⑪ 年次総会の招集通知と関連書類は、総会前、少なくとも営業日の二〇日前に株主に発送されるべきである《四五》。⑫ 会社は、総会における議論の要約を作成し、請求した株主にこれを送付できることとしたい《四六》。

「説明責任と監査」

① 各会社は監査委員会を設けるべきであるが、この委員会は少なくとも三人の非業務執行取締役からなり、少なくともその内の二人は独立取締役であるべきである。本委員会は、小規模な会社につき一般的にこの要件を緩和することには賛成できない。しかし、株主に対しては、困難なケースを自分達に有利に柔軟に考察するよう勧告したい《四八》。② 本委員会は、ガバナンス問題に関する監査役の報告に関し、追加的要件も、既存の要件の除去も、勧告しない《四九》。③ 本委員会は、客観性の維持と金銭の価値とのバランスを確保するために、監査委員会が、会社と会計監査人との間の財務関係の全体をレヴューすることを提案したい《五一》。④ 本委員会は、取締役会は、会社の内部統制システムについて報告すべきであると勧告する。さらに、会計監査人においては、取締役会に対し、内部統制について私的に報告すべきことを勧告する。このことは効果的な対話がなされ、最善の実務慣行が発展することを可能にするであろう《五二》。⑤ 取締役会は、財務的な統制に限らず、関係するすべての統制の対象に対し、統制を維持し、かつそれらをレヴューすべきである《五三》。⑥ いまだ独立した内部的監査機能を有していない会社は、おりにふれ、この必要性を検討すべきである《五四》。⑦ 取締役に対し、年次報告書中に「継続企業（going concern）」についても記述するよう要求し続けるべきである《五五》。⑧ 会計監査人は、その責任に関する法律が懸念されて、現在

の職務を超えることを禁じられている。職業上の基準を作成する責任者は、そして、法律改正に関する決定がなされるときには、この懸念について考慮されるべきである《五六》。

(3)　上場会社のための統合規範

①　統合規範の概要

一九九八年六月、ハンペル委員会は、これまでの二つの委員会と自らの委員会が公表してきた「コーポレート・ガバナンス原則」と「最善実務規範」とを統合した、「統合規範（The Combined Code)」を公表しており[20]、現在これはロンドン証券取引所の上場規則に添付されている。この「統合規範」は、第一部（Part 1）と第二部（Part 2）からなっており、第一部では「健全なガバナンス原則（Principles of good governance)」が、第二部では、この原理を達成するための「最善実務規範」が列記されている。第一部・第二部ともに、第一節（Section 1）と第二節（Section 2）からなっており、第一節は上場会社に適用され、第二節は機関投資家に適用される。ロンドン証券取引所の上場規則によれば、すべての上場会社は、上場要件として、開示書面を作成しなければならず、この書面の第一部においては、「統合規程」における「ガバナンス原理」をいかに適用しているかについて、また、第二部においては、「実務規範」の遵守状況、および遵守していない場合にはその理由を、開示しなければならない[21]。

もっとも、「統合規範」は法の要求によって作成された法規範ではない。この種の規範の性質に関しては、キャドベリー・コードにつき、以下のような判決がみられる。すなわち、「コーポレート・ガバナンスに関する限り、上場会社の株式を購入する公衆が、すべての関連原則および最善実務規範が会社との関係において遵守されるであろうと期待するのも無理はない。しかし、この期待は、会社法四五九条の請求を可能とする会社の定款（キャドベリー・コードは定款を構成しない）上の権利の行使に対し、衡平法上の制約をもたらすものではないと解する。それは、本質的には、会社業務は、株主一般あるいは株主のある部分の利益を不公正に侵害する方法では執行されないであろうという期待、すなわち、あらゆる場合に存在すると思われる期待と変わらないのである」と。[22]

② 統合規範の具体的内容

「統合規範」に掲げられている「健全なガバナンス原則」および「最善実務規範」の規程（provision）の要旨は、以下のとおりである。

A 取締役

〔取締役会〕

（原則）「すべての上場会社は、会社を指揮し統制すべき有効な取締役会によって、導かれなければならない。」《A. 1》。

（規程要旨）取締役会は定期的に開催されなければならない《A.1.1》。取締役会は、決議事項を定めた公式の予定表を有すべきである《A.1.2》。会社には、取締役が、その職務遂行上、会社の費用で、独立した職業的助言を得ることができるように合意された手続がなければならない《A.1.3》。すべての取締役は取締役会の手続に関し、秘書役と接触して助言を得ることができなければならない《A.1.4》。すべての取締役は、戦略・業績・資源（重要な人物の任命を含む）および行動基準に関し、独自の判断をなさなければならない《A.1.5》。すべての取締役は、はじめて上場会社の取締役会の構成員として選任された場合、そしてその後も必要に応じて、適当な教育訓練を受けなければならない《A.1.6》。

〔取締役会会長（chairman）および最高経営責任者（chief executive officer）〕

（原則）「すべての公開会社の首脳には二つの重要な職責がある。すなわち、取締役会の運営と会社の事業を遂行するうえでの業務執行責任である。会社の首脳においては責任が明確に区別されなければならない。この区別は、一個人が無制限の決定権限を持つことのないよう、権力と権限のバランスを確保するものでなければならない」《A.2》。

（規程要旨）取締役会会長と最高経営責任者の地位を一人に統合させる決定は、公的に正当化されなければならない。これらの地位を異なった人が占めるにせよ、同一人が占めるにせよ、取締役会には、会長とは別の上位メンバーで、強力かつ独立した非業務執行取締役が存在しなければならない。会社の年次報告書中においては取締役会会長・最高経営責任者・上位独立取締役の身元が示されなければならない《A.2》《A.2.1》。

〔取締役会のバランス〕

原則「取締役会においては、いずれの個人または小グループも取締役会の決定を独占することのないよう、業務執行取締役と非業務執行取締役とがバランスをたもって存在しなければならない」《A.3》。

（規程要旨）取締役会には、三分の一以上の非業務執行取締役が存在しなければならず、彼らは、取締役会決議においてその見解に重要性を帯びるよう十分な力量と数を備えなければならない《A.3.1》。非業務執行取締役の過半数は経営から独立しており、かつ、彼らの独立した判断に対し重大な干渉を及ぼしうる事業その他の関係から自由でなければならない。この意味において、取締役会が独立していると考える業務執行取締役については、そのことが年次報告書で示されなければならない《A.3.2》。

〔情報の提供〕

（原則）「取締役会へは、その義務が履行できるよう、タイムリーに、かつ、この目的にふさわしい形式と質をともなって、情報が提供されなければならない」《A.4》。

（規程要旨）経営者には取締役会に対して適当かつタイムリーな情報を提供すべき義務がある。しかし、経営者が自発的に提供する情報はすべての場合に十分というわけではなく、取締役は、必要な場合、一層の調査をなさなければならない。取締役会会長は、取締役会で扱われた問題の要点がすべての取締役に伝えられることを保証しなければならない《A.4.1》。

〔取締役会への指名〕

（原則）「取締役会へ新しい取締役を任命するため、正式かつ透明性のある手続が存在しなければならない」《A.5》。

（規程要旨）取締役会が少人数でない限り、取締役会には、取締役会のメンバーとして推薦をなす指名委員会を設けるべきである。この委員会には、非業務執行取締役の過半数が含まれていなければならず、彼らの一人または取締役会会長がこの委員会の会長をつとめなければならない。指名委員会の会長とメンバーは年次報告書中で示されなければならない《A.5.1》。

〔改　選〕

（原則）「すべての取締役は定期的に、かつ少なくとも三年ごとに改選されなければならない」《A.6》。

（規程要旨）非業務執行取締役は、一定期間につき選任され、会社法に従い解任しうるものでなければならない。また、再任は自動的であってはならない《A.6.1》。すべての取締役は、指名された後、株主により選任されなければならない。その後は、三年以下の間隔で、再選されることになる。選任及び再任に際しては、株主が情報に基づいて判断できるよう、彼らには取締役の詳細な履歴が十分に伝えられなければならない《A.6.2》。

B　取締役の報酬

〔取締役の報酬の水準と構成〕

（原則）「報酬の水準は、首尾良く会社を運営するために必要とされる取締役を引き寄せ留まらせるに十分なものでなければならないが、会社はこの目的のために必要以上のものを支払ってはならない。業務執行取締役の報酬の割合は、会社と個人の業績と連動していなければならない」《B.1》。

（規程要旨）報酬委員会は他社に対する自社の位置づけを判断しなければならない。また、自社に匹敵する会社が支払っているものを知り、関係する業績を考慮に入れなければならない。しかし、このような比較は、業績の相応な改善がないのに、報酬を高値で安定させるリスクがあることを考慮しつつ、行われなければならない《B.1.2》。業績連動型の報酬の要素は、業務執行取締役の全報酬パッケージにおいて大きな割合を占めなければならず、彼らの利益と株主の利益を一致させ、かつ業務執行取締役に最高水準の業績をあげようとする強力な誘因となるものでなければならない《B.1.4》。報酬委員会は、取締役が早期に退職する場合には、いかなる補償の約束（年金拠出を含む）をなすべきかについて検討しなければならない。とりわけ、不行跡による解任の場合を除き、かかる補償の約束を最初の任用契約中に明確に規定することを検討しなければならない《B.1.9》。最初の任用契約中に補償の約束が明確に規定されていない場合には、報酬委員会は、個々の早期退職事例の処理を広範な多様性をおびる状況に適合させなければならない。この場合の大きな目的は、業績不振による退職でない場合、事態を公正に扱いつつ、業績不振なのに報奨することを回避することであり、また、退任取締役の損失緩和義務を反映する程度にまで補償を減ずる強力路線をとることにある《B.1.10》。

〔手　続〕

（原則）「会社は、業務執行取締役の報酬に関する方針を展開し、かつ、個々の取締役の報酬パッケージを定めるため、公式かつ透明な手続を定めなければならない。いかなる取締役も自己の報酬の決定に関与してはならない」《B.2》。

（規程要旨）取締役会は、これに対して勧告をなす独立した非業務執行取締役からなる報酬委員会を設けなければならない《B.2.1》。報酬委員会は、経営から独立しており、かつ自己の独立した判断に重大な干渉を及ぼすような事業その他の関係から解放されている非業務執行取締役によってのみ構成されなければならない《B.2.2》。報酬委員会は、取締役会会長および最高経営責任者もしくはその一方に、他の業務執行取締役の報酬について相談しなければならず、職業的専門家の助言も利用しなければならない《B.2.5》。取締役会会長は、会社が、報酬以外の案件におけると同様、報酬に関しても、主たる株主との連絡を維持していることを確保しなければならない《B.2.6》。

〔開　示〕

（原則）「会社の年次報告書中には、報酬に関する会社の方針および各取締役の報酬の詳細が記載されなければならない」《B.3》。

（規程要旨）取締役会は、株主に対し、毎年、報酬について報告しなければならない。この報告は、年次報告書および計算書類の一部を構成するか、添付書類とされなければならない《B.3.1》。この報告書においては、業務執行取締役の報酬に関する会社の方針が記載されなければならない《B.3.2》。新しい長期インセンティブ報酬計画については、原則として、株主の承認が求められなければならない《B.3.4》。株主に対する取締役会の年次報酬報告は、定時株主総会の議題の標準的項目とされる必要はない。ただし、取締役会は、毎年、報酬報告書に記載される方針が、株主総会の承認を必要とし、かつ決議を記録すべきものか否かを検討しなければならない《B.3.5》。

C　株主との関係

〔機関投資家との対話〕

（原則）「会社には、目的の相互理解に基づいて、機関投資家と対話に入る用意がなければならない。」《C.1》。

〔年次株主総会の建設的な活用〕

（原則）「取締役会は、年次株主総会を、個人投資家との意思の交換をはかり、かつ、彼らの参加を促進するために、利用しなければならない」《C.2》。

（規程要旨）会社は委任状による投票のすべてを計算しなければならない。投票の場合を除き、挙手による決議の後には、各決議における委任状の割合および賛否の差を示さなければならない《C.2.1》。会社は、年次総会において、実質的に異なる案件に関し、特に、年次報告書および財務諸表に関し、個別的に決議を提案しなければならない《C.2.2》。取締役会会長は、監査委員会、報酬委員会、指名委員会の各会長が、年次総会における質問に答えることができるよう、調整しなければならない《C.2.3》。会社は、少なくとも、総会の二〇営業日前に、年次総会の招集通知を送付しなければならない《C.2.4》。

D　説明責任と監査

〔財務報告〕

（原則）「取締役会は、会社の現状と見とおしに関し、バランスのとれた理解しやすい評価を発表しなければならない」《D.1》。

（規程要旨）取締役は、計算書類の作成に関する責任を説明しなければならず、監査役は書面をもってその報告責任について述べなければならない《D.1.1》。バランスのとれた理解しやすい評価を発表すべき取締役会の責任は、制定法上公表が求められている情報のほか、中間報告書およびその他の株価に影響を及ぼす公的な報告書、さらに規制当局に対する報告書にまで及ぶ《D.1.2》。

〔内部統制〕

（原則）「取締役会は、株主の投資と会社の資産をまもるため、健全な内部統制システムを維持しなければならない」《D.2》。

（規程要旨）取締役会は、少なくとも毎年、グループの内部統制の効率性をレヴューし、株主に対しこれを行った旨を報告しなければならない。レヴューは、財務上、活動上、遵守上の統制リスク・マネジメントを含む、すべての統制についてなされなければならない《D.2.1》。内部の監査機能を有さない会社は、適時その必要性について検討しなければならない《D.2.2》。

〔監査委員会と監査役〕

（原則）「取締役会は、会社の会計監査人との間で、財務報告および内部統制の原則をいかに適用すべきかを検討し、かつ、適正な関係を維持するために、公式かつ透明性のある取り決めをはからなければならない」《D.3》。

（規程要旨）取締役会は、少なくとも三人以上の、全員が非業務執行取締役である監査委員会を設置しなければならず、この会の権限と義務を明確に規定した書面を作成しなければならない。このメンバーの過半数は独立した非業務執行取締役でなければならず、年次報告書と財務諸表においては、メンバーの名前が示されなければならない《D.3.1》。監査委員会の職務は、監査の範囲と結果、そのコストの効率性、そして監査役の独立性と客観性を、継続的にレヴューすることである。監査役が非監査業務をも会社に提供している場合には、監査委員会は、客観性と金銭価値のバランスを保ちつつ、この業務役務の性質と範囲について、継続的にレヴューしなければならない《D.3.2》。

E　機関投資家

〔株主の議決権〕

（原則）「機関投資家はその議決権を熟考して行使する責任を負う」《E.1》

（規程要約）機関投資家は、請求があれば、顧客に対し、投票がなされ、かつ、非裁量的な委任状が提出された決議の割合に関する情報を提供しなければならない《E.1.2》。

〔会社との対話〕

（原則）「機関投資家は、実現が可能ならば、目的の相互理解に基づき、会社との対話に入る用意がなければならない」《E.2》

〔ガバナンスの評価〕

（原則）「ガバナンスに関する取り決め、とりわけ取締役会の機構と構成、について評価する場合、機関投資家は、注意をはらったすべての関係要素に対し適正なウェイトをおかなければならない」《E.3》

四　その後の動向

ハンペル報告書の公表後、通商産業書は、取締役の報酬規制のあり方を検討する一環として、英国の会計事務所プライスウォーターハウスクーパース（PricewaterhouseCoopers）に対し、上場会社における現行の「最善実務規範」の遵守状況の調査を依頼し、その回答として、一九九九年五月、「取締役の報酬に関するコーポレート・ガバナンスの検討（Monitoring of Corporate Governance Aspects of Directors' Remuneration）」という報告を受けている[23]。それによれば、①会社の報酬政策につき株主に承認を求めているのはわずかである、②業績連動の報酬に関してはほとんどの会社が株主に開示している、③報酬委員会は必ずしも独立した非業務執行取締役によって構成されていない、④新たな報奨計画を創設したり既存の計画を改定する会社のほとんどは業績基準を示している、⑤ほとんどの会社は業務執行取締役の任用契約を三年から二年に短縮している、ことなどが窺い知れる。

ついで、この報告書を検討した結果、一九九九年七月、通商産業書は、諮問書「取締役の報酬（Directors' Remuneration――A Consultative Document）」を公表し、以下の趣旨の提案を行っている[24]。すなわち、①すべての上場会社は独立した非業務執行取締役のみからなる報酬委員会を設置する必要がある。取締役会会長は報酬委員会の構成員となるべきでない。取締役の報酬に関し、外部のコンサルタントから助言をえるときは、報酬委員会がこれを選任すべきである、②会社は業績と報酬の連動に関し、より多くの情報を株主に開示すべきである、③個々の取締役の報酬に関する開示は簡易なものにすべきである。業績連動に関する開示を改善するような開示事項を導入すべきである、④取締役任用契約と地位喪失に対する補償の締結に関する開示規定を強化すべきである、⑤上場会社とその株主の関係については、以下のような措置を講ずることが考えられる。すなわち、(イ)株主に、取締役会作成の報酬報告書を総会で承認させるよう、会社に対し請求させる、(ロ)株主に、取締役の報酬政策について同意させるよう会社に対し請求させる、(ハ)株主に、取締役に対し改選に立候補するよう請求させる、(ニ)株主に、取締役会長を毎年改選するよう会社に対し請求させる、(ホ)株主が年次総会で取締役の報酬を決議できる特別手続を創設すること、などである。

なお、最近の英国企業は、キャドベリー・レポートから「統合規範」へと連なる実務慣行規範にもとづき、ユニークな記載内容を備える年次報告書を公表するようになっている。すなわち、年次報告書は、①最善実務規範を遵守している旨のステートメント、②その他の具体的規範（取締役会・取締役の報酬・内部統制システムに関するもの）の遵守に関するステートメント、③取締役会および会計監査人の責任に関するステートメントを含んでいて、会社の説明責任をはたす有用な手段となっているのである。[25]

そして現在、英国では、通商産業省が一九九八年三月に「競争的経済のための現代的会社法（Modern Company Law for a Competitive Economy）」という意見照会文書を公表して以来、数十年ぶりの会社法大改正作業が進行中である。[26]ここでは、①コーポレート・ガバナンス問題、②取締役と会社との関係、上場会社の非業務執行取締役の役割、③株主総会の改善策、④大会社の会計と決算報告、⑤私会社規定の簡素化、⑥オーナー経営会社における法の簡素化、⑦小規模会社の決算と会計報告など、これまでの長期にわたる論議の成果をふまえて抽出されてきた数々の興味深い問題点が俎上にあげられており、今後の成り行きには極めて

興味深いものがある。(27)

五　む　す　び

一九九〇年代に展開されてきた、英国における株式会社に関するコーポレート・ガバナンス論は、もっぱら一元制の取締役会制度における機構改革をめぐる論議に終始してきた。現在が労働党政権下であるにもかかわらず、かつてのような従業員参加をめぐる熱い論議はうかがわれない。世界的な企業競争にうち勝っていくためには、取締役のみが、それも業務執行取締役が業務執行に専念し、非業務執行取締役がそれを監督する体制がもっともふさわしく、二元制の体制はかえって柔軟性を欠くと判断されているのである。そして、コーポレート・ガバンンス原則の徹底は、法律によるよりも、市場の自主規制を通じて達成する方針が進められてきた。これまでの経緯が、二一世紀の初頭にも実現が見込まれる会社法の大改正においてどのような形で結実するかは、現段階では定かでないが、わが国の会社法を改正するうえでもその動向は極めて注目に値するものといえよう。なぜなら、米国会社法におけるように取締役と執行役員(officer)の地位が制度上分離していないわが国の取締役会制度は、取締役会に意思決定権限と業務執行権限とが本来的に属していて、そこから代表取締役に業務執行権限が移譲されているという点において、取締役全体（the directors）から業務執行取締役（managing director）に経営権が委ねられる英国会社法の構造と類似しているからである。(28)

もっともわが国と英国の実状がすべての面で類似しているわけではない。たとえば、社外より独立した非業務執行取締役を相当数迎え入れようとしても、人材確保のためのヘッドハント組織がすでに存在していて企業がそれを利用している英国とわが国とでは事情が異なるといえよう。(29)また、コーポレート・ガバナンスの目的は、立法によってのみ達成しうるものではなく、実務慣行の刷新・改善が不可欠である。たとえば、いくら取締役会制度を改革しても、わが国銀行界にみられたような、トップが経営そして経営責任を考えなくてもすむようなシステムとしての「企画部至上主義」なる慣行が温存されるならば、事態は従前どおりということになる。したがって、今後も、両国の制定法と実務慣行両面における共通点と相違点とに留意しつつ、鋭意、比較検討を続ける必要があるであろう。

（1）　武田隆二「会計学の視点からコーポレート・ガバナンスを考える」産業経営二六号二七頁（早大、一九九九）。

（2）　生協におけるコーポレート・ガバナンス（生協総研レポート一九号）（一九九八）、石山卓磨「株式会社と協同組合のコーポレート・ガバナンス」現代保険論集（鈴木辰紀先生古稀記念）九七頁以下（成文堂、二〇〇一）。

（3）　1945 Cmd. 6659. この内容に関しては、星川長七・英国会社法序説三〇六頁以下（勁草書房、一九六〇）。

（4）　1962 Cmnd. 1749.

（5）　英国の従業員参加問題を論ずるものとして、上田廣美「ECにおける従業員参加の法的研究(4)――加盟各国における従業員参加の諸形態と欧州労使協議会指令への展開」法研論集（早大）八四号五頁以下、喜多了祐・経営参加の法理（勁草書房、一九七九）、川内克忠・経営参加と会社法――イギリスにおける一展開（中央経済社、一九八一）。

（6）　Park v. Daily News [1962] Ch. 927.

（7）　会社法中に労働者の地位を位置づけるべきことを主張してやまなかった英国の実業家としてゴイダー（Goyder）がいる。その企業観については、石山卓磨・現代会社法・保険法の基本問題三頁以下（成文堂、一九九七）。

(8) Official Journal of the European Communities 1972 NoC 131/49.

(9) 'Employee Participation and Company Structure in the European Community' Bulletin of the European Communities, Supp. 8/75, p. 46.

当時のＥＣによる会社法の調整と英国の対応について、川内・前掲八四頁以下、上田・前掲論文⑸法研論集八五号五一頁以下（一九九八）。

(10) Palmer's Company Law 16.402 (Sweet & Maxwell, 1999).

(11) 'Report of the Committee on Industrial Democracy' 1977 Cmnd. 6076. この内容に関しては、川内・前掲書一一八頁以下、喜多・前掲書。

(12) 1978 Cmnd. 7231. この内容に関しては、川内・前掲書二〇二頁以下。

(13) R.I. Tricker, Corporate Governance (Gower, 1984).

(14) Id., p. 242 et seq.

(15) この内容については、海外情報「英国の会社運営に関する模範規程――Code of Best Practice・キャドベリー委員会の最終報告」商事法務一三四一号三八頁、本間美奈子「イギリス法上の株式会社運営機構とその課題（一）――キャドベリー報告書の検討を通じて」法研論集（早大）七五号二二一頁以下。翻訳として、八田進二＝橋本尚「英国のコーポレート・ガバナンス」（白桃書房、二〇〇〇）三頁以下。

(16) 海外情報「イギリスの会社役員報酬制度に関する論議――グリーンブリー報告書の発表」商事法務一四〇〇号四四頁、大久保拓也「イギリス法における取締役の報酬規制」法学研究年報（日大）二九号一九二頁以下。翻訳として、八田＝橋本・前掲書一一一頁以下。

(17) The Listing Rules, r12. 43(w), (x).

(18) 現行会社法制下、通常株主総会に提出すべき計算書類の注記においては、以下の情報が示されなければならない（英国会社法二三二条、附則六、第一部）。すなわち、①取締役達（the directors）に支払われた報酬・

ボーナス・手当などの総額、②上場会社の場合には、株式オプション計画その他の長期的報奨計画の下で取締役達に支払われた給付金（年次ボーナス・地位喪失あるいは退職の補償金を除く）の総額、③取締役達のために年金計画に醵出された総額、④取締役達の地位喪失のために支払われた補償金の総額、⑤会社経営のためのあるいは取締役としての役務に関する条項に従い、第三者に支払われた総額、⑥取締役達に支払われたその他すべての金銭の総額、などである。

(19)　翻訳として、八田＝橋本・前掲書一七一頁以下。
(20)　翻訳として、八田＝橋本・前掲書二四一頁以下。
(21)　Charlesworth & Morse, Company Law (16th ed.) p. 343 et seq. (Sweet & Maxwell, 1999).
(22)　Re Astec (BSR) plc, [1998] 2B. C.L.C. 556, 590.
(23)　大久保・前掲二〇四頁以下。
(24)　大久保・前掲二〇八頁以下。
(25)　関　孝哉「コーポレート・ガバナンス規範に対する英国企業の対応とディスクロージャー」商事法務一五七〇号一五頁以下。
(26)　伊藤靖史「イギリスにおける会社法改正の動向」商事法務一五六八号五〇頁。
(27)　Modern Company Law for Competitive Economy, Developing the Framework (A Consultation Document from The Company Law Review Steering Group, DTI) (Mar. 2000) など参照。
(28)　アメリカ型とイギリス型のコーポレート・ガバナンスを比較するものとして、酒巻俊雄「コーポレート・ガバナンスのアメリカ型とイギリス型」税経通信一九九九年一月号二三頁以下。なお、平成一三年四月一八日付で公表された「商法等の一部を改正する法律案要綱中間試案」（法務省民事局参事官室）では、大会社が取締役からなる各種委員会制度と執行役制度の併用というアメリカ型の経営システムを採用することについて意見照会がなされている。かりにこの採用が法認されても、本稿でみた取締役をめぐる英国の動向からえられる示唆は少なくないように思われる。

(29) 英国には、ヘッドハント機能を有するProNed (Promotion of Non-Executive Directors) やIod (Institute of Directors) という組織があり、企業が利用している (関 孝哉「英国コーポレート・ガバナンスの国際性とハンペル中間報告書」商事法務一四七一号二四頁以下)。

3　会社分割
――比較法的考察――

泉田栄一

一　本稿の目的

会社分割に関してはヨーロッパ的アプローチ[1]とアメリカ的アプローチ[2]が提案されたが、平成一二年に前者の立場に立って立法化が行われた。そこで本稿は、現時点での各国の同制度の内容を紹介することを目的とする。[3] 最初にEC第六指令を紹介し、次いで導入順に従って、フランス、イギリス、スペイン、イタリア、ドイツの規制を紹介する。第六指令の関係ではわが国の規制との比較を行う。上記諸国の紹介では各国の第六指令の国内法化の内容を検討する。最後に、アメリカ法の紹介を行う。結論としてわが国の規制はドイツ法にならったものであることを明らかにしたい。

（1） 田村諄之輔「会社分割法制についての一考察」竹内昭夫先生追悼『商事法の展開——新しい企業法を求めて』（一九九八、有斐閣）五三一頁以下。

（2） 江頭憲次郎「会社分割」『比較会社法研究（奥島孝康教授還暦記念第一巻）』一九七頁（一九九九、成文堂）。宍戸善一「会社分割立法に関する一考察」ジュリスト一一〇四号四〇頁（一九九七）は、両者の併用を主張する。

（3） そのほか、アルゼンチンの一九七二年会社法八八条（中川美佐子「会社分割の法制と会計―アルゼンチンの場合―」国際商事一〇巻六号二九九頁（一九八二）およびブラジルの一九七六年株式会社法（二二九条ないし二三四条）も会社分割（ブラジルでは cisão という）を定めている（Requião, Curso de direito comercial, 2º vol., 20ª ed., 1995, p. 208-213；条文の翻訳として中川和彦『ブラジル会社法』一七五頁―一七七頁（一九八〇、国際商事法研究所）がある）ことは周知の通りである。中国では一九九二年中国株式会社規範意見九一条以下（清河雅孝「中国株式会社規範意見」産大法学二七巻三号一五二頁以下（一九九三））のほか、上海市株式会社暫定規定一一九条以下（同「上海市株式会社暫定規定」産大法学二七巻四号一九五頁以下（一九九四））なども会社分割を定めている。

二 比較法

(1) 第六指令

(a)　規制内容　ＥＣが一九八二年に採択した第六指令[4]は、株式会社の分割を対象とし、吸収分割、新設分割およびその両者を組み合わせた分割の三つの方法を定めている（一条）。その規制は、株式会社の合併に関する第三指令の内容とパラレルで、多くの点で類似している。

第六指令によると、吸収分割（division by acquisition）とは、一個の会社（被分割会社）が、清算することなく解散し、その積極・消極財産の全部を複数の受入会社に移転し、それと引き換えに被分割会社の株主に受入会社の株式および場合によりその券面総額の一〇％を超えない分割交付金が付与される行為であり（二条一項）、新設分割（division by the formation of companies）とは、受入会社が新設会社であるものである（二一条一項）[5]。分割交付金が一〇％を超える場合および被分割会社が消滅しない場合には、分割類似行為として指令の規定が準用される（二四条・二五条）[6]。

分割当事会社の代表機関は、吸収分割であれ、新設分割であれ、まず、①分割計画書[7](draft terms of division)を作成し（三条一項・二二条一項）、②それを株主総会の会日の少なくとも一ヵ月前に公示（公告）する（四条・二二条一項）。③代表機関は分割説明書[8]を作成し（七条・二二条一項）、④裁判所または行政庁により選任または承認された独立の一人以上の分割検査役（専門家）[9]は、各当事会社のため分割契約書を検査し、検査報告書[10]を作成する（八条一項・二項・二二条一項）。ただし、新設分割において新設会社の株式が被分割会社の株主にその持株比率に応じて割り当てられる場合には、株式交換比率の公平性は問題にならないので、加盟国は検査役による調査を免除することができる(二二条五項)。なお、受入会社の株式が、被分割会社の株主に、持株比率と異なる比率で割り当てることも許され、この場合には、加盟国は反対株主に株式買取請求権を認めることができる。買取価額につき協議が調わないときは、裁判所に買取価額の決定を申し立てることができる

い。（五条二項）。第三指令は、持株比率と同じ比率で割り当てることを前提としているので、このような規定はな

分割計画書、分割説明書、検査報告書、当事会社の直近三営業年度の年度決算書ならびに年度報告書、および、最終の年度決算書が分割計画書の日付より六ヵ月以上前に終了する営業年度に関するものであるときには、分割計画書の日付に先立つ三ヵ月以内の日付で作成された中間貸借対照表[11]は、分割承認総会の会日の一ヵ月前より会社の本店に備え置かれ、株主の閲覧・謄写（無料）に供される（九条一項・三項・二二条一項）。ただし、総株主およびその他の議決権付証券保有者の全員の同意がある場合には、分割説明書、検査報告書および中間貸借対照表の作成は免除される（一〇条・二二条一項）。この作成免除も第三指令にはない制度である。

分割は、各当事会社の株主総会の出席株主の議決権または引受済資本額の三分の二以上の多数による承認決議が必要であるが、加盟国は、発行済株式総数の二分の一以上の株式を有する株主が出席する場合には、単純多数決で足る旨を規定することができる（五条一項・二二条一項・第三指令七条一項）。承認決議は、分割計画案および分割に必要な定款変更の双方に効力を有する（五条一項・二二条一項・第三指令七条三項）。新設分割では、被分割会社の株主総会において新設会社の基本定款・通常定款を承認することが必要である（二二条三項）。数種の株式が発行されており、分割によりその権利が害される場合には、当該種類株主の承認決議が必要である（五条一項・二二条一項・第三指令七条二項）。被分割会社の代表機関は、分割計画書の作成日から総会の会日までの間に生じた積極・消極財産の重要な変動を総会に報告し、また、各受入会社の総会で報知されるようその代表機関に報告する義務を負う（七条三項・二二条一項）。一定の場合には受入会社または被分割会

社の株主総会の承認決議を要しない簡易な手続が認められている[12]。加盟国が分割の適法性につき司法上または行政上の事前審査制度をとっていない場合には、分割承認総会の議事録および場合により総会後の分割契約は公正証書により作成されることを要し、分割が当事会社の全部の総会による承認を要しない場合には、分割計画書も公正証書により作成されなければならない（一四条・二三条一項・第三指令一六条）。これは第一指令一〇条と類似の規定である。

各分割当事会社の労働者の権利保護は、第三指令（一二条）と同様に、指令77/187（O.J. 1977, L. 61/26）に従って規律される（一一条）。

第六指令は、債権者の保護[13]として、第一に、加盟国は、被分割会社および受入会社の財務状態が債権者の保護を必要ならしめるときには、分割計画書公告前の債権者は担保提供請求権を有すべきことを定め（一二条一項・二項・二二条一項）、第二に、各受入会社は債務が移転した債権者のために連帯責任を負うべきことを定めなければならないが、債務承継会社以外の受入会社は承継した純資産額に責任を限定する旨を定めることができる、としている（一二条三項・二二条一項）。第三に、社債権者については、社債権者集会または個々の社債権者が分割を承認した場合を除き、一般債権者と同様の取扱を受けるが、集団的行使に関する規定を定めることができ（一二条五項・二二条一項）、受入会社が被分割会社の社債につき連帯責任を負うときには、債権者保護手続を講ずる必要はなく（一二条六項・二二条一項）、一般債権者の保護と連帯責任を組み合わせるときには、加盟国は受入会社の連帯責任を承継した純資産額に限定することができる、としている（一二条七項・二二条一項）。

特別の権利を有する株式以外の証券保有者は、当該集会または自らが権利の変更を承認するか、証券買取請求権を付与されない限り、被分割会社における権利と同等の権利を受入会社から享受する（一三条・二二条一項）。

会社の分割は、法律上当然にかつ同時に、分割当事会社間のみならず第三者に対する関係においても、被分割会社の積極・消極財産が分割計画書の記載に従い各受入会社に移転し、[14] 被分割会社の株主は分割計画書の記載に従い各受入会社の株主となり、[15] 被分割会社は消滅するという効果を引き起こす（一七条一項・二二条一項）。分割の効力発生時期、分割の公示ならびに被分割会社の機関構成員および分割検査役の任務懈怠に基づく株主に対する民事責任は、各加盟国法に委ねられている（一五条・一六条・一八条・二二条一項）。

分割無効の訴は、分割の効力発生日から六ヵ月以内に限り提起することができる（一九条一項(c)）。裁判所は瑕疵が治癒可能であれば、補正期間を当事会社に認めることができ（同(d)）、これにより瑕疵が治癒されたときには訴を提起できない。[16] 無効は裁判所の判決により宣言される（同(a)）。無効原因は、司法上または行政上の分割の適法性に関する事前審査の欠如、公正証書による認証の欠如、および総会決議の無効・取消に限定される（同(b)）。判決は国内法が定める手続に従って公示される（同(e)・第一指令三条）。無効判決は、分割の発行日以後、無効判決の公示まで各受入会社が取得・負担した債権・債務に影響を及ぼさない（同(g)）。それまでに負担した自己の債務につき各受入会社は被分割会社と連帯責任を負う。ただし加盟国は、被分割会社の責任を当該債務を負担した受入会社に移転された純資産額に制限することができる（同(h)）。新設分割の場合には、その上、第一指令一一条および一二条（設立無効）の適用がある（二二条一項）。

なお、イギリス法を考慮し、裁判所の監督の下で行われる分割行為をどのように扱うべきか、長い間活発に議論されたが、第六指令は、加盟国が規制を緩和できるものとしている（二三条）。[17]

(b)　比　較　　第六指令の内容をわが国の規定と比較すると、第一に、第六指令は株式会社の分割しか前提としていないが、わが国では資本会社間の分割を規制対象としている点で（有限会社法六三ノ二第一項・六三条ノ三第一項・六三条ノ七）広い。第二に、第六指令は人的分割のみを考えているのに対し、わが国の法律は、物的分割と人的分割の両方の分割を認めている点[18]（商法三七四条二項二号・三七四条ノ一七第二項二号）で会社分割の概念が広い。第三に、第六指令は、全部分割のみを分割としているのに対し、わが国の法律は部分分割を含む点で第六指令より広い。第四に、わが国では被分割会社が消滅しない前提で定めがなされている点で、第六指令の「原則」とは異なっている。これは、諸外国の実務でも、消滅分割があまり利用されていないので、立法の必要がないと考えられたことによる。[19] 第五に、分割計画書の記載事項については、合併計画書の記載事項に分割に特有な事項を追加するという形式を採っている点でわが国の規制は第六指令と異ならないが、具体的記載事項は異なっている。[20] 第六に、わが国は、分割検査役による検査制度を採用していない。これは平成九年改正法が合併比率につき専門家の検査を採用しなかったことに伴う当然の結果である。[21] 第七に、第六指令は、持株比率と異なる比率で割り当てる場合に限り、反対株主に株式買取請求権を認めているが、わが国は、このような限定を加えることなく請求権を認めている（商法三七四ノ三・三七四条ノ三一第五項・三七四条ノ二三第五項。但し三七四条ノ六第三項・三七四条ノ二二第三項の例外がある）、第八に、分割説明書はわが国では株式割当理由書（商法三七四条ノ二第項二号・三七四条ノ一八第一項二号）となっている。第九に、総会前の書類の事前開示は、細かい相違を除けば、第六指令と同じであるが、第六指令は、総会の一ヵ月前の公示を要求し、調査のための時間を充分に採っているほか、三営業年度の決算書の開示を要求し、開示がより徹底している。第一〇に、わが国では分割契約書の作成以後生じた財産の重要な変動の総会に対する取締役の報告義務が明文化されていないが、実質的相違はないと考えられる。第一一に、第六指令が定める特定の場合における公正証書による書類の作成の必要性は、各種の私案でも提案されず、改正作業の際の議論でも論じられることがなかったので、定めが置かれていない。公証人の役割（後述するスペイン・イタリア・ドイツ参照）がわが国と異なることを示唆するものである。第一二に、簡易分割が認められる点は、第六指令と同じであるが、要件が異なっている。第一三に、わが国の法律が債権者保護手続として各別の催告を要求している点（商法三七四ノ四・三七四ノ二〇）および事後開示（商法三七四ノ一一・三七四ノ三一第五項）を要求している点も第六指令とは異なるが、これは合併とパラレルな規制をしたことに由来する。第一四に、分割無効の訴（商法三七四ノ一二以下・三七四ノ二八以下）が認められる点は両者共通である。

わが国の規制は、消滅分割を定めていない点を除けば、第六指令と極めて類似している。限定を加えることなく反対株主に株式買取請求権を認めている点は第六指令より株主の保護に厚いが、開示規制は第六指令より強い場合（第一三）と弱い場合（第六・第八・第九）とがある。

(2) フランス法

(a) 一九六六年会社法の規制　第六指令のたたき台としての意義を有する一九六六年会社法の会社分割規定は、フランス政府により推進された国際競争力の強化という経済政策の中から生まれた。[22] 六六年法は、「実務の創造物[23]」である会社分割を明文化し、その方法として、①被分割会社がその財産を既存の複数の会社に出資するか、②既存の複数の会社と共に複数の新会社を設立する分割合併(fusion-scission)（三七一条二項）と、③複数の新会社に出資する分割(scission)（同三項）の二つを定めた。[24] ①は分割と吸収合併が結合したものであり、②は分割と固有の意味の合併（新設合併）が結合したものであり、③は固有の意味の分割（直接分割とも言われる）である。[25] いずれの場合も被分割会社は必ず解散・消滅し、被分割会社の社員は新会社の社員になる点で、合併と同質なものと理解された。これと区別すべきは、被分割会社がその財産を出資するが、解散しない場合であって、部分分割（scission partielle）あるいは不完全分割（scission imparfaite）と呼ばれることもあるが、これは単なる財産の一部出資であるから、用語の濫用であるとされ、[26] にせ分割（fausse scission）とも言われた。[27] 六六年会社法以前には合併に関する体系的な規定が存在していなかったため、合併を現物出資で説明した関係から、会社分割の規定も現物出資的体裁が採られた。[28] 六六年法六章四節は、合併または分割を、①総則[29]（第一款、三七一条以下）、②株式会社間で行う場合（第二款、三七五条以下）、③有限株式間で行う場合（第三款、三八八条）および、④株式会社と有限会社間で行う場合（第四款、三八九条）に分けて規定した。一九六七年五月二三日にはデクレ第六七―二三六号が制定されている（以下単にデクレとして引用する。デクレと記載のない条文は会社法の条文を指すものとする）。分割合併・直接分割（以下単に分割という）は、法形態を異にする会社間でも可能である（三七二条一項）。この意味において、第六指令より適用範囲は相当に広い。清算中の会社の分割も可能であった[30]（三七一条一項。八八年改正後三七一条三項参照）。第三指令および第六指令の国内法化は、一九八八年一月五日法律第八八―一七号による会社法改正により行われているので、初めに六六年法を、次いで八八年法による主要な改正点を紹介することにする。

六六年法によると、①計画書（projet）は各会社の代表機関[31]によって決められる（デクレ二五四条一項）。計画書およびこれに添付される理由書の絶対的記載事項は法定されている（同二項・三項）。[32] ②各会社は、計画書を当事会社所在地の商事裁判所の書記局に提出した後、計画書の公示を行う（三七四条・デクレ二五五条一項）。③会計監査役（commissaire aux comptes）がある会社にあっては、総会の少なくとも四五日前に、代表機関が会計監査役に計画書およびその付属書類を通知する（デクレ二五六条）。各会計監査役は調査を行い、分割の態様および出資の対価に関する報告書（転換社債を発行している場合には、転換の基礎に関する報告書を含む。一九七条三項参照）を会社に提出する（三七七条・三八二条・三八八条一項）。当該報告書は総会の一五日前から株主（社員）の閲覧に供される（デクレ二五七条一項）[33]。④株式会社が分割合併を行う場合には、各受入会社の申請で商事裁判所により選任された出資検査役（commissaire aux apports）が、現物出資および特別利益の価額を評価し（一九三条一項）、被分割会社から出資された純資産額が受入会社の資本増加額と同額以上か検査し、報告書を作成しなければならない（デクレ二六〇条）。報告書は総会の会日の八日以前に本店に備え置かれ、株主の閲覧に供される（デクレ一六九条二項）。現物出資は受入会社の総会の特別決議により承認することを要する（三七八条・三八二条・一九三条）。これに対し直接分割の場合には、出資検査役の検査は不要である（三八三条二項）[34]。⑤株式会社の場合には、分割は受入会社および被分割会社の特別総会の承認を受けることを要するが（三七六条・三八二条）、新設会社は、被分割会社の出資だけで設立することができ（一人会社設立の肯定）、被分割会社の総会は、新会社の創立総会に法律上当然に移行する（三八三条二項・デクレ二五九条。三八八条二項参照）。数種の株式が発行されている場合には、種類総会の承認も必要である（三七六条・三八二条・三八三条一項・一五六条）。⑥受入会社（株式会社・有限会社）は、被分割会社に代わって連帯債務者となる（更改ではない）（三八五条・三八八条・三八九条）。従って債権者に異議申立権を認める必要はないが[35]、契約で、受入会社の責任を限定し、かつ連帯でなくすることが認められているので（三八六条一項・三八八条・三八九条）、(i)受入会社がこのような契約を締結した場合（三八六条二項）と、(ii)吸収合併と結合した分割の場合には―被分割会社の債権者と受入会社の債権者が競合するので、各債権者は以前と同様の弁済を保障されるとは限らないので[36]―債権者に異議申立権を認める必要がある。そこで、計画書公示前の債権者（社債権者を除く。(i)の場合には被分割会社の債権者、(ii)の場合には分割当事会社の債権者）は、計画書の公示から三〇日内に商事裁判所に対し分割の異議を申立てることができ（デクレ二六一条一項・三項）[37]、裁判所は、決定で、異議申立の棄却、債務の弁済または、会社の申出により、担保が十分と認められるときには、担保の設定を命ずることができる。異議申立により分割の手続は停止しないが、債務の弁済・担保の設定をしないと、分割を債権者に対抗できなくなる[38]（三八一条二項ないし四項・三八八条・三八九条）。これに対し、⑦社債権者については以下の方法が定められていた。第一に、被分割会社が社債権者にその請求に基づいて社債の期限前償還をする方法である（三八〇条一項・三八四条一項）。この場合には社債権者集会は開催されない。会社は償還の申出を法定公報で公示し、かつ法定公告掲載紙で二度一〇日以上の間隔を置いて公示するとともに、記名社債権者に書留郵便で通知することが必要であるが、すべての社債が記名社債のときには、公示を行う必要はない（デクレ二六三条一項・二項）。社債権者は、公示日または書留郵便（八八年改正で普通郵便が追加されている）の発送日から三カ月内に請求を行えば（デクレ二六四条）、償還が行われないとき、受入会社は連帯債務者となる（三八四条二項）。償還請求をしないと受入会社の社債権者になり（三八〇条三項）、他の当事会社は社債権者に対し連帯債務者となる（三八五条）。第二に、被分割会社の社債権者集会の特別総会（三一三条三号参照）で承認を受ける方法である。集会が承認しないか、定足数を欠き決議を行うことができなかった場合でも、起債会社は、この事実を無視することができ（三二一―一条一項）[39]、この場合には会社の代表機関がその旨の公示を行わなければならない（デクレ二三四条一項・二三四―一条）[40]。社債権者は受入会社の社債権者となる（三二一―一条二項）。また、社債権者の通常総会で、社債権者団体の代表者に分割異議申立の代表権を与えることができ、この場合には、代表者は計画書の最終公示から三〇日内に異議を商事裁判所に申し立てることができる（三二一—一条三項・三八一条・デクレ二六一条二項・三項）[41]。異議申立の効力は⑥と同様である。これに対し、受入会社では計画案を社債権者集会に提出し承認を受ける必要はないが、受入会社の社債権者集会の代表者は、通常総会の委任に基づき分割に異議を申し立てることができる（三八一条の二・デクレ二六一—一条一項・二項）[42]。この場合の異議申立の効力も⑥と同様である。また、被分割会社が転換社債(obligations convertibles en actions)を発行している場合には、関係社債権者集会の特別総会の承認を受けることを要するが、承認を受けることができなかった場合および定足数を欠き決議を行うことができなかった場合には、前述した会社法三二一—一条が適用される（一九七条一項）[43]。被分割会社が株式交換社債（obligationsechangeables contre des actions)を発行しているときには、社債が交換または償還されるまで、利害関係ある社債権者集会の特別総会による事前の承認を受けるのでなければ、分割を行うことができない（二〇七条一項）。

分割の効果や効力発生日は、デクレで、「行為が確定した日の現状で」、被分割会社の財産が受入会社に「帰属」すると定められていた（デクレ二六五条）。

従って、六六年法は、第一に、代表機関の分割説明書を法定しておらず、第二に、分割検査役制度は存在せず、第三に、分割計画書（但し何時までに公示すべきか定めがなかった）・会計監査役報告書・出資検査役報告書の事前開示は行われていたが、年度決算書・中間貸借対照表の事前開示は行われておらず、第四に、分割の効果や効力発生日は、法律で定めないで、デクレに委ね、第五に、分割の無効は、行為または決議の無効の一般法（三六〇条）に委ねていた。

(b)　一九八八年改正

一九八八年改正により六章四節の規定の半分以上が変更されている。また同年四月二二日デクレ第八八―四一八号により六七年デクレも改正されているが、[44]基本的考えは維持されている（以下で引用する条文は、改正後の条文である）。

改正法は、まず、「会社は、また、分割（scission）により、その財産を既存または新設の複数の会社に移転する（transmettre）ことができる」（三七一条二項）、「財産を移転する会社の社員は、受入会社（sociétés bénéficiaires）の持分または株式および場合により割り当てられた持分または株式の券面総額の一〇%を超えない交付金を受け取る」（四項）と定め、用語を明確にし、分割合併（fusion-scission）の用語を廃し、分割（scission）に一本化している。

第二に、分割計画書の絶対的記載事項は、第六指令に合わせられると共に（デクレ二五四条）、上院の発議で、当事会社は、計画書の公示を申請する際に、分割適法性確認申告書（Declaration de conformité）を商事裁判所書記局に提出することが義務付けられている。裁判所書記は、分割計画書および分割適正性確認申告書を審査し、商業登記申請の適正性を保障する（三七四条二項・三項、デクレ二六五条）。分割適正性確認申告書が提出されない分割は無効である（三六六―一条一項）。提出および公示は、分割承認総会の少なくとも一ヵ月前に行われなければならない（デクレ二五五条三項）。分割適正性確認申告書の法定は、総会議事録等の公正証書による作成を排除する選択を行ったことを意味する。この点で後述するスペイン、イタリアおよびドイツと異なっている。

第三に、第六指令に従い、株式会社については代表機関の分割説明書が法定されている（三七六条三項・三八二条）。記載内容（デクレ二五六条一項・二項）で注目される点は、第六指令にはない、使用される評価方法が当事会社間で共通することを要求する規定があることである（デクレ二五六条一項）。

第四に、第六指令に従い、分割検査役（commissaires à la scission）制度が株式会社間の分割（三七七条・三八二条）に定められているが、これは、一九八九年改正[45]で有限会社間の分割（三八八条一項）および株式会社と有限会社間の分割にも拡大されている（三八九条）。株式会社間の分割に焦点を絞って紹介すると、会計監査役名簿または専門家名簿の中から、欠格事由（二二〇条）に該当しない、一名または複数の分割検査役が商事裁判所の所長により指名される（デクレ二五七条一項・六四条一項・二項）。分割検査役は株式価格の適正性および交換比率の公正性を検査する（三七七条二項）。当事会社は裁判所に共同の一名の分割検査役の選任を共同申立することができ、この場合には全ての会社のために一通の報告書が作成される（デクレ二五七条二項）。この報告書（分割態様報告書。記載事項は三七七条三項で定められている）は、株主の閲覧に供される。他方、受入会社については出資検査役報告書の総会における承認が従来通り要求されていたので（九四年改正前三七八条）、分割検査役および出資検査役という異なる資格で二つの報告書を作成するために同一人を指名する実務が行われるようになった。そこで一九九四年に会社法改正が行われ、受入会社の出資検査役は不要とされ（三七八条の削除）、分割検査役は現物出資および特別利益の価額の評価も担当とすることになり（三七七条四項の追加）、分割検査役は、上記分割態様報告書に加え出資検査役報告書（一九三条）も作成するように改められている（三七七条四項[46]）。

第五に、新会社が被分割会社の出資のみで行われ、各新会社の株式（持分）が被分割会社の株主（社員）にその持株数に比例して割当られる場合には、第六指令二二条五項の選択権が行使され、分割検査役を選任する必要はないという規定が新設されている（三八三条二項。有限会社間の分割の場合も同様である。三八八条三項)。これに対し、持株比率と異なる割当の場合の反対株主の買取請求権は定められていない。

第六に、株式会社の分割の場合の分割計画書、代表機関報告書、直近三営業年度の年度決算書・営業報告書・年度決算書（場合により中間貸借対照表（état comptable））の事前開示は、第六指令に従い、デクレで定められている（デクレ二五八条一項）。

第七に、分割計画書の商事裁判所書記局に対する提出から分割が実施されるまで、受入会社が被分割会社の株式を一〇〇%所有しているときには、被分割会社の総会決議は不要で、被分割会社および分割会社双方の代表機関の分割説明書および分割検査役の報告書の作成も要しない（三七八―一条・三八八条・三八九条参照)。この場合にも、受入会社の総会決議は必要であり、出資検査役報告書を調べて決議をする。

第八に、分割計画書は、投資証券（certificats d'investissement）[47]所持人の種類総会の承認を得ることを要するが、会社が投資証券を買い取ることを公示し、かつ種類総会が買い取りを承認した場合にはこの限りでないとする規定が新設されている（三七六条三項・三八二条)。買い取りの申出公告はデクレの規定に従って行われる(デクレ二五六条三項)。投資証券所持人は、最後の公告から三〇日内に証券を譲渡しないときには、受入会社においてその身分を維持するが(デクレ二五六条四項)、消滅会社の投資証券は、受入会社の株式と交換できる（三七六条三項、二八三―一条七項)。

第九に、六六年法では受入会社が連帯債務を負わない契約を締結した場合、異議申立をできる(社債権者以外の）債権者は、被分割会社の債権者に限られていたが、分割当事会社の債権者にも拡大されている（三八六条二項)。

第一〇に、参加証券（titres participatifs）[48]を社債と同じように扱う規定が新設されている（三八九―一条）

第一一に、分割の効果と効力発生日が、法律で明確にされている。分割は、①被分割会社の清算手続を伴わない解散、②分割の日の状態での被分割会社の財産の受入会社への包括的移転、および③分割計画で定められた条件での被分割会社の社員による受入会社の社員資格の取得を同時に引き起こす（三七二―一条一項）[49]。効力は、新会社設立の場合にはその最後の設立の登記の日に（三七二―二条一項）、それ以外の場合には、別段の定めのない限り、最後の分割承認総会の日に発生する（同二項）[50]。

第一二に、第六指令に従い、分割無効訴訟制度が新設されている（三六六―一条・三六七条二項・三六八―一条）。

(3)　イギリス法

一九七〇年代に僅かにPenningtonが会社分割（division）を論じるに過ぎなかった。[51]彼によると、会社分割とは、譲渡会社の営業の一部が新設会社に譲渡され、新設会社の全株式は、新設会社に参加する譲渡会社の株主に割り当てられるが、譲渡会社は残りで営業を続け、その会社は、新設会社に参加しない株主によって構成されるものである。従って、会社分割は、譲渡会社が清算する会社再建（reconstruction）とは異なるので、会社再建に関する一九四八年会社法の規定等（二〇八条一項・二八七条一項・二九八条）は適用されないが、会社分割は会社と株主および会社債権者との間の協定（arrangement）の一種であるから、これらの規定（二〇六条・二四五条一項(e)(f)・二項(h)・三〇三条一項(a)）と払戻による資本の減少に関する規定の下で行いうるものであった。その後、EC会社法指令の調整と国内の経済・金融事情の変化から会社法は何度か改正されたが、協定により会社分割を行いうるという立場は維持されている。

一九八五年会社法は、第一三章「協定および会社再建」（四二五条ないし四三〇条F[52]）において、一九四八年会社法の規定をほぼ引き継いでおり、会社分割に関係する規定も定めている。Morseによれば、協定および会社再建は、会社法で定義されておらず、正確な法的意味を有していないが、一般に、会社再編(reorgatisation)の形態と合併・会社分割計画の記述とみなすことができ、四二五条および一九八六年支払不能者法(Insovency Act)一一〇条は、一社の営業、資産および四二五条の場合には負債を二社以上に移転する会社分割(division or demerger)を行うためにも利用できる。[53]しかし、一九八七年には、第三指令および第六指令の最小要件を実施するため、(合併および分割)規則(the Companies (Mergers and Divisions) Regulations 1987)が定められ(一九八八年一月一日施行)、一九八五年会社法に四二七A条[54]とSchedule(別表)一五Bが追加され、今日に至っている。[55]それ故、イギリスの現行会社法は、①支払不能者法上の会社分割と、②そうでない会社分割の二種があり、②の場合には、分割会社が公開会社(public company)であるか否かで区別し(第六指令一条一項・第三指令一条一項は、public companyを適用対象とする)、公開会社の場合には四二七A条および別表一五Bの特則が適用されるが、公開会社でない場合には四二五条の一般規定を適用するという三元的規制を採用している。

支払不能者法に基づかない普通の会社分割の手続は以下の通りである。①会社(四二七A条と異なり清算中の会社でもよい)と会社債権者もしくは種類債権者または社員もしくは種類株主の間で(会社の能力内の)協定の計画(scheme of compromise or arrangement)があるときには、会社(清算中の会社の場合には清算人)、債権者または社員の申請に基づき、裁判所は、債権者集会もしくは種類債権者集会または社員総会もしくは種類総会の招集[56]を命令することができる[57](会社法四二五条一項)。当該集会または総会が、四分の三以上の多数をもって承認し、裁判所が認可すると、協定は全債権者(もしくは特定種類の債権者)・社員(もしくは種類株主)・

会社（清算中の会社にあっては清算人および清算出資者）を拘束する。計画を認可する裁判所の命令は、謄本が登記官に届けられると効力を有し、命令の謄本は、命令後に発行されるすべての基本定款の謄本に付加されなければならない（四二五条三項）。②裁判所は、計画が会社の営業または財産（the undertaking or the property. なお四二七条六項参照）の全部または一部の譲受会社への移転の場合には（四二七条二項(b)）、協定を認可する命令またはその後の命令により、営業・財産および負債の譲受会社への移転[58]、同会社の証券の割当、譲渡会社の清算を伴わない解散、反対株主条項、その他計画の実施に必要な措置をとることができる[59]（同三項）。財産は命令により譲受会社に移転し、負債は譲受会社の負債になる（同四項）。四二七条の命令がなされると、命令が関係する各会社は、命令の正式謄本を七日内に登記官に引き渡さなければならない（同五項）。

これに対し四二七A条の適用される要件は、①公開会社が清算中でないこと（四二七A条四項[60]）、②公開会社とその社員または会社債権者との間で会社再建もしくは合併計画またはその関連で協定が提案され（四二七A条一項(a)）、③二項で定められているケースに該当し（同(b)）、④その移転の対価が、譲渡会社の株主によって受け取られる譲受会社の株式であることである。社員に現金の支払いがなされるか否かを問わない（同(c)）。③のケースには、会社の営業、財産および負債が計画の下に別の既存の公開会社に移転される場合（ケース一）、会社の営業、財産および負債が計画の下に新設会社（公開会社であるか否かを問わない）に移転される場合（ケース二）、および会社の営業、財産および負債が計画の下に二社以上の会社に分割され移転される場合であって、譲受会社が公開会社であるか新設会社（公開会社であるか否かを問わない）である場合（ケース三）の三種がある。ケース三は会社分割、ケース一は吸収合併（merger by acquisition）、ケース二は新設合併（merger by formation of a new company）である。したがってイギリスの会社分割は存続分割を念頭においているを言えよう。

上記要件が満たされると、四二七A条および別表一五Bが四二五条ないし四二七条に優先適用され（四二七A条一項）、以下で述べる付加的要件が課される。①計画書（the draft terms）は、全当事会社の取締役により作成されなければならない（別表一五B para. 2 (1) (a)）。②計画案の絶対的記載事項が法定されている（同para. 2 (2) (3)）[61]。③各社の取締役は、計画案の謄本を会社登記官に交付し、④集会（総会）の会日の一ヵ月前までに、登記官により計画案の受領公告が官報によってなされることが必要である（別表一五B para. 2 (1)）。⑤各当事会社の取締役は取締役説明書[62]（director's report）を作成し、検査役は検査報告書（expert's report）を作成しなければならない[63]。⑥承認総会の一ヵ月前から、それが終了するまで、各当事会社の社員に、(i) 計画案、(ii) 取締役説明書、(iii) 検査報告書、(iv) 直近三年営業年度の年次計算書類・取締役報告書・監査役報告書、最終営業年度が承認総会の七ヵ月以上前に終了するものであるときには、中間計算書類（an accounting statement）の謄本を会社の登録された事務所で閲覧させ、無料でその謄本を入手させなければならない（同para. 3 (e)・6 (1)）。中間計算書類は、取締役による計画書の採択日に先立つ三カ月内の日付の貸借対照表および、その日が営業年度の最終日であれば連結計算書の作成を要する会社にあっては、連結貸借対照表である（同para. 6 (2)）。⑦譲渡会社の株主総会の決議だけでなく、すべての既存の譲受会社の各種類総会において四分の三以上の多数決により承認を受けなければならない（同para. 1）。そして、⑧会社法および別表には明文で定められていないが、新しく設立される譲受会社の基本定款および附属定款は、各譲渡会社の普通決議で承認されなければならない[64]。⑨会社分割の場合には、譲渡会社の取締役は、計画書採択日と総会の会日までに会社の財産と負債の重大な変更を総会と譲受会社の取締役に報告しなければならず、⑩

譲受会社の取締役は、総会でそれを報告するかまたはその変更の報告を招集通知を受け取る資格のある社員に送付しなければならない（同para. 3 (b) (c)）。

以上の付加的要件には、七つの例外が別表で定められている。一つ（以下例外Aという）はケース一およびケース三に適用され、三つ（以下例外Bという）はケース三にのみ適用され、三つはケース一（例外C）に適用される。[65] ここでは例外AおよびBについてのみ紹介する。

例外Aは、登記官による計画書受領の公告が、譲受会社につき、譲渡会社の総会会日の一カ月前までに行われ、譲渡会社の総会の会日までに、譲受会社の社員が当事会社の事前開示書類を閲覧し、無料で謄写でき、かつ、譲受会社の議決権のある払込済資本の五％以上の社員が総会の招集権を有しているが、その請求しない場合であり、この場合には、譲受会社の総会が招集されず、登記所の計画書受領の公告が行われず、検査役報告書が作成されなくても、裁判所は協定を認可する（同para. 10 (1)・(2) (a)ないし(c)）。譲受会社の承認総会の省略は、第六指令六条を実施したものである。

例外Bの第一は、譲渡会社および既存の譲受会社の議決権のある株式・その他の証券の全所有者が同意する場合であって、この場合には、取締役説明書の作成・採択（para 3 (a)）、検査役説明書の作成（para 3 (d)）を要せず、株主に閲覧・謄写の機会を与えなければならない書類は、計画案ならびに直近三年営業年度の年次計算書類、取締役報告書および監査役報告書に限られている（para. 11 (2) は、para. 3 (e) につき、para. 6 (1) (b) (c) および (e) の適用を除外している）。これは第六指令一〇条を実施するものである。

例外Bの第二は、①社員が会日の前に事前開示書類を無料で入手でき、②総会が開催されない既存の譲受会社の社員が総会開催請求書類を無料で入手でき、③債権者が総会会日の前に計画書の謄本を無料で入手でき、かつ、④当事会社の社員または債権者に損害を引き起こさない場合であり（para. 11 (4)）、この場合には、裁判所は、譲渡会社または既存の譲受会社につき、計画書謄本の登記所への引渡とその受領の公告(para. 2 (1) (b)・(c)）または事前開示書類の閲覧・謄写規定（para. 3(e)）の適用の免除、および既存の譲受会社には、議決権のある払込済資本の五％以上の社員が総会の招集を請求できることのみを命じることができる（para. 11 (3). para. 11 (2) (a)・(b) の適用を除外)。これは第六指令二三条二項の緩和規定を利用した規定である。

例外Bの第三は、譲渡会社の株式および議決権付きの証券がすべて譲受会社により所有されている場合であって、①登記官による計画書の受領公告が、分割の効力が生じる一カ月前までに行われ、②譲受会社の議決権付き払込済資本の五％以上の有する社員がその期間に総会招集権を行使せず、③当事会社の社員は事前開示書類を閲覧し、無料で謄写でき、かつ、④譲渡会社の取締役が、計画作成から総会の期日までの間に生じた譲渡会社の財産および負債の重大な変更の報告書を総会招集通知を資格のある株主および譲受会社の取締役に送付したときには、譲渡会社の総会招集を要せず、会日一カ月前の計画書受領公告等は免除される(para. 13 (1) ないし (3). para. 13 (2) は para. 2 (1) (c)・3 (b) (e)の適用を除外)。これは第六指令二〇条を実施した規定である。

会社分割において、各譲受会社は、他の譲受会社が債務を履行しないときには、その会社に移転された債務につき連帯して責任を負うが、その責任は、移転の時の純資産の額に制限される（para. 15 (1))。ただし譲渡会社の四分の三の債権者が責任の免除に同意したときには、責任を負わない（para. 15 (2))。最後の規定は第六指令一二条三項但書を国内法化したものである。

なお、会社分割は、裁判所の監督下で行われるので、分割無効に関する規定は置かれていない[66]。また、不公正な決議に対する少数株主の保護については、特別の規定が置かれていないが、これは、不公正な取扱を受けた株主は、一般規定である八五年会社法四五九条一項に基づき、裁判所に救済命令を求めることができるからであるとされている[67]。

他方、支払不能者法は、清算を裁判所による強制清算（winding-up by the court. 同法Ⅳ編Ⅵ章）と任意清算（voluntary winding-up. 同Ⅱ章）に区別し、後者をさらに社員清算（member's winding-up. 同Ⅲ章）と債権者清算（creditor's winding-up. 同Ⅳ章）とに区別している[68]。会社の事業（business）または財産の全部または一部を譲受会社（会社法上の会社でなくてもよい）に移転または売却することによって任意清算しようとする場合には、①社員清算にあっては総会のspecial resolution（なお同法八四条一項(b)参照）、②債権者清算にあっては裁判所または清算委員会（liquidation committee）の授権により、会社の清算人は、移転または売却の対価として、社員に（持分比率に応じて）配分するため譲受会社の株式、保険証券またはその他の同様の利益（policies or other like interests）を受領するかまたはその代わりに（またはそれに加えて）譲受会社の利益（profits）に参加するかもしくは譲受会社からその他の利得（benefit）を受ける協定を締結することができる（同法一一〇条一項ないし四項）[69]。この場合には、協定の計画と異なり債務は移転せず、会社債権者に対し影響を及ぼさない[70]。譲渡会社の社員は、清算人のこのような売買または協定により拘束されるが（同五項）、総会の特別決議において反対した社員は、書面で決議後七日以内に、清算人に決議の実施の差止または自己の株式の買取を請求することができる（同法一一一条一項・二項）。清算人が株式の買取を選択するときには、会社が解散される前に、契約または仲裁で決められる売買代金を支払わなければならないので（同条三項）、この方法は、裁判所による確認を要しない長所があるが、会社再編が禁止されるほど高価なものとして断念される重大なリスクがある、とされている。[71] 任意清算は、会社法四二五条の計画よりも手続が幾分か簡単であるが、すべてがそうというわけではない。

以上の考察より、イギリス法は裁判所の監督の下での会社分割という大陸法には見られない制度を採っていることが明らかである。

(4)　スペイン法

一九八九年株式会社法八章三節は、同国としては初めて会社分割（escisión）を規定している。二五二条一項によると、「分割とは、(a)一株式会社の、その全財産を二社以上に分割しての消滅であって、各財産は一括して新設会社に譲渡されるかもしくは既存の会社により吸収されるもの、(b)一株式会社の消滅を伴わないその財産の一以上の部分の分離であって、分離財産を新設会社もしくは既存会社に譲渡するものをいう」。被分割会社の資本は減少し、その株主は、持株比率に比例して受入会社の株式を割り当てられるので（同二項前段、二五五条一項b参照）、b号の場合にも人的分割を意味する。a号の分割は、本来の分割（escisión）、b号の分割は非本来的分割（escisión impropia）、分離（segregación）または部分分割（escisión parcial）と言われる。[72] 部分分割を認める点は次に述べるイタリア法と同一である。分割には、別段の規定がなければ、合併に関する規定（二三三条ないし二五一条）が準用される（二五四条）。受入会社は、株式会社以外の会社でも良いが（二五二条四項）、被分割会社は株式会社に限られる。スペインでは分割払込主義が採られているので（一二条）、被分割会社の株式が払込済みでなければ、分割を行うことができない（同三項）。また、被分割会社の株主に対する受入会社一社の株式または持分の割当は、割り当てられる株主の個々の同意を要する（同二項後段）。三項および二項後段は第六指令にない規定である。

分割手続は以下の通りである。まず、①当事会社の取締役は、分割計画書（proyecto de escisión）を作成し、署名しなければならない（二三四条一項一文）。計画書の記載事項は法定されている（二五五条一項）[73]。②受入会社は、被分割会社から譲渡される金銭以外の財産を被分割会社の本店の所在地の商業登記官が任命する一人以上の独立専門家に調査させ、報告書（独立専門家報告書〔informe de expertos independientes〕）を作成してもらう（二五六条一項。その記載事項は二三六条四項）。ただし、全当事会社の取締役は、どれかある当事会社の本店所在地の商業登記官に、被分割会社の金銭以外の財産および分割計画書に関してただ一つの報告書を作成するための一人以上の専門家を任命するよう要求することができる（同二項）。第六指令が認める専門家による調査の免除を選択しておらず、持株比率に応じた割当を前提としているので（二五五条一項b参照）、異なる割当の場合の株式買取請求権の付与の規定も定められていない。③当事会社の取締役は、取締役報告書（informe de administradores）を作成する。同報告書において、各受入会社のために会社法で定められた現物出資に関する報告書（②の報告書）が発行された旨およびそれが寄託されている商業登記所を指摘する（二五七条）。④総会の招集は、会日の少なくとも一ヵ月前に公示される[74]。公示には分割計画書の最少記載事項を含んでいることを要し、すべての株主、社債権者および株式とは別の特別権の所持人は、本店で⑤で述べる事前開示書類を閲覧でき、また謄写・送付（無料）を受けるうる旨が記載される（二四〇条二項）。⑤招集の公示のときから、(i)分割計画書、(ii)分割計画書に関する独立専門家の報告書、当事会社の取締役報告書、(iii)当事会社の直近三営業年度の年度決算書（分割承認総会の会日前六ヵ月以内に締め切られたもの。二三九条一項）・営業報告書・監査役報告書、(iv)上記年度決算書が六ヵ月以内に締め切られたものでないときには、分割計画書作成日三ヵ月前に締め切られた（二三九条二項）分割貸借対照表およびそれに関する監査役の監査報告書、(v) 新会社の設立証書案または受入会社の定款変更案、(vi) 当事会社の現行の定款、および、(vii) 当事会社の商号、分割前・後の取締役の国籍・住所および職務を果たす日が記載された書類が、本店に備え置かれる（二三八条一項）。公示書類は第六指令より多い。⑥分割計画書と一致した分割協定（acuerdo de escisión）が各会社の総会で承認されなければならない（二四〇条一項）。承認決議は、一四八条の定め（数種の株式の権利を直接・間接に害する定款変更決議は、定款変更の際の要件（一四四条）で行われ、その種類の過半数の承認（一四八条）を要する）に従って行われることが必要である（二四〇条三項）。被分割会社の取締役は、分割計画書の作成日から総会の会日までの間に生じた資産および負債の重要な変更を総会に報告するとともに、吸収分割の場合には受入会社の取締役に報告する義務を負う（二五八条）。⑦総会で分割協定が承認されると、官報および当事会社の本店所在地の県で広く流通している二つの新聞で三度公告が行われる。公告には、株主・債権者が協定および分割貸借対照表を入手できること（二四二条）ならびに債権者には異議申立権があること（二四三条二項）が記載される。最後の公告から一ヵ月を経過するまでは、分割を実行することができない。この期間内、債権者は異議を申し立てることができる(75)（二四三条一項・一六六条）。分割により引き継がれた債務を受入会社が履行しない場合には、残りの受入会社は分割による純資産の額で連帯責任を負い、被分割会社が存続している場合には、当該会社が債務の全額につき連帯責任を負う（二五九条）。⑧会社は、各総会で承認された分割協定を公正証書で確認する（二四四条一項）。分割の効力は、新会社の登記または吸収の登記により生じる（二四五条一項）。商業登記簿に登記された証書は、商法の規定に従って商業登記簿官報（Boletín Oficial del Registro Mercantil）で公告され、消滅会社の登記事項は抹消される（二四五条二項）。

分割無効の訴えは、無効を主張する者に分割を対抗できる日から六ヵ月以内に限り許される(二四六条一項後段)。訴えの原因は、株主総会の協定の無効または取消に限られる(同前段)。無効判決は商業登記簿に登記され、官報で公告される。判決は遡及しない(二四六条二項前段)。分割後の債務につき分割会社は連帯責任を負う(同後段)。

(5) イタリア法

イタリアでは一九九一年一月一六日の暫定措置令(D.L.)二二号により民法典が改正され、第五編第五章第八節に、第三款「会社分割」が追加された。資本会社(五節ないし七節で規制されている会社。即ち、株式会社、株式合資会社および有限会社)だけでなく、人的会社(三節および四節で規制されている会社、即ち、合名会社および合資会社)の会社分割も規制の対象となっている点で第六指令より広い。

民法典二五〇四条の七によれば、「(一項)会社分割(la scissione di una società)は、その財産の全部の既存または新設の複数の会社への移転および会社の株主に対するそれらの株式または持分の割り当てによって行われる。さらに会社分割は、その財産の一部の既存または新設の複数の会社への移転および会社の株主に対するそれらの株式または持分の割り当てによって行われる。[76](二項)分割への参加は、集合訴訟(procedure concorsuali)の提起された会社および資産の分配を始めた清算中の会社には認められない」。財産全部を移転して被分割会社が消滅する分割は全部分割(scissione totale)、一部を分割し、被分割会社は消滅しない分割は部分分割(scissione parziale)と言われる。受入会社が既に存在しているときには、併合による分割(scissione per incorporazione)、新設であるときには固有の分割(scissione in senso stretto)と言われている。[77]

会社分割の手続は、合併のそれと類似している。まず、当事会社の取締役は、分割計画書[78](progetto di scissione）を作成し（二五〇四条の八第一項）、本店所在地の企業登記簿に登記する。資本会社間の分割の場合には、さらに、株主総会の会日の少なくとも一ヵ月前に官報で公告をする（二五〇四条の八第五項、二五〇一条の二第三項・四項）。また、分割当事会社の取締役は、合併の場合と同様に、分割計画書を会社の本店に備え置いた日から「四ヵ月以内」の日の財務諸表(79)（situazione patrimoniale）（二五〇四条の九第一項、二五〇一条の三）と取締役報告書(80)（relazione degli amministratori）（二五〇四条の九第一項、二五〇一条の四）を作成しなければならない。次いで裁判所の長によって指名された専門家が交換比率の妥当性に関する報告書を作成する(81)（二五〇四条の九第三項、二五〇一条の五）。もっとも新設会社の設立で、株式（持分）が持株比率に応じて割り当てられる場合には、専門家の報告書の作成は免除されている（二五〇四条の九第三項二文）。これは第六指令二二条五項の選択権を行使したものである。

分割承認総会の三〇日前から、①分割計画書、取締役報告書および専門家の報告書、②当事会社の直近三営業年度の貸借対照表、取締役報告書および監査役会報告書、③当事会社の財務諸表（以下事前開示書類という）が備え置かれ、社員の閲覧・謄写（無料）に供される（二五〇四条の九第四項・二五〇一条の六）。当事会社の総会で計画書の承認を受ける（二五〇四条の九第四項・二五〇二条）。人的会社の分割の場合であって、新設会社または受入会社が資本会社でない場合には、決議を事前開示書類とともに企業登記所に登記のため提出するだけで済むが、新設会社または受入会社が資本会社であるときには、裁判所の認可（omologazione）を受けなければならない。即ち、資本会社の分割の場合には、裁判所の認可を受け、企業登記簿に登記し、且つ、官報で公告されなければならない（二五〇四条の九第四項・二五〇二条の二第一項・二項・二四一一条一項乃至三項）。

分割は、登記または官報の公告から二ヵ月を経過しなければ行うことができない（二五〇四条の九第四項・二五〇三条一項本文）。上記期間の間、会社債権者は分割に異議を述べることができ（二五〇三条二項）、裁判所は会社に適当な担保を提供させることができる（同三項）。ただし、①分割計画書の登記または公告前に債権者が同意するか、②同意しない債権者に支払が行われるかまたは信用機関に相当額が預託されたときには、直ちに分割証書を作成することができる（二五〇三条一項但書）。個々の社債権者も、社債権者集会で分割が承認された場合を除き[82]、二五〇三条の異議申立を行うことができる（二五〇四条の九条四項・二五〇三条の二第一項）。転換社債（obbligazione convertibili）の所有者には、分割計画書の公告より少なくとも三ヵ月前に官報の公告で、公告から一ヵ月以内に転換権を行使するか否か選択権が与えられる（二五〇三条の二第二項）。転換権を行使しなかった所有者には、権利の変更が社債権者集会で承認されない限り、分割前と同様の権利が保障される（同三項）。

決議後、分割証書[83]（atto di scissione）が公正証書（atto pubblico）により作成される（二五〇四条の九第四項・二五〇四条一項）。公正証書は、すべての場合に、公証人または新設会社もしくは受入会社の取締役により、三〇日以内に、当事会社の本店の所在地の企業登記所に登記のために寄託される（二五〇四条二項）。分割当事会社または新設会社もしくは受入会社が資本会社であるときには、公正証書の要旨が官報で公告される（二五〇四条四項）。分割は、受入会社が登記されている企業登記所に分割証書を最後に登記したときに効力を生じるが、新会社の設立による分割を除き、翌日と定めることができる（二五〇四条の一〇第一項）[84]。各会社は、譲渡された純資産の実際価額の限度内で、受入会社によって履行されなかった被分割会社の債務につき連帯責任を負う（二五〇四条の一〇第二項）。

二五〇四条二項の分割証書の登記が行われると、分割証書の無効を述べることができなくなる（二五〇四条の九第四項・二五〇四条の四第一項）。

(6)　ドイツ法

ドイツは長い間会社分割規定を有していなかったので、既存の規定に基づいて分割を行っていたが[85]、一九八八年に「組織変更法」整備法試案[86]が公表されるに及んで会社分割が議論されるようになった。同試案は、一九九一年四月五日の「信託公社が管理する企業の分割に関する法律」（SpTrUG）の原型となった[87]。その後九二年四月に、報告者草案が公表され[88]、九四年一〇月二八日には新組織変更法（Umwandlungsgesetz. 一九九五年一月一日施行）が制定された[89]。その第三編は会社分割を規定しているが[90]、会社分割には合併に関する規定が多く準用されている（同一二五条・一三五条一項）。

第三編が規定する分割（Spaltung）なる概念は、会社分割に限定されておらず、社団・財団等の分割や個人商人の財産の分離独立をも含み、極めて広いが[91]、本稿では、株式会社の会社分割に焦点を当てて考察することにする（別段の指摘のない限り、以下の括弧の中で引用する条文は組織変更法の条文である）。

(a)　分割には、消滅分割、存続分割および分離独立の三種類がある（一条一項二号）。

消滅分割（Aufspaltung）とは、権利の担い手（譲渡する権利の担い手〔übertragender Rechtsträger〕）が、清算をせずに解散し、（複数の）別の既存の権利の担い手（譲受ける権利の担い手〔übernehmende Rechtsträger〕）または権利の担い手により設立される別の新しい権利の担い手に全体としてその財産の一部（Vermögensteile）を同時に譲渡することにより、譲渡する権利の担い手の持分所有者にこれらの権利の担い手の持分または社員権を付与するのと引き替えに、その財産を分割することである（一二三条一項）。

存続分割（Abspaltung）とは、権利の担い手（譲渡をする権利の担い手）が、一または複数の既存の権利の担い手（譲受ける権利の担い手）または権利の担い手により設立される別の新しい権利の担い手に全体としてその財産の一または複数の部分を同時に譲渡することにより、譲渡する権利の担い手の持分所有者にこれらの権利の担い手の持分または社員権を付与するのと引き替えに、その財産から一または複数の部分を分割することである（一二三条二項）。

分離独立（Ausgliederung）とは、権利の担い手（譲渡をする権利の担い手）が、一または複数の既存の権利の担い手（譲受ける権利の担い手）または権利の担い手により設立される別の新しい権利の担い手に全体としてその財産の一または複数の部分を同時に譲渡することにより、譲渡する権利の担い手にこれらの権利の担い手の持分または社員権を付与するのと引き替えに、その財産から一または複数の部分を分離独立することである（一二三条三項）。

上述の定義から明らかなように、上記三種の分割(92)は、営業が既存の権利の担い手に承継される吸収分割（Spaltung zur Aufnahme）と、新しい権利の担い手に承継される新設分割（Spaltung zur Neugründung）から各々構成されているが、吸収分割と新設分割の混合形態も可能である（一二三条四項）。ドイツ法は、存続分割を認める点でスペイン、イタリアと同様であるが、物的分割に当たる分離独立を認める点は、他のＥＵ加盟国と異なり、わが国と同様である。

(b)　会社分割の手続は以下の通りである。

(イ)　①吸収分割の場合には、分割当事会社の代表機関は、分割契約・引受契約（Spaltungs- und Übernahmevertrag. 分離独立の場合には分離独立契約・引受契約。以下同じ）を締結する（一二五条・四条一項）。総会の決議後に契約が締結される場合には、書面による契約草案を作成する（一二五条・四条二項）。②新設分割の場合には、譲渡会社の代表機関は、分割計画書（Spaltunsplan. 分離独立の場合には分離独立計画書。以下同じ）を作成する（一三六条）。契約書もしくは契約草案または分割計画書の絶対的記載事項は法定されている[93]（一二六条一項・一三五条一項）が、新設分割の場合、新会社の定款（七四条参照）が分割計画書に含まれているかまたは確定されていることが必要である[94]（一三五条一項・一二五条・三七条）。分割契約書・引受契約書または分割計画書は公証人による認証が必要である[95]（一二五条・一三五条一項・六条）。契約書もしくは契約草案または分割計画書は、遅くとも総会の会日の一ヶ月前に当事会社または譲渡会社の権限ある経営協議会（Betriebsrat）に提出されなければならない（一二六条三項・一三五条一項）。

(ロ)　当事会社（新設分割の場合には譲渡会社）の代表機関は、分割報告書（Spaltungsbericht）を作成する（一二七条・一三五条一項）。当該報告書は代表機関が共同で作成してもよい（一二七条二文）。ドイツ法に特有の定めは、当事会社が結合企業であるときに、他の結合企業の分割にとって本質的なあらゆる業務の記載を要求している（一二七条三文・八条一項二文・三文）点と、公知になると当事会社の一つまたは結合企業に著しい不利益を与えうる事実は報告書に記載する必要はないが、この場合には、その理由を記載事項としている（一二七条三文・八条二項）点である。すべての当事会社（新設分割の場合には譲渡会社）の全持分者が報告書の報告を放棄するか（これは第六指令一〇条の国内法化を意味する）または譲渡する権利の担い手の全持分が承継する権利の担い手の掌中にあるときには、報告書を要しない。放棄表示は公証人によって認証されることが必要である（一二七条三文・一三五条一項・八条三項）。

(ハ)　消滅分割と存続分割の場合には、分割契約書・引受契約書もしくはその草案または分割計画書は一人以上の専門的検査役（分割検査役〔Spaltungsprüfer〕）により検査を受けなければならないが（一二五条一文・一三五条一項・六〇条一項・九条一項）、全ての当事会社（新設分割の場合には譲渡会社）の全持分所有者が検査報告書を不要とするか（なお第六指令一〇条参照）または譲渡会社の全持分が譲受会社の掌中にあるときにも、検査報告は不要である（一二五条・一三五条一項・八条三項・九条二項・三項・一二条三項）。検査役は、分割契約書・引受契約書もしくは草案または分割計画書の完全性とその記載の正当性を検査すると共に分割報告書の記載の正当性を検査する。株式会社の場合、各会社のために少なくとも一名の検査役を選任する方法（一二五条一文・一三五条一項・六〇条二項）と全ての当事会社の検査のために、取締役の共同の申立てより、裁判所が一名以上の検査役を選任する方法（六〇条三項）とがある。各検査役は、単独で、あるいは共同して、検査報告書（Prüfungsbericht）を作成する（一二五条一文・一二条一項・二項）。分離独立の場合には検査を要しない（一二五条二文・一三五条一項）。

㈡　分割契約・引受契約もしくは契約草案または分割計画書は、総会の招集前に商業登記所に提出されなければならない。裁判所は、登記の公告のために定められた公告紙（商法一〇条）で、その公告を行う（一二五条・一三五条一項・六一条）。

㈭　株式法の一般規定に従い、株主総会は少なくても会日の一ヶ月前に招集される（株式法一二三条一項）。総会の招集の時から、①契約書もしくは契約草案または分割計画書、②当事会社の直近三年間の年度決算書ならびに状況報告書、③場合により中間貸借対照表、④取締役の分割報告書および、⑤分割検査役の検査報告書が、株主の閲覧のために会社に備置かれ（一二五条一文・一三五条一項一文・六三条一項）、各株主に、請求により、無料で上記書類の謄本が交付される（六三条三項）。

(ヘ)　契約または分割計画書は、各当事会社(新設分割の場合には譲渡会社)の総会決議によってのみ有効となる(一二五条一文・一三五条一項一文・一三条一項)。取締役は、(ホ)で述べた書類を提出し、審議の始めに契約書もしくはその草案または分割計画書を口頭で説明する(六四条一項)。譲渡会社の取締役は、契約の締結もしくは草案または分割計画書の作成と決議の間に生じた当該会社の財産の重要な変更に関し報告することを要する。取締役は譲受会社の代表機関にもそれを知らせなければならず、報告を受けた代表機関も分割決議前にそれを総会に報告する(一四三条)。請求により総会では、他の当事会社の分割に関するすべての重要事項(六四条二項)と自己の会社に関する事項が解説される(株式法一三一条一項)。

譲渡会社に対する持分割合をそのまま維持する比率維持型の消滅分割および存続分割ならびに分離独立の場合には、総会の分割決議は、少なくても決議のおいて代表される資本の四分の三の多数決を必要とする。定款で、この要件を加重し、別の要件を加えることもできるが(一二五条一文・一三五条一項一文・六五条一項)、この要件を軽減することはできない。その上、決議は議決権の単純過半数が必要である(株式法一三三条一項)。これに対し、譲渡会社に対する持分割合に相応しない比率で株式が割り当てられる比率不維持型の消滅分割および存続分割の場合には、譲渡会社の総株主の同意が必要である(一二八条一文・一三五条一項一文)。会社が数種の株式を発行している場合には、種類株主総会での議決権の単純過半数による、資本の四分の三の特別決議(一二五条一文・一三五条一項一文・六五条二項)が必要である。分割決議および種類株主総会の決議は、公証人による認証が必要である(一三条三項)。

もっとも、譲受会社が譲渡会社の基本資本の九〇%以上を所有しているときには、譲受会社の基本資本の五%を有する株主が総会の開催を要求しない限り、譲受会社の総会決議は不要である(一二五条・六二条)。これは第六指令六条を国内法化したものである。

総会決議取消の訴えは、決議後一カ月内に限って起こすことができる（一二五条・一三五条一項・一四条一項・三六条一項）。株式交換比率が低すぎることまたは受入会社の株式が譲渡株式の株式の十分な対価でないことを理由とすることはできないが（一四条二項）、これらの場合には、裁判手続（非訟事件手続）により現金支払い請求の申立を行うことができる（一二五条・一三五条一項・一五条・三〇五条以下）。

(ト)　消滅分割と存続分割の場合には、譲受会社の資本増加が必要となる場合がある。[96] 資本を増加するには、総会の増加決議（六九条一項一文・株式法一八二条一項）と、議決権を有する数種の株式が発行されている場合には、種類総会の特別決議が必要である（株式法一八二条二項）。分割決議と資本増加決議は同じ総会で行うことができる。分割目的の資本増加のために、簡易な手続が定められている（一二五条一項・六九条一項・一四二条一項）。資本増加は現物出資による資本増加として実施されるから、一人以上の検査役による検査（株式法一八三条三項）が常に必要である（一四二条一項）。検査役は検査報告書を作成し、一通を裁判所、もう一通を取締役会に提出する。すべての者が裁判所で報告書を閲覧することができる（一四二条二項・株式法一八三条三項・三四条二項・三項）。資本増加決議と資本増加の実行は、登記申請されることを要す（一二五条一文・六九条一項一文・株式法一八四条一項一文・一八八条一項）。これらと分割の登記申請は、合体することができる。

存続分割および分離独立の場合には、譲渡会社の資本減少がしばしば必要になる。それを簡易な形式で行うことができる（一四五条一項）。この場合にも総会の資本決議（株式法二二九条三項・二二二条一項）と、議決権を有する数種の株式が発行されている場合には、各種類総会の特別決議が必要である（株式法二二九条三項・二二二条二項）。資本減少決議と分割決議は同じ総会で行うことができる。資本減少決議とその実行は登記を要する（一四五条一文・六九条一項一文・株式法二二九条三項・二二三条・二二七条一項）が、資本減少の実行が商業登記簿に登記された後にのみ、存続分割または分離独立は登記をすることができる（一四五条二項）。券面額の引き下げによる資本減少の場合には（一四五条一項・株式法二二九条三項・二二二条四項一号）、譲渡会社による資本減少、その実行および分割の登記申請は合体することができる。

(チ)　消滅分割と存続分割の場合には、譲渡会社は、付与される株式と場合によって分割交付金の受領のための受託者（Treuhändler）を選任しなければならない。受託者が、株式および分割交付金を受け取ると、その旨を裁判所に通知をしなければならず、通知がなされた後に初めて分割が登記される（一二五条一文・七一条一項）。受託者は、譲渡会社の株式と引き替えに新株と場合により分割交付金を譲渡会社の株主に引き渡す。受託者は受け取った株式を譲受会社に引き渡し、譲受会社はこれを廃棄する（なお一二五条一項・七二条・株式法七三条一項・二項・二二六条一項・二項参照）。

(リ)　①吸収分割の場合には、当事会社の代表機関は、本店所在地の登記簿に分割を登記するために、所定の書類を添付して[97]（一七条一項・一四六条二項）、公証方式で（商法一二条一項）申請をしなければならないが、譲受会社の代表機関も申請の権限を有している（一二五条一文・一二九条・一六条一項）。代表機関は、申請の際に、分割決議取消の訴えが提起されていないかもしくは期間内に提起されなかったこと、このような訴えが確定的に棄却されたかもしくは取り下げられたことを説明しなければならない（いわゆる消極的表示〔Negativerklärung〕）。代表機関は申請後でも登記裁判所にその通知を行いうる。消極的表示がないときには、原告適格の株主が公証人の証明のある放棄表示により分割決議取消の訴えを放棄するのでなければ、分割の登記は拒否される（一二五条一文・一六条二項）。存続分割および分離独立の登記申請の場合には、譲渡会社の取締役は、法律および定款で規定された当該会社の設立に関する要件を充足していることをも説明しなければならない（一四六条一項）。②新設分割の場合には、譲渡会社の代表機関は、各新会社の所在地の登記裁判所に新（株式）会社の登記の申請と（一三七条一項）、譲渡会社の本店所在地の登記裁判所に分割登記の申請を行う（同二項）。新会社の商業登記簿の登記には、譲渡会社の商業登記簿に分割が登記されたときに初めて効力を生じる旨が付記されなければならない（一三五条一項一文・一三〇条一項二文・一三五条一項二文）。

(ヌ)　①吸収分割の登記は以下の順序で行われる。まず、譲受会社が資本増加を行うときは、資本増加の実行を登記し（一二五条一文・六六条）、譲渡会社が資本減少を行うときは、資本減少の実行を登記する（一四五条二項）。次いで、譲受会社が分割の登記を行う（一三〇条一項一文）。登記には、譲渡会社の登記により初めて分割が有効になる旨が付記される（同二文）。最後に、譲渡会社の分割の登記を行う。消滅分割と存続分割の場合には、登記裁判官が受託者から新株と分割交付金の受領の通告を受けてからこの登記を行う（一二五条・七一条）。登記は公告される（一二五条一文・一九条三項一文）。②新設分割の場合には、まず、新会社の登記を行う（一三五条一項・一三〇条一項一文）。この登記は、譲渡会社が分割の登記をすることによって初めて有効になる。譲渡会社が存続分割または分離独立の実行のために資本減少を行ったときには、資本減少の実行を登記する（一四五条二文）。最後に、譲渡会社が分割の登記を行う（一三五条一項・一三〇条一項一文・一三七条三項）。登記は公告される（一三五条一項一文・一二五条一文・一九条三項一文）。[98]

(ル)　譲渡会社の登記簿に分割が登記されると、分割は効力が生じる。即ち、①債務を含む譲渡会社の財産は譲受会社に承継（部分的包括承継〔partielle Gesamtsnachfolge〕）され、[99]②消滅分割の場合には譲渡会社は当然に消滅し、③消滅分割と存続分割の場合には譲渡会社の株主は譲受会社の株主となり、分離独立の場合には譲渡会社が譲受会社の株主になる。④契約・計画書の公証および場合によっては必要な個々の株主の同意表示又は放棄表示の瑕疵は治癒される（一三一条一項・一三五条一項）。分割の瑕疵は登記の効力に影響を及ぼさない（一三一条二項・一三五条一項）。消滅分割の場合に所属の決まらない資産については、第六指令三条三項(a)と同様の定めのほか、資産を複数の譲受会社に割り当てることが不可能のときには、金銭処理を行う旨の規定（一三一条三項二文）が置かれている。

(オ)　分割当事会社は譲渡会社の債務につき連帯責任を負う（一三三条一項一文）。請求権が向けられる当事会社のみが担保提供義務を負う（同二文）。債務が割り当てられなかった会社は、分割後五年を経過する前に支払期限となり、それを裁判上主張されたとき（会社が請求権を文書で認めたときは裁判上の主張を要しない。同五項）には、責任を負う（同三項）。この責任の消滅時効は五年である（同六項）。

以上の考察より、ドイツ法は存続分割、その上物的分割も認めていることが明らかになった。この規制はわが国の立法と同じである。わが国の立法者は、ドイツ法を継受したと評価できるように思われる。

(7)　アメリカ法

アメリカでは、一九九〇年代からコングロマリット・デスカウントの解消のために会社分割はブームとなっているが、[100] 一九八八年の改正で会社分割を定めたペンシルバニア州[101]を除き、州会社法も模範事業会社法も、会社分割（corporate divisions: corporate separation）に関する規定を特に定めてはいない。しかしそれには、①Spin-off、②Split-off および③Split-up があると言われている。Spin-off とは、譲渡会社がその資産の一部を分離して新会社を設立し、譲渡会社の株主に新会社の株式を現物配当（property dividend）として分配する形態（既存の子会社株式の分配を含む）であるとされている。Split-off[102] は、Spin-off と同様、譲渡会社が新会社を設立し、自己の株主に自社株を買い戻す対価として新会社の株式を交付する形態（既存の子会社の株式の交付を含む）である。これに対しSplit-upは、譲渡会社がその資産の全部を複数の既存の会社または新会社に譲渡した後、それらの株式を譲渡会社の株主に取得会社の株式と交換に分配し、譲渡会社は清算（liquidation）する形態である。[103] Split-upでは譲渡会社が消滅する点で、消滅しないSpin-offおよびSplit-offとは異なる。これらの形態のうちSpin-offがもっとも多く利用されている。会社分割に関する特別規定がないので、まず、譲渡会社はその営業を取得会社に現物出資または譲渡して取得会社の株式を取得し、ついで、それを譲渡会社の株主に交付するという手続を践む（間接分配方式）が、各段階ごとに各々の州会社法の規定を適用して、事実上の会社分割を行う。[104]

今日の州法の大部分は、会社の「資産の全部または実質的全部の売却（Sale of all, or substantially all, of its property）」であっても、「事業の通常の過程」（in the usual and regular course of the business）」による場合には、取締役会決議だけで足りるが、[105] 事業の通常の過程外の譲渡の場合には、株主総会の承認決議を要求し、[106] この場合には反対株主に株式買取請求権（appraisal right）を認めている。[107] それ故、アメリカでは、会社分割の場合、「資産の全部または実質的全部」の要件の該当性と②「事業の通常の過程」要件の該当性が問題となるが、Spin-offおよびSplit-offでは、譲渡される資産が、会社資産の実質的な全部でないのが普通であるから、総会の承認決議の不要で、Split-upの場合にも、不要と解されているので、[108] 普通、株主総会の承認を得ることなく、資産を売却し、子会社の設立手続をとることにより、会社分割の一段階が履行されることになる。

新会社が実際には旧会社の継続であるときには、新会社はその債務を明示に引き受けると否とにかかわらず、債務に責任を負うが、[109]分割の場合、新会社は旧会社の全事業を譲り受けないので、新所有者の下での企業の継続ルールで保護されない。[110]従って、会社債権者の保護は、包括的譲渡（Bulk Transfers）規制と詐欺的譲渡規制（faudulent conveyance）により図られることとなる。

一九八九年改正前統一商法典（U.C.C.）第六編は、商人が営業上の在庫を叩き売って、債権者に代金を支払わずに、代金をもって失踪するのを阻止するために、「企業財産の包括的譲渡」（企業の原料、在庫、商品またはその他の棚卸資産の大部分の包括的および通常の過程によらない譲渡。UCC §6-102（1））に該当するときには、譲受人が物品を占有するか支払をする少なくとも一〇日前に、債権者リストに記載された債権者・譲受人に知られた債権者に対し通知をするのでなければ、譲渡人の債権者に対し効力がなく（UCC §6-105）、また、新しい対価が支払われるときには、譲渡人の債権者にその対価が債務の支払に充てられることを保証する義務を負う（UCC §6-106）とされていた。[111]この規制は普通の取引を妨げているという批判が早くからなされたが、テクノロジーの変化により低コストで譲渡人の情報を入手することができること、他の州に債務者が逃亡しても法改正により管轄権を得る可能性が増していること、英国には同様の法律がなく、カナダで廃止されたことから、統一州法委員会とアメリカ法曹協会は、第六編の廃止を勧告した。八九年改正法は，第六編を廃止したもの（Altenative A）と、包括的譲渡を改め、包括的売買（Bulk Sales。売主の主たる事業が事業用商品の売買であるもの）に限定したもの（Alternative B）の二つを規定している。従って、この面での債権者保護がなくなった。[112]

詐欺的譲渡規制は、連邦破産法（Bankruptcy　Code）五四八条および各州詐欺的譲渡法（Uniform Fraudent Conveyance Act（1919）または Uniform Fraudent Transfer Act（1984））に基づく。分割会社の財務状態が分割後悪化した場合、詐欺的意図で行った場合には、事後的に債権者または破産管財人による当該取引の取消あるいは否認が認められる場合がある。[113]

Spin-off の場合には現物配当、Split-off の場合には部分的な株式償還、Split-up の場合には清算配当が行われる。

多くの州法では、配当をするか否か、どの程度するかは取締役会の裁量に委ねている。そして子会社の株式のような現物配当（dividends-in-kind または property dividends）を現金配当と同様に認めるが、配当基準は、州によって多様である。[114] 一九八〇年改正前の模範事業会社法は、株式は額面で発行されるという単純な資本構造が存在するという前提の下に、現金・現物による配当を「無留保かつ無制限の利益剰余金」に限っていたが（§45 (a)。利益剰余金基準（Earned Surplus Test））、会社が支払い不能にならないこと、基本定款の定めまたは株主総会の決議に基づくこと、優先配当の累積未払分割が支払われ、残余財産分配優先権が害されないこと、株主に財源が明らかにされること等を要件とし、資本剰余金または減資剰余金に基づく配当も認めていた[115](§46)。しかし、資本構造が複雑になるにつれ、配当を利益剰余金の分配と考えることは、債権者保護に役立たないことが認識され、一九八〇年改正により、伝統的な表示資本（stated capital）、剰余金（surplus）、額面（par value）および金庫株（treasury shares）は廃止され、「〝分配（distribution）〟は、会社がその株式に関しその株主に対しまたはその株主の利益のためになす、金銭もしくはその他の財産（自己株式を除く）[116]の直接もしくは間接の移転または債務の負担を意味する。分配は、配当の宣言もしくは支払：株式の購入、買戻もしくはその他の取得：負債の分配またはその他の形態である」（§1. 40 (6)）とし、「分配は、(1) その実行後に、営業の通常の過程において支払期の到来する負債を会社が支払い得なくなるか、または、(2) 会社資産総額が、その負債総額と（基本定款が別段の定めをしていない場合には）会社が分配時に解散するならば残余財産分配優先権を有する株主に対して支払うべき額の合計額を下回るようになるときには、なしえない」（§6. 40 (c)）とし、支払不能基準（equity insolvency test）と貸借対照表基準（balance sheet test）の併用に改められている。その判断時期は、会社株式の購入、償還またはその他の取得による分配の場合、金銭またはその他の財産が譲渡される日と株主が取得された株式の株主でなくなる日のうち早い日である（§6. 40 (e)(1)）。従って模範事業会社法を採用する州法では、上記条件を満たした上でSpin-off[117]を行う。会社分割の場合、現物の株式が分配されるので、実務で問題となるのは、承継会社の株式の評価である。

Split-upでは取得会社の株式の配分は被分割会社の任意解散より行われる。取締役会は解散提案を株主にすることができる[118]。株主の承認決議が必要であり、議決権の有無にかかわらず、株主に総会の招集通知を発しなければならない（模範事業会社法 §14. 02）。反対株主の株式買取請求権は認められない。会社は、州務長官に解散届出書（articles of dissolution）を提出すると、発行日に会社は解散会社となるが（§14. 03）、発行日から一二〇日以内は解散を撤回することができる（§14. 04）。会社は、清算のため、知れたる債権者に対し、一定の期間内に債権を届け出るよう通知し（§14. 06）、またそうでない債権者のために債権を届け出るよう公告する（§14. 07）。会社は債務を履行し、株主に残余財産を分配する（§14. 05 (a)）。

以上の考察より、アメリカ法は、①現物出資に検査役の検査を一般的に不要とする立場を採用した上で、②資産の全部または実質的全部の譲渡という特有の規定を定め、③取締役会は配当を決定でき、④現物配当も許容し、⑤自己株式取得も広範に認めるなど、規制の緩い制度を前提として機能していることが、指摘できよう。従ってこのような制度「全体」を検討することが必要で、取締役会決議だけで会社分割を行いうるという利便性からアメリカ法をつまみ食いすることは危険であるように思われる。[119] 特にアメリカ法は、会社債権者の保護が弱いように思われる。[120]

(4) 第六指令の翻訳として山口幸五郎・吉本建一「会社の分割に関するEC指令について」阪大法学一三五巻一六九頁以下(一九八五)があり、同指令の概要を紹介するものとして森本滋「株式会社の分割」『EC会社法の形成と展開』三四五頁以下(一九八四、商事法務研究会)、山田優子「会社分割の規制(一)」民商九九巻六号八三二頁以下(一九八九)がある。採択理由についてはLutter, Europäisches Unternehmensrecht, 4. Aufl., 1996, S. 196; Barbaso, The Harmonisation of Company Law with regard to Mergers and Division, JBL 1984, p. 176, [179] も参照のこと。

(5) 被分割会社が清算中の会社であっても、株主間の財産の分配を開始していなければ、分割を行うことができる(二条二項・二一条二項)、破産、強制和議その他類似の手続にある会社には、第六指令の適用を除外することができる(一条四項・第三指令一条三項)。

(6) 従って一〇%未満の分割交付金基準は事実上ないに等しい。それ故これを会社分割の要件としているのはフランス法とドイツ法(組織変更法一二五条・一三五条一項・六八条三項。但し分離独立には適用されない)だけである。

(7) 分割計画書の絶対的記載事項は、①当事会社の法形態、商号および住所、②株式交換比率および分割交付金、③受入会社の株式割当に関する事項、④割り当てられた株式の利益配当請求権の始期および当該権利に関する特別の定め、⑤被分割会社の取引が会計上受入会社に帰属するものとみなされる日、⑥特別の権利を有する株主および株式以外の証券所持人に対し受入会社が付与する権利に関する事項、⑦当事会社の分割検査役、取締役および監査役に与える特別利益、⑧各受入会社に移転される積極・消極財産の詳細な記述およびその配分、⑨受入会社株式の被分割会社の株主に対する割当および割当基準(三条二項・二二条一項)ならびに、⑩新設分割の場合には新設会社の法形態、商号および住所(二二条二項)である。①ないし⑦および⑩は、合併計画書の記載事項（第三指令五条二項・二三条二項）と同一であり、分割に特有な記載事項は⑧および⑨である。①および⑩で会社の法形態が記載事項とされているのは、大陸法と異なり、イギリスの場合public companies limited by sharesとpublic companies limited by guarantee having a share capital の二つの法形態があるためと思われる。分割計画書において配分がなされず、解釈によっても配分が決まらない積極財産は、受入会社に配分される純資産額に比例して受入会社に配分され（三条三項(a)・二二条一項）、同様の消極財産については、受入会社が連帯責任を負うが、加盟国は、当該連帯責任を各受入会社に帰属する純資産額に制限する旨を定めることができる（三条三項(b)・二二条一項）。これらは第三指令にない規定である。

(8) 分割説明書では、分割計画書を詳細に説明し、特に株式交換比率およびその配分の基準に関する法的・経済的根拠を示し、評価につき特別の困難があるときにはその旨を記載することを要する（七条一項・二二条一項）。また、現物出資の検査役報告書と同報告書が付託される登記簿を記載する（七条二項・二二条一項）。後者は第三指令にない記載事項である。

(9) 加盟国は、検査役の選任が分割当事会社共同の請求に基づいてなされるときには、全会社のために一人以上の検査役の選任を定めることができる（八条一項・二二条一項）。吸収分割の場合には、同一の検査役が現物出資検査報告書と分割検査報告書を作成できる旨を加盟国は定めることができる（八条三項）。

(10) 報告書には、株式交換比率の公正性・相当性についての検査役の意見を示し、少なくとも、株式交換比率の決定方法、当該事例におけるその方法の妥当性、各方法により算出された価額、その方法を使用せしめるに至った重要な関係事実に関する意見および評価につき特別の困難があるときはその旨を記載する（八条二項・二二条一項・第三指令一〇条二項）。

(11) 中間貸借対照表は第三指令一一条二項と同様の方法で作成される。

(12) (a)①被分割会社の分割承認総会の会日の一カ月までに、各受入会社の分割計画案の公示（公告）がなされ、②それまでに各受入会社の全株主が会社の本店で事前開示書類を閲覧することができ、③各受入会社の少数株主（引受済資本額五％を超えない範囲で加盟国が定める一定割合の株式を有する株主）が分割承認総会の招集を請求する権利を有している場合には、加盟国は、受入会社の総会による承認を要しないとすることができる(六条)。これは第三指令八条に相当する規定である。また、(b)受入会社が全体として被分割会社の全株式およびその他の議決権証券の全部を所有している場合には、①分割の効力発生日の一カ月前までに各分割当事会社が分割計画案を公示（公告）し、②それまでに分割当事会社の全株主が会社の本店で事前開示書類を閲覧することができ、③被分割会社の少数株主（(a)③と同じ）が分割承認総会の招集を請求する権利を有しており、④分割計画書の作成日以後に生じた積極・消極財産の重要な変動が代表機関の分割説明書に記載されている限り、加盟国は、被分割会社の総会による分割の承認を要しないものとすることができる(二〇条)。これは第三指令二五条・二六条と同旨である。しかし合併の場合と異なり、分割説明書および分割検査役制度が当然に適用除外になるわけではない（第三指令二四条対照）。

(13) 吸収分割の場合には、保護が受入会社の債権者と被分割会社の債権者との間で異なることができる（一二条四項・二二条一項・第三指令一三条三項）。

(14) 受入会社は財産移転につき各加盟国が定める第三者対抗要件を踏むことが必要である（一七条三項・二二条一項）。

(15) 受入会社または被分割会社が実質的に所有する被分割会社の株式には受入会社の株式を割り当てることができない（一七条二項・二二条一項）。

(16) 行政庁の決定に対し裁判所に不服申立てをなしうる限り、行政庁も無効宣言をなしうる（一九条二項・二二条一項)。国内法が分割無効の判決に対する第三者の異議申立てを認めている場合には、判決の公示の日から六カ月の期間内にのみなしうる（同(f)）。

(17) Barbaso, JBL 1984, p. 183 参照のこと。

(18) 人的分割とは、被分割会社の株主に受入会社の株式が割り当てられることをいい、物的分割とは、被分割会社に受入会社の株式が割り当てられることをいう。原田晃治「会社分割法制の創設について〔上〕」商事法務一五六三号九頁（二〇〇〇）。前田庸「商法等の一部を改正する法律案要綱の解説〔上〕」商事法務一五五三号六頁（二〇〇〇）は、前者を分割と呼び、後者を分社と呼ぶ。

(19)　前田・前掲注一八・五頁、原田・前掲注一八・一〇頁（二〇〇〇）。消滅分割は、合弁会社を解消する際に有用ではあるが、分割承認総会と同時に会社の解散決議をすれば、同様の効果を得ることが可能である。

(20)　わが国の商法三七四条二項五号ないし七号・三七四ノ一七第二項五号ないし七号は分割に特有な規定で、それ以外は合併計画書または合併契約書の記載事項（四〇九条・四一〇条）と同一である。第六指令の定める記載事項は注七参照。

(21)　第三指令と同様の規制（昭和五九年五月九日法務省民事局参事官室は「大小（公開・非公開）会社区分立法及び合併に関する問題点」（一〇・八）に対しては実務界を中心とした強い反対があったので、昭和六一年の「商法・有限会社法改正試案」（七・七）では、合併契約書に各当事会社による合併比率に関する説明書を添付するという線に後退し、結局、説明書は備え置き書類として法定された（商法四〇八条ノ二第一項二号・二項）経緯がある。

(22)　Vimont, La scission directe, Gaz. Pal., 1967, 1. Doctr. 20. 宮島司「会社の分割」慶應義塾大学大学院法学研究科論文集一一号六五頁以下（一九七七）、吉田正之「フランスにおける会社分割制度の沿革―一九六六年会社法改正に至るまで」山形大学紀要（社会科学）二二巻二号一四三頁以下（一九九二）参照。そのため、会社分割に対し合併に準じた税上の優遇措置が講じられていたことに留意すべきである。六六年以後の利用状況については奥島孝康「会社分割立法の問題点」判タ八三九号一三五頁（一九九四）。

(23)　Hémard-Terré-Mabilat, Sociétés commerciales, T. III, 1978, n° 761.

(24)　一九六六年法の規制については大野実雄『株式会社の分割と分割合併』（一九七〇、財政経済弘報社）、注22掲載の諸論文、荒木正孝「株式会社『分割』の法的構成―社史による実態分析とフランス新会社法を手がかりとして」早稲田大学大学院法研論集七号一頁（一九七一）、三枝一雄「フランス新会社法における会社の分割」法律論叢四三巻一号二頁（一九六九）、倉沢康一郎「株式会社の分割とフランス商事会社法」財政経済弘報一三三二・一三三三合併号三頁以下（一九六九）、田村諄之輔「会社の分割—序論的考察」上智大学法学部創立二十五周年記念論文集四三三頁以下（一九八三）、山田・前掲注四・八一七頁以下、北澤千佳子「会社の分割についての一考察」慶應義塾大学大学院法学研究科論文集二一巻一号一二五頁（一九八五）参照。

（25） Vuillermet, Droit des sociétés commerciales, 1969, pp. 638f.; Hémard-Terré-Mabilat, op. cit., n° 783; Ripert-Roblot, Traité élémentaire de droit commercial, 1972, n° 1597; Hamiaut, La Reforme des sociétés commerciales, III, 1966, p. 89f.

（26） Hémard-Terré-Mabilat, op. cit., n° 789. 会社法は、資産の一部出資（apport partiel d'actif）を当事会社の協議により分割の規定（会社法三八二条ないし三八六条）に従わせるを認めている（会社法三八七条）。同規定については、吉田正之「フランス法における株式会社の資産の一部出資」一橋研究一二巻四号一三一頁以下（一九八八）、同「会社財産の包括承継に関する一考察」『現代会社法・証券取引法の展開』（一九九三、経済法令研究会）二七九頁以下、石田清絵「フランス法における資産の一部出資」『比較会社法研究（奥島教授還暦記念第一巻）』五六五頁以下が詳しい。一九八八年改正法は有限会社にもこれを認める改正を行っており（三八八—一条）、それは実務的にかなりのインパクトを持つと指摘されている。Jeantin, Le nouveau régime des fusions et des scissions de societes, J.C.P., II, 15169, p. 322 (1988).

（27） 荒木・前掲注二四・二三頁、宮島・前掲注二二・六七頁。フランスの通説的見解にならえば、被分割会社の消滅が、分割の判断基準となるが（宮島・前掲注二二・七七頁、吉田・前掲注二二・一五九頁、荒木・前掲注二四・二八頁）、資産の一部出資は、受入会社の持分（株式）が社員のため被分割会社のそれと交換され、被分割会社の資本が必然的に減少させられる場合に限られるとする説（Hémard-Terré-Mabilat, op. cit., n°s 790 et 1092）や、経済的に見て企業と考えうるような重要な財産の一部出資の場合には合併と同視できるという説（J. Martin, "La notion de fusion", Rev. trim. dr. com., 1978, nos 37et s.; J. Martin, note de cour de cassation（CH. Com.）11 décembre 1978, D 1980, 44）にならえば、消滅を分割の必須条件（condition *sine qua non*）と考える必要はない（北澤・前掲注二四・一二七頁）ことになる。フランス法を検討し、理念よりも、実際上の考慮より、不完全分割を立法論として主張する見解として奥島・前掲注二二・一三六頁がある。

(28)「合併と同様、現物出資の技術に頼ることは分割の特色である」が（Hémard-Terré-Mabilat, op. cit., n° 782）、このことは必ずしも、会社分割の本質につきフランス法が現物出資説（三枝・前掲注二六・六頁など）を採っていることを意味するものではない（宮島・前掲注二二・七四頁注七、北澤・前掲注二四・一二六頁）。

(29) 六章は法人格を有する会社に共通な規定であり、わが国と同様、合名・合資会社は法人であるから（五条）、会社分割は、わが国と異なり、合名・合資会社にも認められる。総則では、各会社は分割計画書を本店所在地の商事裁判所書記局に提出し、それを公示すること（三七四条一項・二項）、分割は、定款変更に必要な条件（合名会社の場合は一五条一項、有限会社の場合は六〇条一項、株式会社の場合には一五三条二項・三項参照）に従って決定されなければならないが（三七二条二項）、当事会社の社員（株主）の義務が増加することとなる場合（例えば株式会社の合名会社への分割の場合）には、社員（株主）の全員の同意によることを要すること（三七三条）、新会社は、その会社の設立に関する規定に従って設立されなければならないこと（三七二条三項）が定められている。一九八八年会社法改正でも三七二条および三七三条は改正されず、三七四条一項・二項は改正後の三七四条二項にまとめられたが、変更を受けていない。

(30) 証券取引委員会（C.O.B.）は、一九七七年に「合併・分割・資産の一部出資における株主の情報及び現物出資の対価に関する勧告」を発表し、会社法の規制を事実上強化していると言われている。山田・前掲注四・八二三頁以下、Bézard-Chaput, La Commission des opérations de bourse (COB) et la protection des

actionaires minoritaires dans les groupes de sociétés, Rev. Soc. 1982, p. 486 et suiv. 従って勧告も問題になるがここでは検討を控える。

(31) 会社の執行機関として株式会社の場合在来型のものとドイツ型のものがあり、合名・合資・有限会社では業務執行者である。複雑となるので以下まとめて単に代表機関ということにする。

(32) 六六年法の絶対的記載事項は、①分割の動機・目的・条件、②条件決定のための計算確定日、③移転する資産・負債および評価、④株式交換比率、⑤分割差益および、⑥評価方法・方法の選択理由であった。

(33) 有限会社の場合、会計監査役の報告書を要することに問題がなかったが、株式会社については、吸収分割の場合しか規定していないことから問題となったが、法文の精神より、(新設)分割の場合にも同様と解されていた (Hémard-Terré-Mabilat, op. cit., n° 1042)。

(34) 八六条三項は「現物出資の検査に関する本条の規定は、会社が当該出資の共有者のみの間で設立されるときには適用さない」とし、デクレ二五九条二項は「被分割会社により出資された財産は、法律八六条三項の適用については」共有とみなすとしていたが、不正確であるため、loi n° 67-559 du 12 juillet 1967 (一二条・二八条) は八六条三項を削除し、三八三条二項の二文と三文の間に「但し、被分割会社により出資された財産の評価に関する検査は必要ない」という一文を追加した。検査を要しないとしたことには批判が多い。Vimont, Gaz. Pal., 1967, 1. Doctr. 20; Hémard-Terré-Mabilat, op. cit., n° 1069。

(35) 債務者たる会社が分割する場合に債権者に即時弁済の請求を認める契約は当然有効である (三八一条四項・三八八条一項・三八九条)。

(36) Vuillermet, op. cit. p. 653. Hémard-Terré-Mabilat, op. cit., n° 894.

(37) 被分割会社に不動産を賃貸している者も分割に対し異議を申し立てることができる (デクレ二六二条)。

(38) 三八一条二項一文は、当初「債権が合併を決議した特別総会の招集日前である、吸収会社または被吸収会社の債権者は、デクレの定める期間内に異議を申し立てることができる」とされ、社債権者も含まれていたが、loi n° 67-559 du 12 juillet 1967（二六条）により、債権者から社債権者が除かれている。

(39) 当初、合併または分割提案が社債権者集会によって承認されない場合には、起債会社は社債の償還を申し出て、不承認を無視することができ（三二一条一項）、また被分割会社の社債権者集会が分割提案の決定を延期したときには、委託を受けた社債権者集団の代表者が異議を申立ることができるとされていたが（三八六条三項）、企業再編の妨げになるので、Ordonnance n° 67-834 du 28 septembre 1967 は三二一条一項から、合併・分割の提案を外し（同七条）、会社法三二一―一条一項乃至三項を追加する（同八条）と共に、三八六条三項を削除した（同九条）。

(40) デクレ二三四―一条は Décret n° 68-25 du 2 janvier 1968（二〇条）により追加された規定である。

(41) デクレ二六一条二項・三項は、Décret n° 38-25 du 2 janvier 1968（二四条）により追加された規定である。

(42) 会社法三八一条の二は loi n° 67-559 du 12 juillet 1967（二七条）により、デクレ二六一―一条一項および二項は Décret n° 68-25 du 2 janvier 1968（二五条）により、追加された規定である。

(43) 会社法一九七条一項は、「転換社債の発行と選択期間の経過の間で、起債会社を他の会社が吸収合併するときまたは一社もしくは数社と新会社を創設する合併をするには、関係社債権者の特別総会による事前の承認を受けなければならない」とのみ規定していたが、Loi n° 69-12 du 6 janvier 1969（五条）により本文のように改正されている。

(44) Le Fèvre, Le nouveau régime des fusions et des scissions de sociétés commerciales, Rev. soc., 1988, p. 207, Jeantin, J.C.P., II, 15169, p. 318 (1988). 一九八八年改正法の紹介論文として奥島孝康「立法紹介・会社の合併と分割」日仏法学一六号（一九八八）一一六頁以下、同・前掲注二四・一三四頁、山田・前掲注四・八三九頁がある。条文の翻訳は荒木正孝「会社の合併および分割に関するフランス会社法の改正」駒沢大学法学論集五〇号四三頁（一九九五）がある。その後 loi n°94-126 du 11 févr. 1994 は、三七八条を削除する（一五条Ⅰ）代わりに三七八―一項に一文を加え（同Ⅲ）、三七七条四項を追加する（同Ⅱ）改正を行っている。

(45) loi n° 89-1008 du 31 decembre 1989, 二三条Ⅴ・Ⅵ。

(46) Loi n° 94-126 du 11 fevr. 1994, 一五条Ⅰ・Ⅱ。Juglart-Ippolito-Dupichot, Les sociétés commerciales, 2e vol., 2e éd., 1999, n° 1014, Didier, Droit commercial, t. 2, 3e éd., 1999, p. 590. なお Le Fèvre, Rev. soc. 1988, p. 218 参照。

(47) 投資証券は、loi n° 83-1 du janvier 1983 により導入された証券である（会社法二八三―一条ないし二八三―三条、デクレ一六九―一条ないし一六九―八条）。国有会社が民間資本を調達できるよう考えに出された制度であるが、民間部門の会社も、資金を公募しているか否かにかかわらず利用できる。株式の金銭的権利(droits pécuniaires) のみを表章する。

(48) 参加証券は一九八三年改正で新設された証券であり（二八三―六条・二八三―七条、デクレ二四二―一条ないし二四二―七条）、ただ公共部門の株式制会社と協同組合的株式会社のみが、資金調達のために発行することを認められている。

(49) 自己株式の取得になる受入会社の持分・株式の割当の禁止は、旧法でも同様であったが、第六指令で明示されている（注15参照）ので、三七二―一条二項で国内法化されている。

(50) 二項は、遡及効を有する分割が許されることを暗黙に意味するが、別段の定めは、受入会社の営業年度の終了日より後ではならず、被分割会社の終了した最後の営業年度の終了日より前であってはならない（三七二―二条二項但書）。

(51) Pennington, Company Law, 3rd ed., p. 770-782. なお、イギリス法の会社分割を検討する論文として、山田・前掲注四・八四二頁以下、周田憲二「イギリス法における営業譲渡」広島法学一六巻一号七五頁以下（一九九二）がある。

(52)　一九八五年会社法四二八条ないし四三〇条Fは、一九八六年金融サービス法Schedule一二により公開買付け（takeover offer）に関する規定に改められている。

(53)　Parmer's Company Law, Vol. I, 24th ed., 1987, pp. 1131 and 1133. 英国では、公開買い付け等による株式の取得や株式交換が伝統的に好まれていることから、全資産・負債を他の会社に譲渡することは稀である。Barbaso, JBL 1984, p. 178. なお支払不能者法一一〇条の権限を拡大しないかまたは反対株主から権利を奪わないならば、基本定款または付属定款で営業を譲渡し、対価として受け取った譲受会社株式を譲渡会社株主に分配する旨の規定も有効である。op. cit., p. 1162. なお、周田・前掲注51・八八頁以下参照。

(54)　四二七A条は一九八九年会社法一一四条により些細な点で改正を受けているが、本質にかかわらない。

(55)　別表一五Bのオリジナル番号は一五Aであるが、一九八九年法により一五Bに改められている。

(56)　債権者・社員に送られる招集通知には協定の効果および取締役の重大な利害等の説明書が添付されることを要する。協定が社債権者の権利に影響を与えるときには、説明書は、社債権者のための受託者の利害に関しても説明することが必要である（八五年会社法四二六条一項・二項・四項）。公告による招集のときには、上記説明書または説明書の謄本の入手方法が含まれていることを要し、協定効果説明書の謄本の送付を認めるときには、申し出た債権者または社員に無料で送付しなければならない（同三項・五項）。

(57)　裁判所は、譲渡会社またはその名義人が所有する自己株式に譲受会社の株式を割り当てる協定を認可しない（別表一五B　para 7）。また、譲渡会社の特別権が付与された証券が社員または債権者以外の者によって所有されているときには、原則として、その者に譲受会社で同等の価値の権利を与えられない場合も同様である（同para 8）。

(58)　Nokes v. Doncaster Amalgamated Collieries Ltd., [1940] A.C. 1014は、個人的労務提供契約の自動的移転を認めなかったが、一九八一年営業譲渡（雇用保護）規則（the Transfer of Undertakings (Protection of Employment) Reg. 1981 (S.I. 1981 No. 1794)）の結果、少なくとも従業員に関しては、破棄されている。

Davies, Gower's Principles of Modern Company Law, 6th ed., 1997, p. 765. footnote 65. 同規則についてはSchofield, Protection of Employment on Transfer of Undertakings, JBL 1983, 18ff. に詳しい。

(59) 裁判所は、認可命令またはその後の命令で、移転日を定め、譲渡会社の解散を定めるときは、解散のため移転日と同一日を定める（別表一五B para 9 (1)・(2)）。完全に移転するのに段階を踏む必要があるときには、そのような段階が実施される、移転日から六カ月内の日を定め、その日まで解散を延長することができ、その日までに段階が履行されないときには、再度その日を延長することができる（同9 (3)・(4)）。

(60) 四二七条A四項は、選択権を行使し、第六指令に従わなかったことを意味する。計画終了後に譲渡会社が解散することは認められる。周田・前掲注五一・九三頁注五五。

(61) 一般的な記載事項（para. 2 (2)）は第六指令の記載事項と全く同一であり（注七参照）、会社分割に特有な記載事項で、第六指令と異なるのは、譲渡会社が取得しまたは以後取得するかもしれない財産および負債の配分・移転に関する規定のみである（para. 2 (3) (b)）。

(62) 取締役説明書は、会社法四二六条の定める説明書と、説明書に記載がないときには、第六指令と同一の内容（注8参照）を記載した報告書から構成される（別表一五B para 4 (1)）。会社分割の場合には、取締役説明書は、一〇三条（割当前の非現金対価の評価）に基づく報告が譲受会社になされているかどうかを記載し、それがなされているときには、報告書が会社登記官に交付されているか否かも記載することを要する（para 4 (2)）。

(63) 第六指令と同じく、全会社の共同の申立による一名の検査役の選任可能性（para 5 (1)）と検査役の情報入手権（para 5 (8)）が定められているほか、検査役は当事会社から独立していること、即ち、報告の時点で当事会社の監査役（auditor）資格を有することが必要であること（para 5 (3)）、他人による評価が必要で合理的であるときには、評価の知識と経験を有する、会社・会社グループの役員・従業員でない、他人に委託することができることが定められている（para. 5 (4)）。検査役報告書の記載事項には、第六指令に定められている事項（注一〇参照）以外に、他人に評価を委託した場合には、その事実、評価者の氏名・知識・経験、他人により評価された営業・財産・債務、評価方法および評価日、契約の内容と評価の承認の合理性がある（para. 5 (6)・(7)）。

(64) Palmer'Company Law, Vol. 2. 1992, looseleaf para. 12. 023.

(65) Cの例外については別表 para. 12・14 参照。

(66) 命令に至る段階で瑕疵があった場合裁判所は認可を撤回できるかについては疑いがある。Sovereign Life Assurance Co. v. Dodd, [1892] 2Q. B. 573 は、債権者が属する種類集会がなかったので、裁判所によって承認された計画によって債権者は拘束されないと判示したが、オーストラリアの Chief Commissioner of Pay-roll Tax v. Group Four Industries Pty Ltd [1984] 1N. SW. L.R. 680 は、計画を認可した命令が一旦有効になると、瑕疵にかかわらず全構成員と債権者を拘束すると判示している。

(67) 山田・前掲注4・八四四頁。

(68) 強制清算原因は、強制清算を行う旨の株主総会の特別決議、会社の支払不能（その定義については支払不能者法一二三条参照）、会社の経営がデットロックになり清算することが公平かつ衡平である場合などであり（同法一二二条一項）、裁判所に対する申立に基づき（同一二四条・一二四条A）、裁判所が清算命令を発することによって行われる（同一二九条参照）。裁判所の関与が強い。任意清算は、①会社の存続期間の経過または付属定款が定める解散事由の発生に基づく任意清算の普通決議、②任意清算の special resolution（会社法三七八条二項）または、③債務のため事業を継続できず、清算が得策であるとの extraordinary resolution（会社法三七八条一項参照）により（支払不能者法八四条一項）開始される（同八六条）。社員清算と債権者清算の区別の基準は、会社が支払可能か否かではなくて、清算決議を行う総会前に支払可能宣言（declaration of solvency）がなされたか否かである（同九〇条）。任意清算をしようとするときには、取締役会で支払可能宣言をし（同八九条一項）、それを会社登記所に提出しなければならない（同三項）。宣言書には会社の資産・負債計算書が含まれていなければならない(同二項(b))。債務が支払われないと、相応の理由なしに宣言を行ったものと推定され(同五項)、取締役に罰金または(および)自由刑が科せられる(同四項)。清算人が宣言書に記載された期間内に債務を支払えないと思うときには、その日から二八日以内に債権者集会を招集しなければならず(同九五条二項)、債権者集会の日から社員清算は債権者清算になる(同九六条)。

(69) 強制清算であっても、裁判所の監督の下に、清算人は同様のことを行いうる(一六七条・一六九条)。Parmer's Company Law, supra note 53, p. 1151.

(70) 普通、譲受会社が譲渡会社の債務を引き受けるか、損失補償をするか、債務履行に見あう資産を残すことが協定で定められるが(Parmer's Company Law, supra note 53, p. 1155)、任意清算から一年内に強制清算命令がなされると、裁判所が認可しない限り、総会のspecial resolutionは有効でないとする規定(一一〇条六項)により、会社債権者は保護されている。

(71) Gower's Principles of Modern Company Law, 6th ed., 1997, p. 761f.

(72) Uría, Derecho Mercantil, 22 ed., 1995, p. 398. 部分分割については、分割される財産は経済的一体性(unidad económica)を形成しなければならないこと(二五三条一項)と、経営組織、設備のために負った債務も受入会社に属しうる旨(同二項)が定められている。

(73) 記載事項は、第六指令と変わらない。本来の分割の場合において、資産の構成要素がどの会社に属するのか分割計画書に記載されておらず、解釈によっても決定できないときには、計画書の資産に比例して配分される(二五五条二項)。債務につき同様の場合には、全受入会社が連帯責任を負う(同三項)。連帯責任を各受入会社に帰属する純資産額に制限できるとする第六指令が認める選択権をスペインは行使していない。

(74) 総会の招集の公示は会日の一五日前が通常である(九七条)から、第六指令の要件を充足するために、一回の公示で済ませる代わりに、招集の公示が早められていると考えられる。

(75) 債権が十分に保証されている債権者はこの権利を享受しない(一六六条一項)。分割は、会社が債権者の満足する担保を提供するか、当該債権者に連帯保証人を通告するまで効力を有しない（同三項）。

(76)　第六指令の国内法化が行われ、自己株式の取得となるような株式の割当は禁止されている（民法二五〇四条の九第四項・二五〇四条の三第一項・二項）。

(77)　会社分割の法的性質および合併との関係については見解が分かれている。会社分割の法的性質については、承継事象（fenomeno successorio）と考える説（Oppo）。新会社の設立の場合にも、会社関係の変更と理解し、新会社の設立の場合には、受入会社が新たに創設されるのでなく、受入会社が最初の社員関係から派生すると理解する説（Corsi, Ferrara, Paolini）。全部分割の場合には包括承継とし、部分分割の場合には被分割会社の会社契約の変更とする説（D'Alessandro 及び Morano）。包括承継でも契約の変更でもない典型的制度と考える説(Campobasso)とがある。合併との関係については、伝統的学説(Simonetto, Tantini, Ferrara)は、合併との類似性を肯定し、分割を複数合併、部分分割の場合には部分的合併と理解する。これに対し、類似性を新会社の設立をもたらす場合にしか認めない説（Rordorf, Paolini, Maugeri）もある。Fiale, Diritto delle società, VI ed. 1998, p. 365-366.

(78)　記載事項は、①二五〇一条の二第一項が定める事項（合併計画書の記載事項）、②各受入会社に譲渡される財産の明細のほか（二五〇四条の八第一項）、③受入会社の株式または持分の割当(distribuzione)基準、および、④各社員は最初の資本参加の持分に比例して分割関係会社全部に資本参加する選択を行いうる旨の規定（二五〇四条の八第四項）である。資産の指定が計画書から推定できない場合には、当該資産は、全部分割においては、各会社に譲渡される純資産の持分に比例して受入会社に分割され、部分分割においては、譲渡会社に残る（二五〇四条の八第二項）。債務の指定が計画書から推定できない場合には、全部分割においては、受入会社が連帯責任を負い、部分分割においては譲渡会社と受入会社が連帯責任を負う（同三項）。

(79)　最終営業年度の貸借対照表が、分割計画書が会社の本店に備え置かれる日から六ヵ月以内に作成されたものであれば、それと代替できる（二五〇四条の九第一項、二五〇一条の三第三項）。

(80) 取締役報告書では、第六指令と同様の事項を記載（二五〇一条の四第一項・二項・三項）するほか、株式（持分）の割当基準を説明し、受入会社に譲渡される純資産（patrimonio netto）と被分割会社に残る純資産の実際の価値（valore effettivo）を示さなければならない（二五〇四条の九第二項）。

(81) 参加会社は、共同の専門家の任命を裁判所に要求することができる（二五〇一条の五第二項）。報告書は、会社が上場会社であるときには監査会社（societa di revisione）によって作成される（二五〇一条の五第五項）。

(82) 社債権者集会の決議は、条件の変更(二四一五条一項二号•三項)でないので、単純過半数で足りる。Fiale, op. cit., p. 364.

(83) 分割が新会社の設立を伴わないときには、分割証書は契約であるということで意見が一致しているが、新会社の設立を伴うときには意見が分かれ、新会社の設立証書の意味を有し、契約的性質を有しない一方的行為と解する説、新会社の設立契約は全社員による同時の署名を要するとする説（De Ferra）、形式的には一方的行為であるが、実質的には契約で、取締役は、消滅会社を代表するほか、設立会社の社員も代表しているとする説（Oppo, Campobasso など有力説）がある。Fiale, op. cit., p. 369-370.

(84) 株式（持分）が利益配当に参加する日（二五〇一条の二第一項五号）および当事会社の行為が貸借対照表上受入会社の行為のみなされる日（二五〇一条の二第一項六号）については、登記前の発効日を定めることができる。

(85) Lutter, Zur Reform von Umwandlung und Fusion, ZGR 1990, 401f., Engelmeyer, Die Spaltung von Aktiengesellschaften nach dem neuen Umwandlungsrecht, 1995, S. 11 によると存続分割の例として Varta（一九七七年）、Monachia および LöwenbräuAG（一九八二年）があり、分離独立の例として Holzmüller, Allianz, Daimler, Thyssen, Kaufhof, RWE があるが、消滅分割の例はない。分離独立を巡って総会決議の要否が争われた事件として Holzmüller 事件（BGHZ八三、一二二）がある。なお、吉田正之「西ドイツにおけ

る会社分割をめぐる法的状況」一橋論叢一〇一巻一号九六頁（一九八六）、周田憲二「西ドイツにおける株式会社の分割」広島法学一二巻三号一〇一頁（一九八九）参照。当時の学界の状況は以下の通りである。Duden-Schiling, Die Spaltung von Gesellschaften, AG 1974, S. 202ff. は、連邦議会の法律委員会と同様、会社分割を第三指令案のように合併規制に服させることは可能ではないと考えているが、仏・米・英の比較を行い、資本会社の分割規制の必要性を主張している。Teichmann, Die Spaltung einer Aktiengesellschaft als gesetzgeberrische Aufgabe, AG 1980, S. 85ff. は、フランスの経験は乏しいので、分割規制を定めることは時期尚早と考えられているので、立法者のイニシアチブは期待できないが、フランス法を検討してみると、会社分割の規制は既存の法制度を慎重に継続形成すれば困難なく実行することができ、財産の包括承継の問題を除けば、既存の体系を本質的に侵害するものではない、と主張している。Würdinger, Aktienrecht und das Recht der verbundenen Unternehmen, 4. Aufl., 1981, S. 245f. は、債権者保護が困難であるとして規制に消極的である。Joachim Schlze-Osterloh, Probleme einer Spaltung von Personengesellschaften, ZHR 149 (1985), 614 は、人的会社の分割については、取るに足りない関心しかなく、従来 Teichmann (Die Spaltung einer Personengesellschaft als Ergebnis privatautonomer Rechtsgestaltung, ZGR 1978, 36ff.) の論文しかないので、Duvinage の Dissertation (Die Spaltung von Personengesellshaften, Carl Heymanns Verlag, 1984) は歓迎に値すると述べている。

（86）　試案の翻訳として早川勝「「組織変更法を整序するための法律」改正試案（試訳）(1)～(4)」産大法学二六巻一号一頁（一九九二）、二号一頁、三・四号五二頁（一九九三）、二七巻一号一頁があり、試案の紹介論文として増田政章「株式会社・有限会社間の組織変更―一九八八年ドイツ組織変更法試案と利害関係者の利益保護」近畿大学法学三九巻三・四号六五頁（一九九二）、早川勝「ドイツにおける組織変更法改正の動向について」酒巻先生還暦記念『公開会社と閉鎖会社の法理』五六九頁（一九九二、商事法務研究会）がある。ZGRはシンポジュウムを開催し、„Die Reform von Umwandlung und Fusion“という特集号を組んでいる。ZGR3/1990.

(87) 東ドイツ時代に沢山の経営が、信託公社管理企業に集められたが、非効率であるため、同法は、公社が直接・間接に一〇〇%所有する資本会社の分割を認めることにより、民営化を容易にすることを目的とした。同法の翻訳として早川勝「信託公社が管理する企業分割に関する法律（試訳）産大法学二七巻一号二二頁（一九九三）がある。同法についてはGanske, Spaltung der Treuhandunternehmen, DB 1991, 791ff. 早川・前掲注八六『公開会社と閉鎖会社の法理』二五三頁以下など参照。

(88) 報告者草案の翻訳として早川勝「「組織変更法を整備するための法律」報告者草案（試訳）(1)・(2)」産大法学二七巻一号三一頁、二七巻二号一頁（一九九三）があり、報告者草案の会社分割の規定を検討する論文としてKleindiek, Vertragsfreiheit und Glaubigerschutz im künftigen Spaltungsrecht nach dem Referentenentwurf UmwG, ZGR 1992, 513ff.; Teichmann, Die Spaltung von Rechtstragern als Akt der Vermogensubertragung, ZGR 1993, 396ff.; 早川勝「ドイツにおける企業分割立法の動向と債権者保護」川又先生還暦『商法・経済法の諸問題』二四九頁（一九九四、商事法務研究会）、田村諄之助「会社分割における債権者保護」鴻先生古稀記念『現代企業の立法の軌跡と展望』二六七頁（一九九五、有斐閣）などがある。

(89) 新組織変更法は、第一編　組織変更の可能性（一条）、第二編　合併（二～一二二条）、第三編　分割（一二三～一七三条）、第四編　財産譲渡（一七四条～一八九条）、第五編　形態の変更（一九〇条～三〇四条）、第六編　裁判手続（三〇五条～三一二条）、第七編　刑罰規定および科料（三一三条～三一六条）および第八編　経過規定（三一七条～三二五条）から構成されている。これに伴い株式法第四編（三三九条ないし三九三条）は削除されている。Kallmeyer, Das neue Umwandlungsgesetz, ZIP 1994, 1746 など参照。

(90) 第三編は、第一節　総則（第一款　分割の可能性〔一二三条～一二五条〕、第二款　吸収分割〔一二六条～一三四条〕、第三款　新設分割〔一三五条～一三七条〕）、第二節　特別規定（第一款　有限会社の参加した分割〔一三八条～一四〇条〕、第二款　株式会社および株式合資会社の参加した分割〔一四一条～一四六条〕、第三款　登記協同組合の参加した分割〔一四七条～一四八条〕、第四款　権利能力ある社団の参加した分割〔一四九条〕、

第五款　監査協会の参加した分割（一五〇条）、第六款　相互会社の参加した分割（一五一条）、第七款　個人商人の財産の分離独立（一五二条～一六〇条）、第八款　権利能力ある財団の財産の分離独立（一六一条～一六七条）、および第九款　地区団体または地区団体連合の財産の分離独立（一六八条～一七三条））から構成されている。一二四条は分割能力ある権利の担い手の範囲を定めているが、資本会社だけでなく、人的会社、登記協同組合、登記社団、監査協会および相互会社も、消滅分割、存続分割および分離独立における譲渡人、承継人または新しい権利の担い手になれる。その上別段の定めがなければ、異なる法形態間の分割も許容される（一二四条二項・三条四項）。新法の会社分割を紹介するわが国の論文としては金子寛人「ドイツの新しい事業再編法」商事法務一三九五号二頁（一九九五）、早川勝「ドイツにおける会社分割規制─株式会社の分割手続を中心として」同志社法学四八巻五号九四頁（一九九七）がある。ドイツでは沢山の論文が発表されているが、紙面の関係で Engelmeyer, Das Spaltungsverfahren bei der Spaltung von Aktiengesellschaften, AG 1996, 193 ff.; Bruski, Die Grundungsphase der Aktiengesellschaft bei der Spaltung zur Neugründung, AG 1997, 17 ff. のみを挙げておく。

(91)　登記後二年を経過しない株式会社または株式合資会社は分割をすることができない（一四一条）。二年の期間は、事後設立期間（株式法五二条一項）に対応する。譲受会社の登記後二年内に分割・引受契約（分離独立・引受契約）が締結されるときには、付与される株式の総額が譲受会社の資本の一〇分の一を超える場合に限り、株式法が定める事後設立に関する規定が準用される（一二五条一文・六七条）。

(92)　分離独立と存続分割または消滅分割の結合も可能である。Kallmeyer, Kombination von Spaltungsarten nach dem neuen Umwandlungsgestz, DB 1995, 81ff.

(93)　ドイツに特有の記載事項として従業員およびその代表に対する分割の効果並びにその限りで定められた措置（一二六条一項一一号）がある。

(94)　別段の定めがなければ、譲受会社には新しい権利の担い手の法形態に有効な設立規定が適用される。譲渡会社は、新会社の発起人として（一人設立の許容。一三五条二項）、監査役会と会計検査役を選任し（株式法三〇条一項）、常に設立報告書を報告する（株式法三二条）。設立報告書には譲渡会社の営業の経過および状況も記載される（一三五条一項一文・一二五条一文・七五条一項）。その上設立検査役による設立検査（株式法三三条二項）が常に必要である（一四四条）。新会社の定款および監査役会構成員の選任は、譲渡会社の総会決議によってのみ有効となる（一三五条一項一文・一二五条一文・七六条二項）。その後初めて監査役会は最初の取締役会を選任する（株式法三〇条四項）。

(95) ドイツでは公証人手数料が高いので、手数料が安い外国（特にスイス）で認証が行われることが多いと言われている。Engelmeyer, a.a.O. (Fußnote 85), S. 57f., ders., AG 1996, 197. 早川・注90・一〇九頁。

(96) 譲受会社の資本増加が禁止される場合（六八条一項一文・二項）と任意である場合（六八条一項二文）がある。分離独立にはこれらの規定の適用はない（一二五条）。詳しくは早川・注九〇・一三四頁以下参照。

(97) 譲渡会社の申請には、八カ月以内に作成された譲渡会社の結了貸借対照表を添付することを要し、そうでないと登記裁判所は登記を拒否する（一二五条・一七条二項）。

(98) 新設分割の登記規定は吸収分割の登記規定を準用しているため、準用規定の解釈を巡り議論が生じている。Vgl. Bayer/Wirth, Eintragung der Spaltung und Eintragung der neuen Rechtstrager-oder: Pfadsuche im Verweisungsdschungel des neuen Umwandlungsrechts, ZIP 1996 S. 817ff.

(99) 一三二条は、特定の財産を部分的包括承継から排除すると共に、民法三九九条（債権譲渡の禁止）は消滅分割を妨げないとし、存続分割と異なる扱いをしている。そのため解釈論として争いがあるだけでなく（Vgl. Hennichs, Zum Formwechsel und zur Spaltung nach dem neuen Umwandlungsgesetz, ZIP 1995, S. 797 f.）、第六指令との適合性に疑問を表明する見解（Heidenhain, Sonderrechtsnachfolge bei der Spaltung, ZIP 1995, 801ff.）もある。

(100) 武井一浩・平林素子『会社分割の実務』（二〇〇〇、商事法務研究会）一九五頁以下。

(101)　PA. CONS. STAT. ANN. tit. 15. §§1951～1953.

(102)　Split-off と Split-up は、分配される有価証券が受け取られる有価証券と交換されるので明らかに「有価証券の売り付け」に当たる。Conard, Corporations in Perspective, 1976, p. 228. これに対し、Spin-off は一九三三年証券法上の登録（従って五条に従った株主への目論見書の供給）を要するか否かについては議論が変遷した。かっては要しないと解されていたが、一九六九年七月にＳＥＣは解釈通牒四九八二号（Release No. 4982）を発し、特殊なものに登録を要するとした。SEC v. Harwyn Industries Corp. 326F. Supp. 943 (S. D.N.Y. 1971) は、四つの子会社の親会社である Harwyn が、第三者から子会社が資産を譲り受ける代わりに、その者に子会社の支配権を与える契約を各々異なる第三者と個別に締結すると共に、各子会社の株式を親会社の株主に分配する四つの spin-off を行ったのに対し、ＳＥＣは、これらの spin-off は、各子会社を公開会社にする手段として利用されているので、登録が必要であるが、登録がなされていないので、証券法五条違反であるとして、裁判所に仮差押命令（preliminary injunction）を求めた事件である。裁判所は傍論において、証券法五条違反であることを認めたが、ＳＥＣは差止命令のための立証をしておらず、Harwyn は善意で弁護士の合理的助言を信頼していたとして、仮差押命令を認めなかった。SEC v. Datronics Engineers, Inc. 490 F. 2d250 (4th Cir. 1973) では、一三カ月の間に九つの spin-off が行われた。そのうち三つは Datronics（親会社）の完全子会社のものであり、六つは独立した会社のものであった。裁判所は、証券法が定める「売買」に該当するには「有償」であることを要するが、様々な会社と Datronics との株式の交換等により、この要件は満たされているとして、違法行為継続の禁止の仮差押命令を認めた。詳しくは Note, "The Spin Off: a sometimes Sale," 45. N.Y.U.L. Rev. 132 (1970); 林紘太郎「Spin-off による株式の公開」海外商事法務一二四号二七頁（一九七二）;Lorne, The Portfolio Spin-Off and Securities Registration, 52Texas L. Rev. 918 (1974); Thompson, Registration of Stock Spin-Offs under the Securities Act of 1933, 965 Duke L.J. 1980; 江頭憲次郎「会社の支配・従属関係と従属会社少数株主の保護(7)」法協九八巻一二号一二五頁以下（一九八一）参照。SECは、一九九七年九月にこれまでに蓄積された事例をベースにBulletin No. 4を公表し、登録を要しない場合を明らかにしている。武井・平林、前掲注一〇〇・二一六頁。

(103) 内国歳入法（Internal Revenue Code）は、利害の継続性という観点から、組織再編（reorganization）の規定に則って行われ会社分割（これにはdivisive type D reorganizations (I. R. C. §368 (a) (1) (D)）と分割後譲渡会社が実質的に名目的な存在となるnondivisive type D reorganizations (I. R. C §354 (b) の二種がある）と組織再編計画に基づかない会社分割（§355）に税上の特典を与えている（その起源・政策等についてはTurnier, Continuity of Interest-Its Application to Shareholders of the Acquiring Corporation, 64 Cal. Law Rev. 902 (1976) 参照）。詳しくは、U・S・タックス研究会「会社分割（corporate separation）とはどんな概念か。また、どんな方法が税務上用いられるか」国際商事一七巻一一号一二二六頁（一九八九）、「会社分割の方法として用いられる、スピン・オフとは、どのような内容のものか」同一七巻一二号一三三〇頁以下、「会社分割の方法として用いられるスプリット・オフおよびスプリット・アップとは、それぞれどのような内容のものか」同一八巻一号七六頁以下（一九九〇）、武井・平林・前掲注一〇〇・二三七頁以下、Hem-Alexander, Law of Corporations, 3rd ed., 1983, p. 1011ff. 参照。

(104) Siegel, When Corporations Divide: A Statutory and Financial Analysis, 79 Harv. L. Rev. 536 (1966); Eisenberg, The Legal Roles of Shareholders and Management in Modern Corporate Decisionmaking, 57 Cal. L. Rev. 150 (1969); Bales, The Business Purpose of Corporate Separations, 1243 Virginia L. Rev. 56 (1970)、田村諄之輔「会社の分割―序論的考察」『上智大学法学部創立二五周年記念論文集』四四〇頁以下（昭和五八）、山田・前掲注四・民商一〇〇巻二号二六四頁以下、江頭・前掲注二・一八六頁以下、周田憲二「アメリカにおける一〇〇%子会社分割」広島法学一四巻二号一四一頁（一九九〇）。武井・平林・前掲注一〇〇・二一一頁以下参照。

(105) 1984 Model. Bus. Corp Act §12. 01 (a) (1)・(b) は、基本定款が株主の承認を要求しないことを前提に、

本文のような定めを行う。一九九五年一二月一日現在、四一の州が本文に述べた規制を採用している。ルイジアナおよびオクラホマ州法は、事業の通常の過程としないで、株主の承認なしに行い得る特定の場合を定め、デラウェア州（Del. Code Ann. tit. 8, §271 (a)）など五つの州は事業の通常の過程によると否とを問わず、会社の資産全部または実質的全部の処分に株主の承認を要求している。二三の州は、基本定款は事業の通常の過程における売却または交換に株主の承認を要求しうる旨を明示している。またデラウェア州（Del. Code Ann. tit. 8, §203 (c) (3) (ii)）など六つの州は利害関係株主への全資産の一〇％以上の市場価格のある資産の売却は株主の承認またはその他の制限に服する企業結合（business combination）であると定めている。ノース・カロライナでは企業結合規定を利害関係株主に対する会社資産の全部または実質的全部の売却に適用し、バージニア州とワシントン州では、会社純資産の五％で企業結合規定が適用される。Model Business Corporation Act Annoted 3rd. ed., Vol. 3, 1996 Supplement 12-712-9. Campbell v. Vose, 515F. 2d 256 (10th Cir. 1975) は、会社資産の約三分の一を含む会社の全活動資産（all the effective operating assets）が子会社に譲渡され、親会社に投資活動だけが残ったケースにおいて、株主の承認を要するオクラホマ会社法上の会社資産の「実質上」全部の売却に当たるので、株主に株式買取請求権が認められる、と判示している。

（106）　1984 Model. Bus. Corp Act §12. 02 参照。一九九五年一二月一日現在、全州が株主の承認を要求し、四つの州を除く全州が総会の目的の通知を定めている。カルフォルニア、ニューヨークなど四州は、通知に取引条件を要約するか、条件を述べる書類の謄本の添付を要求している。バージニア州は、通知に契約の謄本の添付を要求している。また、三二の州が議決権の過半数の賛成、一四の州が三分の二の賛成、バージニアなど六州は、定款が過半数を下らない、もっと緩い要件を定めることを認め、二つの州は無議決権株式を含む全株式の三分の二の賛成を要求し、ハワイは八六年七月以後設立された会社には過半数、それ以前の会社には四分の三を要求しているが、定款による過半数を下らない緩い要件の定めを認めている。大抵の州では上と同じ要件で種類株主総会の承認を要求している。また、一三の州では、利害関係ある株主への事業の通常の過程外の会社資産の売却は特別の株主要件に服する事業結合であると定めている。ミシガンなど三州は、全資産の一〇%を超える一二ヵ月内の取引に承認を要求し、デラウェアなど三州は全資産の一〇%以上の取引を規制し、フロリダなど三州は全資産五%以上の取引を規制している。バージニア州は会社の純資産の五%以上の取引を規制し、ノース・カロライナおよびウイスコンシン州では、売却またはリースが会社の財産または資産の全部または実質的全部に当たる場合にのみ、会社と利害関係株主の間の取引に株主の承認を要求している。Model Business Corporation Act Annoted' supra note 105, at 1996 supplment 12-19~12-20. このほかアメリカでは、子会社の資産売却に親会社株主の承認を要するか否かの論点があるが、紙面の関係で本稿では論じない（周田・前掲注104・一六〇頁以下に詳しい）。

(107) 1984 Model. Bus. Corp Act §13. 02 (a) (3). 四七州は事業の通常の過程外での資産の売却または交換に反対株主の権利を認め、ニューハンプシャー州では、「相当の対価でない」会社財産および資産の全部または実質的全部の売却または交換は事業の通常の過程で行われたものとみなさないと定めている。Model Business Corporation Act Annoted' supra note 105, at 1996 supplment 13-22. デラウエア州会社法は、合併の場合を除き反対株主の買取請求権は認めず(§262 (b))、従って、基本定款で定めのない限り、会社のすべての資産の譲渡であっても、この権利は認めない。Folk on the Delaware General Corprationon Law II (2nd ed.)、1988, at 127. 武井・平林・前掲注一〇〇・二一四頁。

(108) Eisenberg supra note 104 at 176. 反対 Cornard, supra note 102, p. 228. 1984 Model. Bus. Corp Act §12. 02 (g) は、会社分割は実際には分配 (distribution) であるという立場に立って、「分配を構成する取引は六。四〇条により規制され、本条によっては規制されない」と定めている。Model Business Corporation Act Annoted, supra note 105, at 12-15.

(109) Siegel, supra note 104, at. 557.

(110) Cornard, supra note 102, p. 229.

(111) もっとも、譲渡人が本店を有する場所で一般的に流通している新聞に二週間連続して週に一度公告し、新企業が譲渡人の債務を引き受け、譲渡人が取引から債権者の請求権より後順位の新企業の利益のみを受領する場合には、第六編の規定の適用がなく（UCC §6-103 (7)）、節税またはその他の適法な目的による事業の組織再編にも六編が適用されないとされていた。Aluminum Shapes, Inc. v. K-A-Liquidating Co. (1968, WD Pa) 290F Supp 356, Anderson, Uniform Commercial Code, Vol. 7, 3rd ed., 1985, p. 368.

(112) Lexisを使用してUCC §6に関する文書を参照した。武井・平林・前掲注一〇〇・二二八頁によると、九八年一一月までに三三州が第六編を完全に廃止し、六州は改正後第六編を採用し、残りは旧第六編を維持しているとのことである。

(113) Cf. King and Cook, Creditors'Rights, Bebitors'Protection and Bankruptcy, 2nd ed., 1989, p. 333.

(114) Henn-Alexander, supra note 103 at 891ff.; Hamilton, The Law of Corporations, 4th ed., 1996, p. 508ff.; 片木晴彦「アメリカ会社法の配当規制と一般に認められた会計原則」広島法学一六巻一号四五頁（一九九二）参照。自己株式の取得は、配当と異なり、交換であるが、配当と類似の規制を受ける。Henn-Alexander, supra note 103 at 939.

(115) 八〇年改正前の模範事業会社法では、自己株式の取得は、無留保かつ無制限の利益剰余金の限度でなし得たが、基本定款の定めまたは株主総会の普通決議による承認があれば、資本準備金によっても行うことができた（§6）。詳しくは Hackney, The Financial Provisions of the Model Business Corporation Act, 70 Harv. L. Rev. 1357 (1957).

(116) §1. 40 (6) は、自己株式の株主への分配を分配の定義から除外し、これを「株式配当（Share Dividends)」として§6. 23で規定している。株式配当は、分配と異なり会社から何も流出しないからである。これに対し、自己株式を購入するための会社による支払は分配に入る。

(117) 会社が取得した自己株式は未発行の授権株式（authorized but unissued shares）となる（§6. 31 (a)）。

基本定款が取得した株式の再発行を禁止している場合には、定款が変更されると授権株式数は取得株式数だけ減少する（§6. 31 (b)）。定款変更には総会の決議を要せず、取締役会だけで行うことができ（§10. 02参照）、取締役会は基本定款をファイリングのため州務長官に引き渡すことができる（§6. 31 (c)）。

(118) デラウェア州（Del. Code Ann. tit. 8, §275）など四二の州は議決権ある株主の過半数による承認を要求し、イリノイ州など一七の州は議決権ある株主の三分の二による承認を要求し、ネブラスカ州とテキサス州は、発行済株式の三分の二による承認を要求している。Model Business Corporation Act Annoted, supra note 105, at 14-15.

(119) 田村・前掲1・五三一頁以下もアメリカ法の規制の導入に批判的である。

(120) アメリカの実務を詳しく紹介した武井・平林・前掲注100も米国の債権者保護が「日本法より若干希薄な面がある」ことを認める（二二二頁）。

三　結　び

消滅分割が合併（包括承継）に類似することから始まった会社分割に関するフランスの立法は、存続分割、言い換えれば部分的包括承継の承認（イギリス、スペイン、イタリア）を経て、ドイツにおいて物的分割を認めるところまで進んだ。わが国の立法は遅かったが、そのため逆に最新の立法を継受したことが明らかになったと考える。分社の手続の効率化の観点からドイツにおいて組織変更法上の分割制度に対しては積極的な評価が下されているが、わが国でもこれと同様の評価を今回の改正に対しては下すことができる。改正の結果、わが国の制度と異質な制度が多いアメリカ法を避けながらアメリカ法と同様の結果を事実上達成することが可能になった。

4　アメリカ統一商法典における流通証券の交付欠缺

今泉邦子

一　はじめに

日本も採択している統一手形法には、振出をはじめとする手形行為が契約または単独行為のいずれであるべきかに関して直接規定する条文がない。このため、手形行為論が華々しく展開されていることは周知の事実である。約束手形作成後、署名者の意思によらずに証券が流通におかれた場合の問題に関して、特に活発に議論されてきた。これに対して、アメリカ統一商法典（UNIFORM COMMERCIAL CODE．以下、ＵＣＣとする。）は第三編一〇五条（Article 3, Section 105．以下、三―一〇五条と表記する。）において、振出行為の効果に関して規定している。すなわち同条ａ項が、「振出（issue）とは、所持人（holder）または非所持人である他人に証券上の権利を付与する目的で振出人がおこなう証券の交付である」とし、ｂ項が、「振出がなかったことは、完成された証券および未完成のまま流通し事後的に完成された証券のいずれに関しても、振出人の抗弁となる」としている。ただし公式注釈によれば、その抗弁は正当所持人に対して対抗することができない。(1)

二　統一流通証券法およびそれ以前の法

(1)　振出行為の法的構造

流通証券振出行為の瑕疵または交付欠缺に関する法は、UCC採択に始まったことではない。UCCの前身として一八九六年に統一州法委員全国会議（National Conference of Commissioners on Uniform State Laws）により採択された統一流通証券法(UNIFORM NEGOTIABLE INSTRUMENTS LAW．以下、NILとする。)(2)も、すでに振出行為に交付が欠缺する場合に関する規定を有していた。NIL一六条が証券の交付(delivery)によって振出行為等の効力が発生する時期と交付が推定される場合について、次のような趣旨の規定を置いている。「流通証券上の契約は、証券に効力を発生させる目的で証券の交付が行われるまで、不完全であり、取り消すことができる。直接の当事者間および正当所持人ではない隔地者との間において、交付が有効になされるためには、振出人、引受人または裏書人等の権限にもとづいていなくてはならない。このような場合、交付が条件付であったこと、または交付が特定の目的だけのためであったことおよび交付が証券に対する権利を譲渡する目的でなかったことが証明されてよい。しかし正当所持人が証券を所持している場合、その者の前者すべてが有効な証券の交付をしたとみなされ、その結果、正当所持人に対してその前者すべてが責任を負う。署名者が証券を占有していない場合、反証のないかぎり、有効で意思に基づく交付を署名者が行ったと推定される」(3)(4)。またNIL一九一条が交付と振出の意味について次のように定義をしている。「交付とは、ある人から他の人に対して現実に占有を移転することまたはその擬制」であり、「振出とは、形式的に完成された証券を所持人として取得する者に対してなす最初の交付」である。

したがってＮＩＬの規定から次のような点が振出行為の法的構造について明らかになる。いつ振出人の債務が発生するかという点については、証券を作成後、証券に効力を発生させる目的で証券を交付したときである。ＮＩＬ一九一条の文言から明らかなように、証券の占有を受取人が取得する必要がある。(5) 占有取得の形態は日本民法にいわゆる占有改定によってもよいとする判決が出されている。(6) 証券の交付が流通証券上の「契約」発生の要件であるから、なんらかの合意が振出人と受取人との間に存在するはずである。よってＮＩＬは振出行為の法的構造として、契約および受取人による証券の占有取得を予定していたといえる。これに同調した判例も見られる。(7) ただし、隔地者に対する交付に関して、発信主義によった判決がだされている。(8) なお、受取人が振出人に対して郵送することに同意をした場合には発信主義をとりうるとする判決もある。(9)

ところで、ＮＩＬ六〇条が「流通証券の振出人（maker）は証券を作成することにより（by making it）、証券の文言通りに支払をなすことを約し、かつ受取人の存在と受取人が裏書をする権限を有することを認める。」と規定している。(10) この規定は、振出人の責任の発生時期に関する規定ではなく、振出人の責任の内容に関する規定である。(11) 為替手形または小切手等の振出人の責任に関する規定もあり、ＮＩＬ六一条が「流通証券の振出人（drawer）は証券を作成することにより（by drawing it）、受取人の存在と受取人が裏書をする権限を有することを認める。証券の正当な呈示があった場合には、その証券に対して引受もしくは支払またはその両者がなされることを、拒絶および拒絶に基づく必要な手続きがなされた場合には、所持人または支払を強制された裏書人に対して額面金額を支払うことを約する。ただし、振出人が所持人に対する自己の責任を負わない旨または制限する旨の記載をしている場合はこのかぎりではない。」としている。[12]

(2)　交付欠缺の抗弁

NILは第一編五章に所持人の権利に関する規定を置いており、五一条から五九条がこれに当たる。所持人とは、NIL一九一条によれば、「為替手形または約束手形の受取人または被裏書人であり、かつ証券の占有者である」。五七条が正当所持人（holder in due course）の権利に関して、「正当所持人は、自己の前者の権利の瑕疵およびそれらの者に対する抗弁を引き継がず、証券上の責任を負うすべての者に対して券面額全額の支払を強制することができる。」と規定している。五二条が正当所持人となる要件に関して、「正当所持人とは、次の条件にしたがって証券を取得した所持人である。(1)取得した証券の記載事項が完成しており、かつ慣習通りであること、(2)証券の取得が支払期日前であり、かつもし支払の拒絶があったならばその事実について善意であること、(3)誠実にかつ対価を支払って証券を取得したこと、(4)証券取得時に取得者が証券または譲渡人の権利の瑕疵について善意であること」と規定している。権利に瑕疵がある場合について五五条が、「本法において証券譲渡人の権利に瑕疵がある場合とは、譲渡人がその証券または証券上の署名を、詐欺、強迫（duress）、暴力および危惧の念（fear）、その他の違法な方法もしくは不法な約因によって取得した場合またはその証券譲渡が信義則違反または詐欺にあたる場合をいう。」と規定している。[13]なお、五三条が正当所持人として推定されない場合に関して、「一覧払の流通証券が発行後不合理に長い期間流通している場合、その証券の所持人は正当所持人として推定されない。」と規定しており、五九条が正当所持人として推定される場合に関して、「すべての所持人は正当所持人として推定される。しかし証券譲渡人の権利に瑕疵があったことが証明された場合、所持人または所持人の前者が正当所持人の権利を取得したことを証明する責任を所持人が負う。ただし、この最後の準則は瑕疵ある権利が取得される以前に証券上の義務者となった者に対しては適用されない。」と規定している。(14) 五七条の規定の趣旨について、証券に本質的な瑕疵であれ証券外の瑕疵であれ、瑕疵ある証券を正当所持人が有する場合に関する準則は、無実な（innocent）二人のうちのどちらか一人が損害を負担しなくてはならない場合、その損害の原因となった者が負担するという法格言の含意があると解する判決がある。(15)

それでは、交付欠缺の抗弁については、どのように考えられていたのであろうか。流通証券の交付の欠缺を、正当所持人に対して対抗できない抗弁とする判決の方が多数説である。(16) 金額を白地にして他人に預託した商業証券が、合意した金額以上の金額を書き込まれて流通したとしても、合意違反を正当所持人に対して主張することはできないとする判決もある。(17)

また、小切手を交付する相手を間違えたことも、正当所持人に対して主張できないとした判決もある。(18) 約束手形に署名だけをして自己の机上に置いたままにした者は、その証券を盗取し完成させた者から譲渡を受けた正当所持人に対して、交付の欠缺を主張することができるとする判決がある。(19) しかし、完成された証券に関しては、窃盗をした者が流通させたとしても、そのことを正当所持人に対して主張することができないとする判決が各州において圧倒的である。(20)

なお、約因が良俗違反または不法であることおよび詐欺によって証券を取得したことが正当所持人に対する抗弁になるとする法がＮＩＬ以前には存在したが、その法はＮＩＬによって廃棄されたとする判決がある。(21)

三　統一商法典における規定

(1)　一九九〇年改正前UCC

一九九〇年改正前UCCは、流通証券の振出行為をどのような法的構造の行為として規定していたのであろうか。三—一〇二条一項a号が振出に関して、「振出とは、所持人または送金者(remitter)に対して行う最初の交付である。」と規定していた。一—二〇一条二〇項によれば、「所持人とは、権原証券(document of title)、流通証券または投資証券証書(certificated investument security)が、占有者に振り出されもしくは裏書された場合または指図式、持参人払式もしくは白地式で振り出されまたは裏書された場合に、その占有者をいう。流通証券に関しては、証券が持参人払式である場合は証券の占有者を所持人といい、特定の者に支払うべき証券の場合は証券を占有しているその特定された者をいう。権原証券(document of title)に関しては、動産(goods)が持参人(bearer)に対して引渡可能であるかまたは占有者を指図人としている場合は占有者をいう」。NIL一九一条に対応するUCC三—一〇二条がこのような文言となった理由について、公式の注釈は、NIL一九一条における振出の定義を二つの観点から明確化していると説明する。[22]まず第一点は、振出に際して証券が形式的に未完成でもよいということである。NILでは、一九一条において証券が形式的に完成していることを要求されていたことは、未完成証券に関して一四条および一五条の規定が置かれていることと首尾一貫していなかったからである。[23]第二点は、証券の振出を受ける相手方に関して、所持人のほかに送金者(remitter)を加えたことである。この場合の送金者とは、たとえば売り主を受取人とする銀行振出為替手形を取得してみずから売り主に送付する者または売り主を受取人とする銀行振出為替手形を購入して振出人たる銀行に売り主に宛てて送付させる者をいう。[24] ただし、一九九〇年改正前ＵＣＣは、三―一〇二条ａ項が振出について定義をしているものの、振出人（issuer）に関する定義をしておらず、振出が日本の手形法一条および七五条ならびに小切手法一条にいわゆる振出人（makerまたはdrawer）によって行われることを要していないと解する説がある。振出とは単に所持人または送金者に対して行う初めての交付であるにすぎなかった。これらの者へ証券が到達しさえすれば、交付を行う者は証券作成者から証券を盗取した者でもよいと考えられていたのである。[25] したがって、証券が受取人または送金者へ到達したと認められて初めて、振出があったと考えられていた。

正当所持人となる要件について、一九九〇年改正前ＵＣＣ三―三〇二条一項が規定していた。この規定はＮＩＬ五二条に対応している。証券の対価を払って、誠実に、かつ支払期日経過後であること、支払拒絶のあったこと、または証券に対する抗弁もしくは請求権を有する者がいることについて善意であることである。そのほかに本条二項が、証券の受取人も正当所持人になりうるとする。同三項が、正当所持人とならない所持人として、司法上の売却または法的手続きによる取得者、財団を承継したことによる取得者または譲渡人の通常の取引の範囲ではない、事業用資産包括譲渡（bulk sale）の一部として取得した者を挙げている。同四項が、質権などの制限的な権利の取得者は取得した権利の範囲で正当所持人となりうることを認めている。

ＮＩＬ五二条と比較して改正された点は、所持人が証券を第三者から取得した場合であろうと、債務者から取得した場合であろうと、同様に正当所持人となりうることをＵＣＣ三―三〇二条二項が明らかにしていることである。[26] たとえば、Ｐから商品を購入したＡが送金者として、Ｐを受取人とする銀行自己宛為替手形を取得してＰに転送し、Ｐは本条の要件に従いその為替手形を有償、誠実かつ善意で取得したとする。この場合のPが本条によって正当所持人となることができる者である。なお、本条三項は当時存在した判例法であり、新設された規定である。

さらにUCC三―三〇三条が有償取得について、三―三〇四条が正当所持人の消極的要件である悪意について規定している。[27]

そして三―三〇五条が正当所持人の権利について規定する。[28] この規定の文言からは、交付欠缺の抗弁が正当所持人に対抗しうるかはわからない。しかし、同条の公式注釈三が交付欠缺を正当所持人に対抗されえない抗弁の例として示している。[29]

(2) 一九九〇年改正後UCC

一九九〇年の第三編大改正前UCC三―一〇二条一項a号に対応する規定として、現行のUCCは三―一〇五条a項を置いている。同規定は、「振出とは、他人に証券上の権利を付与する目的で振出人がおこなう、所持人または非所持人に対する証券の交付である」と規定している。一―二〇一条二〇項によれば、「流通証券の所持人とは、所持人払証券の場合は占有者をいい、特定の者に支払うべき証券の場合は占有しているその特定の者をいう。権原証券（document of title）の所持人とは、動産（goods）が持参人（bearer）に対して引渡可能であるかまたは占有者を指図人としている場合は占有者をいう」。三―一〇五条c項によれば、「振出人(issuer)とは、振り出された証券および振り出されなかった証券について用いられ、証券の作成者(maker or drawer）をいう」のであるから、振出人について改正前に存在した疑問が解明された。したがって、改正前UCC一―一〇二条一項a号と比較した場合、振出が成立するためには、証券作成者が振出をする意思をもって証券の占有を手放さなくてはならないことが明白になり、かつ振出人が意思にもとづいて最初に証券の占有を移転する相手方が、振出人が証券に基づく権利を付与しようとしている相手方である必要がなくなったことを意味する。(30)他方で、改正後ＵＣＣ三―一〇五条が新設され、前述のように「振出がなかったことは、完成された証券および未完成の証券のまま流通し事後的に完成された証券のいずれに関しても、振出人の抗弁となる」と規定している。そして、この抗弁は、原則として三―三〇五条ａ項およびｂ項にもとづき、正当所持人に対して対抗することができない。

よって、一九九〇年改正後のＵＣＣは、振出人の責任の発生要件と取得者の権利行使要件とを別個に規定し、前者の要件としては、日本の学説では修正発行説にあたる立場をとったと考えられる。後者の要件としては、所持人となるか、あるいは正当所持人となることがこれにあたると考えられる。受取人は、証券の占有を取得しないかぎり権利行使ができないのであるから、もし証券を受け取るはずの者が遂に証券を取得することがなかったならば、原因となる義務の履行を振出人に対して請求することになる。(31)

このような振出の法的構造の変化に伴い、交付欠缺の生じる場合が少なくなることは確かであるが、このことによって正当所持人の保護が厚くなったたわけではない。なぜなら、改正前も改正後もＵＣＣは、振出の不存在の抗弁または約因の欠缺の抗弁を正当所持人には対抗しえない抗弁だとしているからである。また、これに反して、指図証券が当初予定されていた受取人などの正当所持人へ到達する前に何者かに盗取され流通におかれる場合、必ず、受取人の署名ないし裏書を偽造することになるため、正当所持人となりうる者はいないことになっている。なぜなら、盗取者はＵＣＣ一―二〇一条二〇項によれば所持人ではなく、所持人でないかぎり譲渡（negotiation）をなしえない旨をＵＣＣ三―二〇一条が規定しており、証券を第三者へ裏書譲渡しようと試みたとしても、権利を移転することはできないからである。第三者も証券を占有したとしても所持人となることはない[32]。この場合、UCC三―四〇四条、四〇五条、四〇六条または四―四〇六条の適用ある偽造のように、それを所有者が否認することが却下されないかぎり、証券の所有者が裏書をする前に盗取された指図証券の所持人となりうる者はいないのである[33]。裏書は所持人自身またはその代理人によってしかなしえず、偽造の裏書は裏書としての効果を生じない。偽造の裏書があった場合、受取人または振出人が指図した者が証券の支払を求めてきている場合ではないことになる。このような理由から、盗取され流通に置かれた指図証券については、盗取者以降、正当所持人となりうる者はいないのである。逆に、持参人払式証券が当初予定していた受取人などの正当所持人へ到達する前に何者かに盗取され流通におかれた場合には偽造の裏書が介在することはないため、証券の占有者は所持人となりうるので、正当所持人となるための他の要件を満たされれば正当所持人が出現する可能性がある。持参人払式証券の所持人にとっても、振出の法的構造の変化は何ら影響を及ぼしていない[34]。

それでは振出ないし交付が行われたか否かが問題となるのはどのような場合であろうか[35]。これは、まず証券所有者および証券が横領（conversion）されたことにもとづき訴訟を提起または維持できる者を判断する場合ならびに証券作成者である振出人と所持人との関係で振出の有無が争われる場合である。振出が行われたと判断する基準に関して二つの立場の判例がある。第一の立場は、証券の占有に対する支配を任意に放棄したか否かを、たとえば証券を交付者に対して強制しうる義務とする意思の証明であるとして重視する立場である。第二の立場は、証券の占有に対する支配放棄のみならず、少なくとも、特定の意図された交付受領者が証券の支配または所有権を取得したという証拠がなくてはならないとする立場である。第一の立場は、振出の有無を判断する際に適していると考えられている。たとえば、証券の占有に対する支配を放棄したと認められる事実があれば、振出人が振出ないし交付をしていない旨の抗弁を主張することを許さないのである。第二の立場は、横領に基づく不法行為責任を追及する訴訟を提起する者（action for conversion）を決定する際に適していると考えられている。

ＵＣＣ三―四二〇条ａ項が、証券の交付を受けていない受取人等は横領に基づく不法行為責任を追及する訴訟を提起することができない[36]と規定している。またＵＣＣ三―三〇九条も、所持人が証券を紛失しまたは盗取された場合に権利を強制する要件について規定しているが、一度も証券を占有するに至っていない者は権利を強制することができない[37]。このため、多くの事例において、受取人等に対する交付を擬制することができるか否かが争われている。たとえば、交付者が受取人に対して現実に証券を郵送したが受取人が証券を受領したことを証明できないとしても、交付があったと考えられた事例が一九九〇年ＵＣＣ改正前にも見受けられた[38]。受取人に対して振出人の代理人から交付をさせる意思で、振出人自身の代理人に対して証券の占有を移転することは交付にはあたらない。しかし、振出人が第三者または受取人の代理人に対して証券の支配を移転した場合には、交付があったとする判決がある[39]。中立な第三者（escrow agent）に対して証券が預託された場合について判例の立場は分かれているが、多数説は交付にあたらないとしている[40]。なお、交付者が証券を保持していたが交付が擬制された事例もある。振出人が受取人の代理人であり、かつその証券を受取人が所有する証券と一緒に保持していたが、受取人が証券を現実に所持することはなかったという場合である[41][42]。

ちなみに、振出後に指図証券が紛失しまたは盗難にあったという場合、証券について受取人が占有を取得したということが認められるとすれば、同一の紛失盗難という事実から、そのほかに次のような訴訟が主として生じる。たとえば振出人Aが指図式小切手を受取人Bに対して振り出した後、Bから証券を盗取したCが受取人の裏書を偽造して善意者Dに譲渡し、Dはこれを受託銀行（depositary bank）であるE銀行に預託し、E銀行は取立銀行（collecting bank）であるF銀行に送付し、F銀行は呈示銀行（presenting bank）であるG銀行に送付し、G銀行は支払銀行（drawee bank）であるH銀行に支払呈示をし、H銀行が小切手に対して支払をしたとする。この場合、(1)受取人B対振出人Aの訴訟、(2)振出人A対支払銀行Hの訴訟、(3)受取人B対支払銀行Hまたは受託銀行Eの訴訟、(4)振出人A対取立銀行Fの訴訟および(5)支払銀行H対受託銀行Eまたはその他の銀行の訴訟が、主たる訴訟である。(1)の受取人B対振出人Aの訴訟においては、BがUCC三—三〇九条を根拠に、振出人に対して盗取された小切手金を請求する。ただし、盗取された小切手に基づく請求がなされる場合に備えて、振出人に対して受取人が補償をすることになる。(2)の振出人A対支払銀行Hの訴訟は、振出人Aが受取人Bに対してもう一度小切手を振り出し、かつ支払銀行Hが偽造裏書のある第一の小切手に対して支払をした後に振出人Aの口座へ再度貸記することを拒否している場合に提起される。これは支払銀行HがUCC四—四〇一条の含意である制定法上の義務つまり支払をなすべき小切手に対してのみ支払をする義務、および同趣旨の預金契約上の義務に違反していることによる。(3)の受取人B対支払銀行Hまたは受託銀行Eの訴訟は、窃盗犯人よりも後者で、小切手を取り引きした者に横領の責任があるというUCC三—四二〇条の理論にもとづいている。(4)の振出人A対取立銀行Fの訴訟は、横領の理論に基づくものである。(5)の支払銀行H対受託銀行Eまたはその他の銀行の訴訟というのは、HがAの口座に再貸記をした場合、UCC四—二〇七条a項一号の譲渡保証つまり譲渡人は支払手段（item）を強制する権原を有するという保証に違反したことに基づく訴求である。これを受けて、被告であるE銀行等は自分より前者で小切手を送付してきた者達に対して、損害を移転することができる。つまり、損害は呈示銀行Gから取立銀行Fへ、取立銀行Fから受託銀行Eへ、受託銀行Eから希なことであるが偽造者Cへと損害が転嫁されていく。もちろん、Dに対しても損害が転嫁されてよい。

これらの訴訟は、結局、受取人Bと窃盗犯人Cから証券を取得した者Dとの間の訴訟へと収れんしていき、証券所有者である受取人Bまたは振出人Aの過失がその損害に実質的に寄与していないかぎり、損害は偽造裏書後の最初の支払能力ある当事者つまりこの場合は受託銀行Eが負担することになる。これは他の訴訟の結果の影響をうけないという(43)。

四　若干の考察

一九九〇年改正後UCC第三編が日本の手形法と比較したときに特徴的だと思われる点は、まず、指図証券と持参人払式証券との厳然たる区別である。日本の手形法においては、手形が署名後に署名者の意思によらずに流通した場合、盗取者が受取人の裏書を偽造したとしても、形式的な裏書が連続しているかぎり、手形法一六条二項により善意無重過失の所持人が手形上の権利者となりうる。持参人払式の手形についても同様の善意者保護が施される。これに対して、UCC第三編においては、交付欠缺が正当所持人に対抗できない抗弁だとされているが、指図証券の裏書が偽造されたならば、そのことについて善意有償の取得者であっても証券に対する権利を取得することはできない。したがって持参人払式証券の場合は裏書が偽造されることはないから、振出人が署名後交付をなさずして流通したとしても、正当所持人が出現する余地がある。

このようなUCC第三編の姿勢から、流通証券にどのような役割が期待されているかが推測される。Mansfield卿が画期的な判決のひとつにおいて[44]、現金と動産が盗まれた場合の原権利者の地位の違いを論じた上で、「銀行振出約束手形(bank note)は、通貨と同様に考えられるべきであって、動産(goods)、証券(securities)または債務証書（documents for debts）とは異なる」旨を示したのは一八世紀半ばであった[45]。それ以来、流通証券は金銭の代用物であるということが言われてきている[46]。ただし、これはできるだけ流通証券を金銭の機能に接近させるのがよいということを意味しているのではないようだ。

たとえば、現金を持ち歩くことには危険つきまとう。したがって、証券を金銭の代わりに用いる最大の利点のひとつは、その安全性にあるという指摘がある[47]。つまり、債務の支払をする振出人は特定の権利者にのみ流通する証券を作成することができるということである。振出前に指図証券が盗取されたならば、振出人は支払を停止することができる。もし支払銀行が盗難証券に対して支払をしたとすれば、それは振出人からの指図のみを尊重すること、および指図された金銭を指図された人に支払うことによって顧客の金銭の安全をはかるべき、顧客との間の契約に違反することになるというのが、その理由である[48]。

また、たとえば、法貨に対する嫌悪があるため、人々が流通証券を用いているということを主張する説がある[49]。具体的には、持参人払式証券の発行を抑制する政策[50]および一万ドル以上の法貨の移動について米国財務省へ銀行から報告させる義務を課す政策[51]などが、指図証券の利用を促進し法貨による取引を忌避する結果を生んでいるという。前者の政策は、持参人払式証券の発行者が利子の支払を事業経費（business expense）として控除することも、持参人払式証券の所持人が登録を要する義務の売買に基づいてキャピタル・ゲインまたはキャピタル・ロスを控除することも認めないことによって、持参人払式の証券の発行を抑制するものである[52]。後者の政策は、通貨の場合、譲渡人が追跡されることなく譲渡できるので反体制組織の行う取引を助長し、その取引から生じる利益等にかかる税の徴収を免れることを可能にしていることに鑑みてのことである。

日本の手形法および小切手法は、署名者の静的安全をはかる制度として、線引小切手、指図禁止手形または指図禁止裏書などを有しているが、指図証券に関する原則に基づく署名者または受取人の保護ではない。もっぱら、取得者を保護することによって手形の流通性を促進することを目指しているからであろうか。ただし、交付欠缺および裏書署名の偽造の問題に関して、ＵＣＣと日本の手形法等による署名者または受取人に対する保護の程度はそれほどかけ離れているとは思われない。なぜなら、三―四〇六条により、被偽造者または変造により損失を被った者が、偽造または変造へ実質的に寄与した場合、偽造または変造の主張を却下されることになっているからである。

（1）The American Law Institute & National Conference of Commissioners on Uniform State Laws, Uniform Commercial Code 303 (2000 ed.)【hereinafter ALI, UCC】.
（2）UNIF. NEGOTIABLE INSTRUMENTS ACT, 5 U.L.A. pt. 1, at 2 (1943).
（3）*Id.* at 162.
（4）ＮＩＬ一六条はＮＩＬ採択前に存在した法を変更していないことを明らかにする判決がある。Storey v. Sorey, 1914, 214 F. 973, 131 C.C.A. 269; In re Martines' Estate, 1939, 283 N.W. 885, 226 Iowa 162.
（5）預金証書（certificate of deposite）に関する判決として、Duncan v. Cady, 1933, 149 So. 11, 109 Fla. 491、債務証書（bond）に関する判決として、Love v. Yazoo City, 1933, 148 So. 382, 166 Miss. 322がある。
（6）Cartwright v. Coppersmith, N.C. 1943, 24 S.E. 2d 246; Everett v. Carolina Mortg. Co., 1939, 1 S.

E. 2d 109, 214 N.C. 778.

(7) Viver v. Barreda, Tex. Civ. App. 1941, 152 S.W. 2d 774. 裏書に関する判決として、Williams v. Frederocl's Estate, 1937, 7 N.E. 2d 384, 289 Ill. App. 410がある。

(8) In re Lucas' Estate, 1935, 261 N.W. 117, Mich. 1; People v. Continental Casualty Co., 1935, 282 N.Y.S. 202, 157 Misc. 15; Trego v. Cunningham, 1915, 108 N.E. 350, 267 Ill. 367; Bainbridge v. Hoes, 1914, 149 N.Y.S. 20, 163 App. Div. 870; McIntire v. Raskin, 1931, 161 S.E. 799, 42 Ga. App. 2d 748.

(9) People v. Larue, 1938, 83 P. 2d 725, 28 Cal. App. 2d 748; Freeland v. Carmouche, 1933, 148 So. 658, 177 La. 395; Hartford Accident & Indemnity Co. v. Middletown Nat. Bank, 1940, 10 A. 2d 604, 126 Conn. 179.

(10) アリゾナ州は "by making it" の文言を削除している。Rev. Code 1928, §2382; Code 1939, §52-145. その後、NIL六〇条はUCC三一四〇三条、八一二〇一および二〇二条に継受されている。

(11) Unif. Negotiable Instruments Act, 5 U.L.A. pt. 2, at 267-282 (1943).

(12) *Id*. at 282-285.

(13) *Id*. at 114.

(14) *Id*. at 181.

(15) Fisk Rubber Co. v. Pinkey, 1918, 170 P. 581, 100 Wash. 220.

(16) Cohn v. City of Taunton, 1939, 21 N.E. 2d 281, 303 Mass. 182; City of New Port Richey v. Fidelity & Deposit Co. of Maryland, C.C.A. Fla. 1939, 105 F. 2d 348; Cannon v. Dillehay, 1919, 84 So. 549, 17 Ala. App. 294.

(17) Linick v. Nutting, 1910, 125 N.Y.S. 93, 140 App. Div. 265.

(18) Slattery v. National City Bank, 1920, 186 N.Y.S. 2d 679, 114 Misc. 48.

(19) Holzman v. Teague, 1916, 158 N.Y.S. 211, 172 App. Div. 75.
(20) Unif. Negotiable Instruments Act, *supra* note 11, at 200-202.
(21) Peoples Loan & Finance Corporation v. Latimer, 1937, 189 S.E. 573, 53 Ga. App. 323.
(22) ALI, UCC, 1303-1304.
(23) NIL一四条　証券に必要的記載事項が欠けている場合、その証券の占有者が白地を補充する権限を有すると推定される。白地の証券を流通証券へ転換するために署名者が交付をしたことは、任意に金額を補充する権限を付与したと推定される。しかしながら、白地が補充された場合、白地が補充される前に証券上の当事者となった者に対して支払を強制することができるが、付与された権限を少しも逸脱することなく、合理的な期間内に補充されなくてはならない。しかし、もし白地の証券が白地補充後に正当所持人へ譲渡された場合、その証券は正当所持人が有している限りすべての目的のために有効であり、正当所持人は、付与された権限を少しも逸脱することなく、合理的な期間内に白地が補充された証券として、その証券の支払を強制することができる。

NIL一五条　未完成の証券が未発行である場合、無権限者が白地を補充して流通させたとしても、あらゆる所持人に対する関係で、交付前に証券へ署名をした者に対する有効な契約とはならない。
(24) ALI, UCC, 1338.
(25) Wayne K. Lewis & Steven H. Resnicoff, The New Law of Negotiable Instruments, 60 (1996).
(26) ALI, UCC, 1338.
(27) UCC三—三〇三条　「所持人は次の場合に有償取得者となる。(a) 合意した約因を履行した場合、もしくは法的手続き以外の方法で証券に対する担保権またはリーエンを取得した場合、(b) 期限到来後または未到来の既に存在する債権の支払もしくは担保のために証券を取得した場合、または、(c) 別の証券を交付するかもしくは第三者に対して撤回不能の約束をした場合。」

UCC三—三〇四条「(1)取得者は次の場合に抗弁または請求権について悪意である。(a)証券が不完全であるため、偽造もしくは変造についての明らかな証拠となるか、または異例であるために、有効性、条件もしくは所有権について疑念を抱かせるか、もしくは支払をなすべき者が不明確である場合、または、(b)取得者がいずれかの当事者の義務が一部にせよ取り消しうること、もしくはすべての当事者が義務を履行したことを知っている場合。(2)受認者（fiduciary）が自己の債務の支払のため、自己の利益のための取引または義務違反によって証券を譲渡したことを取得者が知っていた場合、その取得者は証券に対する請求権について悪意である。(3)取得者が次の事情を知るべき相当の理由がある場合、証券の支払期日が経過したことについて取得者は悪意である。(a)元本の一部でも支払期日を過ぎているということ、もしくは同じ証券のシリーズに属する他の証券に関して治癒されていない不払があること、(b)その証券の支払期日が繰り上げられたこと、または(c)一覧払証券を支払のための呈示がなされた後に取得すること、もしくは発行後合理的な期間が経過した後に取得すること。アメリカ合衆国内で振り出され支払われる小切手について、合理的な期間は三〇日である。(4)次の事実を知ることそれ自体では、抗弁または請求権についての取得者の悪意とならない。(a)証券が先日付もしくは過日付であること、(b)証券が未履行の約束を約因として振り出されもしくは譲渡されたこと、または別契約のために振り出されもしくは譲渡されたこと。ただし取得者がその約束に基づく抗弁もしくは請求権が生じたことを知る場合はこのかぎりではない。(c)当事者のいずれかが融通のために証券に署名したこと、(d)証券の白地が補充されたこと。ただし不適切な補充がなされた場合はこのかぎりではない。(e)証券を譲渡する者もしくは譲渡した者が受認者であること、または、(f)証券の利息の不払いもしくは同じ証券のシリーズに属さない他の証券の不払。(5)本編に関するかぎり、証券が登録（filling or recording）されていることのみによって、本来正当所持人となるべき者の悪意が擬制されることはない。(6)通知は、それにもとづいて行動するための合理的な機会を与えることができるような時期およびそのような方法で受領されなくてはならない。」

(28) UCC三—三〇五条「正当所持人は次のような抗弁および請求を受けない。(1)あらゆる者のすべての請求、(2)所持人がその証券を直接取引していない者の有するすべての抗弁。ただし、(a)単純契約に対する抗弁としての未成年者であること、(b)その他の法的無能力、強迫、取引の違法性など、その当事者の義務を無効にする事由、(c)証券の性質または主要な用語に関して知識もなく知るべき合理的な機会もない債務者に署名をさせる不実表示(misrepresentation)、(d)倒産手続における債務者の免除、および、(e)所持人が証券取得時に悪意であったその他の免除についてはこのかぎりでない。」

(29) ALI, UCC, 1344.

(30) ALI, UCC, 319-320.

(31) Louis F. Del Duca et al., Problems and Materials on Negotiable Instruments, 259 (1993).

(32) UCC三—二〇一条　a項　譲渡(negotiation)とは、意思によると否とにかかわらず、振出人以外の者から譲受人に対する証券の占有の移転であって、その譲受人が所持人となる場合をいう。b項　送金者による譲渡の場合を除き、特定の者に支払うべき流通証券の場合、その譲渡には証券の占有の移転と所持人による裏書を要する。持参人払式の流通証券の場合、その譲渡は証券の占有の移転のみでなしうる。

(33) UCC三—四〇四条　a項　氏名詐称者が、郵便その他の方法を用いて、証券受取人またはその代理人を詐称することにより、証券振出人をして氏名詐称者または氏名詐称者と関連のある者へ振り出させた場合、受取人名義の裏書は、誠実に、証券に対して支払をなす者または有償でもしくは取立のために証券を取得する者に対する関係では有効である。b項　i証券の支払を受ける者を決定した者が（三—一一〇条a項またはb項）、受取人として指定された者へ証券に対する利害関係を与える意思を有していなかった場合、または、ii受取人として証券上に記載されている者が仮設人である場合、次の準則が適用される。一号　いかなる証券占有者も所持人である。二号　受取人として証券上記載された者の名義による裏書は、誠実に、証券に対して支払をなす者または有償でもしくは取立のために証券を取得する者に対する関係では、その受取人の裏書として有効である。c項　a項またはb項により、次の場合には受取人名義の裏書がなされている。i受取人の名義と酷似する名義の裏書、または、ii 裏書の有無にかかわらず証券が受託銀行における受取人の名義と酷似する名義の口座へ預託された場合。d項　a項またはb項が適用される証券に関しては、証券に対して支払をなした者または証券を有償でもしくは取立のために取得した者が、証券に対する支払または証券取得の際に通常の注意を払わず、かつその過失が証券の支払による損害へ実質的に寄与した場合、被害者は通常の注意を払わなかった者から、通常の注意を払わなかったことが関連する範囲で、損害の賠償を受けることができる。

同三—四〇五条　a項　本編において、一号　被用者とは、使用者の独立契約者(independent contractor)および独立契約者の被用者をいう。二号　詐欺的な裏書とは、i 使用者に支払われるべき証券に関しては、使用者の裏書を偽造すること、または、ii 使用者が振出人である証券に関しては、受取人として指定された者の裏書を偽造することをいう。三号　証券に関する責任とは、i 使用者のために署名ないし裏書をする権限、ii 使用者が受領した証券を帳簿に記帳する目的、口座に預託する目的またはその他の処分をする目的で処理する権限、iii 使用人名義で証券を振り出す準備または処理をする権限、iv 使用者名義で振り出される証券の受取人の名義ないし宛所を決定する情報を提供する権限、v 使用人名義で振り出される証券の処分を監督する権限、または、vi その他、証券に関して責任を負う行為をする権限をいう。保管されるまたは輸送されるまたは受領するもしくは投函される郵便の一部である、証券または白地もしくは未完成の証券へ単に被用者が関係するだけの権限等は責任に含まれない。b項　使用者が被用者に対して証券に関する責任を負担させ、かつ被用者または被用者と共同して行為する者が詐欺的な裏書をした場合、その裏書が証券の支払を受ける者の名義でなされたならば、誠実に、証券に対して支払をなした者または証券を有償でもしくは取立のために取得した者の権利および責任を決定する目的のため、その証券の支払を受ける者の裏書として有効である。証券に対して支払をなした者または証券を有償でもしくは取立のために取得した者が、支払または取得の際に通常の注意を払わず、かつその過失が詐欺に起因する損害へ実質的に寄与した場合、被害者は通常の注意を払わなかった者から、通常の注意を払わなかったことが関連する範囲で、損害の賠償を受けることができる。c項　a項または

b項により、次の場合には証券の支払を受ける者の裏書がなされている。i証券の支払を受ける者の名義と酷似する名義の裏書が行われた場合、またはii裏書の有無にかかわらず証券が受託銀行における証券の支払を受ける者の名義と酷似する名義の口座へ預託された場合。

同三―四〇六条　a項　通常の注意を払わなかった者が証券の変造または証券上の署名の偽造へ実質的に寄与した場合、誠実に、証券に対して支払をなした者または証券を有償でもしくは取立のために取得した者に対して、その者は変造または偽造を主張することができない。b項　a項により、抗弁の切断を主張する者が証券の取得または支払時に通常の注意を払わず、かつその過失が損害へ実質的に寄与した場合、抗弁を切断された者と抗弁の切断を主張する者との間で、それぞれが払うべき通常の注意の割合に応じて損害が分配される。c項　a項により、通常の注意を払わなかったことの立証責任は、抗弁の切断を主張する者が負う。b項により、通常の注意を払わなかったことの立証責任は、抗弁を切断された者が負う。

同四―四〇六条　a項　顧客に対して、その口座に関する支払手段（item）の支払を示す支払計算書（statement of accout）を送付または提供する銀行は、その顧客に対して、支払済みの支払手段を返却もしくは提供するか、または顧客が支払済みの支払手段を合理的に確認できる支払計算書によって情報を提供しなくてはならない。支払手段の番号、金額および支払日が示されていれば、支払計算書は十分な情報を示している。b項支払手段の保持者は、支払手段が返却されない場合は支払手段を保持し、支払手段が廃棄される場合は、支払手段の受領後7年経過するまで支払手段の記載がわかる謄本を備置する権限を有する。顧客は支払手段に支払をした銀行へ、合理的な時間内に、その支払手段、または支払手段が廃棄その他の事由により入手できない場合には支払手段の記載がわかる謄本の提供を要求できる。c項　a項にしたがって銀行が支払計算書または支払手段を送付または提供した場合、支払手段に変造または無権限の署名があるため、支払が権限にもとづかないものであるか否かを判断するために、顧客は支払計算書または支払手段を合理的な期間内に調査しなくてはならない。顧客が支払計算書または支払手段から無権限の支払を合理的に発見した場合、顧客は直ちに銀行へ当該事実を通知しなくてはならない。d項　顧客が支払手段に関してc項の規定する顧客の義務に違反したことを銀行が証明する場合、銀行に対して次の主張をすることが認められない。(1)さらに銀行が顧客の義務違反にもとづく損害を証明した場合には、支払手段上の顧客の無権限の署名または変造。(2)銀行が顧客から無権限署名または変造についての通知を受領する前で、かつ顧客が支払手段または支払計算書を調査して銀行に通知をするために必要な合理的な期間で30日を越えない期間経過後に、銀行が誠実に支払をした他の支払手段について同一の不法行為者が行った顧客の無権限の署名または変造。e項　d項が適用され、銀行が支払手段に対する支払において通常の注意義務に違反したこと、およびその義務違反が損害に実質的に寄与したことを顧客が証明した場合、その損害は、主張を却下された顧客と却下を主張する銀行の間で、顧客のc項違反と銀行の通常の注意義務違反が損害に寄与する割合に応じて分配される。銀行が支払手段に対して誠実に支払をしなかったことを顧客が立証した場合、d項による却下は適用されない。f項　顧客または銀行の注意義務違反の有無に関係なく、計算書または支払手段が顧客に提供された後（a項）一年以内に、顧客が支払手段について無権限の自己の署名または変造を発見かつ報告しなかった場合、銀行に対して無権限の署名または変造を主張することはできない。本項にもとづく却下がなされる場合、支払銀行はこの却下が適用される無権限の署名または変造について、四―二〇八条による保証違反による損害の賠償を請求することができるない。」

(34)　James J. White & Robert S. Summers, 2 Uniform Commercial Code, 152-153 (4th ed. 1995).

(35)　Lewis & Resnicoff, *supra* note 25, at 61-63.

(36)　UCC三―四二〇条　a項　動産の横領に適用される法は流通証券にも適用される。流通証券が支払を強制する権利のない者からの譲渡（transfer）により取得された場合または証券の支払を強制もしくは受領する権利のない者のために、銀行が証券の支払をなしもしくは受領した場合、流通証券が横領されたことになる。i振出人もしくは引受人またはii受取人もしくは被裏書人が、直接にまたは代理人もしくは共同受取人を介して、証券の交付を受けていない場合、証券の横領に基づく責任を追及する訴訟を提起することができない。

(37)　UCC三―三〇九条　a項　証券の占有を有さない者は次の要件で支払を強制することができる。i占有を喪失した時に証券を占有しかつ支払を強制する権利を有していたこと、ii占有喪失が譲渡または法的な差押によらないこと、iii証券の破損もしくは証券の所在不明または知らない者、所在不明の者もしくは送達に従わない者が不当に占有しているという理由で、証券を占有できないこと。

(38)　Charmglow Products, Inc. v. Mitchell Street State Bank, 687 F. Supp. 448 (E.D. Wis. 1988); United Home Life Ins. Co. v. Bellbrook Community Bank, 50 Ohio App. 3d 53, 552 N.E. 2d 5, 5 UCC Rep. Serv. 2d 134 (Ct. App. La 1st Cir. 1987).

(39)　Midfirst Bank, SSB v. C.W. Haynes & Co., 893 F. Supp. 1304 (D.S.C. 1994); Bloempoort v. Regency Bank of Fla., 567 So. 2d 923, 12 UCC Rep. Serv. 2d 593 (Dist. Ct. App. Fla. 2d Dist. 1990); City Nat'l Bank of Miami, N.A. v. Wernick, 368 So. 2d 934 (Fla. App. 3d Dist. 1979); Lazidis v. Goidl, 564 S.W. 2d 453 (Tex. Civ. App. 1978); Billingsley v. Kelly, 261 Md. 116, 274 A. 2d 113 (1971).

(40)　Borgonovo v. Henderson, 182 Cal. App. 2d 220, 6 Cal. Rptr. 236 (1st Dist. 1960); Gray v. Baron, 13 Ariz. 70, 108 P. 229 (1910); Jacobitz v. Thomsen, 238 Ill. App. 36 (1925).

(41)　Trustees of Danvers Literary & Library Ass'n v. Skaggs, 280 Ill. App. 125 (1935).

(42)　Lewis & Resnicoff, *supra* note 25, at 61–63; Lary Lawrence, An Introduction to Payment Systems, 57–58 (1997).

(43)　White & Summers, *supra* note 34, at 208–210.

(44)　Miller v. Race, 1 Burr. 452, 97 Eng. Rep. 389 (K.B. 1758).

(45)　Lois Regent Driscoll, *Issuance and the Dog and the Bone: Motion, Volition and Legal Existence of Uniform Commercial Paper*, 90 DICK. L. REV 1, 7 (1985).

(46)　Bradford Stone, Uniform Commercial Code 163 (1995); Duca et al, *supra* note 31, at 68; Lawrence, *supra* note 42, at 9.

(47) Driscoll, *supra* note 45, at 21; LAWRENCE, *supra* note 42, at 9; RICHARD E. SPEIDEL ET AL, PAYMENT SYSTEMS, 44 (1993).

(48) 受取人として指図証券上に特定された者が、振出人から証券を盗取した場合には、裏書が偽造されることがないから、正当所持人が登場する可能性がある。Driscoll, *supra* note 45, at 25-38.

(49) DUCA ET AL, supra note 31, at 2-3.

(50) Tax Equity and Fiscal Responsibility Act of 1982 (TEFRA), 26 U.S.C. §6049.

(51) Bank Secrecy Act of 1982, 31 U.S.C. §5311-5322.

(52) TEFRA 309, 26 U.S.C. §6049.

〔本稿は二〇〇一年度南山大学パッヘ研究奨励金(Pache Research Subsidy) I-Aによる研究成果の一部である。〕

5　株主総会復権論・批判

上村達男

一　はじめに

日本のように株主が大事にされてこなかった国においてはとりわけ、商法学者であれば株主を大事にしたいと考えるのは当然である。現に株式を購入した者だけでなく、これから買おうとする投資家も含めて、これらの者を大切にしたいと思わない商法学者はいない。しかし、第一に公開性の株式会社において株主総会の権限を大きなものとすることが、株主を大事にすることに繋がるかと言えば、むしろこのくらい経営者にとって嬉しい発想はない。機能しない株主総会を尊重すれば、あとは株主総会で決めたということがあるいは定款で決めたということが、大抵の行為を権威づけてくれるのである。第二に日本のように、法人資本主義と言われるほどの法人天国で、しかも株式の持ち合いが進行している企業社会にあっては、株主を大事にするということは法人株主を大事にすることを意味するから、こうした立場は要は法人の議決権を左右しうる経営者を大事にしていることになる。アメリカの機関投資家は個人のための存在であり、そのために厳格な受託者責任が課されている。結局第三に大事なことは、大切にされるのは個人なのか法人なのか、大事にされるのは現に株主である者だけなのか投資家一般なのか、株主総会で議決権を行使する機会が増えることが大事にされたということなのか、会社資産の充実・ガバナンスシステムの充実・監査制度への信頼性・情報開示・公正な証券市場の存在、といった実質の充実こそが、株主が真に大事にされたことになるのか、にある。テキストの中で、実質的所有者である株主、最高機関としての株主総会、定款自治、株主によるセルフコントロール、といった言葉を散りばめることが株主・投資家を大事にすることにはならない。というよりはむしろ経営権の優位性を強調し、株主（法人株主ならぬ個人株主）を大事にしたくない勢力に力を貸すことになる。株主主権を高らかに標榜することが、経営権の強化に手を貸しているだけだとしたら、そうした主張が如何に主観的には株主を大事にしたいという善意から来ていたとしても、その主張自体の論理性、現実の機能に対して厳しい目を向ける必要がある。このことは理論を犠牲にして現実に妥協することを意味しない。公開株式会社の本来の論理に立ち戻ることを意味するのである。

投資家保護という言葉に現実の保護があるわけではない。証券市場の成立条件を理論的に追求することで投資家保護の実質は飛躍的に高まる。(1) 正義衡平という言葉に正義衡平の実質があるわけではない。株主平等原則が真に少数株主の利益を守るために機能しているかが問題であり、そのためには株主平等原則の意義自体を多数派の専横から少数株主を守るための政策的規定と位置づけた方が正義衡平に適う。(2) 主権在民という言葉に主権者が大事にされているということの保証があるわけではない。個々の具体的な施策の中にそうした精神が発現されているかこそが重要なのである。同じように、株主主権とか所有者としての株主という言葉が大事なのではない。

二　証券市場を活用する仕組みとしての株式会社制度

株式会社制度の最大の特徴は証券市場を使いこなせる会社制度であるところにあり、そこでは株式会社制度それ自体に内在する証券市場適合的な性格と、現実にその機能が花開き証券市場を有した場合における株式会社制度の変容の二つの問題が主として議論の対象となる。(3) 株式会社制度は最大級の証券市場に耐えうる形態であるから、最大級の証券市場を有したとしてもその社会的使命を果たしうる機構を備えていなければならない。証券市場を有するということは、株式の買い手も売り手も平等に射程に入る株式会社に変質することを意味し、要は国民全体を射程に入れる開かれた会社となる。公開株式会社の基本的な概念は株主(既に「カイ」という投資判断を行った投資家)ではなく、投資家概念となる。公開株式会社は公正な証券市場形成のために貢献し、公正な証券市場によって多大な恩恵を被る存在となる。証券市場が発達すれば発達するほどに、そうした資本と資本がやりとりされる流通市場を抱えた株式会社の株主総会は無機能化する。もっとも資本市場が発達したアメリカで株主総会の権限がもっとも小さいのは理由のあることであり、証券市場を有する公開株式会社にあって株主総会の無機能化は生理現象である。もとよりこのことは投資家としての株主を軽視することに繋がるものではない。投資家にとってもっとも重要なことは投資対象の実質的な価値であり、株主総会権限が沢山あることが株主を大事にしたことにならないことは明らかである。もっとも重要なことは（株主総会を含む）ガバナンス・システムの充実であり、株主総会の重視だけが特別というわけではない。

こうした見解に対しては近時相当に理解が進んでいるようにも思われるが、伝統的な社員権論の立場から敢えて株主総会復権論を唱える見解も主張されているため、以下では若干の紙面を利用してこうした見解に対する根本的な疑問を提示したい。(4)(5)

三　理想としてのセルフコントロール・システム？

宮島教授にあっては、一国の私法の中心を占める商法、とりわけ会社法は株主を中心としたセルフコントロールシステムでなければならず、それこそが現代資本主義の下における本来の姿であると「信じる」という信念（三〇・三三頁）がすべての出発点であり、終着駅である。私見によるとそうした立場は歴史的にも論理的にも決して当然のものではなく、むしろ商人・合名会社・合資会社といった契約的結合を中心とする会社に（人的団体）妥当するものを、無批判に株式会社（資本団体）に適用するもののように見える。もとより教授は株式会社法を論じているのであるが、株式会社法という言葉を使うことは稀であり、大抵の場合は会社法という言葉を使用される。歴史的にも証券市場を活用しうる会社形態としての株式会社制度と私的な論理が支配するその他の会社形態では本質を異にすると思われるが、教授にあっては個人商人も合名会社も合資会社も株式会社も公開株式会社も理論は全く同じなのである（こうした株式会社法理論は「民法理論としての株式会社法理論」と言っても過言でないであろう)。

セルフコントロール・システムという場合のセルフとは誰のセルフかというと、当然ながら会社の「実質的所有者」としての株主であり、如何に株主総会が形骸化していようとも、株主は実質的所有者として資本的危険を負担している以上、株主が株主総会においてモニタリング機能を発揮しなかったために取締役の任務懈怠を惹起しまたは放置し、その結果株主が損害を被ったとしても、それは自己責任に基づく自業自得であるというのが、私法としての会社法の基本思想であるとされる(三五頁)。このようなセルフコントロール・システムと株主所有者観、株主自己責任観を始めから疑問の余地なく前提にするために、株主総会の最高機関性は当然であり、株主総会のモニタリング機能が期待しうることを前提としなければならず、要は教授の立場にあっては株主総会は機能「していなければならない」のである。それは教授にあっては信念であり、これに反する見解はその主張を詳細に分析するまでもなく、批判されるべき存在であるかに見える。[7] そのことは現実に機能しない株主総会(教授もこのことは認められる)を前提に、それに合わせるべく立法・解釈をするだけでなく、現実から一歩理想の方向へと踏みだし、現実に対する指導性をもつことも法ないし法解釈学の使命であるとする指摘にも表れている(三五頁)[8]。私には教授の言われる理想とは、株主総会がどのようになった状態を言うのか不明であるが、東京ドーム球場の観客並の一体性もない流通市場がそのまま会議体として機能することを目標としているのだとすると、その結論が現実離れしたものとなる(後述)ことは必定であると思う。そして実質的所有者たる株主が怠けている以上、取締役が任務懈怠をしていても「株主の」自己責任であるから、その結果として会社の社会的意義が損なわれても基本原則としては文句を言うべきでないことになる。

四　一時代の一学説に過ぎない株主所有者論

株主主権とか株主総会主権論に対して最近特に批判的な指摘が多いが、教授はこうした見解が株主主権や株主総会主権論を時代遅れだと主張しているものとして理解される（「復権」七頁）。しかしこうした受け止め方自体が誤解である。正しいものはどんなに時代を経てもその価値を失わない。これらの批判が提起するものは、個人商人の世界と同じ理論（民法理論）で、公開株式会社法をも論じようとする基本的な理論それ自体が根本的に誤っているとの主張なのである。時代遅れかどうかではなくて、契約（社団の形成）と所有（株主（所有者観）と代理（取締役代理人観）ですべてを説明しようという理論自体が、公開株式会社理論としてはそもそも妥当しないとの主張なのである。正しいものが時代遅れになったという話ではない。

過去を振り返ってみれば、証券市場の発達と共に所有と経営の分離現象が顕著となり、そのことが株式会社法の基礎理論の変更を意識させたことは顕著な事実である。社員権否認論も債権論も財団論も第三法人論も過渡期法人論も、すべて証券市場が発達した状況に相応しい理論を模索する真剣な問題提起であった。これら先人の高度な議論も、教授にあっては堕落した議論として切り捨てることになるのであろうが、それにはそれなりの理論分析を要するはずである。世界でもっとも証券市場の発達したアメリカで世界一株主総会の権限が小さく、それにも拘わらず投資家としての株主主権が人並み以上に強調されるのも、教授には堕落にしか見えないのだろうか。株式会社制度が証券市場に適合的な会社制度であるとしても、現実に証券市場を有しなければヒトとヒトの関係で物事を処理できる。その意味ではこうした株主主権論は戦後の閉鎖的会社適合的な会社法理論・判例の時代にこそ適合的な一時代の理論に過ぎないのである。(9)

株式会社制度がその本来の意義を十二分に発揮し得るためには公正な証券市場の存在が不可欠であるところ、そうした時代の要請が株式会社法理論を本来の姿に戻そうとしているのである。閉鎖的会社中心なら合名会社の延長で株式会社を理解することにもさほどの違和感はなかった。しかし証券市場を現実に活用する状況になれば、かつての株式会社本質論の時代と同様に、本物の株式会社法理論に立ち返らなければならないのである。ここでの関係は理論が時代遅れだと言われているのではなく、ついに本物の株式会社制度を知るべき時代に相応しい、本物の株式会社法理論を求める声なのである。

アメリカでも経済学者を中心に株主を所有者だと言うことがあるが、それは株主は残余利益の請求権者だから所有者だと、比喩的に表現するものに過ぎず、法的な概念とはいえない所有の語を振り回すものに過ぎない。株主が提供した財産の所有権者が会社であることは疑いのないことであり、そもそも残余利益があってもなくても文句を言えず、もしも利益があれば請求できるという立場にすぎない者を所有者と表現すること自体がナンセンスに近い。こうした文脈で語られる株主主権論とはある種のスローガンにすぎないのである。近時は、法律家の中にもこうした疑問を持たないかに見える見解が散見されることは驚くべきことである。もとより請求権とは債権の世界のことであるから、これを所有権者と表現することも普通ならありえない。残余利益の請求権者とは、有限責任利益という類い希なる利益を享受する株主が、最劣後請求権者であることを確認しているに過ぎないのである。

五　現代的会社法の課題とは

ところで宮島教授にとって、株式会社の現代的課題とは何か。教授は会社法を取り巻く利害状況は複雑であり多面的であり先鋭であるため、私法の基礎とする「私的自治の範囲を超える側面を濃厚に有する」（三〇頁）ことを認められ、こうした外在的状況に対応して直ちに法の改正を要するような内在的要因があることを意味しているとされる。そして現に存する外在的要因を無視してわが国のみ独自の会社法制を有し、それで十分と考えることが出来ないのも確かとされる。しかし一国の私法の中心を占める商法、会社法の改正がそうしたことがら「だけ」を考慮してなされるべきかは疑問であるとされる。しかしそうしたことがら「だけ」を考慮した会社法理論などどこに存在するのだろうか。私見に対する評価だとしたら、それはとんでもない誤解である。(10)

宮島教授にもある意味では株式会社法の現代的課題を適切に認識されていると見られる点がある。たとえば教授によると、市場ないし市場経済の健全性は、その構成単位たる個別の株式会社の構造および行動の健全性を前提としてなければならず、こうした問題に対して会社法は、健全な市場の構築には間接的に企業実態の適切な反映（計算規定およびディスクロージャー）という側面からの助力はなし得、さらに企業実態の適切な反映の前提としての企業経営の適切な運営（コーポレート・ガバナンス）という基本からの助力も可能だとされ、これこそ「あるべき会社法」の姿の模索とされる（三二頁）。この指摘はまさにこうした問題を証券取引法という別の法に任せるだけでなく会社法の問題として受け止めるべきことを指摘するものであり、私見に対する賛意の表明としか思えない面がある。しかし教授にあってはこうした問題は副次的な問題（三三頁）とされ、私法としての会社法のあるべき姿に一歩でも近づけることが必要だとされる。ここでは教授が「あるべき会社法」と言われる場合には二種類あり、主たる目標たる「あるべき会社法」と副次的目的である「あるべき会社法」がある。問題はこの二者の関係にあり、そこに本質的問題がある。しかしそれにしても、会社法というものはせいぜい、会社の所有者としての株主と、会社債権者間の利益の調整を図ることができるだけである、といった指摘（三四頁）との整合性は保たれているのだろうか。

教授は別の箇所では、コーポレート・ガバナンス論の出発点は、大企業における「所有と経営（支配）の分離」現象から生ずる諸問題について、如何に解決すべきかの答を求めるところにあるとされる（三三頁）。そして所有と経営の分離は歴史的必然としつつも、株主総会の原理的な意味での最高機関性は本質的には何ら影響を受けないと言われる。しかし他方では、所有と経営の分離が企業の所有者としての株主から、所有の基本的機能ともいうべき支配権能を失わせることになったとすらいわれる（三六頁）。こうした指摘自体は当然の認識と考えるが、教授にあって「所有と経営の分離」とは「近代経営学の論理」である。機関関係における権限の分配もこうした近代経営学の論理に基づくものとされる。しかしここで「近代経営学の論理」とはいかなる意味であろうか。近代経営学の論理という学問的認識が近代株式会社法の構造改革をもたらしたのであって、社会経済的事実、要するに証券市場の発達に伴う「事実としての」所有と経営の分離現象を否定される趣旨であろうか。私見によると所有と経営の分離とは証券市場の発達がもたらしたものに他ならず、決して近代経営学という学問の論理がもたらしたものではない。

教授の認識はぎりぎりのところまで証券市場の発展に伴う現象に接近していながら、それが社会経済的事実からくるものであることを認めようとされない。そこに根本的な問題があるように思われる。

六　権威づけのための存在としての株主総会

教授は私法としての会社法と株主主権、所有者としての株主を強調されながら、前記のように「所有と経営の分離」の発展それ自体を歴史の必然として、企業の所有者たる株主から、所有の基本的機能ともいうべき支配権能を失わせたともいわれる。その結果、歴史の必然として、株主総会中心主義に基づく株式会社機関構造は現実に妥当しないことになった（三六頁）とまで言われる。そのうえで株主総会中心主義が妥当しないことによる、株主総会から他の機関への権限委譲の限界について触れる。ここに至り教授の本音（？）が赤裸々に語られる。すなわち、株主総会が無機能化していることは歴史の必然だとしても、株主総会は他の機関を権威づける機関としての性格を有している、教授の言葉によると「他方の機関の存在を根拠づける機関がその根拠づけの権限を失ってしまえば、根拠づけられる機関もまた存在し得ないこととなってしまうからである」（三六頁）。だから株主総会無用論・絶望論はとりえないとされるのである。

結局教授にあっては、株主総会とは様々な機関の権威を根拠づけるための存在として、その意義が認められるのであり、このことは事実上意義を喪失している株主総会がいかに無機能化していても、そこで決まったという形式が必要であることを認めるものである。要するに形骸化した株主総会を重要なものとして位置づけることで、究極的には代表取締役ないし経営者の行為が権威づけられる、その結論にこそ株主総会の意義があるということになる。こうした見解は中世の貴族の権威のような血統の権威をコーポレート・ガバナンスの中核に据えようとする議論であり、結果的には株主・投資家を軽視することに貢献しているのである。

多くの論者は経営権を権威づけるだけの存在としての株主総会は、それ自体有害な存在と見ている。経営者の権威は究極的に株主総会によって権威づけられるのではなく、選任後のシステムによって権威づけられることを認識している。経営者は選任直後に解任されうる。行為についても差し止めが可能である。取締役会・監査役会・内部統制・内部監査・公認会計士によって日常的に監視される。情報は十分に開示される。

資産の充実その他重要な行動原理に則って経営を行う必要もある。そうしたトータルなシステムの存在それ自体が、株主を投資家を守っているのである。もとより株主総会という会議体が機能しなくても、個々の株主に監督機能が期待される。株主総会という会議体も一定の範囲でガバナンスの一翼を担う。

教授の立場を突き詰めていくと結局のところ、株主総会は権威づけの機関とされた。しかしそうした結論自体が我々のもっとも恐れる結論である。なぜならそうした立場ほど経営者によって楽な立場はないからである。形骸化を歴史的必然としたその機関が最大の権威を与えてくれる。ガバナンスシステムもこうした株主総会の権威下にあり、形骸した機関の定款自治は経営者の切り札となる。

七　復権とは何の復権か

近時の株主総会にあっては総会屋の跋扈は影を潜める傾向にあり、一般株主の質問も若干増えつつある。こうしたことをもって教授は株主総会の復権を主張される。(11) しかし教授の論調はこの部分に来るとその前での主張とは異質な主張となる。すなわち、株主総会の復権もまた歴史の必然としつつ、ただし「そこでは株主総会中心主義の下での伝統的な株主総会の機能の観念とは別個の、現代的な株主総会の機能が前提とされなければならない」(三七頁)。そして「株主総会の機能は、かつてのように権限の上で万能性を有し企業を支配するというところに戻るのではなく、会社の経常的な経営に関することがらについては、正しい情報の開示を前提として、その期の経営結果と次期への信任についての権限を行使することによって、委任を受けた経営者をチェックするというところに集約されるべきこととなるのである」と結論づける。

ここでの株主総会の機能とは情報開示の場としての株主総会と、経営監視の場としての株主総会であり、私法としての会社法における主権者ないし会社所有者としての機能ではない。ここでの最終結論は私見でいうところの、投資家としての株主に対する情報開示と、投資家としての株主のガバナンスへの関与そのものの機能であり、そうした機能を有する株主総会ならば、私を含むほとんどすべての論者が積極的に肯定するところであり、これをもって株主総会「復権」などと評するには値しない。

こうした結論は結果的にはきわめて穏当なものであるが、そうした結論に「私法としての会社法」を繰り返し強調し、そこから外れる主張を堕落と評した（三三頁）一連の議論が、いかなる形で反映しているのだろうか。こうした伝統的な観念とは別個の機能に集約することが、教授のいわゆる理想に向かって前進する姿なのであろうか。どうみても、教授のこうした最終的な見解が、私見の立場と正反対に位置するようには思えない。(12)

八　おわりに

かつてマル経華やかなりし頃、市場はモノがヒトを支配しながらあたかもそれをヒトの意思であるかに構成する被造物神化の象徴として扱われていた。被造物神化論じたいについては様々な議論があり得るが、モノの世界をモノの世界として事実に即して評価することなしに、私法としての会社法を主張することは、結局モノの世界の論理をヒトの意思に置き換える、ヒトがモノに隷属することを意味する。当時よりむしろウェーバーに傾倒してきた私ではあるが、再びマル経用語を用いるならば、そこに存在するのは人間疎外である。日本では法人株主主権ないし法人持ち合い株主主権という出資なき支配するまかり通るのであるから、こうした意味における人間疎外はその極限にまで達している。証券市場という概念を手懸かりに公開株式会社法理を構想することは、モノの世界は所詮はモノの世界であることを確認することで、真に人間に基礎をおく株式会社法理論構築のための模索である。現状に対して真に批判力を持ちうる理論を構成しようとの動機がそこにはある。

宮島教授が株主を大事にしたいという善意から株主総会復権論を唱えておられることに全く疑いを入れる余地はない。しかし、教授の株主総会復権論は結局のところ、既存の経営権を(支配の根拠を喪失している持ち合い法人株主の経営権をすら)「権威づける」ためにのみ機能し、その本意とは逆に結果的には株主を大事にしない論理に与みすることになっている。もとより、私見の公開株式会社法の構想が、具体的実質的に、真に人間疎外を克服するための構想足りえているかこそが問題なのであり、そのことを私自身問い続けていきたいと考えている。

(1)　こうした問題についてはさしあたり最近のものとして、上村「連載・新体系証券取引法〈第一回〉証券取引法の目的と体系」企業会計五三巻四号(二〇〇一)を参照。

(2)　この問題については、上村「株主平等の原則」竹内昭夫編・特別講義商法Ⅰ(一九九五)を参照。

(3)　こうした問題全般については、上村「公開株式会社法の構想について(上・中・下)」商事法務一五五九・一五六〇・一五六三号(二〇〇〇)、同「資本市場に適合的な株式会社法制を目指して(上・下)月刊資本市場一七七・一七八号(二〇〇〇)、同「会社区分立法のあり方について」商事法務一五六九号(二〇〇〇)、同「証券市場と株式会社法」商事法務一四〇二号(一九九五)、同「公開会社の法理とマーケット」酒巻俊雄先生還暦記念『公開会社と閉鎖会社の法理』(一九九二)その他をご参照いただけたら幸いである。

(4)　こうした見解の代表として、宮島司教授の見解を取り上げることにする。教授は論文でも昨年の学会においても私見を直接批判されており、私に反批判の機会がなかったこともありここで私見を述べることにする。

なお、本稿は宮島教授批判に終始することになるが、教授としても大々的に所見を披瀝された以上、むしろ本論文のような反論を待ち望まれているものと思う。宮島教授は友人の一人であり、もとよりまさに好漢と言うに値するスポーツマンとして、私見の批判を受け止めていただけるものと信じる。

(5) 以下では宮島教授の次の二つの論文を検討の対象とする。両者で重複が多いため主として前者を中心に論ずることにする。宮島司「会社法改正とコーポレート・ガバナンス」商事法務一五六九号(二〇〇〇)三〇頁以下、同「株主として株主総会の復権—一九九九年版株主総会白書を読んで」商事法務一五四七号(一九九九)四頁以下。後者を引用する場合のみ「復権」として引用する。いずれも頁数のみを引用する。「 」による引用は特に指摘しない場合には筆者(上村)が付したものである。

(6) 大塚久雄・株式会社発生史論は、株式会社の歴史を検討するに際して一六〇二年のオランダ東インド会社以前から説き起こすが、資本集中・集積の機構としての株式会社制度と証券市場の発展との関係を中心に論述されていると言っても過言ではない。むしろ株主総会を持たないオランダ東インド会社と、クロムウェルの改革という民主化の声に乗って株主総会が重視されるようになっていった経緯は、市場と投資家のみから成る会社形態が先行していたことを示すものである。

(7) 教授の議論は一貫して信念の披瀝であり、反対意見に対する理論的分析が欠けている。例えば教授の論文作成時以前に、私見は何度も公開株式会社法理として公表され、とりわけ、上村「公開株式会社法の構想について(上・中・下)」と題する上記論文も、五月段階で公表されているにも拘わらず、こうした論文の中身に立ち入ってこれを批判的に分析することがなされていない。私見が証券市場を活用する仕組みである株式会社制度の本質的な問題として提起していることに対しても、株主総会は立ち直らないという現状に合わせるだけの議論との評価(三五頁)しかないことは残念である。ここでの私見に対する批判も、以前に雑誌週刊東洋経済に掲載されたごく短い文章の一部を批判的に引用するという形でしかない。教授の強い信念の前には、すべての学問的業績があたかも検討に値しないかの如くである。「復権」論文は、以前に商事法務に掲載された株主総会白書に関する多くの研究者の論文を引用されるが、これらに対する批判も「私法としてのあるべき会社法」からの逸脱であるとの結論的な評価だけが繰り返されるに止まっている。

(8)　教授は、私法たる商法は企業の営利活動に対し、かくあるべしといったような行動指針を示すものではないとされ、私法の理念は一般原則的には「意思による自治」であるとされるのだから（三四頁）、教授の立場による以上株主が自由意思で株主総会を機能させない以上、自己責任原則によれば足り、理想に向かって踏み出すなどと旗を掲げること自体が私法的でない。

(9)　閉鎖的株式会社も、株主有限責任を前提とする以上、その出資者は合名会社の出資者と同じ意味において所有者とは言えない。この限度で、責任を伴わない所有とはそもそも本来所有という名に値しない。

(10)　私見が証券市場を有する公開株式会社にあっては、まずは投資家概念が重視されるべきとした点について、倉沢康一郎教授は、公開株式会社における株主像が中小企業のそれとは全く異質のものであるとされつつ、「市場の原理に委ねられるべき投資家の利益と、株主・経営者・債権者間の権利関係とは、もとより相互依存関係があるに違いないものではあるけど、それぞれが株主にとって盾の両面であって、どちらか一面のみによって法規制が自足的に充たされるとは考えない」とされる（税経通信二〇〇〇年九月号三二頁）。私見は倉沢教授が言われる相互依存関係を究明しようとして公開株式会社法理を検討してきたのであり、市場の論理だけですべてを説明しようとしたことはない。従来より各所でヒトの論理とモノの論理、証券市場を有していない静態論と、現に有した場合の動態論を区別して論じてきており、ヒトの論理とモノの論理の二面性をもっとも強調してきたつもりである。投資家のために情報開示を行い、そのためのガバナンスを充実させる一方で、現にカイという投資行動を行った投資家すなわち株主については、投資家によるガバナンスへの寄与（株主総会の機能・株主の経営監督是正権）という形で管理運営機構の一翼を担うものとして位置づけている。その意味で両者が盾の両面であるとの倉沢教授が認められた点こそが私見のもっとも強調してきた中核であることを確認しておきたい。倉沢教授が私見について問題の本質に触れつつコメントして下さったことは感謝に堪えない。もっとも私見の立場を法経済学的立場とされる点について、私見は株式会社制度が証券市場適合的な内在的性格を有していること、証券市場を現実に有すると株式会社の本質が変わることを主張するものの、それは事実認識を示すものにすぎず、むしろ証券市場というモノの論理が支配する世界の限界を認識することで、真のヒトによるガバナンスシステムを構想しようとするものである。そしてそのシステムは利害関係人相互の牽制システムを構築しようとするものであり、何らかの公的システムを導入しようというものでもない。その意味では証券市場を背中に背負いつつ、あるいはそうした不安定な投資家群を有していてすらなおかつ利害関係人間の利害調整をしようとする点で伝統的な株式会社法理論を逸脱しているとは考えない。株式会社制度に公証人・検査役・解散命令・弁護士による評価証明、会計監査人監査、その他の裁判所による関与等が多々認められていることの延長線上の問題にすぎず、株式会社が証券市場を有するとガバナンスシステムの質と形態が変化するという当たり前のことを指摘するものにすぎないと考えている。私見が株式会社法のあり方を逸脱しているのだとすると、証券市場の発達と共に株式会社法の構造改革を強調された大隈健一郎博士や、投資家としての株主像を唱えたと見ることのできる松田二郎博士の株式債権論、八木弘博士の株式会社財団論も株式会社法のあり方の逸脱ということになるのではなかろうか。私見によると伝統的株式会社法理論とされる極端に私的な世界の理論こそが、公開株式会社法理論の長い歴史の中では異例のように見える。

(11) 全体に「復権」論文参照。

(12) 「復権」論文八頁。

6　チェック・トランケーション（データによる小切手取立方式）と支払呈示の効力

後藤紀一

一　チェック・トランケーションの新しい幕開け

チェック・トランケーション（Check Truncation）という言葉は、いまでもわが国ではなじみが薄い用語と思われるが、その内容を一言でいうと、小切手の支払呈示をする場合、小切手原本を支払銀行に呈示するのでなく、小切手原本は、取立銀行にとどめたまま、小切手を電子的手段によってデータ化してデータのみを支払銀行に電送して自動的に振出人の口座から引き落として決済をする仕組みをいう。欧米では、小切手が広く国民大衆の支払手段になっているため、銀行は、大量の小切手の取立処理をしなければならないが、それも限度があり一定量を超えると、もはや従来のような手作業による小切手の支払呈示と署名照合をしていては銀行の処理能力を超えることになる。

ドイツでは、ドイツ連邦銀行が中心になって、一九八五年から世界に先駆けて全国一斉にこの制度を開始したが、それは当時でもすでに年間七億枚近い小切手の取立処理をしなければならなくなっていたという現実がある。ドイツで開始された当時、他の欧米諸国もこれに大いに関心を持っていたが、まだ模様眺めであった。しかし、開始して一年間は全く事故がなく、その後一六年経過後の今日に至るまで少なくとも判例になっている事件は二件しかないこともあってか、他の欧米諸国もこの制度を導入する動きが大勢となってきた。

アメリカでは、すでに統一商法典(U.C.C)で立法的手当をしている。まず、当事者の電子的呈示に関する合意（agreement for electronic presentment）があれば、手形小切手の現実の呈示に代えてその映像（image）の伝達またはそれに関するデータの伝達（呈示の通知）により呈示ができると定めた（§4-110「電子的呈示」)。つぎに、支払銀行は、支払済みの手形小切手の返還に代えて顧客がその同一性を合理的に認めることのできる十分な口座計算書のデータを提供すれば足り（§4-406(a))、顧客に当該手形小切手を返還する場合には、そのコピーを提供することができればよい旨の規定を設けた（§4-406(b))。さらに、偽造・変造小切手の支払に関する銀行の責任についても、原則的には支払銀行側が責任を負うが、チェック・トランケーションの手続きに従って支払をした場合において、顧客側の帰責事由に基づいてその偽造・変造がなされたときには、支払銀行が署名照合をしなくとも、誠実に（in good faith）支払をしたものとして免責されるとした（§3-103(a)7；3-406「偽造・変造に対する寄与過失」)。このようにして、アメリカでは顧客と銀行の合意があればチェック・トランケーションを実施できるようになったが、これまでの銀行実務では支払済みの小切手を顧客に返還してきた経緯から、このシステムが全米に広く浸透しているわけでない。

その他、イギリスおよびオーストラリアでも法改正によってチェック・トランケーションを実施しており、ドイツ以外のヨーロッパでもフランス、ベルギー、デンマーク、スウェーデンにおいても実施されているという。(1)

このような状況において、これまでこの制度に関心を示してこなかったわが国の銀行界も現在の手形交換事務が銀行にとって重い負担となっていることから、そのための研究が必要であることが認識され、その検討が開始された。(2) また、二〇〇〇年一〇月の金融法学会では、「チェック・トランケーション」と題して研究報告がなされたことから、(3) 学界でもこれに関する研究がこれから注目を浴びると思われる。

私は、ドイツでチェック・トランケーション制度が導入されたから一年ぐらい後に、この制度についてすでに紹介し、法律上の問題点を指摘したが、(4) 本稿では、上記のような諸外国およびわが国の状況から見て、データによる小切手取立に関する研究が新しい局面に入ったという認識を持つに至った。そこで、以下、ドイツの文献を参考にしつつデータによる小切手取立における支払呈示の効力について検討するが、(5) ここでの検討は、基本的に手形の場合にも妥当する。なお、チェック・トランケーションは、英語であるが、以下の記述の文中では説明の都合上原則として「データによる取立」ないし「データによる取立方式（制度）」という表現を用い、チェック・トランケーションの言葉は、タイトルで使用する。

（1）　詳しくは、金融法務研究会報告書(3)（事務局は全国銀行協会金融調査部）「チェック・トランケーションにおける法律問題について」二頁以下（二〇〇〇年四月）、岩原紳作「チェック・トランケーションにおける法律上の問題—手形・小切手の簡易な取立方法の法律上の問題点と解釈論的対応—」（金融法研究＝資料編⒃＝）四頁以下（二〇〇〇年九月）参照

（2） 金融法研究会・前掲報告書

（3） 岩原紳作・前掲金融法研究＝資料編⒃＝四頁以下

（4） 拙稿「西ドイツのデータ化された小切手取立方式（チェック・トランケーション）について」（金融法務事情一一二八号一四頁、一九八六年七月）

（5） ドイツのチェック・トランケーションの資料および情報は、ドイツ連銀のManfred Rausch (Direktor) およびドイチェ・バンクのStefan Werner (Syndikus) 氏にお世話になった。

二　ドイツのチェック・トランケーションの現状

ドイツ（当時はまだ西ドイツ）のチェック・トランケーションは、ドイツ連邦銀行（以下、ドイツ連銀という）が中心的役割を果たしてドイツの全金融機関が協力して全国統一方式で一九八五年七月八日から開始された。当時、他の欧米諸国からも大いに注目を浴びたが、なぜ、ドイツ連銀がこれに関して音頭をとることができたのか。それは、ドイツ連銀法三条「職務権限」によって、ドイツ連銀には支払取引に指導的役割を果たす法的権限が与えられているからである。[6] 支払取引は、企業のみならず、国民大衆が広く関わることから、各金融機関が独自で行うよりは業態を越えて全金融機関が協力して行う方がよく、また制度設計もより簡潔なものができるという趣旨からこのような規定が置かれている。この制度に参加する金融機関は、ドイツ連銀と各業態の金融機関の代表からなる機関（金融業首脳協会）によって作成された協定（Abkommen über das beleglose Scheckeinzugsverfahren, BSE-Abkommen）に従わなければならないが、これは対顧客の関係で法的効力を有するのでなく、銀行間内でのみ効力を有するものであるから、いわゆる約款ではない。その後、BSE協定は、一九九八年に小切手取立協定（Abkommen über den Einzug von Schecks, Scheckabkommen）に統合された。データによる取立に関する規定は、その第二章に「小切手原本の呈示をしないでデータによる小切手代わり金の取立に関する規定（Bestimmungen über den beleglosen Einzug von Scheckgegenwerten ohne Vorlage der Originalschecks（BSE-Verfahren））」という名称で規定されている。

　ドイツ語の「beleglose」とは、証書（小切手）によらないという意味であるから、belegloses Scheckeinzugsverfahrenは、小切手によらない小切手取立に関する協定と訳するのが直訳であるが、中身は、データによる取立であるので、「データよる小切手取立方式」と訳す。(7) もともとドイツのデータによる取立方式は、ユーロ・チェック（その起源はドイツのチェック・カルテ（Scheckkarte）にある）の使用の増大による小切手の取立がペーパー・ベースでは物理的に困難になったことから、リスク・マネージメントの観点から導入された。銀行の責任負担を考慮し、その対象となる小切手は、国内の金融機関を支払場所とする小切手であって、その金額も当初は一〇〇〇マルクから出発した。これがほとんど事故もなく推移したことからその後二〇〇〇マルクに引き上げられ、さらに一九九三年から五〇〇〇マルクに引き上げられた。小切手金額が一〇〇〇マルクまでの時でも小切手の四〇％程度がこの方式で取り立てられていたのであるから、五〇〇〇マルク（二五五六・四六ユーロ）に引き上げられた今日では、大部分の小切手がこの方式で取り立てられているのであろう。

　その仕組みを概観すると、つぎのようになる。すなわち、小切手原本は、支払銀行に呈示されないでデータ化されてデータ交換所（DTA-Clearing）を通じて支払銀行に電送される。データ交換所における金融機関相互のデータ交換（Datenaustausch）は、磁気テープまたはコンピュータによるデータ中継によって行われる。小切手原本には、小切手番号、口座番号、銀行コード番号などがすでにコード化されているので、取立銀行は、小切手金額だけをコード化すればよいが、取立銀行は、小切法に定める小切手要件の欠缺の有無を確認すべき義務がある（小切手取立協定第二章二条）。また、取立銀行は、コード化する際の正確性につき責任を負担するが、小切手金額を支払銀行からデータによって取り立てる権限を有する。取立銀行は、小切手データを電送すると同時に商法および税法上の要請にしたがって小切手原本を保管するが、その後にマイクロフイルムで保管する場合でも、最低二ヵ月は原本を保管しなければならない（同協定第二章三条四項）。その保管は、通常は取立銀行自らが保管場所（Schecklagerstelle）になるが、場合によっては他の機関に委託することもできる。

小切手の支払拒絶による戻し計算（Rückrechnung）は、小切手のデータが支払銀行に到達した日に次ぐ取引日に通知される。取立銀行は、支払銀行の委託に基づき、つぎの文言を小切手に記載することによって支払拒絶を確認する。すなわち「……日に支払金融機関によって支払が拒絶されました（Vom bezogenen Kreditinstitut am.....nicht bezahlt）」と記載する。これを支払拒絶の注記（Nichteinlösungsvermerk）という。データによる取立方式に参加しているすべての金融機関は、問題の解明に必要であれば、取立銀行に小切手のコピーの引渡を請求できるが、小切手原本は、支払銀行のみがこれを請求できる。取立銀行および小切手保管機関は、この請求を受け取った日に次ぐ二取引日以内に小切手のコピーもしくは原本を発送しなければならない。(8)

（6）ドイツ連邦銀行法（Gesetz über die Deutsche Bundesbank, BBankG）三条（職務）は、「ドイツ連邦銀行は、本法により自己に帰属する通貨政策上の権限により、通貨安定のために通貨の流通量および経済に対する信用供給を調整するとともに国内および国外の銀行に適した支払取引の進展に配慮する」と定め、通貨政策の他に支払取引の発展を後押しできる権限が明文によって与えられている。

（7）拙稿・前掲論文では、belegloses Scheckeinzugsverfahrenを「データ化された小切手取立方式」と訳したが、「データによる小切手取立方式」の方が表現として現実にマッチするので、表現を改める。

（8）GABLER, BANK LEXIKON 12Aufl., S. 251; Siegfried Kümpel, Bank-und Kapitalmarktrecht 2. Aufl ; S . 576; Andreas Schlie , Belegloses Scheckeinzugsverfahren und Scheckprozeß , WM Nr . 16 vom 21. April , S . 617 ff ; 1990.

三　チェック・トランケーションと銀行の責任

(1)　偽造小切手の支払と支払銀行の責任

(a)　支払委託の内容

データによる取立方式によって銀行が負担する可能性のある責任として、まず、支払銀行の場合には、偽造小切手を支払ったことによる小切手振出人に対する責任の問題がある。小切手は、支払証券であるから、支払銀行に宛てて振り出されるが、銀行は、あらかじめ締結された当座勘定取引契約に基づいて小切手の支払をする。データによる小切手取立方式の場合には、小切手原本が支払銀行に呈示されないのであるから、そもそも小切手の呈示がないのに振出人の当座預金口座から引き落として支払う権限が支払銀行に与えられているのかをまず検討しなければならない。当座勘定取引契約は、委任契約を含むが、はたして支払銀行は、振出人からどのような内容の支払委託を受けているのであろうか。あくまで、小切手原本と引換でなければ払ってはならないという内容の委託を受けているのであろうか。

現行当座勘定ひな形の第七条一項は、「小切手が支払のために呈示された場合、または手形が呈示期間内に支払のために呈示された場合には、当座勘定から支払います。」と定め、第九条一項は、「呈示された手形小切手等の金額が当座勘定の支払資金を超える場合には、当行はその支払義務を負いません。」と定めている。ここにいう「呈示」を小切手原本の物理的呈示と解すれば、小切手の呈示がない場合には、支払銀行は小切手の支払をすることができないことになる。当座勘定規定ひな形を作成したときには、データによる取立の時代が来るとは思っても見なかったはずであるから、作成者の意思としてはそのような解釈であろう。(9) しかし、時代は変化し、ことに新しい技術革新の時代に即応するよう銀行業務も変化が迫られる今日、いつまでも呈示の概念をこのように固定すべきではない。

ドイツでは、小切手原本の呈示のない口座の引落しも法律上問題はないと解している。というのは、小切手振出人は、振出のときにすでに満期となっており、それ以後いつ支払請求されてもよいように当座預金に資金を準備しておかねばならない立場にあるので、小切手を有効に振り出した以上、支払銀行がもっとも合理的と考える方法で支払をすることに異議を唱えることのできる立場にないからである。(10) つまり、振出人が真に小切手を振り出した以上、間違いのないように支払銀行に支払ってもらえばよいのであって、それは、従来の観念からすれば小切手原本と引換に支払うことを意味していたが、それ以外に合理的方法があれば、それによることに異論を唱えることができないということである。

後に述べるように、小切手法もこのような観念の下に呈示を物理的呈示と考えていたが、小切手法には提示を要求してもその呈示の方法について限定していないので、小切手法制定当時、立法者が考えていなかった呈示の方法が新たに発明された場合には、これを禁ずる趣旨ではないであろう。

(b)　支払銀行の署名調査義務

支払銀行は委任契約に基づき、善管注意義務にしたがって支払をしなければならないことは当然である。ことに偽造小切手の支払をしないよう注意しなければならないが、データによる小切手取立方式の場合には、小切手自体を見る機会がないのであるから、印鑑（署名）照合はもちろん、外観上正規の小切手かどうかも調べることができない。ドイツのデータによる取立方式では、取立銀行に小切手要件の欠缺の有無につき調査義務を課して、少なくとも方式の瑕疵のある小切手が取立に回されることを阻止している。しかし、これはあくまで外観上正規の小切手であるかどうかの調査にとどまり、その署名が小切手振出人のものであるかどうかの調査ではない。このような調査ができるのは、あらかじめ印鑑または署名鑑の届出のある支払場所たる支払銀行の店舗だけである。

それでは、データによる取立の場合に、印鑑（署名）照合を免除することができるであろうか。支払銀行が小切手の支払につき、振出人の口座から引き落として支払をすることができるのは、支払銀行に委任関係に基づく費用償還請求権があるからであるが、もちろんこのことは、振出人より有効な支払委託があることを前提にしている。支払委託のない偽造小切手を支払った場合には、支払銀行はこれを振出人の計算に帰せしめることができない。現に、アメリカでは、偽造小切手の支払のリスクは、原則として支払銀行が負担する。しかし、大量の小切手の支払をしなければならない銀行にとっては、一定の手続を履行することによって支払銀行の免責を認めることにも合理性があり、わが国およびドイツでは約款によって一定の要件の下に銀行の免責を認めている。ただその場合でも、善管注意義務を負う銀行としては、署名の真偽を確かめる最も有効な手段をとることが要求されているのであるから、届出印鑑（署名鑑）と当該小切手上のそれを比較する義務自体を免除することは許されない。というのは、偽造小切手の支払によるリスクを正当な理由なく小切手振出人に転嫁することになるからであって、ドイツの判例・学説も一致して支払銀行の署名調査義務を当初から免除することはできないと解している。[11]

ドイツでは、この制度の導入前でも、五〇〇〇マルク以下の計算小切手(わが国の線引小切手に相当)のユーロ・チェックについては、あらかじめ署名の調査をしないで支払う銀行が多かったそうであるが、[12]もちろんこれは支払銀行のリスクに基づいて行われていた。

(c) 署名の調査義務の放棄と銀行の責任

右に述べたように、支払銀行の署名調査義務が本質的義務とすれば、これに違反すれば銀行の責任が発生する。しかしながら、署名が本物の正規に振り出された小切手である限り、支払銀行が署名調査を怠ったとしても、振出人に何らの損害も発生しないので、銀行の損害賠償責任は発生しない。したがって、ごく例外的に支払銀行が偽造小切手を誤って支払った場合についてだけ問題になるが、その場合でも、わが国の当座勘定規定一六条「印鑑照合」の関係を見ておく必要がある。つまり、右条項によれば、支払銀行は、偽造小切手の支払をしても届出印鑑と小切手上の印影が一致している場合には免責されるが、このことは、あらかじめ印鑑照合手続を放棄している場合にも適用されるのかが問題になるからである。一つの解釈として、右条項は、印鑑照合を現実にしたが、真偽の見分けがつかない印影であった場合にのみ適用される条項で、印鑑照合自体を行っていない場合には、右条項の適用の余地はなく原則に帰り、支払銀行が責任を負担するという解釈である。したがって、その場合にも支払銀行が免責されるためには新たな条項が必要になる。これに対して、印鑑照合をしなかったことは義務違反であるが、かりにそれをしていても小切手の支払をしていただろう場合には、印鑑照合をしなかったことと損害の発生には因果関係がないので、銀行に責任がないとする解釈で、事実上右条項が適用されたと同じ結果になる。いずれによるべきか、問題はある。ドイツの小切手取引約款（Bedingungen für den Scheckverkehr, SchB）三条には、[13] 振出人が商人、公法上の法人、公法上の特別財産（Sondervermögen）である場合のみ同様の趣旨の免責条項があるが（したがって、個人顧客に対してはこの条の適用はない）、後者のような解釈によっている。したがって、支払銀行が責任を負うのは、非常にまれの場合である。わが国の小切手振出人が事実上商人に限られていることからすれば、後者の解釈でよいと解される。

(2)　遡求権保全の効力の喪失と取立銀行の責任

(a)　データによる呈示と遡求権保全の効力

小切手の所持人が振出人に対する遡求権を行使するためには、小切手が適法に支払呈示されたにも関わらず支払拒絶され、このことが拒絶証書または支払銀行もしくは手形交換所による支払拒絶宣言によって証明されることが必要である。支払拒絶宣言は、わが国では不渡宣言ともよばれ、小切手原本(表面、裏面は問わない)に記載されなければならない。国内で支払われる小切手の呈示期間は、わが国では一〇日あるので、資金不足が明らかになった段階であらためて小切手原本を呈示すれば間に合う場合もある。しかし、データによる取立方式では機械処理をすることを前提にしており、改めて呈示し直すことはしない。そこで、データによる取立の場合に、小切手法にいう支払呈示としての効力があるか、また支払拒絶宣言は、支払銀行の代わりに取立銀行が記載してもよいかということが問題になる。

まず、前者から検討する。データによる取立の場合には、小切手原本が支払銀行および手形交換所に呈示されないのであるから、そもそも適法な支払呈示がなかったということになれば、この段階で遡求権が保全されないことが明確になる。ドイツの学説のほとんどは、小切手法にいう呈示とは、小切手原本を物理的に呈示することであると解しており、また取立銀行が支払銀行に代わって記載する支払拒絶の注記（Nichteinlösungsvermerk）は、小切手法三九条二号（ドイツ小切手法では四〇条二号）の要求する支払銀行による支払拒絶宣言の効力はないと解している。[14]

(b)　ドイツの判例

これに関するドイツの判例は、一つだけで、しかも金額が少額であるため、裁判所もわが国の簡裁に相当するAmtsgerichtの判決である。事案は、五〇〇マルクの計算小切手を振出人（被告）から受け取った原告がこれを銀行に取立委任した。取立銀行は（Sparkasse K）、データによる小切手取立方式に乗せて支払銀行（Sparkasse B）に支払請求したが、支払を拒絶されたというものである。裁判所は、このような小切手が支払拒絶されても小切手受取人は、振出人に対する遡求権を取得しないと判示した。[15]

その理由は、以下の通りである。すなわち、データによる小切手取立においては、小切手取立協定に基づき、支払銀行に代わって取立銀行が前述の支払拒絶の注記を記載するが、これに小切手法の要求する支払拒絶宣言の効力を認めることができないこと、当該小切手は支払銀行に物理的に呈示されていないこと、もと連邦銀行をはじめとして金融機関がこの方式を導入する際に、これによって生じる法的問題を認識してそのリスクを覚悟していたことから判断して、小切手法の要求する支払呈示も支払拒絶宣言の記載もないと解するほかないという。そして、大量の小切手取立にともなう物理的困難は理解できるが、このことをもって裁判所が明確な法律規定を無視してもよいという根拠にはならない。それは立法によって解決すべきで、裁判官による法律形成の限界を超えているという。

この判決を評釈したHarbeke氏は、確かに、小切手法の立法者は、支払呈示とは小切手の物理的な呈示を念頭においていたので、その限りではこの判決は正当であるとしつつも、小切手の支払呈示は支払場所たる支払銀行の営業店舗である必要はないこと、また支払拒絶宣言も代理人によってすることができるのであるから、今日の電子的データ処理の時代を考えると、データによる電子的呈示も有効にすべく小切手法の改正が必要である旨を説いている。(17)

(3)　小切手訴訟を利用できないことに対する取立銀行の責任

民事訴訟法三六七条は、小切手訴訟について規定しており、その内容はほとんど手形訴訟と同じであるが、証拠制限のあるこの制度を利用することによって、小切手所持人は、小切手金および遅延利息の請求につき短期間に判決をもらうことができ（通常、二、三ヵ月といわれる）、さらに、原告勝訴の場合には、原則として無担保で仮執行宣言をつけてもらえるので、通常訴訟と比べて非常に有利になる。しかし、この制度を利用するためには、支払呈示期間内に支払呈示をしておかねばならない。(18)ところで、データによる取立の場合には、小切手原本が支払銀行および手形交換所に物理的に呈示されないので、支払呈示の要件を満たさないということになれば、小切手所持人は、小切手訴訟制度を利用できないことになる。

そのように解しなければならないとすれば、原告は、前述の利益を享受できないことになる。これに関してもドイツの通説は、やはり遡求権保全の効力がないと同様に、小切手訴訟も利用できないという。したがって、そのために生じた取立依頼人の損害は、取立銀行が負担しなければならない。というのは、取立銀行は、取立依頼人との委任契約に基づいて取立を行うが、その内容は、取立のために提供された小切手を小切手法の要求に従って適法な期間内に支払呈示することにあるから、これに反してデータによる取立方式を利用することは右契約上の義務に違反することになるからである。[19] もっとも、取立銀行にこの義務違反があったからといって、当然に小切手金額相当の損害が発生することにはならないことは、後述の通りである。

(9) 鈴木＝中馬＝菅原＝前田「注釈・銀行取引約定書・当座勘定規定」(昭和五四年) 一四九頁、一六〇頁をみても、呈示の方法には何ら言及していないが、当然物理的呈示を前提にしていると解される。

(10) v. Wrede, Das beleglose Scheckinkasso, S. 33; Cristof Reiser, Das beleglose Scheckeinzugsverfahren im deutschen Kreditgewerbe, WM Nr. 14 vom 5. April 1986, S. 410

(11) BGH NJW 1984, 2530; Canaris, Bankvertragsrecht 3. Aufl., Rdn. 711; Koller, aaO., WM S. 821

(12) Koller, aaO., WM S.821

(13) 旧ドイツ小切手取引約款一一条は、領域説に基づいてわが国と同様に、銀行が署名を注意深く調査したことを要件に小切手の偽造その他の不正使用に対する責任を免除していた。しかし、これに対して以前から約款規制法九条の関係からその効力が疑問視されており、個人顧客についてはこのような免責条項は無効であるとすべき見解が有力に主張されていた。そこで、一九九五年改正の同約款三条「顧客と銀行の責任(Haftung von Kunde und Bank)」では、銀行の免責の対象となる顧客に限定を加えた。Koller, aaO., WM S. 825; BGH WM 1984, 1173. わが国の印鑑照合制度も消費者契約法の影響を受けるものと思われる。

(14) Schlie, aaO., S. 618; Reiser, aaO., S. 413; Fischer, Bnakrecht 1989, S. 166; v. Wrede, Das beleglose Scheckinkasso, 1977, S. 48ff. Siegfried Kümpel, aaO., S. 577; Baumbach/Hefermehl, Art 40 ScheckG Rdn. 4; Claussen, Bank-und Börsenrecht 2. Aufl., §7 Rdn. 51.

(15) AG Königswinter, Urteil vom 9. August 1989 WM 1990, 1416.

(16) Baumbach/Hefermehl, aaO., Art 40 Rdn. 3.

(17) Harbeke, WuB I D 3. Schckverkehr 1. 91 Bankrecht, S. 11

(18) 河本＝河合＝田邊＝西尾編「新版・手形小切手の法律相談」四二六頁

(19) Reiser, WuB I D 3. Scheckverkehr 9. 90, S. 578.

四 チェック・トランケーションにおける銀行の説明・指摘義務
(Aufkläl ungs-und Hinweispflicht)

(1) 銀行の説明・指摘義務の有無

データによる小切手取立制度について、あらかじめ顧客にその内容を説明し、それに関するリスクを指摘すべき義務があるかどうかは一つの問題である。もちろん、新しい取立手続を導入することについて、顧客に通知することはベターなことであり、銀行と顧客の円滑な取引関係の維持の観点からもすべきであろう。しかし、問題はこれが法律上の義務であるかどうかである。法律上の義務であれば、これを履行しなければそれに対する責任が生じるであろうし、逆にこれを履行すれば責任を免れることになる。もともと、ドイツのデータによる小切手取立にこのような法的効果が伴うのかどうかまだよく分からない。銀行の説明・指摘は、銀行側のリスク・マネージメントの観点から導入されたことであり、これによって生じうるリスクについては、銀行が負担することをあらかじめ覚悟して導入しているのであるから、私は、以前この方式について書いたときには、銀行があらかじめ顧客にこれに関する説明すべきことが法律上の義務であるとする必要はない旨書いた。ドイツの学説および実務は、これを法律上の義務と解しているが[20]、それは、ドイツの約款規制法が不意打ち条項を禁止していることが大きな理由になっている。顧客は、小切手の支払を担当する支払銀行および取立銀行が小切手法に従って委任事務を処理することを期待しているのであるから、それに反する手続によって予期しないリスクが発生する可能性のある場合には、これについてあらかじめ通知すべき義務があると考えている。

周知のように、わが国でもドイツの約款規制法と同様の立法趣旨の「消費者契約法」が二〇〇一年四月から施行されたが、同法三条一項は、事業者の努力義務として、消費者契約の内容を明確かつ平易なものにするとともに、契約締結に際してその内容について情報提供すべき旨定めている。同法は、手形小切手を扱う商人には適用されないのであるが、銀行と対等に契約交渉を行える事業者は少ないのであるから、その立法趣旨を考慮すると、銀行の上記の義務があるといった方がよいのではないかと今は考えている。たとえば、小切手が支払拒絶されたときの権利行使につき、小切手所持人が戸惑うことのないようにするためには、有益であろう。

(2)　支払拒絶によるリスクの通知

前述のように、ドイツでは小切手の取立をデータで行う旨を説明し、その法的効果を指摘することは銀行の義務と考えているので、この方式を導入する際、連邦銀行および金融業首脳協会は、以下のような点について、顧客にあらかじめ通知することにした。その骨子は、①データによる取立方式の場合は、小切手訴訟が使えないこと、②支払拒絶の場合には、顧客は原因契約上の権利を行使しなければならないが、その立証には、支払拒絶された旨の表示された小切手のコピーで十分であること、③小切手訴訟を利用できないことによっては顧客に損害を負担させないこと、④顧客の予期に反して損害が発生した場合には、銀行に連絡をすべきこと、⑤データによる取立方式によって適法な支払呈示ができなかった場合には、小切手振出人に利得償還請求権を行使できること、⑥にもかかわらず例外的に顧客に損害が生じた場合には、銀行が責任を負うことを指摘すべき旨勧告した。[21] これに従い、今日では取立銀行は、不渡小切手の返還の場合には、支払拒絶の注記を記載した小切手のコピーまたは原本を入れる封筒の中に以下のような内容の文章を添付して送付している。[21]

「あなたが交付した小切手は、小切手振出人の金融機関に電子的方法によって取立に回されました。右金融機関は、小切手金額の支払を拒絶しました。われわれは、支払が拒絶された旨を同封の小切手のコピーまたは小切手原本に記載しました。あなたは、小切手振出人と締結している原因契約上の権利を行使することができます。その場合、あなたは、この小切手のコピーまたは原本を支払拒絶の証拠として使用することができます。しかし、小切手訴訟は、電子的取立方式のために利用することはできません。これによってあなたに損害が発生する場合には、われわれは、その損害を賠償しますので、あなたの損害賠償請求の処理のために、できるだけ早くわれわれに連絡してくださるようお願いします。」

もっとも、右の通知によって、どの程度の意味があるのか問題がないわけではない。というのは、ドイツの通説にしたがえば、これは、たんに銀行の責任を明確にしたにすぎず、このような内容を通知をしなくとも、銀行は、当然契約上の義務違反として損害賠償義務を負っており、法的には内容のない宣言的指摘にすぎないからである。[22]

(20)　Koller, aaO., S. 823.
(21)　BdB-Mitteilung 26/86 vom 24. 4. 1986 in aktualisierter Fassung.
(22)　Schlie, aaO., WM S. 618.

五　チェック・トランケーションと支払呈示の効力

(1)　支払呈示の意義

小切手法三四条「受戻証券性・一部支払」は、支払人が支払をするにあたり、小切手に受取を証する記載をし（全額支払の場合）または一部支払の旨を小切手記載をして小切手を交付することを請求できると定めている。これによって、支払人が小切手の正当な権利者であることを確認するとともに、二重払いのリスクを回避することができるようにしたのであるが、その立法趣旨からすると、立法者は、支払呈示とは小切手原本の物理的呈示を当然の前提にしていたといってよい。わが国のこれまでの学説・判例も当然このことを前提にしていた。(23) 私もごく最近までこのように解していた。前述のように、ドイツでデータによる取立方式を導入するときにもこのような解釈の上に立って、にもかかわらず大量の小切手取立のためにはやむを得ないとしてリスク・マネージメントの観点から一九八五年に導入に踏み切った経緯がある。

ところが、その三年後の一九八八年にドイツの銀行取引法の第一人者であるカナリスが、データによる小切手取立の場合も小切手法にいう支払呈示の要件を満たし、支払拒絶の場合に小切手取立協定にしたがって支払銀行に代わって取立銀行が小切手に記載する支払拒絶の注記を小切手法に定める支払銀行の支払拒絶宣言と同じ効力を認めるべきという注目すべき見解が主張されるに至った。(24) また、わが国でも二〇〇〇年の金融法学会で同様の見解が発表された。そこで、以下、このような見解が成り立つかどうかを検討する。

まず、カナリスがどのような根拠に基づいて右の見解を主張しているかを簡単に紹介する。カナリスによると、小切手原本が呈示されず、したがって支払銀行による支払拒絶宣言が記載されなかったことから、当然に遡求権喪失の結論を導いてはならないという。というのは、そのような結論は実際の要請に甚だしく反するばかりでなく、今日の有価証券理論に沿うものでもない。現代の有価証券制度の発展に鑑みると、伝統的な証券の呈示の要請は、単なる占有ないし所持によって代替されうる。小切手法四〇条「遡求の要件」（わが国小切手法では三九条）の趣旨は、一つには支払拒絶の事実を明確に認識させ、二つには支払拒絶の立証を小切手制度の厳格な要式性に相応した方法で確実にすることにある。しかし、支払拒絶の事実が確実でその立証可能性が他の方法で制度的に保障されている場合にも、これに固執することは根拠のない形式主義に陥る。データによる小切手取立方式の場合には、これが保障されている。小切手の支払拒絶の場合には、従来の方式では支払拒絶宣言の記載を支払銀行および手形交換所以外の者に委任することはできないと解されていたが、この原則は、データによる小切手取立方式にはあてはまらない。というのは、小切手取立協定第五章「不渡小切手の返還および小切手代わり金の戻し計算に関する規定(Bestimmungen über die Rückgabe nicht eingelöster Schecks und die Rückrechnung von Scheckgegenwerten)」四条二項によって、取立銀行は小切手に支払拒絶の注記を記載するが、これは任意に記載することができるのではなく、支払銀行の委託によりそれに代わって組織的に記載している。したがって、その記載には、支払銀行による支払拒絶宣言と同じ程度の確実性があり証明力において劣るところはない。有価証券振替決済制度に見るように、今日の時代では証券原本の移動にこだわるべきではない。

以上のように述べて、カナリスは、結論として小切手法四〇条（わが国小切手法の三九条）二号の支払銀行による支払拒絶宣言に関する規定を取立銀行による支払拒絶の注記に準用できるという。したがって、データによる小切手取立の場合でも遡求権保全の効力があり、小切手訴訟を利用することもできるので、取立依頼人に対する取立銀行の義務違反も生じない、というものである。

つぎに、前述のように、わが国でもデータによる取立の場合に遡求権保全の効力を認めるべきという注目すべき見解が主張されているが、どのような根拠に基づいて主張されているかを概観する。すなわち、一つの見解は、金融機関の間の包括的合意に基づき、顧客から手形・小切手の取立依頼を受けその占有を取得した取立銀行が、当該手形・小切手を以後は支払銀行のために占有する旨の占有改定の意思表示を（民一八三条）、電子的方法によって支払銀行に対して行うと解する見解で、その結果、支払銀行自体が手形小・切手を受け取ったと同視して、支払呈示もそこで行われたので、遡求権も保全されたと解するのである(占有改定による支払呈示)。もう一つの見解は、占有改定による代理占有という形をとらないで、もっと直接的に金融機関が協定に基づきすべての金融機関の代理人としての資格を取得すると解すれば、手形・小切手の所持人がいずれかの金融機関に取立依頼を行った段階で、自動的に支払銀行に対する支払呈示が行われたとみることができるとする見解である（代理構成[25]）。

(2) 占有改定理論および代理構成の検討

カナリスは、データによる小切手取立の場合においても遡求権保全の効力を認めるべき実質的理由をかなり詳細に述べているが、その理論的説明はあまりしていない。ただ、文中にbesitzrechtliche Konstruktionという言葉を使っているところを見ると、どうもわが国で主張されている占有改定による支払呈示または代理による支払呈示の考えと理論構成はほぼ同じような気がする。そこで、以下、このような理論構成が成り立つかどうかを検討する。

小切手法が支払呈示を要求した趣旨からすると、本来は支払場所たる支払銀行の店舗に小切手を呈示して署名を確認して支払うのが建前であろうが、支払呈示自体については、小切手法自ら右店舗における署名確認の前段階である手形交換所に小切手が持ち込まれた時点で支払呈示の効力を認めている（小三一条）。手形交換所における交換は、加盟銀行の合意に基づいて行われており、振出人もこれに同意していることを前提にこのような効力を認めたと解されている。為替手形のケースであるが、判例も所持人と引受人の合意があれば、支払場所以外の任意の場所でなされた呈示にその当事者間のみならず、同意していない裏書人に対しても支払呈示としての効力を認め、遡求権保全の効力があることを肯定している。(26) どこで支払呈示すべきかについてもっとも利害関係を有する者は、小切手でいえば振出人と所持人であるから、この者に不利益が生じない限り、どこでどのような方法で支払呈示すべきかについて合意することも許されるはずである。支払呈示の免除でさえ、当事者の合意によって可能であるというのが学説・判例であるから、(27) 支払呈示は手形交換に参加している取立銀行で行うことについて合意することは当然許される。

しかしながら、今のところはデータによる小切手取立のシステムは一般の認知するところでないから、もちろん右の合意があったといえないが、今後その周知につとめ当座勘定規定にこれに相当する条項を入れることによって、その合意を得ることは可能である。具体的には、当座勘定規定七条「手形、小切手の支払」に支払呈示の方法として、このような方法による呈示の条項を新たに追加すればよい。

それでは、右のような構想でデータによる小切手取立制度を導入した場合、取立銀行は支払銀行の関係でどのような地位に立つであろうか。支払銀行は、小切手振出人から請求されれば小切手原本の返還できるように一定期間保管すべき義務がある。取立銀行は本来小切手を支払銀行にもって行くべきところを、事務手続きの合理化の観点からこれを留めているにすぎない。したがって、この関係を素直に理論構成するには占有改定で説明するのが妥当である。取立銀行は、以後支払銀行のために小切手を保管することになる。占有関係の説明は、これでよいが、取立銀行で支払呈示されたことをどう構成すべきか。これについては、二つの考え方が成り立ちうる。すなわち一つは、取立銀行が同時に支払銀行の代理人として呈示を受けると構成する考えであり、他は、取立銀行自体を新たに支払呈示場所にする合意があったと見る考えである。いずれも成り立つと思われる。

(3) 支払拒絶と支払拒絶宣言の記載方法

小切手が例外的に支払拒絶された場合は、所持人は遡求することになるが、遡求権を保全するためには、支払銀行による支払拒絶宣言の記載が必要である。ドイツでは、取立銀行が支払銀行の委託により、小切手取立協定にしたがって統一した支払拒絶の注記（Nichteinlösungsvermerk）を記載する。問題は、この記載に小切手法の要求する「支払銀行による支払拒絶宣言」の効力があるかである。遡求要件として拒絶証書の作成または支払銀行もしくは手形交換所の支払拒絶宣言の記載を小切手法が要求したのは、支払拒絶の事実を明確にし、遡求義務者が支払拒絶の事実がないのに遡求権を行使されることを防止する趣旨であるから、そのことが確実に証明される限り、だれがこれを記載するかは本質的なことではない。ドイツの通説・判例は、自ら支払拒絶の事実を確認することができない者は、支払拒絶宣言の記載の代理人になることができないと解しているが、(28) 取立銀行が振出人の口座を管理していなくとも、コンピュータ・システムによって直接資金不足の事実は把握することができる。デビットカード取引において、加盟店がカード所持人の口座に支払資金があるかどうかを直接確認できるのと同様である。支払拒絶宣言は、意思表示ではなく、支払呈示と支払拒絶の事実を確認する記載であることは、ドイツおよびわが国の通説であるから、支払拒絶宣言の記載が支払銀行以外の機関でできないと解すべき理由はない。カナリスは、取立銀行の記載する支払拒絶の注記に小切手法の支払拒絶宣言の規定を準用すべきというが、正当である。

ドイツの判例・通説は、データによる小切手取立の場合には、遡求権保全の効力がないと見ているが、その大きな理由は、連邦銀行がこの制度を導入する際に、小切手法上問題はあるが、リスク・マネージメントの観点から実施するという前提で出発したことが大きく影響しているのではないかと見ている。カナリスが前述の学説を主張したのは、制度を導入して三年経過後であって、連邦銀行が実施を検討しているときには、このような理論構成が成り立つかどうか明確でなかったのであろう。制度設計者がそのような前提で出発している以上、判例・学説は当然そのことを考慮して理論構成するほかなかったのではないかと推測している。

(23) 伊沢孝平「手形法・小切手法」一八八頁（昭和二四年）、大隅健一郎＝河本一郎「注釈手形・小切手法」二八八頁（昭和五二年）、最判昭和二九・三・一九民集八巻三号七一一頁
(24) Claus-Wilhelm Canaris, aaO., Rdn. 743a.
(25) 前掲・金融法務研究会報告書(3)一五頁以下、岩原・前掲・金融法研究一七頁以下
(26) 大判昭一五・一・二九民集一九巻六九頁、大隅＝河本・前掲書二八六頁
(27) 最判昭三四・五・二九民集一三巻五号六二一頁、大隅＝河本・前掲書二九〇頁
(28) Baumbach/Hefermehl, aaO., Art 40 SchG Rdn. 4 unter b; v. Wrede aaO., S. 47; Reiser, aaO., WM S. 413; OLG Olderburg BB 1957, 69527.

六　おわりに

ところで、データによる小切手取立制度を導入した場合、わが国の学説・判例はどのような反応をするで

あろうか。一〇〇円手形事件で見るように、判例は、かなり小切手法を厳格に解釈することが予想されるので、前述のカナリスのような見解は採用されないおそれがあるし、学説も初めて占有改定とか代理構成の理論を聞いてもすぐには賛成しない可能性がある。

しかしながら、この制度の導入によって手形小切手の取立手続につき、かなりの時間と経費の節約が期待でき、このことは、銀行のみならず顧客にとってもメリットがある。また、この制度を導入した場合の責任関係につき、ドイツの判例・通説のように銀行に損害賠償責任を認めても、現実にそれが生じるケースは非常に少ない。

まず、時間と経費の節減についてみると、わが国は、国土も狭く全国の金融機関がオンラインで結ばれており、このような国にあっては、取立銀行と支払銀行が遠く離れている広域交換であっても、もはや距離による障害はなくなるので、短時間の決済が可能になる。経費の点についても、今までのように、全国的には多数の行員が一定時間手形交換所に張りつかなくてもよくなるので、手形交換事務が大幅に機械化でき、かなりの経費節減になるであろう。すでに、アメリカでは経済的観点から詳しい分析がなされている(29)。

つぎに、銀行の責任負担については、まず、偽造小切手の支払をしたことによる支払銀行の責任は、前述のように非常に例外的場合しか生じない。さらに、印鑑照合も自動印鑑照合システムがほぼ完成に近づいていると聞いているが、そうなれば小切手の印鑑照合も印鑑届けをしている支払場所たる店舗では行われずに、事務センターで一括して行われるようになるのはもちろん、交換加盟銀行間ではどこからでも印鑑照合が可能になる時代もくるであろう。そうなると、将来的には偽造小切手の支払についても、支払銀行が印鑑相違の偽造小切手の支払による責任を負担することはなくなる。また、小切手所持人が遡求権を失ったことによる責任と小切手訴訟を利用できなかったことによる責任については、所持人が遡求権を失ったとしても、原因債権を行使できるし、利得償還請求権も行使できるわけであるから、小切手所持人に実質的な損害はほとんど生じない。小切手訴訟制度を利用できないことによる損害についても、それは取立依頼人が通常訴訟によって請求しなければならなくなった結果、生じた損害であるから、小切手訴訟による判決と通常訴訟による判決の間に振出人が支払不能になった場合にのみ生じる。いずれもレアケースと見てよい。ドイツ連銀もすでにこのことを指摘しており、学説・判例もこれを認めている(30)。

以上のように、データによる小切手取立制度の導入によるメリットがあり、また世界的に見て小切手の取立がデータで行われる時代になってきているのであるから、わが国の銀行界でも具体的に検討してもらいたいと思う。

(29) Joanna Stavins, A Comparison of Social Costs and Benefits of Paper Check Presentment and ECP with Truncation, New England Economic Review 1997.

(30) 現に、AG Lügen, Urteil, vom 10. Oktober 1988 (WM 1990, 398)も、取立銀行の損害賠償責任を否定しており、Reiserは、その判例評釈でも小切手所持人が自己の損害を立証することは通常困難であるという(Reiser, aaO., WuB ID 3.-9. 90, S. 580)。

7　会社の法遵守体制と取締役の注意義務

酒井太郎

一　はじめに

日本では、従業員や経営者による違法行為とそれに伴う会社の各種損失を予防・軽減するため、社外取締役制度の活用と並んで、社内の法遵守制度を設置する動きが一九九〇年代後半から盛んになっている[1]。会社の、もしくは株主・従業員といった会社構成員の利益維持だけでなく、取締役に堅実な意思決定を促し法的責任を追及されないようにするという観点からしても、現代株式会社の適法な運営の確保は、取締役個人の知識もしくは常識だけに委ねられるべきではなく、会社の費用において設置され、末端の従業員から経営首脳までをカバーする、社内法遵守制度を通じて図られるべきである[2]。ちなみに米国企業では、種々の経緯から法遵守制度がすでに普及していたものの、その設置が任意のものか、あるいは取締役の義務であるかについては、後で触れるように議論があった。(3)

さて、いったん法遵守担当部署が社内に発足したならば、取締役はそこから報告と助言を受け、日常の意思決定や危機管理に役立てることとなる。もともと取締役の判断不足を補うために設置されたものであるから、取締役は担当部署から上がってくる情報の真偽を疑うことが難しい立場にある。したがって、取締役がその情報に寄せる信頼は、基本的に保護されるべきである。しかし、質の低い情報しか提供できない組織に依存することは危険であり、また、本来取締役の任務懈怠とされるべき状況があったとして、法遵守部門の情報ないし判断を信頼していたことを理由に責任が社内部署へ転嫁される可能性もある。それゆえ、法遵守にかかる取締役の義務の中身としては、情報収集・報告システムを構築し、そこから得られた情報や助言をもとに意思決定を行うことだけでなく、会社固有の問題や会社周辺の環境の変化に対応して、既存のシステムの抱える不備な点を改善することも要求されると考える。

日本では目下のところ、社内法遵守制度の普及が叫ばれている段階であって、それに寄せる取締役の信頼がどの程度保障されるべきかについては議論が見られないように思われる。本論文は、会社の適法な運営の確保のために取締役が果たすべき義務について、上記の問題意識のもとに、米国事例の比較検討を通じて示唆を得ようとするものである。

二　過去の事例

従業員等の法律違反行為を防止するための制度が会社になかったことを理由に、取締役の注意義務違反（監視義務違反）を追及できるかが争われた代表的事例として、アリス・チャルマーズ事件とケアマーク事件を挙げることができる。[4] このほか最近注目されているものとしてグレース事件があり、これについては後で詳述する。

アリス・チャルマーズ事件は、会社役員によるカルテル行為の結果会社に損害が発生したとして、原告株主が同社取締役の監視義務違反を追及した代表訴訟事例である。原告側は、従業員らによる反トラスト法違反行為を探知・予防するための手段を講じるべき義務が、取締役に課されているとの主張を行った。これに対し、デラウェア州最高裁判所は、部下の勤務状況に疑わしい事実が見られないかぎり、取締役は部下を信頼することができ、注意義務違反に問われることはないと判示した。また、取締役をして会社の業務に不審を抱かせる事実がない以上、反トラスト法違反の探知・予防のための社内機構を設ける義務もないとした。[5]

ケアマーク事件は、末端の従業員による違法なリベートの提供のために、会社が多額の罰金と賠償金を負担したという事実から、原告株主側が、違法行為を未然に防げなかった取締役の監視義務違反を追及したものである。原告と被告取締役の和解を認めるにあたり、デラウェア州衡平法裁判所は次のような検討を行っている。

まず、アリス・チャルマーズ判決を引用し、疑わしい状況がないかぎり、部下を信頼した取締役の責任が問われないとした原則部分には同意しつつも、信頼の基礎となるべき判断材料をそろえる意味から、適切な情報収集・報告システムを確保する義務が取締役にあるとして、これを不要とした同判決に異議を唱えた。その理由として、会社運営において取締役会が果たすべき役割が近年とみに重視されており、取締役会がその監視・監督機能を果たすうえで、適切かつ時宜にかなった情報が欠かせないものとなっていること、そして、団体の量刑に関する連邦ガイドラインが企業運営に大きな影響を与えたことが挙げられている。[6]

さらに、取締役会が相当だと判断する法遵守のための社内制度が確保されるよう、取締役は誠実に行動する義務を負い、そうした行動がとられなかった場合、法律違反の結果会社に生じた損害につき、取締役の責任が問われる余地があるとした。また、確保すべき制度の中身をどう構成するかは、経営判断の領域に属すると述べ、その制度が設計上、適切な情報をもって取締役会の注意を喚起するのに十分だということを、取締役会が誠実に見極められれば足りるとした。[7] なお本件では、会社がすでに法遵守プログラムを実施し、取締役が情報収集に努めていたことなどが評価された結果、被告取締役の責任は否定された。[8]

法遵守体制をすでに構築していた企業の取締役にとって、ケアマーク基準は、会社に損害を生じさせた違法行為と取締役の注意義務違反（監視義務の不履行）との関係を、経営判断原則により切断してくれるものとして歓迎すべき内容を持つ。さらにまた、それまで個別法規・規制により法遵守体制の設置が促されていた[9]のを、取締役の会社法上の義務と位置付け、全株式会社に共通する法的基準を樹立したものとして、ケアマーク事件は大きな意義を有する。[10]

三　グレース事件

ケアマーク事件により、社内の法遵守担当部門を設置して情報収集・報告に当たらせれば、取締役の監視義務違反はひとまず回避できるとの認識が定着した。しかし、それからわずか一年後、開示書類の記載漏れに絡む事件で、米国連邦証券取引委員会（SEC）は、社内担当部門が存在していても、取締役はそこから上がってくる情報を信頼できない場合があるとの結論を出して、企業関係者を大いに困惑させることとなった。

(1)　事実の概要

本件で調査の対象となったグレース社は、化学・素材を主体とした複合企業で全世界に営業拠点を有し、一九九九年度の売上高は一五億ドル近くに達する。[11] ニューヨーク証券取引所上場企業である同社に対し、SECが調査を行ったところ、届出書類に開示漏れがあることが明らかになった。グレース社は排除措置[12]を命じられ、開示に携わった取締役・役員の行動に問題があったとする報告書（以下、グレース報告）がSECより公表された。[13]

グレース事件で問題とされたのは、SECに提出された書類のうち、一九九二年度年次報告書(同年度のフォーム10-K[14]に収録）と一九九三年委任状説明書において、前最高経営責任者（CEO）の退職慰労契約の具体的内容と会社負担額が記載されていなかったこと、そして、一九九三年度年次報告書および一九九四年の委任状説明書において、関連当事者間の取引計画に関する記載がなかったことである。

(a)　関 係 者

グレース事件でSECの調査対象となった関係者は、取締役会長で前CEOのグレース二世、同社社長兼CEOで取締役のボルダック、同社社外取締役で報酬委員会委員長のパイン、同社の重職を歴任してきた生え抜きの幹部である取締役のエアハート、グレース二世の息子で、同社子会社の取締役会長を務めるグレース三世である。創業者直系のグレース二世は、長年にわたり同社のCEOと取締役会長を兼任していた。なお、肩書はいずれも事件当時のものである。

(b)　グレース二世の退職慰労契約

グレース二世のCEO退任にあたり、グレース社取締役会は、グレース二世の在職中に与えられていた恩典一切を、退任後も引き続き提供するとの決議を行い、これに基づいて、退職慰労契約[15]がグレース二世とグレース社との間で締結された（一九九二年一二月。一九九三年一月より実施）。事件後の一九九五年に会社が行った開示によると、この契約に基づいてグレース二世が、会社所有のマンション・リムジン・航空機・オフィスその他を利用し、一九九三年にあわせて三六〇万ドルの費用を同社に負担させたことになっている。[16]

退職慰労契約締結には取締役会の報酬委員会があたり、グレース二世との折衝は委員長のパインが行った。その他の取締役は、取締役会での承認決議にこそ参加したものの、その後は、当のグレース二世を除いて契約の交渉にも締結にも関与せず、唯一ボルダックのみが、契約がほぼまとまった段階でパイン、グレース二世の両名と会い、協議したにとどまる。すなわち、退職慰労契約の具体内容は一部の取締役と役員にしか知られていなかった。

SECに提出するフォーム10-Kならびに委任状説明書の作成準備のため、グレース社は調査票を取締役・役員に配布して、前年度に会社から何らかの恩典を受けていたかどうか問い合わせている。しかし、一九九三年と一九九四年いずれの調査においても、グレース二世（CEO退任後は取締役会長）は「いいえ」と回答している。

その後、退職慰労契約に言及した一九九三年委任状説明書と、退職慰労契約書を添付した一九九二年度フォーム10-Kそれぞれの最終文案が完成した。しかし、そのいずれにおいても、グレース二世が退職慰労契約により「その他の恩典」を受けるとするのみで、具体的金額等の説明はない。なお、委任状説明書で退職慰労契約について述べた部分は、開示担当の顧問弁護士の照会に応じて、交渉役であったパインが閲読している。ボルダックは両文書を閲読した後、フォーム10-Kに署名した。取締役会長のグレース二世もフォーム10

-Kに署名して、これらの開示書類はSECにそのまま提出された。

(c)　関連当事者間取引計画

グレース二世の息子であるグレース三世は、グレース社の完全子会社の取締役会長であったが、この会社の業績は思わしくなかった。グレース社は主力事業に傾注するため、この会社をグループから分離することを決定した。これに対してグレース三世は、別途取得会社を設立して完全子会社を買取りたいとグレース社に交渉を持ちかけ、やがて基本合意に達した(一九九三年一一月。有効期限は一九九四年四月まで)。契約交渉は逐一ボルダックに知らされており、また、グレース二世とエアハートの両名は、一九九四年初頭にグレース三世より契約内容の資料を受領していた。

グレース三世による買収資金の手当てがつかなかったため、この基本合意は失効したが、その後もグレース社は、資金のめどがつきさえすれば、基本合意を実行する用意があるとグレース三世に伝えている。しかし、買収資金の調達ができないまま、結局この取引は沙汰やみになった。

グレース社は一九九四年、やはり開示書類の作成準備のために調査票を取締役・役員に配布し、グレース社の取引で、自己または(家族を含む)自己関係者が利害を有するものがないかどうか問い合わせている。しかしグレース二世は、この質問に対して「いいえ」と回答した。

同社法務部により作成された一九九三年度フォーム10-Kおよび一九九四年委任状説明書の文案は、エアハートとボルダックの閲読を経ていたが、上記取引計画には一切言及していなかった。このうちフォーム10-Kはエアハート、ボルダック、そしてグレース二世により署名され、しかる後SECに両文書が提出された。

(2) ＳＥＣの判断

(a) 不適切な開示

さて、一九九二年度フォーム10‐Kと一九九三年委任状説明書で、グレース二世の退職慰労契約につき具体的内容ならびに条件を記載しなかったグレース社の開示内容は、一〇万ドル以上の報酬を開示対象とするＳＥＣ規則[17]に抵触しており、さらに関連当事者間取引についても、ＳＥＣが定める取引[18]に該当するにもかかわらず、グレース社は開示義務を果たさなかったとＳＥＣは認定した[19]。そして、開示文書の準備が同社の法務部によって行われていたことは認めつつも、上記契約の事実を知る同社の幹部が文書の訂正を開示担当者に命じていれば、このような開示漏れは防げたはずであり、また、そうすることは取締役としての義務であると指摘した。

(b) 開示のための社内機構と取締役の信頼について

ＳＥＣはグレース報告の冒頭で、本報告の目的が、開示に携わる取締役・役員の責務を強調することにあると述べている。すなわち、会社の開示書類の内容が正確・完全であることを担保するために、開示文書の作成に関与する取締役と役員は必要な措置を講じなければならず、彼らが開示事項に関して自ら知るところがあればなおさらそれが要請される。この責務を果たすために、役員と取締役は開示プロセスの全般にわたり、自己が有する権限を慎重に行使しなければならない、ということである[20]。

つづいてＳＥＣは、グレース社の幹部のとった行動がこの責務を履践したものとはいえないと指摘する。彼らは、取引に関する情報を得ていたにもかかわらず、文案の閲読時点で、開示が完全でないことに気付かなかった。ボルダック、パイン、エアハート[21]において悪意が働いていたことを示す記録はないが、開示事項すべてがグレース社の社内手続により網羅されるものと決めてかかり、こうした思い込みが正しいかどうかを確認せぬまま、開示担当の顧問弁護士や他の役員の手で開示書類の文案がきちんと検討処理されているものと信じていたという。(22)しかしながら彼らは、把握していた情報がなぜ文案に反映されていないのか、その理由を突き止めるべく、既存の手続にとらわれず行動する責務を負っていた。(23)すなわち、ボルダック、パイン、エアハートは、法務部の開示担当部署において開示内容の相当性が検討されているはずだとし、これをもって文案に対する信頼の根拠としているが、自ら退職慰労契約や関連当事者間取引計画について知るところがあったのであるから、そうした思い込みに埋没することなく、開示担当者に対して事実を告知するなり、非開示の理由を問いただすなりするべきであった、とされる。(24)

要するにSECによると、企業開示の目的から法律家で構成された社内組織であっても、取締役・役員は必ずしも常に全幅の信頼を置けるものではなく、最終責任者としての責任が付きまとうというわけである。そしてその理由は次のように説明されている。すなわち、役員または取締役としての職務は、その地位ゆえに認められる特別な権限を行使することに他ならず、大きな責任を伴うものである。会社の開示内容に不十分な、または不完全な点があることを知っているか、知るべきであったとき、彼らはそうした問題を是正する責務を担う。開示が必要かどうかを判定するための社内手続があるとき、役員・取締役はその判断を尊重することができる。しかしその条件は、開示に関連する事柄が検討し尽くされたうえで、手続が運用されているということを、役員・取締役が合理的な根拠をもって確信できる場合に限定される。(25)しかるに、懸案の開示事項に関して、ボルダックら三名の役員・取締役が取った行動は、彼らが置かれている地位と、取引に関する情報を有していたという点からすると、調査不足・対応不足のそしりを免れない、と。(26)このほかSE

Cは、グレース二世が社内で強い影響力を誇っていたという特殊事情を加味すると、ボルダックら三名は、グレース二世またはグレース一族に関する情報の開示に関して、いっそう注意深くあるべきであったとも指摘した。ただし、グレース二世の死去や、事件後に行われた経営幹部の刷新といった諸事情を勘案して、SECはボルダックら三名への法的措置は講じないとした。(27)

(c) 取締役は機能不全の兆候を見逃していたか――ウォールマン委員の反対意見(28)

ケアマーク事件と異なり会社に損害を与える違法行為は発生しておらず、当該取引が開示対象額を超えていたのに開示されなかったという形式的な違反が、グレース事件で問題になったに過ぎない。法外な報酬の存在や身内による取引が、グレース社の経営を不健全なものとしていたことは否めないが、今回の違反は直接そのこととは関係なく、しかも内容は軽微であって、(29)投資家の判断ならびに株価に影響を与えるものとは考えにくい。時と場合により、プロフェッショナルの意見に頼らず、専門的知識を要求される領域の判断を自ら慎重に行わなければならないとすれば、それは取締役(なかでも社外取締役)にとって無理を強いるのに等しい。(30)一方SECのウォールマン委員は、グレース報告の後半を費やし、果たして本当に取締役が開示書類の内容を疑い直接調査すべき状況であったかどうかを分析し、否定的な見解を寄せている。

ウォールマン委員は、開示義務を履行するための制度がグレース社に設けられていたこと、そして、この制度の実施運用に役員・取締役を含む多くの人々が関わっていたことを指摘する。(31)本件では退職慰労契約と関連当事者間取引計画が問題となったわけであるが、それらに関する資料(契約書や覚書)の存在は、開示担当部署であるグレース社法務部も把握していたと述べ、(32)問題の是正が唯一ボルダックらの行動にかかっていたとするSECの判断に疑問を呈した。

反対意見は次のように続く。開示の要不要の判定は、法律的判断、ないしは事実認識と法的評価双方が入り混じった判断領域に属するのであって、つまるところ、検討材料を取り揃えて専門家の判断に委ねざるを得ないものである。本件でグレース社法務部所属の複数の弁護士は、問題の取引にまつわる資料の存在を把握していた。他方ボルダックらも、同社法務部が本件取引を踏まえて開示書類を作成していることは承知していた。それがゆえに、ボルダックらは、法律面に関する適切な検討処理が法務部の弁護士によって行われていないなどとは、考えてもみなかったようである。本件で問題となった開示事項はいずれも極めて専門的な法律判断を要求されるものである。しかるにボルダックらは、開示の適否に関する判断を申し分なくできるほど開示要件に精通していたわけではない。もしグレース社法務部の顧問弁護士が、本件取引の詳細ないし重要性に関して情報不足を感じ、開示の要否に関する判断をするには今一つ説明が足りないと思ったならば、適当な質問を投げかけるべき責務を負うのは、むしろ顧問弁護士の側であった、と[33]。

　つまりウォールマン委員は、取締役に専門外の判断を期待するのは一般的に困難であり、かつ、取締役が専門家に寄せる信頼はふつう尊重されるべきであるとしたのである。さらに重要なのは、専門知識に基づく判断が要求される領域では、取締役・役員よりもむしろ社内担当部署の専門家が、能動的に問題を発見・解決すべきだというところである。しかし、そのためには、社内機構が当初の機能を発揮していることに加え、取締役が機能不全の兆候を見落としていないことが必要である。本件でいえば、開示担当の法律顧問が職務遂行に必要な事実を把握していなかったかどうか、もし把握していなかったならば、ボルダックらがそのことを知っていたか、もしくは知っているべきであったかどうかが問題となってくる[34]。ウォールマン委員は、記録に照らして、取締役の対応が必要になるような機能不全の兆候——彼の言葉を借りれば「赤信号」状態

──はなかったと結論付ける。[35]

四　検　討

さて、会社の適法な運営を確保するために、取締役自身はどの程度の注意を払うべきかについて、事例を整理してみると、さしあたり次のような結論が得られる。まずアリス・チャルマーズ事件では、適法な会社運営を図るために、取締役自身が関与すべき義務があるとしつつも、情報収集に関しては受動的・消極的な立場にあってよいものとし、かつ、法遵守のための特別な社内制度も創設する義務はないとした。[36]これに対してケアマーク事件では、法遵守のための制度は社内に必要としたが、取締役自身の行動が期待されるのは制度の構想段階までであって、あとは制度に任せて足りるとしている。[37]ケアマーク基準によれば、いったん法遵守制度が発足してしまえば、取締役の行動が求められる場面はアリス・チャルマーズ基準よりも相当限定されることに注意する必要がある。

ところがグレース報告によると、取締役は社内制度に判断を任せることができるとしつつも、その判断を取締役が信頼できるのは、社内機構の中で意思決定に必要な材料が検討し尽くされていることを、取締役が確認できたうえでのことだという。いいかえれば、社内制度の存在（あるいは趣旨）そのものは信頼の基礎を構成せず、運営状況に関する取締役の不断の監視作業が必要だということになる。ケアマーク事件後ほどなくして出されたこの判断が、多くの企業関係者に衝撃を与えたであろうことは想像に難くない。[38]それゆえ、取締役の義務に関してグレース報告で示された考え方が、どの程度の適用範囲を持つのかや、ケアマーク基準といかなる関係に立つのかといった論点をめぐり、盛んな議論が行われることとなった。

まず、グレース報告の結論が企業開示要件の見落としだけに当てはまるのか、それとも会社の違法行為全般への適用可能性を有するのかが問題となる。(39) SECが報告の冒頭で述べているように、取締役・役員の果たすべき責務を強調して、届出書類の記載内容の正確さを確保するという目的があったことは確かである。(40) しかし、今回たまたま他の違法事実がなかっただけで、SECは、過去の調査事例を挙げながら、届出書類の記載内容の不備に限らず、証券詐欺に該当する行為の兆候をつかんだ取締役に機敏な対応が求められることを指摘している。(41) さらに、一九七七年外国腐敗慣行防止法や一九九五年証券民事訴訟改革法による規制(42)などからも、SECが、会社の違法行為の抑制に大きな関心を寄せていることが分かる。したがってグレース報告はケアマーク事件と同様、会社の法遵守活動全般に応用可能な要素を持っていると見てよい。

次に、グレース事件で開示漏れが指摘された取引は、いずれもSECが定める開示基準額を大幅に超えていた。そこで、グレース報告の趣旨が会社の法律違反行為全般に及ぶと認めつつも、その適用範囲は、同じ法律違反でも、明白なものないしは程度の甚だしいものに限定されるという考え方(43)がある。しかしこの点については異論が多い。ことにグレース二世の退職慰労契約について言えば、確かにSECの指摘する通り「その他の恩典」の具体額は記載されていないが、契約全文はフォーム10-Kに添付されており、グレース二世にCEO時代と変わりなく恩典・便宜を与えるとした条項もそこに含まれていた。形式的には明白な違反とされているものの、開示自体は詳細を欠いていたというだけである。(44) 実質面から見ると、投資家に著しい誤解を与え、規則10b-5違反を理由とした損害賠償請求訴訟で会社側が敗訴するような、程度の甚だしい法律違反はなかったとも指摘される。(45) さらに、遵守すべきルールがきわめて重要だから、社内部署に任せきりにせず、取締役も高度の注意を払うべきなのだということになると、取締役はそうしたルールをあらかじめ全部知っておかなければならないことになる。しかもルールの実体規定だけでなく、その手続要件(たとえば一〇万ドルという開示基準額)まで取締役自身が把握していなければならないとしたら、取締役は経営活動に従事する暇など持てなくなるであろうし、ケアマーク基準の意義もほぼ失われてしまうであろう。[46]そのうえ、ある取引が法律的にいかなる重要な意義を有しているかは、事前には判然としないことが多い。蓋を開けたら重大な法律違反だと判明したので、過去にさかのぼって取締役の責任要件を重くするという考え方は不公平であるし、経営判断原則の理念と逆行する。[47]

そうなると、会社の法遵守を論じるにおいて、グレース報告の結論は一般的な適用可能性を持つという結論になる。では、いかなる状況において、取締役は社内部門からの情報を信頼すべきでなくなるのか、そしてその根拠はどう説明されるのか。続いてこれらの論点につき検討を加えることとする。

ここでは、グレース報告の中でSECが取締役の責任を認定する理由として述べた部分が、分析の焦点になると思われる。すなわち、「グレース二世、ボルダック、パイン、そしてエアハートは、彼らの取締役または上級役員としての地位、または、これらの取引に関して自ら知っているところがあったことから、連邦証券法令の下でこの情報の開示が要求されているかどうかにつき、調査をしているべきであった。この調査の中身として、顧問から完全で、かつ十分な情報を踏まえた助言を仰ぐことも考えられてしかるべきであった。その場合、もし彼らが受けた返答に合理的に納得できないものがあれば、彼らは、開示書類がSECに提出される前に書類の訂正をするよう要求しているべきであった。」というところである。[48]

つまり、法律違反を疑うだけの情報を持ち合わせていた、ないしは取締役として持ち合わせているべきであったのに、法律違反の回避のために何ら行動しなかった場合、取締役は社内の報告・助言部門の存在を理由に責任を免れることができない、ということになる。グレース事件の事実に照らせば、取引に関する詳細な事実を確かにボルダックらは把握していたので、「知っていたのに放置したのだから責任を問われてしかるべきだ」と言えなくもない(49)。

しかし、彼らが知っていたのはナマの事実に過ぎないのであって、規範に照らして法律的な意義を弁別するだけの専門知識・分析能力はなかったと見てよい。グレース報告の反対意見でウォールマン委員が重視したのはこの部分である。事実そのものは知っていても、それが持つ意味がわからなければ、社内部門からの報告に対して質問をさしはさむことすらできないであろう。それゆえウォールマン委員は、専門的知識を持つスタッフからなる社内部門の助言者としての役割を強調し、法律違反の可能性を排除するべく能動的に活動することを社内部門に要求したわけである。すなわち、専門的判断を要求される領域において権限を発揮すべきなのは、取締役よりむしろ社内の専門部署だということになる。

ここで問題になるのは、専門性を要求されるからといって、取締役が社内部署に判断を任せきりにしてよいのかということである。ウォールマン委員によれば、それは「赤信号」――社内部署が機能不全に陥っている兆候――を取締役が見落としていないときに限られるという。ふつう、担当取締役として直接指揮監督権を持たないかぎり(50)、取締役は情報を受領する場面で社内部署に接すると思われる。つまり、社内部署から上がってくる情報（本件では開示文書案）に不審な点があることに気が付いて初めて、社内の法遵守システム内部の機能不全を疑うことになる。そうだとすれば、つまるところウォールマン委員も、グレース報告本体で取締役に要求したのと同じことを、言いまわしを変えて述べているに過ぎない。

同じ内容の注意義務を取締役に要求していながら、ウォールマン委員とグレース報告本体とで責任認定に差が出たのは、取締役に要求する注意のレベルの違い(「赤信号」に対する感度)にあると思われる。反対意見を見るかぎり、ウォールマン委員の想定する「赤信号」状況は、常識人が見ておかしいと感じる程度のものである。[51] 一方グレース報告本体では、社内機構に対する不断の監視が取締役には必要だとして広い網をかけつつも、ボルダックらの責任の直接的な根拠として挙げたのは、彼らの取締役たる地位と保有していた情報をもってすれば、開示文案の不整合を見抜いてしかるべきだったという部分で、これも具体的な「赤信号」状態を描いたものだと言える。ただこちらのほうは、具体的事実を踏まえつつも規範的な価値判断を加えている。

要するに、両者の対立は、取締役を規範的な存在ととらえるか、種々の現実的制約に縛られた存在と見るかの立場の相違に還元されると考えるべきであろう。ウォールマン委員の反対意見には後者の見方が反映されているわけであるが、これはとりわけ、パインのような社外取締役の責任認定をめぐり斟酌されている要素である。[52] 現実的な制約を踏まえたうえで、現実的な対応を取締役の責任認定においても行うという考え方は、その制約が費用的に乗り越えがたいものであるならば理解できる。[53] ただし、取締役の注意義務をめぐって抽象的な理念を掲げずにこのようなアプローチをとった場合、法律違反による会社の損害を、取締役と株主との間でどう負担させるべきかについて、慎重な分析が必要になってくる。[54]

会社の適法な運営は、ウォールマン委員が指摘するように、事実認識と法律判断の混ざり合った領域に属し、専門家の報告と助言なしに行うことは難しい。とはいえ、報告と助言を活かしてそのような目標を達成できるかどうかは、まさに取締役の経営者としての能力次第である。グレース報告本体で想定されている有能な取締役であれば、報告と助言に基づいて堅実な判断を行うであろうし、また、報告と助言に不足を感じたならば、報告・助言システムの補強を図ることもできるであろう。有能でない取締役の場合、報告は受けるのみ、助言には従うのみで、システムの機能不全を疑う余裕もないのかもしれない。ちなみにウォールマン委員の反対意見では、取締役の注意義務基準をグレース報告本体よりも低くし、社内部門の助言機能を高めることでそれを補おうとしている。しかしながら、受け取った情報の真価を、注意の程度の低い取締役が正しく読み取れるかという問題はさておいて、そもそも、そのような取締役が、優れた報告・助言システムを構築し、維持し、そして改良できると考えるのは矛盾していないだろうか。[55] 逆に、法遵守に関する取締役の注意義務基準を高く設定すれば、システムに対する取締役の問題意識が高まり、システムの中身も改善され、報告・助言の中身も充実し、結果的に取締役がシステムの機能不全を疑うような場面も少なくなって、むしろ取締役の日常的負担が軽くなると言えないだろうか。それゆえ、注意義務の適当なレベルを究明する作業[56]は残されているが、ボルダックらの職務不履行を指摘したグレース報告の方向性は正当なものと考える。

以上をまとめると、グレース事件はむしろ、(1)（ウォールマン委員の指摘するように法務部の助言機能が不足していたと仮定して）報告・助言のための効果的な社内体制を構築（具体的には、創設、維持、または改善）できなかった取締役[57]の責任事例、または、(2)（グレース報告本体の見解に従い法務部自体の機能には問題がなかったと仮定して）効果的な社内体制があったにもかかわらずこれを活用することのできなかった取締役の責任事例と見るべきではないかと思われる。いずれの場合にしても、効果的な体制を構築した、あるいは活用できる取締役は、効果的な報告・助言をもって容易に堅実な意思決定をなしえ、他方、効果的な体制を構築できない取締役[58]は、報告・助言に頼ることを許されずに、自らが積極的に法律違反の疑いのある事態を究明するという困難を強いられることとなる。[59]

グレース報告の二つの結論に検討を加え、ひとまず上記の分類を行ったのであるが、報告書本体の立場である(2)は、以下の理由から(1)に包含されるべきものと考える。報告書本体では、ボルダックらに対し、彼らが把握していた情報をもとに社内部署の顧問に問い合わせるなどの行動をとるべきであったと判断したものの、先にも述べたとおり、問い合わせが必要だと気付くためには、何かが疑わしいとの認識、言いかえれば、開示文書案への不記載が法律上疑義を招く可能性のあることや、本件取引に関して社内部署の情報収集態勢に不安があることを、取締役自身が察知しなければならない。そのためには、関連法規や社内の法遵守プロセスに関する専門的な知識が必要である。その知識が常識的なものでないかぎりは、ウォールマン委員の指摘にもあるとおり、むしろ社内部署が問題を提起し、ボルダックらに問い合わせるべき状況であった。そうなると結局、社内のシステムを取締役が活用できなかったのは、その取締役の注意が欠けていたからというよりはむしろ、取締役の注意を喚起できなかったシステム自体に欠陥があったからだということになり、上記(2)の状況は、社内体制自体の抱える不備[60]が露呈した一症例と位置付けられる。またこうすることにより、個別具体的事実に対してなされた取締役の価値判断の是非を問う必要がなくなり、法遵守システムが想定された機能を発揮しているかどうかの確認を取締役に求め、その確認の有無とプロセスを法的審査の対象にすればよいことになる[61]。そして、このように解釈することで、ケアマーク事件が取締役の責務について述べた部分[62]との整合性も保たれる。

五　おわりに

以上の検討を通じて分かるのは、現代の米国企業において、社内に法遵守担当部門が設けられていない場合はいわずもがな、いったん社内の法遵守制度が発足しても、そのことが、会社の違法行為について取締役が責任を負わないことを直ちに意味するものではないということである。もちろん、社内部門によって会社の違法行為を防止できなかったことが、ただちに取締役の責任に発展するのではない。すなわち、取締役に求められているのは、法遵守のための社内機構が予定された機能を発揮しているかどうかを、そこからもたらされる報告や助言等に照らして逐次確認し、また、問題を発見したならばそれを速やかに是正することであって、そのための努力がなされていなかった場合に初めて注意義務違反となるのである。

しかしながらこの点については、社内法遵守機構の有無という歴然たる目安をケアマーク事件が採用した[63]のに比べると、取締役の責任の認定に著しい困難を伴うことは否めない。というのも、監査基準のような標準的手続に準拠して社内機構をチェックしていたか審査することがまだできないため、社内機構の監視・監督をめぐって取締役が行った判断のプロセスが適切であったかどうか、一つ一つ解明するほかないからである。とはいえ、個別具体的な状況において取締役がどのような判断を行ったかを審査するのでなく[64]、その判断の前提となった情報や助言を提供するシステムに対して、取締役がどの程度の配慮を施していたか[65]注目する（一段階抽象化する）ことで、立証負担の程度は格段に軽減されるものと思われる。

なお、これまでの論述では、とくに取締役会と取締役とを区別してこなかったが、会社の報告・助言システムの監視・監督について、取締役会の全メンバーに高い注意義務基準を一律に要求することは、社外取締役の取締役会に占める割合が大きい米国企業の現状からすると、とても無理であるし、効率も悪い。したがって、取締役会の委任を受けて社内法遵守体制の運営状態を評価・報告し、問題があればそれを改善するといった業務のための適任者（いわゆるコンプライアンス・オフィサー）を置くという、今日米国企業で一般的に採用されている手法を、取締役の注意義務の認定にあたって考慮する必要が出てくるだろう。つまり、取締役と社内法遵守機構との間に、この担当者を介在させ、取締役の社内制度に対する注意は、取締役の法遵守担当者に対する注意に代替し、社内制度に対する実際の監視・監督はその担当者が行えば足りるとするわけである。コンプライアンス・オフィサーに要求される法的行動規準と、他の取締役がコンプライアンス・オフィサーに対して払うべき注意の内容と程度については、また稿を改めて考えることにしたい。

（1） 日米主要各社の法遵守制度をまとめたものとして、高橋浩夫編著『日米企業のケース・スタディによる企業倫理綱領の制定と実践』（一九九八年、産能大学出版部）がある。米国の企業・産業全般についてはインターネットだけでも相当数の情報が提供されているが、さしあたり、米イリノイ工科大学職業倫理研究センターの倫理綱領オンライン〈http://csep.iit.edu/codes/index.html〉や加ブリティッシュ・コロンビア大学応用倫理学センター〈http://www.ethics.ubc.ca/〉の情報が有益である。

（2） 日本における法遵守制度の普及には、世論の影響を受けた経営幹部自身の意識変革も大きくあずかっている。そのため、幹部構成が変わったときに、法遵守制度が会社の積極的利益に貢献しないことを理由に大ナタが振るわれる危険性もなしとしない。結局、経営機構に直結しつつも独立性・自主性と裁量権をもって活動できる組織が必要だということになる。そもそも監査役がこの目的をうまく実現できるはずであったが、無機能化が指摘されて久しい。なお、独立性と専門性を追求すれば、法律事務所や会計事務所のような社外のコンサルタントの利用に行きつくとも考えられる。これとの関わりで、米国の一九九五年証券民事訴訟改革法が、社内の違法行為の事実を把握した監査人の取締役会への通告義務を定めているのは興味深い。*See* Private Securities Litigation Reform Act of 1995 (PSLRA), Pub. L. 104-67, §301(b), 109 Stat. 764 (1995).

（3） 酒井太郎「米国企業の法遵守体制と会社法上の問題」、久保古稀記念『市場経済と企業法』一五六〜一六〇頁参照（二〇〇〇年、中央経済社）。

(4) Graham v. Allis-Chalmers Manufacturing Co., 188 A.2d 125 (Del. 1963); *In re* Caremark International Inc., 698 A.2d 959 (Del. Ch. 1996). 両事件の詳細と分析は、酒井太郎、前掲論文一六一頁以下参照。

(5) 188 A.2d at 130.

(6) 698 A.2d at 969-70.

(7) 698 A.2d at 970.

(8) 698 A.2d at 971

(9) 法律に規定されない一般的義務として取締役に会社の法遵守を要求するのを嫌い、個別法規による立法的対応を期待する考え方が、アリス・チャルマーズ判決の背景をなしていたと、クラークは分析する。Robert C. Clark, Corporate Law 132-33 (1986).

(10) 団体の量刑に関する連邦ガイドラインの果たした役割も同様である。ただし、その守備範囲は会社の犯罪行為に限られる。*See* United States Sentencing Commission, Guidelines Manual, 〈http://www.ussc.gov/guidelin.htm〉, chap. 2 (Nov. 2000).

(11) Company web site: 〈http://www.grace.com〉.

(12) In The Matter of W.R. Grace & Co. Respondent, Order Instituting Proceedings Pursuant to Section 21C of The Securities Exchange Act of 1934, Making Findings and Ordering Respondent to Cease and Desist, Release No. 34-39156, 65 S.E.C. Docket 1236 (Sep. 30, 1997), 〈http://www.sec.gov/enforce/adminact/3439156.txt〉 (hereinafter Grace Proceedings). 引用中の頁番号と脚注番号はＳＥＣがウェブサイトで公表したものに依拠した。

(13) Report of Investigation Pursuant to Section 21(a) of The Securities Exchange Act of 1934 Concerning The Conduct of Certain Former Officers and Directors of W.R. Grace & Co., Release No. 34-39157, 65 S.E.C. Docket 1240 (Sep. 30, 1997), 〈http://www.sec.gov/enforce/adminact/3439157.txt〉 (hereinafter

Grace Report). 引用中の頁番号はSECがウェブサイトで公表したものに依拠した。

(14) 日本の有価証券報告書に相当。17 C.F.R. 249.310.

(15) 退職慰労契約では、いくつかの条項に続き、グレース二世の退任後「貴殿が最高経営責任者として現在受けている、その他すべての恩典ならびに便宜(オフィスおよび会社所有航空機の利用等を含む)は、引き続き貴殿に与えられるものとする。」と定められていた。Grace Proceedings, *supra note* 12, at 4.

(16) Grace Proceedings, *supra note* 12, at 6, n.10. これは年間報酬の部の「その他の年間報酬」に本来計上されるべきものと思われる。そこで、SECのEDGAR Database ⟨http://www.sec.gov/edgarhp.htm⟩を検索し、最近の同社のフォーム10-KやフォームDEF14Aに掲げられた現会長兼CEOの報酬の該当部分と比較してみると、三六〇万ドルは異常な金額であったことが分かる。

(17) Regulation S-K, 17 C.F.R. 229.801, Items 402 and 402(h).

(18) Regulation S-K, Item 404(a). すでに実施されたかまたは計画中の取引で、(1)有価証券登録会社またはその子会社を当事者とし、かつ(2)取引の総額が六万ドルを超え、かつ(3)有価証券登録会社の取締役の近親者が重要な利害関係を有するものは、すべてSECに報告されなければならない。Grace Proceedings, *supra note* 12, at 8.

(19) Grace Proceedings, *supra note* 12, at 8.

(20) Grace Report, *supra note* 13, at 2.

(21) 調査票に正しく回答しなかったグレース二世の責任も本来論じられるべきはずであるが、彼はSECの調査に先立つ一九九五年に死去しており、グレース報告の中では責任を不問にされている。

(22) Grace Report, *supra note* 13, at 2-3.

(23) Grace Report, *supra note* 13, at 3.

(24) Grace Report, *supra note* 13, at 5, 8.

(25)　Grace Report, *supra note* 13, at 8.

(26)　Grace Report, *supra note* 13, at 8-9.

(27)　Grace Report, *supra note* 13, at 9.

(28)　Grace Report, *supra note* 13, Dissent of Commissioner Steven M.H. Wallman.

(29)　退職慰労契約は従前与えられていた恩典を継続するに過ぎず、関連当事者間取引は実施されなかった。そのうえ、退職慰労契約書はフォーム10-Kに添付されており、まったく開示されていなかったというわけではない。後掲注44、45と本文参照。

(30)　この点は検討の部で詳しく論じる。

(31)　Grace Report, *supra note* 13, at 11.

(32)　*Id*.

(33)　Grace Report, *supra note* 13, at 12. 傍点は筆者。

(34)　*Id*.

(35)　Grace Report, *supra note* 13, at 11, 13.

(36)　従業員を罪人扱いするものだとして強い嫌悪感を表している。188 A.2d, at 130-31.

(37)　この点については後掲注62も参照されたい。

(38)　グレース報告が出た翌年、ある講演の席でSECのレビット（Arthur Levitt）委員長は、本報告が実務界に大きな波紋を投げかけたことを認めたうえで、いくつか補足説明を行っている。まず、社内制度への監視が必要だとした部分については、これが取締役の義務の拡張を意味するものではないと言明する。そして、社内の制度や法律顧問の助言を一律に信頼できないと解釈するのは誤りだと指摘する一方、その信頼性に不安があることを認識していながら、あえて何もしないことは許されないとして、グレース報告にある主張を繰り返した。Arthur Levitt, Corporate Governance: Integrity in the Information Age, Address at Tulane University

(Mar. 12, 1998), *in* Harvey J. Goldschmidt, *The Duty of Care and the Business Judgment Rule*, SD39 ALI-ABA Course of Study 143, 222-23 (1998). なお、レビット委員長は別の講演で、監査委員会の活動が形骸化し、完全に外部の専門家任せになっている現状を挙げて、取締役の意識向上を求める趣旨の発言を行っている。Arthur Levitt, The "Numbers Game", Address at NYU Center for Law and Business (Sep. 28, 1998), *in* Goldschmidt, *id*. at 216-17.

(39) *See* Bruce G. Vanyo and David Priebe, *Director's Reliance on Internal Controls in Light of Caremark and W.R. Grace*, *in* Securities Litigation 1998, 285, 295 (Practicing Law Institute Corporate Law and Practice Handbook Series No. 1070, 1998).

(40) そのために、開示に関する事実を知っていたというだけで、単に書類の文案を閲読したに過ぎない社外取締役パインの責任も問われている。

(41) Grace Report, *supra note*13, at 2, n. 4.

(42) 前者について、酒井太郎、前掲論文一五六～一五七頁、後者については前掲注2参照。

(43) Vanyo and Priebe, *supra note* 39, at 295.

(44) Bruce A. Hiler and Ira H. Raphaelson, *When Reasonable Reliance Isn't Enough: The Evolving Standards for Board Oversight*, 12 No. 1 Insights 2, 4 (1998). ただし、後掲注55も参照。

(45) Vanyo and Priebe, *supra note*39, at 295.

(46) Paul H. Dawes, *Caremark and the Duty of Care*, *in* Securities Litigation 2000, 219, 260-61 (Practicing Law Institute, Corporate Law and Practice Course Handbook Series No. 1199, 2000).

(47) Dawes, *supra note* 46, at 262-63.

(48) Grace Report, *supra note* 13, at 8-9.

(49) *See*, *e.g.*, David F. Kroenlein and Wayne A. Chan, *Director Liabilities and Duties under Federal*

Securities Laws, *in* CORPORATE COMPLIANCE: CAREMARK AND THE GLOBALIZATION OF GOOD CORPORATE CONDUCT 1075, 1085 (Practicing Law Institute, Corporate Law and Practice Course Handbook Series No. 1057, 1998).

(50)　後述するように、法遵守担当の取締役・役員がいた場合は取り扱いが異なってくると思われる。

(51)　たとえば、グレース二世が意図的にあるいは何らかの理由でアンケートに正しく記入していなかったり、会社の開示に関して過去、不実記載や記載漏れがあったことなどを、ボルダックらが把握していた場合だという。Grace Report, *supra note* 13, at 14.

(52)　前掲注40参照。

(53)　不法行為法の経済分析手法（たとえば、Robert D. Cooter and Thomas S. Ulen, LAW AND ECONOMICS 300-313 (3rd ed. 2000) 参照）を、取締役と会社との関係に応用してみると分かりやすいであろう。ただし、取締役が会社に対する損害賠償義務を負う一方で、取締役の注意義務履行にかかる費用（法遵守費用）は会社が負担している点に留意する必要がある。

(54)　法律違反に伴う会社の損失リスクを、取締役と株主のどちらが低廉に回避できるかという問題が、ここには含まれている。このリスクが会社のユニーク・リスクに属するものとして、株主は分散投資による回避行動をすでにとっているものと思われる。もっとも投資の前提として、取締役の注意にかかる費用と、法違反により生ずる損失との和が最小になるまで、より高い注意義務とその表現である法遵守機構を、取締役に要求しつづけるであろう。

(55)　本件では、CEO退任後も在任中と変わりなくグレース二世に恩典を与えることとしたため、過去の処理に則って今回も金額等が非開示となり、誰もそれを不思議に思わなかった。つまり、過去グレース二世に提供された恩典は非開示のまま放置されてきたのであって、報告書本体では言及されていないが、そもそもそのこと自体、法律上問題となる余地があった。Grace Report, *supra note* 13, at 13. それゆえグレース事件は、偶発的な違反にSECが理不尽な追及を加えた例外的な事例ととらえるべきでなく、上記のような慣行を放置して改善を図ろうともしなかった取締役の、注意の程度の低さゆえに生じた構造的問題と理解するべきである。
(56) 前掲注54参照。
(57) 取締役が直接構築作業にあたるわけではないので、正確には、効果的な社内体制が構築されたかどうか見極められなかった取締役、ということになる。
(58) 社内体制を活用できない取締役についてはここで論評しない。その理由はすぐ後で示す通りである。
(59) この状況を視覚的に表せば、横軸を取締役に要求される注意の程度、縦軸を法律違反のリスクとしたときの、正の反比例のグラフになるであろう。
(60) グレース社幹部に対する啓蒙活動の不徹底、つまり、団体の量刑に関する連邦ガイドラインが定める効果的な法遵守プログラムの定義を借りて言えば、「従業員その他、団体の権限を行使する全ての者に対して、規範と手続を効果的に伝達できる手段を講ずること」ができなかったゆえの事件ということになる。*See* GUIDELINES MANUAL, *supra note* 10, §8A1.2, comment. 3(k) (4).
(61) たとえば本件なら、社内部署が取締役に警戒を促し緊密な連絡態勢を敷いているということを、取締役が確認していたかどうかということになる。なお、グレース事件の認定事実によると、取締役会および報酬委員会で退職慰労契約を討議するに際し、ボルダックを始めとする経営陣 (then-current management) メンバーのほか、秘書役 (secretary) や開示担当顧問の退席が要請されたという。Grace Report, *supra note* 13, at 5. その理由は明らかでないが、これにより、審議に参加したグレース社取締役は、開示担当者から助言を受ける機会を自ら放棄したことになる。(グレース二世がアンケートに虚偽の回答を寄せたごとく) 社内部署を欺く意図がもし取締役にあったならば、報告・助言システムの強度が論じられるべき余地は、そのような意図を持たない他の取締役の注意義務違反との関わりで、もっぱら認められることとなる。
(62) 前掲注7および本文参照。なお、ケアマーク事件は社内制度の創設面を重視しており、その利用改良面での取締役の注意義務にはとくに言及していない。しかし、認定事実と判示部分とを総合すると、ケアマーク社取締役が事件発覚後に取った矢継ぎ早の対応（詳細に記述されている）も、責任の有無の判断に影響していたと考えられる。よって、制度の活用に関してもアレン判事の考察が働いていたと見るべき余地がある。

(63)　もっとも、一定規模以上の会社であれば、監査室等の内部統制部門や法務部を抱え、ある程度は法遵守業務が行われているはずであるから、実際の紛争事例においては、そうした社内部署の内容に立ち入った判断が必要になってくるであろう。

(64)　グレース事件で言えば、取引に関する事実を把握したボルダックらが開示違反を防止するために相当の注意を払っていたかどうか、ということである。

(65)　やはりグレース事件で言えば、開示担当部署の機能確保のためにグレース社取締役が相当の注意を払っていたかどうか、ということである。

8　違法な新株発行と取締役の責任
――多数説の理論の飛躍を正す――

坂本延夫

一　問題の発生とその背景

株主間において会社企業をめぐる支配争奪が生じているもとで、取締役が違法な新株発行や不公正な方法を用いての新株発行によって支配争奪に介入し、そのことによって害された株主の救済は、本来、新株発行の差止め（商二八〇条ノ一〇）や新株発行の無効（商二八〇条ノ一五）といった組織法上の法的措置をもって図るべきもの、と解する。

この点について、最高裁判所は、株主の支配関係上の利益を救済するために、取引の安全が問題とならない事前の救済制度である新株発行差止めの制度に、唯一、救済のためのマドをあけている。すなわち、平成九年一月二八日第三小法廷判決(1)および平成一〇年七月一七日第二小法廷判決(2)は、公示義務違反の新株発行の効力について、有効説、無効説、折衷説の対立があるなかで、折衷説を採用して公示の欠缺は無効原因にあたるとする。しかし、両判決は、いずれも、最高裁平成六年七月一四日第一小法廷判決(3)を引用して、徹底した取引安全の見地から、不公正発行そのものは無効原因にあたるものではないとする。見られるように、株主の支配関係上の利益救済は、商法二八〇条ノ一〇所定の「著しく不公正なる方法」についての解釈を経ることによってもっぱら具体化されるのであるが、その際、不公正発行を判断する具体的基準の確立は、いまだ学説・判例においてきわめて流動的である。

この点、新株発行の差止請求訴訟において下級審判決の多くは、いわゆる「主要目的ルール」に従って、資金調達の目的ないし必要性が認められれば、特定の株主の持株比率が低下しても不公正発行にあたらないとする。(4)また、株主が差止めの制度を利用するについては、新株発行の効力発生前、したがって新株発行の通知公告後二週間内に差止請求をしなければならない(商二八〇条ノ三ノ二)。したがって、差止請求は、実際には、新株発行差止めの訴えを本案とする差止め仮処分（民保二三条二項）を求める方法によることになる。そうであるとすれば、株主の救済は必ずしも容易でない。

なお、最高裁判所は、株主の支配関係上の利益救済をもっぱら事前の救済措置に託するという自らの基本姿勢を補強するために、差止めの仮処分に違反してなされた新株発行の効力について、これを無効の訴えの原因にあたるとする。(5)

他方において、新株発行が違法な有利発行である場合には(商二八〇条ノ二第二項)、どのような評価にあるのであろうか。株主総会の特別決議を経ずになされた第三者に対する新株発行の効力について、最高裁昭和四六年七月一六日第二小法廷判決(6)は、「株式会社の代表取締役が新株を発行した場合には、右新株が、株主総会の特別決議を経ることなく、株主以外の者に対して特に有利な発行価額をもって発行されたものであっても、その瑕疵は、新株発行無効の原因とはならないものと解すべきである」とする。

以上の考察から明らかなように、株主間に会社企業をめぐる支配争奪が生じているもとで、取締役が違法な新株発行などを用いて支配争奪に介入し、そのことによって害された株主の利益救済は、新株発行の差止めの制度や無効の制度をもって組織法上の救済を得ることがきわめて困難な状況にある、といえよう。

新株発行にかかわる法秩序のこのような状況のなかで、注目するべき画期的なケース(いわゆる明星自動車事件)、京都地裁平成四年八月五日の判決が登場する。

このケースにおける事案は、本稿が扱う問題を具体的に明示するだけでなく、一般形式における問題設定としても、これを比較的にわかりやすく表現するものと思われるので、以下、事案の概要と判旨を紹介しておこう。

事案の概要はつぎのとおりである。

Xら(原告)は、甲株式会社の株主であり、かねてより株主であり取締役でもあるYら(被告)と、甲株式会社企業をめぐって支配争奪の状態にあった。このような状況下において、甲会社は乙を引受人とする第三者割当による新株の有利発行を意図し、そのために株主総会の特別決議を経てこれを実施した。しかしながら、この総会の開催については、Xらの一部に招集通知がなされていなかった。これに対してXらは、甲会社の新株発行はYらの支配権維持を主要な目的としてなされたものであること、Yらが有利発行を決議した株主総会の通知を怠っていることなどから、Yらにも忠実義務違反があると主張し、商法二六六条ノ三に基づいて損害賠償請求を行った。

〔判　旨〕請求認容

「支配目的による新株発行により、特定の既存株主に損害が発生する。それは、同人の旧株式の持ち株比率の低下とそれによる会社に対する割合的地位の相対的低下、議決権を中心とする会社支配力の低下である。しかし、その支配的価値の低下による具体的損害額の算定は極めて困難である。

他方、有利発行による損害は、その発行価額を〔と?〕本来会社に払込まれるべき適正な発行価額（旧株価より低額となる）との差額が損害である。これは、本来会社に対する賠償責任の追及により処理すべき問題ともいえなくもないが、既存株主は、市場の株価下落などのいわゆる直接損害を受けたときは、それが特定の反対派株主を害する意図の下になされた加害である限り、その下落額を損害として取締役の第三者に対する責任を追及できる。」

その後、この事案は、周知のように、控訴審[7]において取締役Yらが勝訴し、上告審[8]では原判決の破棄差戻しの判決が下され、差戻し後の控訴審[9]において、株主Xらに対する取締役Yらの商法二六六条ノ三第一項に基づく損害賠償責任を認める判決が下されている。

以上の考察をふまえて、以下、本問における争点の性格を確認しておこう。取締役の新株発行という行為そのものを差止めないし無効とする組織法上の救済措置をとることがきわめて困難であることに連動して、この本来、後始末の問題として処理されるべき株主の取締役に対する賠償請求の問題が正面から提起され、この問題が、いまや、新株発行をめぐる問題の主戦場を形成するに至っている。

本問では、のちの行論でも解説されるように、商法二六六条ノ三所定の「第三者」に株主が含まれるか否か、この点が、まず、学説・判例における解釈論上の争点となっている。株主が含まれると解された場合にも、その理論構成はさまざまである。学説・判例における理論の複雑な対立要因は、本問における本質的論点である新株発行（資本増加）の特殊性を理解するべき視点を欠いていることにあるように思われる。本稿は、このような問題設定のもと、本質的論点の究明という課題をはたすために徹底した理論の分析という手法を用いている。

（1）民集五一巻一号七一頁、金判一〇一五号二七頁。
（2）判時一六五三号一四三頁。
（3）判時一五一二号一七八頁、判タ八五九号一一八頁。
（4）主要目的ルールを不公正な新株発行の判断枠組みとして採用し、大筋においてそのように理解しうる下級審例として、東京地判昭和五二・八・三〇金判五三三号二二頁、大阪地判昭和六二・一二・二判時一三〇二号一四六頁、東京地判平成元・九・五判時一三二三号四八頁、大阪地判平成二・七・一二判時一三六四号一〇〇頁、東京地判平成六・三・二八判時一四九六号一二三頁、などがある。
（5）最高裁平成五・一二・一六第一小法廷判決、民集四七巻一〇号五四二三頁。なお、本稿で取り扱う問題の発生とその背景の詳細な検討については、別稿である坂本延夫「新株発行における株主の支配関係上の利益保護——最高裁判決を中心として」『市場経済と企業法（久保欣哉先生古稀記念論文集）』（二〇〇〇年、中央経済社）所収一七九頁以下参照されたい。
（6）判時六四一号九七頁。
（7）大阪高判平成五・一一・一八金判一〇三六号一六頁。

（8）　最三判平成九・九・九金判一〇三六号一九頁。その評釈として、畠田公明・判例評論四七一号五九頁。
（9）　大阪高判平成一一・六・一七金判一〇八八号三八頁。その評釈として、居林次雄・金判一〇九六号五四頁。

二　本問についての学説・判例の検討

(1)　学説の検討

(a)　多数説の解釈枠組

多数説の解釈枠組によれば、商法二六六条ノ三第一項の「第三者」に株主は含まれない。取締役の行為によって会社が損害を受けた結果、持分価値の減少という形で株主が被る損害（間接損害）は、同条によらず代表訴訟によって会社の損害を回復するべきであり、それ以外の形で株主が直接被った損害（直接損害）は、同条によって当該株主が賠償を請求できるとする。(10)

多数説がこのように考える論拠は、つぎの点にある。(イ)会社が損害を回復すれば株主の持分も回復する。(ロ)取締役が株主に損害を賠償しても会社に対する責任が残るならば取締役は二重の責任を負う結果になる。(ハ)株主に賠償することによって会社に対する責任もその分だけ減少するなら、責任の免除に総株主の同意が必要なこと（商二六六条五項）と矛盾し、賠償請求権という会社財産を株主が割取する結果となる。(11)

多数説は、公正な価額ないし適性な価額によって新株の発行がなされていなかったことによって株主が被る損害を間接損害の典型的なものと見て、代表訴訟によって取締役が公正な価額との差額を会社に払い込むことによって立ち所に回復されるべき性質のものである、(12)とする。

多数説の立場に対して、株主の間接損害についても取締役の賠償責任を追及しうるとする反対説がある。田中誠二教授と竹内昭夫教授の見解である。反対説の論拠は、代表訴訟による救済だけでは株主の救済方法として不十分である、[13]とされる。

反対説は、まず「会社のもとでの損害発生」を認められめる点において、多数説と共通の解釈枠組をもつものといえよう。したがって、その批判は、多数説に対するあくまでも内在的な批判であり、批判の内容も理論的なものではなく、起こりうる実際上の問題を想定しての批判にとどまるものである、といえよう。

問題解決のために、強度のバランス感覚を意識して、多数説に対する内在的批判の論理をさらに発展させた学説も多数見られる。すなわち、商法二六六条ノ三による賠償請求の問題は、既存株主の保護という視点からすれば現行の新株発行制度が抱える不備の問題として捉えられるべきである。そうであるとすれば、(イ)利益衡量の観点からも、[14](ロ)新株発行制度の不都合を調整する観点からも、[15](ハ)株主に残されているのは損害賠償請求だけであるから、[16](ニ)取締役の違法・不公正な新株発行行為と株価下落による損害との間に相当因果関係がある限り、[17]既存株主の取締役に対する賠償請求権を認めるべきである、とする。結論は支持されるべきであろう。

のちに展開される本稿の「純粋の直接損害」論の観点からすれば、多数説の間接損害論は明らかにひとつの理論の飛躍である。多数説による理論の飛躍の根本的要因は、本問における本質的論点、すなわち、およそ全ての新株発行において生じうる新旧株主の間での基本的利害の対立という事実を見落としている点にある。多数説に対する詳細な批判的検討は、次節以下、私見の展開にこれを譲る。

(b) 龍田教授の見解

特定株主の持株比率を下げるための新株発行による損害は、会社および株主の双方に対し同時に損害を生じさせる同時侵害型と呼ぶべきものであって、この場合には、会社債権者に優先順位を譲る意味で会社が債務超過でないときに限り株主が直接受けた損害を商法二六六ノ三によって賠償させるべきである[18]、とする見解も見られる。

龍田教授によれば、放漫経営や取締役の横領など間接侵害型の行為で株主が受けた侵害に比べ、特定株主の持株比率の低下を狙った株式数の水増による損害は、より直接的なものである、とされる（同三七頁）。この場合、株主が受けた損害が「より直接的なものである」とは、いったい何を意味するのか。龍田教授の指摘からは、いまひとつその真意が定かではない。特定株主の持株比率の低下を狙った株式数の水増によって株価が下落し、その結果として株主の受けた損害が「より直接的なものである」というのであろうか。そうであるとすれば、教授が指摘される「株主が直接受けた損害」（同・三八頁）とは、株主が株価の下落によって受けた損害である。そのように解されているのであれば、それは問題である。

株式の市場価格（株価）は何を反映しているのか。株式の真実価値（持分価値）を反映しているとすれば、一般論として、株価の下落による損害を株主の直接受けた損害と呼ぶのは適当でない。むろん、株価が株式の真実価値を反映していない場合、例外的に、株価の下落を株主のもとで生ずる直接損害と観念しえなくもない。しかし、新株の発行による株価の下落は、株式分割の場合に生じる株価の下落と同質的なものであり、株価の下落は、新株の発行により旧株式の持分価値の一部流出が原因であり、これを反映してのものと解すべきである。そうであるとするならば、既存株主の受けた損害が直接的なものであるのは、株価が下落したことを理由として損害が直接的なものなのではなく、新株の発行という行為が行われたことを理由（根拠）としてはじめて損害が直接的なものである、といえるのである。ちなみに、同じ株主ではあっても、新しい株主は、株価の下落によっていかなる損害も受けないどころか、旧株から持分価値の一部が流出し、その分が新株に移転することによってむしろ利得しているのである。

総じて、龍田教授の指摘される「株主が直接受けた損害」論は、株価の下落という事実に媒介されてはじめて成り立つ理論である。しかし、旧株から持分価値の一部が流出し、その分が新株に移転することによって生ずる既存株主のもとでの直接損害は、「株価の下落」に先行する事実であり、株価の下落の事実を欠いても当然に妥当する論理である。龍田教授の直接損害論には、「株価の下落」は何を反映しているのか、この一点が欠落している。したがって、教授の直接損害論には、株式数の水増はあっても株式価値の水増は見られない。新株発行という行為の特殊性ともいうべき株式からの価値の流出論をもたないからである。教授の直接損害論に多数説の間接損害論を加えることによって、同時侵害型損害論の内実が見えてくる。

(c)　吉本教授の見解

本稿で取り扱う問題について、わたくしの知る限りで、唯一、問題の正しい解決に向かって解釈論を展開する学説が見られる。吉本教授の見解である[19]。吉本教授は多数説の解釈枠組に与することなく、独自の外在的視点から、新株の有利発行において既存株主に損害の発生はあっても、会社自体に損害の発生はありえない、とする。

吉本教授のこの結論自体は全く正しいのであるが、残念ながら、つぎの二点において教授の解釈論は説得力を欠くものとなっている。

吉本教授は、「会社のもとでの損害発生」という多数説にいわば誘発される形で、会社のもとで損害の発生はありえないということを証明するために、財務論的観点なるものを持ち出す。すなわち、新株発行により会社は必要な資金を得たのであるから、会社に損害は生じていない、と。持ち出された財務論的観点は、問題を複雑にするだけでなく、問われるべき問題の争点を曖昧なものにしてしまっているように思われる。吉本教授は、新株の有利発行において、多数説とは異なり、利害の対立が新旧株主の間で生じるものであることをしっかりと見抜いている。そうであれば、会社自体に損害がないことを明らかにするためには、新旧株主の間において生じている利害の対立に着目しつつ、この利害対立を分析検討するだけで十分に証明しえたのである。吉本教授は、利害対立の発生根拠や性質の分析検討にむしろ自らの視点を徹底するべきであった。

吉本教授と多数説との共通点は、わたくしの主張する全ての新株発行が小さなスケールの株式分割を伴うものである、という視点を全くもたないことである。吉本教授はつぎのように主張される。

有利発行においては、株主総会の特別決議を得ることが必要である（商二八〇条ノ二第二項）。「これは、本来株主割当以外の方法による新株発行は公正な発行価額（原則として時価）によらなければ、既存株主の株式の価値が水割され、その分が新株主に移転し、既存株主と新株主との間の不公正が生じる結果となる」[20]と。はたしてそのようにいえるであろうか。既存株主の株式の価値が水割され、その分が新株主に移転し、その結果として、新旧株主の間において利害の対立が生じるのは、株主割当以外の方法による新株発行に限られるものなのであろうか。否である。新株が株主以外の者に対して特に有利なる発行価額をもって発行される場合はもとより、株主割当の場合であっても、新株の引受に魅力を付与するために[21]、新株の発行価額が旧株の価値よりも低く設定されなければならないという経済理論的要請が満たされる場合には、およそ全ての新株の発行において生じる基本的な利害の対立なのである。これが、「新株の発行が小さなスケールの株式分割を伴うものである」という、わたくしが本稿で主張する解釈論のいわば骨子である。詳細はのちの本論で解説する。

(2)　判例の検討

下級審判決の状況はどうであろうか。

違法な新株発行や不公正な方法による新株発行の場合において、株主が商法二六六条ノ三に基づき株価の下落による損害の賠償を求めた事案について、取締役責任を認めるのが下級審判決の傾向である、といえよう。ただし、その際、株価の下落によって株主が被った損害について、それが、直接損害であるか、間接損害であるのか、とくにこれを言及しない下級審判決[22]もあれば、前掲京都地裁判平成四年八月一五日判決[23]のように、株価の下落による損害を株主の直接損害ととらえる下級審判決[24]もある。

他方において、株価の下落によって株主が被った損害は間接損害であると位置づけ、代表訴訟によって会社への回復を図るべきであり、株主は、商法二六六条ノ三に基づく直接の賠償を請求できないとする下級審判決[25]もある。これは、株価の下落による損害を間接損害の典型とみる前記の多数説と同様の考え方によるものといえよう。

本稿の視点からすれば、株価の下落によって株主が被った損害、とくにその性質論（直接損害か間接損害）について下級審判決が抱く理解には、疑問点が少なくない。この点については、多数説の間接損害論をはじめとする諸学説についての検討のもとで既に論じているだけでなく、のちに私見を展開する場面でも再論することになるので、詳細な検討は避けたい。以下、疑問点の発生根拠についてのみ指摘しておく。

下級審判決においても見落としているのは、(イ)「株価の下落」は何を反映しているのか、(ロ)「株価の下落」に先行する所与の事実、すなわち、旧株から持分価値が流出し、新株に移転することによって生ずる新旧株主の間での基本的な利害対立の事実である。下級審判決は、そのいずれについてもこれを理解するべき視点を欠いている。本問において究明されるべき本質的論点とは新株発行（資本増加）の特殊性を理解すること、これにつきる。

いずれにせよ、商法二六六条ノ三に基づき取締役の責任を認めるという下級審判決における傾向そのものは、おおいに歓迎されるべきであろう。

(10) 塩田親文・吉川義春「取締役の第三者に対する責任」『総合判例研究叢書商法(11)』（一九六六年、有斐閣）所収一一六頁、木内宣彦・会社法（企業法学Ⅱ）（一九八三年、勁草書房）二二一頁、龍田節・新版注釈会社法(6)（一九八七年、有斐閣）三二二頁、鈴木竹雄・新版会社法（全訂第五版）（一九九四年、弘文堂）二〇四頁、神崎克郎「取締役の責任」『会社法演習Ⅱ』（一九八三年、有斐閣）所収一七〇頁。

(11) 龍田・前掲（注10）三二二頁、河本一郎「商法二六六条ノ三第一項の『第三者』と株主」服部栄三先生古稀記念『商法学における論争と省察』（一九九〇年、商事法務研究会）所収二五八頁以下。

(12) 河本・前掲（注11）二六一頁、長野益三「評釈」判タ八五二号一九〇頁、青竹正一「新株の不公正発行と取締役の損害賠償責任（下）」判タ九九八号八〇頁、福島洋尚「新株の有利発行と取締役の責任――会社支配争奪の局面を中心に」南山法学二二巻一号三三頁、四〇頁。ただし、福島説は、(イ)閉鎖会社の支配争奪の局面で不公正発行が有利発行を伴う場合と、(ロ)有利発行が株主の新株引受権の侵害と結びつく場合には（同・三七頁）、いずれも、直接損害と解釈することができるから、株主は、取締役に対して賠償を請求できる、とする。詳細は、本論にこれを譲るが、(イ)の場合に株主が直接請求できるのは、「代表訴訟の手段によって会社を通じて損害の回復を図るよりも、株主に直接請求を認める方が、はるかに合理的で」（同・三五頁）あるとの論拠からできるのではなく、株主の被った損害が純粋の直接損害であるから理論的にそのような結論になるにすぎないのである。(ロ)の場合に株主が直接請求できるのは、「この場合には直接損害と解釈可能である」(同・三七頁)との論拠からできるのではなく、新株引受権の侵害による損害と、違法な有利発行による損害とは、いずれも、株主の被る同質的な純粋の直接損害であるから、ここでも、そのような結論となるにすぎないのである。福島説は、問題意識がタイムリーで、きわめて意欲的な法解釈がなされているなど、評価されるべき点も少なくない。

なお、吉田直「判例研究」金判九二三号四二頁以下は、敵対的企業買収の状況で株主を商法二六六条ノ三第一項の「第三者」に含めることに反対される。株主が取締役の賠償責任を追及しうるとすると、新株発行を対抗手段とする取締役の介入ができにくくなり、これを危惧しての判断と思われる。不公正発行の判断基準が流動的な現状にあることに鑑みれば、危惧されるような事態は確かに起こりうる。しかし、対抗手段として利用された新株発行も、新株発行であることに変わりはないのであるから、そこではやはり、新旧株主の間で基本的な利害の対立が生じているのであり、対抗手段としての新株発行が同時に違法な有利発行を伴うものであれば、この対立を解決する最終的な手段として、同条の適用が実際上の問題となりうるのである。いずれにせよ、敵対的企業買収は、個人株主による支配争奪とは全く異なった性格をもつものといえるから、取締役の介入問題の評価にあっても然るべき視点からの評価がなされるべきであろう。

(13)　田中誠二・三全訂会社法詳論上巻(一九九三年、勁草書房)六六三〜四頁、竹内昭夫「取締役の責任と代表訴訟」法学教室九九号六頁。
(14)　山部俊文「判例研究」金判一〇二六号五五頁。
(15)　松井秀征「判例研究」ジュリスト一〇七五号一七四頁。
(16)　神谷高保「判例研究」ジュリスト一〇七八号一一四頁。
(17)　畠田公明「判例評釈」判例評論四七一号六四頁。

(18) 龍田節・「判例研究」商事法務一四二五号三五頁以下。
(19) 吉本健一「新株の有利発行と取締役の責任」判例評論四三九号二頁以下。
(20) 吉本・前掲(注19)六頁
(21) 株主割当の場合には、株主が旧株で失った価値を新株から取り戻すことになるので、新株の発行価額を旧株の価値(株価)よりも低く設定することは、論理的に、株主にとって魅力とはならない。しかし、実務の慣行によれば、株価は理論的価値の流出分ほど下落せず、また、新株発行後も一株当たりの配当額が維持されると予想された場合には、株価は株式価値の希釈分ほど下らない。
(22) たとえば、東京地判昭和五六・六・一二判時一〇二三号一一六頁、東京地判平成四・九・一判時一四六三号一五四頁、大阪高判平成一一・六・一七金判一〇八八号三八頁などがある。
(23) 判時一四四〇号一二九頁。
(24) 龍田・前掲(注18)は、東京地判昭和五六・六・一二判時一〇二三号一一六頁、東京地判平成四・九・一判時一四六三号一五四頁をそのように位置づけられる。
(25) たとえば、大阪地判昭和六一・三・五(未公表)、大阪地判昭和六三・八・九(未公表)――(河本・前掲(注11)二五四頁による)、大阪高判平成五・一一・一八金判一〇三六号一六頁などがある。

三　新株発行(資本増加)の特殊性
――私見の展開――

(1)　本質的論点

本稿のねらいのひとつは、公正な発行価額によって新株の発行がなされないことによって株主が被る損害について、多数説の「間接損害」(会社のもとでの損害発生)に「直接損害」(株主のもとでの直接の損害発生)を対置し、新株発行という行為の特殊性ともいうべき「新株の発行＝小さなスケールの株式分割」論を解釈論の軸心に据えて、多数説の間接損害論がひとつの理論の飛躍を犯すものであることを明らかにすることである。

多数説によれば、公正な発行価額によって新株の発行がなされないことによってまず会社のもとで損害が発生し、その結果として間接的に株主が損害を被ることになる。多数説のもとで新株の発行価額が公正なものであったか否かが強調されるのは、それが、会社のもとでの損害発生の根拠となっているからであろう。この多数説に対して、本稿の「株主のもとでの直接の損害発生」論は、新株の発行によって新旧株主の間で生ずる利害の対立にまず注目する。その際、この利害対立の発生は、現実的に新株の発行価額が旧株の価値よりも低く設定されねばならないことを根拠とする。当然のことながら、多数説の間接損害論は新旧株主の間で生ずる利害の対立を直接的にはほとんど意識することがない。本稿は、多数説が直接に意識することのないこの利害対立関係のうちに株主の被る純粋な直接損害を見てとる。この視点からすれば、新旧株主の間での利害対立の性格は、新株の発行価額が旧株の価値よりも低く設定される限り、多数説の公正な発行価額によらない新株発行はもとより、およそ全ての新株発行によって生ずる基本的な利害の対立となる。

以上、本問における本質的論点を明らかにするために、以下ではまず、新株発行の法性論を分析検討する。法性論の具体的内容は、つぎの通りである。

(イ)　旧株の持分価値の一部が流出し、この流出した価値分が新株に移転することを経由して見てとれる「新株の発行＝小さなスケールの株式分割」論の提起。

(ロ)　小さなスケールの株式分割論の意義を補強するために不可欠な株主の新株引受権の本質ならびに理論

的価値の分析検討。

(ハ) 多数説の主張に見られない新株の引受に対して払い込まれるべき払込金の性質、具体的には、新株発行後、新旧の株主にとって払込金がもっている持分価値均衡化機能の解説。

以上の考察をふまえたのち、本稿は、結論として、新旧株主の間で生じている基本的利害の対立について、商法がこれにどのような調整解決のための手段を用意しているのか、この点について考察する。ここでは、調整解決のための一手段として、多数説が排除した株主の取締役に対する賠償請求権（商二六六条ノ三）があらためて位置づけられる。

(2) 小さなスケールの株式分割

新株の発行という取締役の行為によって発生する「新株の発行＝小さなスケールの株式分割」論の解説からはじめよう。

会社が資本増加を達成するためには、つぎの経済的要請に応えねばならない。新株の引受に魅力を付与するために、新株の発行価額は旧株の価値（時価）よりも低い価額に設定されねばならない。このことは、新株が市場で存続するための条件でもある。このとき当然のことながら、旧株の価値の一部が流出し、この流出した価値分が新株に移転していく現象が見られる。ここに流出する価値の実体とは、新株発行の決議前（商二八〇条ノ二）、各株式に割り当てられていた会社資産（会社財産）（企業価値）に対する観念的持分である。

ここで新株の発行という行為のうち、旧株から新株に移転していく流出価値の移転という所与の「事実」に考察を限定する限り、新株発行後、会社の資産および資本になんらの変化も生じておらず、会社のもとでの変化は発行済株式数が増加していることだけである。ところで、いわゆる株式分割（商二一八条～二二〇条）

とは、発行済株式を細分化して従来よりも多数の株式にすることである。株式分割の前後を通じて会社の資産にも資本にも全く変化はなく、単に発行済株式数が増加するにすぎない。株価は分割比率に応じて下がるのが普通である。(26) 流出価値の移転現象に考察を限定する限り、新株の発行を小さなスケールの株式分割としてとらえるゆえんである。

新株の発行を耳なれない小さなスケールの株式分割と等記号で結ぶことに抵抗感や違和感を覚えるのであれば、新株の発行には小さなスケールの株式分割が伴うものである、という程度に理解されたい。これが、本稿でいう新株発行（資本増加）の特殊性の内容である。

新株の発行という行為全体に考察の範囲を拡げてみよう。通常の新株発行と株式分割とでは、つぎの二点において決定的な相違が見られる。(イ)株式分割では例外なく新株は既存株主が取得することになるのであるが、新株発行では、株主に新株引受権が認められない限り、新株の引受人として株主以外の者がなりうること、(ロ)新株発行の場合には、新株の引受人が会社に出資額を払い込むことによって、会社の資産も資本も払込金の額だけ増加することである。払込金の既存株主や会社に対する意義（性質）については、のちに解説する。

(3)　新旧株主の間で生ずる基本的利害対立の性格

新株の発行価額が旧株の価値よりも低く設定されることによって、旧株から新株に流出価値の移転現象が発生する。その際、新株の引受人が株主以外の者（新しい株主）である場合、新しい株主は、当然に会社の損害（犠牲）においてではなく、既存株主の損害（犠牲）において流出価値分を利得する。むろん、新しい株主は、新株を譲渡することによって、従前旧株主が所有していた観念的持分の一部を具体的に実現することが可能となる。この点、流出価値の移転を経由して見てとれる「小さなスケールの株式分割」論をもたない多数説には、右新旧株主の間で生ずる基本的利害の対立を公平に解決するという問題はそもそも生じない。あるのは、代表訴訟による会社損害の回復をもって株主の被った間接損害を回復するという観点のみである。

多数説の間接損害論によれば、株主が被った損害は、取締役が公正な発行価額との差額を会社に払い込むことによって直ちに回復する性質のものである。多数説のこの間接損害論を、ここで問われている新旧株主の間で生じている利害対立の公平な解決に適用すると、そこからどのような結果が生じてくるのであろうか。価値の流出移転という既存株主の損害においてすでに利得している新しい株主は、取締役が公正な価額との差額を会社に払いむことによって二重に利得することにはならないか。取締役の差額支払という会社を媒介とした新旧株主間の利害対立の公平な調整解決は、ここにおいて、全くの機能不全に陥る。およそ全ての新株の発行によって株主の被る損害は、理論的に会社と切り離し、新旧株主の間で生じる基本的な利害対立のうちにその発生の根拠を求めていかねばならない純粋の直接損害である。

また、実際問題としても、取締役が差額を会社に払い込んでも、支配争奪に破れた少数株主は、回復した会社財産へのアクセスの途を閉ざされることによって、その結末は悲惨なものとなろう。

(4)　株主の新株引受権の本質・理論的価値

小さなスケールの株式分割論の内容を補強する意味で、以下、株主の新株引受権の本質ならびに理論的価値について若干検討しておこう。

新株の発行価額が旧株の価値よりも低い価額で設定されることによって、旧株の価値の一部が流出し、この流出した価値が新株引受権の理論的価値を構成することになる。すでに、一九二七年の段階で、ドイツのブロートマン(E. Brodmann)は、新株引受権の価値についてつぎのように述べている。価値対象としての新株引受権は、資本の増加の決議とともにはじめて発生する。だからといって、新株引受権の価値は会社の財産に由来するものではなく、一般に他人の財産に由来するものでもない。それは、株主の自己の財産の姿態変換(Metamorphose)のうちに実現されるものである、と。ブロートマンの指摘で注目すべき点は、要するに、資本増加の決議前、旧株式に割り当てられていた観念的持分である価値の一部が流出し、この流出した価値が引受権の理論的価値を構成する、と述べていることであろう。[27] その意味では、新株の発行価額が旧株の価値よりも低く設定されねばならないということが、株主の新株引受権の「真の生誕地」である。現在のドイツ法の通説が、株主の新株引受権の本質をもって「社員権の流出物」(Ausfluss des Mitgliedschaftsrecht)[28]であると把握しているのは、右の意味において理解されるべきであろう。むろん、新株引受権を有する株主は、この権利を売却することによって、ここでも、観念的持分の一部を具体的に実現することが可能となる。

わが国の学説において、「増資後の一株当たりの時価から新株の発行価額を引いた差額が新株引受権の理論的価値」である、[29] とする見解が見られる。この見解は誤りではないが、理論的価値の説明として十分であるとはいえない。なぜならば、理論的価値の発生の根拠が何も解説されていないからである。

(5) 払込金の意義(性質)

(a) 総　説

公正な価額によらない新株発行、有利な価額による新株発行そして公正な価額による新株発行、いずれも取締役の行為によって行われる「新株発行」としては、同一のものである。したがって、新株の発行価額について、その公正性、適正性、有利性が問題となるのは、本稿の視点からすれば、新株の発行によって損害が会社ではなく、株主もとで直接に発生することから、新株発行としては同一の行為を株主の立場からみて、さまざまに述べることができるにすぎない。

新株の発行価額は、新株の引受の対価として会社に払い込まれねばならない払込金（額）の問題でもある。ここでも重要なことは、公正な発行価額による払込金であれ、有利な発行価額による払込金であれ、払込金が払込金として有する意義（性質）は、あくまで同一であり、ただ、公正な価額であれば、有利な価額に比して、会社に払い込まれる払込金の額に相違が生ずるにすぎない。

さて多数説は、(イ)「適正な価額で新株を発行していれば会社はもっと多くの資金を得られたのであるから、やはり会社にも損害はあった(30)」。(ロ)「代表訴訟によって取締役が会社に対し損害を賠償すれば、株主の損害もまた回復せしめられる。／株主に損害が生じているとすれば、それは、公正な価額によって新株の発行がなされていなかったことによるものである。その損害がそのようなものであるとすれば、それは、取締役が公正な価額とその差額を会社に払い込むことによって立ち所に回復されるべき性質のものである(31)」、などと主張される。

多数説が主張する会社のもとで生じている「損害」の実態とは、株式の市場価格との関連において、本来設定可能な新株の発行価額のことであり、新株の引受人にとっては、引受人が本来会社に払い込むべき払込金額のことであり、会社にとっては、現実に会社に払い込まれた払込金額と、本来会社に払い込まれるべき払込金額との「差額」のことであろう。

そこでまず、(イ)同一の性質をもった払込金が、①株主、②引受人（払込人・新しい株主）、③会社、のそれぞれに対していかなる意義をもつものであるのか、つぎに、(ロ)払込金について差額が生じている場合に、払込金の「差額」が、①株主、②引受人、③会社、のそれぞれに対していかなる意義をもつことになるのか、以下、順次解説しておこう。

(b)　払込金が「株主」に対してもつ意義

払込金は、多数説のもとでは会社のもとでの損害発生の根拠を意味する。これに対して、「新株の発行＝小さなスケールの株式分割」論を主張する本稿の視点からすれば、新株の発行によって生ずる損害の有無は、まず既存株主を起点に測定されなければならない。この立場からすれば、払込金は、株主が被る直接損害を補填するための機能をもつことになる。補填の具体的内容は、旧株から流出し、新株に移転していく価値の流出を阻止し、この阻止機能によって小さな株式分割のスケールを調整することにある。

払込金について「差額」が生じている場合、払込金の差額が大きくなれば、その分、株主のもとでの損害発生も大きなものとなる。なぜならば、流出価値の量が大きくなるので、株式分割のスケールもそれだけ大きなものとなるからである。「差額」が小さくなれば、当然、逆の現象が生ずることになる。株価はこの現象の変化を反映して変動することになる。

(c)　払込金が「引受人」に対してもつ意義

新株の引受人が引受の対価として会社に払い込む払込金が引受人に対してもつ意義は、つぎの点にある。新株発行後、新旧株式の権利の内容は同一である。新株の引受人がどの程度の払込金額の払込をなすことが、したがって、どの程度の額の社団入場料を支払うことが旧株主と同等の社員資格をもつに値するというるのか。要するに、払込金は、新株発行後、新旧の株主が所有することになる持分価値の均衡をはかるための手段である、といえよう。換言すれば、払込金は、新旧株主の間で生じている対立の実態的内容がそれによって計量・測定され、具体的に調整されるべき「額」を意味するものといえよう。

したがって、払込金の「差額」が大きいということは、新株の引受人が会社の損害ではなく、価値の移転という株主の損害において、その分利得することになる。このことは、裏返していえば、払込金が株式価値の水増や株式分割のスケールについて有していた調整機能をそれだけ弱める、という結果を意味することになる。

(d) 払込金が「会社」に対してもつ意義

(一) 払込金は、確かに会社に払い込まれる。その結果として、現実に払い込まれた額だけ会社の資産も資本も増加することになる。この場合、現実に払い込まれた払込金と、公正な発行価額であればほんらい払い込まれるべき払込金の「差額」について、多数説は、これをまず会社のもとで発生する損害と観念する。はたしてそのようにいえるであろうか。

多数説は、結果的に、(イ)取締役の義務違反による放漫経営や横領などによって会社の財産が減少し、その結果として間接的に株主の被る損害と、(ロ)公正な発行価額によらない新株の発行によって直接に株主の被る損害とを、いずれも同質的な会社財産の減少による（間接的）損害と把握する。確かに、(イ)における行為も、(ロ)における行為も、取締役の行為としては同一のものである。しかし、(ロ)における新株発行（資本増加）という行為の特殊性を理解しない間接損害論は、多数説が犯す理論の飛躍ではなかろうか。

新株発行という行為の特殊性ともいうべき小さなスケールの株式分割論の視点からすれば、すでに再三にわたって指摘してきたごとく、およそ全ての新株発行によって生ずる損害の有無は、会社ではなく、会社企業のオーナーである既存株主を起点に測定されるべきである。そうであるとすれば、払込金は、多数説が主張するように、それがほんらい払い込まれるべき額が会社に払い込まれないからといって、その差額分が会社に損害をもたらし、その結果として間接的に株主に損害が生ずるといった性質のものではない。払込金について生じている「差額」の大小にかかわらず、およそ会社に払い込まれる払込金は、(イ)株主の被る直接損害を補塡するための手段として、(ロ)新株発行後の新旧株主間の持分均衡をはかるための手段として、その意義が把握されねばならない性質のものである。

(二)　これまでの考察は、もっぱら、払込金が多数説の間接損害論ならびに対立関係にある新旧株主に対していかなる意義をもつものであるのか、この点に向けられてきた。ここではさらに、払込金が「会社」に対していかなる意義をもつものであるのか、この点があらためて問われねばならない。

会社の財務論的観点からすれば、新株の発行数をできる限り少なくして、できるだけ多くの自己資本を調達することは、会社にとって有利であり、かつ受容し易い資金の調達方法である。なぜならば、かかる資金の調達方法によって得られた会社の自己資本は、支配争奪戦を左右する市場での浮動株を少ないものにするだけでなく、株価水準の適正性、発行費用の節減、配当負担を免れた自己資本の調達など、会社をしてこれを可能なものとするからである。この局面において、払込金は発行プレミアムとして会社に流入する自己資本を意味する。会社に流入する自己資本の量は、新株の発行価額が株式の市場価格ないしこれに近接した価額（最も高い発行相場）で設定された場合にまさに頂点に達する。

ほんらい会社に払い込まれるべき払込金に、会社にとって有利な自己資本の調達という観点を重ね合わせると、「会社のもとでの損害発生」（間接損害論）という多数説の発想が妥当するようにも思われる。最も高い発行相場で得られた新株の発行プレミアムとしての自己資本は、確かに、会社にとって大変に有利な、かつ受容し易い資金である。だからといって、会社がこれを得られなかったからといって、会社に損害が生じているなどと観念されてはならない。なぜならば、払込金が株主の直接損害を補填するという機能、払込金が新旧株主間の持分価値の均衡をはかるという機能、要するに払込金の両機能は、株式の市場価格が株式の真実価値（持分価値）を反映しているという前提のもとで、新株の発行価額が株式の市場価格と一致する地点まで間断なく継続されることになる。この地点において、はじめて価値の流出移転、したがって小さなスケールの株式分割もなくなる。しかし、それは同時に、資本増加の達成不能をも意味する。払込金の損害補填・持分均衡化機能から切り離して、独自に、会社にとっての有利な自己資本の調達を論じることは、誤りである。

以上の考察から理解できるように、会社にとって有利な自己資本の調達は、一般論としては、会社と株主の双方にとって有利な資金ということになる。それでは、常にそのようにいえるかというと、否である。有利な自己資本の調達をめぐって生じる会社と株主の利害対立については、のちに再論する。

（26） 鈴木竹雄・竹内昭夫・会社法（第三版）（一九九四年、有斐閣）一九〇頁。
（27） 新株引受権の理論的価値の分析については、坂本延夫・新株引受権論（一九七三年、千倉書房）四頁、五一頁以下、三六二頁以下参照。
（28） G. Hueck, Kapitalerhöhung und Aktienbezugsrecht, in: Fest für H.C. Nipperdey zum 70. Geburtstag, Bd. I, S. 429
（29） 龍田節・会社法（一九八九年、有斐閣）二九四頁。
（30） 龍田・前掲（注18）三八頁。
（31） 河本・前掲（注11）二六〇頁。

四　演習形式による私見の妥当性の論証

(1)　総　説

多数説に見られない、新株の発行によってもたらされる新旧株主の間での基本的な利害対立発生の論理構造については、すでに学習済みである。商法は、この利害対立を公平に調整解決する手段として、(イ)株主の新株引受権、(ロ)公募の場合における公正な発行価額、(ハ)有利発行における株主総会の承認、(ニ)取締役に対する賠償請求権の諸制度を用意する。そこで、以下の行論では、「新株の発行＝小さなスケールの株式分割」論の妥当性を実証するために演習形式を用いて商法が用意する手段、(イ)(ロ)(ハ)のそれぞれが、いかように利害対立を公平に調整解決するのか、その理論構造を確認しておこう。

(2)　演習Ⅰ――株主の新株引受権

株主に（法定の）新株引受権が認められ、株価よりもはるかに低い額面価額で新株が発行されたと仮定しよう。この場合、旧株からの価値の流出部分は比較的大きなものとなり、その分が新株へ移転することによって、株式分割のスケールは相当に大きなものとなることが予想される。したがって、理論的には、ここでも新旧株主の間で利害の対立は生じていることになる。しかし、株主が新株引受権を行使して、新たな株主となり、旧株で失ったものを新株から取り戻すことによって、結局、利害の対立は解消される。これが、株主の新株引受権の法的意義であり、いわゆる自動的価値調整機能といわれるものである。したがって、新株の発行価額がいくらに設定されるべきかは、理論的には、株主にとって重大な問題となりえない。しかし、新株発行後も一株当たりの配当額が維持されると予想された場合には、株価は株式価値の希釈分ほど下がらないため、このような場合、新株引受権は株主にとってある種の臨時の利益配当としての意味をもつことになる。

会社にとってはどうであろうか。新株の発行価額を株価に近接した価額、いわゆる「最も高い発行相場」(höchster Emission-Kurs)で設定し得たにもかかわらず、株主に新株引受権が存在するので、会社はそのような措置をとることだできず、結局、株価と設定された発行価額（極端な場合は額面価額）との差額、要するに発行プレミアムとして調達することができた有利な自己資本を失うことになる。この場合、会社にとって株主の新株引受権の存在は余りにも高価であり、重苦しい権利である、ということになる。ドイツの改正株式法によれば、会社が有利な自己資本を調達するために、一定の要件を満たす株主の新株引受権の排除は可能であると定める[32](同法一八六条四項参照)。これは、会社と株主との新たな利害の対立である。問題はつぎの点にある。新株引受権の排除に必要な前提要件を満たすことなく、あるいは株主が総会において引受権の排除に反対し、その結果として、会社が有利な自己資本を調達することができなかった場合である。この場合、有利な自己資本の調達ができなかった会社に損害が生じている、などと断じていえないことである。新株引受権の排除について、法が株主の同意を要するとしていることがなによりも、新株の発行という行為によって生ずる損害が会社でなく、株主のもとで生じていることの証左である、といえよう（株式法一八六条三・四項、商二八〇条ノ五ノ二但書）。

(3) 演習II——公募における公正な発行価額

商法がタテマエとしている公募による新株発行の場合を仮定してみよう。この場合、新株の発行価額は株価に近接した価額、いわゆる公正ないし適正な価額で設定されることになる。

発行価額が公正であるから、当然に、価値の流出や株式分割のスケールは小さなものにとどまる。その結果、既存株主が被る損害も僅少である。したがって、これを取り立てて法的に問題とする必要はないであろう。

なお、発行価額を株価と全く同一に設定した場合はどうであろうか。この場合、有利な自己資本の調達はまさに頂点に達する。むろん価値の流出も株式分割も生じない。反面、株式の引受に全く魅力が無く、新株の消化も不可能となり、これは、理論的に新株発行（資本増加）達成の不能を意味し、現実的でない。公募における発行価額の株価に対する値引率について、実務の自主ルール、いわゆるブック・ビルディング方式によれば、具体的な値引率はおおむね三％台とされている。

(4)　演習Ⅲ——有利発行における株主総会の承認

実務界でしばしば問題となる新株を特に有利なる発行価額をもって株主以外の第三者に発行した場合を仮定してみよう。この場合には、旧株から流出する価値量は相当に大きなものが予想される。その限りで、株式分割のスケールも当然に大きなものとなり、株主の被る損害は甚大なものとなろう。既存株主の損害が甚大なものになるということは、株主以外の第三者が、新株から受ける利得もそれだけ大きなものとなる、ということである。ここで重要なことは、利得の根拠が会社ではなく株主の損害（犠牲）にある、ということである。商法はこの点に配慮して、株主以外のものに対し特に有利なる発行価額をもって新株を発行する場合に株主総会の特別決議を要する、と定めている(商二八〇条ノ三第二項)。そこで商法が配慮しているのは、紛れもなく、株式価値の希釈や株式分割のスケールを経由して株主のもとで生ずるであろう損害について、これを会社企業のオーナーである株主の評価に委ねるというもので、多数説の主張する公正ないし適正な価額で新株を発行していれば会社が得られるであろう（有利な自己）資金にあるわけではない。したがって、株主が、旧株式について被る損害を犠牲にしてもなお株主以外の第三者に特に有利なる価額をもって新株を発行することが「会社の利益」となる、と判断するのであれば、この株主の同意をもって、新旧株主の間で生ずる利害の対立は調整され、第三者が新株から受けとる利得はいまや正当化されることになる。ここに「会社の利益」とは、たとえば、(イ)資金調達のための新株発行、(ロ)企業提携のための新株発行、(ハ)従業員持ち株会に対する新株発行、など考えられよう。

(32) この点については、坂本延夫「株式法における新株引受権排除の簡略化」青山法学論集四〇巻三・四合併号八一頁以下参照されたい。

五　むすび――本稿の結論

多数説によれば、代表訴訟によらず株主が株主として直接に取締役より取り立てることは、取締役に対する損害賠償債権という会社財産を株主が割取する結果となる。[33] この批判は、本稿の純粋の直接損害論にはあたらない。会社に損害は発生していないのであるから、そもそも株主が代表訴訟を行使して取締役をして差額を会社に払い込ませるという問題は生じない。取締役に対する株主の賠償請求権は、違法な新株発行によって新旧株主の間で生じた利害の対立について、これを公平の視点から解決するために、法が用意した株主に残された最後の手段である。

多数説の理論が誤りではなく、飛躍であるのは、放漫経営や横領など取締役の義務違反行為で株主が被った損害については、なおそこに、間接損害論が妥当する余地が認められるからである。取締役に対する株主の賠償請求権は正確な意味で組織法上の解決策とはいえない。それは、支配争奪の手段としての新株発行そのものを評価するものではない。当然、当該新株発行によってもたらされた株主総会における力関係を修復するものではない。したがって、株主には取締役の責任を追及する手段が残されていることを理由に、新株発行そのものを有効と解釈する傾向が強まるとすれば、それは本末転倒というべきである。

払込金は、会社にとって有利な自己資本の調達という機能をもつことが認められる。この場合にあっても、払込金は、資本増加後、新旧株主の間で要請される持分均衡化の機能を失うものではない。したがって、会社が払込金を経由して有利な自己資本の調達を得られなかったからといって、会社に損害が発生するわけではない。

株主の被る損害は、それが旧株からの価値の流出移転にその発生根拠をもつものであるかぎり、理論的には会社と切り離し、本問における本質的論点ともいうべき小さなスケールの株式分割論を経由して見てとれる新旧株主の間で生じる基本的利害の対立のうちに、それが確認されるべき「純粋の直接損害」である。

本稿の対象は法の世界における実定会社法の解釈問題の解明である。

（二〇〇〇年一〇月）

(33)　龍田・前掲(注10)三二二頁、河本・前掲(注11)二六一頁。

9 ドイツ競争制限禁止法における相手方による差別対価規制について

沢田克己

はじめに

一 GWBの差別対価規制の基本的構成

(1) 第六次改正と差別対価規制

(2) 基本構想

(3) 妨害規制との違い

二 GWBにおける差別価格規制の実務の傾向

(1) GWB二〇条一項

(a) エネルギー供給企業

(b) Asbach専門卸売店契約事件(BGH・一九七六年決定)

(c) TUI事件(KG・一九八五年決定)

(d) ドイッチェ・テレコム事件(連邦カルテル庁・一九九九年手続停止)

(e) ドイツ鉄道事件(連邦カルテル庁・二〇〇〇年手続停止)

(2) GWB一九条四項三号

(a) ガソリンスタンド差別対価事件(KG・一九八二年決定)

(b) ルフトハンザ事件(BGH・一九九九年決定)

結び

はじめに

不当廉売、差別価格等への実務的対応が急展開している。公正取引委員会は平成一二年一一月二四日、「酒類の流通における不当廉売、差別価格等への対応について」（以下、「酒類流通ガイドライン」という）をとりまとめ、公表した。数年来、ガソリン等の石油製品の流通における差別価格等とならんで公正競争を阻害するとの疑いが叫ばれていた酒類の流通における不当廉売、差別価格等に対する、公正取引委員会の今後の基本的な対応を明らかにしたものである。

酒類の流通における不当廉売、差別対価等が独禁法上の問題として急浮上した背景には、酒類販売業の免許基準の緩和の進展がある。規制緩和は、「規制緩和推進三か年計画」（平成一〇年三月三一日閣議決定）、「規制緩和推進三か年計画（改定）」（平成一一年三月三一日閣議決定）および「規制緩和推進三か年計画（再改定）」（平成一二年三月三一日閣議決定）に基づいて進められている。再改定計画は、「一　目的」において、わが国経済社会を「国際的に開かれ、自己責任原則と市場原理に立つ自由で公正な経済社会としていく」ことを基本とし、「市場機能をより発揮するための競争政策の積極的展開」について、「規制の緩和や撤廃と一体として取り組んでいく」ことを打ち出している。これに先立つ「規制緩和の推進に関する意見」（平成七年一二月一四日、行政改革委員会）は酒類小売販売業免許基準の緩和を求め、「酒類小売販売業免許制度における需給調整要件については、廃止を含めた検討を平成八年度中に開始すること」および「免許制自体についても、見直す必要がある」と提唱していた。政府は酒類販売業の出店規制廃止の実施を平成一二年九月一日から翌年一月一日に延期したとはいえ、多様な酒類販売に関する規制の緩和が進捗中である。

経済的規制の緩和後の市場においては、政府規制に代わって競争原理が市場を秩序づけることになる。しかし、そこにおいて公正な競争が確保されなければ、規制緩和の実があがらないばかりか、再規制の必要が生ずることになりかねない。少なくともかかる事態の発生の回避のための独禁政策上の対応が求められるようになることは、むしろ自然のなりゆきである。

酒類流通ガイドラインは、「第一　不当廉売への対応について」、「第二　差別対価等への対応について」および「第三　廉売問題に関連するその他の規制」の三本の柱から成る。第一の部分にかかる不当廉売については、不公正な取引方法一般指定六項は冒頭に「正当な理由がないのに」として原則違法の見地からの規制を行うこととしている。公正取引委員会は一九八四年一一月二〇日、小売業を対象に不当廉売の規制の考え方を明らかにした「不当廉売に関する独禁法上の考え方」(不当廉売ガイドライン)を公表していた。不当廉売については、今回のガイドラインは、一般指定六項、不当廉売ガイドラインを酒類の取引実態を踏まえて精緻化したものといえる。

他方、第二の部分にかかる差別対価については、一般指定三項が規制原則を示している。同項は、冒頭に「不当に」として原則適法のものとみている。価格その他の取引条件の決定の自由は市場経済における大原則の一つであること、および、本来地域によって市場価格が異なる場合や、買手の購入量に違いがある場合に異なる価格を設定することは当然に許されることを念頭に置いたものである。価格に違いを設けること自体は問題とならない。かかる差別対価が不当となる場合の公正競争阻害性は、競争の減殺にあるとするのが通説である。(1) しかし、不当な差別対価は地域による差別対価と相手方による差別対価の二つに大きく分けられる。両者の公正競争阻害性を同じ俎上で同列に論ずることが妥当かには、議論の余地がある。

すなわち、地域的差別対価が行われ得るのは、第一に、低対価で販売された商品が高対価販売地域に環流して、高対価販売を脅かすことのない条件が整っていること、および第二に、高対価地域において高対価を維持するに足る力があることの二つの条件が満たされることが前提である。(2) ある地域で支配的地位が成立していなければそこにおいて高対価を設定することはできず、したがって地域的差別対価を維持することはそもそもできない。地域的差別対価の典型である地域ダンピングにあっては、高対価地域で獲得した超過利潤を低対価地域につぎ込むことにより、自己の競争者の事業活動を困難にさせるおそれがあることは、とりわけ明瞭である。(3)

このような経済実態を踏まえて、不当な差別対価は「力」(とりわけ資本力、経済力)の不当利用の一形態として捉えることができ、したがってその不当性を競争基盤の侵害に求めるべきであるとする説がある。(4) この見解によると、差別対価は通説よりも狭く捉えられることになるが、原則として公正競争阻害性があることになる。(5) この見解は、地域的差別対価についてとりわけよくあてはまるように思われる。地域的差別対価が正当な企業努力の結果とみなされる可能性は低いこともあり、(6) この類型の差別対価の公正競争阻害性は容易に認めることができる。一方、不当性のない地域的差別対価との峻別は比較的明確に行うことができよう。

これに対して、相手方による差別対価は正常な競争の反映であることが多い。一般的に差別の不当性は、選択の基準が選択する側の恣意の余地のない質的基準である場合には否定される可能性が高い。(7) 質的基準の主な例として挙げられる、購入数量の大きさ、取引の条件、支払の条件、取引の期間、過去の購入実績、将来における購入予定といった要素は、(8) 主として相手方による差別対価において採用され得る基準である。ところが、質的基準が採用されているからといって、差別対価が当然に適法であるというわけではなく、しかも、正当性がある場合がありうることなどから、違法な相手方による差別対価の輪郭はかならずしも明瞭ではない。

公取委の実務において相手方による差別対価に不当性があるとされた事例として、東洋リノニューム事件[9]がある。価格カルテルを結んだメーカー各社が、自己の販売価格の維持に協力的な工事店協同組合の組合員にのみ値引きをした事案である。これは、独禁法上違法の行為の実効性確保手段として差別対価が用いられたものとみることができる。「自己の競争者の事業活動を困難にさせるおそれ」や、「取引の相手方を競争上著しく有利又は不利にさせるおそれ[10]」があるとの理由で不当性が認められたと思われる事例は、わずかである。ピジョン事件[11]において、系列店にのみ低価格で商品を供給することに不当性があるとされた例が目を引くにすぎない。このような状況の原因は、相手方による差別対価には不当性がない場合が多いことに加え、不当性の有無が明らかには判別できないケースが多いことにあるように思われる。

相手方による差別対価と地域的差別対価の二つの態様の差別対価の不当性を同列に論ずることが困難であるならば、両者を同一の判断基準の下におき、しかも両者ともに原則適法とする一般指定三項の構成には無理があるといえる。この構成そのものに変更を加えない場合には、運用にあたって事実上、判断基準に違いを設けることは不可避となろう。このような状況において、相手方による差別対価の不当性の判断基準を再検討すべき時期にあるといえよう。本稿は、ドイツ競争制限禁止法（以下、「ＧＷＢ」）における法状況を参照することにより、相手方による差別対価規制の基準の明確化を試み、あるべき方向の示唆を探るものである。

ＧＷＢにおける差別対価規制に関してまず注意すべきなのは、それは主に市場支配的地位の濫用の規制の枠組みのなかで捉えられていることである。差別対価規制は、濫用規制のなかでも、とくに、いわゆる搾取的濫用の規制として行われ、したがって、複数の価格のなかの高価格が過度に高い場合が、主な規制局面となる。ただし、差別対価が例えば掠奪行為に該当する場合には、排除行為としての側面から市場支配的地位の濫用の規制にかかり、低価格が問題となり得ることはもちろんである。しかし、低価格が濫用に該当するとの証明は実務的に困難であることなどのゆえに、むしろ例外に位置づけられる。商品または役務の廉売が行われている場合に、その価格が、他の地域または相手方に対する価格と比べて著しく低廉であることに着目して規制する、わが国の差別対価規制とはアプローチが逆である。

なお、以下において条文はとくに断りのない限り、GWBの条文を指す。また、「BGH」は連邦通常裁判所（Bundesgerichtshof）を、「KG」はベルリン上級地方裁判所（Kammergericht）を意味する。

（1）例えば、厚谷襄児ほか(編)『条解独占禁止法』一一七頁(藤田稔担当部分)（一九九七、弘文堂）、根岸哲・杉浦市郎（編）『経済法』（第二版）九七頁（茶園成樹担当部分）（一九九九、法律文化社）。
（2）正田彬『経済法講義』一四八頁（一九九九、日本評論社）。
（3）例えば、東京高決・昭和三二年三月一八日・審決集八巻三二頁（第二次北國新聞社事件）参照。ただし、新聞業における旧特殊指定三項（現行特殊指定一項）の適用事例である。
（4）正田彬『全訂独占禁止法Ｉ』三四三頁以下（一九八〇、日本評論社）。
（5）根岸哲・舟田正之『独占禁止法概説』二〇四頁（二〇〇〇、有斐閣）参照。
（6）今村成和ほか（編）『注解経済法［上巻］』一八五頁（金井貴嗣担当部分）（一九八五、青林書院）参照。
（7）上杉秋則ほか『二一世紀の競争政策』一三八頁（上杉秋則担当部分）（二〇〇〇、東京布井出版）。
（8）同前。
（9）公取委勧告審決・昭和五五年二月七日・審決集二六巻八五頁。

(10)　独禁法研究会報告「不公正な取引方法に関する基本的考え方」。
(11)　公取委勧告審決・昭和五一年一月七日・審決集二二巻一一五頁。

一　GWBの差別対価規制の基本的構成

(1)　第六次改正と差別対価規制

GWBの第六次改正は、一九九八年五月七日に連邦議会を圧倒的多数で、同月二九日に連邦参議院を全会一致で通過し、一九九九年一月一日に施行された。カルテル禁止原則を定める同法一条の文言の改正を含み、同法のすべての分野にわたって規制を新たにする大改正である。この改正においては、EC法との調整がその重要な目的の一つとされた。

そのため、一九九七年一〇月二九日に連邦政府によって決議された草案の目的は競争原則の強化に置かれたのと同時に、この目的のため、ドイツ法は、より効率的なEC法により接近すべしとされた。その一方で、ドイツ法において実をあげた優れた規制であると認められた規制は維持することとされた。[12] 差別禁止制度についてはこちらの方針が適用された。それゆえ、技術的な必要のための改正を除き、差別禁止制度については第六次改正によってほとんど文言が変更されていない。この規制局面では、EC競争法（とくにEC条約八二条の規制）との調整は行われなかったといってよい。

(2)　基本構想

GWBにおいて差別的取扱の規制は、主として市場支配的事業者の濫用規制（一九条以下）の枠内で行われる。一九条一項は、「一または複数の事業者による市場支配的地位の濫用的利用は禁止される」と定める。かかる一種の一般規定の具体化として、同条四項は、「市場支配的事業者が、一定の種類の商品または役務の供給者または需要者として」行う四つの行為を列挙して、それらはとくに濫用に該当するとして例示する。その第二号は、「有効競争があるとするならば高い蓋然性をもって成立するであろうものと異なる対価その他の取引条件を要求する」ことを挙げる。(13) 第三号は、「相違が客観的に正当化される場合を除き、市場支配的事業者自身が比較可能な市場において同種の買手に要求するよりも有利でない対価その他の取引条件を要求する」ことを挙げる。

二〇条一項も差別対価を禁止する。一九条四項三号の濫用禁止と二〇条一項の間において実体的な側面でみられる唯一の違いは、前者は後者と異なって、最終需要者が事業者ではない場合にもそれを保護する点にある。(14)

二〇条は主に旧二六条を引き継ぐ。規制内容には大幅な改正は加えられなかった。(15) 二〇条一項は旧二六条二項一文の規制を受け継いで、(16) 次のように定める。「市場支配的事業者、……事業者団体、ならびに、「適用除外規定により」価格を拘束する事業者は、他の事業者を、同種の事業者が通常は参加し得る取引において、直接または間接に不当に妨害し、または、客観的に正当化される理由なくして同種の事業者と対比して直接または間接に差別的に取り扱ってはならない」。これと並んで、二〇条三項一文は、旧二六条三項一文を引き継いで(17) 次のように定める。「第一項における意味の市場支配的事業者および事業者団体は、取引関係にある他の事業者に、客観的に正当化される理由なくして自己に有利な条件を与えるようにさせるためにその市場地位を利用してはならない」。

ここにいう「差別」(Diskriminierung) は、同等の関係に対する異なる取扱いと理解されている。[18] 事業者によるこのような不平等取扱いは、一律に解することはできない。事情により、積極的にも消極的にも評価され得る。しかし、市場力のある事業者によって行われる差別だけが、通常、競争秩序に対する危険をもたらす。二〇条一項および二項にみられるように差別禁止の適用領域が市場力のある事業者に限られているのは、[19] この理由による。[20] したがって、この差別禁止の目的は、一九条一項および同条四項一号の一般的妨害禁止の目的と本質的に重なり合う。[21] それゆえ、この規定の主な目的は、市場の全面的な開放性にある。[22]

客観的正当化のない差別の禁止は、すべての取引相手方の一般的な平等取扱いの命令を意味するわけではない。異なる市場条件を理由とする異なる取扱いは許され得る。とりわけ、それが取引相手方の交渉能力の結果であるような場合に禁止が働くことはない。二〇条は市場力の濫用を禁止する趣旨の規定であり、したがってＢＧＨは、相対的な不利益取扱いが質および量からみて恣意に基づいているかどうかが問題となると理解している。[23]

差別禁止は、その運用次第では、平等取扱命令にまで展開する可能性がある。すなわち、供給関係において一定の内容を含む契約の締結を義務づければ(「契約締結強制」(Kontrahierungszwang) と呼ばれる)、それが実現する。このような状況に至れば、不平等取扱いの禁止は平等取扱いの命令と同意義となり、両者は一枚のコインの表裏をなすことになる。[24] しかしながら、差別禁止(価格差別および条件差別の禁止)の名宛人は、その価格および条件の構成について、原則として自由であるというのが、ＧＷＢの基本的な構想である。売手および買手がより有利な条件を求めて努力することはむしろ競争の前提であるので、供給停止は、原則として競争制限には結びつかない。[25] したがって、取引においていかなる価格その他の条件を設定するかについて

は、事業者には裁量の余地があり、それには裁判官による審査は及ばない。(26)

価格および条件の違いの理由には極めて多様な性格のものがあり得るので、その相違そのものから差別禁止違反を導くことはできない。(27) しかも、差別の客観的正当化のみならず、その規模と市場への影響も審査されなければならない。(28) 決定的なのは、相対的な不利益取扱いが需要と供給の関係から生ずる競争上の利益均衡の結果として現れているのか、それとも、恣意と濫用に基づいているのかである。(29) すなわちＧＷＢの差別禁止は、すべての取引相手方に形式的に同じ取引条件を設定することを市場支配的事業者に対して命ずるわけではない。(30) 価格差別が濫用的であるのは、有利な価格が事実にそぐわない条件に結びついている場合である。(31)

(3)　妨害規制との違い

二〇条一項は、差別禁止のみならず妨害禁止も含む。妨害禁止においては、妨害的競争措置(すなわち、不当な侵害)からの市場力ある事業者の競争者の保護が前面にある。他方、差別禁止においては、競争者との関係における不利益取扱いからの購入者または供給者(換言すれば、差別的取扱いによる競争歪曲に直面する取引相手方)の保護が第一の問題となる。(32)

しかしながら、妨害禁止と差別禁止の要件は、明確には区別できない。なぜなら、両者ともに、直接の行為のみならず、間接の行為も禁止するからである。例えば、生産者がある流通業者への引渡価格を他よりも高く設定した(差別に該当し得る)場合には、その生産者は同時にその流通業者を他の流通業者との競争において間接的に妨害することになる。したがって、「妨害」(Behinderung)の意義を広くとると、それは不平等取扱いも包摂することになる。[33] 妨害禁止と差別禁止を明確に区別することには、実際の意味もない。なぜなら、「不当性」や「客観的正当性」は両者において同様の評価尺度で判断されるからである。[34]

したがって実務においては、二〇条一項および同条二項は統一的に理解される一体の規制として展開してきている。[35]

(12) Gesetzentwurf der Bundesregierung, BT-Drucks. 13/9720 (gedrückt in: *M. Baron*, Das neue Kartellgesetz, 1998, S. 120ff.), I. 2. Siehe auch BKartA, Tätigkeitsbericht 1995/96, BT-Drucks. 13/7900.

(13) 本号の事項については、「有効競争のある比較可能な市場での事業者の行動様式が考慮されねばならない」とされている（二号後段）。

(14) *V. Emmerich*, Kartellrecht, 8. Aufl., 1999, S. 212. 例えば後述するルフトハンザ事件は、一九条四項三号の事案として処理された。この事件においては最終需要者は一般消費者（乗客）であって、事業者ではないからである。Siehe ebd.

(15) 現行二〇条一項ないし五項は旧二六条二項ないし五項にほぼ文言通りに対応しており、現行二〇条六項は旧二七条を受け継いでいる。

(16) Gesetzentwurf der Bundesregierung, a.a.O. (o. Anm. 12), Zu §20 *Zu Absatz 1*.

(17) Gesetzentwurf der Bundesregierung, a.a.O., Zu §20 *Zu Absatz 3*.

(18) *Emmerich*, a.a.O., S. 224.

(19) 差別的取扱いの行為主体については、言及を省略する。

(20) *Emmerich*, ebd.

(21) *Emmerich*, ebd.

(22) *Emmerich*, ebd.

(23) BGH, Urt. v. 19. 3. 1996, WuW/E BGH 3058, 3065 “Pay-TV-Durchleitung”.

(24) *G. Wiedemann*, Handbuch des Kartellrechts, 1999, §28 Tz. 2. Siehe auch *Schulz*, in: *Langen/Bunte*, Kommentar zum deutschen und europäischen Kartellrecht, Bd. 1, 8. Aufl., 1998, §26 Tz. 177.

(25) BGH, a.a.O., WuW/E BGH 3058, 3064 “Pay-TV-Durchleitung”.

(26) BGH, Beschl. v. 24. 2. 1976, WuW/E BGH 1429, 1435 “Asbach-Fachgroßhändelvertrag”. Siehe auch *Wiedemann*, a.a.O., §28 Tz. 44.

(27) Siehe BGH, a.a.O., WuW/E BGH 3058, 3064 “Pay-TV-Durchleitung”.

(28) BGH, Urt. v. 30. 9. 1971, WuW/E BGH 1200 “Vermittlungsprovision für Flugpassagen”; *ders.*, a.a.O., WuW/E BGH 1429, 1432 “Asbach-Fachgroßhändelvertrag”; KG, Beschl. v. 26. 6. 1985, WuW/E OLG 3656 “TUI-Partnerschafterbonus”.

(29) Siehe BGH, a.a.O., WuW/E BGH 3058, 3065 “Pay-TV-Durchleitung”; *ders.*, Urt. v. 19. 6. 1975, WuW/E BGH 1405, 1409f. “Grenzmengenabkommen”.

(30) BGH, a.a.O., WuW/E BGH 3058, 3065 “Pay-TV-Durchleitung”.

(31) *Wiedemann*, a.a.O. (o. Anm. 24), §28 Tz. 44.

(32) BGH, Urt. v. 27. 9. 1962, BGHZ 38, 90, 101f.; *ders.*, Urt. v. 2. 4. 1964, BGHZ 41, 271, 278; *ders.*, Urt. v. 9. 11. 1967, BGHZ 49, 90, 93; *ders.*, Beschl. v. 3. 3. 1969, BGHZ 52, 65, 70. Siehe auch *Emmerich*, a.a.O. (o. Anm.14), S. 225.

(33) Vgl. BGH, Urt. v. 12. 11. 1991, WuW/E BGH 2762, 2767 “Amtsanzeiger”. Siehe auch *Wiedemann*, a.a.O., §28 Tz. 3; *Emmerich*, a.a.O., S. 225.

(34) Siehe *Wiedemann*, a.a.O., §28 Tz. 4.

(35) *Emmerich*, a.a.O., S. 225.

二 GWBにおける差別価格規制の実務の傾向

(1) GWB二〇条一項

価格（またはその他の条件）における買手の差別は二〇条一項に違反し得るが、これまでの実務においては、この規制は積極的に機能してきたわけではない。筆者の知る限り、一九九九年一月一日の現行法の施行以降、本稿執筆時まで、差別価格が二〇条一項違反とされた事例はみられない。しかし、現行二〇条一項は実質的な改正なく旧二六条二項一文の規制をそのまま定めているので、旧法下での実務は、現行法下の実務に直接につながるものと思われる。旧法下の主な実務を参考にしながら、裁判所および連邦カルテル庁の実務を明らかにしよう。

(a) エネルギー供給企業

ドイツにおいて二〇条一項の差別禁止に服する代表的な事業者は、エネルギー供給企業である。エネルギー供給企業は、現在は一九九八年改正エネルギー産業法（Energiewirtschaftsgesetz）により地域独占を剝奪されているが、従前はGWB旧一〇三条（第六次改正で削除）により公益事業者（「電気、ガスまたは水の公的供給の事業者」）として地域独占を認められていたので、現在も引き続き市場支配的であるのが通常だからである。

エネルギー供給企業は、旧一〇三条の適用があった時期においても、差別禁止には服していたはずであり

(旧二六条二項一文)、もしこれが効果的に運用されていたとするならば、この市場の開放性の実現の一助となっていたはずである。[36] しかしながら裁判所は、二〇条一項(旧二六条二項一文)に基づくこの可能性の実現に極めて消極的であった。旧一〇三条の廃止にともなうエネルギー供給企業の地域独占の解消によってこの状況に変化が生ずるか否かは、未知数である。[37]

裁判所がこれまで、エネルギー供給産業について差別禁止を展開した分野は、極めてわずかである。その一つとして最も重要なのが、他の電気供給者、とくに自家発電事業者に対して慣習的に行われてきた差別である。ＢＧＨは、ＧＷＢに基づき、エネルギー供給事業者は他の事業者の電力を適切な価格で買い受ける義務があるとみなしている。[38]

現在においてもエネルギー供給企業は多様な差別を行っているようであるが、二〇条一項に違反する疑いが最も強いのは、装置独占に基づく差別である。[39] 公益事業者には、誰にその設備への接続を許し、誰に許さないかを決定する権限があることに由来する差別である。

(b) Asbach専門卸売店契約事件(ＢＧＨ・一九七六年決定)

Asbach 社は、主に商標名を「Asbach Uralt」とする高品質かつ高価格のブランデーを製造販売する事業者である。国内ブランデー市場の約一二%を占める第二位の事業者である。高級ブランデーでは約三七%の市場占有率を有する。その売上げの約五〇%は飲食店を通じて消費者へ販売されている。飲食店の約七五%は「Asbach Uralt」を取り扱っている。

Asbach 社は卸売業者に対して一般的に五%の割引(Rabatt)と三%の現金割引(Skonto)を与えている。

専ら飲食店に供給し、Asbach 社と「Asbach 取扱卸売業者契約」(Asbach-Bedienungsgroßhändler-Vertrag: ABV) を結んだ「Asbach 取扱専門卸売業者」は、その四条に基づいてさらに五%の手数料 (Provision) を得ているが、その他の卸売業者はそれを得ていない。

連邦カルテル庁は、旧二六条二項に基づき、Asbach 社に対して、取扱専門卸売業者とその他の卸売業者をABVの基準に従った手数料の供与において、「Asbach Uralt」の販売に関して後者を当該手数料から一般的に排除する形で差別的に取り扱うことを禁止した。(40)

KGは、この決定を破棄した。Asbach社には、ABVの基準に従って飲食店に供給する卸売業者に追加的手数料を与える権限があることをその理由とした。追加的手数料によって優遇される卸売業者は、その他の卸売業者にはない特別の給付 (Leistungen) を提供しているので、異なる取扱いは正当化されるという。とくに、同契約三条に基づいて行われる、小口発注にあってもなされる飲食店顧客の定期的訪問、まだ Asbach 製品の買手となっていない飲食店顧客の訪問、問題があり情報が必要なAsbach製品の飲食店の種類に応じての宣伝と導入などの給付が重視された。(41)

BGHは、Asbach 社は本件で問題となっている二つのグループの卸売業者に異なる取扱いをし、ABVに署名しなかった卸売業者を妨害したことに疑いはないとした。そして、これら二つの種類の卸売業者は、「それが『Asbach 専門卸売業者契約』の下にない限り、同じ給付を提供しないという抗弁は、機能同等性 (Funktionsgleichheit) の想定を妨げない。しかしながら、それ [この抗弁] は、異なる手数料供与が客観的に正当化されず不当であるか否かの問題の審査において意味があり得る」とした。(42) それゆえ、「控訴裁判所が、高さ (五%) を基準として、追加的割引は抗告人 [Asbach社] に認められる裁量の枠内にあるという理由ですでにそれを正当化されるとみなした限りで、同裁判所には賛成できない」とし、(43)事実関係の認定が不十分であるとしてKGの決定を差し戻した。

(c) TUI事件（KG・一九八五年決定）

TUI社は、ドイツの大手の旅行会社(Reiseveranstalter)である。同社は、「TUI協力関係プログラム販売」(TUI-Partnerschaftsprogramm Vertrieb)を導入した。そのきっかけは、TUI社のための長年の活動を認めて社員として受け入れてもらいたいとの得意先代理店の執拗な申し入れであった。これに応ずるつもりのなかったTUI社は、この代理店に対処するために、少なくとも一〇年以上の期間において同社のために活動し、一〇〇万ドイツマルク以上の売上げがあり、かつ、前年実績の八五％以上の売上げのあるすべての代理店に、「協力関係ボーナス」(Partnerschaftsbonus)を与えることを決定した。最初の営業年度には、そのために三〇〇万ドイツマルクが投入され、その後は、TUI社の年間利益の一〇％があてられた。このボーナスは、有資格代理店に、売上高に応じて配分された。一九八一年には四二一の代理店にボーナス受給資格が与えられた。ボーナスの額は、三、〇〇〇から六、〇〇〇ドイツマルクの間であった。

連邦カルテル庁は、TUI社に対して、一九八四年一一月一日以降「協力関係ボーナス」を与えることを禁止した。(44)

しかしKGは、本件においては旧二六条二項（現行二〇条一項）の介入要件が満たされていないとして、連邦カルテル庁の禁止は違法であると判断した。本件のボーナス制度は客観的に正当化され、不当ではないという。(45)

すなわち、本件のボーナスの導入の前述の動機の出発点においては、TUI社はボーナスの付与について恣意的な基準を設定したわけではないという。TUI社は、このボーナスをもって、長期的かつ増大する仲介役務のゆえに、また、経済的能力のゆえにTUI社が貢献に特別の価値を置く代理店の範囲の境界線を引いたにすぎないという。旅行代理店にとって大規模旅行会社のライセンスを持つことが重要であると同様に、旅行会社にとって、複数の営業所を持つことが多く、営業事務所を有利な立地条件において経営し、それゆえ消費者への安定したアクセスを保証する先導的な会社に代理してもらうことは重要である。多様な考量困難な要素（天候、政治関係、旅行先国の為替相場下落）によって定まる、旅行会社によって一方的に負担される営業リスクに直面して、業績力のある販売ネットとその長期的な確保には、特別の重要性があるという。これには、本件ボーナスから排除される代理店の重大な利益は対立していない。「［旧］二六条二項は、競争によって十分にコントロールされない市場力のある事業者の行動の自由余地の第三者を犠牲にしての利用、および、それと結びついた市場過程の歪曲に対して向けられている」。「本件ではこのような次元にまで達していないことは、明白である」という(46)。

(d)　ドイッチェ・テレコム事件（連邦カルテル庁・一九九九年手続停止(47)）

相手方による差別対価そのものの事例ではないが、二〇条一項の事案であってそれに密接に関係するので紹介する。

一九九八年一一月、連邦カルテル庁はドイッチェ・テレコムに対して加入者データの供給の関係での濫用的行為の疑いで警告を発した。加入者データにおいては、本質的に、電話顧客の氏名、住所および加入者番号を含むデータが問題となる。加入者データは、案内サービスを営むためおよび電話番号簿を編集するために必要である。これは、そもそもドイッチェ・テレコムまたはその子会社との競争関係に入るために必要となる、いわば前過程生産物（Vorprodukt）である。

本警告の対象は、この加入者データのそれぞれを引き渡すことをドイッチェ・テレコムが拒絶したこと（［旧］二六条二項一文およびEC条約［旧］八六条）、ならびに、要求対価の高さおよび決算システム（［旧］二二条四項、［旧］二六条二項一文およびEC条約［旧］八六条）である。(48)

手続は一九九九年一月に停止された。ドイッチェ・テレコムが、利用可能なすべてのデータをその競争者にとってアクセス可能にすることと、加入者データの譲渡価格を明確に引き下げることを約束したからである。さらに、ドイッチェ・テレコムは価格形成の基礎となっている価格構造を変更し、同社はデータの作成と現実化に際して自社に成立するコストのみを「すべての」情報企業、すなわちドイッチェ・テレコム自身とその競争者に分配することとなる。分配基準は、例えば最終顧客の電話情報の問い合わせ数のような、現実の利用件数である。

(e)　ドイツ鉄道事件（連邦カルテル庁・二〇〇〇年手続停止(49)）

連邦カルテル庁が国有の持株会社であるドイツ鉄道株式会社（die Deutsche Bahn AG: DB社）が一九九八年に導入した現行の鉄軌道利用価格体系（「TPS'98」）は競争者の客観的に正当化されない妨害を導くと認定した後に、DB社が競争法上適法な価格体系を導入することを予告したため、手続を停止した事例である。

現行の価格体系は、利用量に関わらない固定料金（いわゆる「Infracard」）と比較的低い可変料金から成る二層構造となっている。これによると、レール網の使用量の上昇とともに一キロメートル当たりの平均軌道利用価格が低下する。他方、「Infracard」の取得が割に合わないためにそれを購入しない事業者には、直線的に上昇する料金表が適用される。

連邦カルテル庁の調査により、ＤＢ社が所有する運送企業であるDB Regio社は、民間競争者に比して平均で二五％、最高で四〇％低い鉄軌道コストを負担していたことが明らかとなった。連邦カルテル庁は、近距離旅客運送の市場の民間鉄道企業が不当に妨害されるので、二〇条一項に違反するとした。

これを受けてＤＢ社は、(DB Regio社を含む）すべての競争者に対して鉄軌道利用キロ当たりで直線的に算定される統一的な利用料金を定める価格体系を導入することを予告した。連邦カルテル庁は、これは基本的に競争者の不当な妨害を除去し得るものと評価し、二〇〇〇年一二月三一日までに改訂するとのＤＢ社の約束に対応して濫用禁止手続を停止することとした。

なお同庁は、これに対応する構成であれば、鉄軌道上の交通量の増大を刺激する効果のある逓減的な価格体系も競争制限禁止法と一致するとの理解であることを特に付言した。

⑵　ＧＷＢ一九条四項三号

前述した一九条一項の規制を具体化する同条四項二号と三号の組み合わせにより、四つの種類のいわゆる搾取的濫用(Ausbeutungsmißbrauch)があることになる。すなわち、価格濫用、条件濫用、価格区別および条件区別である。これらのうち、本稿において問題となるのは、三号に含まれる「価格区別」(Preisspaltung)である。

価格区別（および条件区別）とは、比較可能な市場における同種の買手に対する市場支配的事業者の側による異なる価格（または条件）の客観的正当化なき適用をいう。(50) 以下に、主要な実務の分析を通じてその運用のあり様を明らかにしよう。

(a) ガソリンスタンド差別対価事件（KG・一九八二年決定）

地域的差別対価の事例であるが、価格区別一般とコストの関係について意義のある事案なので紹介する。

石油会社が全国にわたるガソリンスタンドとともに一九八一年秋以降に行った、地域的価格区別をめぐる事例である。当該石油会社は、ドイツ全体のガソリンスタンド・ネットを通じて、主に気化燃料(Vergaserkraftstoff)を販売している。一九八〇年および一九八一年に気化燃料の引渡価格が継続的に引き上げられた後、一九八一年九月三日以降、下落傾向が現れ、一九八二年一月一一日までに当該石油会社において一リットル当たりの平均低下価格はノーマルガソリンで一七・一〇ペニヒ、スーパーガソリンで一六・五八ペニヒであった。この展開のなかで、当該石油会社は他の供給者と同様に、ガソリンスタンド引渡価格を地域的(regional)および場所的(örtlich)に区別した。一リットル当たりの最高価格差は、ノーマルガソリンで一〇ペニヒ、スーパーガソリンで一一ペニヒであった。

連邦カルテル庁は旧四六条に基づく一九八二年一月八日の報告徴収決定(Auskunftsbeschlüsse)により、当該石油会社に、ベルリンおよびその他の一二都市におけるそのセルフサービス型ガソリンスタンドへの気化燃料の一九八一年九月一〇日以降の価格推移に関する質問に一〇日以内に回答することを義務づけた。当該石油会社がその市場支配的地位を濫用しているとの嫌疑の出発点は、以前に比してはるかに大幅な価格区別である。そのための何らかの正当化事由（例えばコスト構造の変化）がないのであるから、かかる価格区別は（旧）二二条四項二文三号の禁止要件を満たし得るとした。同庁の理解によると、当該石油会社は極端な価格区別の営業政策を採用し、そこにおいて、実質的競争のない地域における市場支配的地位を濫用的に利用した。同庁は、価格とコストの関係について、有効競争はコストの回収の保証をするものではないことを指摘した。(51)

しかしながら、KGは、初期的嫌疑（Anfangsverdacht）の存在を否定し、連邦カルテル庁の決定を破棄した。同裁判所はその先例において、濫用的価格の認定においては市場支配的事業者の原価（Selbstkost）が出発点でなければならないとしていると指摘した。また、市場支配的事業者が、濫用監視によって、収益をもたらす生産を不可能にするような価格を強制されることがあってはならないとしていたとする。これにより、同裁判所は、「競争推定価格（wettbewerbsanaloger Preis）の超過がすべて濫用的であるというわけではなく、かかる価格形成について経済的な正当化がある場合には濫用ではないという、立法手続においてすでに取り上げられていた考え方を考慮したのである」という。(52)

原価と価格の間の関係についてさらに、「このことは、事業者がその原価を下回る価格を要求する場合には、常に、濫用的価格行動が取りざたされることはあり得ないことを意味している。この原則は、連邦カルテル庁が当初、報告徴収決定を根拠づけたGWB〔旧〕二二条四項二文三号の枠内でも当てはまる。要求される多様な対価のいずれもコスト回収をもたらさない場合は、価格区別は支配的地位の濫用的利用を意味せず、客観的に正当化される。かかる事例においては、個々の地域における高価格の要求は、損失額を全体的に低く抑える努力を意味するにすぎない。この可能性は、市場支配的事業者がその市場地位に基づいてのみそれ［価格区別］を行える場合であってすら、市場支配的事業者にも与えられねばならない。GWB［旧］二二条が市場支配的事業者の搾取的行動の観点で目的とする市場相手方の保護は、市場支配者は市場相手方に対してコストを回収しない価格をもって臨まなければならないということを要求するわけではなく、有効競争があったとすれば市場支配者にそれ［原価割れ販売］を強制するであろう場合であってすら、そうである」という。(53)

連邦カルテル庁は、本上級地裁決定の後の報告書において、それを批判している。濫用に関する手続において市場支配的事業者に完全なコスト回収を正当化として認めるとすると、それは市場支配に特権を与えることになるという。(54)

(b)　ルフトハンザ事件（BGH・一九九九年決定）

本件の事実は、大要、次の通りである。ドイツ・ルフトハンザ株式会社（die Deutsche Lufthansa AG: DLH社）を持株会社とし、国内および国際の旅客・貨物航空運送を行うルフトハンザ・コンツェルンは全体では黒字経営であったが、国内旅客運送においてはベルリン・フランクフルト航路（二六九マイル）についてもベルリン・ミュンヘン航路（二九四マイル）についても損失を計上していた。ベルリン・ミュンヘン航路においては、DLH社の他にドイツ英国航空（die Deutsche BA Luftfahrtgesellschaft mbH: DBA社）が一九九三年から就航していた。DBA社は運賃をDLH社よりも低く抑え、赤字を計上しながらも親会社である英国航空から借入金を得ることによって営業を継続していた。他方、ベルリン・フランクフルト航路においてはDLH社が唯一の事業者であった。DLH社は、一九九五年一〇月二九日からの一九九五／九六年冬季フライトプランの施行とともに国内航空料金表を改訂し、かつ、九六年六月三日からPex料金を導入した。これにより、DLH社はベルリン・フランクフルト便の料金と、それよりもわずかに遠距離のベルリン・ケルン便、同・デュッセルドルフ便、同・ミュンヘン便、同・ストゥットガルト便の料金の間に区別を設け、DLH社のみが就航するベルリン・フランクフルト便については、他の便の料金と比較して、クラスにより二五から三一％高く設定した（往復航空券）。それでも、DBA社の料金よりもかなり高く、かつ、DLH社は最高価格のベルリン・フランクフルト便においてもコスト割れであった。

一九九七年二月、連邦カルテル庁は、着陸料金および手数料の違いならびに空港能力が低いための長い地上待機時間の必要性による一フライトのための航空券一枚当たり総額一〇ドイツマルクのコスト高を承認したが、それを超えてミュンヘン便よりも高く対価を要求すること（最高一六〇ドイツマルク）は、一九条四項三号（旧二二条四項二文三号）にいう客観的に正当化されない濫用的な価格区別であるとした(55)。

さらに、DLH社がフランクフルト便の関連市場とミュンヘン便の比較市場のいずれにおいても損失を計上していることは濫用ありとすることの妨げにはならないとして、前掲(a)ガソリンスタンド差別対価事件KG決定を批判した。その理由として、競争する事業者にコスト回収の保証はないことは濫用監視の枠組みにおいても妥当するのであって、濫用監視の基準はコストではなく、コスト回収の程度と関わりなく競争において設定し得る価格でなければならないとした(56)。

この処分の後、事実関係に変化があった。すなわち、DLH社が唯一の事業者であったベルリン・フランクフルト航路に、一九九七年五月にオイロウイングス社（die Eurowings Deutsche Luftverkehrs-AG: EW社）が参入した。各社の航空料金は次の表の通りとなった。

航路	ベルリン・フランクフルト航路		ベルリン・ミュンヘン航路	
事業者	EW社	DLH社	DLH社	DBA社
ビジネス	七九八	八四〇	五九〇	五四〇
エコノミー	五九八	七八〇	五六〇	五四〇
節約エコノミー	三九八	四七〇	四七〇	四四〇

(数字は価格で、ドイツマルク)

DLH社は濫用行為を否認し、かつ、同社の計算によると両航路ともに赤字であることを指摘してKGに法の違反を理由とする抗告を行った。

同裁判所はDLH社の抗告を認容し、連邦カルテル庁の決定を破棄し差し戻す決定をした。[57] その主な理由は、本件のように価格区別をする事業者が二つの市場のいずれにおいてもコストを回収する価格を達成していない場合には、価格濫用監視における処分を行う余地はないことに求められた。すなわち、被支配市場における高運賃すら利益をもたらさない限りで、価格濫用を否定した。[58] 同裁判所の前掲(a)ガソリンスタンド差別対価事件決定におけると同じ論理である。EW社の新規参入をめぐっては、連邦カルテル庁の処分によってDLH社のフランクフルト便の価格がミュンヘン便の水準に引き下げられれば、DLH社の高価格のゆえにEW社には高コスト構造にかかわらず魅力ある収入可能性があったのにそれが失われ、したがって、芽生えた競争が摘み取られることになると指摘した。[59]

BGHは、本KGの決定を差し戻した。[60] 次の理由による。

まず、市場支配的地位の濫用の存否について。(旧)一九条四項三号によると、フランクフルト航路において市場支配的なＤＬＨ社の価格区別の行動は、同社はこの価格形成においてその市場支配的地位を利用しているとの推定を根拠づける。その際、二つの市場の比較可能性を顧慮して、ＧＷＢは、高価格は被支配市場での競争の機能不全のみのゆえに顧客の負担において実行され得るのであり、一方、比較可能な市場の事業者は、そこに存在する競争圧力によってその市場力の行使の自制を強いられることを想定している。市場支配的地位の濫用的利用のこの推定は、価格相違の客観的に正当化される理由が確認され得る場合にのみ覆される。(61)

次に、客観的正当化について、価格相違の客観的正当化は、高対価も市場支配的事業者の原価(Selbstkost)さえもカバーせず、むしろ同事業者が他の方法で解消されなければならない赤字を計上していることにおいてあり得るとする。(旧)一九条四項三号においてとりたてて規制される搾取的濫用と性格づけられる価格区別が問題となる限りで、(旧)一九条一項の濫用的利用は、当該事業者が、自己の市場支配的地位のゆえに買手の利益に配慮する必要がないこと、さらに競争者による合理化圧力にもさらされていないことのみを原因として利用できる方法で、自己の強力な地位を市場相手方の負担で利用することを前提とする。しかし、この無価値判断(Unwerturteil)は、市場支配的事業者が、そのコストの正常な配分および何らかの合理化余力(Rationalisierungsreserve)の投入においても原価を回収できない収入しか獲得していない場合には、正当化されない。なぜなら、市場支配的事業者であっても、価格濫用監視によって、自己の役務をコストすら回収できない価格で提供することや、競争から完全に脱落することを強制されることはあり得ないからであるという。(62)

右の考え方から、ＢＧＨは連邦カルテル庁の価格濫用監視のあり方の捉え方を基本的に肯定する。しかしながら、市場支配的事業者の一部門全体の給付がコストをカバーしない対価で提供される可能性を看過し、かかる事業者は競争によって妨げられない限り常にその市場力を市場相手方の負担で利用することを前提としたことに、同庁が異なる判断を行った原因があるという(63)。他方、KGの構成は基本的にBGHと一致する。ただし、当該市場支配的事業者の主張だけから高対価がコストをカバーしないとすることは不十分であるとされた。故意のコスト引上げ政策が判断に影響する危険を防ぐため、当該事業者にはコスト構造の詳細な解明に協力する義務があるとされた(64)。

(36) *Emmerich*, a.a.O. (o. Anm.14), S. 246f.
(37) *Emmerich*, a.a.O., S. 247.
(38) 旧二六条二項による。BGH, Urt. v. 6. 10. 1992, BGHZ 119, 335, 336ff. = WuW/E BGH 2805 “Stromeinspeisung”; *ders.*, Urt. v. 22. 10. 1996, BGHZ 134, 1, 6ff. = WuW/E BGH 3079 “Stromeinspeisung II”; *ders.*, Urt. v. 22. 10. 1996, WuW/E BGH 3099 “Stromveredelung”. これは、エネルギー産業法の改正により立法的に法律上の義務とされた。Stromeinspeisungsgesetz v. 7. 12. 1990 (BGBl. I, S. 2633) i.d.F. des Gesetzes zur Neuregelung des Energiewirtschaftsrechts v. 24. 4. 1998 (BGBl. I, S. 730, 734) をみよ。
(39) Siehe *Emmerich*, a.a.O., S. 247.
(40) BKartA, Beschl. v. 23. 7. 1974, WuW/E BKartA 1505 “Provision für Bedienungsfachgroßhandel”.
(41) KG, Beschl. v. 7. 2. 1975, WuW/E OLG 1581 “Provision für Bedienungsfachgroßhandel”.
(42) BGH, Beschl. v. 24. 2. 1976, WuW/E BGH 1429, 1431f. “Asbach-Fachgroßhändlervertrag”.
(43) BGH, a.a.O., WuW/E BGH 1434.
(44) BKartA, Beschl. v. 15. 5. 1984, B4-76/80 (zit. nach *Langen/Bunte*, Kommentar zum deutschen

und europäischen Kartellrecht, Bd. 2, 8. Aufl., 1998, S. 2931).

(45) KG, Beschl. v. 26. 6. 1985, WuW/E OLG 3656 "TUI-Partnerschaftsbonus".

(46) KG, a.a.O., WuW/E OLG 3657f.

(47) BKartA, TB 1997/98, BT-Drucks. 14/1139, S. 26.

(48) 連邦カルテル庁は、高すぎる価格による事実上のアクセス拒否 (Zugangsverweigerung) もEC条約［旧］八六条の適用事案であると指摘した。なお、本件において連邦カルテル庁は適切な地理的比較可能市場を確認できなかったので、濫用の尺度として電気通信法（TKG）一二条一項が用いられた。これは、ドイッチェ・テレコムに効率的な役務提供のコストでのデータ提供を義務づけるものである。

(49) BKartA, "Trassenpreise der DB AG werden wettbewerbsgerecht umgestaltet (08. 09. 2000)" <http://www.bundeskartellamt.de/08.09.2000_-_i.html>; siehe auch "Kartellamt prüft Trassenpreise", Handelsblatt v. 12. 10. 1999, S. 63-8/96.

(50) *Emmerich*, a.a.O. (o. Anm. 14), S. 212.

(51) BKartA, TB 1981/82, BT-Drucks. 10/243, S. 27; 40.

(52) KG, Beschl. v. 12. 3. 1982, WuW/E OLG 2617, 2618f. "regional unterschiedliche Tankstellenpreise".

(53) KG, a.a.O., WuW/E OLG 2619.

(54) BKartA, TB 1981/82, BT-Drucks. 10/243, S. 27. ただしKGの本決定は報告徴収の事前手続（Vorverfahren）に関するものなので、同庁はBGHに上告することはできなかった。

(55) BKartA, Beschl. v. 19. 2. 1997, WuW/E BKartA 2875, 2881 "Flugpreis Berlin-Frankfurt/M.". Siehe auch *dass*., TB 1995/96, BT-Drucks. 13/7900, S. 20; 136f.

(56) BKartA, a.a.O., WuW/E BKartA 2882f.

(57) KG, Beschl. v. 26. 11. 1997, WuW/E DE-R 124 "Flugpreis Berlin-Frankfurt/M.". Siehe auch

BKartA, TB 1997/98, BT-Drucks. 14/1139, S. 21; 147f.
(58) KG, a.a.O, WuW/E DE-R 128.
(59) KG, a.a.O, WuW/E DE-R 130.
(60) BGH, Beschl. v. 22. 7. 1999, WuW/E DE-R 375 "Flugpreisspaltung".
(61) BGH, a.a.O., WuW/E DE-R 376f.
(62) BGH, a.a.O., WuW/E DE-R 377.
(63) BGH, a.a.O., WuW/E DE-R 378.
(64) BGH, ebd. 本稿脱稿の時点（二〇〇〇年一二月）において、本件はＫＧにおいて差戻審が継続中のようである。

結び

ドイツ競争制限禁止法の立法形式においては、差別対価規制は市場支配的地位の濫用の規制の枠内で捉えられている。同法一九条一項・四項にせよ二〇条一項にせよ、それを原則的に禁止する構成をとっている。この観点からは、わが国における差別対価の不当性に関する前述の少数説[65]の考え方に近い構造が形成されているといえる。

しかし、それを執行する連邦カルテル庁およびＢＧＨをはじめとする裁判所の実務をみると、ＧＷＢの厳しい運用全体の中で捉えるならば、相手方による差別対価の規制は積極的に行われているとはいい難い[66]。とくに裁判所においてその傾向が顕著であり、連邦カルテル庁が数少ない事案において禁止決定を行っても、ＫＧによって覆えされることが多い。その原因は、実務的に採用されている判断基準が異なることにある。

連邦カルテル庁は、対価に差異を設けること自体に違法性があるとの見地からの規制を行っている。GWBの文言における原則違法の構成に忠実な法運用といえよう。他方、KGは、むしろ原則適法の捉え方をしており、相手方による差別対価は事業者の自由の範囲内にあると捉えている。とりわけ、高対価が原価をカバーしない場合には、違法構成要件を充足しないとの構成である。同裁判所の基本的な視角は、短期的な消費者利益と中長期的な競争構造上の不利益の間の目的抵触の解決のアプローチである。それゆえ、濫用監視上の介入を極端な緊急手段に位置づけている。競争の自然治癒力に期待できなくなるほどに市場が構造的に撹乱される場合にのみ介入は是認されるとの立場である。(67) BGHは、いわば両者の中間に位置する考え方であり、価格区別は構成要件を満たすが、正当化理由の有無を個別事例ごと審査する態度である。その枠内で、高対価が原価を下回る場合にはそれは正当化理由となるとの理解である。

わが国にとって、連邦カルテル庁、KGおよびBGHの三つの機関が、それぞれ異なる解決策の可能性を提供しているといえる。不公正な取引方法一般指定三項の今後の運用において参考にすることができよう。しかし、現行の一般指定三項が差別対価を原則適法としているので、公取委の実務的な対処には限界がある。前掲の「規制緩和推進三か年計画（再改定）」は、「公正取引委員会は、競争政策の観点から……参入規制等が緩和された分野について、規制緩和後の状況を調査し、必要な提言を行う……ことにより競争政策の積極的推進を図る」（総論「五　規制緩和の推進に伴う諸方策」の「(1)　公正かつ自由な競争の推進」）としている。わが国の酒類卸売業者が量販店と一般酒類小売店への販売価格に大幅な相違を設けることが常態化しているとみられること等を考慮すれば、わが国の差別対価規制を市場支配的地位の濫用の規制の視点から捉え直し、競争基盤の侵害の観点からの原則禁止の規制に組みかえることを視野に入れた改革（不公正な取引方法一般指定の改正、独禁法における市場支配的地位の濫用規制の創設等）を考える余地があろう。

なお、ドイツにおける総じて消極的な差別対価規制の運用は、価格というパラメーターの競争における基本的重要性が認識されていることの反面と思われる。しかしながら、第六次改正によって導入された中小規模事業者に対する妨害規制にかかる二〇条四項二文の継続的仕入原価割れ販売の禁止が積極的に運用され始めている。[68] 今後、差別対価規制も積極化の方向に向かう可能性はあると思われる。

（65）「はじめに」参照。

（66）Siehe z.B. *Möschel*, in: *Immenga/Mëstmacker*, Kommentar zum Kartellgesetz, 2. Aufl., 1992, GWB §22 Rdnr. 4.

（67）Siehe z.B. KG, a.a.O. (o. Anm. 57), WuW/E DE-R 124, 129 "Flugpreis Berlin-Frankfurt/M.".

（68）一九九九年には、二件の不問処分があった。Bundeskartellamt Pressestelle, 27. 9. 1999, "Kein Untersagungsverfahren gegen Metro wegen des Verkaufs unter Einstandspreis"; *dies.*, 27. 10. 1999, "Kein Untersagungsverfahren gegen REWE wegen des Verkaufs unter Einstandspreis". しかし、連邦カルテル庁は二〇〇〇年九月一日の三件の決定において、いずれも小売店における食糧品の仕入原価割れ販売を禁止した。BKartA, WuW/E DE-V 316 "Wal-Mart"; *dass.*, WuW/E DE-V 314 "Aldi-Nord"; *dass.*, B9-84/00 "Lidl Stiftung & Co. KG" 〈http://www.bundeskartellamt.de/B9-84-00_Lidl.pdf〉. 同庁は、二〇〇〇年一〇月一二日には二〇条四項二文についてのガイドラインを公表した。ここで、適用の重点は小売業にあることとなろうとしながら、この禁止は食糧品販売に限られるわけではないことを確認している。BKartA, Bekanntmachung Nr. 147/2000 des Bundeskartellamtes zur Anwendung des §20 Abs. 4, Satz 2 GWB 〈http://www.bundeskartellamt.de/VerkaufunterEinstandspreislastversion.pdf〉, S. 2. ただし、旧二六条四項（現行二〇条四項一文の前身）に関して下された唯一のＢＧＨ判決は、市場支配的ではない娯楽電子機器

小売業者による六ヶ月間に九回にわたって行われた音楽ＣＤのシステム的な仕入原価割れ販売によっては、構造的な競争基盤の持続的な侵害はまだ基礎づけられていないとして同項違反の存在を否定した。BGH, Urt. v. 4. 4. 1995, WuW/E BGH 2977 "Hitlisten-Platten". かなり高度な対競争効果を求める本判決により、二〇条四項一文については、その及ぶ範囲は限定されているといえよう。

〔付記〕　本稿は、平成一二年度日本学術振興会科学研究費補助金（基盤研究(C)(2)）の交付を受けた研究の成果の一部である。

〔追記〕　本稿脱稿後、行政改革大綱（平成一二年一二月一日閣議決定）を受けた形で平成一三年三月三〇日、「規制改革推進三か年計画」が閣議決定された。また、公正取引委員会は平成一三年四月二日、「酒類の不当廉売に関する考え方の明確化について」〈http://www.jftc.go.jp/pressrelease/01.april/010402.pdf〉を公表して、酒類流通ガイドラインのうち「その他不当に低い対価で供給」する場合についての考え方を明確化した。

10　取得時効の援用権者に関する覚書

関　武志

一　はじめに

(1)　例えば、①ある土地について所有権の時効取得を援用できる占有者がおり、この占有者から地上権または抵当権の設定を受けた者がいるときは、この地上権者または抵当権者も右の時効取得を援用できる、という結論は今日の学説が一般に認めるところである[(1)]。ここでの地上権者や抵当権者は、占有者が所有権を時効取得できるかどうかにより、各々が有する権利の存続について影響を受けるという法律上の利害関係を有する立場にある。この点、例えば右の占有者から当該土地の所有権を譲り受けた者も、占有者であった譲渡人が所有権を時効取得するかどうかによって影響を受けることに変わりがないから、この譲渡人のところで既に所有権の時効取得を援用することができた以上、右の譲受人も（現実に占有しているかどうかに関係なく）

譲渡人の自主占有を引用して時効取得を援用できてよいこと当然であり、[2]ただ、自主占有者は土地を譲渡したために時効援用の機会を失い、譲受人だけが援用できる立場に立つという点において、ここでの譲渡のケースは自主占有者でない前述した地上権者や抵当権者の場合とは異なっている。また、②土地の占有者が所有権を時効取得するかどうかによって存続に影響を受けるという前述の利害関係は、この占有者から当該土地を借り受けた者についても少なからず認められようから、そうであれば、かかる借主も、取得時効を援用することで、自己の土地利用権を存続させることが許されなければならないという解釈も十分に予想できるだけでなく、[3]さらには、③借地人が所有する家屋の借主も、当該土地の自主占有者に所有権が帰属するかどうかによって借家権の存続いかんが定まる、という法律上の利害関係を有していると言うことができるため、前記①の場合とパラレルに、この借主も時効取得を援用できてよいと解する学説が見受けられるのであるが、[4]しかし後述するように裁判実務は右の借主による援用を認めてきていないなど、[5]必ずしも統一的な解釈状況にあるわけではなさそうに見える(以下では、前述の援用事例を①〜③の順に「地上権者等ケース」「土地借主ケース」「借家人ケース」と呼ぶ)。

ところで、仮に右の各ケースにおいて援用を認める旨の解釈に従ったにせよ、この解釈は、そこでの地上権者・抵当権者、土地借主、借家人が固有の法的立場で時効取得を援用できるとする法律構成にあるものか(以下、かかる構成を固有権的構成という)、それとも時効取得を援用できる自主占有者の権利がこれらの者によって代位行使された結果にすぎない、という法律構成を前提とするものか(以下、こうした構成を代位権的構成という)。この点、前述した土地譲受人の場合であれば、この譲受人は、譲渡人のところで既に完成していた取得時効の援用権と、それから自らの自主占有によって完成した取得時効の援用権、という二つの援用権を行使することが可能であったから、これとの比較で言えば、例えば「地上権者等ケース」における地上権者および抵当権者はもとより自主占有している者でないため、こうした者に所有権の時効取得を援用できる固有の権利あり、と言うにはそもそも無理があると考えられなくはない。だから、右の地上権者や抵当権者は、土地の自主占有者のところで発生した取得時効の援用権を、この占有者に代って行使することができるという、いわば代位権的構成こそが許されるにすぎないと言えそうである。ところが、これまで学説の多くは、援用権者は誰かという問題設定の下で、例えば地上権者や抵当権者には援用権が存するかを論じてきたため、その解釈姿勢としては専ら固有権的構成を前提に解釈論を展開してきたのではないかと考えられる[6]。もとより、固有権的構成に従うことは、固有の援用権を有する者は誰かという援用権者の範囲を正面から画する考察が必要となり、この考察に伴って、時効制度の存在理由や時効の効果との関係が着目されることになると考えられる。だからこそ、右の①〜③における援用の可否が、従来、民法一四五条にいう「当事者」とは誰か(すなわち援用権者の範囲いかん)という問題設定の下で論じられ[7]、その際、学説は、時効制度の存在理由や時効の効果に少なからず関連づけて、右の援用権者に関する範囲を論じてきたと言い得るのである(もしも代位権的構成を前提に、例えば取得時効の援用について可否を決しようとするならば、そこでは民法四二三条の適用との関係、さらにはこの適用による結論の当否などが必然的に論じられなければならないと考えられるところ、こうした論述は筆者の認識する限りごく少数に止まっている[8])。

一方、時効制度の存在理由や時効の効果との関係、ひいては時効の援用権者の範囲に関する解釈状況については、既に多くの優れた先行業績によって余すところなく整理されてきている[9]。そこでの議論に見られる要点の一端をごく大雑把に摘示したならば、例えば時効制度の根本的な存在理由を「社会の法律関係の安定を図る」という点に求めるか、それとも「権利の上に眠っている者を保護しない」とか「証拠保全の困難を救済する」ことに軸足を置くかにより、そして時効制度は権利者と非権利者の何れのサイドに立って保護を図ろうとするものかとも関連して、前述した「当事者」の範囲に関する解釈は多岐に分かれているほか、[10]時効の効果と援用（および中断）の関係を実体法のレベルで捉えようとするか、それとも訴訟法の範疇で論じようと試みるかによっても右の解釈は影響を受けるなど、[11]実に様々な主張が展開されてきたと言うことができる。なるほど、時効の援用権者を確定するうえでは（そして少なくとも具体的事例を前に援用の可否を論ずるためには）、時効制度の存在理由や時効の効果をどう解すべきか、ということがかなり重大な要素をなしていることは、今さら言及するまでもないほどに自明のことである。しかし、右の存在理由等に関する考察を背景に導かれた解釈はすこぶる多岐に亘っている実情が見受けられ、従って「時効に関する諸論点の解釈論をするにさいしては、最後のところ、時効の効果を広く認めるのが妥当か、狭く制限するのが妥当かといった、根本的な立場によってしか決めようがない[12]」とさえ言われるまでに至っている。こうした解釈状況は、取得時効を例に示せば、とりわけ「土地借主ケース」や「借家人ケース」などにおいて看取でき、各々のケースにおいて土地借主または借家人の援用を認めるべきか否かを巡っては、学説はもとより裁判実務の間でも依然として定まっていない状況にあることも多言を要しまい。[13]このように援用権者の範囲について定説が確立されないままに止まっている背景には、前述したように、存在理由や時効の効果をどう捉えるかという観点だけからでは必ずしも演繹的に定まるわけではなく、従ってたとい一つの解釈を前提に論を進めたにせよ、右の範囲を決するうえで自明の理として結論づけられそうにない、という実情が潜んでいると思われる。

その際、これまで学説は固有権的構成の下で論じてきているという前述の評価が的確であるならば、こうした構成に基づいた解決はそれ自体が再検討されるべき必要性を含んでいるように思われる。すなわち、前述したように、土地の譲受人との比較で言えば地上権者や抵当権者について代位権的構成に従うことが考えられなくはなかった。だから、もしも各々の構成には結論上の違いが存するならば、何れの構成こそが適切な考え方であると言うべきかである。これに答えるためには前述した固有権的構成について再検討が求められてよいはずである。もっとも、前述したように、代位権的構成は民法四二三条の適用との関係をどう捉えることになるものか、ひいてはこの構成による結論の妥当性いかんという問題を必然的に伴っている。つまり、同条を適用できる要件が具備している限り援用権は代位行使されてよいこと当然であるから、問題は、右の要件が具備する限度で援用権の代位行使を認めたならば不合理であると言うことになるのか、である。また、代位権的構成によるときは、その前提として、固有の援用権を有する者は前述の自主占有者に限られると狭く解釈されたところで、必ずしも不自然であるとは言い得ないのではないかと予想されるところ、実際、裁判実務は、周知のとおり、民法一四五条にいう「当事者」について、「時効の完成によって直接利益を受ける者」（以下、「直接利益者」と略称する）といった、援用権者の範囲をかなり縮減した基準を用いたうえで、[14]これに該当するかどうかを結論づけてきているなど、あたかも代位権的構成に通ずるかのような解釈姿勢がそこから窺えるのである。しばしば裁判実務が引用してきている右の援用権者基準に対しては、基準としての意味の乏しさや曖昧さ、さらには基準自体の実効性が疑問視され、また援用権者の範囲を拡張すべしといった批判が多くの学説によってなされてきているが、[15]単に基準による判断の広狭という量的な違いに止まるものか、[16]むしろ右の「直接利益者」という基準は固有権的構成と関連づけて考えられるものか、といった点にまで遡って考察することが肝要であると思われる。けだし、裁判実務がこれまで漫然と前述した「直接利益者」という基準を繰り返しているとは考え難いからである。

(2) 以上に述べてきた問題意識の下で、本稿はいささかなりとも援用権者の範囲に関して考察を試みるものである。その具体的な主眼としては二つある。一つは、援用権者が定められた規定の史的経緯を分析することで[17]、援用権者の範囲という解釈問題が現行民法典の下で生ずることとなった法的仕組みを析出し、この法的仕組みに照らしたならば、前述した固有権的構成と代位権的構成のどちらが時効の援用を論ずるうえで適切か、という点について考察を試みることであり、もう一つは、右の史的経緯との関連で言えば、これまで裁判実務が頑なまでに引用してきた「直接利益者」という基準はどう評価されようか、そしてこの基準が拠り所とする構成を具体的に検証するとどうなるか、という点について検討することである。従って、本稿では、時として時効制度の存在理由や時効の効果について言及することがあるにせよ、これらとの関係で(すなわち、この存在理由等から演繹的に考察せんとする解釈手法で)前述した援用の可否を論じようとするものではない。

なお、本稿における考察については予め次の二点をお断りしておきたい。第一は、本稿の考察対象を取得時効の場合に限定する、という点である。時効援用の可否を扱った公刊裁判例としては取得時効の場合よりも消滅時効に関するものの方が圧倒的に多く、これまでの学説は、援用権者の範囲に関する解釈を、各々の時効ごとに殊さら区別することなく論じているのが一般的であった。この点、本稿で二つの時効を対象に論ずることは紙幅の制限という事情から困難であるというだけでなく、現時点において、消滅時効の場合における援用の可否という問題を、取得時効の場合との比較のうえで十分なまでに考察できていないため、ここでは、取得時効における援用の可否という解釈問題に限定して考察することとしたい。第二は、更なる限定として、取得時効の援用という右の解釈問題を前述した三つのケースを念頭に論じたい、という点である。これまで援用の可否が争われた公刊の裁判例としては消滅時効に関する事案がすこぶる多かったのに比して、取得時効の援用に関する公刊の裁判例はさほど多くは存しないのであるが、錯綜した問題状況を前にしたとき、これらのケースを題材に裁判実務の援用権者基準を考察する、という姿勢は解釈上の混乱を少なからず回避できるのではないかと考えたからである。

こうした限定を前提に、以下では、まず援用権者の範囲に関する規定の沿革小史を取り上げ(二)、この小史を踏まえて、前述したケースを対象に裁判実務の見解を分析することでその拠り所となっている構成を検討し(三)、最後に、この構成を具体的な視点から考察することで「結び」としたい(四)[18]。

二　援用権者の規定に関する沿革小史

(1)　ボアソナード草案一四三〇条一項と旧民法典の証拠編九三条一項によれば「総テノ人」は時効の援用が許され、また同草案一四三四条一項と同編九七条一項は、「時効ヲ援用スルニ利益ヲ有スル当事者」の「承継人」はすべて時効を援用できると定めていた[19]。つまり、ボアソナード草案と旧民法典における、誰が時効を援用できるかを直接に定めた規定はこれらの条項にほかならなかったわけである。ところが、右の九三条は、「誰レデモ時効ハ援用ガ出來ル」「誰ニ對シテモ援用ガ出來ル」、そして「特別ノ明文ヲ以テ禁ジテナイ以上ハ時効ガ法律デ極メテアレバ其規則ヲ誰レデモ援用ガ出來ル」ということは「言ハヌデモ知レタコト」[20]との認識から削除され、また前述した九七条一項も、「寔ニ言ハズトモ知レタ明カナ事」、つまり「承繼人」というものは「當事者ノ權利ヲ承繼グ者」であるから、「當事者ノ持ツテ居ツタ時効ノ權利」はやはり「承繼人ガ承繼グ」のであって、このことは「別ニ疑ヒナイコトト考ヘマシタ」[21]、という理由から現行民法典に明記されることにはならなかった。しかも、時効観を「法律上ノ推定」に求める、いわゆる推定説を基本としてきたボアソナード草案（一四二六条参照）や旧民法典（証拠編八九条参照）におけるとは異なり、現行民法典における時効制度はこの推定説を廃して、いわゆる実体法説（しかも確定効果説）の立場から定められたというものであったが[22]、それにも拘わらず、現行民法典の時効制度を直接に起草した梅謙次郎の説明によれば、ボアソナード草案および旧民法典におけると等しく、時効の援用は右に引用したとおり「誰レデモ援用ガ出來ル」と認識されていたのであるから、結果として、ボアソナードと梅との間には援用権者の範囲について差違がなくなってくると考えられる。

一方、前記一で触れてきたように、時効の援用権者に関する解釈の規定として民法一四五条がしばしば引用されてきており、同条がフランス民法二二二三条を基調とし、いわゆるボアソナード草案一四三三条一項、そして旧民法典の証拠編九六条一項を経て現行民法典へと受け継がれた、という立法経緯については既に多くの者によって指摘されているところである[23]。しかし、右の九六条一項と、その前身であったボアソナード草案一四三三条一項の制定趣旨は、「他人（判事）ヨリ當事者ノ心中ヲ穿チ且想像シテ取得又ハ免責アリタルモノトシテ之ヲ適用シ得サル」もの[24]、という点にあった。つまり、右の一四五条は、「少なくとも当事者が援用しないのに裁判所が職権をもって時効の結果を認めてこれを裁判の基礎としてはならないという消極的意味をいい現わしている規定」[25]にすぎないのであって、時効の援用権者を直接に定めた規定ではなかったのである。そうであれば、起草委員が、「誰レデモ援用ガ出來ル」という理解の下に、「言ハヌデモ知レタコト」との認識から、誰が援用権者であるかについて直接の規定を設けなかったということは、援用権者の範囲に関する解釈を論ずるための立法基盤が法典内から欠落する、という結果を出来させたことを意味している。つまり、民法一四五条にいう「当事者」は、厳密に言えば、単に「裁判の当事者」、すなわち「訴訟当事者」であることを意味していたにすぎなかったのであるが(26)、援用権者を正面から定めた規定が立法化されなかったという前述した事情から、結局、同条にいう「当事者」の意味は単に「訴訟当事者」に止まらず、進んで誰が援用権者かという問題をも云々するための解釈基盤としてまで機能する文言となってしまった、ということである。

しかし、ことはこれだけで終止せず、むしろ右に述べた立法化の不要という扱いはより深刻な問題をもたらす要因となったこと、つまり「言ハヌデモ知レタコト」として削除されたために、「誰レデモ援用ガ出來ル」と言っては済まされない解釈上の困難な問題を引き起こす結果を招来させてしまった、という事実が看過されてはならない。すなわち、「言ハヌデモ知レタコト」という認識から、ボアソナード草案一四三四条および旧民法典の証拠編九七条、それから同草案一四四〇条および同編一〇三条という一連の諸規定が削除されたという事情は、援用権者の範囲を特定するうえですこぶる重大な影響を与えたと考えられるのである。まず、前二ケ条における第一項は、すべての「承継人」に援用行為を許していたこと前述してきたとおりであるが、この「承継人」に許される援用には「其当事者ノ権ニ基キテ」という限定が付されており、右の援用は代位権的構成の下で許されるものであることが法文から明らかであった。また、その第二項では、いわゆる「債権者」が時効を援用するときは、債権者代位権制度を定めた規定（ボアソナード草案三五九条、旧民法典の財産編三三九条）に従うことで、この援用は許容されていたにすぎない。だから、前述した草案一四三〇条および証拠編九三条によれば「総テノ人」は時効を援用できるのではあるが、「承継人」であれ「債権者」であれ、時効を援用するときは援用権を代位行使することができたにすぎない。もっとも、「債権者」による代位行使には特に債権者代位権制度の方法に従う旨の拘束が課されていたため、これとの比較で言えば、すべての「承継人」に許された時効の代位行使は右の制度との関係でどのような関係にあるのか、という疑問が生じてくる。一方、前述した草案一四四〇条および証拠編一〇三条という後二ケ条は、この「債権者」が、「廃罷訴権」制度（草案三六〇条以下、財産編三四〇条以下）の「条件及ヒ方法」に従うことで、詐害による援用の放棄を「廃罷」できるという方策を定めていたため、この方策が右の代位権的構成とどう関連し合っているのか、という疑問も生じてくると考えられる。こうした疑問に対しては、右に掲げた一連の諸規定がフランス民法二二二五条を基調としている関係から、同条に関する解釈の中にその解決策を見出すことができる。そこで、この議論を以下に一瞥することで右の疑問に答えよう。

(2)　フランス民法二二二五条は、たとい「債務者または所有者」が時効を「放棄」したにせよ、「債権者」または「時効の完成につき利害を有する他のすべての者」（これらを以下では「利害関係者」と一括して呼ぶ）は時効を援用できる、と定めている。[27] すなわち、時効の援用権は債務者の一身専属権ではない、[28] という前提の下に広く「利害関係者」は援用権を行使することが許されているのであるが、その一方で、同条の位置づけを巡っては消滅時効と取得時効とによって区別されないままに解釈上の争いが展開されてきた。[29] この争いにおける主要なものが、前述した二二二五条と、それから債権者代位権または詐害行為取消権を定めた規定（前者につき一一六六条、後者につき一一六七条）との関係をどう捉えるべきかに関してであり、この関係については次の三説が主張されてきたのである。すなわち、第一説は、右の二二二五条が一一六六条および一一六七条に規定された一般原則の下で時効の援用を許している、と解する立場である。[30] 同説は、「債務者または所有者」が時効を援用しない間または時効の利益を放棄しない間で、「利害関係者」がこれらの者に代わって時効を援用できるとし、また「債務者または所有者」が詐害により時効の利益を放棄したときは、この放棄を取消させることができると解するため、右の説によれば、援用権者に関する二二二五条は単に一般原則が適用される場合の一例を定めた規定にすぎないこととなる。(31)第二説は、「債務者または所有者」が時効を放棄しない場合であれば「利害関係者」は援用できると解する立場であり、(32)そこでは時効の援用または放棄について「債務者または所有者」の良心(conscience)が尊重されている。最後に、二二二五条は前述した一一六六条および一一六七条とは無関係または例外をなす規定であり、従って詐害の有無に拘わらず「債務者または所有者」の放棄は無効となる扱いを許したものである、と解する第三説である。(33)このうち、ボアソナードは第一説を支持する立場にあった。すなわち、「債務者または所有者」が時効の援用を「怠リシ場合」のほかは前述した一一六六条の適用と違いはないとし、この「怠リシ場合」に「利害関係者」の援用を許している前述の二二二五条は、当該援用が「債務者または所有者」の「一身上ニ管セサル者タルヲ云ハンカ爲メ」、特に「利害関係者」は援用することができると「明言」した規定である、と解していたのである。(34)そして、前述したように、ボアソナード草案および旧民法典は「総テノ人」と、それから「承継人」のすべてに時効の援用を認めると規定しながら、その一方で、「債権者」を詐害して時効利益の放棄がなされたという場合における「債権者」の保護は、いわゆる「廃罷訴権」制度の活用に委ねられていたのであるが、これはフランス民法典の下で展開した前述の第一説が基本的に法定されたからにほかならない。だから、「債権者」に許される代位行使は「債務者または所有者」が援用権を怠っている場合に価値がある、ということを意味していると言い得る。(35)その上、「債務者または所有者」に属する援用権の代位行使が許されるにすぎないから、この代位権的構成の下では、「承継人」であれ「債権者」であれ、代位行使による援用の効果は絶対的なものとして扱われる、という解釈もその論理的な帰結として当然であると捉えることができる。こうした効果は、時効が「総テノ人」に対して「進行」する、と定めていたボアソナード草案一四三〇条二項および旧民法典の証拠編九三条二項とも符合している、と言えよう。もっとも、当時におけるフランス学説の多数説によれば、二二二五条により「利害関係者」の時効援用が認められていたとはいえ、その一方で、不動産の占有者から当該不動産につき物権を取得した者は、自己に譲渡された権利を独自の利益で（pour leur propre compte）有しているとされ、従って占有者が時効の利益を放棄したにせよ、この占有者から物権を取得した者には固有の援用権が認められる（つまり、この者は二二二五条、一一六六条および一一六七条の適用によるまでもなく時効を援用できる）、と解釈されていたことにも注意する必要がある。(36)

以上に述べてきたように、フランス民法典の下では「利害関係者」は時効を援用できると法定されており、その結果として、二二二五条は債権者代位権制度の一般原則を前提とした確認規定に止まるものか、それとも一般原則のほかに代位行使できる場合を認めたと解すべきかなどを巡って争いが生じたにせよ、同条の存在は「利害関係者」に許される援用権の範囲を論ずるための解釈基盤となっており、そこでは時効の援用につき代位権的構成を前提とした解釈が展開していたのである。ところが、ボアソナード草案一四三四条および一四四〇条を経由して、前記二二二五条を基本的に継受した旧民法典の証拠編九七条および一〇三条が、前述したように、現行民法典の起草委員による認識に従い、「言ハヌデモ知レタコト」として立法化されなかったということは、わが国において「利害関係者」による時効の援用が、法形式上、民法四二三条の適用から全く切り離された形で独自に解決される結果となった。(37) けだし、ボアソナードが援用権の一身専属性を否定するため、[38]あえて草案一四三四条を設けたという立法的配慮は現行民法典から全く姿を消すことになったからである。この点、現行民法典の下でも、その四二三条および四二四条がフランス民法一一六六条および一一六七条に類似する制度を一般的に定めているため、起草委員としては、前述した第一説の下で、あえて右の九七条二項および一〇三条のような規定を設ける必要なし、と考えて立法化を試みなかったものかもしれない。しかし、この九七条および一〇三条に類する規定の立法化を否定したことは、「利害関係者」による援用権の代位行使が民法四二三条の適用以外でも許されようか、という問題を云々するための解釈基盤を現行民法典から欠落させただけに止まらず、より本質的に、時効の援用に関する代位権的構成を特に明示するための必要性すらも顧みなくさせることとなったのである。

(3)　もっとも、フランス民法二二二五条は、たとい「債務者または所有者」が時効を「放棄」した場合であろうと、前述したように「利害関係者」に対して時効の援用を許していたのであるが、ボアソナード草案および旧民法典にはこうした援用を認める文言は意図的に排除されることとなった。そこで、(放棄の「自白」に関する同草案一四三三条二項と一四九八条一項、それから同編九六条二項と一六一条とが創設されていたことのほかに)右の文言が欠如されたという事情からフランス民法典との違いが説かれている。[39]しかし、前述したように、「放棄」があっても許される援用は「債務者または所有者」が時効を援用しない状態でのことか、それとも「債務者または所有者」が明白に放棄したところで、「利害関係者」には援用できる余地があるということかなどについて曖昧であり、従って前述したようにフランス学説には解釈上の争いが生ずることとなったため、ボアソナードは、前者の意味を明らかにして右の争いを回避せんとの意図から、前述の文言を明記しなかったからにほかならない。[40]要するに、フランス時効制度が孕んでいる不明瞭性をボアソナードがその草案の中で克服せん、とした配慮に基づいているのであるから、前述した草案が彼による「創造」であったとの評価は間違いではないとはいえ、[41] 右の二二二五条に関する限り、彼の独創性に富んだものと強調して受け止めるべきではなく、フランス民法典における時効制度の修正か、少なくともその補正と言うべきであって、この法典と同一線上にあるところを看過すべきではあるまい。前述したように、右の諸規定に類した条項は旧民法典の証拠編にも見受けられるのであるが、かかる条項は「言ハヌデモ知レタコト」という理解の下に現行民法典では立法化されなかったため、時効援用権の一身専属性いかんに発して、「債務者または所有者」以外の者が援用できるかどうか、できるとしても援用方法いかん、などに関する解釈のすべてが(援用権者の範囲に関する直接の規定ではない)民法一四五条にいう「当事者」の解釈問題に包摂されることとなった、と言うことができる。

(4) 以上の史的考察を踏まえたならば次のことを言い得るであろう。すなわち、現行民法典の起草委員が、「言ハヌデモ知レタコト」として、旧民法典における援用権者の範囲を定めた規定を立法化しなかったという、起草委員が抱いていた認識を前提としたならば、援用権者の範囲に関する法的仕組みについて、現行民法典と旧民法典とはともに共通した認識の上に成り立っている、ということである。こう言い得るならば、立法化されることで明示されるべきであった、起草委員も異論を持っていなかったところの、援用権の一身専属性という性質は否定されなければならない、という扱いを解釈論として第一に承認する必要があるのではないか。しかも、この一身専属性という性質が否定されることの裏返しとして、援用権の行使はごく限られた者にのみ許され、これ以外の者である「利害関係者」の時効援用については、代位権的構成こそが起草委員の認識するあり方であったと言わねばならない。また、この「利害関係者」による代位行使は「債務者または所有者」が援用権の行使を「怠リシ場合」において専ら価値があり（つまり、「直接利益者」の良心を尊重すると、この者が時効利益を放棄したときはもはや代位行使は許されない）[42]、この代位行使が許される限りで時効の援用は絶対効が生ずることになる、との扱いが当然の帰結として導かれてくるものと思われる。さらに、「利害関係者」は債権者代位権制度を前提とする限りで援用権の代位行使が認められたにすぎない、という前述してきた立法的経緯を尊重したところで起草委員の認識に反するわけではなく、従って同趣旨の立法化が試みられたに等しい解釈が現行民法典の下でも求められているのである。[43]

三　裁判実務の見解に対する検討と位置づけ

(1)　既に前記一(1)で指摘したように、わが国の裁判実務は、取得時効の事案においても、援用権者を表わすための概念として「直接利益者」という基準を用いてきたのであるが、本来、援用の代位行使を認めるという構成は、代位行使される者の側に固有の権利としての援用権が存在することを前提としているはずである。例えば、所有権の取得時効という場合であれば、当該所有権を時効の完成により取得できる立場にある自主占有者だけが固有の援用権を有している者として扱われ、この者が時効取得するかどうかについて利害関係を有する者は右の援用権を代位行使できるにすぎない、と法律構成されることとなる。すると、代位行使される者のみに着目し、従って当該時効の完成によって直接に利益を有する者、つまり取得時効の完成により取得できる権利の帰属主体（いわゆる時効における直接の当事者）のみが援用権を有する、と観念したところで何ら不合理かつ不自然ではないと言い得るから、これとの関係で言えば、わが国の裁判実務が援用権者基準を「直接利益者」と概念づけてきた背景には、むしろ右に述べたような代位権的構成を前提とする姿勢が存在していたのではないか、と考えられる。[44] こう評価するのが（最上告審判決に代表される）裁判実務による援用権者基準の捉え方として自然であろう。[45] もっとも、「直接利益者」が固有の援用権を有すると解することは、右の構成が意味するところの半分が言い表わされているにすぎず、残りの半分に当たる部分として、援用の代位行使という側面も広く承認されなければならない。けだし、代位権的構成は正に「直接利益者」以外の者にも代位行使という形で援用を認めるものだからである。そこで、こうした構成との関係で、前記一(1)に掲げた各ケースを対象に、以下に公刊裁判例の立場を位置づけてみよう。

(2) もとより、公刊裁判例に現われた事案としては、「土地借主ケース」と「借家人ケース」とを挙げ得るにすぎない。まず、「土地借主ケース」に関してである。裁判実務が引用する援用権者基準の意味するところは、前述したように、代位権的構成の下で、時効における直接の当事者、すなわち当該権利を時効取得する場合における、この権利の直接の帰属主体という意味合いであったと捉えるならば、右のケースにおいて土地所有権を時効取得できる立場にある自主占有者こそが「直接利益者」として扱われるため、この立場にない土地借主には、援用権の代位行使という方法によってのみ時効利益を受け得るにすぎないこととなるのであるが、この点、公刊裁判例の立場はどうであろうか。

ところで、「土地借主ケース」を扱った公刊裁判例には、①前橋地判昭和四三年一〇月八日（判時五六一号六五頁（援用否定））、②東京地判昭和四五年一二月一九日（判時六三〇号七二頁（援用肯定））、③東京高判昭和四七年二月二八日（判時六六二号四七頁（②判決の上告審であり援用否定））、④東京地判平成元年六月三〇日（判時一三四三号四九頁（援用肯定））などがある。このうち、肯定裁判例（②および④の判決）は固有権的構成に従ったうえで、援用権者の範囲を広く解釈して当該借主を援用権者として扱っているのであるが、[46] 裁判実務の見解がこれまで代位権的構成を前提としてきているという前述の理解に従ったならば、右の②および④判決は従前の裁判実務とは一線を画していると解することになろう。また、使用借主が時効を援用したという事案において、①判決は、「時効取得すべき者といかなる法律関係に立つ者までが取得時効を援用しうるかについては、その権利の性質や時効の援用を認めることによって生ずる法律関係の合理性ないしは非合理性等を総合して、これを『当事者』とすべきか否かを決すべきである。」とし、無償で他人の物を使用する権利であって、債権としての性質上、この権利の法的地位は強固でないこと、援用を受ける相手方との利益衡量という見地からも特に借主を優先して保護すべき法律上の必要性に乏しいこと、援用を認めると時効の援用の相対効から使用貸借の本旨に反し、不合理な法律関係を招来することを摘示して、当該借主は民法一四五条にいう「当事者」たる立場にある者と言うことはできない、と判示している。この判決は、「直接利益者」という基準を引用していない点において、やはり従前の裁判実務におけるとは異なる立場にあると考えられるだけでなく、右の借主が「当事者」に当たるかどうかを問題視している限りで、この借主には固有の援用権が認められようかを論ずる視点に立っていると言うことができる。一方、③判決は援用権者の判断につき「直接利益者」という基準を用いたうえで、右のケースにおける借主はこの基準に当たらないとして後出の⑤判決を引用しているのであるが[47]、もしも従来の裁判実務が前述したような代位権的構成を前提としており、右の③判決もこれと軌を一としているものであるならば、当該借主が「直接利益者」に該当しないとして扱われたところで、もはや借主は時効の援用が一さい許されなくなるわけではないはずである。だから、右の③判決は②判決とは異なる解釈を展開し同判決を破棄して原審に差し戻したとはいえ、差戻し審としては借主による援用の代位行使という形で解決する余地が残されていた、と解すべきである。

また、「借家人ケース」に関する公刊裁判例としては、⑤最判昭和四四年七月一五日（民集二三巻八号一五二〇頁〔援用否定〕）を挙げることができる。そこでの借家人は「土地の取得時効の完成によって直接利益を受ける者ではない」と判示されているにすぎず、右の判決が代位権的構成についてどのような理解にあるものかは必ずしも明示されているわけではない。しかし、ここでも代位権的構成を前提に前述した意味合いで「直接利益者」を捉えたならば、借家人は「直接利益者」に該当しないこと当然であり、しかも前述した土地借主の立場以上にこの借家人は「直接利益者」から懸け離れていると言わざるを得ない。けだし、「借家人ケース」における借家人は、取得時効の対象となっている土地所有権の帰属主体ではなく、また時効取得が完成することで当該土地の上に存する家屋を貸主は所有し続けることが可能になると、その附随的効果として、単に、同地とは法的に別個の扱いを受ける家屋の賃借権を存続させることが可能となるにすぎないからである。[48]このように、借家人が「直接利益者」には当たらないという⑤判決の結論は、代位権的構成のサイドから極めて素直に導かれ得るものであるから、やはり前記引用の判決文はこうした構成を前提としていると捉えられるべきである。もっとも、その反面、前記(1)で述べてきたように、代位権的構成に従おうとするならば、「直接利益者」以外の者は代位行使という形で時効の援用が許されるのであるから、結局、最高裁としてはこの代位行使が可能であるか否かについて審理させるべく原審に差し戻すべきであった、と考える。

最後に、「地上権者等ケース」に関してである。このケースを直接の対象としている公刊裁判例は見当たらないが、[49]前記一における冒頭で述べてきたように、一般に学説は地上権者または抵当権者による援用を認めてきている。しかし、本来、地上権とか抵当権といった権利の存在を主張している者を、所有権の時効取得が問題になっている場合に、そこでの「直接利益者」として扱うことには無理があるのではないか、と考えられなくはない[50]。しかし他方で、もしもこうした解釈を是認したならば、「地上権者等ケース」における、地上権者等による援用の可否が代位権的構成の下で新たに論じられることを要するところ、右のケースにおける援用者は、「土地借主ケース」や「借家人ケース」における土地借主・借家人のような単なる債権者ではなく、地上権・抵当権といった制限物権の存在を主張している者であるから、これらについて土地借主や借家人と同レベルで援用権の代位行使を論ずることは許されようか、という点がすこぶる疑問になってくる。かといって、大方の学説が説くように、こうした地上権者等による援用を認める解釈が妥当であると解するならば、一体、どのような法的立場を根拠に右にいう援用の可能性を導くことになるのか、といった疑問も生じてこよう（これらの疑問については後記**四**(1)で考察する）。

(3)　要するに、「直接利益者」という基準を用いてきた裁判実務の立場では、時効の援用について代位権的構成がベースになっていると捉え、従って前述した二つのケースにおいて、何れの援用者にも固有の援用権を認めていない前述の裁判例（③および⑤の判決）も、右の構成を前提としていると解することが可能である。しかし、だからと言って、この裁判例における事案では全面的・一律的に時効の援用が許されないわけではないため、正面から援用の代位行使を論じていない裁判実務の態度は、代位権的構成としては、いささか中途半端な体裁になっていると解することができる。

ところで、時効の援用については現行民法典の下でも代位権的構成が基礎をなしていると理解したにせよ、この構成に従って援用の可否が論じられなければならない場合と、それから固有の援用権の存否を問題にしなければならない場合とを具体的に考察することが必要となってくる。この考察を前述した三つのケースを対象に行うことが本稿に残された最後の課題である。

四　結び――代位権的構成の検討――

(1)　フランス民法二二二五条によればすべての「利害関係者」が、またボアソナード草案一四三〇条一項および旧民法典の証拠編九三条一項では「総テノ人」が援用できると定められていた。だから、時効の援用権を「直接利益者」に限定し、これ以外の者は当該援用権を代位行使できるにすぎない（しかも債権者による代位行使は民法四二三条の適用を条件とする場合に限られる）、という代位権的構成を前提としたならば、この「直接利益者」が時効取得するかどうかについて利害関係を有する限り、広く右の代位行為をすることが許されてよいはずである（つまり、右の利害関係を有する者はすべて代位行使が可能となる）。すると、(イ)前述した三つのケースにおける援用は代位行使が許されるべき場合として扱われてよいものか、また(ロ)「直接利益者」の援用権が代位行使される場合では、当該援用の効果は、当然ながら、この「直接利益者」に対しても効力が及ぶ絶対的なものとして扱われることになるため（前記二(2)参照）、こうした援用の効果を認めることに支障があろうか、という疑問が生じてこよう。そこで、ここでは右の(イ)および(ロ)の観点から考察を試みたい。

まず、右の(イ)についてである。「地上権者等ケース」における地上権者や抵当権者を、「土地借主ケース」における借主と同レベルで扱うことについては既に問題性を示唆してきた（前記三(2)参照）。この点、フランス学説も不動産の上に物権を取得した者による援用を認めていたのであるが、それは、こうした物権を有する者（これには右の地上権者や抵当権者も含まれると考えられる）には独自の利益あり、との理由からこの者に対する民法二二二五条の適用は否定され、むしろ固有の援用権を右の者に認める解釈が採られていたからである（前記二(2)参照）。もっとも、不動産の上に物権を有する者が固有の援用権を有すると解する点について、フランス学説の中には、自ら時効取得できる者は他の「利害関係者」に対して一つの債務を負担する関係にあると解して、「債務者または所有者」の「利害関係者」に対する債務を観念するものが存するが、[51] この債務を観念できたならば直ちに右の物権者に固有の援用権が発生する、と解することには飛躍があるように思われる。[52] むしろ、本来、地上権や抵当権といった、所有権の内容がベースとなって権利概念が構築されてきた制限物権も、目的物を一部であれ直接に支配している限りにおいては、これらの制限物権が設定されている所有権と変わりはないと言うことができる。そうであれば、このような制限物権を取得した者は、この設定まで所有権によって支配されてきた内容の一部を、あたかも所有者から譲り受けたかのごとき立場に立つ（少なくとも目的物に対する支配を所有者と分有することとなった）、と捉えたところでこれが強ち突飛な解釈であるとは思われない。そして、制限物権を設定してきた土地の自主占有者が、真の所有者を相手に、「直接利益者」として固有の時効援用権を行使できることに異論はなかろうから、そうであれば、事実上、直接に土地を支配してきた、「地上権者等ケース」における地上権者等も、右の自主占有者との比較においては、当該土地に対する支配という面で本質的な違いがないと考えられ、結局、右の地上権者等はこの自主占有者と同様に固有の援用権を有する者として扱われるべきである。つまり、このケースにおける地上権者等は、等しく目的物に対する支配関係を確保せんとする立場から、そこでの自主占有者と同質の「直接利益者」にほかならないと考えるのである。フランスにおいても、右に纏めてきたように、不動産の上に物権を取得した者には固有の援用権が認められ、しかもフランス学説の中には、物権を有する右の者を譲受人（cessionnaires）と称して、この者のために固有の援用権を説くものが見受けられる。[53] こうした解釈状況は、前述してきた私見と考え方の筋道が共通するのではないかと思量される。もっとも、この「地上権者等ケース」における地上権者等に固有の援用権を認めたところで、これらの者は自主占有を有するわけではない。しかし、土地所有権の譲受人は、(当該土地について未だ占有を取得していなくても)譲渡人のところで存在していた自主占有のみを引用して時効取得を援用できること、既に前記一(1)において指摘してきたとおりである。こうした譲受人の立場と比較したとき、右の地上権者等についても、そこでの自主占有者が保持してきた占有を引用することで、取得時効を主張できる固有の援用権が認められてよいと考える。

次に、「土地借主ケース」における借主の援用についてはどう解すべきであろうか。ここでの借主は、言うまでもなく、自主占有者との間で賃借権という債権的利用権を有している、という場合である。このように「地上権者等ケース」における地上権者等とは本質的に法的立場が異なっているため、土地借主による時効援用の可否という問題は、自主占有者が有する援用権をこの土地借主は代位行使できようか、という観点から論じられなければならない。もっとも、右の借主は賃借権者という債権者にほかならないから、民法四二三条を根拠に、債務者である貸主が有する(固有の)援用権を代位行使できると一応は解することができるが、しかし同条の適用による右の代位行使には留意すべき点が存すると言わねばならない。それは、ここでの代位行使が共同担保たる責任財産を保全する場合(すなわち債務者が無資力である場合)に限定されるべきか、に関してである。本来、債権者代位権制度はいわゆる金銭債権を被保全債権とするため、右の四二三条が適用されるのはこうした保全の場合に限られること言うまでもない。しかし、ここでのケースにおいて借主が貸主の援用権を代位行使して保全せんとする債権は、右にいうような金銭債権ではなくして、前述してきた、特定債権としての債権的利用権である。この点、裁判実務は、早くから、保全せんとする債権の目的が債務者の資力の有無に関係する場合には債務者の無資力を要件とするが、債務者の資力に関係しない債権を保全せんとするときは、債務者の無資力という要件を問わないで代位行使を認めてきた（いわゆる債権者代位権制度の転用である）[54]。不動産賃借権に関する場合に、賃貸人が不法占拠者に対して有する妨害排除請求権は、前述した代位権制度の代表的な転用事例として挙げることができ、学説もこうした裁判実務の立場を一般に支持してきている[55]。援用権の代位行使を民法四二三条の転用事例として論じた裁判例は見当たらないが、前述した裁判実務および学説の下では、「土地借主ケース」において借主が貸主の時効援用権を代位行使するという場合も、賃借権という特定債権の保全が問題になっている限りでは、右にいう転用事例に属する場合であると解されてよく、従って貸主の無資力という要件は要請されるべきではあるまい。なお、貸主は時効利益を放棄することが可能であるが、この放棄が借主を詐害する目的でなされたときは借主は債権者取消権を行使できることになる。右のケースにおける借主の援用について代位行使という構成を採る以上、民法四二四条の適用が必然的に補完し合う関係に立つことは、前記**二**における考察からして多言を要しないであろう。

最後に、「借家人ケース」における借家人についてはどうか。この借家人についても、前記**一**(1)で触れてきたように、土地の自主占有者がこの所有権を時効取得することについて法律上の利害関係を看取できた。何よりも借家人は賃借権という債権的利用権を有しており、この利用権は借家人が土地借主との契約で生じた対人的な権利にほかならないから、前述した土地借主におけると等しく援用権の代位行使は許されてよさそうである。この点、最高裁判所は右のケースにおいて借家人による取得時効の援用を認めていないが、こうした結論は、前記**三**(2)で検討してきたように、右の借家人が「直接利益者」に当たらないという解釈を示したに止まり、本稿は、借家人による援用権の代位行使という観点からの判断がそこには依然として残されている、と解してきた。そこで、債権的利用権を有するこの借家人は、前述した土地借主におけると等しく、土地の自主占有者に属する援用権を代位行使できようかである。もっとも、「借家人ケース」において、土地所有権の時効取得を主張できる「直接利益者」は、代位権的構成の下では、この土地借主に対して土地を貸与してきた自主占有者であると言うべきだから、そうだとすると、右のケースで援用が問題になっている事情は、「土地借主ケース」におけるそれとの間で違いが存することを看取できる。すなわち、土地借主が自主占有者に属する固有の援用権を一般に代位行使できてよい、と解すべきことは「土地借主ケース」に関して既に述べてきたところである。一方、前述の借家人が、右の自主占有者による土地所有権の時効取得を主張し、従って土地借主に対して借地権を確保させたうえで、土地借主の所有する家屋に対する自らの借家権を確実にせんとすることは、結局のところ、土地借主に許される、自主占有者に属する援用権の代位行使を、借家人がさらに代位行使するという関係にあることを意味している。このように「借家人ケース」には「土地借主ケース」に見られない特色が存在するが、しかしかかる特色が存在するからといって、「土地借主ケース」におけるとは反対に、借家人による援用権の代位行使が一般に認められなくなると解すべきではあるまい。けだし、裁判実務は民法四二三条の解釈として債権者代位権の代位行使を認めてきており、学説上の多数説もこれを支持してきている状況にあるから、(56)こうした解釈状況を前提としたならば、やはり代位権的構成の下で借家人の代位行使は一般に否定されることにはならない、と考えるからである。その上、ここでの代位行使についても、前述した「土地借主ケース」に関して述べてきたことと同様の理由から、民法四二三条の転用事例として無資力の要件は問われないと解すべきである。また、同法四二四条の取扱いに関しても、右のケースに関して述べてきたことがそのまま妥当すると言えよう。

(2) 次に、前述した(ロ)の観点からの考察である。前記二(4)で唱えてきたように、代位権的構成は援用の絶対効を認めるものであったが、今日における学説上の通説はむしろ相対効説を採っており、その根拠は各当事者の独立かつ自由な意思に求められ、また相対的な扱いの例示として、数人の遺産相続人中の一人が取得時効を援用するという場合を挙げている学説が多い[57]。しかし、共同相続人のような一般承継人が相続分の限度で時効を援用できることは、相対効説に従うまでもなく当然の帰結であり、右の相続人を前述した地上権者等や土地借主などと同列に論ずること自体、不当であると言わねばならない。これらの者による時効の援用を相対効説の立場から論ずる学説は[58]、「直接利益者」が時効利益を放棄したという場合にも右の地上権者等や土地借主に時効の援用を認め、従って本来の所有者との間に地上権等や利用権に関する法律関係が成立（または移行）すると解するのであるが[59]、こうした同説の解釈に対しては既に不合理性が指摘されている[60]。それだけでなく、こうした学説はすべて固有権的構成を前提としているのであるが、本来、この構成自体が反省されるべきなのである[61]。

(3)　これまで代位権的構成は軽視されてきた。それは、民法四二三条の適用がかなり限定されているため、こうした事情の存在が具体的な事案において妥当な結論を導くことの妨げになると考えられていたのではないか、と推測できる。しかし、現行民法典の経緯を分析したとき、前記**二**(2)で触れてきたように、同条の適用を前提とした立法化が試みられていた事実があり、ただ、起草委員はこの前提を法典内に反映してこなかったという実情を看取できたのである。しかし、代位権的構成が本来の援用方法であると解するならば、裁判実務が引用してきた「直接利益者」という援用権者基準は、依然として解釈に委ねられている点を含んでいるとはいえ、まさに適切な視点を備えていたと考えられ、今後は右の構成に従うことで援用行為の可否が論じられるべきであると思われる。

（1） 我妻栄『新訂民法総則（民法講義Ⅰ）』四四六頁（岩波書店、一九六五）、五十嵐清ほか『民法講義Ⅰ総則』三三四頁（高木多喜男）（有斐閣、改訂版、一九八一）、幾代通『民法総則』五三八頁（青林書院、第二版、一九八四）、四宮和夫＝能見善久『民法総則』三七九頁（弘文堂、第五版、平一一）など参照。反対に、地上権者および抵当権者による取得時効の援用を否定する学説としては、田中恒朗「時効の援用に関する一視点」東海九号一〇九、一一一頁（一九九三）がある。

（2） 譲受人が譲渡人の占有を要件事実として主張できる取得時効には二つの場合がある。すなわち、一つは、前主の占有が譲受人へと承継するとして扱われるため、この譲受人は「自己ノ占有ニ前主ノ占有ヲ併セテ」主張することができるという場合であり（民一八七条一項参照）、もう一つは、「前主ノ占有ヲ併セ」るまでもなく既に「前主ノ占有」のみを基準に時効取得が完成しているならば、譲受はこの時効取得を援用することもできるという場合である。

（3） この援用を肯定する下級審裁判例としては、東京地判昭和四五年一二月一九日判時六三〇号七二頁および東京地判平成元年六月三〇日判時一三四三号四九頁を参照。反対に、援用否定の裁判例としては、東京高判昭和四七年二月二八日判時六六二号四七頁（前出東京地判昭和四五年一二月一九日の上告審判決）がある。このほか、土地の使用借主に関する前橋地判昭和四三年一〇月八日判時五六一号六五頁も参照。

（4） 一般に賃借人の時効援用を認める学説としては、福地俊雄「判批」評論一五五号一二五頁（昭四七）、幾代・前注（1）五三八頁などを参照。また、本文③における借家人の時効援用を肯定するものとして、松久三四彦「判批」リマークス二号一八頁（一九九一）参照。但し、右の借家人については否定説が少なくない。金山正信「判批」民商六二巻六号一〇二〇頁（昭四五）、豊水道祐『最高裁判所判例解説民事篇昭四四年度』一一二三、一一二七頁（法曹会、昭四七）を参照。

（5） 最判昭和四四年七月一五日民集二三巻八号一五二〇頁参照。

（6） 援用が一般に認められている「地上権者等ケース」を例に学説の解釈姿勢を垣間見ると、例えば我妻・前出注(1)四四六頁および四宮＝能見・前出注(1)三七九頁では、地上権者、抵当権者は「援用権がある」とか「援用権を肯定してよい」など、固有権的構成に従っていると受け取れる表現が見受けられる。また、幾代・前出注(1)五三八頁が、「援用権者」という項目の中で、右の地上権者等も土地占有者の「所有権取得時効を援用しうる」と述べている箇所だけに着目したならば、代位権的構成にあるかのごとく読み取れなくはないが、その一方で、賃借権者も「援用権」ありと記しているから、その真意は固有権的構成にあると推測できる（なお、坂嘉矩「判批」民商三巻六号一一七〇頁〔昭一一〕はこの構成にあることが明白である）。このように援用権者の範囲という視点から援用行為を承認するのが学説の一般的な態度であったと考えられる。但し、後出注(8)における金山説を参照。

(7)　このような問題設定の下で唱えられた、援用権者の範囲に関する学説の状況については、川井健『注釈民法(5)総則(5)』四四頁以下〔川島武宜編〕（有斐閣、昭四二）、山本豊「民法一四五条（時効の援用の意味および援用権者の範囲）」広中俊雄＝星野英一編『民法典の百年II』二九四頁以下（有斐閣、一九九八）などを参照。

(8)　援用権の代位行使についてはこれまで専ら消滅時効に関連してその当否が論じられてきたが（詳細は、遠藤浩「時効の援用権者の範囲と債権者代位による時効の援用」手形研究四七五号一〇七頁以下〔一九九三〕を参照。なお、消滅時効を例に代位権的構成を唱える近時の学説として、平野裕之『民法I総則・物権法』一一七、一一八、一二四頁〔新世社、一九九八〕がある。）、取得時効について代位権的構成を明白に提唱しているのは金山・前出注(4)一〇二〇頁である。すなわち、地上権者、抵当権者などが各自の権利を確定させるため、この者らに土地占有者の時効取得について確定させることを認めたところで、かかる占有者の援用意思を無視することにはならないであろうと解し、その方法として右の地上権者らが占有者の援用権を代位行使する、という法律構成が示されている。また、石口修『時効の援用権者』理論の再検討」地域政策研究一巻二号二一一頁（平一〇）は、「取得時効に関しては、債権者代位権の利用を積極的に認めるべきである」とするが、その要件、範囲については明らかでない。なお、田中・前出注(1)一一二頁は右の代位行使を否定するが、占有者が時効の援用をしないことは考えられないという理由から、取得時効における援用権の「代位行使の許否については論争の実益はない」とも述べている。

(9) 近時の文献では、松久三四彦「時効の援用権者」北法三八巻五・六号合併号下巻（昭六三）所収、前注における石口論文、前出注(7)における山本論文などを挙げることができる。

(10) 時効制度の存在理由に関する学説状況については、星野英一「時効に関する覚書」『民法論集第四巻』所収（有斐閣、昭五三）、松久三四彦「時効制度」星野英一編集代表『民法講座1民法総則』所収（昭五九）、曽田厚「自由意思と時効」加藤一郎先生古稀記念『現代社会と民法学の動向下』所収（有斐閣、一九九二）などを参照。また、ボアソナードおよび現行民法典の時効に関する規定の起草を担当した梅謙次郎の時効観につき、内池慶四郎「時効の制度倫理と援用の問題」『消滅時効法の原理と歴史的課題』所収（成文堂、平五）を参照。

(11) この解釈状況に関しては、安達三季生『注釈民法(5)総則(5)』三八頁以下〔川島武宜編〕（有斐閣、昭四二）を参照。

(12) 星野・前出注(10)三〇〇頁。また、内池・前出注(10)二一三頁は、「時効の援用の問題は、(中略)、単に推定か得喪かという効果上の理論構成から概念論理的に導きだされるものではない。」、と述べている。

(13) 前出注(3)および(4)を参照。

(14) 消滅時効の事案に関する大判明治四三年一月二五日民録一六輯二二頁が、この援用権者基準を示した最初の公刊裁判例であるとされているが、取得時効の事案に関して「直接利益者」の基準を引用する最上告審の裁判例としては、大判大正八年六月二四日民録二五輯一〇九五頁、大判昭和一〇年一二月二四日民集一四巻二四号二〇九六頁、前出注(5)に引用した最判昭和四四年七月一五日などがある。

(15) 松久・前出注(4)一七頁、同「時効援用権者の範囲」金法一二六六号六頁（一九九〇）など参照。裁判実務を批判する学説については、山本・前出注(7)二八八、二八九頁および二九一頁注(51)に引用された諸学説を参照。

(16)　学説の中には、裁判実務が次第に援用権者の範囲を緩和してきていることに好意を示し、これが学説による影響を受けてのことであるかのように受け止めているものが見受けられる（例えば、遠藤・前出注(8)一〇六頁参照)。こうした学説は、裁判実務の従前における解釈姿勢が時代遅れであると解してきたわけではないにせよ、「直接利益者」という基準の評価が十分なまでに的確に捉えられているとは思われない。この詳細は裁判実務の拠り所とする考え方を探究することでより慎重になされなければなるまい。

(17)　もっとも、時効援用の沿革については、いわゆるボアソナード草案、旧民法典、そして現行民法典に至るまでの時効制度の存在理由や時効の効果等に関連して、既に優れた分析が数多く公表されてきている（内池慶四郎『出訴期限規則略史』（慶応義塾大学法学研究会、昭四三)、同・前出注(10)などはその代表的なものである)。本稿はこれらの業績に学ぶところが多かったとはいえ、この上塗りをしたり繰り返すことはできるだけ避け、むしろ本稿の目的との関連で、これまでの沿革についていささか見方を代えた視点からの分析を試みたい。

(18)　紙幅の都合から本稿での引用文献は最少限に止めることをお断りしておく。

(19)　ボアソナード草案一四三〇条と同草案一四三四条との関係については必ずしも明らかではないが、右の一四三〇条に匹敵していた旧民法証拠編九三条と同編九七条との関係については、前条は「單ニ時効ヲ援用シ得ル人ニ關スル原則ヲ示セシモノ」であって、その詳しいことは「第九十六條及ヒ第九十七條ニ規定シアルヲ以テ宜シク該條ニ就テ之ヲ觀ル可シ」、と解されていた。岸本辰雄『民法正義證據編』四三三頁（信山社、平七復刻）参照。

(20)　法務大臣官房司法法制調査部監修『法典調査会民法議事速記録一』四一〇頁（商事法務研究会、昭五八)。

(21)　法務大臣官房司法法制調査部監修・前注四一一頁。

(22) この点は既に多くの者が指摘してきたところである。差し当たり、内池・前出注(10)一八七、一九一頁以下を参照。

(23) 旧民法典の証拠編はボアソナードの法理の「制度的表現」であり、それは「単にフランス民法の承継というよりも、彼のフランス民法典批判に基づくボアソナード時効法の創造であった、というも過言ではない。」とされ、また「これに対する明治民法典の時効法理は、その基本的姿勢において、あまりにも反ボアソナード的」であったとも言われているが（内池慶四郎『出訴期限規則略史』九頁〔慶應通信、昭四三〕。なお、星野・前出注(10)一九七頁、山本・前出注(7)二六一頁も同旨)、かような理解と本文に述べたこととの関連については後述する。

(24) 岸本・前出注(19)四四八頁。なお、磯部四郎『大日本新典民法〔明治23年〕釋義証拠編之部』二九四頁（信山社、平九復刻）も参照。

(25) 末弘嚴太郎『民法雑記帳（上巻）』一九七頁（日本評論新社、昭二八)。

(26) 末弘・前注二〇二頁参照。

(27) フランス民法典がこのように時効の援用権者を広く捉えていたのは、時効の完成について「利害関係者」に援用権を認めないと、いわゆる時効完成者に――良心に従うという口実の下に――欺く余地を与えることになって適切でない、といった点にあったようである（金山直樹『時効理論展開の軌跡』三二六頁〔信山社、一九九四〕参照)。

(28) V. Marcadé, *Explication du code Napoléon, Commentaire-traité théorique et pratique de la prescription*, t. 2, 6e éd., Paris, 1867, p. 58, n° 49参照。

(29) 以下の学説状況については、主として、V. Marcadé, *op. cit.*, pp. 58-65, n°s 49-54およびF. Mourlon, *Répétitions écrites sur le troisième examen de code Napoléon contenant l'exposé des principes généraux leurs motifs et la solution des questions théoriques*, t. 3, 8e éd., Paris, 1870, pp. 739-742, n°s 1793-1799を参考

にした。

(30) 現在のフランス学説もその主流はこの立場にある。H., L. et J. Mazeaud, *Leçons de droit civil*, t. 2, 2e vol., 7e éd., par F. Chabas, Montchrestien, 1989, p. 241, n° 1512; G. Marty et P. Raynaud, *Droit civil*, *Les Biens*, 2e éd., Sirey, 1980, p. 255, n° 197参照。

(31) もっとも、「債務者または所有者」が時効を「放棄」したにせよ、二二二五条により「利害関係者」は時効の援用が許されるため、この「放棄」した事実をもって詐害と見て構わないか、また詐害の事実が判明しない場合における「利害関係者」の援用いかん、について解釈は微妙に分かれていた。例えば、一一六七条の適用に要する事実の存在を要求する見解もあれば（この見解に関する詳細はF. Mourlon, *op. cit.*, n° 1795を参照）、原則として詐害の事実を必要としながら、しかしその証明は厳格でなく、「放棄」したことによって「利害関係者」に損失が生ずる事実を証明すれば、この詐害は推定されると解するもの（V. Marcadé, *op. cit.*, p. 62, n° 51）も存したのである。

(32) 「債務者または所有者」が時効を「放棄」した場合であれ、二二二五条は「利害関係者」に対して時効の援用を許しているため、第二説は、この「放棄」した場合とは「債務者または所有者」が時効の援用を怠っている場合の意味である、と解釈する。V. Marcadé, *op. cit.*, p. 58, n° 49参照。

(33) 二二二五条は、債務者が債権者を欺くことで、債権者の担保となっている債務者の財産が流出することを防ぐ趣旨にあるから（前出注(27)参照）、もしも一一六七条の規定どおりに二二二五条の適用を許すとすれば、債権者は、債務者の財産を吟味するために幾多の煩わしさを負担したり、期日も要するといった損害を被ることになるなどが論拠とされている（詳しくはF. Mourlon, *op. cit.*, p. 740 n° 1979参照）。

(34) ボアソナード『佛國民法期滿得免篇講義』一八～二一頁（司法省藏版、明一三）。

(35) こうしたボアソナードの理解は、フランス民法二二二五条に対する彼の解釈を通しても看取することができる。けだし、彼は、①「債務者または所有者」が援用権を怠っている場合、②「債務者または所有者」が許害して時効利益を放棄した場合、③「債務者または所有者」が詐害ではなくして時効利益を放棄した場合とに分けたうえで、同条は①の場合に特に援用を許したものであり、また②の場合には一一六七条によって当該放棄を取消すことができるが、③の場合はこの取消が許されないと解していたからである（ボアソナード・前注一八〜二一頁）。

(36) F. Mourlon, *op. cit.*, p. 742, n° 1798およびV. Marcadé, *op. cit.*, p. 64, n° 53参照。従って、二二二五条の適用そのものによって取得時効の援用が許される者の一例としては、土地の占有者から継続かつ表現の地役権を買い受けた者などが挙げられている（F. Mourlon, *ibid*. およびV. Marcadé, *ibid*. 参照）。

(37) このことは、ボアソナード草案一四三四条一項および旧民法典の証拠編九七条二項が、既に前記(1)で指摘してきたように、「債権者」について債権者代位権制度の限度において援用を認めていたこととは異なり、現行民法典の下では、「利害関係者」も右の「債権者」と同レベルで援用できるにすぎない扱いとなったことを意味している。

(38) G. Boissonade, *Projet de code civil pour l'empire du japon accompagné d'un commentaire*, t. 5, Tokio, 1889, pp. 286 et 287, nos 270 et 271参照。さらに、ボアソナード・前出注(34)二〇、二一頁も参照。

(39) 山本・前出注(7)二六一、二六二頁参照。

(40) G. Boissonade, *op. cit.*, p. 287, n° 271参照。

(41) 前出注(23)参照。

(42) 但し、詐害的放棄がなされたときは、援用を代位行使せんとする者は民法四二四条により当該放棄を取消すことができる（ボアソナードの見解につき前出注(35)を参照）。なお、V. Marcadé, *op. cit.*, p. 62, n° 51は詐害的放棄の判断を緩和し、当該放棄により援用権者が無資力となるか、援用権者の資力が減少した旨の証明ができたときも右の取消しを認めており傾聴に値する。

(43) 専ら消滅時効に関してであるが、一般債権者は、援用権者ではないものの、民法四二三条に基づき債務者の援用権を代位行使し得る、と解するのが学説上の多数説を構成している。こうした学説の状況は大いに注目されてよい（学説状況の詳細は、幾代・前出注(1)五四〇頁以下に譲る)。

(44)　消滅時効の事案では裁判実務は既に援用権の代位行使を認めてきている。最判昭和四三年九月二六日民集二二巻九号二〇〇二頁参照。

(45)　「直接利益者」という援用権者基準を取得時効の事案において引用している公刊の最上告審判決としては、本文で後に掲げる最判昭和四四年七月一五日のほか、大判大正八年六月二四日民録二五輯一〇九五頁と、それから大判昭和一〇年一二月二四日民集一四巻二四号二〇九六頁とを挙げることができる。このうち、右の大正八年判決は、遺産相続人が自己の承継した相続分の範囲内で当該目的物の時効取得を援用できると判示したものであるが、遺産相続人という包括承継人が被相続人の有していた援用権を行使できることは当然であるから、時効の援用権者として「直接利益者」という援用権者基準をあえて持ち出す必要性はなかった、つまり右の判決は「直接利益者」に当たるかどうかを問題にする余地がないほどに自明な事案を対象としていた、と考えられる(東京高判昭和三二年一二月一一日判タ七八号五五頁も、「直接利益者」の基準を引用しながら、共同相続人の一人に対して、「直接に受くべき利益の存する部分」、すなわち法定相続分に関する限りで時効の援用を認めているが、同様に考えることができる)。また、親権者が取得時効を援用したという昭和一〇年判決の事案にあっても、親権者が法定代理人として時効の援用をしたかどうかに関する事実の有無を問題にし、この事実が存することを条件に親権者の援用を正当化しようとする右判決の論旨に従うならば、本来、法定代理人の立場で時効を援用することが当然に許されてよいはずであるから、右の昭和一〇年判決においても殊さら「直接利益者」という援用権者基準を云々する必要はなかったと考えられるだけでなく、右の判決が「取得時効制度ノ主要ナル理由」に言及しなければ親権者の援用を正当化できないものか、についても疑問であると思われる。

(46)　②判決は、「所有権の取得時効の場合、民法一四五条に規定する『当事者』とは、時効によって所有権を取得する者だけではなく、自主占有者の時効取得により反射的に訴訟の目的たる義務を免れ、または訴訟の目的たる権利が認容される地上権者、賃借人等の占有代理人等をも包含するものと解する。」と定義づけており、また④判決では、「時効の援用制度が時効によって生ずる権利の得喪と個人の意思の調和をはかるものであることに鑑みれば、民法一四五条の時効の援用権者には、時効により直接権利を取得し、又は義務を免れる者のほか、この権利又は義務に基づいて権利を取得し、又は義務を免れる者が包含されると解すべきである」、と判示されている。

(47)　③判決は、「民法第一四五条にいう当事者とは、時効の完成によって直接に利益を受ける者を指すのであって、これを所有権の取得時効についていえば、時効完成の結果所有権を取得する者に限られ、権利設定者が所有権を時効取得すべき不動産につき、同人から地上権、抵当権等の物権の設定を受けた者或いは賃借権等の債権的利用権を得たに止まる者は、時効の完成により間接に利益を受けるに止まるから、右の当事者に含まれないと解するのを相当とする。」、と判示している。

(48)　同旨を指摘するものに金山・前出注(4)一〇二〇頁、豊水・前出注(4)一一二三頁などがある。

(49)　前述した②判決が地上権者を民法一四五条にいう「当事者」に含めて解釈しているのに対し、③判決は地上権者および抵当権者について反対の解釈を採っている（但し、何れも傍論である)。
　なお、前出注(45)に引用した大判昭和一〇年一二月二四日は、傍論として、地上権者や抵当権者に援用権を認めていると解する学説が少なくない（例えば我妻・前出注(1)四四六頁、幾代・前出注(1)五三八頁など)。しかし、この判決は、親権者が裁判上であれ裁判外であれ時効を援用した事実があるならば、地上権者等は、親権者がした援用の効果を、訴訟で主張、立証して確定不動なものとすることができる旨を認めたにすぎず、地上権者に援用権を認めたものではないと解する立場（金山・前出注(4)一〇一四頁参照）が正当である。

(50)　田中・前出注(1)一〇二、一一一頁も地上権者等が「直接利益者」に当たらないと解している。

(51)　V. MARCADÉ, *op. cit.*, p. 65, nº 54参照。
(52)　松久・前出注(9)一五六九頁は、「直接利益者」が地上権者・抵当権者に対して地上権・抵当権を確定的に取得させる義務があり、この「直接利益者」に対して、抵当権者等のために時効を援用すべき関係を承認することで地上権者等の援用権を肯定しており、本文に示したフランス学説と類似したところを看取できる。「直接利益者」に課された右の義務が不履行の場合に、地上権者等に援用権を認めようとするところに松久説の実益が存すると言えようが、右の義務を肯定したところで、これは地上権者等との間で「直接利益者」が負担する義務を意味しているにすぎないはずである。そうだとすると、この義務が不履行となっている場合に、なぜ地上権者は真の所有者を相手に援用権の行使が許されることになるのであろうか。そこには何らかの説明が必要であるように思われる。
(53)　F. MOURLON, *op. cit.*, p. 742, nº 1798参照。
(54)　大判明治四三年七月六日民録一六輯五三七頁。
(55)　裁判実務が認めてきた具体的な転用事例と学説の状況に関する詳細は、差し当たり、奥田昌道編『注釈民法⑽』七六〇頁以下〔下森定〕（昭六二、有斐閣）、奥田昌道『債権総論』二五六頁以下（一九九二、増補版、悠々社）を参照。
(56)　債権者代位権の代位行使を認めた裁判例としては、大判昭和五年七月一四日民集九巻一〇号七三〇頁（転借権を保全するため賃貸人の妨害排除請求権につき賃借人の代位権を転借人が代位行使した事案）、最判昭和三九年四月一七日民集一八巻四号五二九頁（登記請求権の代位権が代位行使された事案）などがある。また、この代位行使に関する学説の状況については、板井芳雄『最高裁判所判例解説民事篇昭和三九年度』一〇〇頁（法曹会、昭四〇）、下森・前注七六二頁などを参照。
(57)　我妻・前出注(1)四五二頁、高木・前出注(1)三三七頁、石田穰『民法総則』五五六頁（悠々社、一九九二）、川井健『民法概論1民法総則』三七〇頁（有斐閣、一九九五）など。いわゆる訴訟法説に属する川島武宜

『民法総則』四六〇頁（有斐閣、昭四〇）も参照。
(58) 幾代・前出注(1)五四七頁（地上権者との関係）、四宮＝能見・前出注(1)三八〇頁（土地借主との関係）。
(59) 我妻・前出注(1)四五二頁、幾代・前出注(1)五三八頁、四宮＝能見・前出注(1)三八一頁など参照。
(60) 不合理性の詳細につき、金山・前出注(4)一〇一八頁、豊水・前出注(4)一一二三頁、田中・前出注(1)一〇二頁など参照。
(61) 松久・前出注(9)一五六七頁以下は、「直接利益者」による援用のみに絶対効を認め、この者による放棄のほか、「直接利益者」以外の者による援用・放棄について相対効説を採っているが、この松久説に対しても相対効説の限りで同様の批判が妥当しよう。

11　法人構成員の責任について

関　英昭

一　問題の所在

社団法人（以下「法人」ともいう）の構成員（以下「社員」または「組合員」ともいう）の責任は、有限責任が原則であるか、それとも必ずしもそうではないか、これが本稿の主題であり、私の問題意識である。そのことをもう少し敷衍しよう。

法人は、「人間以外のものであって、権利義務の主体たりうるもの、つまり権利能力を有するものをいう」[1]。すなわち法人自身が権利義務の主体になること、そこに法人制度の意義がある。まさにjuristische Person（法人）、すなわち「法律により創造された権利能力ある独立したヒト」[2]なのである。最も重要なことは、法人自身に権利義務の主体性を認めたことであって、そのことと法人の構成員の責任が有限であるか否かとは別の事柄であるということである。しかるに、わが国では、法人においては法人のみが責任を負担し、その構成員は全く責任を負わないでよいと一般に解されているふしがある。むしろ法人制度を利用するのは、構成員が責任を負わないでよいことのメリットを利用することにある、と思われている感がする。

果たして、このような一般的理解は法律上の根拠を有するものであろうか。結論を先取りすれば否である。このような一般的理解は必ずしも法律上の根拠を有するものではない。むしろ、法律はその法目的にしたがって、個別的に責任のあり方を規整しているのである。

本稿は、このような問題意識に立って、法人構成員の責任の在り方について検討しようとするものである。ところでわが国の法人に関する法律のあり方はきわめて複雑である。実に多くの法律が法人格付与の規定を有しているからである。したがって、法人構成員の責任がどのようになっているかを知るためには、それらの法律を逐一調べなければならない。そのような作業は到底不可能である。そこで本稿ではまず民法および商法の一般規定を考察し、次に協同組合法に触れ、最後に特定非営利活動促進法（いわゆるＮＰＯ法）および最近成立した中間法人法等の特別規定を考察してまとめとしたい。

二　民・商法における社員の責任

法人制度の基本となる法律は民法と商法であるので、まず両法が法人の社員の責任をどのようにみているかを考察する。その理由は法人に関する一般法たる民法自身が、公益法人については民法が規整するが、営利法人については「商事会社ニ関スル規定」すなわち商法を準用するとしているからである（民三五条二項）。

(1)　民法における社員の責任

法人格を取得するには、「本法其ノ他ノ法律ノ規定ニ依」らなければならないとするのが民法三三条の原則である。いわゆる法律なければ法人なし（法人法定主義）の原則であるから、法人を設立するには、いずれかの法律の根拠が必要である。その上で民法は、一般論として公益法人は民法が、営利法人は商法が規整するという態度をとった。

①　ところで民法は公益社団法人の社員の責任につきどのように規定するか。周知のように、民法は法人の社員の責任につき何も述べていない。したがって、法人の負った債務につき法人が完済できないときは社員も責任を負うかどうかについては不明である。法律上不明であるため、解釈上は責任がないとも解せるし、逆に責任があるとも解せる。しかし民法の教科書等では社員の責任を有限責任と理解するが、その理解でも三通りの見解がみられる。まず第一は、責任の有・無につき何も述べていない場合であり、したがってこの立場では社員の責任を肯定するのか否定するのかは不明である。しかし説明がないということは、有限責任を当然視しているからであろう。第二は、「社員の地位には、種々の権能と義務」が伴うとし、その義務の具体例として、例えば「会費払込義務等」があるとするものである。[3]したがってこの立場では、社員の会費支払義務等は認めるが、このことは法人の債務まで責任が拡大されるという趣旨ではない。その意味では、明示の説明はないが、会社債務に対してはやはり責任を負わないものと理解してよい。第三は、「公益社団法人であるかぎり」、法人「の債務については、社員……は責任を負わない」として、社員の責任をはっきりと否定する見解である。[4]但し、この立場では社員の責任は有限責任であるとしつつも、「ある団体に法人格が認められれば理論上当然にその団体の構成員は法人の債務につき責任を負わないことになる、というべきではな

い」[5]とし、たとえば合名会社の無限責任社員の例を挙げる。その理由として、合名会社の社員が、「通常は、経済的利益をえていることと表裏している」ことを挙げ、公益社団法人の場合には、このような「経済的利益をうけていないこととの均衡」上、社員は責任を負わないと説明する。[6]つまるところ、社団法人の社員が法人から経済的利益を受ける場合は責任があり（または無限責任であり）、そうでない場合は有限責任である、と理解される。いずれにせよ、この立場は公益社団法人を前提として、その社員の責任を否定する見解（すなわち有限責任と解する）とみてよい。

以上のことから、民法上の公益社団法人では、社員の責任を認めるとする積極的見解は見当たらない。

② 民法上の法人に関して、社員の責任を争う判例が存在するかどうかについては明らかでない。したがって争われたケースについてここで検討することはできない。しかし民法上の公益社団法人ではないが、いわゆる「権利能力なき社団」において、その社団の取引上の債務と構成員の個人責任が争われたケースが存在する。この場合、原審において権利能力なき社団であることが認定され、しかもその団体の構成員が主として当該社団から利益の配分を受けることを目的とするということが認められないケースにつき、最高裁は、次のように判示して社員の責任を否定した。すなわち、「権利能力なき社団の代表者が社団の名においてした取引上の債務は、その社団の構成員全員に、一個の義務として総有的に帰属するとともに、社団の総有財産だけがその責任財産となり、構成員各自は、取引の相手方に対し、直接には個人的債務ないし責任を負わないと解するのが、相当である」[7]という。権利能力なき社団の財産が、社員に総有的に帰属するという説明にはなっても、社員がなぜ債務を負担しないかという積極的理由は述べていない。

権利能力なき社団における構成員の責任に関しては、学説は大きく二つにわかれる。

まず第一に、通説は、権利能力なき社団の負債は「社団に総有的に帰属し、社団の総有財産だけがその引当となり、とくに規則に規定のない限り、社団員は、――会費その他の負担金の他には――責任を負わないと解するのが正当である。社団としての組織が整備しているのだから、第三者に不利益を及ぼすおそれは、ほとんどないと考えられるからである[8]」と説く。ここでは前述したケースの下級審判決が示したような、当該団体から利益の分配を受けることを目的とする権利能力なき社団とそうでない社団とで区別するかどうかは必ずしも明らかではないが、判決の内容の限りでは最高裁もこの通説の立場に従っているものと理解できる。

第二に、この通説の立場に批判的な見解が、近時有力に主張されてきている。この立場は、権利能力なき社団の構成員の責任を一律にみるのではなく、社団の性格等により、構成員の責任を有限責任にする場合と無限責任にする場合があると説く。その理由付けについて、立場によりいくつかの見解にわかれるが[9]、ここではそのうち最も説得力ある見解をあげることとする。

星野英一教授によれば、まず「わが国では、『法人』であることは、構成員の有限責任を意味するように説かれ、『権利能力なき社団』理論の意義がそこにあるかのように説かれることが少なくない」が、「しかし、これは、沿革に照らしても疑問があるほか、そもそも、わが実定法の規定上もおかしなことであった」とされる[10]。そもそも「構成員が団体に対する債権者からの追求を免れうる（有限責任を負うにすぎない）ということは、団体が『法人』であることによって当然に生ずる帰結ではなく、別個の要請から認められる効果である[11]」。構成員の責任を問題とする場合は、「団体に対する債権者・団体構成員・構成員に対する債権者の通常の期待と、それを妥当とすべきか否か、という観点から判断されるべきであ[12]り、「公益を目的とする権利能力なき社団にあっては、構成員は、利益の配分を受けないから、これに対して無限責任を課するのは酷であるが、そこでは持分払戻もあるまい。故に団体に対する債権者も、害される恐れは少ないから、あえて無限責任を期待すべきではあるまい。しかし、営制を目的とする権利能力なき社団においては、構成員は利益の配分を受けるのだから、たとえ持分払戻が認められない場合でも、損失の危険を負担するのはやむを得ないであろう。まして、持分払戻が認められるなら、いっそうである。有限責任にしたいなら、法的手段は十分に供給されているから、それをとればよいだけであり、あえてその手段をとらないものを保護する必要はあるまい。団体に対する債権者についても、その無限責任への通常の期待をそのまま認めても差支えない」と理由づける。(13)

以上のことから、民法上の議論においては、実定法上の議論よりも、権利能力なき社団をめぐる議論の方がさかんであり、この権利能力なき社団における議論が逆に法人における一般的議論に影響を与えている感がする。

権利能力なき社団においてすら社員の責任に有限責任だけでなく無限責任の可能性があるのであるから、法人格を有する社団においても同様に理解されても何ら問題はない。

(2) 商法における社員の責任

民法におけると異なり、商法における社員の責任については、法の態度は明らかである。

① まず商法は、会社はすべて法人格を有するとする(商五四条)。その上で会社を、無限責任社員からなる会社と、有限責任社員からなる会社の二種類にわける。前者を人的会社、後者を物的会社(または資本会社)という。

人的会社には合名会社と合資会資会社があり、両者とも原則として無限責任社員から構成される、(商八〇条、一四六条)。しかし合資会社にあっては無限責任社員に加えて有限責任社員も存在するが(商一四六条)、彼には原則として業務執行権がない(商一五一条参照)。

人的会社における社員の無限責任とは、「会社財産ヲ以テ会社ノ債務ヲ完済スルコト能ハザルトキハ各社員連帯シテ其ノ弁済ノ責ニ任ズ」ることである(商八〇条一項)。また有限責任とは、社員が「其ノ出資ノ価額ヲ限度トシテ会社ノ債務ヲ弁済スル責ニ任ズ」ることをいう(商一五七条一項本文)。

これに対し、物的会社には株式会社があり、これに有限会社法上の有限会社を加えることが通例である。いずれも社員は有限責任社員のみであり、この場合の有限責任の意味は、「其ノ有スル株式ノ引受価額」(商二〇〇条一項)または「其ノ出資ノ金額ヲ」(有一七条)限度とする意である。

株式会社の社員の責任は株式の払込責任だけであるが、有限会社にあっては、有限会社法は、他の規定をもって社員の責任を定めることを予定している(有一七条)。例えば、㋑会社設立時および資本増加の場合の現物出資、財産引受の実価や総会決議の価額より著しく不足する場合の不足額(有一四条一項、五四条)、㋺会社設立時の出資払込に未済分あるときの未払込分(有一五条)、および㋩有限会社が株式会社に組織変更した場合の純資産と資本総額の不足分(有六五条)につき、関係する各社員は連帯してその金額を支払う義務がある。

この点で有限会社の社員の有限責任は、株主の有限責任とは少し異なるが、しかし会社債務に対して社員は直接に責任を負わないという点では共通している。しかも民法と異なり、商法は社員の責任の有無を明言すると共に、その責任の内容についても定義づけをしている。

②　法律上、株式会社の株主の有限責任についてはこの通りであるが、しかし学説上株主の有限責任に限

界が生ずるとする場合が二つある。一つは、会社の法人格が濫用されている場合または法人格が形骸化している場合、その法人格が一般的に否認され、その結果会社の背後にいる支配株主に責任が認められる場合である。いわゆる法人格否認の法理[14]がこれである。特に子会社の法人格を否認し、親会社の株主としての責任を追求しようとする場合に効果的であるが、これは株主有限責任の原則の例外である。この法理は判例でも認められており[15]、わが国でもほぼ定着していると云ってよい。

株主の有限責任の限界を主張するもう一つの学説は、株式会社の株主の有限責任原則そのものに疑問を呈し、それを否定しようとする有力説である。

久保欣哉教授は、「自由の確保を法秩序の基本理念とするところでは、責任制限は例外であり、特権である」[16]とする基本的立場から、株主の有限責任原則を疑問視しこれを次のように批判される。

まず「わが商法学の定説が、株主有限責任原則を、あたかも株式会社の自明の本質的要素であるごとくに説くのは」、責任制限の「社会的有用性」の故があったが、「しかし責任制限を一般化することは、自由の確保を基本理念とする法秩序の否定に連る」危険がある。[17]責任制限が認められる根拠はむしろ、「㋑責任制限を承認しなければ、到底負担することのできない程に過大な危険が、経済活動の行く手に予想される場合」であること、および「㋺多数参加者による共同の経済活動において、活動の方針決定、ならびに現実活動に直接関与し得ず、これに支配力・影響力を及ぼし得ない」場合であることの二つである。[18]前述した「社会的有用性」を責任制限の根拠として認めることは、「競争阻止・独占助長という結果もまた社会的有用性の故に是認されることになる。」社会的有用性の故に、人間の尊厳、自由、平等は打破れることになる」から、それを認めるわけにはいかない。[19]あくまでも「責任制限は、それを承認しても、競争阻止、独占助長の弊害の発生が予想されない場合に、その限度で承認される特権であること、すなわち、負担不能な過度の外在的危険の存する場合、または内発的危険を支配統御する可能性が稀博な場合にのみ承認される特権である」[20]そしてこのような原則に立って今日の株主有限責任を考察すると、㋑の根拠は「今日ほとんど説得力を喪失して」おり、㋺の根拠は、「大衆無機能株主に対してはますます妥当するけれども、支配株主に妥は当しない」と結論づられる。[21]

久保教授の見解は、ドイツのグロスフェルト教授の見解[22]にその理論的根拠をおかれているものであるが、[23]わが国では少数説ながら、しかし有力な支持者も得ている。[24]

三　協同組合法における組合員の責任

わが国の協同組合法制は、戦前の産業組合法と戦後の各種協同組合法にわけて考察する必要がある。

(1)　まず戦前まで利用されていた協同組合に関する法律であるが、これは一九〇〇年に制定された産業組合法である。この法律は一九四八年に消費生活協同組合法が制定されたことに伴ない廃止されることになったが、実際に機能していたのは戦前までと云ってよい。

産業組合法は、組合員の責任を無限責任、有限責任、保証責任の三種類とし(産二条一項)、それらの責任を次のように定義づける。

まず無限責任とは、「組合財産ヲ以テ其ノ債務ヲ完済スルコト能ハサル場合ニ於テ組合員ノ全員カ連帯無限ノ責任ヲ負担」することである(産二条二項)。これは組合が債務超過にあるときに、組合員が直接連帯無限責任を負うという意味である。次に有限責任とは、「組合員ノ全員カ其ノ出資額ヲ限度トシテ責任ヲ負担」することである（産二条二項）。この規定は、前述した有限会社法の有限責任規定と同じである。最後に保証責任とは、「組合財産ヲ以テ其ノ債務ヲ完済スルコト能ハサル場合ニ於テ組合員ノ全員カ其ノ出資額ノ外一定ノ金額ヲ限度トシテ責任ヲ負担ス」ることをいう（産二条二項）。一定の金額のことを補証金額といい、これは通常組合員が組合に加入する際に出資金額の他に定めておくものである。

以上の如く三種類の責任形態を認めた産業組合法は、その後の改正で、原則として無限責任と保証責任に限定されたり、連合会は保証責任でなければならないとされたが[25]、実際上も、無限責任や保証責任の組合が相当数存在していたのである[26]。むしろ、ある時期においては、有限責任組合員は例外的存在ですらあったのである。

(2) ドイツの協同組合法の影響を受けて成立した産業組合法も、戦後廃止されることになるが、それにとってかわったのが、各種協同組合法である。これらはアメリカ法の影響をうけた法律である。まず農業協同組合法は、「組合員の責任は、第一七条の規定による経費の負担の他、その出資額を限度とする」と規定する（農一三条四項）。したがって組合員の責任は、出資額を限度とする有限責任であることが原則である。もっとも定款で定める限り、組合員に経費を負担させることも可能であるが、これはあくまでも組合の経費の程度のものであり、組合の負担に帰した債務に対する責任ではない。この他で最も重要なのは、定款で定める限り、「その事業の利用分量の割合に応じて配当した剰余金の全部又は一部を、五年に限り、その者に出資させることができる」（農一三条の二第一項）としている。いわゆる回転出資金であり、これは一種の追加出資義務を定めたものである。これは株式会社等では見られない、協同組合特有の出資義務である。

他の協同組合法（森林組合法、水産業協同組合法、中小企業等協同組合法および消費生活協同組合法）は、農協法のこの三種類の責任（出資金を限度とする有限責任、経費負担義務、回転出資金支払義務）はそれぞれの法律においていろいろな組み合わせで採用されている。統一協同組合法でないとはいえ、各種協同組合法の間においてすら、組合員の責任のあり方に差異がみられるのである。

以上の如く、協同組合法の領域では、戦前でこそ組合員の無限責任や保証責任を認めており、実際にも多く利用されていたが、現行の各種協同組合法の下では、法は基本的に有限責任を原則とし、それに経費負担義務や回転出資金支払義務といったものが加わっている。

四　むすび——中間法人法との関係で——

① 以上のような考察から、法人構成員の責任については、法律は個別的に異なる扱いをしていることがわかった。しかも個々別々であるだけでなく、有限責任である場合（または有限責任であると理解されている場合）にあっては、そのことを明文規定をもって表現している場合とそうでない場合があることも重要である。加えて、明文規定を有する場合でも、その有限責任の内容規定においてもさまざまな規定の仕方があることがわかった。

ことの性質上、無限責任や保証責任については、一様に法律上に明記してあり、はっきりしている。

② 民法上の公益社団法人において、社員の責任規定が存在しない法律のスタイルは、一九九八年に成立した「特定非営利活動促進法」（いわゆるＮＰＯ法）にも継承されている。特定非営利活動法人の構成員が有限責任であるのかどうかは、法律の規定上は定かでない。特定非営利活動法人というのが、「不特定かつ多数のものの利益の増進に寄与することを目的と」し、営利を目的としない」団体で、別表で定める十二種類のう

ちのいずれかの活動を行う法人であることから(NPO法二条)、これも公益社団法人であると理解されることから、民法と同じ態度をとったのだろうか。それならば何もこの法律を作る必要はない。民法を適用すればよいだけの話である。問題は、同法が民法の「公益法人法」と異なる点は、同法が、「特定非営利」法人の法、すなわち「非営利法人法」である点である。この視点からすれば、特定非営利活動法人の構成員の責任も明文規定をもって定めてもよかったと思われる。

③ その点では、前述した民法上の議論、特に権利能力なき社団をめぐる議論で論争された成果がある程度具体化されたと思われるのが、本年六月八日に成立し、一五日に公布された「中間法人法」である。同法は、まず、法人を「有限責任中間法人」と「無限責任中間法人」の二種類とする。その上で、中間法人を「社員に共通する利益を図ることを目的とし、かつ、剰余金を社員に分配することを目的としない社団であ」ると定義づける(中二条一号)。社員に利益を分配することが目的でない法人であるから、これは非営利法人の意味である。この場合、非営利とは公益目的でもなくさりとて営利目的でもないという理解である。しかし中間法人のうち、有限責任中間法人については、有限責任の定義をせず、そのかわり最低基本金制度を採用し、それを三〇〇万円と定める(中一二条)。有限責任の内容を規定しないのは民法の態度と同じである。三〇〇万円の最低基本金が担保になると考えているのであろうか。他方無限責任中間法人にあっては、社員の責任は、「無限中間法人の財産をもってその債務を完済することができないときは、社員は、連帯してその弁済の責めに任ずる」と規定する(中九七条一項)。社員が無限責任を負うことから、ここでは最低資本金制度は存在しない。

③ このようなことを前提として、最後にまとめとしよう。冒頭の問題の所在で示したように、本稿の目

的は、法人構成員の責任が有限責任であるとする一般的理解は法律上の根拠を有するか、という命題を検討することにあった。この問いに対する結論は、星野教授が解明されたように否である。法人の持つ性格等を総合的に判断して個別に有限責任か無限責任かが決定されることになる。この現論を発展させると、現在公益社団法人として認められている法人にあっても、場合によっては有限責任性が否定され、無限責任(または保証責任)が負わされる場合が出てくると思う。また久保教授が強調されるように、株式会社の株主の有限責任のように、たとえ法律でその有限責任性が明文規定で保護されていたとしても、それはあくまで「特権」であり、今日この特権を認めるに値する根拠はなくなっているケースが多数現われると思う。法人格が否認される場合とあわせて、有限責任性に限界があることを示すものである。それにしても、法人格を取得すると、その構成員の責任がただちに有限責任になるという「神話」は、いつ、どこで生まれたのであろうか。

(1)　星野英一・民法概論Ⅰ(序論・総則)一一九頁(良書普及会、一九八七年)。
(2)　Santer/Schweyer, Der eingetragene Verein, 15. Auflage, 1994, S. 1.
(3)　我妻栄・民法総則(民法講義Ⅰ)一五六〜一五七頁(岩波書店、一九六二年)。なお、このような説明は多くの教科書の立場でもある。ここでは星野英一・注(1)文献一四八頁、遠藤浩編・民法(1)総則(有斐閣双書)一〇四頁(有斐閣、一九七七年)だけを挙げておく。
(4)・(5)・(6)　鈴木祿弥・民法総則講義六二頁(創文社、一九八六年)。
(7)　最高裁昭和四八年一〇月九日第三小法廷判決(民集二七巻九号一一二九頁)。
(8)　我妻栄・注(3)文献一一六頁。
(9)　学説の整理については、阿久澤利明「権利能力なき社団」民法講座第一巻民法総則(星野英一編)二七一頁以下参照(有斐閣、一九八四年)。

(10)・(11) 星野英一「いわゆる『権利能力なき社団』について」民法論集第一巻二七一頁（有斐閣、一九七〇年）。
(12) 星野英一・注(10)文献二九四頁〜二九五頁。
(13) 星野英一・注(10)文献二九六頁。
(14) 法人格否認の法理に関する商法学者の研究は多数ある。ここでは本稿と関係する論文として、江頭憲治郎「企業の法人格」現代企業法講座２（竹内・龍田編）五五頁（東京大学出版会、一九八五年）のみをあげておく。
(15) 最高裁昭和四四年二月二七日第一小法廷判決（民集二三巻二号一一頁）。
(16) 久保欣哉「株主有限責任原則の限界——責任制限の競争阻止・独占助長機能をかえりみて」青山法学論集一四巻一号二五頁（一九七二年）。
(17) 久保欣哉・注(16)文献二六頁〜二七頁。
(18)・(19)・(20) 久保欣哉・注(16)文献三〇頁〜三二頁。
(21) 久保欣哉・注(16)文献四三頁。
(22) Grossfeld, Bornhard, Aktiengesellschaft, Unternehmenuskonzentration und Kleinaktionär, Tübingen 1968.
(23) 久保欣哉・注(16)文献四八頁の注(8)参照。
(24) ここでは、吉田直「株主有限責任原則の根拠に関する学説の系譜」（研究ノート）青山法学論集三七巻三・四合併号（一九九六年）二二九頁をあげておく。なお小島康裕・大企業社会の法秩序二七四頁（勁草書房、一九八一年）もこの立場に近いと思われる。
(25) 阿部信彦・協同組合一〇〇年の軌跡——ふり向けば産業組合——一三頁（協同組合懇談会、二〇〇〇年）。
(26) 例えば、一九一〇年における全産業組合七三〇八組合の内訳をみると、五七・五％が有限責任、四〇・二％が無限責任、二・三％が保証責任の組合であったが、一九四〇年には、有限責任四・八％、無限責任四・九％、保証責任九〇・三％と変化している（阿部信彦・注(25)文献一四頁）。

12　国家契約（経済開発協定）の「準拠法」としての法の一般原則

多喜　寛

一　はじめに

国家契約（経済開発協定）をめぐる法的諸問題が仲裁法廷において重要な問題として登場し始めた頃に、伝統的な法的枠組みとしては二つのものが存在した。一つは、国家契約は国家間の合意ではないので国際法の規律対象ではなく、それには国際法そのものは適用されえないという国際法理解であり、他の一つは、国際法の規律対象ではない国際契約上の諸問題には抵触法上の当事者自治の原則に従って準拠法として定まる特定の国家の法が適用されるべきであるという抵触法理解である。このような伝統的な法的枠組みを修正しようとする試みがその後いろいろと展開されるのであるが、その最初の試みは、国家契約に関して法の一般原則を適用しようとするものであった。それは、当事者自治の原則という抵触規則を適用するにあたり、準拠法たる資格を従来のように特定の国家法にのみ限定せずに法の一般原則にも認めるものである。それでは、何故に伝統的な抵触規則とは異なり準拠法たる資格を国家法にのみ限定せずに法の一般原則にも認めるという考えが登場してきたのであろうか、また、準拠法として法の一般原則を適用するということは実際にはいかなることを意味するのであろうか。そこに何か問題はないのであろうか。これらの点を明らかにするために、以下には、そのような考えを積極的に展開したといわれる学説や仲裁判断と、それに反対する学説を概観してみよう。

二　学説・仲裁判断

まず、伝統的な抵触規則からの離反の必要性を明確ならしめたのは、一九五一年九月のアブ・ダビ事件仲裁判断(1)である。アブ・ダビの首長とPetroleum Development (Trucial Coast) Limitedの間で一九三九年一月一一日に石油コンセッション契約が締結されたが、やがてその対象地域の範囲に関して紛争が発生し、仲裁に付託された。仲裁判断は、当該コンセッション契約の準拠法について次のように述べた。

「この契約を解釈する際に適用されるべき『プロパーロー』は何であるのか。これはアブ・ダビで締結され、その国で完全に履行されるべき契約である。もしいずれかの国内法体系が適用されるべきであるとすれば、それは一見したところではアブ・ダビのそれであろう。しかし、合理的には、そのような法が存在するといえるはずがない。首長はコーランの助けを借りてまったく思いのままの裁判を行っている。そしてこの極めて原始的な地域において近代的な商事契約書の解釈に適用されるべき何らかの確立した法原則の体系が存在すると考えることは非現実的であろう。また、イギリス国内法を適用しうる根拠を見出すこともできない。反対に、上記の協定の一七条は、いずれかの国家の国内法それ自体が適切であるという観念を拒絶する。

当該条項の文言は、文明諸国一般の良識及び共通慣行に根ざした諸原則――一種の『近代自然法』の適用を要請し、むしろ命じさえする。この点については当事者間にいかなる争いも存しないと考える」。

そこでは、伝統的な抵触規則をそのまま適用すると契約当事国の法が準拠法となるが、アブ・ダビのような国の法は近代的商取引契約の解釈にふさわしい内容を有していない、ということが強調されている。そして、それに代わるものとして、本協定を善意と誠実の精神で履行し合理的に解釈する旨の意思を表明する契約条項から、多少強引に、「文明諸国一般の良識及び共通慣行に根ざした諸原則――一種の『近代自然法』の適用」という黙示意思が引き出されているのである。

同様な立場が、一九五三年六月のカタール事件仲裁判断(2)によっても示された。カタール首長とInternational Marine Oil Company, Ltd. との間で一九四九年八月五日に石油コンセッション契約が締結されたが、やがてその契約の解釈をめぐって紛争が発生し、仲裁に付託された。仲裁判断は、本協定の主題が首長の管轄地域内の土地から採取される石油であることなどからするとカタールで妥当しているイスラム法が適切な法ということになるかもしれないが、イスラム法がこの種の近代的商事契約に適用されるべき法原則の体系を含んでいないということを理由にして、当事者の黙示意思を「正義、公平及び良識の原則」の適用に求めた。

このような仲裁判断を背景にして、国家契約に関して準拠法としての法の一般原則の適用を最初に説いたのは、おそらくMcNairであろう。そこで、彼の見解を概観してみよう。

McNairが念頭においている契約は、国家と外国企業との間で締結されものであり、しかも石油又は他の天然資源の開発、農業又は営林のための未開地域の開発などを目的とする長期にわたるものである。契約当事者たる国家は未開発の天然資源を有しているがその開発に必要な資本と技術を有しておらず、外国企業はその資本と技術を有している。彼はそれを経済開発協定と呼ぶ。彼によると、当該契約については、外国企業の属する国の法体系と契約当事国の法体系がしばしば内容や発展段階の点においてほとんど共通点を有しない、より具体的には、契約当事国の法は十分に近代化されていない。また、当該契約は通常は紛争解決に関する仲裁条項を含んでいる。[3] 彼はこのような経済開発協定の規律及びその紛争解決にとって最も適切な法体系が何であるのかを問うのである。[4]

McNair は経済開発協定に適切な法体系を発見するにあたり遭遇する困難を次のように説明する。天然資源の開発のために外部から技術と資本を必要とする国の多くは、このタイプの取引を規律するのに十分なほどにはまだ発達していない法体系によって支配されている。例えば、経済開発協定に関するイスラム法の規定はたとえあるにしても極めて不適切であると考えられている。イスラム法の内容は法学派によって異なるのであり、そして少なくとも四つの法学派があると理解されている。このタイプの契約にふさわしい法体系を有している国の国民は、そのように未発達な曖昧な法体系によって規制される外国政府とは、進んで契約を締結するという気にはなれないだろう。このような問題点を指摘した後に、McNair は、解決を見出すための助けを「国際私法」に求める。[5] そして、経済開発協定の規律に適切な法体系の選択を明示的又は黙示的な「当事者の意思」に基づいて決定すべきであるとする。[6] つまり、国際私法における当事者自治の原則の適用が主張されているのである。それでは、当事者自治の原則のもとにいかなる法体系が選択されるべきであろうか。McNair によると、経済開発協定のほとんどが仲裁条項を含んでいるが、紛争を仲裁裁判所に付託することとは、仲裁人が適切なものと判断する法体系の受諾を意味する。このタイプの契約は国際法によって支配されるものではないが、それに適切な法体系を生み出したのは国際法である。というのは、ＩＣＪ規程三八条一項(c)は国際法規の主要な淵源の一つとして文明諸国によって承認された法の一般原則をあげており、それがこのタイプの契約にふさわしい法体系である。(7) このように述べつつ、彼は更にそれを次のように敷衍する。

経済開発協定の条項を検討すると、当事者は彼らのいずれの国家法も適切な法体系であるとはみなしていない。それではいかなる法体系が適切なものとみなされるべきであろうか。当事者の意思を最もよく満足させる法体系は何であろうか。その答えは、経済開発協定を国際法によって支配させるということではない。というのは、国際法体系は国家間の体系だからである。私見によると、当事者は、特定の法体系を指定していないときには、「契約が文明諸国によって承認された法の一般原則によって支配されるべきである」と考えている。(8)

そこからすると、McNair は抵触規則たる当事者自治の原則を前提としつつ、しかも準拠法たる資格を法の一般原則にも認めたうえで、当事者が特定の国家法を指定していないときの当事者の黙示意思を法の一般原則の適用に求めているということになろう。その結果、当事者があえて国家法を指定していない限り法の一般原則が適用されることになる。それでは何故に伝統的な抵触規則とは異なりそのように可及的に法の一般原則を適用していこうとするのであろうか。それは先にもみたように、経済開発協定の当事者の一方たる国家の法はしばしばまだ十分には近代化されておらず、そのような取引を規律するのにふさわしいような内容を有していないという認識に由来する。そして、当該契約の場合には、契約の締結地や履行地が契約当事国であることが多いので、当事者間に準拠法の合意のない限り、伝統的な抵触規則によると上記のような内容の契約当事国の法が準拠法となる蓋然性が大きい――それでは外国企業は契約当事国と契約を締結する気にはならない——、と予測されているのであろう。因みに、McNair はそのように法の一般原則の明示的又は黙示的指定を認める抵触規定がいかなる法体系に属するものであるのかについては、特に言及していない。彼の論述の仕方からすると、そのような抵触規則は国際法上のものではありえず、また特定の国家法上のものでもない。しいていえば、法の一般原則の一部としての抵触規則ということになるのではなかろうか。

その点は別として、経済開発協定の準拠法を法の一般原則とするとしても、仲裁人は具体的にどのようにして紛争を処理すべきであろうか。換言すれば、仲裁人は法の一般原則という言葉のもとに具体的にどのような準則を理解すればよいのであろうか。その問題については、McNair はあまり立ち入って論ずることなく、簡単に次のように述べるにすぎない。

文明国によって認められた法の一般原則とは何であろうか。それを示す法典や著書を指摘することは不可能である。国際法の内容の多くは裁判所や著述家によって法の一般原則から発展せしめられた。この同じ淵源は、経済開発協定の適用や解釈にあたり等しく実り多いように思われる。「法の一般原則は、その適切性を自覚する契約当事者及びこのタイプの契約につき裁判することを求められる裁判所によって発展せしめられるであろう」(9)。

このように述べた後で、McNair は、法の一般原則として承認されるであろうような法規のリストを準備するつもりはないとしつつも、Lena Goldfields 事件仲裁判断において法の一般原則として不当利得が言及されたことに注目し、更に法の一般原則のもう一つの候補として既得権の尊重をあげる(10)。そこでは、法の一般原則の内容を確定するに際しての具体的な指針がほとんど示されておらず、仲裁裁判所や学説による法の一般原則の明確化に期待がよせられているにすぎないといっても過言ではない。

ところで、天然資源の開発などに関する大規模な国家契約においては契約当事国の法がしばしば当該契約に適用されうるほどには十分に近代化されていないという問題は、やがて発展途上国がその法を整備していくにつれて、背後に退いていく。他方、それとは別の問題が切実なものとして意識されていくようになる。つまり、契約当事国の法が準拠法となるならば、それは契約当事国によって自由に変更されうるので、契約当事国は外国企業の契約上の権利義務を準拠法上適法に改変することが可能となってしまうのではないのか、と。この問題は仲裁判断においても意識されるようになる。一九六三年三月一五日のサファイア事件仲裁判断[11]である。National Iranian Oil Co., Ltd. とカナダ法人Sapphire Petroleums Ltd. との間で一九五八年六月一六日に石油コンセッション契約が締結されたが、やがてその解釈と履行をめぐって紛争が発生し、仲裁に付託された。仲裁判断はまず、仲裁人は仲裁地の抵触規則に拘束されないので、「当事者の共通の意図」を探し、学説・判例において一般に使用されている連結ファクターを用いるべきであって、国家的特色を無視すべきである、と述べる。そのうえで仲裁判断は、本契約が「明示的法選択」を含んでいないので「当事者の意思の証拠、特に契約のなかに見出される証拠」によって準拠法を決定すべきであるとして、次のように述べる。

「本契約はテヘランで締結されその大部分においてイランで履行されるべきものであったので、契約地法（lex loci contractus）と履行地法（lex loci executionis）の両者はイラン法の適用を指し示す。しかしながら、これら二つの連結ファクター、特に後者は重要であっても、必ずしも決定的なのではない。本契約は、伝統的な国際私法の準則が念頭におく通常の商事契約とは根本的に異なることが、想起されなければならない」。まず、本契約は公企業である国営会社と外国商事会社を拘束する。また、本契約は通常の商取引ではなく、外国会社にイラン領土の天然資源の長期開発を許可することを目的とし、そしてこの開発は重要な投資を行い恒常的な設備を設置するという義務を含む。本契約は外国会社に当分の間領土の占有と支配を認めるコンセッションを与える。それは一部は公法で一部は私法であるという特殊な性格を有する。本契約は外国会社に対する特殊な租税協定を伴うのみならず、イラン政府の承認を必要とすることも、その公的性格を示す。本契約のもとでは、外国会社はイランに対して、投資、責任及び相当なリスクを伴う財政的且つ技術的援助をもたらしているのである。それ故に、外国会社は「契約の性質を変えるような立法的変更」から保護され、法的安定を保証されるべきである。このことは、イラン法をそのまま適用することによっては保証されえないであろう。「イラン法を変更することがイラン国家の権限に属する」からである。

そこでは、本契約の締結地も履行地も契約当事国のイランであるので、「明示的法選択」のない本契約において「伝統的な国際私法の準則」をそのまま適用すると契約当事国の法たるイラン法が準拠法となってしまう旨、及びそれでは契約当事国はその法を自由に変更できるので外国会社の法的地位が不安定となる旨が指摘されている。そしてまた、本契約は通常の商事契約とは根本的に異なる公法的且つ私法的な性質の特殊な契約である旨も強調されている。このような指摘をふまえて、仲裁判断は、当事者は協定の諸規定を誠実及び善意の原則に従って履行し協定の精神及び文言を尊重することを約束すると定める条項のなかに、「イラン法、ましてやそれ以外の国の法、の適用を排除し、本協定の解釈と履行に関する限り文明諸国に共通な慣行に基づく法の一般原則に服するという当事者の意思」の「重要な証拠」を見出した。(12)

このようなサファイア事件仲裁判断が出た後に、学説のなかに抵触法上準拠法として法の一般原則を適用していこうとするものが有力となっていく。

抵触法上国際経済契約につき準拠法として法の一般原則を指定する可能性を追求した者としてしばしば引き合いにだされるのが、Schlesinger/Gündisch である。彼らは、仲裁実務が国際的事件の解決の際にしばしば国家法にではなく文明諸国の法体系に共通な法原則に依拠してきた旨を指摘しつつ[13]、仲裁条項を含む契約の場合につき「『法の一般原則』への明示的又は黙示的指定」の意味と効果を論ずる[14]。彼らはまず、仲裁裁判所が適用すべき抵触規範は実定法上のものでなければならないという前提から出発する[15]。そして、その理由を次のように述べる。つまり、制度としての仲裁裁判所は、政治的に組織化された秩序のなかに拠所を有しなければならない。そうでないと、手続上の問題はしばしば解決されえないことになる。国際的な共同生活社会の現状からすると、国際仲裁裁判所はその存在及び資格を国際法又は国内法から導出しなければならない。国際法と国内法の間のトランスナショナルな中間領域は、まだ、仲裁裁判所の現実の拠所としての法秩序たる手続的制度を発展せしめていない[16]、と。そして、仲裁契約が国家裁判所の介入や国家的手続法の適用を明示的に排斥していない限り、私的当事者の関与のもとで合意された仲裁裁判所の制度的な拠所は、通常は国家法秩序のなかに見出されるべきであり、また、当事者は仲裁裁判所の本拠を定めることができる、とする。そこから、Schlesinger/Gündisch は、仲裁裁判所が特定の国家の法体系と制度的に結びついているので、仲裁人は当該国家の法選択規範に拘束される、と結論する。そして、重要な法体系の国家的抵触法は法の一般原則という実質規範体系への明示的又は黙示的指定を有効なものとして承認するという見解を、適切なものと考える[17]。このようにして、Schlesinger/Gündisch は、当事者が仲裁手続を適切な国家法秩序に依拠させる限り、国際経済契約が仲裁人に「明示的又は黙示的に」法の一般原則を指定しているときには、この指定には完全な効力が認められうるとする[18]。

最後に、Schlesinger/Gündisch は法の一般原則を準拠法として指定することの実用性について二点を指摘する。第一点は、法の一般原則の体系に依拠しなければならない必然性であり、第二点は、法の一般原則の体系が発展する可能性と見込みである。第一点については、国家的実質規範はしばしば国際経済の需要に添わないということが忘れられてはならないとして、次のように述べる。つまり、経済は大幅に取引条件、書式及び慣習という形で当事者自身によって創設された国際的な準則でもって展開されている。しかしそれらの準則は結局、上位の欠缺補充的実質規範体系の枠のなかでのみ有効となる。この実質規範体系が超国家的なものであるべきならば、国際経済契約の作成と処理につき責任を負う法律家にとっては、唯一の打開策のみが残されている。即ち、当事者の本国に共通か、又は一般的に文明諸国に共通な法原則に依拠することである、と。第二点については、次のように述べる。つまり、各法体系は適用において発展してきたということが考慮されるべきである。このことは特に国際的領域においてあてはまる。というのは、そこでは立法行為により一挙に法発展を進めうる全能の立法者がいないからである。それ故に法は、裁判所、特に仲裁裁判所の実務によって実現せしめられ、更に発展せしめられなければならない。その際に、学問は援助を与えることができるし、また与えなければならない。最近の新たな比較法の方法は、主要な経済諸国の契約法のなかに存する共通性を探求し、定式化し、そして体系化することを可能ならしめる。このような種類の最初の試みは既に進行中である。学問が同じ目標の作業によって多くの要請に応じるならば、法の一般原則の適用にあたり実務は克服できない困難にぶつかることはないであろう(19)、と。

以上の Schlesinger/Gündisch の議論を要約すると次のようになろう。彼らは、国家法がしばしば国際経済の需要に添わないという事実を指摘しつつ、国際経済契約の準拠法たる資格を法の一般原則にも認めうるとしたうえで、「『法の一般原則』への明示的又は黙示的指定」の可能性を肯定する。この点においては、彼らはMcNairと同じような立場に立つといえよう。そして、法の一般原則の内容は比較法により主要な国の契約法から共通性を引き出し、定式化し、そして体系化するという作業を必要とすること、そしてその作業は仲裁実務と学問の協働によって進展されるべきであることという点においても、多少McNairよりも踏み込んだ叙述をしているが、基本的には同様であるといってもよいであろう。異なるのは、仲裁はいずれかの国家法のなかに位置づけられるべきであり、当該国家法の抵触規則が認めるときにのみ契約の準拠法を明示的又は黙示的に法の一般原則を指定することが認められるとする点であろう。この点は、今日の仲裁実務の動向と必ずしもあわないといえるが、その点は別として、そのような法の一般原則の明示的又は黙示的指定を認める国家的抵触法が存在するのかが問われうる。Schlesinger/Gündischは、重要な法体系の国家的抵触法はそのような指定を有効なものとして認めていると考えるようであるが、しかし、必ずしもその点の論証に成功しているようには思われない[20]。

更にZweigertは、法の一般原則を準拠法として指定する可能性についてMcNairやSchlesinger/Gündischよりも掘り下げて論じている。Zweigertによると、抵触法上当事者が選択しうる法秩序は裁判官によって実際に使用可能なものでなければならないが[21]、法の一般原則は裁判官にとって実際に使用するのに困難であるし、当事者にとって予測可能性に欠ける[22]。彼はそれを次のように例証する。

法の一般原則が「世界の主要な法秩序において本質的に一致して妥当している原理」であるとしても、次のような事件において裁判官は何をなすべきか。私には不可解である。即ち、A国家は外国の企業に一定の値段で一艘の船をスクラップにするよう申し出たが、この申出を、申出の到着、適切な熟慮、及び企業の承諾の到着に通常必要とされる期間内に取り消した。それでも企業は上記期間内に当該申出を承諾した。当該申出が法の一般原則に関する条項を含んでいたとしても、裁判官は当該申出が拘束力をもつかどうかという問題をどのように裁定すべきであるのか、その点はまったく曖昧である。周知のように、ドイツ法においては、当該申出は拘束力があり、当該取消は無効である。フランス法においては、契約は成立しないが、取消者は損害賠償を支払う義務がある。コモン・ローにおいては、当該申出の拘束力は約因の理論を考慮に入れると原則として認められない。このように、ここでは法の一般原則は存在しない。契約の締結（例えば錯誤の影響）及び契約違反（過失原理又は保証原理）の領域における契約法上の微妙な問題の多くについても、事態は似ている。[23]

このようにしてZweigertは、法の一般原則は実際に使用することが不可能ではないが極めて困難であるので、それの選択は特別の場合にのみ認められるべきであるとする。そして、国家と私人の契約について――国家法秩序を指定する条項がない限り――法の一般原則を適用すべき需要、即ち法の一般原則の「不確さ」にもかかわらず国家法秩序の排除を正当化する特殊な需要が認められる場合として、次の場合をあげる。

国家が国庫としてではなく少なくとも同時に高権的機能において、まさに国際法主体の尊厳を伴って登場する契約であって、同等な法主体としての私的当事者に契約の重要性からして契約当事国の法への服従を期待できないような契約である。この場合には、契約当事国の法の選択は次の理由からしても不適切である。つまり、国際私法により指定される国家法は変わりうるものとしての国家法であるので、契約当事国は契約の締結後に自分の法により契約の内容又は存続に介入しうることになるのである。他方、私的当事者の属する法秩序も変更しうるので、その法の適用に同意することを契約当事国には期待できない。「国家が国際法主体として登場するのか、それとも国庫としてのみ登場するのか」はたいてい、政府の最高の地位のものが契約交渉を指導したかどうか、国家にとっての契約が持つ重要性、契約の経済的規模、契約にとって私的当事者が持つ意義から読み取られうるであろう。例えば、外国の企業に一定の反対給付と引き換えにコンセッションを付与する契約、国家財産を担保にする大規模な国債などである。このような契約に契約当事国が立法的に介入した場合には、「法の一般原則の意味における契約違反」となろう。更に、McNair が取り上げた発展途上国と外国人の契約も、発展途上国の法秩序が複雑な契約にふさわしい原則をまだ形成していないという特殊性を伴うのであるが、上記の契約のグループに含まれるものといえる。[24]

更に Zweigert はそのような契約の性質について次のように敷衍する。

ここで問題となる契約は、国内的契約でもなく、国際法上の契約でもない。経済法と労働法が私法と公法の中間にあるように、中間にあるものなのである。渉外的要素を伴う、又は国際性を有する経済法的契約なのである。[25]

そして Zweigert は、そのような契約には国家的抵触法が適用されず「法の一般原則の領域における抵触法上の原則」が適用されるとして、その原則の内容につき次のように述べる。

「高いレベルにおける」国家と外国私人の契約においては、国家的抵触法上よく知られている当事者自治の原則が、「当事者は契約を法の一般原則に服させることができるのであり、当事者の沈黙の場合には契約を法の一般原則に服させることが客観的にも適切である」という意味で妥当する。[26]

それでは、Zweigert は彼のいう「公法と私法の混合した契約」[27]又は「高いレベルの契約」の準拠法たる法の一般原則の内容の確定についてどのように考えているのであろうか。彼は、法の一般原則の実際的使用に関する困難性を指摘しつつ、根本的には法の一般原則において問題となるのは——支配的な国際法理論がそれを独自の法源として捉えているにもかかわらず——実在ではなく「学問的なプログラム」であるとする。(28)そして、次のように論ずる。

法の一般原則は比較法的方法によって発見されなければならない、ということは今日では異論の余地はない。しかし、それだけでは、裁判官は諸国の法体系を見渡さなければならないということが意味されるにすぎない。法の一般原則は世界の主要な法秩序に共通な原理である、としばしば定式化されるが、そのことはまさに比較法的経験からして批判的な考察を必要とする。確かに、わずかばかりの共通な原則が発見される。しかし、裁判官の実務は原理によって生きているのではなく、ニュアンスをつけられた解決によって生きているのである。そして、比較法の教えるところによると、共通なものはほとんど存在せず、より良い解決とより悪い解決のみが存在する。前に述べた申出への拘束についての例を想起してもらいたい。法の一般原則が実際に使用可能となり、特に学問的認識にとって必要な輪郭を獲得するのは、「法の一般原則のもとに、世界の主要な法秩序を見渡した際に最も優れたものと判明する具体的な問題の解決が理解されるべきであるとき」である。非常に多くの問題については、高度な学問的精度でもってそのような解決が何であるのかをいうことができる。他の問題については、主要な法秩序のなかに相互に等価の様々な解決が見出されることがありうる。前者の場合には、法の一般原則は優れた解決であるということになる。後者の場合には、法の一般原則は裁判官が等価であるいくつかの解決のなかから選び出すものである。(29)

そこでは、法の一般原則を世界の主要な法秩序に共通な原理というように定式化しても、それだけではまだ仲裁人にとっては明確な指針とはならないということが、指摘されているように思われる。信義則とか権利濫用の禁止などのわずかな共通原則が抽出されても、それらはあくまでも抽象化されたレベルで見出されたものであるので、そこから直接に具体的問題の解決が引き出されないという趣旨であろう。また、比較法的考察をしても共通原則が抽出できない場合も少なくない旨も、指摘されている。それらの結果として、Zweigertは、法の一般原則を「世界の主要な法秩序を見渡して最も優れたものと判明する具体的な問題の解決」というように定式化しているのである。このような Zweigert の議論からは、法の一般原則の内容の具体化にあたり仲裁人の価値判断が大きく作用することが理解されうる。このことは、Zweigert が「高いレベル」の国際契約に関して上記のような――法の一般原則にも準拠法たる資格を認めたうえで、国家法の指定のない限り当事者の黙示意思を法の一般原則の適用に求めるので――特殊な当事者自治の原則を抵触法上の「法の一般原則」として提示するという点に、端的に示されている。確かに、今日の主要な国内法は国際契約に関して当事者自治の原則という抵触規則を採用しているといえる。しかし、それは通常の国際契約に関していえるのであり、Zweigert の考えているような「高いレベル」の国際契約についてではない。また、諸国の採用する当事者自治の原則は準拠法たる資格を国家法に限定している。ましておや、当事者が特定の国家法を準拠法と指定していない限り当事者の黙示意思を法の一般原則の適用に見出す、というようなことは認められていないといってよい。そうとすると、上記のような特殊な当事者自治の原則はZweigertが「高いレベル」の国際契約について、その特殊な需要を考慮に入れて、通常の国際契約に関する諸国に共通な準則をもとに作り変えたものである、ということになろう。換言すれば、そこで Zweigert が行っているのは、主要な国内法に共通な原則を具体化したというよりも、それを参考にしつつ当該分野の需要にこたえるような準則を定立しているということなのである。また、Zweigert は、法の一般原則を準拠法とする際に主として念頭においていた事態、即ち契約当事国が立法により契約に介入するという事態について、契約当事国のそのような企てがすべて「法の一般原則の意味における契約違反」を構成すると考えていたが、主要な国内法に共通な原則としてそのようなものを簡単に引き出せるかどうか、慎重な検討を要するといえよう。例えば、Kischel は諸国の法規制を概観した後に次のような結論に達している。つまり、国家は公共の福祉のためであったならば、補償――その額は通常の契約違反の場合ほど高くなくてもよい――の支払いを条件に、私人との契約を遵守しなくてもよい、と。[30] そのような相違は、法の一般原則の名のもとに私人間の契約に関する共通原則を参考にするのか（Zweigert は国家契約を国際法主体たる国家と、同等な法主体としての外国私人の関係として捉えていた）、それとも国家（行政）と私人の間の契約に関する共通原則を参考にするのか（Kishel は国家契約を国内の行政と私人の関係と同じものとして捉えている）、によるものであろう。それは、国家契約（経済開発協定）をめぐる利害状況をどのようなものとして捉えるべきであるのか、というすぐれて法政策的問題にかかわるように思われる。因みに、国内法においても法の一般原則がときとして法の欠缺を補充する法源として利用されるが、その場合にも、実質的には、裁判官に準立法者的権限を付与することが念頭におかれているのである。

これに対して Wengler は、法の一般原則に契約の準拠法たる資格を認めることに反対する。法の一般原則はその内容が曖昧で不確かであるので、裁判規範としても行為規範としても不十分である、と説くのである。[31] 法の一般原則に対する彼の評価は、法の一般原則の「明白な不確かさ」[32]、「曖昧な法の一般原則」、法の一般原則の「不確定性」[33]、「法の一般原則のような曖昧な規範複合体」[34]、更には、契約の成立に関しても「非常に曖昧な又は矛盾さえも含む法の一般原則」[35] という言葉によって示されている。その点に関して彼は次のように述べている。

法の一般原則は、その存在と内容が比較法的研究によって確実に発見され、そして国家の裁判所によって制定法のように適用されうる精密な法規の複合体ではない。例えば、確かに、契約上の請求権はすべていつか時効にかかるという趣旨の法の一般原則は確定されうる。しかし、特定の時効期間やその他時効の細目的事項に関する規律は、法の一般原則のなかには見出されえない。引き渡された物品の瑕疵が買主や売主の第一次的な請求権の時効とは無関係に短期間内に申し出られなければならないかどうか、という問題についても法の一般原則が存するかどうか疑わしい。また、実定法から抽出される法の一般原則の間ではしばしば全く矛盾する原理が見出される。その場合にはいずれか一方を優先させる又は双方を妥協させる決定が不可欠となるが、その決定は個別的な場合に法適用機関によって新たになされなければならない。それ故に、法適用機関による債権契約への法の一般原則の『適用』（Anwendung）は、国家私法秩序（法律又は慣習法）においてなされている当該契約の『規制』（Regelung）の適用と同一視されないのである。たとえ法律はまれに一般条項、不確定的法概念又は曖昧な規範内容（良俗など）を含むことがあってもそういえる。[36]

そこでは、すべての事項について法の一般原則が発見されるわけではないこと、そして法の一般原則が発見されてもときとして矛盾しあうそれらの関係をどのように定めるのかという問題があることが指摘されている。そのうえで、法の一般原則の適用を国家法の適用と同列において考えることができないのであり、両者は内実においてかなり異なるということが指摘されているのである。かくして、Wengler は、法律規定を排除したうえで「曖昧な法の一般原則」を指定する契約について、紛争が発生した場合には裁判官は当該契約タイプに関する一定の規制を――たとえ主張される『原則』を引き合いに出してであれ――再び自分で新たに形成しなければならない、と述べるのである。[37] それ故に彼は、法の一般原則の適用を認めることが「結局は裁判官の恣意」による判断[38]を認めることになる、と考える。

三　おわりに

以上、国家契約（経済開発協定）の法的規律につき抵触法における当事者自治の原則の適用を認めつつも、準拠法たる資格を伝統的な当事者自治の原則のように国家法のみに限定せずに法の一般原則にも認める見解――それに反対する見解も含めて――をみてみた。その見解は準拠法たる資格を法の一般原則にも認めるにあたり、当事者があえて国家法を指定していない限り法の一般原則への黙示的指定があったものとみなすので、実質的には国家契約の大半を法の一般原則によって規律しようとするものである。

そのような見解が登場してくる背景はこうである。つまり、天然資源の開発などに関する国家契約に伝統的な当事者自治の原則を適用すると、当事者が外国私人の属する国の法を指定するということ――それは実際にはほとんどない――がない限り契約当事国の法が準拠法となる蓋然性が高いが、それでは、外国私人は、契約当事国の法がときとして十分には近代化されていないことがあるのみならず、契約当事国によって操作可能であるために、安心して契約の締結に臨むことができなくなる、と。そこで、契約当事国の法が準拠法となることを回避しつつ両当事者に中立的な準拠法を示すという配慮から、法の一般原則を準拠法として提示するという立場が登場してきたのである。その際には、国際法を準拠法として指定することは許されないという判断が前提とされていた。

それでは、準拠法たる資格を法の一般原則に認めることは実質的に何を意味するのであろうか。法の一般原則とは具体的にいかなる準則を意味するのであろうか。法の一般原則は主要な国内法に共通な原則であると一般にいわれる。また、その内容を確定するにあたり比較法的考察が必要であることも一般に認められている。しかし、Zweigert が指摘するように、それだけでは仲裁人には具体的な指針とはならない。例えば、pacta sunt servanda の原則をあげてみよう。確かに、その原則は主要な国内法に共通して認められているといえるが、それはあくまでも具体的な適用条件を捨象したうえで抽象化されたレベルでのみ共通しているのであり、個々の具体的な問題についてどこまで妥当するのか、換言すればどの程度まで強行法規によって当該原則が制約されるのか、又は事情変更の場合にも厳格に妥当するのかなどという問題になると、主要な国内法の間に一致が存するのではないのである。類似のことは信義則や権利濫用禁止の原則にもひとしくあてはまる。したがって、そのように抽象化されたレベルで得られた共通の原則[39]は本来そのままでは個々の具体的な問題に適用可能ではないものであり、紛争解決の際に仲裁人に対する具体的な行動の指針となりえないのである。特定の分野における個別的問題の処理にあたり具体的な基準となるためには、それは更に当該分野における個々の具体的問題に適用可能な準則へと作り変える作業が不可欠となる。そのような作業はいわば準立法者的作業であり、仲裁人がそれを担当すべきことになる。そしてその際には、当該分野の特殊性や需要を考慮に入れることがぜひとも必要となる。[40]このように国内法上の共通原則を特定の分野に生かすにあたりそれを当該分野の特殊性や需要に適応させることが必要であることは、つとに国際法の領域における法の一般原則（ＩＣＪ規程三八条一項(c)）についても認められてきたところでもある。[41]他方、Zweigert が指摘するように、比較法的考察を試みてみても主要な国内法に共通な原則が見出せない事項も決して少なくない。その場合には、どのようにして準則を見出すことになるのであろうか。Zweigert は主要な国内法の示すいくつかの解決のなかから仲裁人が選択すべき旨を説いている。確かに、そのようにでもしないことには、法の一般原則の適用により紛争を解決するということがしばしば困難となろう。そしてまた、そのような選択を行う際には当該分野の需要を十分に考慮に入れるべきことになろう。その観点を一貫すると、主要な国内法の示すいくつかの解決のなかからいずれかを選択するだけでなく、それを当該分野の需要に合うような形に作り変えるということも考慮に入れられるべきであろう。このようにみてくると、法の一般原則を準拠法として適用するといっても、いずれかの国家法を準拠法として適用するのとはかなり趣を異にするということになる。法の一般原則を準拠法とするということが実質的に意味するのは、仲裁人に既存の法規の適用を命ずるのではなく、準立法者的権限――主要な国内法を比較法的に考察しつつ当該分野につきその需要に合致した準則を定立するという権限――を付与することなのである。その意味で、法の一般原則を準拠法とすることは、裁判官をして自分が立法者であったならば定立するであろう準則によって裁定させるスイス民法一条の場合に類似する、ということになろう。(42) この点との関連で、国内法のなかには法の欠缺を補充する方法として法の一般原則をあげるものがあることは興味深い。

このようにみてくると、Wenglerが法の一般原則を準拠法にすることに反対する際に指摘した事柄には傾聴すべき点が多いということになろう。(43) ただ、ここで注意されるべきは、特にZweigertが法の一般原則に関するそのような問題点を十分に意識しながらもなおかつそれに準拠法たる資格を認めざるをえなかった、という事情である。その事情の背景は先に述べたごとくであるが、その点に関する適切な対応策が示されない限り、Wenglerの批判は単なる問題点の指摘にとどまり、Zweigertなどの見解に取って代わることができないといえよう。法の一般原則のアプローチの魅力はなんといっても、国家契約を特定の国家法(特に契約当事国の法）から解放して、当該分野の特殊性や需要をふまえた妥当な準則の形成を期待させる点にあろう。また、最近におけるＵＮＩＤＲＯＩＴの国際商事契約原則の動向などをみると、法の一般原則の具体化・明確化はそれほど遠い将来の話でもないようにみえる。

（1） ILR, 1951, p. 144.
　法の一般原則を適用したと目される仲裁判断については森川「仲裁と法の一般原則」皆川記念一八三頁以下を参照。

（2） ILR, 1953, p. 534.

（3） McNair, The General Principles of Law Recognized by Civilized Nations, BYIL, 1957, pp. 1, 3-4.

（4） Ibid., p. 2-3.

（5） Ibid., p. 4.

（6） Ibid., p. 5.

（7） Ibid., p. 6.

（8） Ibid., pp. 9-10.

（9） Ibid., p. 15.

（10） Ibid., p. 15-18.

（11） ILR, 1967, p. 136.

（12） 仲裁判断は更に、仲裁条項から「イラン法の排他的適用を拒絶するという消極的意思」を引き出している。また、本協定において使用されている不可抗力は国際法の原則によって定義されるべきである旨を定める条項のなかに、「当事者の協定の解釈と履行を法の一般原則に服させるという当事者の意思」の更なる証拠を見出す。

(13) Schlesinger/Gündisch, Allgemeine Rechtsgrundsätze als Sachnormen in Schiedsgerichtsverfahren, RabelsZ, 1964, p. 11.
(14) Ibid., p. 12.
(15) Ibid., p. 14.
(16) Ibid., p. 16.
(17) Ibid., pp. 17-19.
(18) Ibid., p. 44.
(19) Ibid., pp. 45-46.
(20) Cf. ibid., pp. 30-32.
(21) Zweigert, Verträge zwischen staatlichen und nichtstaatlichen Partnern, BerDGV, 1964, p. 215.
(22) Ibid., p. 204.
(23) Ibid., p. 204.
(24) Ibid., pp. 204-207.
(25) Ibid., p. 209.
(26) Ibid., p. 210.

このようにZweigertは「高いレベルの契約」につき当事者間に別段の合意のない限り法の一般原則を準拠法として適用するという立場を示すのであるが、その際に次のように述べる。

法の一般原則が適用されるこれらの契約は、すべての強行規範を免れるわけではない。法の一般原則も強行規範を知っているのである。例えば、文明諸国の道徳意識と矛盾する契約や、侵略戦争の準備に関する契約は、貫徹されない。これらの契約はまた、外国私人が属する国の裁判所が取り扱う限りにおいて、当該国の公序的強行規範を免れない。Ibid., p. 207.

(27)　Ibid., p. 215.
(28)　Ibid., p. 211.
(29)　Ibid., pp. 212-213.
(30)　Kischel, State Contract, 1992, p. 362 et seq.
(31)　Wengler, Allgemeine Rechtsgrundsätze als wählbares Geschäftsstatut?, ZfRV, 1982, p. 17.
(32)　Ibid., p. 18.
(33)　Ibid., p. 25.
(34)　Ibid., p. 27.
(35)　Ibid., p. 27.
(36)　Ibid., p. 17.
(37)　Ibid., p. 18.
(38)　Ibid., p. 27.
(39)　因みに、Ch. de Visscher, Théories et réalités en droit international public, 1970, p. 419は、法の一般原則に訴えることが「抽象化」と「一般化」の二重のプロセスによって行われる旨を指摘する。つまり、国内法上の諸規定から国家的特殊性を取り除き、その諸規定を一般的普遍的な見地に還元する、と。
(40)　そのような観点を一貫していくと、たとえ主要な国内法に共通な原則を抽出できたとしても、それが当該分野の需要にまったく添わないという場合には、その原則を参考にすること――ひいてはそれを個々の具体的な問題に適用可能な準則に作り変えること――をやめるべきであるということになろう。
(41)　例えば、「国際裁判所が国内法に共通の原則としての法の一般原則を適用する場合、かかる原則すべてをそのまま機械的に適用するものではなく、国内社会とは異なる国際社会の構造ならびにそれに基づく国際法の特殊な性質および要請と調和するように適用されなければならないことがしばしば指摘されている」（森川・前掲二〇五頁）といわれている。そこでは、国際社会の構造や国際法の特殊な性質や要請と調和しない国内法上の共通原則は適用しないという判断が前提とされているように思われる。

因みに、本稿で問題にしている法の一般原則は、国際法の補充的法源としての法の一般原則（ＩＣＪ規程三八条一項(c)）そのものとは異なる。前者は、国家契約が国際法の直接的な規律対象となっていないという前提のもとに、抵触法上の準拠法としての法の一般原則なのであるが、後者は、国際法の直接的な規律対象である事項について条約や慣習が存しない場合に援用される法の一般原則なのである。森川・前掲一七四頁以下はコンセッション契約に関する紛争を法の一般原則の適用により解決した仲裁判断を分析するものとして有益であるが、上記の区別をあまり意識していないように思われる。

(42)　Cf. Zweigert, op. cit., p. 212.

(43)　なお、Mannが「法の一般原則は適用又は参照されうる法又は法体系ではない」と述べ、法の一般原則の指定を「国際法の若干のルールの編入」とみなすときには（Mann, The proper law of contracts concluded by international persons, BYIL, 1959, p. 44）、Zweigertなどとは異なるものを念頭においているといえよう。

13

倒産企業の再生と当事者主義の原則
――再生手続の当事者主義的運用のために――

中島弘雅

一　はじめに

民事再生法は、従来の和議手続に代わる新しい再建型の一般手続として創設された民事再生手続に関する基本法である。民事再生法が、二〇〇〇年四月に施行されて早一年が経過したが、この一年間の再生手続の申立件数は全国で九〇〇件を超え、破綻に瀕した企業の法的再建手続として、おおむね順調にわが国の倒産処理の実務に定着しつつあるといってよい。

しかし、他方で、民事再生手続には、従来の和議手続と大きく異なる点が多々あるにもかかわらず、再生手続に関与する関係者の間で必ずしもその点が十分に理解されていないように見受けられる。とりわけ、再生手続が基本的に当事者主義ないし当事者の自己責任の原則に立脚した手続であるという点に対する関係者の理解不足は甚だしいように思われる。[1] そこで、以下では、もっぱら民事再生法および民事再生規則の規定を手掛かりに、再生手続の右のような基本的性格を今一度確認した上で、その基本的性格に即した手続運用の在り方を探ってみたいと思う。

(1) このことにつき、安木健「民事再生手続と自己責任——大阪地裁の運用」金判一〇九〇号(二〇〇〇年)三頁、小澤一郎「大阪地方裁判所第六民事部における民事再生法の運用」金判一〇九一号(二〇〇〇年)二頁、中島弘雅「民事再生法で変わる倒産手続構造」法学セミナー五五〇号(二〇〇〇年)二二頁、大杉謙一「だれのための企業再建か?」同誌四三頁、田原睦夫「再生手続と債権者」債権管理九一号(二〇〇一年)一四二頁以下参照。なお、高橋宏志「債権者集会」金判一〇八六号(二〇〇〇年)九九頁も参照。

二 再生債務者主導の手続構造

1 再生債務者の職務内容

周知のように、民事再生手続では、再生債務者(従前の事業経営者)自身がそのまま業務の遂行および財産の管理処分を行いながら事業の再生(再建)を目指す、いわゆるＤＩＰ(Debtor in Possession)型(自力再建型)が原則とされている[2](民再三八条一項)。もっとも、実際上は、一般的保全処分(特に弁済禁止の保全処分。民再三〇条一項)の発令とほぼ同時に、監督委員による監督を命ずる監督命令が発令され(同五四条以下)、監督委員の監督の下で再生債務者が事業の再生を目指す後見型が一般的となっている[3]。しかし、その場合であっても、再生債務者が、基本的に、手続の開始から終了までの間、一貫して再生手続において中心的な役割を担うことに変わりはない。もちろん、再生手続では、裁判所がその要所要所において、前述の監督命令をはじめ、再生債務者の再生に必要な裁判の発令その他必要な処分を行うが、再生計画案の作成（同一六三条一項）、債権調査および債権認否の作業（同九九条以下）など、従来の倒産手続では裁判所から選任された手続機関の職務とされたものの相当部分が、再生手続では再生債務者自身の職務とされている。そういった意味で、再生手続において行われる職務の中で、再生債務者ひいてはその代理人が行う職務の占める割合はきわめて高い。

従来の倒産手続では、ややもすると債務者およびその代理人は、申立てまでは誠意をもって対処するものの、申立て後の事務処理については、裁判所が選任する手続機関、具体的には、和議の場合は整理委員（旧和二一条）、会社更生の場合は管財人（会更九四条）、会社整理の場合は監督員（商三八六条一項一〇号・三九七条）または検査役（商三八六条一項三号・三八八条）・整理委員（商三八六条一項四号・三九一条）に任せきりになりがちであった。(4) しかし、以下に述べるように、再生手続では、それらの手続とは異なり、再生債務者自身の自主的な再建に向けての意欲ないし自助努力を尊重するという基本的なスタンスがとられている。

2　再生債務者の公平・誠実な手続遂行義務と債務者代理人の役割

民事再生法は、再生手続があくまでも再生債務者自身が中心となって進めていく手続であるという趣旨を明確にするために、再生手続が開始された場合には、再生債務者は、再生手続における一種の手続機関として、再生債権者に対して、公平かつ誠実に手続を遂行する義務を負う旨の規定を置いている（民再三八条二項）。また、同様の観点から、民事再生規則も、再生債務者は、再生手続の進行に関する重要な事項を再生債権者に周知させるよう努めなければならないと定めている（民再規一条二項）。従って、再生債務者としては、与えられた起死回生のチャンスを活かすべく、自身の再生に向けて最大限の自助努力を行う必要があるが、同時に、再生手続の途中で再生の目途が立たないことがはっきりした場合には、できるだけ早く清算の途を選択することが求められ、漫然と資産を食い潰していくことは許されない。そのため、もし再生債務者が適切な対応をとらなければ、裁判所としては、再生手続を廃止し（民再一九一条）、破産に移行させることになる（同一六条）。

かかる観点から見て、再生手続においてきわめて大きな役割を果たすべきは、再生債務者の代理人たる弁護士である。再生債務者の代理人としては、監督委員に対して再生債務者に関する情報を適宜開示して、監督委員との信頼関係を構築していくことが重要である。また、再建型の倒産手続である民事再生手続が成功するか否かは、ひとえに担保権者をふくむ債権者の理解と協力が得られるかどうかにかかっている。従って、再生債務者の代理人としては、再生債務者の財産状況を報告するための債権者集会（財産状況報告集会）（民再一二六条）が開催されない場合には、[5]債権者説明会を適宜開催して、再生債務者の業務・財産に関する状況や再生手続の進行に関する事項について債権者に説明をする（民再規六一条一項）など、債権者に積極的に情報を開示し、その不信感を払拭することに努めなければならない[6]（民再規六三条参照）。前述のように、民事再生法は、再生債務者に債権者に対する公平・誠実な手続遂行義務を課しているが（民再三八条二項）、債務者の代理人も、再生手続開始後は、再生債務者のためだけでなく、再生債権者のためにも手続を遂行する義務を負い、その対応次第では弁護士倫理や弁護士法違反として懲戒問題が生じうることに留意する必要がある。[7]

（2）アメリカの現行連邦倒産法第一一章の再建手続（Reorganization）では、会社の経営者が「占有（継続）

債務者」としてそのまま会社の再建にあたるＤＩＰ型が原則であるが、我が国の再生手続も、アメリカの第一一章手続と同様に、ＤＩＰ型を原則としている。アメリカ連邦破産法第一一章の再建手続については、高木新二郎『アメリカ連邦倒産法』（商事法務研究会、一九九六年）三一三頁以下、渡邉光誠『最新アメリカ倒産法の実務』（商事法務研究会、一九九七年）五頁以下参照。また、最近のアメリカの第一一章手続の実情につき、川畑正文「アメリカ合衆国における倒産手続の実務（一）―（三）」ＮＢＬ七〇八号一二頁、七〇九号三一頁、七一〇号四六頁（二〇〇一年）も参照。

（3）　園尾隆司「民事再生手続の概要と東京地裁の運用」銀行法務21五七五号（二〇〇〇年）六頁、原道子＝内山梨枝子「名古屋地裁における民事再生手続運用の基本方針」同誌一二頁、前田英子「仙台地裁における民事再生申立事件の概要と課題」債権管理九二号（二〇〇一年）三二頁・三六頁、森宏司「大阪地裁における民事再生実務の現状と課題」同誌四五頁など参照。もっとも、札幌地裁では、原則として監督委員を選任せずに再生債務者自身に手続の遂行を任せ、その代わりに公認会計士を調査委員に選任して（民再六二条）、再生債務者の財産状態や主要債権者の動向等を調査・報告させるとともに、手続開始決定後に、申立棄却事由（民再二五条）の存否について報告させるという運用が行われている。鈴木信行＝須田浩司「札幌地裁における民事再生申立事件の概要と課題」債権管理九二号五七頁参照。

（4）　以上につき、樋口治「債権者委員会・債権者説明会の意義と機能」銀行法務21五七六号（二〇〇〇年）一六頁参照。

（5）　財産状況報告集会とは、再生債務者の財産状況を報告するために裁判所によって招集される債権者集会であり、そこでは、再生債務者等が、再生手続開始に至った事情、再生債務者の業務・財産に関する経過および現状、会社役員の責任追及のための保全処分（民再一四一条二項）または査定の裁判（同一四三条三項）を必要とする事情の有無、その他再生手続に関し必要な事項（同一二五条一項）の要旨を報告することが義務づけられている（同一二六条一項）。もっとも、東京地裁民事二〇部（破産・民事再生部）では、財産状況報告集会は実施しないという運用を原則としているようである。深沢茂之「民事再生手続において債務者代理人が留意すべき点」金法一五九四号（二〇〇〇年）二七頁、樋口・前掲注(4)論文一八頁参照。

(6) 深沢・前掲注(5)論文二七頁、樋口・前掲注(4)論文一八頁。どのような場合に、再生債務者（代理人）は、債権者説明会を開催すべきかという点については、樋口・前掲注(4)論文一八頁に詳しい。

(7) この問題につき詳しくは、才口千晴「民事再生手続における弁護士の役割と責任」法律のひろば五三巻五号（二〇〇〇年）三八頁以下参照。

三 再生債権者に対する情報開示と債権者の手続関与の必要性

1 再生債務者の情報開示義務

民事再生規則は、先にも述べたように、再生手続が基本的に自力再建型の手続であることを考慮して、再生債務者は再生手続の進行に関する重要な事項を再生債権者に周知させるよう努めなければならないと定めているが（民再規一条二項）、同規則は、さらに、①再生債務者等（民再二条二号参照）が、財産状況報告書（民再一二五条一項）や財産目録・貸借対照表を提出したときは、再生債権者の閲覧に供するため、再生債務者の営業所または事務所にこれらの写しを備え置くものとするとともに（民再規六四条）、②再生債務者等が開催する債権者説明会を再生手続上の公式の制度として位置づけ（民再規六一条）、財産状況報告集会（民再一二六条）が開催されない場合には、再生債務者等は、財産状況報告書の要旨を知れている再生債権者に周知させるため、債権者説明会の開催その他適当な措置をとらなければならないとしている（民再規六三条）。財産状況報告書は、民事再生法一二五条一項が再生債務者等に対し作成を義務づけている重要な文書であり、それに記載されるべき事項は、再生手続開始に至った事情、再生債務者の業務・財産に関する経過および現状、法人の役員の責任追及のための保全処分（民再一四一条二項）または査定の裁判（同一四三条三項）を必要とする事情の有無、ならびに、その他再生手続に関し必要な事項である。民事再生法が再生債務者に以上のような情報開示義務を課したのは、再生債務者等から再生債権者へ十分に情報の提供が図られるよう配慮したものであるが、それは、同時に、再生債権者が後に再生計画案について議決権を行使する際に参考となる情報を提供するためのものでもある。(8)

2　再生債権者の手続関与の必要性

再生債権者としても、裁判所によって、監督命令（民再五四条）が発令されたり、手続開始決定（民再三三条）がなされたからといって、それで安心することなく、常に再生債務者の動向を把握する努力をするとともに、自らも**3**で述べる情報収集方法を積極的に用いて再生債務者についての情報を集めたうえで自律的な判断を行っていかなければ、清算価値に相当する配当さえも受け取ることができない事態が生じうることに留意すべきである。(9)加えて、今後裁判所に係属する再生事件が益々増えてくると、裁判所の許可事項（民再四一条）について裁判所が逐一綿密な審査を行うことは困難となるので、そのときには、監督委員だけでなく、債権者の代表機関として債権者委員会が設置されている場合はその意見を聞いたり（同一一八条）、それが設置されていないときは大口債権者や利害関係を有する債権者の意見を聞き、それらの者から特に異議がなければ許可を与えるといった運用が行われることが予想される。従って、再生計画案の内容や、再生の見込み、経営者に対する責任追及の必要性の有無、否認事由の存否などについて質問や提案のある債権者は、再生計画案の作成段階で、具体的には遅くとも再生計画案の決議のための債権者集会の開催までに（民再一七一条一項参照)、積極的に再生債務者や再生債務者の代理人に申し入れていくことが重要である。[10] また、大口債権者や担保権者としても、自ら進んで裁判所や監督委員に情報を提供して事件の公正で迅速な進行に一定の役割を果たしていくことが求められる。そのためには、裁判所、監督委員、再生債務者の代理人の側からも、再生債権者に対して積極的に再生債務者に関する情報を開示すべきである。

3　再生債権者による情報収集方法

周知のように、再生手続では、当該再生事件の関係文書の裁判所における閲覧または謄写に関する規定が整備され、基本的に、利害関係人は、民事再生法または同規則の規定に基づき、裁判所に提出された文書や裁判所が作成した文書の閲覧または謄写を請求することができる(民再一七条、民再規九条一項)。従って、再生債権者としては、再生債務者等が裁判所に提出した財産状況報告書(民再一二五条一項)や、再生債務者等が財産価額の評定(民再一二四条一項、民再規五六条一項)の結果を踏まえて作成し裁判所に提出した財産目録および貸借対照表(民再一二四条二項)の閲覧または謄写を通じて、再生債務者が倒産に至った経緯や再生債務者の財産状況などを把握することができるほか、再生債務者の営業所または事務所に備え置かれた財産状況報告書や財産目録・貸借対照表の写しを閲覧することもできる(民再規六四条)。

さらに、民事再生規則は、これらの文書について裁判所での閲覧または謄写の請求が競合して、再生債権者その他の利害関係人が速やかに閲覧等ができなくなることがないように、再生債務者等が提出する副本による閲覧も認めている(民再規六二条)。また、同規則は、財産状況の正確な開示を促進するため、財産の評価方法その他の会計方針を財産目録・貸借対照表に付記するものとする(同五六条二項)とともに、裁判所に提出する財産状況報告書(民再一二五条一項)の情報開示機能を強化するため、裁判所が相当と認めるときは、財産状況報告書に、過去三年分の貸借対照表や損益計算書を添付させるものとしている（民再規五八条）[11]。

しかし、残念ながら、これまでのところ、再生手続の中で、再生債権者が、裁判所や、監督委員、再生債務者（代理人）に対して、積極的にこれらの情報収集手段を用いて情報開示を求めることはあまり行われていないようである。しかし、その結果、倒産直前に詐害行為や偏頗行為（民再一二七条一項）が行われていたり、債務者会社の役員に会社に対する善管注意義務違反・忠実義務違反その他明白な法令違反行為があり、損害賠償責任が発生しているにもかかわらず、それらが見過ごされ、否認権行使（民再五六条・一二七条以下）や、役員に対する責任追及（同一四二条以下）が行われないままに、再生計画案決議のための債権者集会の開催（同一七一条）、そして裁判所の認可決定（同一七四条）へと至っている事例も数多く見られる。また、多数の再生債権者の意見を再生手続に反映できるような健全な債権者委員会（同一一八条）が設置された事例も必ずしも多くない[12]。しかし、もともと再生手続は、再生債権者や債権者委員会に応分の役割と責任を分担してもらうことなしには、必ずしも十分に機能しない手続であることに留意すべきである[13]。

(8)　以上につき、徳岡治「債権者の立場から見た民事再生規則の概要」銀行法務21五七六号（二〇〇〇年）七一八頁、山本克己「債権者集会および債権者委員会」才口千晴ほか編『民事再生法の理論と実務（下）』（ぎょうせい、二〇〇〇年）一四一一五頁参照。

(9)　安木・前掲注(1)論文三頁参照。

(10)　長谷川久美「債権者の手続参加による民事再生手続の活性化」金法一五九四号（二〇〇〇年）四〇頁参照。

(11)　以上につき、徳岡・前掲注(8)論文七頁、山本・前掲注(8)論文一四頁・一八頁・二四頁など参照。

(12)　かえって、整理屋、紹介屋、事件屋と見られる債権者が、債権者委員会を組織しようと画策したと思われる事例があったことが報告されている。園尾隆司「民事再生事件の運用方針と手続進行の実情」金法一五九四号（二〇〇〇年）一八頁参照。
(13) このことにつき、高木新二郎「民事再生法元年」金法一五七一号（二〇〇〇年）一四頁、同「民事再生法施行後三ヶ月を経過して（下）」金法一五八九号（二〇〇〇年）三一頁参照。

四　債権者委員会の意義と機能

1　意　義

私的整理では、しばしば全債権者によって構成される債権者会議で選出された債権者委員からなる債権者委員会（あるいはその委員長）が倒産処理の過程で大きな役割を果たしているといわれている。[14] しかし、従来の法的倒産処理手続では、債権者委員会は、債権者が倒産手続に関与するための公式の制度としては認知されていなかった。これに対し、民事再生法は、再生債権者をもって手続外で任意に組織された債権者委員会が、裁判所から再生手続への関与を承認された場合には、同委員会が、再生手続の進行過程に債権者の意思を反映させるための意見聴取機関ないし意見具申機関として再生手続に関与することを認めるとともに、再生計画の遂行過程において監督ないし監視機関として手続に関与することを認めている[15]（民再一一八条・一五四条二項、民再規五二―五五条）。民事再生手続では、財産状況の報告や再生計画案の決議も含めて、債権者集会の開催がすべて任意化されているが（民再一二六条、一七一条、一七二条）、その反面で、債権者に再生手続への関与を認めるためのヨリ柔軟な制度が必要であることも立案段階から指摘されていた。債権者委員会の制度は、まさにかかる要請に応えるものとして制度化されたものである。[16] しかし、従来からも私的整理において時折見られるように、整理屋たる再生債権者が、債権者委員会を組織し、不当な利益を得ようと画策するおそれもあることから、債権者委員会が再生手続に関与するためには、裁判所が、民事再生法一一八条一項所定の要件を満たしているとして、手続への関与を承認することが必要である。ただし、同条所定の要件を満たしているからといって、承認は必要的ではなく、裁判所は、承認を拒絶することもできる[17]。また、債権者委員会の再生手続への関与が不適切であると認めるときは、裁判所は、利害関係人の申立てによりまたは職権で、いつでも承認を取り消すことができる（民再一一八条四項）。

2　債権者委員会の手続関与の要件

債権者委員会が、再生手続への関与を認められるための要件は、次の通りである。すなわち、①適正な員数であること(三人以上一〇人以下)、②再生債権者の過半数が、当該委員会の再生手続への関与に同意しているものと認められること、③当該委員会が再生債権者全体の利益を適切に代表していると認められること、の三つである[18]（民再一一八条一項、民再規五二条）。民事再生規則には、裁判所がかかる要件を判断するための資料として、承認の申立書の記載事項および添付書類が定められているが(民再規五三条)、②の要件に対応して添付が求められている「再生債権者の過半数が当該委員会が再生手続に関与することについて同意していること」を認めるに足りる書面（同条二項二号）は、個々の再生債権者の同意書である必要はない。例えば、債権者委員会の議事録や債権者説明会の報告書に再生債権者の過半数の同意が得られたと記載されているときは、それらの記載で足りると解される[19]。

③の適切代表性の要件は、委員の構成および委員会の運営を考慮して判断される。委員の構成については、各委員の有する債権額（民再規五三条一項三号）や再生債権者との関係が重要な要素となる。一般的には大口

債権者が委員に入ることが多いが、後述のように(五2)、再生計画の履行監督の観点からは、再生債務者の事業継続のために必要な取引先が委員に含まれていることが望ましい。債権者委員会としての承認の申立書に記載が求められている「当該委員会が再生債権者全体の利益を適切に代表すると認められる理由」(同条一項四号)としては、委員会が再生債務者の事業の再生のために適切な判断あるいは情報を提供できること、各委員が再生債権者全体のために真摯に行動することが期待できること、再生債権を不当な目的で取得した委員はいないこと、委員の中に整理屋が含まれていないこと、などが記載されることとなろう。[20] また、承認の申立てに際しては、債権者委員会の運営に関する定めを記載した書面を添付する必要があるが(同条二項一号)、再生手続における債権者委員会の活動は、債権者委員会構成員の過半数の意見によらなければならないとされているので(同五四条一項)、債権者委員会の運営に関する定めの中で過半数の意見による単純多数決以外の意思決定方法が採用されている場合には、承認を受けることはできないと解される。[21]

3　債権者委員会の職務と機能

債権者委員会に認められている手続関与権は、①再生手続の進行過程に債権者に意見を反映させための意見陳述権(民再一一八条二項・三項)、②営業または事業の全部または重要な一部の譲渡に関する意見陳述権(民再四二条二項)、③債権者集会招集の申立権(民再一一四条)、および、④再生計画の履行監督権(民再一五四条二項参照)、である。

債権者委員会が、再生債務者の営業または事業の全部または重要な一部の譲渡に関して意見を述べたり、再生計画の内容に再生債権者全体の意向をできるだけ反映させるために意見を述べるという点も、当事者(債権者)自治という観点からは重要な職務のひとつであるが、とりわけ債権者委員会が有効に機能すると考えられるのは、再生計画の履行過程においてである。前述のように、再生債務者の再生方法には、基本的に、①再生債務者自身がそのまま業務の遂行および財産の管理処分を行いながら事業の再生を目指すＤＩＰ型と、②裁判所の選任する監督委員の監督の下で再生債務者が事業の再生を目指す後見型とがあるが、さらに、再生債務者が法人であるときに、例外的に使われる再生方法として、③再生債務者の業務執行権・財産の管理処分権が、裁判所によって選任される管財人に移転し、もっぱら管財人の下で事業の再生が行われる管理型がある(民再六四条以下)。このうち、③管理型の場合には、再生計画が遂行されるか、再生計画が遂行されることが確実になるまで、再生手続は終了しないため、再生計画は管財人によって遂行されることが保障されている（民再一八八条三項参照)。

ところが、①ＤＩＰ型の場合には、再生計画認可決定が確定すると、直ちに再生手続終結決定がなされ(民再一八八条一項)、再生債務者自身が再生計画の遂行主体となるため、再生計画が公平・誠実に遂行されるか否かについてどうしても不安が残る。そこで、ＤＩＰ型の場合には、再生計画の履行過程に債権者委員会を監督ないし監視機関として関与させる必要性が高い。これに対し、②後見型の場合には、再生計画認可決定の確定から三年間は、原則として監督委員が付いていることから（同条二項)、再生計画の履行過程にあえて債権者委員会を関与させる必要性は低いとも考えられる。しかし、再生債務者が再生計画の履行を怠ったときに、監督委員に具体的に何ができるかといえば、結局のところ、監督委員の申立てにより再生手続を廃止させ（同一九四条)、再生債務者を破産宣告に追い込むことができるだけのことである（同一六条)。これに対して、例えば、債権者委員会が再生債務者の事業の継続に必要な取引先を中心に組織されているような場合には、そのメンバーがまさに主たる取引先であるが故に、再生債務者としても、その意向を尊重せざるをえず、かかる債権者委員会は、監督委員以上の監督機能をもつものと解される。そういった意味で、DIP型の場合はもとより、後見型の場合においても、債権者委員会は、その構成次第では、再生計画の履行過程で強力な監督ないし監視機能を発揮する余地があるように思われる。(22) 今後、再生手続において債権者委員会が大いに活用されることを期待したい。(23)

(14) このことにつき、棚瀬孝雄＝伊藤眞『企業倒産の法理と運用』(有斐閣、一九七九年)二三七頁、霜島甲一「東京における私的整理の実態と法的分析（二）」判タ四三四号（一九八一年）六六頁、伊藤眞『破産法〔新版〕』(有斐閣、一九九一年）二八頁など参照。
(15) 三木浩一「民事再生手続における機関」ジュリスト一一七一号（二〇〇〇年）四二―四三頁は、民事再生法の採用した債権者委員会は、その職務内容から見て、再生債務者の監督機関と位置づけることは困難であり、むしろ、裁判所、再生債務者、監督委員、管財人等に対する諮問機関、あるいは、これらが債権者に対して情報提供を行うに際しての媒介機関と考えるべきであるとされる。
(16) 以上につき、伊藤眞ほか編『注釈民事再生法』（きんざい、二〇〇〇年）〔以下、伊藤ほか編『注釈民事再生法』として引用する〕三二二頁〔松下淳一〕。
(17) 山本・前掲注(8)論文二七頁。
(18) 債権者委員会が手続に関与するための承認要件について詳しくは、伊藤ほか編『注釈民事再生法』三二三頁〔松下〕参照。
(19) 徳岡・前掲注(8)論文八頁、伊藤ほか編『注釈民事再生法』三二三頁〔松下〕。
(20) 以上につき、伊藤ほか編『注釈民事再生法』三二三―三二四頁〔松下〕。
(21) 山本・前掲注(8)論文二九頁。なお、意見の陳述にあたり、どのような意見を委員会の意見として陳述するかは、委員の過半数で決するが、陳述する意見の内容として少数意見をも明らかにすることは可能であると解される。このことにつき、伊藤ほか編『注釈民事再生法』三二六頁［松下］、徳岡・前掲注(8)論文八頁。

(22)　民事再生法の規定上は、管理型の場合にも債権者委員会が設置されることが予定されているが（民再一一八条三項参照）、実際に、債権者委員会が設置されるのは、再生債務者をチェックできる手続機関が選任されないＤＩＰ型と、再生手続の開始から三年が経過すると監督委員がいなくなるいわゆる後見型の場合がほとんどであろう。

(23)　ちなみに、アメリカの現行連邦倒産法の第一一章の再建手続（Reorganization）では、いわゆるsmall businessを除き、再建手続開始後に、無担保債権者の中から、債権者委員を選任することが法律上要請されている(アメリカ連邦倒産法一一〇二条(a)項)。しかし、アメリカでも、大規模な事件を除くと、債権者委員として積極的に手続に関与しようとする債権者は少なく、債権者委員会が組織できない場合も多いようである。この点については、さしあたり川畑・前掲注(2)論文（二）・ＮＢＬ七〇九号三六頁参照。

五　裁判所と監督委員の役割

1　裁判所の役割

これに対し、裁判所は、再生手続においてあくまでも再生債務者や再生債権者に自律的活動の場を提供し、かつ、手続を公正かつ迅速に運営することに専念すべきであり、再生債務者の再建の結果について責任を負うものではない。周知のように、従来の和議手続では、申立ての一週間くらい前までにいわゆる事前相談を行い、その間に、厳格な書面審査を実施して、保全処分を発令するか否かを審査し、再建の見込みがあると思われる債務者についてだけ保全処分を発令するとともに、手続を開始し、その後も、裁判所が債務者の経営の細部にわたって介入するという事例が多く見られた。これに対し、再生手続では、多くの裁判所で、一般的保全処分（特に弁済禁止の保全処分）と同時にほぼ必要的に選任される監督委員からの手続開始に関する意見聴取（意見書）[24]により、特に申立棄却事由（民再二五条）が認められない限り、原則として再生手続開始決定をするとともに、再生債務者の作成した再生計画案を是認するかどうかという点に関しても、債権者集会の最終判断に一切を任せるという当事者主義的な運用が行われており、これまでの和議手続のように裁判所が再生債務者の経営に介入するといったことは行われていない。再生手続において裁判所は、適正で迅速な事件処理を実現するため、特に支障がない限り、軽快で柔軟な手続を志向すべきであり、仮に再生手続で再生債務者がチャンスを活かせず、再建に失敗したとしても、それはそれでやむを得ないと割り切ることが重要である。[25]

もっとも、これまで、わが国の法的倒産処理手続では、必ずしも当事者の自己責任の原則に立脚した当事者主義的な事件処理が行われてこなかったため、裁判所が再生事件を当事者の自己責任の原則に基づいて処理することに一抹の不安を抱くことは[26]、ある意味でやむを得ないともいいうる。また、実際問題として、この一年間の再生手続の運用を見る限りでは、いまだ当事者自治による手続の運用が必ずしも定着しているとはいえないのが実情である。従って、現段階では、裁判所から見て、再生債務者による再生債権者に対する財産状況等の報告が不十分であると感じられる場合には、監督委員を通じて、再生債務者に対して債権者説明会の開催を促す（民再規六一条参照）などして、再生債権者への情報の周知徹底を図るべきであり、さらにそれでも不十分と考える場合には、財産状況報告集会（民再一二六条）を開催するなどの措置をとる必要のある場合もあろう。[27] しかし、今後、裁判所としては、以上見てきたような再生手続の基本的な性格を正しく理解した上で、できるだけ再生手続が当事者主義的に運営されていくよう、その条件整備に努めていくことが望まれる。もっとも、かかる再生手続の当事者主義的運用が今後実務でさらに定着していくためには、再生債務者には重い責任が課せられるとともに、再生債権者には自律的努力が要求されることは、すでに述べた通りである。

2　監督委員の役割

裁判所について以上述べたことは、基本的に、裁判所によって選任される監督委員（民再五四条）にもそのままあてはまる。前述のように（二1）、これまでの裁判実務を見る限り、再生債務者本人だけに再生手続の遂行を任せる純粋のＤＩＰ型が行われることは少なく、再生債務者が裁判所の選任する監督委員の監督を受けながら事業の再生を目指す後見型が一般的となっている。このように監督委員の選任が必要的とされている理由は、おおむね次の通りである。すなわち、①裁判所が、監督委員の補助を受けないで、再生債務者本人から提出された書面を審査する方法により手続の進行を図ろうとすると、手続遅延のおそれがあること、②監督委員は、再生債務者の監督の他に、保全処分発令後の申立て取り下げの許可（民再三二条）、再生債権の査定の申立て（同一〇五条）、損害賠償請求権の査定の申立て（同一四三条）などの手続においても、裁判所に対して意見を述べる役割を負っており、裁判所が迅速な判断をするためには監督委員の意見が重要であること、③再生手続では、再生債務者の再生の可否は最終的には債権者の判断に委ねられるが、債権者が意思決定をするには、再生債務者自身の提供する情報の他に、公正な第三者機関の意見を参考にするのが適切であること、④再生債務者に不正な行為があった場合に、調査委員（民再六二条）たる公認会計士による調査には限界があり、このような場合には、弁護士たる監督委員による調査が不可欠であること、⑤再生手続では、債権者の積極的な手続参加を期する上でも定型的かつ迅速な手続進行が求められるが、かかる手続進行は、監督委員によるバックアップ体制があって初めて可能であること、などである。[28]

しかし、いずれにしても、監督委員に期待されている職務は、主要債権者の意見聴取等による手続開始要件の調査・報告（民再一二五条、民再規四九条一項）、手続進行についての再生債務者の監督（民再五四条一項）、債権者集会での債権者の意思決定の参考に供するための意見書の作成、否認権の行使（同五六条・一二七条以下）、再生計画の履行の監督（同一八六条二項）など、[29]要するに裁判所の補助・協力機関としての職務に限定されており、再生債務者の経営に介入するような行為、とりわけ再生債務者の常務に属する行為については、監督委員の同意事項（同五四条二項参照）としないという取り扱いが一般的である。従来の和議手続では、整理委員（旧和二一条）が債務者の経営に介入する例がまま見られたが、[30]再生債務者の自己責任により自主的再建の機会を与えるという民事再生法の立法趣旨からすると、裁判所や監督委員が再生債務者の経営にまで介入することが適切でないことは、いうまでもなかろう。[31]

(24) 東京地裁では、監督委員が、再生債務者の事業所の実態調査や、主要債権者への意向調査の結果等を踏まえて、裁判所に対し再生手続開始相当か否かについて口頭で意見を述べるという運用が行われている。もっとも、手続開始相当の意見の場合には、債権者の閲覧に供するために、「本件については、主要債権者の意見聴取の結果等から棄却事由が認められないので、再生手続開始決定をするのが相当である」と記載した書面の提出を求めているとのことである。このことにつき、深沢・前掲注(5)論文二八頁参照。その他の裁判所の運用については、債権管理九二号所収の特集「施行一年　民事再生法」に掲載された各地裁の実情報告を参照されたい。

(25) このことにつき、小澤・前掲注(1)論文二頁、高木新二郎ほか編『民事再生法の実務』（きんざい、二〇〇〇年）九六―九七頁［山岸洋］参照。

(26)　このことにつき、園尾・前掲注(3)論文六頁、原＝内山・前掲注(3)論文一二頁、高橋・前掲注(1)論文九九頁参照。
(27)　加々美博久「債権者集会の位置づけと運用予想」銀行法務21五七六号（二〇〇〇年）一四頁参照。
(28)　園尾・前掲注(12)論文一〇頁、佐藤順一「民事再生手続における費用・予納金と監督委員の役割」金法一五九四号（二〇〇〇年）四三頁参照。
(29)　監督委員の職務権限・内容につき、園尾・前掲注(12)論文一〇頁、深沢・前掲注(5)論文二七頁、前田・前掲注(3)論文三六頁以下、高木ほか編・前掲注(25)書九四頁［山岸］参照。
(30)　旧和議法下での整理委員の職務内容については、さしあたり青山善充編『和議法の実証的研究』（商事法務研究会、一九九八年）一三四頁以下［中島弘雅＝田邊誠］参照。
(31)　深沢・前掲(5)論文二七頁、森・前掲注(3)論文四九頁。

六　おわりに

以上、きわめて簡略にではあるが、本稿では、民事再生手続の基本的な性格を確認した上で、そうした再生手続の基本的な性格にそった手続運営のあり方を探ってみた。もっとも、本稿はきわめて限られた時間的制約の中で執筆したため、論証不十分なままただ再生手続に対する自らの思いを綴っただけの内容となってしまったのではないかと、内心忸怩たるものがある。しかも、本テーマを論ずるに当たって避けて通ることのできない債権者集会の役割については、別稿を予定しているため、本稿では、検討を省略している。そういった意味で、本稿は、本テーマに関する筆者の現時点での覚書の一部にすぎないものではあるが、筆者がまだ東北大学大学院の学生であった頃よりご厚情を賜っている小島康裕先生に謹んで本稿を捧げ、先生の今後のご健勝とご活躍をお祈りする次第である。

14 システムとしての法人論
――オートポイエシス論における組織・法人

西尾幸夫

はじめに

法人論は、サビニー、ギールケの時代における近代市民法としての会社・諸団体の政治的・経済的・文化的位置づけをめぐる論争に始まったが、民法や商法の制定後は、これらの法により権利能力を付与された人的・物的主体といった法実証主義的な捉え方が一般的となり、それを問い直す場合でも、少なくともわが国では、営利法人においては、構成員（個人）の財産と法人財産の分別が強調されているにすぎない。(1)

しかし、法人論は絶えず議論の対象にされてきた。その契機をアトランダムに挙げるとすれば、次のようなものが考えられる。第一に、労働組合や政党に法人格を付与すべきか否か、という法人の政治的・社会的位置づけを巡ってである。第二に、結合企業における（完全）子会社、一人会社といった経済的独立性をもたない法人の出現と法人のあり方を巡ってである。第三に、とくに中小規模の会社における法人格否認論と法人論との関係である。第四に、巨大企業の有する経済権力(中間権力、私的政府としての企業)批判としての法人論を巡ってである。第五に、「法と経済学」における「契約の束」としての法人論を巡るものである。第六に、共同決定を契機とした所有者主体の法人論と労働者(従業員)を擁した企業との関係、および労働者(従業員)を含むステークホルダーと法人論との関係を巡ってである。その他、ドイツでは、法人格なき社団等の団体と法人とを区別することの妥当性を問題とし、「合有論」を問い直し、権利能力の存在意義を再検討すべきだとの提言もなされている。(2) とくにわが国では、団体自治と法との役割との関係で、強行法としての団体法への批判を展開する「法と経済学」の見解が注目される。

トイプナーは、「あらゆる世代の法律家を魅了してきた法人の「本質」をめぐる研究は、今日では、日常その法主体に慣れ親しんでいることからほとんど放棄されている。今日では法人はその成功の代価を支払わなければならなくなりつつある。それでも、だれもその本質にもはや関心をもたず、それに反する警告があっても、法人のイメージを傷つけかねない周知の「法人格否認」といった問題が含まれていても、真剣には検討されない。」としつつ、法人の社会的ディメンジョンを再発見するには、組織の自立性の減少ではなく、その拡大が必要であるとする。このために、法人を「コーポレイト・アクター」として捉え、利害関係集団に対して独立し、また自立的な目標追求の過程で環境の要請、環境への脅威および環境の変化に敏感に対応しうる行為システムの拡大された自立性のなかで、契約的フレッキシビリティという現在の戦略に代わりうるもの(組織を媒介としたフレッキシビリティ)を発見しようとする。(3)

なお、T・ライザーは、かつて「組織としての企業」において、パーソンズとルーマンのシステム論によりながら、企業内部においてどれほどの統一性ないし自己同一性があれば、企業として認められるかを説き、企業と法人との接点を限りなく近づけようとしたが[4]、オートポイエシス社会理論は、社会諸団体の理論的理解において従来の考え方を超える重要な一歩を踏み出しているとして、トイプナーの所説を積極的な評価している。すなわち、トイプナーは、システム理論の視点から、ギールケとその追随者の主たる誤りは諸団体を生身の人間から構成されるとした点にあるとする。それに対して、より深い社会科学的な認識からすれば、社会集団(Kollektiv)は、参加する人間の意味のうえで相互に関連をもつコミュニケーション網と躍動する連鎖（それ自体は人としては外部に位置し、集団の環境に属するが）として構成される。法人の基体（Substrat）として問題となる団体の現実は、トイプナーによれば、擬制でも、肉体的・精神的な形成体でもなく、コミュニケーション事象の「自己ダイナミズムをもつ統一体」であり、「自己描写」（それ自体で規定されたアイデンティティ）を展開し、自己組織能力およびそれを超えて時間の経過とともに自己産出能力を利用し、その特性のゆえに「コーポレート・アクター」として行動でき、また維持されるものである[5]。

本稿は、以上のライザーによる評価を足がかりにしながら、トイプナーのオートポイエシス論による法人論の一端を紹介しつつ若干の課題を指摘する。

一　オートポイエシスと組織

(1)　トイプナーの認識

オートポイエシス論は、サブシステムの自立性（機能的閉鎖性）を強調しながらも、サブシステムの環境にあたる他のサブシステムとの多元的で多様な接触を通した相互の影響可能性（認知的開放性）を確保する理論の構築を目指している。そこで、コミュニケーションを基礎として要素・構造・プロセスが自立的に構成され、他のサブシステムとの関係で当該サブシステムのアイデンティティが確立され、かつシステムとして自己再生産されるときに、コミュニケーションごとのシステム（オートポイエシス）が成立するものと捉える。

このオートポイエシス論に対しては、さまざまな評価と批判がなされているが、本稿ではトイプナーが法人論をオートポイエシス論として展開する一つの出発点だけを確認することにとどめる。それは、契約を通した柔軟性への批判である。

トイプナーは、急激な市場の変化、競争圧力、政府規制システムの弱化・崩壊の現在の状況の下で、政府と労働組合等の利害関係集団との話し合いと妥協に基づき経済・社会政策を構築しようとするネオ・コーポラティズムは、今や硬直的、中央集権主義、固定的と捉えられ、契約の取り決めを通した分権化と柔軟化が求められている、とした上で、契約的解決（契約的柔軟性）と組織的解決（固定的解決）とをいかに止揚するかを探ろうとするものである。この点について、トイプナーは、次のように捉えている。

契約の取り決めの利点は環境圧力の変化に応じて行為システムが短期間で樹立・改廃される反応のスピードにある。しかし、契約的解決は「組織の剰余価値」（organizational surplus value）を汲み尽くせないと批判する。すなわち、「組織の剰余価値」は、①契約の柔軟性により絶えず破壊されるような長期の共同関係の構築により、および②厳格に、かつ明確に定義された契約義務よりも、状況に適合した柔軟性をもたらす組織における「コミットメント」の拡散性（Diffusitat）と③契約目的との単なる結び付きよりも強い方向を示す組織の利益への方向性とを通して、生じるとする。(6)

トイプナーは、組織の剰余価値を維持しながらも、流動化・多様化した状況に適合する法人論として「ミクロコーポラティスト的生産者同盟」に基づく会社管理法を提示している。これによれば、どの資源提供者も、また資本の要素、労働の要素、経営の要素、国家コントロールの要素も、「団体に対する主権」(sovereignty over the association)を当然には主張できない。このように、資源提供とコントロール権との関係が希薄になってきているとの認識の下に、資源全体に対するコントロール権をすべてコーポレイト・アクターそのものに委ねる。企業内でのコントロール権の分配は、特定利益の優位性によっても、契約ネットワークの交換論理によってもなされず、すべての参加者利益とは異なるコーポレイト・アクターの利益に向けられた効率性(effeciency considerations)に従ってなされるべきものである。そのために、コーポレイト・アクターを制度的に強化し、社会全体に奉仕すべき組織に向け、個々の利害関係者の行為を効果的に抑制する、非個人的な行為群(システム)の自立化に向けた努力がなされなければならないとするものである。

もっとも、トイプナーのいうミクロコーポラティズムが、上の認知的開放性をどれほど確保するのか、また確保するためにはどのような方策が採られるべきかが新たに問題となる。

(2) オートポイエシス論

トイプナーは、ルーマンに倣い、社会をコミュニケーションのオートポイエーシス的に組織されたシステムとして捉える。[7] すなわち、社会システムは、相互行為(Interaktion)、公式組織(Organization)および社会全体(Gesamtgesellschaft)を含めて、意味(Sinn, meaning)を基礎として自らを再生産するのであり、社会システムの構成要素(Elemente)はコミュニケーションであり、個々の人間ではないこと、そして、伝達、情報および理解の単位(Einheit)としてのコミュニケーションは、回帰的コミュニケーションを再生産すること

で社会システムを構成するものと理解する。(8)

トイプナーは、これをさらに次のように展開している。

第一に、社会は、他のコミュニケーションを生み出すという特質をもつコミュニケーションから成り立つものとして捉え、社会の一般的なコミュニケーションのながれ (Kommunikationskreisläufe) から、特殊化されたコミュニケーションのながれがテーマにそって (thematisch) 分化し、そこからいくつかのコミュニケーション循環が、第二次のオートポイエーシス社会システムとみなされる限りで、社会は各システムとして自立化するとする。(9)

すなわち、一般的な社会コミュニケーション(第一次のオートポイエーシス)に基づき、組織、政治、法、経済および教育といったいくつかの部分領域が自立的になるときに新たな未決定性が生じ、社会進化の過程において、これらの部分領域が自己準拠的に、一般的な社会コミュニケーションのそれとは異なるそれ自身の構成要素(要素、構造、プロセスおよびその環境との関係)を構成することになる。つぎに、これらの構成要素がハイパーサイクル的に連結し、要素が構造を生み出し、逆に構造が要素を生み出したときに、相対的な終着点に至る。このハイパーサイクル的閉鎖性の効果として、システムが例外的にその環境をうまく処理できるようになる。(10)

このように、トイプナーは、ルーマンのオートポイエシス論とは異なり、自己構築と自己再生産を区別し、システムとしての自立性に段階を設けている。この点を次のように述べている。

「人間のコミュニケーションの総体としての社会は、第一次の社会システム (first-order social system) と解される。第二次の社会システムは、社会の中で特殊化されたコミュニケーションが差異化され、それ自身のアイデンティティをもってシステムに結びつく場合に生じるのである。特殊化されたコミュニケーションのさらなる相互連結がこれらのシステムの中で生じるとすれば、第三次の社会システムが形成される。創発の現象（emergent phenomena）は、ネットワークの場合には、オートポイエーシス・システムの第二、第三段階の差異化のレベルで例証される。」そして、「より高次のオートポイエーシスは創発の現象を必要とする。より高次な秩序のオートポイエーシス・システムを形成するには新たな、異なった自己準拠のサークルが存在しなければならない。法においては、オートポイエーシス的閉鎖性が生じうるのは、既に一定程度自立的な法システムがそれ自身の要素を構成する場合、つまり、法的行為が法の変化をもたらし、それゆえに法的行為が法的変化をもたらし、その変化がさらに法的行為をもたらすという法的行為のオートポイエーシス的循環が生じる場合である。」「…法的行為の法的な「発明」だけが法の自立性を構築するのである。」ところが、これは法のオートポイエーシスの必要条件であり、十分条件ではなく、法システムの要素としての法的行為だけではなく、法システムのあらゆる要素が自己構築されなければならない。そのために、システムによるシステム構成要素の自己構成（self-constitution）とその自己再生産（self-reproduction）とを区別しなければならない(11)。

このように、システムがその構成要素を構成すること、つまりシステムがその自己準拠的要素、構造およびプロセスをユニットとして規定し、それらを機能的に用いること（自己構成）と、要素が構造を生み出し、構造が要素を生み出すという意味においてシステムが自己を再生産すること（自己再生産）とを区別する。構成要素が（相互に再帰的に生み出さずに）構成要素を構成するシステムを考えることができるが、自己再生産的なサイクルを可能なものとするためには、構成要素は相互に調整（compatibialize）されなければならない。

換言すれば、要素とは別に、構造、プロセス、境界および環境もまたハイパーサイクルで相互に連結されうるように循環的に自己構成される必要がある、とする。

第二に、システムが環境と区別されるところのシステムとして自己を組織し、再生産するのは自己に準拠することによってであり、その要素、構造およびプロセス、その境界およびその単一体を生み出すのは、まさにシステムの作用であるとする。このようにして、システムは、環境と直接の接触をもたないにもかかわらず、それ自身のユニークな環境を自ら構成することになると捉える。[(12)]

このように、オートポイエーシスの考え方は、システムはその作用の準拠点(die Fixpunkte ihrer Operationsweise)をシステムそれ自体に求め、オープンシステムにおけるように適応する環境条件においてではないことを前提としている。つまり、システムは内的制御のプログラムとして機能する自己記述（self-description, Selbstbeschreibung）の中にこの準拠点を探し出し、この自己記述に一致するようにシステムを組織化すると説く。[(13)]

たとえば、法システムの自己準拠的閉鎖性に言及して、その閉鎖性は、法的決定（legal decisions）と規範的なルール（normative rules）との間の循環関係（circular relation）のなかに見出されるとする。すなわち、決定はルールに準拠し、ルールは決定に準拠する。「決定が法的に有効なのは、規範的ルールに基づく場合だけである。なぜなら、規範的ルールは、決定によって実行される場合にのみ有効だからである。」法のこの基本的な循環性が法的自立性の基礎をなすのであり、コンフリクトが政治・社会プログラムの一般的文脈の中で決定されるとすれば、法的自立性など云々できない。自己準拠的構造は、コンフリクトを解決する決定が他の決定に準拠し、その間の関係から決定するための基準を展開する場合にのみ、生じる。この自己準拠構造は、外部諸要素（政治や宗教）への準拠から法的ルール（裁判所の判決、理論的展開、立法行為から生じる）への準拠により置き換えられる限りにおいて、オートポイエーシスとなるとする。[14]

第三に、このように、コミュニケーションをオートポイエーシスの作動として捉えるのであり、この意味では、オートポイエシス論は物理的実体としての人間の主体的行為論ではなく、「関係的実在としてのコミュニケーション自身による（社会学）理論」である。[15] つまり、「個人」は社会の要素ではなく、コミュニケーションを産出する「環境」だと考える。個人は社会システムの外部にあり、コミュニケーションが継続的にコミュニケーションを再生産し、この循環の結果として社会がコミュニケーションの創発的秩序として成立するものと考える。[16]

システムは、その作動上の閉鎖性からして、環境と直接の接触をもたないにもかかわらず、それ自身のユニークな環境を自ら構成する。これは、環境に対する認知的な開放性は、その作用上の閉鎖性に基づく、と表されている。たとえば、法を介したコンフリクトの解決は厳格にシステム内で作動する法的な自己規制として構成され、法システムはその内部センサー（役割、概念、理論）をもってその社会環境におけるコンフリクトの存在を発見する。また、組織の決定は組織の決定により、支払は支払により産出される。どれも外部から直接規制できない。この点で、フォン・フォルスター（von Forster）が言うように、「ノイズを介した秩序」（order from noise）以外にはないとする。[17]

(3)　組　織

トイプナーは、オートポイエシスとしての組織を、「アイデンティティと行為能力との連鎖としての、組織された社会システムの自己記述」といった独特な表現で表している。
第一に、オートポイエーシス論は、すべてをコミュニケーションとして捉えるが、「コミュニケーション・プロセスが回帰的にそれ自身に作用し、境界（構成員）、要素（決定）、構造（規範）そしてアイデンティティ（共同性）の構成要素（components）となるところでは、組織が発生する」としている。[18]
そして、これらの構成要素がハイパーサイクルで相互に連結しているならば、とりわけ「構成員」と「規範」、「共同性」と「決定」が相互に構成し合うならば、公式組織が自己再生産システム（第三次のオートポイエシス）にまで展開することになるとする。[19]単純な相互作用と比較して、公式組織は創発的現象であり、公式組織はシステム構成要素の自己準拠的な新類型を構成し、それを循環的に相互に連結する（linkup）ものと捉える。
第二に、組織は社会行為の第三の基本形態としての協同（Kooperation）を形成する。（組織を契約に還元する法と経済学のように）組織はたんに、管理機構により、あるいは非契約事項に対する決定権により強化された契約とはみさなさるべきではなく、むしろ経済の内部におけるシステム形成の基本的に異なった形態を表しているものと捉えるべきだとする。それはまた、オートポイエーシスシステムであり、その要素（Element）は支払ではなく、決定から成る、とする。[20]
すなわち、組織は、決定から成るシステムであり、決定を構成する決定を自ら生み出すシステムである。これは、組織は、同時に、システム内においてすべての行為が決定として取り扱われうることを保障するという期待を明確化するために、その自己組織化された構造を用いる、とも表現される。[21]
このように、組織そのものは、行為の独立した、自立的システムを構成し、契約取引を通してみずからを再生産するのではなく、組織決定の回帰的連鎖（rekursive Verknupfung）を通して再生産することになる。したがって、資源保有者、つまり資本所有者、労働者、経営者は、供給者または顧客と同じように、組織の一部ではなく、むしろその環境を構成することになる。資源保有者間のまたは資源保有者との契約は組織と環境との関係を規制する方法である。たとえば、労働者の場合、ドイツ法はその労働契約とその組織への統合（Eingliederung）とを区別している。経営者の場合には、雇用関係と代理関係（Anstellung und Bestellung）とを区別している。この区別は、株主の場合にはそれほど明確ではないが、株主と企業との契約関係および個人株主権は、会社の機関としての行為とは区分されうる、とする。

ただし、組織の自立性は、決定の自己再生産だけではなく、組織の公式・非公式な構造（期待）の設定、メンバーシップを介した自己制限（ルールへの帰属とルールへの服従）、行為能力をもつ集団性としての自己記述（法人）、および組織的自己同化（コーポレイト・アイデンティティ）に存在する。「小さな悪魔（規範、価値、イデオロギー等々）は再び現れ、このときに限ってその（自己準拠的）角笛でもってそれらを認識できる」のである[22]。つまり、組織における期待、ルールの設定等において、狭い枠内でありながらも、組織における規範・価値を巡って対立が現れるが、これも組織がその決定に際して認識することになるというものである。

(4)　帰属メカニズム

コーポレート・アクターは法の擬制でも真の社団人格の「心と体の統一体」（mind-body unit）でもなく、また資源の自立的な束でもなく、アイデンティティと行為の循環的な連鎖としての組織のコミュニケーション的自己記述にその社会的実態をもつものと捉える。従って、集団性（the collective）の核心は、組織が自己記述(コーポレート・アイデンティティ)を生みだし、社会プロセスが個人の行為をこの目標の複合概念(sematic construct)に帰属させるという事実に求められる。集団アクターは、法律と国家だけではなく、社会慣行それ自体の「帰属のルールをコントロールする有用なフィクション」であり、自己関与(self-commitment)、集団行為およびアクター・アイデンティティの可能性を生み出すことになる。[23]

組織または法人を理解するポイントは、「帰属メカニズム(mechanisms of attribution)を媒介とした行為と集団性との循環的連関」にあるとする。[24]

このように、単純な相互作用や集団においてさえ、行動する個人の日常的理解は方向転換(redirect)され、コミュニケーション・ネットワークが参加者またはメンバーを「人」として認める場合に、つまり「個人が社会構成物として構成される場合に」のみ物事がシステム行為となるのであり、そして特定の物事がその自己創造的コミュニケーションの実態に帰属されるとする。

すなわち、システム行為をシステム内での人々の行為として構成するのは、「帰属メカニズム」ということになる。集団化のプロセスを理解できるのはかかる構成を創発的なものと考える場合に限られ、「集団化はある社会的構成物から他の社会的構成物へ、自然人から法人への行為の帰属の変化を意味する。[25]」システム全体の自己記述が造られ、行為はシステム行為としてこの構成物に帰属させられる。これを自立的構成(self-supporting construction)として捉えている。

以上のことは、「集団行為は諸事象が帰属するコーポレイト・アクターの所産であり、コーポレイト・アクターはこれら行為の所産に他ならない」と表現されている。また、個人主義と集団主義は、行為の社会的帰属形態が異なること(different forms of social attribution of action)にあると解されている。

組織は、その自立的構成により、市場と政治の「外在的環境」ならびに組織に関与する構成員その他の「内在的環境」に対して、これまで未完成であった自立性を獲得するのであるが、法的に支持された擬人化（法人）は完全な機能的閉鎖性（operational closure）への決定的一歩であり、それは同時に新たなタイプの環境開放性（enviromental openness）を意味するとする。[26]

ただし、法的な能力（権利能力）は集団行為が関係する限りにおいて付与されるのであり、関係するのは、その一部、すなわち集団関係（collective bond）としてシステムに帰属すべき企業全体なかの部分集合（subset of action）にすぎないものと捉える。つまり、法人は企業の行為システム全体ではなく、集団性（collectivity）という行為の部分集合（会社法、代理法および労働法の帰属メカニズムによりカバーされる行為）だけにかかわることになる。それはシステムにおける（メンバーまたは労働者の）個々の行為をシステムにより集団行為に転換するのである。[27]

前述の認知的（環境）開放性との関係では、組織が環境に位置する「ノイズ」を（自己準拠的な）角笛をとして感知するのは、この「帰属メカニズム」を通してであり、組織のあり方に関する法的規制や経営管理機構の変化は、「帰属メカニズム」の変更をもたらすものとして捉えられる。この点に関連して、次のような例が挙げられている。[28]

法人の行為領域は企業における新しい機関（corporate body）の私的設置、とくに新たに設置された諮問委員会（consulative council, committee）等々により拡大し、それを通して企業の環境が選ばれる。同じく政府規制による会社機関の創設または変更（会社管理と共同決定）により変化する。また、企業内での事実上の転換、とりわけ分権化、部門化および機能的民主化といった事実上の転換プロセスも法人の行為領域を変化させる。つまり、組織のトップへの職階的帰属はその執行機関にベースを置く企業内での自立的意思決定センター（部門、プロフィット・センター、自立的労働グループ、品質サークル）の行為の帰属に席を譲る。共同決定や（コーポレート・ガバナンスで取り上げられる）管理機構の構成により、環境との接点が増加し、企業のあり方を変える可能性が増すと考える。

法人格という法技術は、環境（政治や経済といった外部環境および構成員・労働者といった内部環境）を組織における決定に取り入れる導管としての役割を果たしていることになる。従って、この導管を増やすこと、これをトイプナーはあるところでは手続化(Prozeduralisierung)と呼んでいるが[29]、このことで、社会との接点をより多く確保できるものとする。トイプナーは、これを前述の「ネオ・コーポラティズム」として、また集団企業における多様性（variety）と冗長性（reduncuncy）（帰属メカニズムの多様性と組織としての柔軟性）の確保として展開している[30]。

二　法人論

トイプナーは、「企業の「主体」は法人として構成される集団性であり、法人の「実体」は集団性として人格化された企業である」と定義づけている[31]。つまり、オートポイエシス論のキーワードは、(1)自立的コミュニケーションプロセス、(2)社会的な意味に基づくコミュニケーション、(3)現実の人はこのプロセスの環境（process' environment）の一部であること、(4)自らを選択し、かつ自己組織と自己再生産の能力をもつ（組織内の）動態体系であるが、法人論もこれらをもって再構成しようとするのである。

トイプナーは、この理論によれば、法人およびその社会実態を全体論(holism)または有機体論(organicism)

のメタファーなしに、「神秘的な主体、社会集団を持ち出し、それに超組織的・自立的権限(super organic, self-sustaining powers)を付与する」ことなしに、理解できるとする。つまり、(オートポイエシスとしての)法人はサビニーの意味での擬制でもなく、その基体(substratum)としてギールケの実在的団体人格(reale Verbandspersoenlichkeit)の「物理的・精神的統一体」をもたず、さらには単なる資源の自立的集合体(a autonomized pool)というのでもない。「法人の社会実体は共同性(collectivity)、つまりアイデンティティと行為の循環的連鎖としての、組織的行為システムによる社会拘束的をもつ自己記述(socially binding self-description of a organized action system as a cyclical linkage of identity and action)に見い出されるべきである」とする。[32]

この視点から、法人実在論と擬制論をそれぞれ批判的に捉えている。

まず、ギールケの法人実在論の決定的な誤りは、第一に、社団の構成要素を生身の人間(a flesh and blood people)として考えたことにあるとする。[33] すなわち、ギールケが社団を「その部分が人間である有機体」と呼んだとき、彼は有機体的集産主義(organicist collectivism)の誤りをプログラム化したことになる。これでは社団、財団、一人会社の取り扱いに困るだけではなく、社団の本質的要素を現実の人間と捉えることによって、社団の社会実態にも迫れないことになる。なぜなら、ギールケの考えによれば、共同体(collectivity)は超人(スーパーマン)として理解されなければならないからであるとする。

ただし、ギールケは、「単一の社団意思をもつ個人の組織された社団のみが、純粋な法人性の帰属する生きた主体であり、単なる目的や死んだ基金などは絶対にそれを取得できない」として、確実な直感をもって、社団の躍動性、その内部のダイナミックスと継続的な自己生産を強調することで、同時に目的財産(Zweckvermoegen)の理論を批判した。しかし、このダイナミックスを表わすためにギールケが利用したのはミスリーディングな「生命」のメタファーであったとする。

社会システムは事実「現実の物理的・精神的主体」としての生命に基づき構成されるのではない。しかし、このことはリットナーが言うようには、必ず客観精神の実体として理解される必要のあることを意味するのではなく、社会的な意味に基づくコミュニケーション単位 (communicative units) として構成されれば十分であり、それは原則として生物学主義（有機体論）と理念主義（客観的精神）を排除する、と。[34]

他方で、「自己再生産システム」の理論の方向で「生命」と「意味」を抽出すれば、ギールケと同じく組織の躍動性・組織の柔軟性を見い出されるのであり、人格化されるべき実体は単なる（静止的な）社会構造ではなく、「自らを選択し、かつ自己組織と自己再生産の能力をもつ（組織内の）動態体系である。」とする。[35]

次に、サビニーが方法論的な個人主義をもって、個々の人間を新たな全体につなげる超個人的な統一体としての集団的統一体といった神秘化を批判するのは正しいとしながらも、社会プロセスの特殊な力学を個人の行為に還元すること、そして、法人といった共同体を、現実に含まれている個人の行為の複雑な集合体を表わす「言語上のシンボル」と見るのは、誤りであるとする。すなわち、法人の実体の内部的な力学は、実体を「自立的コミュニケーションプロセス (autonomous communicative process)」として解することで、「現実の人はこのプロセスの環境 (process' environment) の一部」として取り扱われれば足りるとする。もしこのような方法がとられず、法人の社会実体がそれでも維持されるとすれば、有機体的集産主義に陥るかまたは心理主義、社会心理あるいは政治に逃げ込むことになる、と。[36]

トイプナーは、法人（組織）をサビニーの純粋なフィクションでもギールケの実在的会社人格でもないが、同時にそうである、とする。[37] すなわち、コーポレイト・アクターは、現実の組織ではなく、その「自己記述の意味論」と一致するゆえに、「フィクション」であり、「このフィクションは構造的効果をもち、それを集団的に結び付けることで社会行為を方向付けるゆえに、実在的である。」。このフィクションであると同時に、実在的であるとするアンヴィバレンツについて、マックス・ウエーバーは、共同体（collectivity）を裁判官、官吏および大衆の頭の中での「観念」（ideas）として捉え、同時にそれに対して「現実の人間の行為の方向に強力な、しばしば決定的な因果的影響」を割り当てることにより克服しようとし、ヴィアッカーは、「社団、会社といった社会集団の社会的・経験的実態はメンバーとそのパートナーの集団認識と集団行動の特殊な性質にある」として、この問題に迫っているとする。

ただし、ウエーバーとヴィアッカーは共同体（collectivity）の「精神的実体」を認識してはいるが、「社会的実体」を取り入れていないとする。共同体（collectivity）のハードな実態を構成する行為システムとしての組織におけるコミュニケーション的自己記述ではないために、法人（組織）の実態把握の可能性を限定してしまっていると主張する。

この意味で、法人の実質に全面的に光を当てるには、集団性の社会的自己記述である「コーポレイト・アイデンティティ」はコーポレイト・アクターの半分の印象を伝えることに成功しているに過ぎないマックス・ウエーバーを超える一歩が必要であり、集団性の「制度」的側面、つまり共同体（collectivity）の「ダイナミックな関係」を見なければならないとする。これはパーソンズが「連帯」（solidarity）と「関係行為能力」（capacity for action in concert）との関係として構成したものであり、[38] 具体的には後述の「機能」、「はたらき」および「反省」の概念として展開されることになる。[39]

三　若干の問題点

ここでは、以上のオートポイエシスとしての組織（法人）から導かれる帰結について、二つの問題点（課題）に触れることにする。第一に企業の社会性であり、第二に法人格と法的規制との関係である。

まず、企業の社会性との関連において、トイプナーは、法的に支持された擬人化は完全な機能的閉鎖性への決定的一歩であり、それは同時に新たなタイプの環境への開放性を意味するとする。さらに、自己準拠的情報プロセスの「機能的閉鎖性」および環境の必要性と利害に対する「構造的連結」（structural coupling）をもたらすのであり、「利潤動機を株主から「企業それ自体」に」向ける道筋を明らかにし、社会的責任の基準を人的行為者だけではなく、「「会社」の社会的責任」という意味での組織にまで及ぼすことができるとする。つまり、オートポイエティックな自立性は、それによってまた「経済的・政治的コントロール」の広い展望をもたらすのであり、「フォーマルな組織のオートポイエティック的閉鎖性は不透明さ、それゆえにコントロール問題を提起するにもかかわらず、同時にそれは政治的・法的コントロールの新たな機会を生み出す。」ものだとする。[40]

より具体的には、企業における「機能」（企業と経済および社会との関係にかかわり、社会の将来性確保のためのできるだけ高い収益を獲得すること）、「はたらき」（企業とその環境との関係にかかわり、消費者、供給者、資本提供者、労働者だけではなく、他の社会・人間・自然環境との関係に係わるり、それらの利益を充足・保護すること）および、機能とはたらきを調整するものとして「反省」という概念を用いて展開する。すなわち、企業の閉鎖的自立性からすれば、企業の目的は利益の最大化であり、環境への開放性という企業を取り巻く環境からすれば、消費者・労働者・その他自然環境との保護が問題となるが、それらはいずれも絶対化することはできず、また「はたらき」を外的規制だけでは実効性あるものとはできない。企業とその環境との接点を増やしながら、企業における決定に取り入れる可能性のあるインプットをできるだけ確保しようとするものである。そのためには「企業の機能とはたらきとが適正なバランスをとれるように、討議に基づく統一化プロセスのための、組織構造を創設」しなければならないとする。(41)

ただし、「反省」をもたらすには何が必要か、またそれは法的規制とどう係わるのか、この点は改めて検討されなければならない。

第二の問題（課題）は、法における組織の自立化（法人格付与）と法人の社会的実体との関係である。この点についてトイプナーは、つぎのように述べている。「法システムは、それ自身の概念化(conceptualizations)を用いながら、組織された社会システムがそれ自身いかに「共同体」(collectivity)として観察するか、あるいはその環境により法が法としていかに観察されるか、を観察する。法システムは自己観察によっても、またこの自己観察の他の（心理学的・社会学的・「生活世界」的）外在的観察によっても拘束されることはない。それゆえに、一方で基体(substratum)の社会現実を強調することと、他方で法人の実証的または構成主義的観念を弁護することとは矛盾しない。この立場の決定的な支持者はおそらくケルゼンであろう。つまり、法人は部分的な法的亜目(a partial legal suborder)、法的に特に定義付けられた主体（契約、法人、社団、連邦、自治体、国家）に関連する規範群である。擬人化において、規範群は帰属点に他ならない。しかし、ケルゼンの問題は、社会領域と法領域の厳格な区分にあり、その相互作用はそれらの間に概念的な壁を設けることで排除されている。それゆえに、法システムがいかなる客体（神、聖者、教会、区画地、芸術作品）をも帰属点として捉え、それに法能力（legal capacity）を付与することを妨げるものはない。[42]」

ライザーは、もっぱらこの点を問題とする。すなわち、トイプナーは、一方でその社会現実を削り取り、他方で法人の実証主義的・構成主義的観念を法概念として主張することに矛盾はないと考えているが、そこでは、社会現実の形成における法の自立性もまた強調されている。しかし、法と現実のプログラム化された緊張の稀少性を法政策的な合目的性決定の結果として説明することは、余りにも狭く捉えられてとしている。[43]

四　おわりに代えて

ライザーは、法人概念を規範的・実証的にまたは道具的に理解する通説の形式合理主義に対して、法人の（法的規制に先立つ）社会的・経済的・倫理的・政治的要素を考慮し、この意味で法人の実質的法概念を支持する者が再び広まっているとして、後者の観点から、法人として考察される社会的形成体、形成体の法以前の性質、形成体の規範的な内的秩序、法人という法形象（Figur）の社会的・法的機能という側面から法人を分析し、権利能力概念の内容、責任制限の意義との法人の意義を再検討し、国家法による法人の形成において、「法人は、同時に法に先立ち、かつそれにより形成されるコミュニケーション・行為システム、意思・作用の統一体である。そこから、法人という法律概念もまた法秩序のシステム概念として定義づけられるだけではなく、むしろ法的に形成された社会的現実（実在）として捉えられなければならない。…操作的な閉鎖性と環境開放性の新たな結合を可能とする、より高度なオートポイエシス的社会システムとして基礎づけるべきであろう。」とする。[44] このライザーの見解は、トイプナーのオートポイエシス論が法人（組織）の実体をコミュニケーションの自立的構成体として捉えながら、なお法との相互作用（関係）を十分に展開できないところを補完しようとするものである。

もちろん、トイプナーのオートポイエシスとしての法人(組織)論は、法人の実体を捉えるだけではなく、組織を多くの外在的・内在的環境との接点にさらしつつ(認知的開放性)、それを自立的な決定(機能的閉鎖性)にいかに反映させるかという企業の社会性をも同時に視野におさめようとしており、自立的な団体にできるかぎり法人たる能力を付与しようとするライザーの視点だけではなく、企業の社会性の視点でもオートポイエシス論は注目すべきであろう。とくに、契約的会社観(任意法としての会社法・組織法)が喧伝されている現状において、オートポイエシス論における「反省」をいかに制度化し、機能させるかを改めて問題にしなければならない。また、株主(構成員)をも企業の環境に位置づけるオートポイエシス論からすれば、所有論を基礎に組織の自立性と社会性を確保しようとしてきた会社法理論との整合性も問い直されなければならないであろう。

(1) ただし、わが国では、個人と団体との緊張関係を念頭に置きつつ法人論を主に歴史的視点から分析した福地俊雄『法人法の理論』(一九九八年、信山社)が注目される。

(2) Thomas Raiser, Der Begriff der juristischen Person: Eine Neubesinnung, AcP (1999), 104-144.

(3) Gunther Teubner , Enterprise Corpoatism: New Industrial Policy and the Essence of Legal Person, 36. The American Journal of Comparative Law, 130-155 (1988)

(4) Thomas Raiser, Das Unternehmen als Organization, 1969. なお、拙稿「システムとしての企業(論)—トーマス・ライザーの組織論に関する若干の検討」比較会社法研究(奥島孝康教授還暦記念第一巻)三四三頁以下参照。

(5) T. Raiser (Fn2), S. 128

(6) Gunter Teubner, Recht als autopoietisches System, 1989, S. 167: Law as an Autopoietic System

(tranlated by Anne Bankowska and Ruth Adler edited by Zenon Bankowski) 1993, p. 140. なお、以下英語訳の頁数を〔 〕で示す。

(7) G. Teubner, Evolution of Autopoietic Law (Teubner (ed.), Autopoietic Law: a new approach to law and society) (1987) 217, 221.

(8) G. Teubner (Fn. 6), S. 41〔30〕.

(9) G. Teubner, Gesellschaftsordnung durch Gesetzgebungslarm? Autopoietische Geschlossenheit als Problem fur die Rechtsetzung, Jahrbuch für Rechtssoziologie und Rechtstheorie 13 (1988), 45, 46.

(10) G. Teubner (Fn. 6), S. 125〔102〕. 馬場靖雄「ルーマンの社会理論」(二〇〇一年、勁草書房)一〇六頁以下参照。

(11) G. Teubner, The Many-Headed Hydra: Networks as Higher-Order Collective Actors (Joseph MaCathery, Sol Picciotto and Colin Scott (ed.), Corporate Control and Accountability, 1992) 41, 44.

(12) G. Teubner (Fn. 7), S. 222.

(13) G. Teubner (Fn. 6), S. 23〔15〕.

(14) G. Teubner, Autopoiesis in law and Society: A Rejoinder to Blankenburg, Law & Society Review, Vol. 18, Number 2 (1984) 291, 296.

(15) 藤林等「複合システム・ネットワーク論」(北大路書房、一九九七)一〇二、一〇三。

(16) なお、創発(Emergenz、emergence)は、「進化過程での新しいものの出現を表すために、あるいは全体がその部分の集合以上であるという事実を表現するために用いられ」、「ネットワークの創発に含まれているものは、人的アクターに対する社会過程の自律化ではなく、社会現象領域内での自律化である。コミュニケーション・システムは、他のコミュニケーション・システムから自立化することになる。つまり、同じ現象領域においても、より高いレベルの自己再生産システムの形成が可能である」とされる(G. Teubner (Fn11), S. 43

-44.)。また、「オートポイエーシスの創発性は、法システムにおいては、内部での進化機能＝変化・選別・保存メカニズムの内部化＝という劇的な移行を意味している。より精確には、外在的なメカニズムは法の展開に対して調整機能（modulating effect）をもつにすぎず、進化の主流は内在的な構造決定に移るという意味において、外在的な進化の社会メカニズムから内在的な法メカニズムへの中心的な移行を含んでいる」とされている（G. Teubner (Fn. 7), S. 232)

(17) G. Teubner (Fn. 6), S. 90〔71〕.

(18) G. Teubner (Fn. 3), S. 142.

(19) G. Teubner (Fn. 11), S. 46.

(20) G. Teubner (Fn. 11), S. 46. また、「組織は協同のフォーマルな関係であるのに対して、契約は交換のフォーマルな関係である。」とも述べられている。

(21) G. Teubner (Fn. 6), S. 160〔134〕.

(22) G. Teubner (Fn. 6), S. 95〔76〕

(23) G. Teubner (Fn. 11), S. 56.

(24) G. Teubner (Fn. 3), S. 139.

(25) G. Teubner (Fn. 3), S. 139.

(26) G. Teubner (Fn. 3), S. 144.

(27) G. Teubner (Fn. 3), S. 151.

(28) G. Teubner (Fn. 3), S. 152. また、「公式な組織は、集団行為者（kollektive Akteur）として、機能的サブシステムの境界を越えて相互にコミュニケートするが、それは当然のことながら、システム相互関係（Inter-System-Beziehung）という自立的システム—討論集団（Gesprachskreise）、集団交渉（Kollektivverhandlung）、尋問手続（Vernehmlassungsverfahren）および協調行為（konzertierte Aktionen）—を構築する限り

である」と述べている（G. Teubner (Fn. 6), S. 118〔98〕）

(29) G. Teubner, Unternehmensinteresse-das gesellschaftliche Interesse des Unternehmens an sich?, ZHR148 (1984) 470, 481.

(30) G. Teubner (Fn. 11), S. 48.

(31) G. Teubner (Fn. 3), S. 148.

(32) G. Teubner (Fn. 3), S. 132.

(33) G. Teubner (Fn. 3), S. 134.

(34) G. Teubner (Fn. 3), S. 136.

(35) G. Teubner (Fn. 3), S. 136.

(36) G. Teubner (Fn. 3), S. 135.

(37) G. Teubner (Fn. 3), S. 138.

(38) G. Teubner (Fn. 3), S. 139.

(39) 拙稿「企業法と社会システム論（研究序説）」加藤・柿崎古稀記念論文集「社団と証券の法理」（商事法務研究会）四八四頁以下、「「企業自体」(Unternehmen an sich) と社会システム論」龍谷大学・経営学論集四〇巻二号一三九、一四八頁参照。

(40) G. Teubner (Fn. 3), S. 144.

(41) G. Teubner, Corporate Fiduciary Duties and Their Beneficiaries (K.J. Hopt & G. Teuber ed. Corporate Governance and Director's Liabilities, 1985), S. 168.

(42) G. Teubner (Fn. 3), S. 140, 141.

(43) T. Raiser (Fn2), S. 129.

(44) T. Raiser (Fn2), S. 136.

15

ヨーロッパ・コンツェルン法の基本構想について

――ヨーロッパ・コンツェルン法フォーラムの提言と提案を中心として――

早川　勝

はしがき

――従来の展開と新たな進展――

ＥＵにおけるコンツェルン法の調整は、従来は、主として第九会社指令草案[1]がめざし、さらに当初の欧州株式会社法案も従属欧州株式会社の自由株主と債権者保護に関する詳細な規定を設けていた。後者は、欧州株式会社（ＳＥ）に対して過半数を取得した場合において、構造的コンツェルン（organische Konzernverfassung）は、自由株主の代償および子会社である欧州株式会社の債務について責任を負うことを内容とする[2]。それは、ドイツの契約コンツェルンの規制方式に類似する[3]。しかし、欧州株式会社法案に関する最近の妥協案は、別の規制内容、つまり共同決定に関する規制のために、一九九九年五月にスペインによって拒否されている[4]。これに対して、第九指令草案は、契約コンツェルンと事実上のコンツェルンとに区別して規制するドイツ・コンツェルン法を指向していた。しかし、ドイツ法とは異なり、いわゆる従属報告書の開示が要求され、さらに、個々においては、それよりも一歩踏み込んだ内容を定めていた[5]。ただＥＵ委員会では、これについてコンセンサスが得られたことは一度もなく、この状況がその後も続いているため、その復活はもはや問題とならないといわれている[6]。いずれにしても、最近のこれらの状況に鑑みれば、ドイツ色を鮮明にした規制方式は、ＥＵレベルでは定着しにくいという結論に傾きつつある、といえよう。

それでは、ＥＵにおいては、任意で柔軟性に富む自主規制で足り、特別な企業結合またはコンツェルン規制は不要なのであろうか。ホプトは、このような主張にも根拠がないとはいえないが、かといって、銀行・保険コンツェルン監督法、コンツェルン決算書に関するＥＵ第七会社指令などヨーロッパ・コンツェルン法の基盤がすでに存在している現状からすれば、さらに既存の経済的実態からしても、議論をもはや法律規制不要論にまで後退させることはできない。むしろ、コンツェルンについては、何について規制し、そしてその規制をいかなる範囲に及ぼすかということが問題であることを強調する。(7) このような方向に沿って、ヨーロッパ・コンツェルン法フォーラム（Forum Europaeum Konzernrecht、以下フォーラムという）(8)は、ヨーロッパ・コンツェルン規制の中核部分に関する基礎をまず会社法と資本市場法とに限定して築くことにした。以下では、ヨーロッパ・コンツェルン法がめざそうとする方向とその内容について、フォーラムの主宰者の一人であるホプト教授による最近の論文(9)によりながら、まとめることにする。フォーラムの研究成果が、ＥＵレベルでの今後のヨーロッパ・コンツェルン法の規制に対して必ず何らかの形で影響を与えるものと考えるからである。

（1）　拙訳「企業結合に関するＥＣ第九ディレクティブ草案（試訳）」産大法学二三巻二号一頁以下（一九八九年）、拙稿「ＥＣにおける企業結合に関する会社法の調整――第九ディレクティブ第二次提案を中心として」服部榮三先生古稀記念『商法学における論争と省察』七八五頁以下所収（一九九〇年）参照。

（2）　森本滋『ＥＣ会社法の形成と展開』三六七頁以下（商事法務研究会一九八四年）・正井章筰『ＥＣ国際企業法―超国家的企業形態と労働者参加制度』一九五頁以下（中央経済社一九九四年）参照。

（3）　もっとも、コンツェルンに関する規制は、その後削除された、正井章筰・前掲書（注2）二八一頁以下参照。

（4）　Hopt, Europäisches Konzernrecht: Zu den Vorschlägen und Thesen des Forum Europaem Konzernrecht, in: FS. f. Buxbaum, 2000, S. 301. Fn. 9. しかし、二〇〇〇年一二月八日のニースの一五ヵ国首脳会議では、労働者の経営参加を促進するＥＵ株式会社法の制定について基本合意に達したことが伝えられてい

る、日経二〇〇〇年一二月九日。

(5) ドイツ法においては、従属報告書は、年度決算書と同様の範囲において決算検査士の検査を受けるが、監査役会に報告するだけであくまでも会社内部で処理されるにすぎない。そのため、ホメルホーフ（Hommelhoff）は、一九九二年のドイツ法曹大会で、従属報告書の開示でなく、従属に関する情報開示を状況報告書（Lagebericht）によって行うことを提案した。詳細については、高橋英治『従属会社における少数派株主の保護』八七頁以下（有斐閣一九九八年）参照。

(6) Hopt, (Fn. 4) S. 301.

(7) Hopt, (Fn. 4) S. 302.

(8) このフォーラムは、ヨーロッパ・コンツェルン法に関する提案と提言（Thesen）をまとめることを目的とする国際的に組織された私法学者の研究会である。研究会は、Doralt教授（Wien）、Druey教授（St. Gallen）、Wymeersch（Gent）教授の協同の下で、Hommelhoff教授、Hopt教授およびLutter教授によって主宰され、多数の外国の学者との共同研究がすでに七年間も続いている。この研究会の成果が、Konzernrecht für Europa, ZGR 1998, S. 672ff. として既に公表されている。ドイツでは、連邦司法省が、フォーラムの作業に最初から参加しており、一九九九年五月二七日には、説明会（Informationstagung）が開催され、ＥＵ加盟国の立法関係者も参加したと伝えられている。このことは、フォーラムが学者の国際的な研究会という性格をもつものにすぎないとはいえ、その提言が、ＥＵレベルにおける今後の立法の方向づけにかなりの影響を及ぼす可能性を残しているように思われる。提言自体は、現段階ではまだ成熟したものでない。

(9) Hopt, (Fn. 4) の論文。Vgl. derselbe, Europäisches Konzernrecht-Thesen und Vorschläge-, in: FS. f. Volhard, 1996, S. 74f. ホプト（早川訳）「結合企業の比較規制における法的問題と政策問題」国際商事法務二四巻七号六八七頁以下（一九九六年）、拙稿「ヨーロッパ・コンツェルン法の新たな展開とその方向」同志社法学四九巻二号二四六頁以下（一九九八年）、同「ＥＵ公開買付に関する第一三会社法指令に対する閣僚理事

会の共同意見」同志社法学五三巻三号（二〇〇一年）。

I　ヨーロッパ・コンツェルン法フォーラムによる ヨーロッパ・コンツェルン法の新たな構想

前章では、フォーラムが、コンツェルン法の規制を会社法と資本市場法に限定して検討していることについて触れた。コンツェルンについては、コンツェルン私法、労働法、破産法、税法や環境法のような法領域においてもその規制が必要であるが、それはあまりも広がりすぎてしまうとまとまるかどうか問題となる。規制分野の限定は、域内市場において特に重要な、国境を越える典型的に重要な問題に関して統一的な規制をすることついてコンセンサスがえられたことを意味する。そのことによって、コンツェルンに対する会社法および資本市場法の機能と規制技術とを採り入れることができる。ドイツ法が、会社法の分野のコンツェルン規制に限定したのは立法の経緯からは理解することができる。しかし、EU第一三会社指令案が強制的株式公開買付とコンツェルン法とは等価値であることを定めている（第三条）ように、たしかに、会社法だけにおけるコンツェルンの規制は、機能的には狭いといえる。

また、基本的構想の特徴は、ホプトによれば、この場合にも、その両方の法分野において包括的な規制をするのではなく、その中核部分について規制するに止まる。なぜなら、その方が政治的に現実的であるし、また法律的にも望ましいからである。適切なレベルにおける適切な規制は、命令規定（Verordnungsrecht）ではなく、ガイドライン的なもの（Richtlinienrecht）で、勧告（Empfehlung）として行われる。つまり、加盟国の立法者がコンツェルン問題について内容的に同様な規制をし、場合によっては、モデル法のような形式をとる。国の裁判所による同じ様な法の発見(Rechtsfindung)、そして大企業による自主規制という点がヨーロッパ・コンツェルン法については考慮される。他方、域内市場においては、特定の問題は統一的に規制されなければならない。規制について多くのことが加盟国に任されるが、そのことは、法政策上および規制理論上は加盟国間の競争の原則に適合し、ヨーロッパ法上は補完性の原則を考慮するということになる。しかし、競技のルール（rules of the game, Spielregeln）は、域内市場ではコンツェルンについて同一の土俵の上で統一的でなければならない（平等な立場・equal playing field)。そのことは、一方では、コンツェルンの規制を有しているか否かという場の競争を尊重することであり、他方では、コンツェルンとコンツェルン法とが域内市場における国境を維持しようとする場合には（いわゆる助成ルール・faciliating rules）介入するという中核分野の調整を支持する。その場合には、問題があるときには加盟国および企業自体の選択権について、加盟国のために決定しなければならない[(10)]。

さらに、ヨーロッパ・コンツェルン法は、さみだれ的にまた加盟国において一斉にではなくても早急に規制を設けることができるという観念が基本的に存在する。ヨーロッパにはいくつもの色調がある[(11)]。

以上の三つの観点が、ヨーロッパ・コンツェルン法フォーラムの提言の基礎にある基本的立場となっている。つぎに、その基本的構想により具体化されようとする骨格について触れることにする。

II　コンツェルン規制の基本的枠組み——総則と各則

コンツェルン規制の基本構想は、総則と各則とに区別され、まず定義規定を総則に設けて、つぎに個別的内容を各則において設けるという方法で具体化されている。

一　総則――コンツェルンの概念と公企業の包含

ドイツ株式法は、企業結合の概念規定を設けている(同法一五条)。その中核に位置するのは、コンツェルンの概念であるが(同法一八条)、「統一的指揮」というその中身についてはまだ検討の余地があるとされている。そこで、フォーラムは、EU指令案の支配(Kontroll)概念を基礎にする。この支配は、議決権の過半数、指揮・監督機関の構成員の過半数の選任・解任権および支配契約による支配を含むもので、EUの加盟国ではもっとも広範に普及している。さらに、フォーラムの提言は、公的企業も規制に含めることを前提にする。公的企業は、公的活動だけでなく、市場で民間企業と同様な活動を行い、これらの私的企業に負担を課すことにより競争を歪めることがあることから、規制することが好ましいとされたのである。(12) 公的企業の活動が目立つ加盟国においては、この規制による影響は少なくない。

二　各則――コンツェルン規制の主要な内容

フォーラムが、ヨーロッパ・コンツェルン法に関して重要とみなす規制は、①グループの開示、②適正なコンツェルン業務執行、③特別検査、④義務的株式買付申入、⑤株式の買取請求権と株主の離脱請求権、⑥コンツェルン宣言の可能性および、⑦危機における業務執行者の責任という七つの分野である。

まず、グループの開示については、EU第四会社指令とEU第七会社指令において年度決算書とコンツェルン決算書の一部に関する調整がなされている。これらは、コンツェルンにおいて適正な業務執行が行われているかどうか判断の基礎を提供している。しかし、開示の形式とその範囲について改正が必要であることが認識されている。会社の計算が、将来、第四指令と第七指令の基準に従って行われるのか、国際会計基準によるのかまたはアメリカのGAAP(Generally Accepted Accounting Practice)を基準とするのか目下のところまだ流動的である。そのため、提案が見合わされている。[13] つぎに、適正な業務執行を支える役割をもつものとして特別検査がある。ただ、これは例外的にのみ必要となる。また、公開買付は、公開買付者が対象会社を買収する場合および対象会社に対する支配を取得する場合にだけ義務的に行われる。支配的資本参加が九五パーセント以上となり、もはや残留少数株主に重要性を認めることができなくなる場合には、少数者に株式買取請求権と離脱権とを付与することが考慮される。さらに、コンツェルン宣言が表明されることによって、ドイツの契約コンツェルンの場合と同様に、経済的に支配される下位会社の利益をコンツェルンに従わせるように法律的にも統合できる可能性が親会社に与えられる。その代わりに、親会社は、子会社の少数株主に代償権を与え、かつ、子会社が破産すれば、その債権者に責任を負う。最後に、下位会社の危機の際に、その業務執行者が、さらに一定の要件の下で親会社が、特別の義務を負担する。この義務は、イギリス法では、不法な取引 (wrongfull trading)[14] において、またフランス法とベルギー法では負債塡補訴権 (action en comblement du passif) について定めている。[15] 以上の諸提言について、実現可能性の高さからみると、まず、義務的株式公開買付によるコンツェルン形成規制、つぎに特別検査、そして危機における業務執行者の責任、さらに適正な業務執行そしてグループ開示という順序となる。[16] 前二者については、後述のホプトの説明にまつとして、つぎに、それ以外のフォーラムの提言について触れる。

(1) 適正なコンツェルン業務執行

フォーラムの適正なコンツェルン業務執行に関する提案[17]は、フランスの「ローゼンブル (Rozenblum)」事件判決[18]に依拠している。それは、子会社における業務指揮者は、その少数社員と債権者の保護に関する一連の要件を満たす場合には、グループ利益に従うことを認める判決である。ローゼンブル事件判決が設けた要件は複雑である。これに基づいて、フォーラムは、要件を次のように定める。

ア　グループ会社の業務指揮者がグループの利益のためにある営業政策を遂行する場合に、業務指揮者の行為が当該会社における企業家としての裁量の範囲を超えるときでも、次に掲げる行為であれば、業務指揮者の行為は義務違反行為とならない。

1．グループが十分に均衡がありかつ安定した構造を備え、かつ、

2．グループ会社が相互に関連しかつ長期のグループ政策に組み入れられ、かつ、

3．業務指揮者が、合理的な仕方で、（特に取引機会の奪取から）生じた損失を見通しうる期間の利益による保証を引き受けることができる。前文により補償することができる不利益には、グループ会社の存続を脅かす（特に存続するために必要な支払い能力）ものは入らない。

イ　前項の要件が遵守されていることは、継続して明瞭に示さなければならない。業務指揮者は、これに基づいて、前項で定める可能性を利用することを次の株主総会で報告しなければならない。詳細については、加盟国が定める。

ウ　加盟国は、第一項第一号から第三号までの規定における要件が存在しないにもかかわらず、グループにおいて営業政策がグループの利益のために遂行される場合には、少数者保護のために適切な制裁を定めなければならない。

エ　グループ会社の特別少数社員が請求するときは、管轄裁判所は、特別検査を命じることができる。

この「ローゼンルム」判決の定式は、各加盟国の法律と多様に組み合わせることができる。加盟国は、とくに、要件が守られない場合に課される制裁について規定しなければならない(19)。

(2)　株式の買取請求権と株主の離脱請求権

社員の会社からの排除可能性が、強制的買付申入に対応するものとして認めることができる。しかし、指令は、枠組みだけを設けるべきである(九〇から九五パーセントの基準、公平な手続、適切な価格および効果のある監視)。さらに、加盟国には、強制的株式公開買付手続とは別に少数社員の強制的脱退権(九〇から九五パーセントの範囲内の基準)を勧告の形式で定めることを勧めている。(20)

(3)　一方的なコンツェルン宣言

フォーラムによれば、コンツェルン宣言とは、親会社が子会社を自己の指揮に従わせる旨の一方的表明をいう。この宣言を表明できるのは、親会社が子会社の定款を変更できる株式を間接または直接に保有する場合である。コンツェルン宣言を親会社と子会社の登記簿に登記・供託すると同時に、法律効果が発生する。この宣言は、親会社の機関の同意を要する。その法律効果として、親会社の子会社に対する指揮力の外に、子会社が破産した場合における子会社の損失に対する責任(債権者保護)ならびに子会社の少数社員に対する代償義務(少数者保護)が発生する。(21)

(4)　子会社の危機における業務執行者の義務(不法な取引)

コンツェルンにおいては、危機において子会社にとって必要なことを適切な時期に子会社の業務指揮にさせないようにするのは、親会社である。多数の加盟国における法律は、企業が危機に陥った場合に、つまり、破産状況の発生と同時に初めて、企業に対する高度の義務が課せられる。しかし、実際上、その法的介入はあまりにも遅い。親会社が下位のグループ会社に対して特別な方法で影響力を行使した場合には、下位の子会社と孫会社においては、親会社の義務の発生時点をもっと前の時点に移すべきである。この規制については、ＥＶＧ第一八九条第五項（第二四九条第五項）に基づく勧告の公布が提案される。勧告は、加盟国が上述の提案に従うかどうか、およびその場合の範囲について決定するものとする。[22] この場合に、親会社は、影の取締役（shadow director・イギリス）[23]、事実上の理事（dirigeant de fait・フランス、ベルギー）[24]、独立の業務指揮者の責任を負担する事実上の業務指揮者（faktische Geschäftsleiter）[25]と擬制される。イギリスにおける「影の取締役」の「不公正な侵害行為」という模範によれば、親会社は、子会社または孫会社における危機の発生と同時に、これを私的整理するかまたは清算するかどうか決定しなければならない。さもなければ、親会社は、会社債権者に子会社および孫会社の損失の補償について責めを負う。

フォーラムによれば、親会社は、危機の発生後に、つまり、独力では子会社の解散をもはや回避する合理的な見込みが存在しない場合には、子会社に対して特別の仕方で影響力を行使する場合に責任を負う。親会社は、子会社における危機の発生とともに、整理するか清算するか決定を下さなければならない。さもなければ、誤った行為によってすべての債権者に発生した損失の補償義務を負うことになる。その場合に、親会社はグループ会社における危機の発生を知っていたかまたは知ることができたことが推定され、裁判所が債権者の損失の範囲を査定することができる。[26]

（10）　Hopt, (Fn. 4) S. 304.
（11）　Hopt, (Fn. 4) S. 302f.
（12）　Hopt, (Fn. 4) S. 305.
（13）　Hopt, (Fn. 4) S. 307. フォーラムの提言(11) ZGR, 1998, S. 786. 参照。
（14）　川島いづみ「イギリス会社法における少数派株主保護制度―一九八〇年法以降の判例法の発展」専修法学

論集五七号一一一頁以下(一九九二年)、拙稿「イギリス会社法における少数株主保護の改正—圧倒的行為から不公正な侵害行為へ『商事法の解釈と展望—上柳克郎先生還暦記念』一三九頁以下(有斐閣、一九八四年)、ハデン(早川訳)「イギリスにおける会社グループ規制—一般的会社法構造の内部での特別な取扱い」産大法学二五巻三・四号二二三頁以下(一九九二年)、ハデン(早川訳)「イギリス会社法における最近の展開」産大法学二四巻一号一〇八頁以下(一九九〇年)参照。

(15) フランス法については、宮島司「フランス法における企業結合法のその後」『比較会社法研究(奥島孝康還暦記念第一巻)』五四九頁以下(一九九九年、成文堂)参照。

(16) フォーラムのHopt, (Fn. 4) S. 306f.

(17) 提言(12), ZGR 1998, S. 768; 704f.

(18) 本件は、つぎのような事案である。被告人であるロゼンブルと彼以外の家族構成員は、製造業、商業、不動産業、サービス業および金融業を経営しているコングロマリットを経営する持株会社の社員であった。グループ企業の一部が金融危機に陥ったので、それぞれの会社が次々に資金と担保を順繰りにたらい回した。グループが破産したので、ローゼンブルとグループの別の指揮者が、法律上および事実上の業務執行者として、会社財産の濫用による犯罪(abus des biens sociaux)を理由に告訴され、地裁と高裁で有罪判決をうけた。最高裁刑事法廷は、「次の行為をした者、すなわち、直接または間接に参加している同一グループの別の会社の法律上または事実上の業務指揮者として、グループ全体のための協調的政策を考慮に入れて判断すると、共通の経済的、社会的または金融的利益によって正当化されず、金融支援の反対給付が会社に残らないかまたは結合企業が相互に負担する義務がそれぞれ均衡していないか、または金融能力が金融支援を供与する会社を上回ることができないような金融支援を供与した者は、商事会社に関する一九六六年七月二四日の法律第四二五—四条と第四三七—三条の規定の適用により、罰せられる」と判示した。本判決では、グループ構成員に関する会社財産の濫用罪を排除することになる経済的および金融的一体性が問題となったが、コンツェルン会社内部における資金の移転が一定の要件の下で認められるとされた、Cour de Cassation, Urt. v. 4. Feb. 1985, Revue des Societes 1985, 648ff. zit. nach: Lutter, Zur Privilegierung einheitlicher Leitung im französischen (Konzern-) Recht, in: FS. f. Kellermann, 1991, S. 261f.

(19) 提言(13), ZGR 1998, S. 769.

(20) 提言(18) (19), ZGR 1998, S. 770.

(21) 提言(20) (21) ZGR, S. 770-771.

(22) 提言(22) ZGR, S. 771.

(23) 石山卓磨「英国における事実上の取締役と影の取締役との関係」『比較会社法研究（奥島孝康教授還暦記念第一巻）』三頁以下（一九九九年、成文堂）。

(24) 布井千博「フランス株式会社における取締役の責任―監視義務を中心として」一橋論叢九一巻三号四二四頁以下（一九八四年）。

(25) 青木英夫『結合企業法の諸問題』三一一頁以下（税務経理協会、一九九五年）。

(26) フォーラムは、提言(24, ZGR, S. 771.) において、以下のような規制を提案する。

(1) 下位会社において、自己の力によってその解散を回避する合理的な見込みがない場合には（危機の発生）、親会社は、遅滞なく、グループ会社を整理するかまたは清算するかについて決定しなければならない。加盟国の法律で定めているグループ会社における業務執行者の固有の義務は、これによって妨げられない。

(2) 前項による行為義務は、次の場合にだけ（特別の関係、規定の詳細については加盟国の専門家となお協議する）、親会社が負担する。

(3) 親会社が第一項に基づく義務に違反する場合、親会社は、清算または破産したときには、その不当な行為（Fehlhandlung）によって債権者全体が被った損害の補償についてグループに責任を負う。その場合には、親会社がグループ会社における危機の発生を知っていたかまたは知り得たものと推定される。裁判所は、債権者の損害の範囲を査定することができる。

(4) 前項に基づく責任は、清算人または破産管財人だけが追及することができる。清算裁判所は、職権をもって、この責任請求権（Haftungsanspruch）を行使することができる。

さらに、提言(25, ZGR, S. 772.）は、主要提案第一項と第二項の代わりに、つぎの選択肢を設ける。

(1) 親会社が下位のグループ会社の業務指揮者にグループ利益のために営業政策を遂行させた場合、親会社は、自己の力によってその解散を回避する合理的な見込みがないときには(危機の発生)、遅滞なく、グループ会社を整理するかまたは清算する義務を負う。加盟国の法律が規定するグループ会社の業務執行者の固有の義務は、これによって妨げられない。

III 強制的株式公開買付によるコンツェルン形成コントロール

強制的株式公開買付申し入れは、もっとも効率的で、さらにヨーロッパ法政策上もっとも実現性が高い規制分野であるとされる。ＥＵ第一三会社指令案もこの規制を企図している。[27] これに対応するのは、九〇から九五パーセントの間の株式を所有すれば株主を排除できることを認める規制である。これとは逆に、少数社員の強制的脱退権も考慮される。

(1) 会社の支配権が取得される際にまたは株式が一定の基準を超えて取得される場合に、つまり新たな多数者が会社を譲り受ける場合に、少数株主に会社からの離脱を認めることは、少数株主保護のもっとも簡単な方法である。公開買付者が対象会社の株主に対し買付の申し入れを義務づけることについては経済的にも法的にも賛否両論がある。強制的公開買付に対する経済的観点からする反対論の根拠は、経済的に意味がありかつコーポレート・ガバナンスのために有用である会社の買収が高くつくので困難となるということである。

それに対して、賛成論者は、これによって、企業支配のための機能市場と資源の配分とが改善され、国民経済における構造変革が促進され、さらに企業の管理者に対して商品市場での競争を活発にさせると主張する。

ドイツ会社法およびコンツェルン法においては、強制買付に関する一般的規定はなく、株式の払い戻しを認めることになる株主の株式買取請求権はなじまない。短期資本を長期資本に転換する株式会社の経済的機能は、強制買付が資本市場法に位置づけられるもので、コンツェルン法の伝統に親しむかどうか問題がある。[28]

(2)　イギリスの一九七二年以降のシティーにおける経験[29]からは、強制的買付の申し入れの規制が支持される。公開買付に関するEU第一三指令案は、強制的買付について定めている。フランス、ベルギー、イタリア、スペイン、ポルトガル、アイルランドおよびオーストリア[30]も規定している。ドイツの買付準則（Übernahmekodex）も一部の企業について強制する。イギリスは、パネルの自主規制によって機能している企業支配に関する市場が右の指令案の成立によって脅かされることに根強い懸念を抱いている。そのため、硬直的な規制に反対している。このことを考慮に入れた新たな第一三指令案にイギリス政府が譲歩することが期待されている。ドイツでは、一九九七年のSPDの公開買付法（Übernahmegesetz）案に対しては、二五パーセントの強制買付基準が低すぎること、二五パーセントを超える議決権の取得について株主総会の承認を義務づけていることに強い批判が寄せられている。[31]これらの批判について現在の政府がどう対処するのか成り行きを見守るだけである。[32]これとは別個に、遅くとも二〇〇一年を目指して計画されている第四次金融市場振興法が、証券取引所の根本的改正以外に、証券取引所法か証券取引法に統合されるべき公開買付法を含むことになる。

イギリスのような資本市場法による事前保護規制とドイツ・コンツェルン法による事後的保護とを同列に扱うことができるか問題となる。この問題について、第一三指令案三条は、少数者保護に関して、加盟国が強制的公開買付規制にかえて、強制的公開買付とは別のしかしこれと同じ価値のある予防措置を選択的に設けることを認める。この柔軟な規定は政治的妥協の産物である。事実上のコンツェルン規制については、費用と時間をかければ実行できる裁判所による事後的保護が経済的にも法的にも公開買付による事前的保護と同じ価値があるということはできない。[33] さらに、対象会社の射程範囲、取得の態様、一部分の株式だけの買付の許容、公正な手続き、相当な買付価格、効果のある監視に関する問題がある。また、支配プレミアムにすべての株主が参加できるかどうかの問題も重要な問題である。[34]

強制的公開買付の申入に関して、フォーラムの提言(16)は、主要提案によれば、自然人または法人が有価証券を取得して、直接または間接に、会社支配を獲得する場合には、加盟国は、取得者が少数株主の保護のために公開買付申入を表明する義務を負う、旨の規制を設けるものとする。これに対して、提言(17)は、強制的公開買付の代わりに、加盟国は、会社の少数株主を保護するために適切でかつ強制的公開買付と少なくとも同等な別の予防措置を定めることができる、とする補充的な選択的提案をする。[35]

(27) 一九八九年の指令草案は、九〇年に修正され (KOM (97) 569、これについては布井千博「ECにおけるM&Aの法規制 (上) (下)」国際商事法務一九巻二号一四六頁以下、三号三〇四頁以下 (一九九一年) 参照)、この改訂案が九六年 (拙稿「結合企業に関するヨーロッパ会社法と株式公開買付規制の調整」ジュリスト一一〇四号五四頁以下 (一九九七年)) と九七年 (野田輝久「EUとドイツにおける株式公開買付規制」青山法学四〇巻二号五五頁以下 (一九九八年)) に公表された。最近の報道によれば、欧州連合は、企業買収法等について合意し、同法が二〇〇五年半ばに施行される予定である (日本経済新聞二〇〇一年六月七日)。

(28) コンツェルン法上の規制として、団体組織の基本的で定款変更に関する特別多数決議の場合に認められる離脱権が定められている。いわゆるコンツェルン入り口規制を、ドイツ・コンツェルン法は、伝統的にほとんど完全におろそかにしてきた（Hopt, (Fn. 4) S. 307f.）。

(29)　龍田節「シティー・コードの改正」インベストメント二五巻二号一九頁以下・田邊光政・坂上真美「イギリスにおける株式公開買付の法規制（一）－（六・完）」インベストメント四四巻一巻一号四頁以下、二号二頁以下、三号二四頁以下、四号二九頁以下、五号二一頁以下、六号二四頁以下（一九九一年）・一九八一年改正シティー・コードについては、石山卓磨「テイクオーバーと合併に関するシティー・コード（一九八一年二月改正版）」独協法学一八号二七一頁以下（一九八二年）。

(30)　拙稿「オーストリアの株式公開買付法について」同志社法学五二巻六号二二頁以下（二〇〇一年）参照。

(31)　株主の保護よりも乗っ取りに対する企業の保護と新所有者による合理化に対する労働者の保護であり、したがって、むしろ現経営者の地位の維持に役立つ法律である、という批判である。

(32)　江口真樹子「ドイツにおける株式公開買付の展開」国際商事法務一九巻六号六九頁以下（一九九一年）、拙稿「コンツェルン形成規制としての株式公開買付」、および拙訳「ドイツ株式公開買付法試案」ワールドワイドビジネス・レヴュー二巻一号一頁以下、同二巻一号一一六頁以下（二〇〇一年）

(33)　Hopt, (Fn. 4) S. 319.

(34)　一連の問題の解決については、スイス法のように、対象会社が強制的買付を全く放棄するかまたはこれについて一定の基準を設定するか定めることができる（opting-outする権利とopting-upする権利）とする方法（証券取引所および証券取引に関する法律三二条、五二条）も考慮に値する（Hopt, (Fn. 4) S. 311.）。

(35)　ZGR 1998, S. 770, 725f.

Ⅳ　コンツェルン検査役――特別検査

特別検査については、これまであまり議論の対象とされてこなかった。(36)しかし、この規制によって保護は強化される。実現可能性も濃厚である。

(1) 特別検査人による株式法上の特別検査は、総会の決議または法令もしくは定款に対する重大な違反があることを疑うにたりる十分な根拠があるときに少数株主または単独株主の申立にもとづいて裁判所の命令によって行なわれるのが通常である。会社または結合企業における不透明な企みに照明を当てるので、株主の説明請求権よりもさらに広範に及ぶ特に重要な社員のコントロール権である、といわれる。

特別検査の制度は、ドイツ、フランス、ベルギーや英国などの加盟国では、独立の株式会社について認められている。ドイツでは、一定の要件の下で、企業結合における特別検査の制度が補充的に設けられている。一九七〇年と一九七五年のヨーロッパ株式会社法案には、機関の特別コントロールが規定されていたが、一九八九年と一九九一年の提案では削除された。効果のある特別検査は、責任追及訴訟の基礎であることができる。情報請求権が多くの場合には訴えの提起権よりも有効に保護さえする。しかし、それは、株主がこの権利を法律上保証された特別の手続において独立の専門家に行使させることができ、かつ一定の開示が保障されていることを前提とする。特別検査の結果として、ドイツや英国のように、それが損害賠償の訴えかまたはその他の適切な措置に連動していれば、さらに一層効果的である。[37] 特別検査の利用は、国により異なる。ドイツや英国のように利用が少ない国でも、この制度に重要な予防的効果が認められている（現有艦隊の威力・fleet in being）。オランダや多数の利用頻度の高い国では、少数者保護のために決定的に重要な手段であるとさえみなされている。

(2) 以上の言及は、ホプトが特別検査をヨーロッパ・コンツェルン法の実質的な核心部分として設けることを勧める理由である。[38] 特別検査は、株主、コンツェルンにおいては従属会社の少数社員の情報請求権の一部分である。少数社員には、これによって会社におけるコントロールを自分自身で行使するかまたは市場で売却して従属会社から適切な時期に離脱するためにこの権利の行使に必要な情報をえることは、独立の企業における社員よりもさらに困難である。

しかし、独立の会社に対する通常の特別検査は、すでに少数社員の一定の保護を保証する。たとえば、親会社のために会社の利益をないがしろにする子会社の取締役の行為が調査される。この理由から、ヨーロッパ・コンツェルン法のためには一般的特別検査が定められるように提案されている。しかし、コンツェルンにおいては、特別検査をコンツェルンの次元で認める規定が必要になる。この検査は、グループの他の企業に拡大されるだけでなく、川上から川下へ、さらに水平的な姉妹会社にも及ぶことができなければならない。ドイツにおけるような、特別な要件の下で行われる特殊なコンツェルン特別検査は不要である。多くの批判と困難とが指摘されているが、特別検査は、会社の不正行為を発見し、その行為者の責任を追及するもっとも効果的な方法である。したがって、社員と債権者が全面的に信頼することを実質的に保障する制度である。(39)

(3)　特別検査を要求できる少数株主の要件として、一九七五年欧州株式会社法案は、資本の五パーセントかまたは額面額二〇万REの株式所有を規定しており、その改正の論議においては、濫用対策のために五パーセントかつ額面額五〇万ユーロの株式所有が主張された。しかし、これを超える要件は問題がある。単独株主に特別検査の申立権を認めるスイス法(スイス債務法第六九七条aから第六九七条gまでの規定)が参考になる。また、株主団体、欧州事業所委員会、転換社債の所有者団体の代表に対して、または銀行法、証券取引所法あるいは保険法の分野においては監督庁に申立権を付与することも考えられる。そのほかに、秘密保持に関する親会社と姉妹会社の利益も考慮しなければならず、特別検査の目的を達成するためには、検査はグループ内の他の会社にも及ばなければならない。最後に、裁判所費用と特別検査の費用は、会社が負担しなければ、実際には意味がない。(40)

(36) わが国における議論については、上田純子「株式会社における経営の監督と検査役割度」民商法一一六巻一号四五頁以下・一一六巻二号二二三頁以下（一九九七年）、江頭憲治郎『結合企業法の立法と解釈』（有斐閣、一九九五年）一五二頁以下。

(37) Hopt, (Fn. 9) S. 312.

(38) フォーラムの提言は、主たる提言(14)と選択的な提言(15)とに分かれる。前者は、総会が決議するかまたは裁判所が法令および定款に対する重大な違反があることを疑う十分な根拠がある場合に、少数株主の申立に基づいて、特別検査が命ぜられる。少数株主については、資本の五パーセント以上または額面額五〇万ユーロ以上の株式所有を要求することはできない。特別検査は、必要がある限りにおいて、グループのすべての企業との関係に及ぶことができる。圧倒的に保護に値する同一の利益は、保護しなければならない。加盟国は、特別検査が重大な義務違反を確定する場合には、適切な措置を講じることを配慮し、特別検査の詳細について定める場合には、本提案で規定しているよりもさらに厳格な規定を設けることができる。

それに対して、選択的提言は、グループの状況においては少なくとも少数者の保護のために、特別検査または別の同等な情報権の付与手続を定めなければならないという規定である。情報手続は、グループのすべての企業との関係に及ぶことができる。圧倒的に保護に値する同一の利益は、保護しなければならない。加盟国は、情報手続において重大な義務違反が確定される場合には、適切な措置を配慮しなければならない。加盟国は、情報手続の詳細を規定する。その場合には、本提案で規定しているよりもさらに厳格な規定を設けることができる。ZGR 1998, S. 769f; 715f.

(39) Hopt, (Fn. 4) S. 313.

(40) Hopt, (Fn. 4) S. 314.

V　結語にかえて──期待と展望

本稿では、フォーラムの提言をその研究会の主宰者の一人であるホプトの見解に焦点をあて、ヨーロッパ・コンツェルン法に関する最近の議論の進行状況について触れた。そこでは、EU第九指令案において濃厚に表れていたドイツ色が染め抜きされ、新たなヨーロッパ色で染色された織り模様が形を整えつつある。そして実現可能性の高い規制分野が鮮明にされつつあることは大いに注目される。ヨーロッパ・コンツェルン法の守備範囲について以前よりも一層的がしぼられたことがその進展の大きな理由の一つであろう。

ドイツ・コンツェルン法の不備として従来指摘されてきたいわゆるコンツェルン形成規制が、実現可能性の点から、筆頭に挙げられている。それは、多数の加盟国において、すでに資本市場法の分野で規制が存在することがその理由であろう。強制的公開買付に関する規定は、EU第一三指令案において設けられている。したがって、同指令案三条が定める代替案として、ヨーロッパ・コンツェルン法において特別に設けられるのかどうかは規制される法律との間の整合性に関して一応は問題となる。これについては、資本市場法における規制を強調するホプトの説明によっても明確ではない。いずれにしても、指令案にならうものであれば、企業結合の創設の際における少数者の保護という課題を資本市場法が担うことが明確となる。ヨーロッパレベルでのこの解決方向は、わが国の進出企業に直接影響を及ぼすことになる。さらに、わが国の証券取引法においてすでに規制されている強制的公開買付のあり方を再検討する余地がないかどうかについても考慮させることになろう。

特別検査が果たす機能に関する説明は、わが国における場合の方向づけをも示唆する。検査役としての適任者をいつでも適時にえることができる素地があるかどうか問題がないとはいえない。司法制度改革審議会の法草案の動向が気になる。[41] 制度を生かすかどうか分水嶺となる費用の負担については、まず明文の規定を設けて解決することが不可欠となろう。

ホプトは、フォーラムの提言と提案とを「小詩文選（eine kleine Blütenlese）」と名づける。それは、一方で各国から精選されてまとめられた優秀な小作品集を意味するとともに、他方では加盟国における代表的な制度を集めることにより精錬された作品となったことも意味しよう。後者の観点を強調する場合には、ここで照射されたそれぞれの制度が、果たして慣行化した異なる会社法および資本市場法上のそれぞれの伝統の上に軋轢なしに果たしてソフトランディングできるのかという問題が顕在化しよう。

現在の段階では、国際会計基準の成立経緯や実際の影響力とフォーラムが検討するヨーロッパ・コンツェルン法の提言とを同列に論ずることはできない。しかし、フォーラムによる地道な研究成果は、比較法的にも、結合企業法のあり方を検討する上で大いに参考となろう。その意味においても、今後ともその歩みを機会ある毎にフォローしてゆきたい。

(41) 政府の司法制度改革審議会が二〇〇一年六月一二日に公表・提出した最終意見は、制度的基盤の整備、人的基盤の拡充および国民的基盤の確立という三本の柱を基本理念として、国民の期待にこたえる司法制度の改革について、裁判外での紛争の解決手段の拡充・活性化を図るため、各隣接法律専門職の活用を掲げている。

16　国際航空機事故補償制度の新展開

――一九九九年モントリオール条約の成立と裁判実務の最近の動向――

藤田勝利

一　はじめに

筆者はこれまで、二〇〇〇年五月に開催された「一九九九年モントリオール条約」についての日本空法学会シンポジウムで総論的な報告をする機会に恵まれ、[1] それとは別に、一九九四年四月に名古屋空港で起きた中華航空機事故の損害賠償訴訟で、航空法の学者証人として二〇〇〇年の二月（主尋問）と五月（反対尋問）の二回、名古屋地裁で証言する機会が与えられ、現行ワルソー体制における航空会社（航空運送人）の低額な有限責任の排除可能性について解釈論を展開した。[2] 一九九九年モントリオール条約が発効し、多くの国が締約国になり、現行ワルソー体制に取って代わるようになれば、中華航空機事件のように、少なくとも航空会社に対する有限責任の適用の有無を巡って訴訟で争われることはなくなるであろうが、そうなるまでには相当の年月を要するものと思われる。そこで本稿では、日本人旅客が死亡した最近の国際航空機事故の訴訟事件の実情と中華航空機事件での筆者の証言を踏まえて、モントリオール条約が現行ワルソー体制に取って代わるまでの過度的な措置として考慮すべき現行ワルソー体制における航空運送人の有限責任排除の法理について、これまでの議論を補足したいと思う。[3]

（1） このシンポジウムの報告については、空法四二号（二〇〇一年五月）に掲載されている。一九九九年モントリオール条約の簡明な紹介として、落合誠一「一九九九年国際航空運送に関するモントリオール条約の成立」ジュリスト一一六二号九九頁参照。

（2） 航空運送人の有限責任の排除可能性について詳細に解釈論を展開する論文として、藤田勝利「国際航空機事故補償制度の現状と課題――名古屋空港における中華航空機事故の補償問題を契機として」菅原菊志先生古希記念論集『現代企業法の理論』（一九九八年、信山社）五一九頁以下参照。

（3） 本稿は、二〇〇〇年一一月に韓国航空大学校で開催された韓国航空宇宙法学会の第二五回国際航空宇宙法秋季学術発表会で筆者が「日本の航空法における若干の法的側面―モントリオール条約の成立を契機として」というテーマで行った報告の原稿を大幅に加筆・修正したものである。なお、韓国の学会報告のため事前に提出した日本語と韓国語のペーパーは、第二五回国際航空宇宙法秋季学術発表会の会報に掲載されている。韓国語のペーパーは、大阪市立大学大学院法学研究科後期博士課程の洪済植君が翻訳したもので、韓国の航空宇宙法学会誌第一三号三二五頁以下（二〇〇一年）に転載されている。

二　現行ワルソー体制における国際航空機事故補償制度の展開

（一）　現行ワルソー体制における責任制度の構成

現行ワルソー体制は、各航空会社がそれぞれ所属国の監督下に定める国際航空運送約款を経由して具体的に適用されることになるが、現行ワルソー体制を構成する条約および協定は以下のように複雑に錯綜しており、国際線を利用する航空旅客が航空機事故にあった場合の補償問題の解決は容易ではない。

まず現在有効な条約として、①一九二九年ワルソー原条約、②一九五五年ヘーグ改正ワルソー条約、③一九六一年グァダラハラ条約、④一九七五年に成立した四つの議定書のうちモントリオール第三追加議定書を除く三つの議定書、すなわちモントリオール第一追加議定書、モントリオール第二追加議定書及びモントリオール第四議定書があり、航空会社間の協定としては、⑤一九六六年モントリオール協定と⑥一九九五年の国際航空運送協会（ＩＡＴＡ）の運送人間協定（ＩＩＡ）と一九九六年の同実施協定（ＭＩＡ）がある。

世界の各国際航空会社は、それぞれの所属国が批准・加入した上記条約のいずれかと各航空会社が参加する協定の内容を航空運送約款に取り込んいるので、旅客が航空会社と締結する運送契約の中身、すなわち、通常の場合は航空券に表示される運送区間がどこであるかによって、適用される条約が決定され[4]かつワルソー原条約又はヘーグ改正ワルソー条約第二二条ただし書所定の特約としての協定に参加している航空会社の場合は、その協定の内容を具体化する運送約款所定の特約が優先的に適用されることになる。[5]さらに、一九九二年一一月に日本の航空会社が自主的に導入したジャパニーズ・イニシアチブと呼ばれている特約のように、航空運送約款に別段の定めをしている場合は、それが優先することはいうまでもない。

（二）　条約による規制

これら現行ワルソー体制を構成する条約や協定の中で、航空運送人の責任制度の根幹をなすのは、①ワルソー原条約と、②ヘーグ改正ワルソー条約である。

①ワルソー原条約が適用される場合、航空運送人の責任原則は、航空運送人及びその使用人が「損害を防止するため必要なすべての措置を執ったこと又はその措置を執ることができなかったこと」を証明したときはその責任を免れる（第二〇条第一項）、いわゆる過失推定責任であって、旅客死傷の場合の運送人の責任は旅客一人あたり一二万五千金フランに制限される（第二二条）。この金額は当初約八三〇〇米ドルと換算されたが、一九七三年二月から一万米ドルと換算されている。この責任限度額は、運送人側に故意（dol）又は故意に相当すると認められる過失がある場合（第二五条）や旅客切符が交付されない場合（第三条第二項ただし書）、運送人はこれを援用できないとされている。ワルソー原条約は、一九三三年に発効し、現在一五〇カ国以上が締約国になっている。

②一九五五年ヘーグ改正ワルソー条約が適用される場合、責任原則は、ワルソー原条約と同じ過失推定責任だが、責任限度額は、訴訟費用を別枠にして、原条約の二倍の二五万金フランに引き上げられている。その代わり責任限度額を破る例外の援用可能性を厳しくした。すなわち、原条約第二五条において、法廷地法の解釈にゆだねられていた「故意又は故意に相当すると認められる過失」という文言を全面改正し、ヘーグ改正条約第二五では、「損害が、損害を生じさせる意図をもって又は無謀にかつ損害の生ずるおそれあることを認識して行った運送人又はその使用人の作為又は不作為から生じたこと」が証明されたときは、第二二条所定の責任限度額は適用されないとした。しかし他方では、原条約第三条第二項ただし書所定の旅客切符の

不交付に追加して、運送人の責任を制限するワルソー条約の適用を受けることがある旨の注意書(第三条第一項（c）号）の不記載も有限責任の例外として認めている。このヘーグ改正条約は一九六三年に発効し、一三〇ヵ国以上が締約国になっている。ワルソー原条約の締約国のすべてがヘーグ改正条約の締約国というわけではないが、米国を除く大半の主要航空国が両条約の締約国になっているから、ヘーグ改正ワルソー条約が、現行ワルソー体制の基本条約とみてよいであろう。(6)

その後一九九九年にモントリオール条約が成立するまで、航空運送人の旅客及び荷主に対する責任原則と責任限度額を中心に様々の改正がなされてきた。条約レベルでは、運送人の定義をしなかったワルソー原条約とヘーグ改正ワルソー条約（以下、これら両条約をさす場合には、ワルソー条約という。）を補足して、契約運送人だけでなく実行運送人にもワルソー条約の適用を明確化する、③グァダハラ条約が一九六一年に制定され(7)、一九六四年五月に発効している。日本や米国は未だ批准・加入していないが、英国、ドイツ、フランスなど約八〇カ国が締約国になっている。しかしこの条約は、ワルソー条約に定める運送人の責任制度はそのままにして、その責任主体を明確にするにすぎない。

旅客に対する航空運送人の賠償責任制度の条約レベルでの改正は、ヘーグ改正ワルソー条約の成立以降、国際民間航空機関（ＩＣＡＯ）の法律委員会で継続して検討され、一九七一年には、運送人の無過失責任と一五〇万金フランまでの破られない責任制限（第二二条第一項(a)、第二四条第二項）を採用するグァテマラ議定書が成立し(8)、一九七五年には、④四つのモントリオール議定書の中の一つとして、基本的にグァテマラ議定書の責任制度を踏襲しながら、責任限度額について、その通貨単位を金フランから国際通貨基金（ＩＭＦ）協定に定める特別引出権（ＳＤＲ）に改め、一〇万ＳＤＲとするモントリオール第三追加議定書が成立している。(9)

この両議定書は、旅客に対する航空運送人の責任限度額が、運送人側の故意を含め、いかなる場合にも破られないとしたこともあって、議定書の成立から四半世紀以上たっても発効条件を満たすことができず、今後とも発効する見込みはない。なお、一九七五年には、モントリオール第三追加議定書以外に、ワルソー原条約の金フランをSDRに変更するモントリオール第一追加議定書、へーグ改正ワルソー条約の金フランをSDRに変更するモントリオール第二追加議定書、さらに貨物運送について、グァテマラ議定書及びモントリオール第三追加議定書所定の責任制度に整合させるモントリオール第四議定書が成立し、第一、第二追加議定書は一九九六年に、第四議定書は一九九八年にそれぞれ発効している。しかし、モントリオール第一及び第二追加議定書は、ワルソー条約所定の責任限度額の通貨単位をSDRに変更するにすぎず、かつその締約国は四〇カ国余りにとどまっていること、またモントリオール第四議定書はワルソー条約を大幅に改正しているとはいえ貨物運送に限定しているから、現行ワルソー体制における旅客に対する航空運送人の条約上の責任制度は、依然として一九五五年のへーグ改正ワルソー条約が基本条約として規制されていることになる。

(三)　運送人間協定及び運送人の特約による規制

ワルソー体制における旅客に対する責任制度の抜本的な改正は、条約レベルでは成功しなかったが、ワルソー条約第二二条第一項ただし書により適用される運送人間協定や運送人の特約を通して、ワルソー体制における旅客に対する補償制度の不合理性を是正する試みがなされ、それなりの実績を残している。

条約改正の暫定措置として成立した、⑤一九六六年のモントリオール協定は、運送人間協定でありながら、条約並に広範に適用されてきた。この協定は、米国がワルソー原条約から撤退するのをくい止めるための苦肉の措置として合意された経緯から、その適用範囲を米国路線に限定するという異例の内容になっている。ただし協定所定の運送人の旅客に対する責任制度そのものは、当時としては画期的であって、責任原則については、運送人がワルソー条約第二〇条第一項所定の抗弁権を援用しないとする方式で無過失責任を採用し、その責任限度額も大幅に引き上げて訴訟費用を含め七万五千米ドルとした(10)。この協定で採用した責任制度が、その後の条約改正作業を方向付け、国際航空機事故における旅客の補償実務に多大の影響を及ぼしている。

米国に乗り入れている航空会社は、このモントリオール協定の加入を余儀なくされたが、その後一九七四年から七六年にかけてヨーロッパを中心に主要航空会社は、自社の国際航空運送約款の改訂を行い、この協定の内容を米国路線だけでなく、すべての国際線には拡張して適用するようになる。さらに一九八一年になると、英国航空や日本航空など幾つかの航空会社は、一九七五年モントリオール第三追加議定書にならって運送人の責任限度額を一〇万ＳＤＲに引き上げる約款改訂を行っている(11)。

そしてこれら一連の国際航空運送約款の改訂で最も衝撃的な出来事となったのは、一九九二年一一月に日本の航空会社が世界で初めて、国際運送における旅客死傷の場合の運送人の責任制限を撤廃したことである。その責任原則は、旅客死傷による損害につき一〇万ＳＤＲまではワルソー条約第二〇条第一項の抗弁権放棄による無過失責任とし、一〇万ＳＤＲ超の損害部分については運送人が無過失を証明することにより免責される過失推定責任とする、いわゆる二層制の責任制度を採用している(12)。

ジャパニーズ・イニシアチブと称される日本の航空会社のこの約款改訂は、当初は、ＩＣＡＯが一九七五年モントリオール第三追加議定書の発効のため行っていた努力に水を差すものとの批判にさらされたが、次第に世界の航空会社の支持を得るようになり、結果的には世界の航空会社の約款にジャパニーズ・イニシアチブとほぼ同様の責任制度を採用するための二つの協定が作成され、採択されている。すなわち、⑥一九九五年のＩＡＴＡ運送人間協定（ＩＩＡ）と一九九六年の同実施協定（ＭＩＡ）である。この両協定は、一九九七年二月に発効し、国際航空運送約款の改訂により責任限度額を撤廃した航空会社は、日本の航空会社を含め六〇社以上になるといわれている。(13)なお、欧州共同体（ＥＣ）において旅客の死傷に関する運送人の責任限度額の放棄を義務づけるＥＣ理事会規則が一九九七年一〇月に採択され、翌一九九八年一〇月から施行されている。(14)

かくして現行ワルソー体制における旅客死傷の場合の運送人の責任制度は、条約レベルでは一九五五年のヘーグ改正ワルソー条約をベースにしながら、各航空会社の適用する国際運送約款により修正するという方法が採られているので、旅客の利用する航空会社いかんで低額の有限責任から無限責任に至るまでかなり多様であるといえるだろう。(15)

（４）　ワルソー原条約及びヘーグ改正条約の適用範囲は、どちらもその第一条で、航空機により有償で行う旅客、手荷物又は貨物のすべての「国際運送」とされており、条約でいう「国際運送」とは、「当事者間の約定によれば、運送の中断又は積替えがあるかどうかを問わず、出発地及び到達地が二の締約国の領域にあり、かつ、予定寄航地が他の国（この国が締約国であるかどうかを問わない。）の領域にある運送」とされている（第一条第二項）。従って条約の適用の有無が決まるのは、旅客と航空会社が合意した運送契約の中身であって、旅客の国籍、航空機の登録国、事故発生地などは基準にならない。

（５）　ワルソー原条約・ヘーグ改正ワルソー条約第二二条ただし書によると、「旅客は、運送人との特約により、さらに高額の責任の限度を定めることができる。」と規定しており、これまで条約所定の低い責任限度額を修正する場合に、このただし書が活用されてきた。

(6)　ワルソー原条約の締約国でありながらヘーグ改正ワルソー条約の締約国でないのは、米国のほかインドネシア、エチオピア、リベリアなどごくわずかで、他方、ヘーグ改正ワルソー条約だけの締約国も、韓国、エル・サルバドル、モナコ、リトアニアなど数えるほどしかない。ワルソー原条約だけの締約国とヘーグ改正条約だけの締約国の区間の片道運送では、条約不適用の問題が生じうる。この点につき、藤田勝利『航空賠償責任法論』六頁（一九八五年、有斐閣）参照。

(7)　グァダハラ条約は、正式には「契約運送人以外の者により行われる国際航空運送についてのある規則の統一のためのワルソー条約を補足する条約」という。菅原菊志「いわゆるグァダハラ条約について」空法一八・一九合併号一頁以下、『社債・手形・運送・空法〔商法研究Ⅲ〕』三六八頁以下所収（一九九三年、信山社）及びそこに引用する文献参照。

(8)　グァテマラ議定書については、矢沢惇「グァテマラ議定書について」空法一六号一頁以下参照。ここでいう運送人の無過失責任の場合、旅客の死傷について運送人が免責されるのは、「もっぱら旅客の健康状態(state of health)」から生じたものである場合（第一七条第一項ただし書）と過失相殺のできる場合（第二一条）だけで、ワルソー条約第二一条の免責証明は延着の場合しか認めていない。この責任原則は絶対責任（absolute liability）といわれている。

(9)　一九七五年モントリオール第三追加議定書については、関口雅夫『国際航空運送人の責任制度』一頁以下（一九九八年、成文堂）及びそこに引用する文献参照。

(10)　モントリオール協定については、藤田・前掲注(6)一六頁以下参照。

(11)　この間の約款改訂につき、藤田勝利「国内航空運送約款─航空機事故の補償のメカニズム」法学セミナー三七二号七一頁参照。

(12)　日本の航空会社が責任制限を撤廃した理由として、

イ　日本における鉄道や自動車の人身事故・国内航空運送では無限責任とされており、それらの損害賠償の実績と対比して国際航空運送の責任限度額は低すぎること。
ロ　モントリオール第三追加議定書所定の責任限度額は低額で、しかも破られない責任制限とされており、米国の批准の可能性もないので、発効する見込みのないこと。
ハ　これまで責任限度額は最低保障として機能してきた経験から、これ以上の責任限度額引き上げは困難であること。
ニ　国内航空運送では一九八二年四月から旅客死傷に対する運送人の責任制限を撤廃しているが、無限責任が航空会社に及ぼすコスト（保険料）負担の増大は懸念するほど大きくないこと。
などが指摘されている。落合誠一『運送法の課題と展開』一四七頁以下（一九九四年、弘文堂）、関口・前掲注(9)九一頁以下参照。
(13)　ＩＡＴＡ運送人間協定の成立過程とその内容につき、坂本昭雄・三好晋『新国際航空法』二六二頁以下（一九九九年、有信堂高文社）参照。
(14)　「事故の場合における航空運送人の責任に関するＥＣ理事会規則（Council Regulation No2027/97）」については。坂本・三好・前掲注(13)二七〇頁以下参照。
(15)　一九九五年四月現在で日本乗り入れ外国航空会社の国際航空運送約款に定める責任限度額により、概ね次の三つのタイプに分類したことがある。
①　ヘーグ改正ワルソー条約型―二五万金フランまでの過失推定責任
②　モントリオール協定型―米国路線のみ七万五千米ドルまでの無過失責任とそれ以外では二五金フランまでの過失推定責任
③　モントリオール第三追加議定書型―一〇万ＳＤＲまでの無過失責任又は過失推定責任
藤田・前掲注(2)五二六頁以下参照。

日本の航空会社のように責任限度額を撤廃する、いわゆる④ジャパニーズ・イニシアチブ型の国際運送約款が今後主流になると思われるが、当分はこの四種類の運送約款が併存するものと思われる。

三　一九九九年モントリオール条約における旅客補償制度

現行ワルソー体制における不合理な責任制度は、これまでワルソー条約第二二条第一項ただし書所定の特約という形式で責任原則と責任限度額を修正することによりある程度是正されてきたが、それは航空会社の自主規制にすぎず、条約のように強制力がないためかえって条約の統一性を損なう結果を生じている。そこで時代遅れのかつ複雑なワルソー体制を統合し近代化するため、一九九九年五月一〇日から二八日までモントリオールにおいてＩＣＡＯの主催により国際航空法会議が開催され、[16]日本を含む一〇七カ国がファイナルアクト（Final Act）に署名し、米国を含む五三カ国が署名して、待望のモントリオール条約が成立した。この新条約に定める航空運送人の責任制度は、日本が一九九二年一一月の国際航空運送約款改訂により世界に先駆けて採用した、いわゆるジャパニーズ・イニシアチブといわれるものと内容的にかなり近いものになっている。

現行ワルソー体制を統合することを企図したモントリオール条約はどのような内容のものなのか特筆すべき点だけを示す。

モントリオール条約の最大の特徴は、現行のワルソー体制と異なり、条約前文にうたっているように、現状回復の原則に基づく公平な補償を前提にして、航空運送における利用者の保護の確保を第一に唱えていることである。

七〇年余り前に制定されたワルソー原条約の時代は、航空産業は幼稚な新規産業であり、米国を除き大半の国で政府所有か政府の支配下にあり、航空産業と言うより、政府自身の利益を守るため、壊滅的な危険に対し、航空運送人の責任を制限する意味も含まれていたが、今日の航空運送は、航空産業そのものが強力になり、安全性も改善され、あらゆる損害に対して保険の保護を受けることが可能となっている。もはや航空利用者の犠牲において航空産業を保護する必要性はなくなったといっても過言ではなかろう。

それではモントリオール条約は、具体的にどのように利用者の保護を図っているか主な点を列挙する。

第一に、旅客の死傷に関する損害について、ジャパニーズ・イニシアチブ、IATA運送人間協定と同様、一〇万SDRまでの無過失責任とそれを超える部分については運送人が無過失を立証すれば免責される過失推定責任のいわゆる二層制の責任制度を採用している(第一七条、第二一条)。無限責任とされた関係で、懲罰的損害賠償を認めないことが明記された(第二九条)。米国の判例ではそのことはワルソー条約の適用上確認されている。[17]

第二に、人身事故に限って、第五の裁判管轄が認められた(第三三条)。

ワルソー条約では、①運送人の住所地、②運送人の主たる営業所の所在地、③運送契約が締結された営業所の所在地、および④到達地のいずれかの裁判所に提訴できるにすぎないが(第二八条)、新条約はさらに米国の要請に従い、旅客の住所地を管轄する裁判所に提訴できる道を開いた(第三三条第二項)。[18]

第三に、旅客の死傷の場合、要求があれば運送人は前払いをしなければならない(第二八条)。一九九七年一〇月に採択されたEC理事会規則にも同趣旨の規定があるが、日本の航空会社の場合、仮払いの形で実務上慣行化している。

第四に、被害者補償を徹底するため、責任保険の付保強制を定めている（第五〇条）。自国の運送人はもとより、自国に乗り入れている運送人にも強制できる。ワルソー条約にはなかった規定であるが、大手の航空会社ならリスクを十分カバーできる保険を付けて運航しているであろうから、リスクに見合う保険を付けない弱小の航空会社に配慮した規定と思われる。

以上のほか、既存の条約を整理統合した結果、新条約第五章でグァダラハラ条約の規定を取り込み、貨物関係についても、モントリオール第四議定書の規定を一部改正しながら取り入れている。

このように包括的な内容を含むモントリオール条約は、細部において問題点がないわけではないが、基本的に既存のワルソー体制を整理するに足る画期的な新条約といってよいであろう。

モントリオール条約は、現行ワルソー体制の条約文書とは別個の新条約として制定されている。従って新条約は、現行条約の締約国にとっては、現行条約に取って代わるべきものであり、新条約が発効し、多数の国が締約国になれば新条約の締約国は現行条約を破棄するであろう。その場合は、新条約の締約国と非締約国の間では一切の条約関係がなくなる可能性が出てくる。新条約の非締約国の間では、旧のワルソー体制が引き続き適用されることになる、そのことは事実上法の統一を弱めることになろう。それ故、モントリオール条約が現行ワルソー体制に取って代わるようにするには、まずできるだけ早く三〇カ国の批准・加入により発効させ（第五三条第六項）、かつできるだけ多くの国が締約国になって法の統一を図ることが肝要である。[19]

（16）　この外交会議には、ICAO加盟一八五カ国のうち一一八カ国が参加した。モントリオール条約の成立経緯につき、藤田・前掲注（1）六頁以下参照。

（17）　藤田・前掲注(2)五三〇頁注(11)参照。

(18) ただし次の三条件を満たす必要がある。
1 旅客は事故の当時、提訴する締約国の領域において、主要かつ恒久的な居所(国籍より、実質的居住性が必要)を有すること。
2 運送人は、提訴される締約国の領域に向け又はその領域から自己の所有する航空機又は「商業上の合意」に従う他の運送人の航空機において旅客運送役務を提供していること(役務の現実提供)。ここに「商業上の合意」とは、運送人間で締結され、代理店契約を除く、インターライン協定、コードシェア協定、ブロック・スペイス協定その他類似の契約をいう。
3 運送人は、提訴締約国の領域において、運送人自身又は「商業上の合意」をしている他の運送人によって所有又は賃借されている営業施設において旅客営業されていること(当該運送人による旅客営業のための施設保有)。

グァテマラ議定書でも第五の裁判管轄を認めているが、破られない責任制限との均衡によるものであるといわれている。原告の旅客側にとっては都合がよいが、被告の航空会社側にとっては、法廷地漁りをされるリスクを否定できない。日本の最高裁は、マレーシア航空事件で、マレーシア連邦国内における国内運送の事故であるにもかかわらず、マレーシア航空が日本国内に営業所を有し、かつ日本における代表者を定めていることなどから日本の裁判所の裁判管轄権を認めているので(最高裁昭和五六年一〇月一六日・民集三五巻七号一二二四頁)、少なくとも日本では支持されよう。しかし二〇〇〇年一一月に韓国航空宇宙法学会で報告をした際は、第五の裁判管轄について批判的な質問が少なくなかった。

(19) ICAOのホームページ(http://www.icao.int/icao/en/leb/mtl99.htm)によると、二〇〇一年六月末現在におけるモントリオール条約の締約国は、一一カ国である。

四　最近の国際航空機事故における訴訟事件の動向

国際航空機事故補償制度の世界的な潮流は、国際航空運送人間の協定であるＩＩＡやＭＩＡの参加航空会社の数から推測しても、いずれモントリオール条約体制に移行することは間違いないといえそうだが、それまでは現行ワルソー体制の下で航空機事故の補償問題を解決しなければならない。日本の航空会社はすでに一九九二年一一月以降、モントリオール条約と同様、国際運送における旅客死傷の場合の責任制限を放棄しているので、日本の航空会社の航空機事故で旅客が死傷しても補償問題はそう深刻にならないと予想している。しかし責任制限を放棄していない航空会社を利用して事故にあった場合の補償問題の解決は相当困難を伴う。その具体例として、日本人旅客の関係する最近の航空機事故で日本の裁判所に提訴され、すでに判決され確定した事件および現在継続中の事件の実情を以下に示すことにする。

(一)　タイ航空機事件

一九九二年七月にネパールのカトマンズ空港への着陸直前に近くの山に激突したタイ国際航空機の墜落事故では、日本人二一人を含む乗客・乗員一一三人全員が死亡した。死亡した日本人旅客二一人のうち一九人の遺族三一人が一九九三年八月に約四三億円の損害賠償を求めて提訴した。タイ国際航空は犠牲者一人あたり一律七五〇万円の補償額を提示した。その後の交渉で三一人の原告のうち三〇人がその提示額を上回る額で和解に応じたようである。(19) 和解に応じなかった遺族(原告)一人がタイ国際航空に約一億円の損害賠償を求めて東京地方裁判所に提訴していたが、二〇〇〇年九月二五日にその判決が出た。(20) 本件の死亡した乗客は原告の長男（一七歳）で、出発地を名古屋、経由地をカトマンズ、到着地を大阪とする運送契約のチケットを名古屋で購入していたので、ヘーグ改正ワルソー条約が適用される事件である。この事件で、被告タイ国際航空は当初、同条約第二二条の責任限度額の抗弁を援用していたので、その責任制限の排除事由である同条約第二五条所定の主観的要件（故意に近い重過失、英米法でいうWilful Misconduct）の有無をめぐって五年八カ月も審理が行われた。しかし被告は一九九九年七月の第四四回口頭弁論期日に突然その責任制限の抗弁を撤回した。原告は事故原因の究明のため、被告の重過失を明らかにしたい意向があったので、そのような責任制限の抗弁の撤回が許されるかどうかがその後の主たる争点になった。本判決は、条約第二二条の責任制限の抗弁はもっぱら航空運送人の利益のためにあることを理由に抗弁の撤回を認めて、原告に対する損害賠償額として、日本法に基づき、死亡した原告の長男の逸失利益（四、五六九万円余り）・手荷物の物損（二〇万円）・慰謝料（一、四〇〇万円）のそれぞれに対する原告の二分の一の相続分（残り二分の一は和解に応じた原告の妻の相続分として控除）に相当する合計二九九四万円余りと葬儀費用（一二〇万円）の二分の一および原告固有の慰謝料二〇〇万円をプラスした三二五四万円余りの損害金と弁護士費用二〇〇万円の支払いを被告タイ国際航空に命じた。

それではなぜタイ国際航空は責任制限の抗弁を撤回したのか。抗弁撤回の例は、一九八三年九月に起きた大韓航空機事故の訴訟でも見受けられるが、本件事故に対する条約第二五条の適用の有無についての実質判断を回避することが一番大きな理由であったことは間違いない。あるいは、抗弁の撤回をした一九九九年七月現在、すでにタイ国際航空は、航空運送人の責任制限を放棄するＩＡＴＡ運送人間協定（ＭＩＡ）に参加しているので、遡及的に責任制限を放棄したのではないかとの推測も可能である。訴訟戦術としては、航空会社より保険会社の意向が強く反映したとの見方もありうる。

（二）　中華航空機事件

一九九四年四月に名古屋空港で起きた中華航空機事故は、乗客・乗員二七一人中、日本人旅客一五一人を含む二六四人が死亡するという、日本の航空機事故としては、五二〇人が死亡した一九八五年八月の日航ジャンボ機墜落事故に次ぐ大惨事であった[21]。中華航空側は、旅客死亡の場合の賠償限度額を一五〇万台湾ドル（約六〇〇万円）とする台湾法に依拠して過去の同社の最高賠償額である四一〇万台湾ドル（一六四〇万円）を一律方式で支払うと提示したが、日本人犠牲者の遺族は納得せず、まず一九九五年に三一三人の遺族らが犠牲者一人あたり約二億円、総額二五七億円の賠償を求めて名古屋地裁に提訴し、その後別の遺族が二つの原告団に分かれて、それぞれ総額四〇億円余りと同二四億円余りの賠償を求めて提訴した。一つの原告団は、犠牲者一人あたり仮払金一〇〇〇万円に二千数百万円プラスして和解したと一九九七年一二月の新聞で報道されているが、残り二つの原告団の事件は現在も名古屋地裁で係属中である。

本件事故の日本人犠牲者の大半は、日本から台湾までの往復航空券を購入しているので、条約上は、ヘーグ改正ワルソー条約の適用を前提にしている。この事件でも、航空運送人の責任制限を排除する同条約第二五条所定の故意または重過失（Wilful Misconduct）が中華航空側にあったかどうかが主たる争点になっている。

筆者は、この事件で一つの原告団側の航空法の学者証人として、本件事故に対するヘーグ改正ワルソー条約第二五条の適用可能性につき証言しているので、その核心部分について示すことにする。筆者は同条約第二五条の改正経緯と主要航空先進国の判例の動向の二つの視点から私見を展開した。まず前者については、概ね次のように述べた。[22]

一九五五年のヘーグ会議では、条約第二二条の責任限度額を原条約のそれから二倍に引き上げることの見返りに第二五条の責任制限排除の要件を厳しくし、英米法のWilful Misconductに相当する文言が、明文化された。そして具体的な航空機事故に適用する場合に、行為者（パイロット）が損害発生の蓋然性を実際に認識している場合だけでなく、「認識すべきであった（should have known）場合」も含むのかどうかが議論されたが、会議の結論としては、それを含まない趣旨に解された。つまり、専門職業人としてのパイロットなら損害発生の蓋然性を認識すべき場合であっても、事故を起こしたパイロットが現実にそれを認識していなければ、第二五条の主観的要件を満たさないという解釈である。これは具体的行為者の認識を基準にしているので、一般に主観説といわれている。[23] このような解釈がとられたのは、私見では、一九五五年当時の条約第二二条所定の責任限度額が相当高額と評価されたことと不可分に関係していると考える。その後、グァテマラ議定書やモントリオール第三追加議定書で大幅な責任限度額の引き上げが行われ、運送人に故意がある場合でも破られないとする責任制度が採用されたことは周知の事実である。そのことは責任限度額が相対的に低い場合には、責任制限の例外を定める条約第二五条の要件を文言通り厳格に解することは不当な結果を生じさせることになる。その意味で筆者は、第二五条の解釈も改正経緯の真意を推し量り、責任限度額と対比して相対的、かつ弾力的に解釈する余地があると述べた。

次に後者、つまり主要先進国の判例についてであるが、多くの国は条約改正経緯を重視して、英国を筆頭に主観説をとっている。中にはフランス判例のように、専門職業人としてのパイロットの認識を基準にした、いわゆる客観説をとる国もある。[24] しかし、後述するように、主観説をとる米国やドイツの判例でも、具体のパイロットその他の使用人が損害発生の蓋然性を現実に認識していたとは思えない場合でも、状況証拠から「認識していたはずである」(would have probably known) あるいは「気づいていたに違いない」(must have been aware) と推論 (inference) して、責任制限の例外を認めた判例が幾つかある。航空機事故では、パイロット自身が死亡していることが多く、損害発生の蓋然性の認識は、フライト・レコーダーやボイス・レコーダーなどの機器その他の状況証拠から判断せざるを得ないからである。また航空機のコンピュータ化が進めば進むほど、パイロットの危険に対する認識は希薄になる可能性がある。今日のパイロットは航空機ごとのライセンス取得により、それぞれの航空機の性能にあった知識と技能を有するはずであるから、具体的パイロットの認識と抽象的な職業人としてのそれとは限りなく近いといえるであろう。そう考えると、主観説と客観説の違いは紙一重といえるかもしれない。こうして筆者は基本的には主観説をとりながら弾力的な解釈を試みようとした。具体的事件への条約第二五条の適用の有無は、裁判官の事実認定いかんによるので、その可能性を示唆しながら解釈の道筋を示したつもりである。

(三)　ガルーダ航空機事件

一九九六年六月に福岡空港で、ガルーダ・インドネシア航空機（ＤＣ一〇型機）が、離陸中断後に滑走路を逸脱して、大破・炎上し、乗客・乗員二七五人のうち三人が死亡し、一七〇人の重軽傷者を出した。[25] 事故当時のガルーダ航空の航空運送約款では一〇万ＳＤＲの責任限度額を定めていたが、死亡した犠牲者の遺族に限度額以上の補償額を提示したようである。死亡犠牲者のうち二人について、その遺族六人が一九九八年五月に二億数千万円の損害賠償を求めて訴訟に踏み切った。一人については、ほぼ交通事故の補償基準と同等の、他の一人には、それより低い水準の額が提示されたようである。本件訴訟も、主たる争点は、提訴の当初は条約第二五条にかかるもので、原告の主張は、機長の離陸中断の判断が第二五条の重過失に相当するというものである。責任原因の立証の手続を経ずに和解手続が進められていたが、二〇〇一年三月二六日にガルーダ航空が和解金を支払い、事故について謝罪の意を文章にすることで合意し、提訴から二年一〇カ月ぶりに和解が成立したと伝えられている。和解金額は和解条項で「非公開」とされており、明らかにされていないが、福岡地裁の和解案と同額のようである。なお機長の過失責任を認める文言はないとのことである。(26)

以上の三つの事件から明らかなように、航空会社が責任制限の抗弁を放棄しない限り、補償問題の解決は相当難航し、時間と費用を費やすことになる。モントリオール条約が発効し、多数の国が締約国になって、現行のワルソー体制に取って代わるまで、この状態が続くことになる。すでに多数の航空会社が、責任制限を放棄するIATA運送人間協定に参加しているから、それを更に一歩進め、条約レベルでの法の統一を実現すべきである。モントリオール条約体制がこれからの航空運送人のあるべき責任制度とするなら、それが広く通用する前の段階でも、現行ワルソー体制下における具体的な訴訟事件の処理において、中華航空機事件で示したように、条約第二五条の主観的要件を弾力的に解釈する等、現実的な対応により、航空の犠牲者の保護を図るべきだと思う。

(19) 毎日新聞二〇〇〇年九月二六日

(20) 東京地判二〇〇〇年九月二五日 平成五年(ワ)第一五四七六号損害賠償請求事件:確定。本件は、本稿の校正中に判例時報一七四五号一〇二頁以下に掲載された。

(21)　一九九六年七月一九日に公表された当時の運輸省航空事故調査委員会の航空事故調査報告書によると、中華航空の墜落事故は一二の要因の連鎖ないし複合により生じたと認定している。パイロット側の要因として、①副操縦士の誤ったレバー操作、②着陸やり直しモードでの自動操縦装置（ＡＰ）の使用ミス、③ＡＰに対する理解不足、④機長と副操縦士の連携の悪さ、⑤操縦の交代の遅れなどが指摘され、航空会社側の要因として、①パイロットに対して十分な操縦の手引きを示していなかったこと、②ＡＰ改修情報がエアバス社から出ていたのにＡＰ改修を見送ったことなどが、またハイテク航空機自体の要因として、①水平安定板の異常な動き、②警報装置の欠如などが、それぞれ指摘され、台湾とフランスの航空当局に対して安全勧告がなされている。藤田・前掲注(2)五三八頁以下参照。この事故については、死亡した機長と副操縦士を含む中華航空関係者六名が業務上過失致死傷罪の容疑で名古屋地検に書類送検されたが、一九九九年三月、機長と副操縦士は被疑者死亡のため不起訴とし、中華航空幹部四人も容疑不十分で不起訴とされた。二〇〇一年四月九日の新聞報道によると、右幹部四人に対する検察審査会の「不起訴不当」の議決を受けて再捜査されたが、名古屋地検は改めて不起訴処分にしたので、誰も刑事責任は問われないことになった。

(22)　証人尋問に先立ち、原告団弁護士の協力の下にＡ４版三一頁の陳述書を作成して裁判所に提出しており、この陳述書と同じく書証として提出されていた前掲注(2)の筆者の論文を参照しながら証言した。

(23)　主として海上運送についての議論ではあるが、英国判例の主観説について詳細に紹介する最近の文献として、重田晴生「「故意又は認識ある無謀な行為（intention/recklessness with knowledge）」の法律構成」平出慶道先生・高窪利一先生古稀記念論文集『現代企業・金融法の課題（上）』（二〇〇一年、信山社）三一三頁以下、特に三二七頁以下参照。

(24)　客観説をとるフランス判例につき、山田泰彦『船主責任制限の法理』（一九九二年、成文堂）二七九頁以下参照。

(25)　一九九七年一一月二〇日に当時の運輸大臣に提出された運輸省航空事故調査委員会の最終事故調査報告

書によると、機長が離陸滑走中のエンジン異常に動揺するなどして、そのまま上昇できたにもかかわらず離陸を中止したことが直接的な事故原因とした上で、機長が的確な判断を欠いたのは、ガルーダ航空の訓練不足と断定し、緊急脱出の際の客室乗務員の避難誘導も万全でなかったとして、インドネシア航空当局に対して、①運航乗務員の操縦訓練と技量審査の充実強化、②緊急脱出訓練及び誘導方法の改善を求める勧告をしている。一九九七年一一月二〇日朝日新聞夕刊に事故調査報告書の要旨が掲載されている。この事故の場合も、機長が業務上過失致死傷と航空の危険を生じさせる行為等の処罰に関する法律違反の容疑で書類送検されたが、二〇〇〇年三月に嫌疑不十分で不起訴処分にされている。

(26) 二〇〇一年三月二七日の朝日新聞・毎日新聞など参照。

五　現行ワルソー体制における航空運送人の有限責任排除の法理補論

現行ワルソー体制の下で、とりわけヘーグ改正ワルソー条約の適用される国際運送において、旅客の死傷の場合に航空運送人に適用される低額な責任限度額を排除する可能性があるのは、条約第三条第二項ただし書に定める旅客切符の不交付と旅客切符に「運送人の責任を制限するワルソー条約の適用を受けることがある旨の注意書」の記載がないこと、及び運送人側に条約第二五条所定の帰責事由がある場合に限られる。

航空利用の大衆化とともに旅客切符の交付の手間を省いたチケットレスの時代になりつつあるので、旅客切符の不交付や注意書の不記載を問題にするのは、時代遅れの気がしないでもないが、ワルソー条約を適用して運送人が不当に低額な責任限度額を主張する場合には、なお運送人の責任制限を排除する一つの可能性であることに変わりはない。中華航空機事件でも日本語の注意書の記載が約五・五ポイントの小さな活字だったのでこの点が一つの争点になっているが、ここではその可能性のあることを指摘するにとどめる。[27]

他方、条約第二五条所定の帰責事由の有無を巡る争点は、旅客死傷の場合における運送人の責任制限を排除するため、ほとんど例外なく原告側からもちだされている。上記三つの事件でもそうだが、この点の主張・立証いかんが訴訟の行方を決定づけるといっても過言ではない。上述した中華航空機事件について、現行ワルソー体制の不合理性を少しでも緩和するため、筆者は条約第二五条の主観的要件を厳格に文理解釈するのではなく、事故発生時における状況証拠などから弾力的に解釈すべきことを強調したが、次に主として米国及びドイツの若干の判例を参照にしながら、その解釈の正当性を明らかにする。

ヘーグ改正ワルソー条約第二五条所定の有限責任排除事由を巡って、「損害発生の蓋然性の認識」について、事故を起こした具体的行為者（パイロット）を基準にするか、思慮分別のある専門職業人としての抽象的行為者を基準にするかで、世界の主要航空国の判例が二分されていることは、すでに多くの論者の指摘するところであり、英国をはじめ比較的多くの国の判例が前者、つまり具体的行為者の主観的認識を基準にする、いわゆる主観説の立場であり、フランスその他若干の国の判例が後者、いわゆる客観説の立場であることはすでに指摘している。[28] フランスの判例が客観説をとったことにはそれなりの理由があると思うが、[29] 上述のように条約第二五条の改正過程での議論で、[30] 具体的行為者が損害発生の蓋然性を「認識すべきであった（should have known)」場合を含まないと結論づけられた以上、主観説の立場で合理的な解釈をするのが正当であろう。

そこで主観説をとるとされる米国とドイツの判例がどのようなロジックで客観説に近い結果を示したか検討する。

（二）米国判例

米国は、ヘーグ議定書を批准していないので、米国判例でワルソー条約第二五条の適用が問題になった事件のほとんどがワルソー原条約に関するものである。ヘーグ改正ワルソー条約第二五条は原条約第二五条の文言を全面的に書き換えているが、その中身は英米法にいうWilful Misconductを明文化したにすぎないと解されているので、ワルソー原条約第二五条の判例の解釈は、そのままヘーグ改正ワルソー条約第二五条の解釈にあてはまるとみてよい。この点は、ヘーグ改正ワルソー条約第二五条と同じ文言を採用している一九七五年モントリオール第四議定書を米国が批准するにあたって、原条約第二五条と第四議定書による改正条約第二五条の関係が米国の上院でも大いに議論されたが、米国運輸省（DOT）は、「改正条約第二五条の文言は、Wilful Misconductの既存の判例法上の定義を具体化したものだから、原条約のそれと実際上の相違はない」と明言しており、[31] 後述の⑤Cortes事件の判決でも確認されている。

それでは、米国の判例が、必ずしも直接証拠が得られない場合に、どのようにしてWilful Misconductを認定しているか、具体的事件を通して概観することにする。

① LeRoy v. Sabena Belgian World Airlines事件[32]

ブリュッセルからローマへの飛行の最終段階で墜落し、搭乗者全員が死亡したベルギーのサベナ航空事件である。フローレンスとローマ間は一〇マイル幅の空路を飛行すべきであったのに、その空路から東三〇マイルもそれたためローマ市北東の山に墜落したという事故で、サベナ機の乗員が延着を避けるため、わざとローマの航空管制官に航空機の位置を誤認させる報告をし、所定の空路内なら安全であったが、問題の飛行機が飛んでいた山間部の上空では致命的な下降の許可を与えさせたことがWilful Misconductにあたるとされ、八三〇〇米ドルの責任限度額に対して二〇万八四一〇米ドルの賠償が認められた。この事件における原告の主張・立証は航空機の位置など間接証拠からの推論（deductions）に基づいており、被告のサベナ航空は反証したが、その推論は不合理でないとされ、証拠の優劣の判断は陪審にあるので、証拠の不適切な採用によってサベナ航空が害されない限り、陪審の認定判断は承認されねばならないとした。

② Berner v. British Commonwealth Pacific Airlines, Ltd.事件(33)

ホノルルからサンフランシスコに飛んできた飛行機が計器着陸しようとしてサンフランシスコ近くの山に墜落し、全員が死亡した事故に関する事件であるが、事故を起こしたオーストラリア法人のＢＣＰＡ（事故後ＱＡＮＴＡＳが承継）のパイロットにWilful Misconductの責任があるかどうか争われた。

被告航空会社は、何か不可解な原因のためパイロットが自分の実際の位置について混乱し、適切であると信じた地点から着陸を始めたと陪審員が合理的に推論できるものであると主張し、もしそうならWilful Misconductはいかなる基準によっても成立しないと述べた。これに対し、原告は、適切に作動したと主張する表示計器の技術的・電子工学的性格のため、パイロットは着陸開始前に受け取るべき着陸許可により要求されるすべての合図を受け取ることができなかったと主張し、このためパイロットは適切な合図を受け取っていないということを知りながら、又は受け取りの有無を無謀に無視して着陸したに違いないと述べている。ただしこれらすべてのことは、本質的に状況証拠から引き出される推論に依存していた。原告はさらに法律問題として、サンフランシスコに進入する際の最低高度に関するＣＡＢ着陸許可規則についてパイロットに指示しなかった点にもＢＣＰＡの首脳部にWilful Misconductがあったと強調している。陪審は初め被告勝訴の評決をしたが、その後二年以上たって、しかも陪審に提出された同じ証拠に基づき、裁判所は証拠の優劣に加え、状況証拠やそれによる推論から、被告が民間航空規則又はサンフランシスコ管制塔からの指示に意図的に違反し、もしくは違反の事実を認識している場合には死亡損害につき制限のない責任を負うとして、陪審の評決を無視する原告勝訴の判決（Judgement n.o.v.）をした。この事件で注目されるのは、裁判所が状況証拠による推論により、パイロットが「その行為からおそらく負傷が発生することについて認識しており、かつかかる行為から起こりうる結果について無視したはずである。」と認定した点である。

③　Butler v. Aeromexico 事件(34)

被告航空会社の飛行機がメキシコのチワワ空港への着陸に失敗した死亡事故に関する事件で、モントリオール協定に基づく七万五千米ドルの責任限度額の適用のあるケースだったが、パイロットのWilful Misconductを認めて、死亡した乗客の二人の遺族に対しそれぞれ八一万米ドル余りと七九万米ドル余りの賠償が認められた。事故当時、チワワ空港周辺には着陸予定のかなり早い段階から相当の雲があって、次第に天候が悪くなる状況にあり、レーダーを使っておれば、天候がどういう状態かわかるはずなのに、パイロットはレーダーを切ってしまった。八一八フイートの高度で視界不良の場合は着陸してはならないという義務が課せられていたのに、視界不良のままパイロットは三〇〇フイートの高度になっても速度を落とさず無理やり進入を続行し地上に激突した。この事件で裁判所は、パイロットが視界を失っても、なお飛行機をコントロールしており、進入を中止できたのに意図的に（deliberately）降下を続行したのは、旅客を負傷させるという結果に対する蓋然性の認識があった（with knowledge that…would probably result in injury to passenger）と推論（inference）してWilful Misconductを認定した。

④　ＫＥ００７便大韓航空事件[35]

これはマスコミでも大きく取り上げられた大韓航空機撃墜事件の米国コロンビア特別区地方裁判所の判決である。一九八三年九月一日、大韓航空〇〇七便がニューヨークからソウルに向かう途中、ニューヨークからアンカレッジまでの行程は平穏無事であったが、アンカレッジからソウルへの区間で慣性航法装置（ＩＮＳ）の入力ミスのため予定航路を外れて旧ソビエト連邦領空に侵入し、日本海上空でソビエト空軍機によって撃墜され、乗客二六九名の命が犠牲になるという衝撃的な事件となった。原告が死亡した乗客につきワルソー条約第二五条を援用して七万五千米ドルを超える損害賠償を大韓航空に求めたので、大韓航空側にWilful Misconductがあったと認定するに足る充分な証拠を原告側が挙げているかどうかが争われた。

原告側がWilful Misconductを構成すると主張したのは、乗員が意識的にＩＮＳシステムに間違った情報を入力したとか、間違って準備完了したということではなく、離陸後のある時点で、間違って準備完了したこと、従ってＩＮＳシステムがあてにならないと気づいたに違いないのに飛行の継続を決定したことである。当事者の提出した証拠及び主張・立証事実から、裁判所は次のように判断した。大韓航空で慣例化していたといわれる他の機器との比較チェックにより一時間に二マイル以上航路を逸脱していることが明らかな場合、ＩＮＳに頼るべきでないということをすべての操縦士が訓練されており、本件の一二マイルの逸脱は許容される六倍にあたるから、気象レーダーなど他の航法援助施設の使用により乗員は早い時期に航路逸脱の警告をされたはずであり、航路逸脱を認識していたと推論できるし、しかも五時間近く逸脱していたという事実から、頼りにならないＩＮＳであることを認識しながら飛行を試みて大韓航空機の実際の飛行経路が生じたと陪審は推論できるとする。また大韓航空機の予定航路はその上空飛行が禁止されているソビエト連邦に近接しているという事実から、乗員がＩＮＳの正確さをチェックしないで航路逸脱をを認識できなかったとすれば、ソビエト連邦上空を飛行しているかどうかということに、乗員は無謀に無関心(recklessly indifferent)であったと認定できるとする。このように本判決は、間接証拠や当該行為の無謀性から、行為者の意図(結果に対する無謀な無視）を推論し、原告側の主張を認めた。

⑤　Cortes v. American Airlines, Inc. 事件(36)

本件は、一九九五年一二月二〇日、マイアミ国際空港を出発したアメリカン航空九六五便がコロンビアのカリ市にある空港に着陸しようとして墜落し、一五一名が死亡した事故で、その中のコロンビア国籍の犠牲者の遺族がアメリカン航空に対して提起した不法行為訴訟である。カリ空港は長さ約四三マイル、幅約一二マイルの谷間に位置しており、空港における航空機着陸のための到着及び着陸経路は、谷間の中央部の航空路を飛行するようにし、谷間を取り囲む山岳地帯の地形から離れるように設計されていた。アメリカン航空では、中央及び南部アメリカに飛行するパイロットに対して、これらの地域の特異性に慣れるために特別の訓練を施し、パイロットは、空中における自らの位置又はポジションに関する情報を地方の管制塔を頼りにしてはならないと教育されていた。事故を起こした九六五便（ボーイング七五七型機）は、運航中の大半を副操縦士が操縦し、機長が主に通信業務に従事していたが、機械的にも構造的にも良好な状態にあった。九六五便所定の飛行プランでは、航空機がカリ空港に接近着陸する間、指定された経路をたどり、到着の局面では、飛行経路を着陸方向に指し示す幾つかの無線標識によるウエイポイント（waypoints）からなる特定ルートに従って行われることになっていたが、パイロットは飛行経路のウエイポイントの順番を誤信して、管制塔に間違った進入経路の許可を求め、しかも各ウエイポイントの確認を怠って間違ったウエイポイントの選択をして降下していったため航路の約一〇マイル東の山に激突したという事故である。この事件を担当した連邦地裁は、Wilful Misconductの主要な構成要素である結果の無謀な無視（reckless disregard）について「厳格な客観的基準」を想定し、二人のパイロットが、その状況から飛行機が公表された航路から著しく逸脱していることを知っていたと推論し、それにもかかわらず夜間に山岳地帯で降下を継続するという判断をしたことは、Wilful Misconductに相当すると判断した。これに対し、控訴審では、Wilful Misconductは主観的基準を要件とする立場から、パイロットがカリ空港方向に降下を行った時点では、降下するということがおそらく損害という結果を生じさせるであろうとは主観的に気づいていなかったと合理的に推論できるとした。すなわち、本件の状況証拠において、パイロットのその他の会話や状況証拠から、パイロットは自分たちが飛行経路の近くにいると信じていたという合理的な推論が成り立ち、そこからパイロットは自分たちの行為がおそらく損害という結果につながる認識をしていなかったと結論づけている。

このように本件は他の四件と違って、結果的にはWilful Misconductを認定しなかった事件であるが、本判決は、④大韓航空機事件のコロンビア特別巡回区裁判所の判決[37]を引用し、パイロットがミスや墜落を引き起こすような「何かが起こったと誰も正確に知らず」かつ原告に決定的な直接証拠がない場合には、Wilful Misconductの問題は、本質的に状況証拠から導き出された推論によるとしたことに同調しており、推論の方法そのものは同じ立場とみて良いであろう。

なお、この⑤Cortes事件は、モントリオール第四議定書が米国について効力が生じるようになった一九九九年三月四日以降に判決された事件であるので、ワルソー原条約第二五条とモントリオール第四議定書のそれとの文言の違いについても検討している。すなわち、米国の先例によれば、新たな文言を使用した変更は、「現行の法律の意味を明確にし、間違った解釈を修正し、又は誤って判断された事件を無効にする」ことを意図した可能性があると述べ、ヘーグ改正ワルソー条約第二五条と同じ文言を用いているモントリオール第四議定書の規定は、ワルソー原条約の下での旧法律を正確に言い換えて明確にしているだけで、変更しているのでないと判断した幾つかの判例を例示している。

以上の五つの判例以外にも、状況証拠による推論により、Wilful Misconductの証明を可能とする判例は多数みられる。行為者のWilful Misconductを認定するには、少なくとも行為者がその行為がおそらく負傷又は損害の結果を引き起こすことを知っているか、又はその行為の結果を無謀に無視したことが原告によって証明されねばならない。前者は主観的な心理状態を示すから主観的基準といわれるが、運送人又は履行補助者であるパイロットの損害発生についての蓋然性の認識を証明するには、多くの場合、コクピット内での会話その他ボイス・レコーダーやフライト・レコーダーなどから得られる状況証拠による推論によらざるを得ないであろう。その意味で米国の少なからぬ判例が、行為者の主観的基準を満たす直接証拠がない場合に、状況証拠から、たとえば、運送人が自らの行為によって生じた危険に「気づいていたにちがいない」(must have been aware)[38]と推論することで基準を満たしたと判断しているのは我が国の法解釈においても大いに参考になるであろう。

（二）　ドイツ判例

ドイツでは、ヘーグ改正ワルソー条約第二五条が適用された連邦最高裁判所（ＢＧＨ）の判例として、筆者の知る限り、次の二件がある。いずれもすでに日本で詳しく紹介されているので[39]、ここでは簡単に触れるにとどめる。

①　一九七九年二月一六日民事第一部判決[40]

この事件は、銀行から運送委託を受けた銀行券の入った小包を航空運送中に紛失したという物的損害に関するものであるが、航空運送人の使用人である主任スチュワデスの行為について、ヘーグ改正条約第二五条の適用を認めている。この事件の場合、問題の小包は貨物室に積み込まれず、受取証の発行もなしに主任スチュワデスに引き渡され、彼女は正規の取り扱いをせず、上部サロンへの階段脇のトランクに鍵もかけずに保管したところ、到着後も即時に取り出さずに置き忘れ、保管場所の報告をしなかったため、何者かに盗まれたというものである。

ドイツでは、ヘーグ改正条約第二五条の英語の「無謀に（recklessly）」は、ドイツ語の「軽率に（leichtfertig）」の文言が用いられているが、本判決は、軽率な行為とは、明瞭な注意義務を怠った重過失による行為であるとした上で、客観的にみて軽率な行為を要求し、主観的には行為者が自己の軽率な行為から当然に損害発生の蓋然性があると認識していたことを要求している。さらにこのような内心の状態としての認識の存在は、軽率な行為がその内容及び行為が行われた諸状況から、認識があったという結論を正当化する場合に認めることができるとする。しかもこの場合、損害発生の蓋然性の認識は、必ずしも軽率な行為と直結する必要はなく、認識の有無は当該事件の諸事情から判断されねばならないとし、右のような事実関係の下では、当該スチュワデスに損害発生の蓋然性の認識があったとされた。さらに本件のような物的損害におけるより、生命に対する加害が問題となっている場合の方が、容易にその認識の存在が推定されると判示している。[41]

② 一九八二年一月一二日民事第六部判決[42]

この事件は、一九七一年一月一八日にフランクフルトからブルガリアのソフイアへ向かうブルガリア航空の定期便が、不安定な天候の下で途中着陸しようとしたチューリヒの空港で着陸に失敗し、乗員・乗客四五人のうち四三人が死亡した事故に関するものである。死亡した乗客二人に労働災害が認定され、その遺族に保険金を支払った災害保険（Unfallversicherung）の保険者たる同業組合（Berufsgenossenshaft）が原告となって保険代位により航空会社に損害賠償請求をした。航空会社はヘーグ改正ワルソー条約所定の責任限度額（六万七五〇ＤＭ）まで支払ったが、それを超える請求を拒否したため改正条約第二五条による全損害額の支払いを巡って争われた。第一審のフランクフルト地方裁判所は原告の請求を認めたが、第二審のフランクフルト高等裁判所および連邦最高裁判所は、上記①一九七九年の民事第一部判決の一般論を維持しながら、運送人及びその使用人に、軽率な行為の要件充足に必要な旅客の保全利益に対する客観的な義務違反の存在を否定し、原告の請求を棄却した。ただし、原審のフランクフルト高等裁判所が改正条約第二五条の適用要件である「損害発生の蓋然性」の認識の程度につき、蓋然性（Wahrscheinlichkeit）とは、可能性と確実性の中間の程度であって、損害発生の見込みが五〇％以上と評価される場合、つまり損害発生の蓋然性が不発生の蓋然性より大きい場合に、蓋然性があると認められると判示した点は注目に値する。[43]

このようにドイツの判例は、ヘーグ改正ワルソー条約第二五条の主観的要件の適用にあたって、航空機事故における運送人又はその使用人である行為者（飛行機の乗員）自身の主観的認識を基準にする主観説の立場をとるものの、その行為者に損害発生の蓋然性の認識があったかどうかは内心の問題であり、直接証拠で証明することが実際上困難であることから、客観的な諸事情及び損害発生の原因つまり状況証拠からその認識の有無を推論することを認めたのは、米国の判例と相通ずるところがある。

(27)　旅客切符の注意書の不記載による有限責任排除の論点については、藤田・前掲注(2)五三四頁以下参照。一九六六年モントリオール協定では、この注意書を一〇ポイントの活字で記載することを義務づけているが、八ポイントの注意書の記載が問題になった一九八九年の合衆国連邦最高裁のChan事件判決では、モントリオール協定で要求する一〇ポイントの活字で責任制限についての注意書を記載しなかったことは、ワルソー条約とモントリオール協定による責任限度額の恩恵を失わしめるものではないと判示している（Chan v. Korean Air Lines, 490 U.S. 122, 109 S. Ct. 1676, 104 L. Ed. 2d 113)。しかしこの判決は、ワルソー原条約の適用ケースで、ヘーグ改正ワルソー条約のように、「適切な記載」のないことが責任制限規定を援用できない解する根拠規定がないことが一つの理由になっていたと思われるし、中華航空機事件の場合、旅客切符に日本語で記載された注意書（お知らせ）は、拡大鏡がなければ読めないような約五・五ポイントの小さな活字にすぎなかったので、墜落事故の起きた一九九四年当時、日本の航空会社はすでに責任限度額を撤廃していた事情も加味して、条約第三条第二項ただし書を適用できる可能性のあることを陳述書（二九頁、三〇頁）の中で述べている。ワルソー条約の注意書（Notice）に関する論文として、Terence Sweeney, "THE REQUIREMENT OF NOTICE IN THE WARSAW CONVENTION", 61 J. Air L. & Com. pp. 391 (1995-1996).

(28)　詳しくは、藤田・前掲注(2)五四〇頁以下参照。

(29)　藤田・前掲注(2)五四四頁参照。

(30) 藤田・前掲注(2)五四九頁以下参照。

(31) この点については、藤田・前掲注(2)五三五頁及び陳述書一六頁で指摘しており、これらを参照しながら法廷でも証言している。

(32) ReLoy v. Sabena Belgian World Airlines, 344 F. 2d 266 (2d Cir.), cert denied, 382 U.S. 878 (1965), 9Avi. 17488. この事件は、客観説の判例とされているフランスの判例Dame Emery et autres c. Ste Sabena, (1968) 22 R.F.D.A. 184と全く同一の事故に関する事件である。藤田・前掲注(2)五四六頁注(11)参照。

(33) Berner v. British Commonwealth Pacific Airlines, 346 F. 2d 532 (1965).

(34) Butler v. Aeromexico, 774 F. 2d 429 (11th Cir. 1985), 19Avi. 17961.

このButler事件では、Wilful Misconductを証明する方法として、次の三つの選択肢が認定されている。第一に、ある行為がおそらく負傷又は損害という結果を引き起こすであろうことを知りながら、意識的に行われたものであること、第二に、結果を「無謀に無視して」行われた行為であること、又は第三に、安全のために必要な義務についての意識的な懈怠があること、の三つである（774 F. 2d 430）。第一は、運送人が、当該行為が行われた時点において、その行為がおそらく旅客の負傷又は損害という結果を引き起こすであろうことを主観的に認識していたかどうかを問題とし、第二は、運送人が、その行為の結果を「無謀に無視(reckless disregard)した」かどうかを問題としている。Butler事件では、結果的には、事実によって、被告のパイロットが、自らの行為が飛行機の墜落を引き起こす可能性を無謀に無視したと推論することにより、Wilful Misconducを認定したとみることができる（774 F. 2d 431-432）。

(35) In re Korean Air Lines Disaster of September 1. 1983, 704 F. Supp. 1135 (D.D.C. 1988).

本件は、原文のコピーとその抄訳が被告中華航空側から名古屋地裁に書証として提出されている（乙三号証の一および二）。

(36) Cortes v. American Airlines, Inc., No. 98-4739., 177 F. 3d 1272 (11th Cir. 1999), LEXIS 13191. 本

件も、被告中華航空側から原文のコピーと訳文が名古屋地裁に書証として提出されており、本稿もこの訳文を参考にしている。

(37) In re Korean Air Lines Disaster of September 1, 1983, 932 F. 2d 1475, 1481 (D.C. Cir. 1991).

(38) Saba v. Compagnie Nationale Air France, 78 F. 3d 664, 669 (D.C. Cir. 1996).

(39) 受川環大「ドイツにおける運送人の責任制限阻却事由—ハーグ改正ワルソー条約二五条に関する判例の検討を中心として—」早稲田法学第七三巻第三号一七五頁以下、同「国際海上物品運送人の責任制限阻却事由—ドイツの学説・判例の検討を中心として—」海事法研究会誌第一五三号二五頁以下参照。

(40) BGHZ 74, 162. 本判決の要旨は、山下友信「西ドイツ第二次海事法改正法について」海法会誌復刊三一号二二頁でも紹介されている。

(41) BGHZ 74, 168ff.

(42) NJW1982, Heft 22, 1218.

(43) VersR 1981, 164, 165.

六　おわりに

一九九二年一一月に日本の航空会社がワルソー条約所定の責任限度額を放棄する国際航空運送約款の改訂を行ったことが契機となって、紆余曲折はあったけれども、その国際航空運送約款の定める運送人の責任制度と基本的に異ならない制度が、世界の主要な航空会社が参加する一九九五年及び一九九六年のＩＡＴＡ運送人間協定及び一九九九年五月に成立したモントリオール条約に採用されたことにより、一九二九年以来七〇年余り国際航空事故における航空運送人の責任制度として規制してきた有限責任を基本原則とする現行ワルソー体制は大きな曲がり角にきていることは間違いない。しかしモントリオール条約が三〇カ国の批准・加入により発効し、さらに多くの国が締約国になって国際航空運送人の新しい責任制度が現行ワルソー体制に取って代わるまで、まだかなりの歳月を要するものと思われる。それまでは国際航空事故で旅客が死傷した場合、利用した航空会社が責任限度額を放棄する約款を採用していない限り、本稿で紹介した航空事故訴訟のように、ヘーグ改正ワルソー条約第二五条による運送人の責任制限排除の可能性を巡って原告と被告が時間と費用をかけて消耗戦を繰り返すことになる。

本稿は、旅客死傷の場合における運送人の責任制限は、責任限度額撤廃の動きの中で時代遅れになったという認識の下に、改正条約第二五条による運送人の責任制限排除の要件をできるだけ緩和して解釈・適用しようとする試みの一つである。改正条約第二五条の文言は、ヘーグ会議における議論の経過から、運送人又は使用人自身について損害発生の蓋然性の認識があったかどうかを問題にする主観説の立場をとりながら、必ずしも現実の認識がなくとも、事故の際の状況証拠から推論により導く、主として米国判例やドイツ判例の現実的なアプローチを日本の裁判所も採用すべきだと考える。その場合、少なくとも次の二つの点が問題となりうる。

第一に、改正条約第二五条の文言を日本の既存の実定法概念と対比した場合、どのように解しうるか。第二に状況証拠から行為者の損害発生の蓋然性に対する認識を推論により導く（推認する）にしても具体的事件において「いつの時点からそのような認識があった」と認定するかという問題である。

第一の点は、重過失から、認識ある過失ないし重過失、未必の故意そして故意にいたるまで様々の見解があり得るが、英米法のWilful Misconductを言い換えたにすぎないと解されるので、無理に日本の法概念に当てはめない方が妥当であろう。しかしあえて当てはめるなら認識ある過失に近いと理解している。

第二の点は、まさに中華航空事件における筆者に対する証人尋問で最も問題とされたところであるが、裁判官の事実認定に関わる問題であり、原告と被告の双方が具体的証拠を提示していかに主張・立証するかにかかっているので、本稿ではそれ以上触れないことにする。

いずれにしろ、ヘーグ改正ワルソー条約第二五条の適用問題は、国際航空事故の被害者にとって裁判上だけでなく裁判外の交渉においても適正な補償の障害になっており、できるだけ早くモントリオール条約が発効して、現行ワルソー体制に取って代わることが望まれる。

17　ヨーロッパ株式会社における労働者の参加規制の新展開
――二〇〇〇年一二月の「ニース合意」について――

正井章筰

はじめに

EU（European Union：ヨーロッパ連合）では、構成国（現在、一五ヵ国）における会社法の調整が進められている。しかし、その提案者であるヨーロッパ委員会（European Commission）（以下、単に委員会またはEU委員会という）は、この数年間、多くの困難にぶつかってきた。会社法の第五、第一一、第一三および第一四指令案の採択に向けた動きは停滞している。(1)また、EU法としての会社法を創る試みは、「ヨーロッパ経済利益団体に関する規則」が一九八五年に採択されたにすぎず、[2] ヨーロッパ株式会社法（Statute for a European Company; Statut der Europäischen Aktiengesellschaft）（以下、SE法という。「ヨーロッパ株式会社」は、Societas Europaea（SE）というラテン語で表現される）を制定する動きも、一九七〇年に最初の提案がEU委員会によって出されて後、三〇年経過したが、採択に至らなかった。[3] しかし、この試みは、ようやく二〇〇一年に成就することになったようである。

(2)　SE法制定の目的は、企業がEU全体における統一的な法の枠組みにもとづいて、統一的な指揮構造をもって、国境を越えて経営をすることができるようにすることにある。これまで、EU全体において活動している企業は、原則として、各構成国において、そこで適用されている法にしたがって独立の子会社を設立したうえで、事業を展開しなければならなかった。また、SEは、国境を越えた合併・組織変更および本店の移転を可能にしようとするものである。[4]

(3)　SE法が成立すると、上述の第五指令案、第一〇指令案[5]なども採択される可能性が高くなる。ヨーロッパ協同組合法案[6]なども同様である。企業がSEという会社形態を選択して、国境を越えて自由に活動することができることは、まさに画期的なことである。

以下では、まずSE法の沿革を簡単に述べ（I）、次に、SEの構造に関する規則案の一部を概観し（II）、そして、労働者の参加に関する指令案を詳しく紹介することにしよう（III）。

（1）　一九九九年六月頃までの、会社法に関する指令およびヨーロッパ株式会社法などの詳しい研究として、Günter Christian Schwarz, Europäisches Gesellschaftsrecht, 2000（引用の文献参照）。二〇〇〇年一〇月頃までのEU企業法全般の動向についての概説と同年八月現在の立法・提案の一覧表として、Peter M. Wiesner,

Europäische Unternehmensrecht, ZIP 2000, 1792-1812. また、EU企業法とコーポレート・ガバナンスとの関係では、Klaus J. Hopt, Gemeinsame Gurundsätze der Corporate Governance, ZGR 2000, 779-818 (809 ff.) 参照。

第五指令は、株式会社内部の組織（会社の機関など）について、第一一指令は、支店における資料の開示について、第一三指令は、株式の公開買い付けについて、第一四指令（準備草案）は、国際的な（国境を越えた）本店移転について、それぞれ規制する。第五指令案については、正井章筰『共同決定法と会社法の交錯』（一九八九、成文堂）第五章（二八一―三一八頁）参照。

このうち、第一三指令案は、二〇〇一年六月六日に構成国間での合意が成立したようである（日本経済新聞二〇〇一年六月七日九面による）。同指令は、買収対象会社の取締役が防衛策を講じようとするとき、株主総会を開いてその承認を受ける義務を負わせる。これに対し、ドイツ政府は、指令を国内法化する最終期限の二〇〇六年まで、抵抗するといわれる（Die Zeit vom 13. Juni 2001, S. 27; Der Spiegel, 24/2001, S. 110-112）。ドイツでは、二〇〇〇年六月二九日に、企業買収に関する討論案、二〇〇一年三月一二日に、ドイツ連邦財務省参事官草案（Referentenentwurf eines deutschen Wertpapiererwerbs- und Übernahmegesestz）が公表されている。多くの文献がある。たとえば、Tobias Wiese/Dominik Demisch, Unternehmensführung bei feindlichen Übernahmeangeboten, DB 2001, 849-852; Marita Körner, Die Neuregelung der Übernahmekontrolle nach deutschem und europäischem Recht—insbesondere zur Neutralitätspflicht des Vorstands, DB 2001, 367-371; Barbara Grunewald, Europäisierung des Übernahmerechts, AG 2001, 288-291, je mit Nachw.（それぞれ、ドイツとEUの規制を比較）その後、EUの第一三指令案は七月四日に、議会での承認を得ることができず、廃案となった（日本経済新聞二〇〇一年七月五日九面、Die Zeit, 12. 7. 2001, S. 17 (Klaus-P. Schmid)）。

（2）詳しくは、正井章筰『EC国際企業法』（一九九四、中央経済社）第一章（九一―一〇四頁）参照。なお、E

C会社法の先駆的研究として、森本滋『EC会社法の形成と展開』（一九八八、商事法務研究会）。EU法全般に関する最近の詳細な研究として、岡村堯『ヨーロッパ法』（二〇〇一、三省堂）。

（3）一九九二年頃までの状況について、正井・前掲注（2）一〇五―一〇九頁。一九九九年の前半頃までの展開について、Schwarz, aaO (Fn. 1) 26ff., 640-704. また、会社法第一〇指令（国境を越えた合併に関するもの）および第一四指令は、SE法に関する政治上の合意を待つという状況であった(KOM (2000) 692 endgültig = ZBB 2000, 438, 444による)。

（4）会社法、労働法、税法に関するEU構成国の法規制はそれぞれ異なる。それゆえ、EU域内で事業を営んでいる企業グループにとって管理費用やコンサルタント料がかかる。SEという法形態を導入することによって――合併企業、持ち株会社または子会社に――もたらされるであろう費用の削減は、EU委員会によって、年間三〇〇億ユーロと見積もられている（Andreas Jahn/Ebba Herfs-Röttgen, Die Europäische Aktiengesellschaft—Societas Europaea, DB 2001, 631-637 (631)による)。

（5）Schwarz, aaO (Fn. 1), 509-516. また、正井章筰「ECにおける国際的合併に関する規制」『現代企業と有価証券の法理（河本一郎先生古稀祝賀）』（一九九四、有斐閣）一三五―一五二頁参照。

（6）Schwarz, aaO (Fn. 1), 705-782に詳しい。また、正井・前掲注（2）四〇九頁以下参照。

I　SE法の沿革―概観

(1)　SE法は、上述の七〇年案[7]の後、一九七五年に第一次変更提案が出された。この二つは、包括的な完結した法案であった。しかし、とくに労働者の参加について構成国間の合意が成立しなかった。その後、一九八九年に出された第二次変更提案では、ヨーロッパ株式会社の会社法的側面を定めた規則（regulation; Verordnung）と労働者の参加について規制する指令（directive; Richtlinie）とに分離された[8]。この案に対するヨーロッパ議会などの意見を考慮して、九一年に第三次変更提案が出された。しかし、同案に対しても、労働者の参加が制度化されていない国——とくにイギリスの保守党政府（サッチャー政権）——は、労働者の参加の導入に強く反対した。

(3)　一九九七年に、EU委員会は、SE法に関する行き詰まりを打開するために専門家グループを組織した。同グループは、一九九七年五月に報告書（ダヴィニオン（Davignon）報告書ともよばれる）を提出した。[9]それは、数年間、中断されていたSEに関する議論を再開させることになった。

(4)　一九九七年から九九年までの間、各議長国は、継続して理事会における全会一致による支持を見いだそうと改訂案を出した。たとえば、一九九七年の後半の議長国であるルクセンブルクは、主にダヴィニオン報告書にもとづいて、労働者の参加に関する新しい指令案を作成した。[10]同案は、各ヨーロッパ株式会社において適用される労働者の参加規定について、経営者と労働者代表である特別の交渉機関との間の交渉がなされることが不可欠であるとする。一九九八年前半の議長国イギリス（九七年五月より労働党のブレア政権）も、ほぼ同様の妥協案を提示した。[11]その後、一九九九年前半の議長国ドイツの妥協案に対し、同年五月の理事会において、スペインのみが機関レヴェルでの労働者参加に反対したため、採択に至らなかった。[12]二〇〇〇年一一月の雇用・社会政策理事会での議長国フランスの結論によると、「ヨーロッパ株式会社における労働者の参加に関する計画された規定のほとんどについて広く合意が得られた」。ただ、労働者代表と経営者との間で参加に関する協定が成立しないときに適用される規定（受け皿規定）だけが未解決の問題として残された。[12a]

(5)　二〇〇〇年一二月七—九日に、ニースで開かれたEU理事会は、受け皿規定のいくつかを実施するときに構成国に選択権を与えることによって、SEにおける労働者の参加に関する合意に達した。一二月二〇日に、SE参加指令の合意条文を完成させるために、雇用・社会政策理事会が招集され、同理事会で——以下で述べる——合意が成立した[13]（以下では、二〇〇〇年規則案または指令案という）。

（7）正井・前掲注（2）一〇七頁以下参照。また、Peter M. Wiesner, Nizza-Kompromiss zur Europa AG-Triumph oder Fehlschlag ?, ZIP 2001, 397f.; EIRR 324 (2001), p.1参照。

（8）分離された理由について、正井・前掲注（2）二九三—二九四頁。八九年案の序文（introduction）によると、「規則と指令とは、合成された統一体（composite whole）を形成し、かつ一緒に適用されねばならない」という。また、同前文も、「労働者の参加に関する規定は、……本規則の分離することのできない補完物であり、かつ同時に適用されねばならない」としている（一九九一年案においても変更なし）。SEは、労働者の参加モデルが選択された後、初めて登記され、そして登記の日から法人格を取得する（九一年規則案八条三項、一六条、同指令案三条二項）（正井・前掲注（2）一〇六頁以下、二一〇頁参照）。二〇〇〇年のSE法規則案一一条二項・一五条一項も同じ。

（9）http://europa.eu.int/en/comm/dg05/soc-dial/labour/davignon/davien.htm（神戸大学の根岸哲教授から本報告書の提供を受けた）。労働者の参加の形態について、労働者と経営者との間の交渉に優先権を与え、そこで協定が成立しないときにのみ、指令で定められた最低限の基準が適用されるべきものとする。この解説として、EWCB 10 (1997), pp. 8-13.

（10）ルクセンブルク政府による一九九七年七月の妥協案は、BR-Drucks., 728/97に掲載。EWCB 18 (1998), pp. 6-9に解説。EIRR 288 (1997) ,p.22も参照。

（11）RdA 1998, 239-243に収録。EIRR 293 (1998), pp.24-27に解説。

（12）EWCB 22 (1999), p.3.

（12a）EWCB 31 (2001), p.5.

（13）EWCB 31(2001), p.5-8 参照。SEにおける労働者の参加に関する指令案(Entwurf einer Richtlinie über die Beteiligung der Arbeitnehmer in der Europäischen Aktiengesellschaft）は、1419/00, SOC 501, SE 9. SE法規則変更提案（Geänderter Vorschlag für eine Verordnung des Rates über das Statut der Europäischen Aktiengesellschaft）は、1417/00, SOC 500, SE 8. この規則案の解説として、上田廣美「ヨーロッパ会社法と従業員の経営参加に関する最新動向（上）」国際商事法務二九巻五号（二〇〇一）五二七―五三六頁。なお、二〇〇一年に入ってからの展開については、後述「おわりに」参照。

II　SEの会社法上の基礎

SEの会社法上の主な特徴および構造は、SE法規則案において定められている。同規則案は、主要な枠条件を定めることに限定し、実施の細目は、構成国に委ねている。総則的な規定と並んで、SEの設立、構造ならびに解散・清算について、比較的詳しい規定が置かれている。[14] 以下では、一般的規定とSEの設立方法に関する定めのみを紹介する。

一　一般的な会社法上の規定

1　資本会社としてのSE

SEは、資本会社の法形態をとる商事会社であり、その資本は、株式に分けられる。SEは法人格を有し、各株主は、会社の債務について、その引き受けた資本額までの責任を負うにすぎない（規則一条二・三項。以下、規則案は規則とする）。SEの資本は、ユーロ（euro; Euro）で表示され、そして少なくとも一二万ユーロでなければならない（同四条一・二項）。その他、SEの資本金、資本の維持および変更ならびにSEの株式などの有価証券の発行については、ＳＥが登記されている構成国に本店（registered office; Sitz）のある株式会社に適用されるであろう規定が適用される（同五条）。

2　ＳＥに適用される法

ＳＥは、以下の規範に服する。すなわち、①ＳＥ法規則、②ＳＥの定款の規定（ただし、本規則が明文で認めているときに限る）、③本規則によって規制されていない領域に関して、または――部分的にのみ規制されている領域では――、本規則の適用を受けない側面に関して、

―構成国が、とくにＳＥに関連している共同体（the Community; die Gemeinschaft）の措置の適用において公布する法規定、

―ＳＥの本店所在地の法にしたがって設立された株式会社に適用されるであろう構成国の法規定、

―ＳＥの本店所在地国の法にしたがって設立された会社の場合と同じ要件の下での定款の規定、である（規則九条一項）。

構成国によって、とくにＳＥについて公布された法規定は、株式会社に規準となる指令と一致しなければならない（同二項）。ＳＥによって行なわれた事業活動に、国内法の特別の規定が適用されるときは、その規定は、ＳＥに無制限に適用される（同三項）。

それによって、ＳＥは、すべての構成国において、ＳＥ規則が特別の定めをしていないかぎり、ＳＥの本店所在地国の法にしたがって設立された株式会社と同じように取り扱われる（規則九ａ条）。

3　ＳＥの本店

ＳＥの本店は共同体に存在しなければならず、しかも、ＳＥの管理の中心（head office; Hauptverwaltung）

がある構成国に存在しなければならない（規則七条）。ＳＥの設立によって、他の構成国への本店の移転が認められることになる（課税上の問題は残る）[15]。この移転は、一定の規定が遵守され、かつ労働者の参加権および債権者の権利が確保されている場合、ＳＥの解散をもたらさず、また新しい法人の設立ももたらさない（規則八条）。

(14)　第一編（総則）における本店の移転・ＳＥの商号・登記・公示、第二編（設立）＝各設立方法に関する規定、第三編（ＳＥの構造）＝二元制度・一元制度・株主総会、第四編＝年度決算書・連結決算書、第五編＝解散・清算・支払い不能、などについての紹介は、省略（後の課題とする）。これらは、上田・前掲注(13)五三〇頁以下において概説。

(15)　Vgl. Jahn/Herfs-Röttgen, aaO (Fn. 4), 636f.

二　ＳＥの設立方法

構成国の法にしたがって設立され、かつ共同体内に本店および管理の中心を持っている株式会社などは、以下の四つの方法によってＳＥを設立することができる。

(1)　合併によるＳＥの設立

少なくとも二つの株式会社が、異なる構成国の法に服している場合に、それらの会社の合併によって（規則二条一項・一六―三〇条）、

(2)　持株会社ＳＥの設立

株式会社および有限会社の少なくとも二つが、異なる構成国の法に服しているか、または少なくとも二年

間、異なる構成国に子会社または支店を持っている場合に、持株会社を設立することによって（同二条二項・三一—三三条）、

(3)　子会社ＳＥの設立

会社ならびに公法上および私法上の団体の少なくとも二つが、異なる構成国の法に服しているか、または少なくとも二年間、他の構成国の法に服している子会社または他の構成国に支店を持っている場合に、株式を引き受けることによって（同二条三項・三四—三五条）、

(4)　株式会社のＳＥへの組織変更

株式会社が、少なくとも二年間、他の構成国の法に服している子会社を有する場合に、（ＳＥへ）組織変更することによって（同二条四項・三六条）。

III　ＳＥにおける労働者の参加—指令案による規制

一　規制の基本的方法

「ＳＥにおける労働者の参加に関する指令案」（以下、ＳＥ参加指令案または指令案という。条文の引用では指令とする）は、ＳＥ法規則の対象となっているＳＥにおける労働者の参加を規制する。

ＳＥにおける労働者の参加の目的を達成するために、すべてのＳＥにおいて、(1)三条から六条までの規定による交渉手続きにしたがって、または、(2)七条で挙げられた事情の下では本指令の付則にしたがって、それぞれ労働者の参加に関する協定（agreement of arrangement; Vereinbarung）が結ばれる（指令一条二項）。

すなわち、指令案は、ＳＥにおける労働者の参加を、第一に、経営者と労働者側の特別交渉委員会（special negotiation body; besonderes Verhandlungsgremium）[16]との間の自由な交渉で確定させることにし、交渉がまとまらなかった場合などには、労働者の参加に関して、一定の基準を保障する基準ルール（standard rules; Auffangregelung）（以下では、ドイツ語にしたがって「受け皿規制」という）が適用されるという方法を採用する。この方法は、一九九四年に採択されたヨーロッパ事業所委員会指令（以下、ＥＷＣ指令という）およびダヴィニオン報告書などに倣ったものである。[17]

(16)　ヨーロッパ事業所委員会（European Works Council; Europäischer Betriebsrat）指令でも同じ表現が用いられている。正井章筰「超国家的企業における労働者の情報入手権・協議権」姫路法学一六・一七合併号（一九九五）三九―一〇九頁（八一頁以下）では「特別の交渉機関」とした。本稿では、後述の「労働者の代表機関」と区別するために、「特別交渉委員会」とする。

(17)　ＥＷＣ指令について、正井・前掲注(16)のほか、同「ＥＵにおける従業員の情報入手権および協議権」日本ＥＣ学会年報一六号（一九九七）一―二二頁、上田廣美「ＥＵにおける従業員参加の法的研究(5)(6)」早稲田大学法研論集八五、八七号（一九九八）、など参照。

二　用語の定義

(1)　労働者の参加に関する用語について、指令二条は、次のように定義している。

①　「発起会社（Participating company; beteiligte Gesellschaften）」とは、ＳＥの設立に直接に参加した会社をいう（b号）。

②　会社の「子会社（Subsidiary; Tochtergesellschaft）」とは、その会社によって、理事会指令94/45/EC三条

二項から七項までにいう支配的影響力を行使されている企業をいう（c号）。[18]

③「関係子会社または事業所（Concerned subsidiary or establishment; betroffene Tochtergesellschaft bzw. betroffener Betrieb）」とは、発起会社の子会社または事業所であって、SEの設立に際して、その子会社または事業所となるべきものをいう（d号）。

④「労働者の代表（Employees' representatives; Arbeitnehmervertreter）」とは、国内法および（または）慣行によって定められた労働者の代表をいう（e号）。

⑤「代表機関（Representative body; Vertretungsorgan）」とは、EUの領域にあるSEおよびその子会社および事業所の労働者の情報入手権および協議権を行使し、そして適用可能なときは、SEに関して共同決定権を行使するために、四条による協定によって、または付則の規定に対応して設置された労働者代表機関をいう（f号）。

⑥「特別交渉委員会（Special negociating body; besonderes Verhandlungsgremium）」とは、三条にしたがって設置される委員会であり、その任務は、発起会社の担当機関（competent organ; zuständiges Organ）と交渉して、SEにおける労働者の参加に関する協定を成立させることにある（g号）。

⑦「労働者の参加（Involvement of employees; Beteiligung der Arbeitnehmer）」とは、情報入手、協議、共同決定を含み、それによって労働者の代表が、会社内部でなされる決定に対し、影響力を行使することができるすべての手続き（mechanism; Verfahren）をいう（h号）。

⑧「情報入手（Information; Unterrichtung）」とは、SE自身または他の構成国にあるその子会社またはその事業所に関する事項または一つの構成国における意思決定機関の権限を越える事項について、SEの担当

機関によって労働者の代表機関（または）労働者代表が情報を入手することをいい、その際、情報入手の時点、形式および内容は、労働者の代表に、影響可能性の十分な評価および場合によってはＳＥの担当機関との協議の準備を可能にするものでなければならない（ｉ号）。

⑨「協議（Consultation; Anhörung）」とは、労働者の代表機関および（または）労働者代表とＳＥの担当機関との間の対話および意見交換の場を設けることをいい、その際、協議の時点、形式および内容は、労働者の代表に、行なわれた協議にもとづいて、計画された担当機関の措置に対する意見を述べることを可能にするものでなければならず、その意見は、ＳＥ内部の意思決定過程の枠内で考慮されうる（may be taken into account; berücksichtigt werden kann）（ｊ号）。

⑩「共同決定（Participation; Mitbestimmung）」とは、労働者の代表機関および（または）労働者代表が、次のことによって、会社の諸問題（affairs; Angelegenheiten）に影響力を及ぼすことをいう。すなわち、

――会社の監督機関または管理機関の構成員の一部を選出し、または任命する権利を行使することによって、または

――会社の監督機関または管理機関の一部または全部の構成員の任命を勧告し、かつ（または）拒否する権利を行使することによって（ｋ号）。

(2)　指令では、「労働者の参加」ということばを、情報入手、協議および共同決定を含む広い意味で用いている。そして、「共同決定」に、ドイツ方式の企業共同決定とオランダ方式の労働者の異議申立権による関与などを含めている（以下では、共同決定を機関レヴェルでの参加ともいう）。[19]

ＳＥ参加指令案とＥＷＣ指令との間の重要な違いは、「情報入手」および「協議」の定義にある。ＥＷＣ指

令は、「情報入手」を定義していないし、また、「協議」については、「労働者の代表と中心的経営者またはその他のより適切な経営者レヴェルとの意見の交換および対話の確立をいう」（二条一項f号）と、抽象的な定義をするにとどまっている。

(18) EWC指令の条項を指す。これについては、正井・前掲注(16)七七—七九頁参照。

(19) 正井・前掲注(2)二九七頁以下、三二七頁以下頁参照。

三　交渉の手続き

1　経営者による交渉開始のイニシアチブ

SEの設立に参加した会社（発起会社）の経営機関（management organ; Leitungsorgan）（二元制度＝業務執行を担当する経営機関と、それを監視する監督機関とが分離された構造の場合）または管理機関（administrative organ; Verwaltungsorgan）（一元制度＝一つの機関が業務執行と監督とを担当する構造の場合）が、SEの設立を計画する場合、合併計画書または持ち株会社の設立計画書の公告の後、または子会社の設立に関する計画またはSEへの組織変更に関する計画に合意の後、SEにおける労働者の参加に関する協定について、会社の労働者代表との交渉を始めるために、できるだけ早く、必要な措置——それには、発起会社、子会社・事業所の認定ならびにそれらの従業員数に関する情報の提供が含まれる——をとらなければならない（指令三条一項[20]）。

このために、発起会社および関係子会社・事業所の労働者の代表として、特別交渉委員会が設置される（同条二項）。このように、経営者側がイニシアチブをとって、特別交渉委員会と交渉を開始することになる。この方法は、基本的にＥＷＣ指令四条一項と同じである。

2　特別交渉委員会の構成員の選挙・任命手続き

(1)　構成国は、その領域において、選出され、または任命されるべき特別交渉委員会の構成員に関する選挙・任命手続きを決定しなければならない（三条二項ｂ号）。

発起会社および関係する子会社・事業所の労働者の代表としての特別交渉委員会の構成員の選挙・任命においては、次のことが確保されねばならない。つまり、

①　特別交渉委員会の構成員は、各構成国における発起会社および関係子会社・事業所によって、雇用された労働者の数に比例して、選出・任命され、かつすべての構成国における発起会社および関係子会社・事業所全体で雇用されている労働者数の一〇％またはその一部分につき、一つの席が割り当てられること、

②　合併によって設立されたＳＥの場合には、登記されており、かつ関係する構成国において労働者が雇用され、かつ計画されたＳＥの登記の結果として、固有の法人格が消滅してしまう発起会社が、特別交渉委員会において、少なくとも一人の構成員が代表されることを保障するために必要であるとき、各構成国からの代表を追加すること。ただし、この追加的構成員は、その数が、①の適用から生じる構成員数の二〇％を超えず、かつ特別交渉委員会の構成が、関係する労働者の二重代表とならない限りで認められる。

このような会社の数が追加的な席の数を超えるときは、この追加的な席は、異なる構成国における会社に、そこで雇用された労働者の数の多い順に割り当てられる（以上、三条二項ａ号）。

また、構成国は、できる限り、特別交渉委員会の構成員に、その構成国において労働者を雇用している各発起会社が、少なくとも同委員会における一人の構成員によって代表されることを確保するために必要な措

置をとるべきものとする。もっとも、この措置によって、構成員全体の数を増加させることはできない(三条二項b号一段)。

(2) 参加指令の特別交渉委員会に関する規定はかなり複雑である。EWC指令が同委員会の構成について、地理的な基準も併用している(五条二項c号)[21]のとは少し異なり、参加指令は、労働者の数にしたがって、その席を配分するという方法を採用している。また、本指令は、構成国が、特別交渉委員会の構成員に労働組合の代表を含めることができると定めることができる、とするが(三条二項b号二段)、EWC指令にはこのような規定はない。

3 特別交渉委員会の任務

特別交渉委員会と発起会社の担当機関(経営機関または管理機関)の任務は、交渉を通じて、SEにおける労働者の参加を書面による協定によって確定することである(三条三項一文)。その交渉は、最長六カ月間続けられる。それは、相互の合意によって一年間に伸長されうる(五条)。これは、ヨーロッパ事業所委員会を設置するための交渉が最長三年間とされている(EWC指令七条一項)ことと比べて、著しく短い。

特別交渉委員会は、その選択により、専門家の補助を受けることができる(三条五項)。これは、EWC指令の下でも同じである(五条四項)。本指令では、さらに専門家が交渉の会議に出席することができること、そして、専門家にEUレヴェルの労働組合組織の代表を含めることができるということ、そして、特別交渉委員会は、適切な外部の組織の代表(それには労働組合の代表も含まれる)に交渉の開始を知らせることを決議することができる、という規定が、とくに定められている(三条五項一段)(EWC指令には規定されていない)。

4　特別交渉委員会の決議

特別交渉委員会の決議について、原則として議決権の絶対多数が必要である。各構成員は一個の議決権を有する(三条四項一段)。しかしながら、交渉が、労働者の共同決定権(participation rights; Mitbestimmungsrechte)の縮小をもたらすときは、そのような協定の承認を決議することにつき、少なくとも労働者の三分の二を代表する構成員の議決権の三分の二の多数が必要である。もっとも、このことは、①合併によって設立されるSEの場合には、共同決定が、発起会社の労働者の総数の少なくとも二五%に及ぶ限りでのみ、または、②持株SEまたは子会社SEとして設立されるSEの場合には、共同決定が、参加会社の労働者の総数の少なくとも五〇%に及ぶ限りでのみ、それぞれ妥当する(三条四項二段)。

なお、「共同決定権の縮小」とは、前述の二条k号にいうSEの機関構成員の割合が、発起会社において存在している最も高い割合よりも低い割合となることを意味する(三条四項三段)。

5　交渉とその結果

(1)　発起会社の担当機関および特別交渉委員会は、SE内部での労働者の参加に関する協定を成立させるために、協調の精神をもって交渉しなければならない、とされる(四条一項)。EWC指令六条一項と同じである。

(2)　特別交渉委員会自身の決議ならびに経営者との交渉によって、次のうちの一つの結果が生じる。

①　特別交渉委員会が交渉を開始しないこと、またはすでに開始した交渉を終了させること、そしてSEが労働者を雇用している構成国において適用されている情報入手および協議に関するルールにしたがう、という決議をした場合(三条六項一段一文)。この決議には、労働者の少なくとも三分の二を代表している構成員

の議決権の三分の二の多数決による（同項二段）。このどちらの場合にも、付則の受け皿規制は適用されない（同項一段三文）。

しかしながら、この規定は、組織変更の方法で設立されたＳＥの場合、ＳＥに組織変更しようとする会社において共同決定が存在するときは適用されない（同項三段）。これは、ＳＥへの組織変更によって「共同決定からの逃避」を企てることを阻止することを狙いとしている（四条四項＝後述**五**も参照）。

当事者がより早い再開を合意しない限り、ＳＥ、その子会社・事業所の労働者の少なくとも一〇％またはそれらの代表による書面での申し立てにもとづいて、早くても二年経過後、特別交渉委員会が再度招集される。特別交渉委員会が経営者（management; Geschäftsleitung）との交渉を再開することを決定したが、その交渉の結果、協定に至らなかったときは、付則の規定は適用されない（三条六項四段）（ＥＷＣ指令五条五項と同旨）。

② 労働者の参加に関する——書面による——協定が成立した場合（後述**四**、**五**参照）。

③ 労働者の参加に関する指令の受け皿規定を適用するという協定が成立した場合（後述**六**参照）。

④ 最終期限までに協定に達しなかった場合。この場合には、一定の要件の下に受け皿規定が適用される（七条一項二文）（後述**六**参照）。

(20) 上田・前掲注(13)五三二頁以下参照。
(21) 正井・前掲注(16)八二頁参照。

四　協定の内容

発起会社の担当機関と特別交渉委員会との間で、労働者の参加に関する協定に達したとき、次のことが書面で確定される（四条二項）。すなわち、

① 協定の適用範囲（a号）、

② ＳＥおよびその子会社・事業所の労働者の情報入手および協議に関する協定の枠内で、ＳＥの担当機関の交渉相手となる代表機関の構成ならびにその構成員数および席の配分（b号）、

③ 代表機関の権限および情報入手および協議に関する手続き（c号）、

④ 代表機関の会議の回数（d号）、

⑤ 代表機関のために割り当てられるべき財政的・物的手段（resources; Mittel）（e号）、

⑥ 当事者が、交渉の過程で、代表機関を設置する代わりに、一つまたはそれ以上の情報入手および協議の手続きを設けることを決定したときは、その手続きの実施方法（f号）、

⑦ 交渉の過程で、当事者が共同決定の協定をする決定をしたときは、その協定の内容は、（場合によっては）労働者が選挙・選任・勧告または反対することができるＳＥの管理機関または監督機関における構成員の数、この構成員が労働者によって選挙・選任・勧告または反対される手続きおよびこの構成員の権利を含むこと（g号）、

⑧ 協定が発効する日およびその存続期間および協定が再交渉されるべきときは、その再交渉の手続き（h号）。

五　協定による共同決定（機関レヴェルでの参加）

(1)　労働者の参加に関する協定において、機関レヴェルでの参加を導入すると定めることもできる。この場合、協定は、労働者が選出または任命し、またはその任命を勧告または拒否することができる管理機関または監督機関構成員の数、その選挙などの手続き、この構成員（ＳＥの機関における労働者代表）の権利、を含まなければならない（四条二項g号）。

(2)　組織変更の方法で設立されるＳＥの場合には、協定は、ＳＥに組織変更される会社において存在している労働者の参加と、すべての要素（element; Komponente）につき、少なくとも同じレヴェルが保障されねばならない（四条四項）。この規定も、「共同決定からの逃避」を阻止することを目的としている。さらに、より一般的に、機関レヴェルでの参加が存在している会社が、組織変更以外の方法でＳＥを設立する場合であっても、機関レヴェルの参加を協定の要素として強制するという実際上の効果をもつかもしれない。[22]

(3)　さらに、前述（三4）のように、組織変更によるＳＥの設立以外のＳＥの形態において、ＳＥの発起会社の全労働者の一定の割合が、すでに機関レヴェルでの参加に包含されているところでは、特別交渉委員会の決議について、特別の規定が置かれている（三条四項）。

(22)　EWCB 31 (2001), p.6.

六　受け皿規制（七条および付則）

以下で述べる受け皿規制は、構成国内の立法に合わせるのではなく、発起会社の状態およびその労働者のこれまで占めていた法的地位を重視している。[23]

1　七条による規制

(1)　構成国は、一条で定められた目的を実現するために、七条三項（後述）の規定に関わらず、労働者の参加に関する受け皿規定を定めなければならない。それは、付則において定められた規定を満たすものでなければならない（七条一項一段）。

法律によって導入された――SEがその本店を置くことになっている――構成国の受け皿規制――は、SEの登記の時点から、次の場合に適用される。すなわち、

(a)　交渉の当事者が受け皿規制を適用すると合意したとき、または

(b)　五条でいう交渉の最終期限までに労働者の参加に関する協定に達しなかったときであって、かつ―各発起会社の担当機関が、受け皿規定をSEに適用すること、そしてそれによってSEの登記に関する手続きを継続することに同意し、かつ―特別の交渉機関が三条六項による決議をしなかった場合（七条一項二段）。

(2)　さらに、SEが登記された構成国における法律によって導入された受け皿規制は、本指令付則三編にしたがって、次の場合にのみ適用される。すなわち、

(a)　組織変更によって設立されたSEの事例では、管理機関または監督機関における労働者の共同決定に関する構成国の規定が、SEに組織変更した株式会社に適用されていた場合、

(b)　合併によって設立されたSEの事例では、―SEの登記前に、発起会社の一つまたは複数の会社において、共同決定の一つまたは複数の形態が存在

し、かつそれがすべての発起会社の労働者全体の数の少なくとも二五％に及んでいた場合、または、
―ＳＥの登記前に、発起会社の一つまたは複数の会社において、共同決定の一つまたは複数の形態が存在し、かつそれがすべての発起会社の労働者全体の数の二五％よりも少ないときであって、特別交渉委員会がそのように決議した場合、

(c)　持株会社または子会社の設立によって設立されたＳＥの場合、
―ＳＥの登記前に、発起会社の一つまたは複数の会社において、共同決定の一つまたは複数の形態が存在し、かつそれがすべての発起会社の労働者全体の数の少なくとも五〇％に及んでいた場合、または、
―ＳＥの登記前に、発起会社の一つまたは複数の会社において、共同決定の一つまたは複数の形態が存在し、かつそれがすべての参加会社の労働者全体の数の五〇％よりも少ないときであって、特別交渉委員会がそのように決議した場合（七条二項一段ａ・ｂ・ｃ号）。

異なる発起会社において二つ以上の共同決定が存在した場合、特別交渉委員会は、そのうちのどれをＳＥに導入するかを決定する。構成国は、その領土において登記されたＳＥについて、それに関する決議がなされなかった場合に適用されるべき規定を確定することができる。特別交渉委員会は、発起会社の担当機関に、本項の適用にしたがってなされた決議について知らせるべきものとされる（七条二項二段）。

(3)　構成国は、付則第三編における受け皿規制が上述の七条二項ｂ号において定められた場合には、合併によって設立されたＳＥに適用されない、と定めることができる（七条三項）。

本項は、スペインの意見を採り入れたものである。機関レヴェルでの参加に関する受け皿規制を、合併によって設立されるＳＥに適用するか否かという問題は、ニース首脳会議前から理事会で争いとなっていた（前

述I(5)参照)。本項を置くことによって、前述の「ニース合意」に至ったのである。[24]

2 付則による規制

付則の「指令七条による受け皿規制」は、前述のように、三つの編（Part; Teil）に分かれている。すなわち、第一編「労働者代表機関の構成」、第二編「情報入手・協議に関する受け皿規制」および第三編「機関レヴェルでの参加に関する受け皿規制」がそれである。以下、各規定の内容について見ていくことにしよう。

(a) 労働者代表機関の構成

本指令案一条に述べられた目的を達成するために、そして七条で言及された事例において、代表機関が、以下の基準にしたがって設置される。すなわち、

(1) 代表機関は、SEおよびその子会社・事業所の労働者によって構成される。その構成員は、労働者代表によってその中から、または――そのような代表を欠くときは――労働者全体によって選出または任命される（付則一編一段）。

(2) 代表機関の構成員は、個々の国の法規定または慣行にしたがって、選出または任命される。構成国は、対応する規定によって、次のことに配慮する。すなわち、SEおよびその子会社・事業所の内部で生じる変更を、代表機関の構成員の数および代表機関における席の配分に適合させることによって考慮するということに（付則一編一段a号・b号）。

(3) 代表機関は、その構成員の数が正当化するときは、その中から、多くても三人で構成される小委員会（select committee; engerer Ausschuß）を設ける。小委員会は、手続きに関する自らの規則を採択する（同c号）。

(4) 代表機関の構成員は、各構成国において、発起会社および関係子会社・事業所によって雇用されている労働者の数に比例して、選出または任命され、次の形式において代表される。すなわち、構成国ごとに、発起会社およびその関係子会社・事業所の、すべての構成国において雇用された労働者の全体の数の一〇%に対応する、その構成国で雇用された労働者の割合について、またはこの分割した部分の一部分について、一つの席の要求が成立するという形式において(同d号)。SEの担当機関は、代表機関の構成について知らされる(同e号)。

(5) 代表機関が設置されて四年経過後、代表機関は、指令四条および七条による協定を結ぶために交渉を始めるか、または本付則にしたがった受け皿規定を引き続いて適用するかを検討する(f号一段)。四条にしたがって、交渉して協定を結ぶことを決議した場合、三条四項から七項まで、および四条から六条までの規定が準用される。その際、「特別交渉委員会」は、「代表機関」によって置き換えられる。交渉につき定められた最終期限までに、協定が成立しなかったときは、もともと受け皿規制にしたがって採択された規制がさらに適用される(f号二段)。

(b) 情報入手・協議に関する受け皿規制

(1) 情報入手・協議に関する受け皿規制は、EWC指令の補充規定[25]に類似している。すなわち、受け皿規制の枠内で、代表機関に、情報入手権および協議権が与えられねばならない。しかし、その権限の対象は、SE自身およびその子会社または事業所に関係するか、または一つの構成国における意思決定機関の権限を越える問題に限定される(付則二編a号)。本号は、根本的な定めであり、権限の有無・範囲につき、争いとなる可能性がある。

(2)　代表機関には、情報入手権および協議権が与えられる。すなわち、代表機関は、担当機関によって作成された定期的な報告書にもとづいて、SEの事業の進行状況およびその予測について、知らされ、かつ協議する権利を有する。そして、この目的のために、少なくとも年に一回、SEの担当機関と会合する。SEの担当機関は、代表機関に、管理機関または場合によっては経営機関および監督機関のすべての会議の議事日程ならびに株主総会に提出されたすべての資料のコピーを提供する（二編b号）。

このような通常の参加権のほかに、労働者に重大な影響を及ぼす可能性のある通例でない事情――とくに、企業または事業所の再配置・移転・閉鎖または大量解雇――においては、代表機関に特別の情報入手権が与えられる。この場合、代表機関は、その情報入手および協議の目的のために、SEの機関との会合を要求することができる。SEの機関が代表機関によって表明された意見に従わないと決定をする場合、代表機関は、合意に達する目的をもって、SEの担当機関とさらに会合する権利を有する（二編c号一段、二段）。もっとも、その措置の実施に対する最終的な決定は、常にSEの担当機関に留保されている（規定では、「上述の会合は、担当機関の優先権（prerogatives; Vorrechte）を侵害しないものとする」という（二編c号四段））。このc号は、実際上、きわめて重要である。

(3)　経営者と代表機関の臨時の会議は、例外的場合に開催される。代表機関は、臨時会議を開くように意見を述べることができる。経営者がその意見にしたがわないときは、代表機関は、合意を見い出すために、経営者との新しい会議を招集する権利を有する（二編c号二段）。

(4)　代表機関の構成員は、必要な訓練のために有給休暇を与えるように求める権利（right to paid time off; bezahlte Freistellung）を有する（二編g号）。

(5) 代表機関の出費は、SEが負担する(二編h号)。

(c) 共同決定に関する受け皿規制

(1) 協定が存在・成立せず、かつ発起会社が、それまで機関レヴェルでの参加の適用を受けていたときは、SEは、次の場合、参加に関する受け皿規制の適用を義務づけられる。すなわち、

① 組織変更によって設立されたSEの事例においては、既存の会社の労働者が、SEの登記前に、すでに機関レヴェルでの参加の規定の適用を受けていた場合、労働者の共同決定のすべての構成要素(aspects; Komponenten)が引き続いて適用される。これに関してb号が準用される(付則三編一段a号)。

② 他の方法によって設立されたSEの事例では、[26] SE、その子会社・事業所の労働者および(または)その代表機関が、管理機関または監督機関の構成員の一部を選出または任命し、またはその任命を勧告または拒否する権利を有する。その際、その機関構成員の数は、SEの登記前の参加した会社における最も高い割合に等しいものとされる(付則三編b号一段)。

(2) 発起会社のうちのどの会社においても、SEの登記前に、共同決定に関する規定が存在していなかったときは、SEは、共同決定に関する協定を導入する義務を負わない(三編b号二段)。[27] これによって、イギリスの会社とスペインの会社とが合併してSEを設立するときは、そこでは共同決定を導入しなくてよいことになるであろう。[28]

(3) ① 代表機関は、各構成国におけるSEの労働者の割合にしたがって、異なった構成国からの労働者を代表している構成員の間で、管理機関または監督機関内部の席の配分について決定するか、またはSEの労働者が、これらの機関の構成員の選任を勧告または反対することができる方法を決定する。

② 一つまたはそれ以上の構成国の労働者が、この比例的基準によって考慮されないときは、代表機関は、これらの構成国——とくに適当であるときは、ＳＥが本店を置く構成国——の一つから、構成員の一人を任命するべきものとする。

③ 各構成国は、管理機関または監督機関において、構成国に与えられた席の配分について決定することができる（三編b号三段）。

④ 代表機関——または事情によっては労働者——によって、選出・任命され、または勧告されたＳＥの管理機関または——適当なときは——監督機関の各構成員は、株主を代表する構成員と同じ権利（議決権を含む）を有し、義務を負う完全な（full; voll berechtigt）構成員である（三編b号四段）。

(23) Jahn/Herfs-Röttgen, aaO (Fn. 4), 634.
(24) EWCB, 31 (2001), p. 7の解説参照。また、指令案前文八a参照。
(25) 正井・前掲注(16)九一頁以下参照。
(26) ドイツ語版では、「他の」という語が欠けている。
(27) 英語版では、「労働者の共同決定に関する規定を設けること要求されないものとする」。
(28) Wiesner, aaO (Fn. 7), 398.

七　その他の規定

指令は、「雑則（Miscellaneous provisions; sonstige Bestimmungen）」として、以下の規定を置く。すなわち、

①　構成国は、特別交渉委員会および労働者代表機関の構成員などの秘密保持義務を定めること（八条）、

②　SEの担当機関および労働者代表機関は、その相互の権利・義務を正当に考慮して、協調の精神で、一緒に活動すること（九条）、

③　特別交渉委員会の構成員などの労働者代表は、国内法または慣行によって定められた労働者代表と同じ保護を受けること（一〇条）、

④　構成国は、SEを濫用することによって労働者の参加権が剝奪されないように、適切な措置を講じること（一〇a条）、

⑤　構成国は、SEの経営者および参加会社の監督機関または管理機関などが指令を遵守することを確保し、かつそれらが本指令を遵守しなかった場合に、適切な措置を講じること（一一条）、

⑥　一九九四年のEWC指令およびその国内法は、原則として、SEおよびその子会社には適用されないこと（一二条）、

⑦　構成国は、本指令の採択後、三年内に本指令の遵守に必要な法令を採択するか、または遅くともその期日までに経営者と労働者側が協定で必要な定めをすることを確保すること（一三条）、

⑧　委員会は、採択後六年内に、本指令の適用の手続きを検証すること（一四条）、

⑨　本指令は、構成国に宛てられていること（一五条）、がそれである。

Ⅳ　反応と評価

1　EU委員会の反応

EU委員会は――当然のことながら――、社会政策の領域における制定法の提案のうち、おらく採択が最も遅れた提案がようやく合意に達したことに、大きな安堵を表明した。雇用・社会事項担当の委員である、ディアマントポロー（Anna Diamantopoulou）は、次のように述べた。「私は、画期的事件である、この合意を歓迎する。それは、ビジネスの要求と労働者の要求とを密接に結合させ、そして、良き社会政策は良き経済政策であるというリスボン・サミットの考えを反映する。労働者の参加は、競争の社会的な側面的効果を取り扱うことを助ける。政府、企業および労働者は、この急速なグローバル化の時期における労働の変化（industrial change）に積極的に対応するように協調すべきである」[29]と。

また、域内市場担当の委員であるボルケシュタイン(Frits Bolkestein)は、次のようにいう。すなわち、「この政治的一致は、ヨーロッパ全体で活動する効果的構造を求めている会社にとって、重大な突破口（major breakthrough)となる。ヨーロッパ株式会社は、子会社のネットワークを設けなければならないために費用と時間のかかる官僚的で面倒な手続きなしに、会社が国境を越えて活動を拡げ、かつ再編成することを可能にするであろう。それゆえ、それは、域内市場を企業のために実際に役立つものとし、多くの会社が国境を越えた機会を利用することを促進し、そして……ヨーロッパの競争力を高めるという我々の努力における一歩である」[30][31]と。

2 評価

(1) ヴィースナーは、二〇〇〇年規則案および指令案を、次のように批判している。すなわち、「ニースで見い出された妥協は、域内市場に適合した解決を、多くのトリックを用いて回避する典型的試みである。……SE規則案が、しばしば国内法を参照するように指示していることによって、望まれた統一的な法形態の代わりに、実際は、ヨーロッパの株式会社というよりもむしろ、一五の――まもなくそれ以上の――国内の株式会社とかかわり合わねばならないであろう」と。そして、指令案について、「ニースの合意は、我々に、労働者の参加について、ヨーロッパの政治上および秩序政策上の失敗作をもたらした。国内の基準は、調整されなかったし、また相互に承認もされなかった。それは、化石にされてしまったのである」という。[32] きわめて厳しい評価である。規則案および指令案ともに、構成国に多くの選択権を与えていることから、多様なSEが出現することは明らかである。また、参加指令案は、妥協を重ねた結果、内容がきわめて複雑で理解困難なものとなっている。

(2) このほか指摘されている重要な点として、課税上の問題がある。たとえば、一九九〇年七月二三日の税に関する合併指令[33]は、ドイツでは一部しか国内法化されていない。ヴィースナーは、本指令が全面的に転換されない限り、SEは未完成な作品にとどまる、とする。[34] また、ヤーン＝ヘルフス・レットゲンも、「SEの法形態は、他の法形態に対し、ヨーロッパ全体での組織の再構築にとって、きわめて大きな利点を提供する」と評価しつつ、「この利点は、同時に、原則的な課税上の中立性を保障する環境が整備される場合にのみ実現される。その解決方法として、税法上の合併指令および親子指令[35]の基準をSEに転用することが考えられ、補充的に、構成国が、個々国境を越えた損失の移転の方式について合意することが望まれる」と主張する。[36]

(29) EWCB 31 (2001), p. 8 ; http://www.adie-culture.com/en/new/1220.htm

(30) EWCB, aaO.; http://www.adie-culture.com/en/new/1220.htm

(31) ヨーロッパ労働組合連合（ETUC）は、SE法に関する合意の達成における議長国フランスの「多大な貢献」を賞賛した（詳しくは、EWCB 31 (2001), pp.15-17)。

(32) Wiesner, aaO (Fn. 7), 397f.

(33) Richtlinie 90/434/EWG des Rates vom 23. 7. 1990 über das gemeinsame Steuersystem für Fusionen, Spaltungen, die Einbringung von Unternehmensteilen und Austausch von Anteilen, die Gesellschaften verschiedener Mitgliedstaaten betreffen, ABl. EG Nr. L 225 vom 20. 8. 1990,1-5. Beitrittakte 1995 (ABl. EG Nr. Ll, S. 1 (144)) により一部変更。

(34) Wiesner, aaO (Fn. 7), 397f.

(35) Richtlinie 90/435/EWG des Rates vom 23. 7. 1990 über das gemeinsame Steuersystem der Mutter- und Tochtergesellschaften verschiedener Mitgliedstaaten, ABl. EG Nr. L 225 vom 20. 8. 1990, 6-9. Beitrittakte 1995 (ABl. EG Nr. Ll, S. 1 (144)) により一部変更。

(36) Jahn/Herfs-Röttgen, aaO (Fn. 4), 636f. また、Peter Hommelhoff, Einige Bemerkungen zur Organisationsverfassung der Europäischen Aktiengesellschaft, AG 2001, 279-288 (285f.) も、ほぼ同旨。

おわりに――「合意」後の状況

(1) ＳＥ法規則案および参加指令案の法的根拠（とくにＥＣ条約三〇八条[37]）は、理事会の全会一致による承認を要求している。このことが規則案と指令案において達成された。委員会は、ＳＥ法案の正式の採択が、二〇〇一年三月六日に議長国スウェーデンの下で開かれる最初の雇用・社会政策理事会で達成されることを望んだ。

(2) 発効の要件として、ヨーロッパ議会との協議だけが残された(EC条約三〇八条による)。議会は、すでにSE法についての意見を述べている。しかながら、その意見は一〇年前（一九九一年一月）に出されたものであり[38]、指令の内容が大きく異なる時のものである。そこで、ヨーロッパ議会は、二〇〇一年の初めに、理事会で合意された条文について再び意見を求められることになった。ところが、ヨーロッパ議会は、EC条約三〇八条による協議ではなく、同条約二五一条[39]による共同の決定手続きを要求した。なぜなら、議会の意見によると、SE法は、EC条約九五条一項[40]による構成国の法規定および行政上の規定の調整の措置が問題となるからである。

(3) これによって、一方では、委員会と理事会、他方では、委員会・理事会と議会の間の権限争いが生じるおそれが出てきた。次の二つことが考えられる[41]。すなわち、

一つは、これらのEUの機関が、この争いをヨーロッパ司法裁判所に提訴し、そして同裁判所が議会の意見を認めた場合である。このときは——少なくとも理論上——、SE規則案および参加指令案ともに、挫折する危険が生じる。なぜなら、調停委員会または関係機関は、EC条約二五一条三項から六項までの手続き[42]において合意に達することができないであろうからである。第二に、理事会と議会が政治的に妥協を見い出し、そこで、議会の立場を維持しつつ、しかし理事会はSE規則および参加指令を公布する可能性を開くことである[43]。

このように、SE法規則案および参加指令案は、三月の理事会において採択にいたらず、現在のところ、

その行く手に再び暗雲が垂れ込めている。

(37)　ＥＣ条約三〇八条（先に規定されていない事例に関する規定）＝「共同市場の範囲内で、共同体の目的の一つを達成するため、共同体の行動が必要と考えられ、かつ本条約が、このために必要な権限を定めていない場合には、理事会は、委員会の提案にもとづき、ヨーロッパ議会と協議した後（after consulting; nach Anhörung）、全会一致により、適切な措置を講じる」。アムステルダム条約（一九九九年五月一日に発効）によって、それまでの二三五条が三〇八条となった。同条約の邦訳として、金丸輝男（編著）『ＥＵアムステルダム条約』（二〇〇〇、ジェトロ）。抄訳として、大沼保昭＝藤田九一『国際条約集（二〇〇一年版）』（二〇〇一、有斐閣）がある。本稿では両訳を参考にした。

(38)　OJ NoC 48, 25. 2. 1991, p. 72.

(39)　ＥＣ条約二五一条（共同の決定手続き）（旧一八九ｂ条）

(1)　法令（act; Rchtsakt）の採択に関して、本条約において本条を引用する場合、次の手続きが適用される。

(2)　委員会は、ヨーロッパ議会および理事会に法案を提出する。理事会は、ヨーロッパ議会の意見を得た後、特別多数決により、次のように行動する。すなわち、

―ヨーロッパ議会の意見に含まれるすべての修正を承認する場合には、修正を経た提案された法令を採択することができる。

―ヨーロッパ議会が修正を提案しない場合は、提案された法令を採択することができる。

―その他の場合には、共通の立場を確定して、ヨーロッパ議会に伝達する」（以下、略）。

この伝達後、三ヵ月内に、ヨーロッパ議会が、

(a)　その共通の立場を承認するか、または決定をしなかったときは、その法令は、この共通の立場にしたがって採択されたものとみなされる。

(b)　ヨーロッパ議会の構成員の絶対多数によって、共通の立場が拒否されたときは、提案された法令は、採

択されなかったものとみなされる。

(c) ヨーロッパ議会の構成員の絶対多数によって、共通の立場に修正が提案されたときは、修正の案文は、理事会および委員会に送付される。委員会は、その修正について意見を述べる。

(3) 理事会が、付託されてから三カ月内に、特別多数決によってヨーロッパ議会のすべての修正を認める場合には、その法令は、共通の立場が修正された形で採択されたものとみなされる。ただし、委員会がその修正を拒否する意見を述べたものについては、理事会は、全会一致で議決する。理事会がすべての修正を承認しない場合には、理事会の議長は、ヨーロッパ議会の議長と合意の上、六週間内に調停委員会を招集する。

(4) 調停委員会は、理事会の構成員またはその代表および同数のヨーロッパ議会の代表によって構成され、理事会の構成員またはその代表の特別多数決およびヨーロッパ議会の多数決によって、共同の草案について、合意に達するようにように努める任務を有する。委員会は、調停委員会の審議に参加し、ヨーロッパ議会と理事会の立場を調整するために必要な発議を行う。調停委員会は、この際、ヨーロッパ議会より提案された修正にもとづいて、共通の立場を提示する。

(5) 調停委員会が、その招集後六週間内に、共同の草案を承認する場合には、ヨーロッパ議会および理事会は、その承認から六週間の期間を、共同の草案に対応した関係する法令を採択するために使うことができる。その際、ヨーロッパ議会では投票の絶対多数を、そして理事会では特別多数決を必要とする。

(6) 調停委員会が、共同の草案を承認しない場合には、提案された法令は、採択されなかったものとみなされる（七項は省略）。

(40) EC条約九五条（議決の手続き、理事会の調和措置）（旧一〇〇a条）

(1) 本条約に別段の定めがある場合を除いて、九四条とは異なり、一四条の目的〔域内市場の実現〕を達成するために、以下の規制が適用される。理事会は、二五一条の手続きにしたがい、かつ経済・社会評議会との協議の後、域内市場の設立および機能化を対象とする構成国の法規定および行政上の規定の調整のための措置を採択する。

(2)　一項は、税に関する規定、移動の自由に関する規定および労働者の権利と利益に関する規定には適用されない（三項から一〇項までは省略）。

(41)　Hommelhoff, aaO. (Fn. 36), 279f. による。

(42)　前掲注(39)参照。

(43)　ホンメルホフは、次のように主張する。すなわち、委員会と理事会が議会の共同の決定権限を認め、そして議会は、再びＥＣ条約二五一条二項二文にしたがって、この二つの草案について、何らかの変更を提案することを断念することが、双方の側の利益になるであろう。そうすれば、理事会は、直ちに、ＳＥ規則と参加指令を公布することができるであろう。どのような法制定手続きが要求されるかを、事後にヨーロッパ司法裁判所に確認させることは、議会の裁量に任される、と（Hommelhoff, aaO. (Fn. 36), 279f.）。

（二〇〇一・六・二七）

〔追記〕　ＳＥ規則案および参加指令案は、九月にも採択される見込みとなった（日本経済新聞二〇〇一年八月二〇日一六面による）。

18　資産担保証券取引におけるサービサーによる債権取立——日独法比較

丸山秀平

一　はじめに

本稿は、資産の証券化、すなわちセキュリタイゼーション（Securitization）の取り組みの枠内で、企業（オリジネーターOrginator）から債権購入会社（特別目的媒体Special Purpose Vehicle、以下「ＳＰＶ」とする）[1]に譲渡された債権の管理回収を行うサービサー（Servicer）の資格要件に関する、ドイツと日本の法状況を検討しようとするものである。

まず、二では、ドイツにおける法状況について論じる。そこでは、ＳＰＶに譲渡された債権のサーヴィスエージェントとしてのオリジネーターおよびバックアップサーヴィサーによる取立とドイツの法的助言法（Rechtsberatungsgesetz; RBerG）[2]との関係を問題とする。ついで、三では、わが国における特定目的会社[3]に譲渡された債権の取立と債権管理回収業に関する特別措置法[4]との関係を論ずる。

二　ドイツにおける状況

ドイツにおいても資産担保証券取引（Asset-Backed Securities Transaktion）は、次のようにして行われている。すなわち、金融の必要があるある企業（オリジネーター）が、資産担保プログラム（Asset-Backed Programm）の枠内での債権の売却に関する金融を選択する。債権の購入のために特別に設立されたSPVの求める性質を充たす債権は右計画の枠組みの中でSPVによって取得され、SPVはオリジネーターに売買代金を支払う。債権購入のリファイナンスは、SPVが資本市場で有価証券を発行することによって行われる。[5]

このような資産担保証券取引の枠組みの中で、ドイツにおいても、SPVに譲渡された債権の取立に関し論議がなされてきた。SPVがオリジネーターから譲り受けた債権を取り立てるのは、サーヴィスエージェントとしてのオリジネーターである。なぜなら、オリジネーターから譲り受けた債権の債務者は、オリジネーターと取引関係のある顧客（Kunde）であるのが通常であり、右債権の管理・取立の任務を効率的に果たし得るのは、大抵は独立の「取立事務所（Inkassobüro）」としてのオリジネーターだからである。[6] ただ、場合によってオリジネーターによる取立がなされないときには、いわゆるバックアップサーヴィサーによって債権の取立がなされることがある。たとえば、債権の売却に際して、オリジネーターとSPVの間で、オリジネーター以外の取立事務所に代替する旨の合意をなすこともある。[7]

いずれにせよ、SPVはそれ自身債権の取立を引き受けておらず、一方で、オリジネーターは、データーの技術的処理や、債権の取立、督促の世話、債務者記帳および債権の報告を義務づけられているのが通例で

ある。(8)

右の状況に関し問題とされるのは、このようなサーヴィスエージェントとしてのオリジネーターによる債権の取立、あるいはバックアップサーヴィサーによる債権の取立が、法的助言法による許可義務に服するかということである。法的助言法の第五実施規則（Fünfte Ausführungsverordnung：ＡＶＯ）(9)一条一項と関連する法的助言法一条によれば、法的助言（Rechtsbratung）、債権または取立目的で譲渡された債権の取立を含む、他人の法律事項の処理（die Besorgung fremder Rechtsangelegenheiten）(10)は、（その業務が本業である副業であるか、有償であるか無償であるかに拘わらず、許可(Erlaubnis)を受けるべく義務付けられている。(11)法的助言法の第五実施規則一条一項と関連する法的助言法一条によって必要とされる許可のない助言業務は、禁止規範違反を理由として民法一三四条により当該助言業務契約の無効に至る。(12)

ここで法的助言法によって本来の規制の対象とされているのは、営業行為として行われる取立引受業者による伝統的な有償の債権取立である。これに対して、資産担保証券取引の枠内での債権の取立は、オリジネーターが他人の債権を取り立てるが、当該債権はもともとオリジネーター自身のものであったという点で、伝統的な有償の債権取立の場合ととは状況が甚だしく異なっている。(13)しかし、取立の対象となっている債権が嘗ては自己のものであったとしても、取立時点においては、当該債権は他人（すなわちＳＰＶ）のものであって、オリジネーターは他人の債権を取り立てていることになり、その限りで、法的助言法の本来の規制の対象となる伝統的な有償の債権取立と違いはないことになるのではないか。したがって、他人の債権の取立も、法的助言法による許可義務に服すると解される余地が生ずる。(14)

右の点で問題となるのは、オリジネーターからＳＰＶに譲渡された債権が、取立債権の売り主であるオリジネーターにとって、依然として他人の債権であるとされるか否かということである。これに関し、参考となるのは、ファクタリング（Factoring）等に関するドイツ連邦最高裁（ＢＧＨ）の判決例である。なぜ、ここでファクタリングの例が持ち出されるのか。ファクタリングは企業（クライアント）の取引先（カスタマー）に対する売掛債権をファクター（Factor）に譲渡し、ファクターがその債権の管理回収について責任を引き受け、また弁済期前に金融を行うシステムであって、[15] ファクターが譲り受けた債権の管理回収業務は、なるほど法律上は、自己のためになされているものの、経済的にはクライアントのためになされているいえる。この点で、債権の管理回収をめぐる法律関係と経済関係のずれが存している。この点で、債権取得の経緯は異なるものの、資産担保証券構造においても、ＳＰＶに譲渡された債権について、その管理回収を行うオリジネーターにとって、法律上は自己の債権ではないが経済的には自己のために管理回収がなされているということができ、その限りで、ここでも債権の管理回収をめぐる法律関係と経済関係のずれが存している。従って、このように債権の管理回収をめぐる法律関係と経済関係のずれが存している場合の評価について、ファクタリングに関する先例は、資産担保証券構造にとっても先例として機能し得るもの解されるのである。

また、とりわけドイツにおけるファクタリングでは、債務者の無資力のリスク（Ausfallrisiko信用リスク）を、ファクターとクライアントのいずれが負うのかによって、真正ファクタリング（echtes Factoring）と不真正ファクタリング（unechtes Factoring）とが区別されている。[16] 一方、資産担保証券構造においても、後述するように、信用リスクの分配について、ＳＰＶのみならずオリジネーターも関与してくる。いずれにしても債権とその信用リスクとの分別を考慮すべき契機が存することは、前記の債権の管理回収をめぐる法律関係と経済関係のずれにも関連して、ファクタリングにおいても、資産担保証券構造においても、共に考慮されなければならない。この点でも、ファクタリングに関する先例は、資産担保証券構造にとっても考慮されなければならないと解される。

それでは、ファクタリング等に関するドイツ連邦最高裁の判決例において、どのような法理が明らかにされているのであろうか。

まず第一に、連邦最高裁によれば、法的助言法は、経済的な考察方法の意味において以下のように解されなければならない。すなわち、全体経済的関連を考慮に入れなければならず、また全体行為から意図的に債権の取立のような個別的観点を読みとるべきではないとする。連邦最高裁はファクタリングに関する債権取立に関しても同様に論じており、真正ファクタリングの領域においてもまた不真正ファクタリングの領域においてもこれを許可がいらないものと性質付けていた(17)。

連邦最高裁が、（真正）ファクタリング行為を、法的助言法による許可がいらないものと性質付けていた理由は以下の通りである。すなわち、（真正）ファクタリング行為は経済的な考察方法によれば単一の行為（einheitliches Geschäft）であり、その顧客に対する決定的な経済的メリットは前払い金融機能（Vorfinanzierungsfunktion）であるとする。（真正）ファクタリング行為は、前払い金融機能、支払保証リスク（Delcredere-Risiko）（＝「信用リスク」）の引き受け、その他ファクタリングに連結するファクターのサーヴィス給付そして債権の取得それ自体、等の構成要素から成り立っており、それらすべて法的助言法の適用領域に服するものではない。債権の取立を伴うもののこれらの「中立的neutral」要素が重なり合っていることによって、ファクタリング行為は、法的助言法一条一項により許可なく営むことができない取立業務とは決定的に区別される。結局、連邦最高裁は、行為全体の法的助言からの中立性を考慮し、債権の取立だけを分離して考察することを認めなかったのである。その際決定的なことは、多くの個別的な要素からなるファクタリング行為は法的助言から中立なものであるということである。それは金融その他の機能によって純然たる取立行為とは決定的に異なるからである。このことは確信的であり、資産担保証券構造との関係での債権の取立にも妥当するものである。というのは、法的助言法が許可を必要とする目的は結局、金融の領域における新たな展開を妨げることではなく、必ずしも明らかに許されざる立場を通じて当てに出来ない債権の取立から法取引を保護することにあるからである。

第二に、連邦最高裁が多くの判決例において明らかにして来たのは、「他人の法律事項（fremde Rechtsangelegenheiten）」の処理だけに許可が義務づけられているものであること、その限りにおいて決定的なことは、形式的法律的考察方法ではなく、経済的な考察方法であることである。自己または他人の法律問題が引き受けられるか否かは、まず第一に、如何なる経済的利益において当該事項が行われているかを評価することにある。[18] 債権の取立が法的に果たすべきことの対象とされている場合には、取立は、通例、損失リスクに関わる者の利益において行われる。この点で、連邦最高裁一九六八年二月二〇日判決[19]は、債権が履行のために取立を引き受けた企業に譲渡されており、その企業が、法律的考察方法によった場合は、「自己の（eigene）」債権を行使しているにも拘わらず、債権の譲受人（新債権者Zessionar）に法的助言法違反を認めている。[20] しかし、法律的考察方法に焦点を当てるべきではない。それどころか、決定的なことは、債権に関わる実現（現金化）リスクは、経済的には、常に譲渡人によって担われているのであって、その結果、決定的な意味を有する経済的考察方法をなすならば、譲受人は債権の取立によって他人の法律事項を処理していることになるのである。また、取立権限を有する者として経済的に見て債権と連結する損失リスクを引き受けなければならない者は、他人ではなく、自己の法律事項を処理していることになるとされるとの見解も示されている。[21]

右の検討によって明らかにされたように、ドイツ連邦最高裁は、①当該行為の全体構造の中の一構成要素としての債権取立行為のみを取り出して単独に評価すべきでないこと、②法律関係と経済関係のずれが存している場合に、法律関係よりも経済関係を重視すべきこと、というそれぞれの方向性を有する法原理を展開している。それでは、ここで示された法原理を資産担保証券構造に当てはめてみた場合、どのような評価がなされるべきであろうか。ここで予めその方向性を示すならば、前記①については、ファクタリングの場合と同様資産担保証券取引についても、債権の取立は当該システムの全体構造の一構成要素として機能していることが判る。一方、前記②については、先に示したように、資産担保証券取引についても債権の取立をめぐる法律関係と経済関係のずれが存しており、その場合に経済関係を重視すべき契機が存することになる。

まずシステムの全体構造との関係でいえば、資産担保取引の場合、信用リスクには、ＳＰＶ、ＳＰＶの債権買い取りのために融資をする投資家、外部の担保提供者だけでなく、オリジネーターも関わっている。資産担保計画による目標設定は真正な債権の売却（True Sale）の方法による貸借対照表に効力を及ぼす債権ポートフォリオの売却を通じてオリジネーターの貸借対照表を圧縮することである。[22]この目標設定は、ＳＰＶが引き受けた債権ポートフォリオに対する支払責任を引き受けることによって既に達成されている。これに対して、オリジネーターには、依然として、譲渡された債権に対して何らの担保権、留置権もしくはその他の抗弁権も行使することが出来ないということに対する責任を有している。英米法圏から借用される資産担保取引構造の場合に、屡々取り決められるのは、オリジネーターは、（たとえば、彼が予め与えられていた選択基準カタログに添わずに売却債権を選択した場合）譲渡債権の買い戻しを義務づけられるというものである。オリジネーターにとって損失リスクは、この種の買い戻し義務からも理由付けることが出来る。また、投資者のリスク防御のために屡々定められることは、オリジネーターのコンツェルンに属する会社が追担保を供することである。(23)

以上のことから明らかになることは、資産担保証券構造に際して、なるほど債権の管理回収をめぐる法律関係と経済関係のずれがあるものの、それに関わる信用リスクの引受は、SPV以外の関係者によってもなされているということである。そこで、オリジネーターにとってみれば、債権の取立は、SPVという他人の利益においてなされるのみならず、信用リスクを引受けている限りにおいて、自己のためにもなされているということなのである。(24) したがって、先に示した法原理①、②を資産担保証券構造に当てはめてみた場合、①の債権の取立は当該システムの全体構造の一構成要素として機能している以上、単独の取立として評価することはできないし、また、②についても、法律関係と経済関係のずれがあるからといって、取立行為が純然たる他人の法律事項を処理していることにもならない。従って、サーヴィスエージェントとしてのオリジネーターによる債権の取立を、法的助言法の適用対象とするかについては、消極的評価が示されることになる。

右に論じてきたことは、サーヴィスエージェントとしてのオリジネーターによる債権の取立についてである。これと並んで考慮の対象となるのは、オリジネーター以外のバックアップ・サーヴィサーによって債権の取立がなされる場合である。

この場合でも問題とされるのは、オリジネーターに代わって他人の名で債権を取り立てるべく選任されたバックアップ・サーヴィサーについて、法的助言法一条一項による許可が必要とされるか否かである。ドイツにおいて、バックアップ・サーヴィサーの活動は、通例、SPVとの間の有償の事務処理契約（BGB六七五条）に基づいている。この場合、オリジネーターとは異なり、バックアップ・サーヴィサーは、債権譲渡契約の当事者でないことは明らかである。従って、バックアップ・サーヴィサーは、債権の取立を自己のためではなく、他人のためになしていることになる。それ故、バックアップ・サーヴィサーによる債権の取立は、法的助言法一条一項の意味における「他人の法律問題の処理」となると解され、バックアップ・サーヴィサーは、彼の取立業務に対し法的助言法一条一項により管轄を有する部局の許可を得なければならない。この限りで、サーヴィスエージェントとしてのオリジネーターによって債権の取立がなされる場合と、オリジネーター以外のバックアップ・サーヴィサーによって債権の取立がなされる場合とは区別されなければならない[25]。

以上のように、ドイツ法上、資産担保証券取引において、SPVが譲り受けた債権の取立については、サーヴィスエージェントとしてのオリジネーターによる債権の取立には、法的助言法による許可を不要とする評価が示されているのに対し、オリジネーター以外のバックアップ・サーヴィサーによる債権の取立には、法的助言法による許可を要するとの評価が示されている[26]。

三　わが国における状況

わが国における資産担保証券取引のうち、特記すべきは、平成一〇年六月一五日に公布された「特定目的会社による特定資産の流動化に関する法律」（以下「SPC法」とする）に基づいて設立される「特定目的会社」

の利用によるセキュリタイゼーションの取り組みである。(27) この取り組みにおいては、どのような資格を有する者が、特定目的会社に譲渡された債権の取立をなし得るのかということが問題となる。

SPC法一四四条は、特定目的会社は、特定資産（同法二条一項三号に掲げる信託の受益権を除く）の管理および処分に係る業務については、当該特定目的会社に当該特定資産を譲り渡した者または当該特定資産の管理および処分を適正に遂行するに足りる財産的基礎および人的構成を有する者に委託しなければならず（同一項）、特定資産の管理および処分に係る業務の委託に関する契約書に、当該業務を委託する相手方（受託者）が、第三項第一～五号に掲げる義務を有する旨の記載のないときは、当該業務を委託してはならない（同三項）として、一定の厳格な要件を充たすことを条件としつつも、特定資産の管理および処分に係る業務の委託を委託し得ることを認めている。しかし、債権の取立の委託については、債権流動化計画に従い譲り受けた指名金銭債権（譲受債権）の取立ての委託またはその取立ての再委託に対する同意（一四四条三項五号）をしようとする場合において、その委託または再委託の相手方が譲受債権の取立てに当たり貸金業の規制等に関する法律二一条一項の規定もしくはこの法律の規定に違反し、もしくは刑法もしくは暴力行為等処罰に関する法律の罪を犯すおそれが明らかである者であることを知り、または知ることができるときは、当該相手方に当該委託をし、または当該相手方に当該再委託をすることに当該同意をしてはならない（一四六条）としている。以上の規定は、譲受債権の取立ての委託またはその取立ての再委託に対する同意を行う特定目的会社の側でどのような条件を満たさなければならないかを定めたものであり、債権の取立てを受託される側の資格要件を定めたものではない。その限りにおいて、わが国において、「特定目的会社」の利用によるセキュリタイゼーションの取り組み以外の場面で展開されている同様の取り組みについても、譲受債権の取立ての委託またはその取立ての再委託がなされた場合に、受託者側の要件がどのように設定されているのかが考慮されなければならない。

そこで問題となるのが、「債権管理回収業に関する特別措置法（以下「サービサー法」とする）」による規制である。同法は、債権の取立てを受託される側の資格について、弁護士法七二条および七三条[28]との関係で、弁護士以外の者がどのような条件で受託できるかについて規定するものである。

サービサー法は、これまでは弁護士のみに許されていた債権管理回収業を民間業者にも認めたものである。すなわち、同法は、「特定金銭債権」（後述）の処理が喫緊の課題となっている状況にかんがみ、許可制度を実施することにより弁護士法の特例として「債権回収会社」（後述）が業として特定金銭債権の管理および回収を行うことができるようにするとともに、債権回収会社について必要な規制を行うことによりその業務の適正な運営の確保を図り、もって国民経済の健全な発展に資することを目的とする法律である（サービサー法一条）。つまり、サービサー法は、ＳＰＣ法による資産の証券化・流動化と相俟って、立法当時の金融不良債権の深刻な状況に対処し経済の安定を図る目的をもって制定されたものである。[29]

サービサー法によって管理回収の対象となる「特定金銭債権」とは、①金融機関等の有する貸付債権、②特定債権等に係る事業の規制に関する法律第二条第一項に規定する特定債権、③金融機関等と政令で定める特殊の関係のある貸金業者の有する不動産担保付き事業者向け債権、④①の金融機関等が有していた貸付債権、⑤①ないし④を担保する保証契約に基づく債権、⑥信用保証協会その他政令で定める者が⑤の保証債務を履行した場合に取得する求償権、⑦前各号に掲げる金銭債権に類するものとして政令で定めるもの、である（サービサー法二条一項）。

また、「債権管理回収業」とは、弁護士以外の者が委託を受けて「法律事件」に関する「法律事務」である特定金銭債権の管理および回収を行う営業または他人から譲り受けて訴訟、調停、和解その他の手段によって特定金銭債権の管理および回収を行う営業をいう（サービサー法二条二項）

そして、同法によって法務大臣から債権管理回収業を許可された「債権回収会社」（サービサー法二条三項）が債権管理回収の業務をなし得るのである。この許可要件は以下の通りである。(i)資本金五億円以上の株式会社であること、(ii)常務に従事する取締役の一名以上に弁護士が含まれていること、(iii)暴力団員等がその事業活動を支配し、あるいは、暴力団員等を業務に従事させる等のおそれのある株式会社でないこと、(iv)役員等に暴力団員等が含まれていないこと、である（同五条）。

「特定金銭債権」のうち前記④について、これは金融機関等が過去に有していた債権のことであって、金融機関等が特定目的会社に売却して証券化した貸付債権等を想定していると指摘されている。[30]

前記サービサー法二条二項の「債権管理回収業」に関わる「法律事件」とは、法律上の権利義務に関し争いや疑義があり、または、新たな権利義務の発生する案件をいうものとされ、「法律事務」について、法律事務とは、弁護士法七二条に規定する「鑑定、代理、仲裁、和解その他の法律事務」と同義であって、「その他の法律事務」とは、法律上の効果を発生、変更する事項の処理をいうものとされるが、それのみではなく、法律上の効果を発生、変更するものではないものの法律上の効果を保全、明確化する事項の処理も含まれうるとし、債権取立の委任を受けてなす請求、弁済の受領、債務の免除行為をなすことなどは法律事務に当たり得るとされる。[31]

このことから、金融機関等から特定目的会社に譲渡された証券化された貸付債権の取立行為は、同法による法律事務となるものと解される。

そこで、そのような取立をなし得る者として債権回収会社が表れてくるのである。先に示したように、右のことは、「特定目的会社」の利用によるセキュリタイゼーションの取り組み以外の場面で展開されている同様の取り組みについても妥当するものと解される。

四　まとめに代えて

以上論じてきたことから、ドイツでは、SPVに譲渡された債権の取立については法的助言法による許可義務の可否について「他人の法的助言」という要件が充たされるか否かが問題とされており、サーヴィスエージェントとしてのオリジネーターによって債権の取立がなされる場合と、オリジネーター以外のバックアップ・サーヴィサーによって債権の取立がなされる場合とを区別し、前者については許可を要しないとすべきか否かが論じられている。これに対して、わが国のサービサー法では、そのような区別によらず、法務大臣から債権管理回収業を許可された債権回収会社であることが取立のための絶対的条件となっている。その限りで、取立対象となる債権が、サービサー法の規制を受けるためには、同法による「特定金銭債権」であることが必要であるが、当該債権が「特定金銭債権」であればよく、それがSPC法の枠内で譲り受けられたものであるか否かは問題とならない。

わが国においても、SPVが導管体にすぎないことから、サービサーの役割が重視されなければならず[32]、その意味でサービサー法の規制の意義が増大しつつあると思われる。すなわち、サービサー法の規制の適正な運用がはかられなければならないことは勿論であるが、他方、SPC法に基づく特定目的会社の利用を中心としたセキュリタイゼーションの取り組みの展開を阻害する要因も排除されなければならない。その意味で、サービサー法の各規定の解釈について不必要な疑義が生ずることは避けなければならず、明確かつ客観的な解釈がなされることが期待される。例えば、先に掲げたサービサー法二条二項の「債権管理回収業」に関わる「法律事件」に関する「法律事務」の解釈は、弁護士法の規定の解釈と連動しているものと解されるが、この点でサービサー法独自の解釈論が展開される可能性が全く排除されているか否かは必ずしも明らかではなく、その点で、問題がないわけではない。サービサー法の確実かつ客観的な法運用のためには、サービサー法の一般規定としての弁護士法上、「法律事件」および「法律事務」の概念が確定されていることが必要であるが、その点で弁護士法上の概念決定は、法文によって明らかにされているわけではなく(弁護士法七二条参照)、むしろ判例によって明らかにされているものといえる。(33) この点で、弁護士法上で「法律事件」および「法律事務」の概念規定を置くか、サービサー法自体に独自の概念規定を置くことも考慮されなければならない。

(1) SPVの概念について、丸山秀平「ドイツにおける「特別目的媒体(SPV)」の法形式」比較会社法研究・奥島教授還暦記念論文集第一巻四六三頁、同「SPC(特別目的会社)の機能」浜田道代、他偏・現代企業取引法二九七頁。

(2) Rechtsberatungsgesetz vom 13. 12. 1935 (RGBl. I 1935, 1478; BGBl III 303-12), zuletzt geändert durch Art1§3 des Gesetztes vom 19. 12. 1998 (BGBl I 3836).

(3) 「特定目的会社」は、本文Ⅲで述べる「SPC法」に基づいて設立される会社のことである(SPC法二条二項、一八条以下)。SPC法について、丸山秀平「債権流動化とSPC法」ジュリスト一一四五号三四頁、SPC法に基づかない資産担保証券取引について、丸山、前掲現代企業取引法二九七頁。

（4）平成一〇年法律一二六号。同法の解説として、北見良嗣＝坂田吉郎・サービサー法の解説四九頁以下。

（5）Früh, Asset-Backed Securities/Securitisation am Finanzplatz Deutschland, BB 1995, 105f.; Baums, Asset-Backed Finanzierungen im deutschen Wirtschaftsrecht, WM 1993, 1f.; Küppers/Brause, Asset-Backed Transaktion, AG 1998, 413f..

（6）Gehring, Asset-Backed Securities, S. 57. オリジネーターは、債権の取立を引き受ける対価として、手数料（Servicing Fee）を支払ってもらう。

（7）Gehring, a.a.O.

（8）Früh, a.a.O., 105 (108).

（9）Fünfte Verardnung zur Ausführungs des Rechtsberatungsgesetzes vom 29. 3. 1938 (RGBl. I 1935 359; BGBl III/FNA 303-12-5).

（10）法的助言（Rechtsbratung）は、他人のための法律事項の処理を含む。この意味のおける「法的助言」は、法的助言法一条一項にいう個別的な「法的助言」というよりも、「法的助言」法という法律の見出し語となっている広い意味における法的助言として理解される（Rennen/Caliebe, RBerG, 3. Aufl., 2001 Art.1 §1 Rn. 42.）。連邦弁護士法（BRAO）三条によれば、法的助言の資格を有する者は、まず第一に、弁護士（Rechtsanwalt）であるが、法的助言法による許可を得ている者も、法的助言をなすことができる。

（11）法的助言法による許可は、個々の専門領域ごとに与えられる。本稿との関連では、許可は「債権取立業者（Inkassounternehmern）」としての許可となる。ただ、業務活動の範囲内で、他人のための法律事項の処理を引き受けなければならない者（公証人、税理士、等）は、許可義務の例外として扱われる（§§ 3, 5, 6, 7 RBerG）。

（12）Rennen/Caliebe, a.a.O. Art. 1 §1 Rn. 197.

（13）Küppers/Brause, a.a.O. S. 416f.

(14) ここで、SPVによる債権取立が、他人の法的助言として、法的助言法の免許対象とされるわけではない。SPVは債権取立について固有の利益を有しているからである。また、法的助言法三条は、協同組合がその組合員のためになす活動については適用除外を定めており（Rennen/Caliebe, a.a.O., Art. 1§3 Rn. 52)、それ故、SPVが協同組合として設立された場合は、この規定の対象となる（Gehring, a.a.O.,S. 183. 協同組合としてのSPVについて、丸山、前掲（注2）記念論文集四七二頁)。

(15) 田邊光政・ファクタリング取引の法理論二頁以下。

(16) 「真正ファクタリング」は、債務者の無資力のリスクをファクターが引き受けて債権を買い取り、債権者記帳事務、債権の管理・回収、前払い金融を行うものであり、これに対して、「不真正ファクタリング」は、ファクターが債務者の信用リスクを引き受けないで債権を買い取り、債権者記帳事務、債権の管理を引き受け、前払いを行う方式のことである（田邊光政・前掲一一六頁)。信用リスクの移転の第一の要件は、買い主から売り主への支払の流れが逆流しないことである。例えば、買い戻し特約がある場合には、支払の流れの逆流が存することとなる。第二の要件は、売買代金の額が第一の要件の濫用的な回避になっていないことである。債権の売買代金が、非継続的な取引関係の枠内で第三者もその価格で譲渡したように、選択されている場合には、濫用的な回避は存しない。この点で、第三者による担保は、オリジネーターからSPVへの信用リスクの移転という観点のもとでは、問題はない。なぜならば、それによって有償で信用度リスクが第三者にさらに移転する、すなわち、まさしく逆流はないからである。結局、その支払不足額が影響を及ぼすようなSPVのオリジネーターへの支払は、信用リスクの完全な移転という観点からすれば少なくとも「胡散臭いverdaechtig」ものとなる（Küppers/Brause, a.a.O., S. 419)。

(17) 不真正ファクタリングについて、連邦最高裁一九七二年五月三日判決（BGHZ 58, 364)（同判決について、田邊・前掲二二六頁)。真正ファクタリングについて、NJW 1980, 1394.

(18) BGH, NJW 1963, 441 (443/444); BGH, NJW 1967, 38 (39); BGH, NJW 1974, 50 (51); BGH, NJW

-RR 1986, 1360; OLG Stuttgart, NJW-RR 1988, 1311 (1312).

(19) BGHZ 47, 364.

(20) 同判決について、田邊・前掲二三〇頁参照。同判決は、不真正ファクタリングに関する連邦最高裁一九七二年五月三日判決（BGHZ 58, 364）でも引用されている。

(21) NJW-RR 1986, 1360.

(22) オリジネーターからSPVへの債権の移転が「True-Sale」となるか否かは、その売却が破産法上の意味における真正な売却（echter Verkauf）となるか否かの問題と結びついている。オリジネーターからSPVへの債権の移転が「True-Sale」ではないとされると、それは、移転された資産によって担保されているSPVによるオリジネーターへの貸付（Secured Loan）とされることになる。この場合には、SPVは当該資産について、所有者ではなく、単なる担保付き債権者にすぎないことになる。従って、当該資産は、オリジネーターの破産の場合に、破産法上は、オリジネーターの破産に属することになる。アメリカ法では、破産申立以後、担保物に対する債権者による個々の強制執行はなし得ないとされている(Automatic Stay)(11 U.S.C. §362 (a)(4)(5)(6)(1988))。その限りで、一時的にせよSPVは、資産の証券化ができなくなってしまう。また、担保付けられた資産が、破産裁判所によって、オリジネーターの再建のために、通常の業務活動に使用される場合があることや、同一順位の新たな担保として利用される場合もある（11 U.S.C. §§363(c), 364(d)(1988)）。これに対して、オリジネーターからSPVへの債権の移転が「True-Sale」であれば、SPVは有効に資産の所有権者となり、右の規制は及ばない。この点について、Gehring, a.a.O., S. 49f..

(23) Küppers/Brause, a.a.O., S. 417

(24) Rennen/Caliebe, a.a.O., Rn. 52.

(25) Küppers/Brause, a.a.O., S. 418.このことから、国内のバックアップ・サーヴィサーを選択する際に注意しなければならないことは、バックアップ・サーヴィサーがデータ技術の加工および売掛金勘定（借方項目）

の簿記に対処できる状況にあるということだけではなく、とりわけ、彼が法的助言法の規定により取立について必要な許可を有しているかも注意すべきものとされる。後者のことは、外国に居住して、そこから取立業務を提供しているバックアップ・サーヴィサーの連結に関して適用されないことは勿論である。というのは、法的助言法の適用範囲は国内だけに限られているからである。金融機関の債権を伴った資産担保証券取引に際して注意すべきことは、銀行信用の通達によるサーヴィスエージェントが、国内金融機関もしくはドイツ以外のヨーロッパ共同体加盟国またはヨーロッパ経済圏に関する協定のそれ以外の加盟国に本店を有するヨーロッパ共同体銀行指令の基準によって監督される金融機関であることである。右の説明は、他人の債権の取立に対し法的助言法一条一項により許可を得る必要があるバックアップ・サーヴィサーとして連結されている、国内金融機関についても同様である。バックアップ・サーヴィサーに任じられる国内企業が法的助言法一条一項五号による取立の許可を得ている場合には、法的助言法一条一項三文の文言に従い債権の行使は許可に相応した職業名のもとでのみなされなければならない。金融機関が必要とされる商号、例えば第二AVO二条二項による「取立事務所（Inkassoburo）」というような商号、を用いるべき義務（Firmierungspflicht）があるか否かは、疑問である。上記の規定の趣旨は、許可を得ている者が匿名で業務を行うべきでないというところにある。それどころか許可を得ている者が必要な商号を用いることでその者が署名とその内容によって自己の同一性を明らかにすることが実証されるし、名宛人にとっては、起草者を認識することを可能とし、そして、もし署名の内容が法的助言者の信頼性、能力、専門知識への疑義を生ぜしめるものであった場合には、そのことを監督局に知らせることを可能とする。その限りでは、バックアップ・サーヴィサーとしての金融機関が自己の商号と住所を債務者に認識させるならば、それで充分であろう（Küppers/Brause, a.a.O.）。

(26) Küppers/Brause, a.a.O., S. 417は、さらに、法的助言法の適用について消極的評価をすべき理由として、同法の成立の経緯について論じている。すなわち、Küppers/Brauseによれば、法的助言法の適用領域は、とりわけ不名誉な歴史、一九三五年一二月一三日の最初の立法に結びつけられる、を理由としても狭く解釈されるべきである。法的助言法は、ヒットラーの独裁によって全く意図的にユダヤの同法を排除する法律として成立し、第三帝国の恥ずべき痕跡として、今日、革新的金融市場取引を妨げる役割を担わされるべきではない、というのである。なお、Küppers/Brauseは、右のような事情にも拘わらず、助言の実務において、勿論確定されなければならないことは、不必要な問題状況が生じ、計画された資産担保取引が、法的助言法の間違って導かれた文言を軽率に引用したうえでの「許可された」法的助言によって問題とされているということである。それ故、望まれるべきことは、その適用領域から資産担保取引を明白に排除する旨の法的助言法の新法を成果とすべき立法者のイニシアティヴであろう、と示唆している（a.a.O., S. 417f.）。

(27)　前注(3)参照。SPC法は、平成一二年五月に改正されている（改正の内容について、原田昌平「改正SPC法の概要と設立手続」企業会計二〇〇〇年一二月号）。

(28)　昭和二四年法律二〇五号。同法七二条は、「弁護士でない者は、報酬を得る目的で訴訟事件、非訟事件……その他一般の法律事件に関して鑑定、代理……その他の法律事務を取り扱い、又はこれらの周旋をすることを業とすることができない」、同七三条は「何人も、他人の権利を譲り受けて訴訟……その他の手段によって、その権利の実行をすることを業とすることができない」とする。

(29)　山田勝利「債権管理回収業に関する特別措置法の概要」金融法務事情一五三三号六頁。

(30)　黒川弘樹＝坂田吉郎「債権管理回収業に関する特別措置法（いわゆるサービサー法）の概要」金融法務事情一五三二号七頁、北見＝坂田、前掲七〇頁。例えば、ゼネコン等の有していた債権は対象外となる（山田勝利、前掲八頁）。

(31)　黒川＝坂田・前掲八頁、北見＝坂田、前掲七八頁。

(32)　黒川＝坂田・前掲六頁。

(33)　いかなる債権の管理回収が「法律事件」に関する「法律事務」になるかについて、最高裁の決定等（最決昭三七・一〇・四刑集一六巻一〇号一四一八頁、同原審福岡高判昭三六・一一・一七）が「債権の額について争いがあり債権者において取立困難な状況にあったもの、債権の成立について争いがあり債権者において請求に困惑していたもの、債務者において支払を遅延し回収困難の状態にあったもの及びこげつき債権として回収困難の状態にあったもので、いずれも債権が通常の状態ではその満足ができないもの」などの「法律事件」に関して「債権者から債権の取立ての委任を受けて、その取立のため、請求、弁済の受領、債務の免除等の諸種の行為をすること」などが「法律事務」とされている（日本弁護士連合会調査室編著・条解弁護士法（第二版補正版）五三九〜五四〇頁）。このことから、判例上、事件性（紛争性）の有無がメルクマールとされているとしたうえ、サービサー法の立法者も同様の理解によったものとの指摘されている（黒川＝坂田・前掲八〜九頁）。

19　ドイツの株式会社における監査役会と会計監査人の連携

三原園子

一　序

ドイツの株式会社の数は、一九八〇年から二〇〇〇年までの約二〇年間で、当初の約四倍の八五〇〇社に増加している。その伸び率は、一九九〇年までは緩やかであった。しかし、一九九四年八月一〇日から「小規模な株式会社と株式法の規制緩和のための法律」（小規模株式会社法）[1]が施行された結果、従業員数が五〇〇未満のいわゆる小規模会社（kleine Aktiengesellschaft）については共同決定法の適用が免除になる等の規制緩和が行われ、それに続く一九九五年辺りからドイツの株式会社の数の増加率が上昇している。[2] さらに、「企業領域における監督および透明化のための法律」(KonTraG、以下コントラック法という)[3]が成立し、このコントラック法が施行された一九九八年五月一日以後のドイツの株式会社の数は飛躍的に増え、一九九八年の約五五〇〇社から二〇〇〇年の約八五〇〇社へとたった二年の間に一・五倍にまで増加し、二〇年前と比べると約四倍に増加している。[4] このようにドイツの株式会社は、従業員数を基準に、従業員数五〇〇人以上の大規模株式会社と、五〇〇人未満の小規模株式会社の二つに分類されるのに対して、日本の株式会社は、資本の額または負債総額を基準に、資本金五億円以上または負債総額二〇〇億円以上の大会社(全体の約〇・八%:九四九九社)、資本金一億円以下の小会社(全体の九六%:約一一四万社)、およびそれ以外の中会社(全体の約三%:約三、七〇〇〇社)の三種類に分けられている(商特第一条)。

ドイツでは一九九四年の小規模株式会社法の成立を機に、非上場会社については、その設立がより簡単になり、例えば、発起人が従来五人必要だったのに対して一人会社の設立が可能になった。既に日本では、一九九一年の商法改正をもって従来七人必要であった発起人の人数を緩和して一人会社の設立が可能になっている(商法第一九四条)。また、ドイツでは最低資本金の額が、一〇万ドイツマルクつまり五万ユーロ(日本円で約五〇〇万円)に改正された。これは、日本の株式会社の最低資本金一、〇〇〇万円の約半分である(商法第一六八条の四)。

とりわけこの一九九八年の大改正によって、ドイツの株式会社における監査役会の体制も相当変化したことが報告されている。本稿では、まず、取締役、監査役会、会計監査人の陣容を見た上で、改正による監査役会と会計監査人の連携の在り方の変化について概観し、日本法への示唆を得たいと考える。

最近20年間におけるドイツの株式会社の数の変化

	1980年	1986年	1990年	1995年	1996年	1997年	1998年	2000年
ドイツの株式会社の数	2147社	2165社	2685社	3780社	4043社	4548社	5468社	8362社
日本の株式会社の数		1,090,240社				1,192,467社		

出典：〈ドイツ〉 Deutsche Bundesbank, Kapitalmarktstatistik, Juni 2000, S. 46; Herbert Hansen, Kräftiger Anstieg der Zahl der Aktiengesellschaften bis Ende 1998 auf 5468 Unternehmen, AG 3/1999. R67;小柿徳武「ドイツにおける会社法等の改正動向」商事1568号58頁（2000年8月）、〈日本〉奥島孝康『プレップ会社法』36頁（弘文堂、1991年）

（1）Gesetz für kleine Aktiengesellschaften und zur Deregulierung des Aktienrechts vom 2. August 1994, BGBl. I, S. 1961, 1994

（2）Henning W. Wahlers, Die Satzung der kleinen Aktiengesellschaft, 3. Aufl., 2000, S. 3. 小柿徳武「ドイツにおける会社法等の改正動向」商事一五六八号五八頁（二〇〇〇年八月）

（3）Gesetz zur Kontrolle und Transparenz im Unternehmensbereich- KonTraG (BGBl. I, S. 786 v. 30. 04. 1998)

（4）その間、日本においては、一九八六年に一、〇九〇、二四〇社であった株式会社の数が、一九九八年には一、一九二、四六七社へと約一〇万社増加している。

二　取締役会、監査役会および会計監査人の陣容

(1)　単層制と二層制⑸

株式会社の構造の一つの例として、周知のように、株主総会が経営を担当する取締役会および監督を担当する監査役会のメンバーの両者を選ぶ二層制があげられる。ここでは、株主総会、取締役会、監査役会という三つの機関が存在する。これに対して、株主総会が取締役会のメンバーのみを選び、取締役会の中に監督担当のグループを作るのが単層制といわれるもう一つの代表的な形態である。単層制のもとで

は、株主総会と取締役会という二つの機関が存在し、取締役会の中に設けられた委員会が監督義務を負うことになる。これらのどちらかを選択するのが混成制と言われている。

二層制を採る国としては、ドイツ、オランダ、オーストリア、デンマーク、フィンランドがあり、日本を除いて、アジア諸国では採用されていない。

一方、単層制を採る国としては、イギリス、アイルランド、スイス、スペイン、ポルトガル、イタリア、ギリシャがある。アメリカもここに属する。

また、混成制を採る国としては、フランス、ベルギーがあり、ここでは二層制と単層制のどちらかを選択することができる。

（5） Annette Eicker, Geschlossene Gesellschaft, Handelsblatt vom 26. 10. 96.

(2) ドイツの株式会社における取締役会（Vorstand）の特徴

ドイツの株式会社における取締役会は業務執行責任を負い（ドイツ株式法七六条一項）、取締役会の業務執行行為は会社自体の行為と見做される（ドイツ株式法七八条一項）[6]。取締役を選任するのは監査役会であり（ドイツ株式法八四条）、取締役の任期は五年以内であるが、再任を妨げない（ドイツ株式法八四条一項）[7]。

取締役は一人以上必要であるが、資本金の額が三百万マルク（約一億五千万円）を超える場合には取締役は最低二人必要となる（ドイツ株式法七六条二項）[8]。実際には、ドイツの取締役会の平均人数は四〜五人であり、他のヨーロッパの諸国における取締役会の平均人数六〜七人と比べると若干少ないようである[9]。

監査役会はこの取締役の内の一名を取締役会会長として指名することができる（ドイツ株式法八四条二項）[10]。監査役会は取締役を選する時点で単独代表かまたは共同代表とするかを決めなければならず、典型的なのは共同代表である。取締役に加えられた内部的制限をもって第三者に対抗できないのは、日本と同様である（ドイツ株式法第七八条[11]）。

取締役は重大な理由が存在する場合にのみ監査役会によって解任され（ドイツ株式法第八四条第三項）、この重大な理由としては、重大な義務違反や適正な管理能力不足、株主総会での不信任などが挙げられる[12]。

ドイツで最も大きな影響力を有しているのは五八％の機関投資家であるのに対して、他の北ヨーロッパ諸国においては、取締役会会長または取締役会全体の発言が最も大きな影響力を有していると言われている[13]。

また、ドイツの株式会社における取締役の椅子は、四〇％が内部の生え抜きで占められており、その他の取締役の募集は新聞広告によるものが四六％であるのに対して、監査役会員とのコネで選ばれる者は二％でしかないといわれる[14]。Claus Hommer 氏によれば、ドイツの株式会社における取締役は社内取締役からなり、外部者は監査役会にだけ存在していると言われるのに対して、他の北ヨーロッパ諸国では取締役会の半分は社外取締役で占められているという。但し、政府の関わりの強いフランスやベルギーでは、社内取締役一名に対して社外取締役が二名の割合となっている[15]。

また、ドイツの取締役会がドイツ人のみからなるのに対して、フランスやベルギーでは外国人の取締役が最も多く六一％を占めており、また、他の北ヨーロッパ諸国では、監査役会の二〇％、取締役会の三〇％が外国人であるなど、国際色は単層制が二層制をはるかに上回っている[16]。

（6）　Dennis Campbell/ Christian Campbell/ Dr. Bernd Rüster, Business Transaction in Germany, Vol. 3, 1999, § 24. 03 [1] [a]

（7）　Dennis and Christian Campbel/ Rüster, a.a.O.

（8） Dennis and Christian Campbel/ Rüster, a.a.O.
（9） Eicker, a.a.O. (Fn. 5)
（10） Dennis and Christian Campbel/ Rüster, a.a.O.
（11） Dennis and Christian Campbel/ Rüster, a.a.O., § 24. 03[1][b]
（12） Dennis and Christian Campbel/ Rüster, a.a.O., § 24. 03 [1][a]
（13） Eicker, a.a.O., (Fn. 5)
（14） Eicker, a.a.O.
（15） Eicker, a.a.O.
（16） Eicker, a.a.O.

(3) ドイツの監査役会の特徴

監査役会は取締役を監督する義務を負う（ドイツ株式法一一一条一項）。

ドイツの監査役会の平均人数は一三人であり、これは他の北ヨーロッパ諸国の平均人数九人と比べて最も多く、最適な会議体の人数とされる六～八人をも上回っている[17]。

ドイツの監査役会では、他の企業での指導力に関するノウハウを有する人は一三％にすぎず、法律で定められた労働者代表（九六％）を筆頭に、他の北欧では三一％と少ないがドイツでは最も広範な代表権をもつ銀行が次に七〇％を占め、さらに、六一％の投資家または株主の集団およびかつて勤務していた取締役（四三％）が来る[18]。一方、北ヨーロッパ諸国では、当該会社にかつて勤務していた取締役が監査役会のメンバーになる場合が一七％と比較的少なく、他の会社を退職したいわゆる独立取締役が監査役会のメンバーになる場合が七二％と多い[19]。

(17) Eicker, a.a.O. (Fn. 5)

(18) Eicker, a.a.O.

(19) Eicker, a.a.O.

(4) 会計監査人（経済監査士：Wirtschaftsprüfer）の特徴

(a) 会計監査人の資格

最も伝統ある監査法人は、パートナーシップ（いわゆる合名会社）の形態を採るものよりも株式会社（AG）や有限会社（GmbH）の形態を採るものの方が多い[20]。

経済監査士は、公的自主規制団体である「経済監査士団体（Wirtschaftsprüferkammer）」によって監督されている（経済監査規則第四条）。この「経済監査士団体」は、経済省（Bundesminister für Wirtschaft）の監督下に置かれている（経済監査規則第六六条）。この他、「ドイツ経済監査士協会（Institut der Wirtschaftsprüfer in Deutschland e.V.）」が、任意の登録団体（eingetragener Verein）として存在し、ほとんどの経済監査士および監査法人がこの会員となっている[21]。

(b) ドイツの会計監査人の独立性[22]

ドイツの経済監査士（Wirtschaftsprüfer）が、被監査会社からの独立性を保つための条件は、次の通りである（ドイツ商法典三一九条二項、三項）[23]。

① 経済監査士または当該経済監査士と同じ監査法人事務所の仲間が、被監査会社の株式を所有していないこと

② 経済監査士または経済監査士と同じ監査法人事務所の仲間が、過去三年間の間に被監査会社の取締役、

監査役または従業員ではなかったこと

③　経済監査士が、被監査会社の法律上の代表者もしくは被監査会社の監査役会員または被監査会社の関連会社もしくは被監査会社の二〇％超の持分を有する会社のパートナーもしくは所有者でないこと

④　経済監査士が、被監査会社と関連があるか二〇％超の持分を有する企業または個人の従業員でないこと

⑤　経済監査士が、会計帳簿の記入もしくは財務諸表の作成に携わっているか、または会計帳簿もしくは財務諸表作成企業の法律上の代表者取締役、パートナーもしくは従業員でないこと

⑥　監査遂行に当たり、経済監査士が前述の規定のもとで会計監査人となることができない者を雇わないこと

⑦　直近の五年間で被監査会社およびその関連企業の監査およびコンサルティング業務からの報酬が経済監査士の全収入の五〇％を超えていないこと

また、監査法人が、被監査会社との独立性を保つための条件は次の通りである。

⑧　監査法人が、被監査会社の株式を所有していないか、被監査会社との関係がないか、または関連会社が被監査会社の株式の内二〇％を超えて所有していないこと

⑨　監査法人が、上記⑤、⑥、⑦を充たしていること

⑩　監査法人が株式会社または有限会社である場合には、当該監査法人が被監査会社の法律上の代表者でないか若しくは五〇％以上の議決権を有する株主でないこと、また、監査法人がパートナーシップである場合には、当該監査法人の誰もが上記①〜④の四つの条件を充たしていること

さらに、上場会社の会計監査人が過去一〇年間に六回を超えて監査意見に署名をしている場合には、当該会計監査人は他の監査人と交替しなければならない（ドイツ商法典三一九条二項、三項）[24]。この一九九八年コントラック法によって導入されたものであるが、日本にはこのような規定はまだない。

(c) 経済監査士の賠償責任

一九九八年のKon TraGの成立によって、会計監査人に対する監査証明一件についての損害賠償請求額が従来の五〇万マルク（約二五〇〇万円）[25]から次のように引き上げられた。

過失（negligence）による損害賠償額は、監査証明一件につき二〇〇万マルク（約一億円）まで、上場会社の監査の場合には、八〇〇万ドル（約四億円）までの額となる（ドイツ商法典第三二三条第二項）[26]。この損害賠償額は、被監査会社と会計監査人との間の契約でもって排除したり制限したりすることはできないとされている（ドイツ商法典第三二三条第四項）。アメリカでは賠償額の制限はなく、損害賠償請求訴訟によって倒産する会計事務所が出ており[27]、また、日本にもこのような賠償額の制限はない。早急に検討すべきであろう。

(20) Dennis Campbell/ Christian Campbell/ Dr. Bernd Rüster, Business Transaction in Germany, Vol. 4, 1999, §33. 05 [2]
(21) Dennis and Christian Campbel/ Rüster, a.a.O.
(22) Dennis and Christian Campbel/ Rüster, a.a.O., §33. 05 [3]
(23) §319 (2), (3) HGB
(24) Dennis and Christian Campbel/ Rüster, a.a.O. (Fn. 20), §33. 05 [3]. 小柿・前掲（注2）六一頁
(25) 大木満「ドイツにおける会計士の対第三者責任—法定監査の場合—」早法七四巻三号三八三、三八五頁（一九九九年三月）

(26) 小柿・前掲(注2)六一頁

(27) 大木・前掲(注25)三九七頁他

三 新しい法規範の展開

(1) 会社の危機管理体制と監査役会

ドイツの監査役会では、監査役会に取締役(Vorstand:日本における代表取締役)が出席して監査役に対して三、四時間にも亘って説明義務を負うことになっている(約八割の時間を、株主代表側の監査役に対する説明に費やす)。これに対して、日本においては、監査役の方が取締役会や株主総会に出席して説明を聞かなければならないことになっている。(28)

ところで、一九九八年のコントラック法によって新設されたドイツ株式法第九一条の第二項(AktG §91(2))(29)は、取締役に会社に対するRisiko Mnanagement(危機管理)を強制しており、この危機管理に関する報告は、実際には決算検査役(Abschlußprüfer)によって担われ、監査役会における報告の約半分の比重を占めるに至っている。(30)

このドイツ株式法九一条二項でいうところの危機管理は、すでにドイツ株式法七六条一項で取締役の指揮義務として記されていた、と解釈できるともされている。(31) これは将来を保証する義務、すなわち永続的な収益性を保持することで危険を回避する義務であると理解されている。(32) しかしながら、この危機管理体制が、実際、具体的に何を指すかについては、一九九八年に導入されてまだ新しいこともあり、法律上も判決の上でもまだ確定していない。(33)

また、ドイツ商法典(HGB)三一七条四項上、決算検査役はこの危機管理体制(Risiko Management System)が適正に導入され、稼働しているかを検査しなければならず、また、ドイツ商法典三二一条四項で、決算検査役はその結果を報告書の特別部分に記載しなければならないことを規定した(34)。

このドイツ商法典三一七条四項は、決算検査役が、取締役の危機管理体制を年次検査の範囲内で検査することを規定すると解釈されている(35)。また、ドイツ商法典（HGB）三二一条四項上、決算検査役の報告義務が監査役会にまで拡大されたことによって、監査役会の取締役に対する監督がより行いやすくなったと、指摘されている(36)。

ここでの報告は、ドイツ株式法九〇条一項の場合と異なり、監査役会の機関事項ではなく、監査役会会長の緊急事項であり、監査役会のメンバーはいずれにせよ次回の委員会で監査役会会長から説明を受けなければならないとされている(37)。

それ故、監査役会は実際に危機管理を担当しておらず、取締役が担う危機管理について監督する義務を負うにとどまる(38)。既に見たように、監査役会は、決算検査役を通して取締役が危機管理体制を導入しているか否かを監督するのであって、このことからは監査役会に課せられているのは、危険の状態を事前に具体的に知ることではなく、危機管理体制の検査を行うことのみであることがわかる(39)。

法律には記載されていないが、監査役会は、機会獲得・拡大と危険回避との間の綱渡りを適正に行い、責任のない危険がある場合にも沈着冷静に対処しなければならない、と主張される(40)。

(28)　株主総会の想定問答集によれば、「総会に出席できないような社外監査役は候補者から除外せよ」「社外監査役の取締役会・株主総会への出席状況が悪い」といった想定質問ばかりである。商事法務研究会・株主総会

想定集〈平成一一年度版〉六三八頁以下：河上和雄「社外監査役の理想と現実」ジュリ一一五五号（一九九九年五月一－一五日合併号）

(29) ドイツ株式法九一条二項は「取締役は、会社の存続の危機を事前に察知することができるように、適正な措置とりわけ監督体制を整備しなければならない」と規定している。

(30) Feddersen, Dieter, Neue gesetzliche Anforderungen an den Aufsichtsrat, AG 2000, 385, 393.

(31) Claussen, Carsten, P./Korth, H.- Michael, Anforderungen an ein Risiko-managementsystem aus der Sicht des Aufsichtsrates, in FS Marcus Lutter, 2000, S. 329.

(32) Hüffer, AktG, 4 Aufl. 1999. §76. Rz. 13.

(33) Claussen/Korth, a.a.O. (Fn. 31), S. 331.

(34) Claussen/Korth, a.a.O., S. 335.

(35) Scharpf, Risikomanagement- und Überwachungssystem, in Dörner, Reform des Aktienrechts, 1999, S. 177, 182.

(36) Claussen/Korth, a.a.O. (Fn. 31), S. 329.

(37) Hüffer, a.a.O. (Fn. 32) §91. Rz. 8. 9.

(38) Claussen/Korth, a.a.O. (Fn. 31), S. 330.

(39) Claussen/Korth, a.a.O., S. 331.

(40) Claussen/Korth, a.a.O., S. 332.

(2) 委員会の結成

ドイツの監査役会内に設けられた委員会は、アメリカの上場会社に設置が強制されている監査委員会（Auditing Committees）と報酬委員会（Remunerations-Committees）に由来している。(41) アメリカでは取締役会内に委員会を欠くことができない。なぜなら、アメリカのいわゆる一元制（ボードシステム）では、ドイツと異なりそもそも経営と監督が分離していない。それ故、取締役会内部のそれぞれ委員会に二名の「社外取締役（会社から独立した社外取締役で独立取締役とも呼ばれる）[42]」を代表として置くことで、経営と監督の区分を図っているのである。[43]

ＤＡＸ30の株式会社の内で独自に調査された二六の会社では、共同決定法二七条、三一条三項によって設置が強制されている調停委員会（Vermittlungsausschuß）の他に、ほとんどの会社で以下のように他の委員会を設けられていたことが報告されている。[44] 委員会の構成員は普通四～五名で形成され、調査対象会社二六社の内ほとんどすべての会社つまり二三社で人事委員会（Personalausschuß）かまたは幹部委員会（Präsidialausschuß）が設置され、たいてい監査役会会長が強制的に人事委員会または幹部委員会のメンバーになっていた。この他、約三分の一の八社では検査委員会（Prüfungsausschuß）が設置されていた他、ほとんどすべての銀行には信用委員会（Kreditausscuß）が、大株式会社では幹部委員会が、最大級の株式会社では年次決算委員会（Jahresabschlußausschuß）が設けられていると言われている。[45] すべての会社の業務規定の中に、委員会に関する規則が記載されていることは注目されている。[46]

また、ＤＡＸ30の株式会社の内、アンケートの中では、少なくとも六社ですでに一人以上の監査役会のアシスタントが決算検査役の他に存在している。Feddersen教授は、これを制度化する必要はないが、必要なことであり注目に値すると評価されている。[47]

（41） Claussen/Korth, a.a.O.（Fn. 31), S. 332-333.

（42） この「独立取締役」(independent director）と「社外取締役」(outside director）は、次のとおり区別さ

れている。

「独立取締役」は、最近の二年以内に、その会社の役員であったり、二千万円以上の報酬を受け取ったり、法律事務所や投資銀行として会社の助言者である等の雇用関係がない等、会社の上級執行役員（senior executives）と「重要な関係（Significant Relationship）」がない取締役であり、経営者、株主、その他の利害関係者から独立していることが必要であるとされる。American Law Institute（ALI）, Principles of corporate governance analysis and recommendations（1992）§1. 34.

一方、「社外取締役」は「社内取締役」に対する概念として漠然と使われ、「独立取締役」の意味で用いられていることもしばしばあり、これらは明確に使い分けられてこなかった。ALI, op. cit. §1. 34 comment b／E. Wymeersch, A Status Report on Corporate Gorevnance in Some Continental European States, in Hopt ed., Comparative Corporate Governance, 1998, 1045, 1099.

さらに、大公開会社では、独立取締役が執行役員以外の取締役の過半数を占めることが望ましいとされる一方、それ以外の会社でも取締役会のうち少なくとも三人は独立取締役であることが推奨される。ALI, §3A. 01, Composistion of the Board in Publicly held Corporations. See, E. Wymeersch, at 1101, 1103-04.

（43） Claussen/Korth, a.a.O.（Fn. 31）, S. 333.

（44） Feddersen, a.a.O.（Fn. 30）, 393-394.

（45） Claussen/Korth, a.a.O., S. 333.

（46） Feddersen, a.a.O., 393.

（47） Feddersen, a.a.O., 394.

(3) 決算検査役と監査役会との関係

一九九八年のコントラック法成立に伴う株式法改正によって、決算検査役と監査役会との関係は以下の三

点においてより強化され、監査役会の行う監査をより強固に支援する体制が整ったと言われる。(48)

(a)　決算検査役に対する委任契約

新しい株式法一一一条二項三文(49)によって、取締役に代えて監査役会が決算検査役に対して会計監査の委任を行うことになり、これによって、監査役会が、決算検査役の契約条件および報酬を確定することができるようになった。取締役は決算検査役の報酬決定の準備に携わることはできるが、会計監査の重要な事項については準備に関与することはできない。

(b)　会計監査報告書の作成と交付

会計監査報告書は、新しいドイツ商法典第三二一条第五項(50)によって、監査役会に直接提出されることとなった。これによって、これまで広く行われてきた取締役の会計監査報告の内容への関与が行われにくくなった。

(c)　決算検査役の監査役会への出席

新しい株式法第一七一条第一項第二文(51)によって決算検査役は、年次決算に関して、監査役会または監査役会の委員会に出席して、実際の会計監査結果について報告しなければならないこととなった。

これらについて、日本では、まず、①決算検査役に対する委任契約は、株主総会で決算検査役が選任された後、従来のドイツと同じく、代表取締役（つまりドイツにおける取締役）がこれを行ってきている。(52)②の会計監査報告書の提出については、日本では、監査役会と取締役の双方に提出しなければならないとされ、監査役会については員数分を、取締役については代表取締役に一通、これを提出すればよいことになっている。(53)監査③の監査役会への決算検査役の出席に関しては、日本では、明文化されていない。代わりに、会計監査人が取締役の重大な違法行為を発見したときには監査役会に報告しなければならないこと(商特八条一項)、監査役会が必要に応じて、会計監査人に対して監査に関する報告を求めることができること(商特同条二項)を定めるのみである。

日本でも監査役会と会計監査人の連携をより強化するためには、(a)や(c)を取り入れることも必要であろう。

(48) Feddersen, a.a.O. (Fn. 30), 387.

(49) § 111 Abs. 2 Satz 3 AktG (監査役会の任務および権限)

監査役会は、決算検査役に対してドイツ商法典第二九〇条に基づく年次決算監査およびコンツェルン決算監査を依頼する。

(50) § 321 Abs. 5 HGB (監査報告)

決算検査役は、監査報告書に署名し、法的な代表者に提出しなければならない。監査役会が決算検査役にこれを委任している場合には、当該報告書は監査役会に提出されなければならず、取締役会に対しては提出前に態度を表明しなければならない。

(51) § 171 Abs. 1 Satz 2 AktG (監査役会による監査)

年次決算報告書が決算検査役によって監査されなければならない場合には、決算検査役は、当該監査報告書についての監査役会の協議または監査役会の委員会に出席して、監査の重要な結果について報告しなければならない。

(52) 商特第三条、龍田節、上柳・鴻・竹内編『新版 注釈会社法(6)』五二七頁(有斐閣、一九八五年)

(53) 商特第一三条、龍田節・前掲注(52)五八七頁

四　結語

ドイツにおいては、現在、新規市場にたくさんの企業が登録し、かつ倒産劇を迎えている。今後は、ドイツにおいても、取締役（つまり日本における代表取締役）や銀行の役割や責任についての議論がますます盛んになることが予想される。その意味でも、監査役員の資質や役割の重要性は高まると思われる。

ドイツと日本に共通するのは、日本の取締役がほとんどすべて生え抜きである一方、ドイツでもヨーロッパの中で比較するととりわけ生え抜きの取締役が約半数を占めるというように多いことである。他方、日本と決定的に異なるのは、ドイツの監査役会（日本の取締役会、監査役会双方に相当）は約半数が社外の者であるのに対して、日本では社外取締役や社外監査役はいまだごく少数だということである。この点については、制度の違いこそあれ、アメリカとヨーロッパで大きな差異は見られない。訴訟による損害賠償責任と監査役会員の報酬とのバランスを考えて、日本においても社外取締役や社外監査役の制度を再検討する必要があろう。

また、アメリカでも、財務諸表監査という公的な会計監査の他に、内部資料作成のための法定監査のための「法定監査委員会」が存在する。[54] これは、日本において取締役会や監査役会、中でも取締役会が行う業務監査に相当するものだと思われる。

この法定監査は取締役会ではなく経営者層に属しており、[55] さまざまな観点からの助言を得るという目的のもと、[56] 監査の専門家ではなく、法律家や法律事務所がメンバーになっている。[57] この法定監査委員会のメンバーの全員が独立取締役である必要はなく、ここではむしろ内部の経営者が含まれている必要がある。[58] これらのことを勘案すると、会社と独立した関係にある役員を起用することはもちろん必要であるが、その一方で、社内の者が活躍する監査委員会を活用することもまた必要であると思われる。

会計監査と業務監査の双方において、それぞれ会計専門家、法律専門家を活用することは有効な手段であろう。

現在、日本の今後のあるべき組織体制について、さまざまな議論がなされている。監査役会や取締役会の在り方についてのより一層踏み込んだ検討については、今後の課題としたい。

(54) Louis M. Brown/Anne O. Kandel, The Legal Audit - Corporate Internal Investigation - (West, 1999), §6. 04 [2]

(55) Brown/ Kandel, a.a.O., §6. 04 [2]

(56) Brown/ Kandel, a.a.O., §6. 02 [5]

(57) Brown/ Kandel, a.a.O., §6. 02 [2]

(58) Brown/ Kandel, a.a.O., §6. 04 [2]

[追記] 昨年秋、科学研究補助金奨励研究(A)のためドイツに一週間滞在し、テュービンゲン大学のアスマン教授に資料の紹介等、ご指導いただいたことを申し添えます。

20 日独社会保障協定
——最初の経験的事例——

ハインリッヒ・メンクハウス
(Heinrich Menkhaus)

A はじめに

長い交渉期間を経てようやく二〇〇〇年二月一日を以って日独社会保障協定が施行されました。日本にとっては、この種の協定ではこれが最初のものとなります。ドイツと日本の公的社会保障のシステムが驚くほど似通っていることがその理由です。それゆえ、ドイツとの協定は、水先案内人的機能を持つことになりました。一九六四年一月七日付ドイツ連邦共和国外務省の口上書に規定された日独公務員交流を通して両国の相互理解が深められました。それは、年間三人の厚生省、労働省、社会保険機関の担当官がそれぞれお互いの国に出向き交渉を行った結果でもあります。

類似するという事実は、一九世紀後半（八〇年代）に日本がドイツのシステムを研究し、部分的に日本にも適用させたことに端を発します。なかんずく法律の分野においては、このことは大きな意味を持ちます。日本の法律家は明治時代より、ドイツ法の発展に包括的かつ継続的に携わってきました。その意味では、一九八一年から一年間にわたって、ミュンスター大学の国際経済法研究所にてドイツ会社法の勉強のため滞在しておられ、この度退官されることになった、そのような日本人法律家の一人と、やはり当時同大学の研究員だった私が知り合うことができましたことを非常に光栄に思います。この日本人法律家による、ドイツ滞在記が一九八二年に「岡目八目」という題名で新潟日報に連載されました。(1)

(1)　"The Outsider's eyes upon West Germany" というタイトルの日英対訳別刷で一九八五年三月、当時の友人、知人に配られた。

一　協定の要点

以下、簡単に協定の要点を説明し、その施行後、初めての経験をドイツ人の立場から述べたいと思います。(2)

I　健康・労災・介護保険

本協定は、遠大なタイトルにもかかわらず、両国にある五公的社会保険のうち三保険、すなわち健康・労災および介護保険については一切触れておりません。

II　年金保険

1　加入期間算入方式

年金保険については、いわゆる加入期間算入方式が導入されました。これが、英語圏でのこの種の協定が“Totalisation-Treaties”と呼ばれるようになった所以であります。算入方式とは、締約国内での保険加入期間を合算し、それを年金の給付資格の根拠とすることです。この方式では、ドイツ国内での加入期間が、日本での受給資格要件である最低加入期間の二五年を満たすために考慮されます。逆に、ドイツの年金の受給資格要件である六〇ケ月を満たすために、日本での加入期間が通算できます。算入方式により得た受給資格は、日独それぞれの年金保険機関に対してのみ請求でき、それぞれの国で支払われた保険料の拠出実績に応じて年金額が支給されることになります。

2　免除要件

年金保険の分野においては、もう一つの事項が規定されました。そのことは、特に、互いの国でビジネス活動を行う企業によって提唱されました。それが、いわゆる免除要件です。これには、二種類あり、自国において年金保険が継続されることを理由に、協定の第7条（派遣社員）もしくは第一〇条（除外規定）に基づき他方の締約国の年金保険加入が免除される場合です。免除の期間は最高で九六ケ月と規定されています。[3]

この規定の背景には、二重強制加入の問題がありました。これまで日本におけるドイツ人被用者の一部は、社会福祉法典（Sozialgesetzbuch）Ⅳの第四条のいわゆる“Ausstrahlung”（法的効力の国外波及）によるか、もしくは、社会福祉法典Ⅵの第四条“Versicherungspflicht auf Antrag”に則りドイツ国における申請に基づく保険加入義務が発生し、さらに職場が日本にあるために日本でも年金保険に加入せざるを得ませんでした。

ドイツ法の“Ausstrahlung”（法的効力の国外波及）に該当していたドイツ人被用者の日本での年金保険強制

加入は、その後一九八一年の日本政府の口上書により、なくなりました。口上書の文面は以下の通りです。

"……in the case of an employee sent to Japan by the overseas business concern to which he belongs, where it is deemed, for example, that his salary is a direct remittance from an overseas business concern, and that he works under the direction of the owner of the overseas business concern, and so on, he is to be considered not to have an employment relationship with a business concern in Japan. The Japanese Health Insurance and the Employee's Pension Insurance are, therefore, not applicable to him."

ドイツにおいて申請に基づく保険加入義務があり、さらに日本においても年金保険に加入しなければならないドイツ人被用者にとって二重加入の問題は、特に、深刻でした。彼らはの多くは、日本における就労期間は短く、日本での年金受給資格要件である原則二五年をクリアすることはありませんでした。また、一九九五年までは年金保険の被用者負担分でさえ償還されず、また、現在も保険料納付期間三年を限度に脱退一時金が請求により支払われるだけです。

III 雇用保険

雇用保険については、協定に係る議事録第10a)条に言及されているのみであります。そこでは、免除要件においては、年金保険と平行した取扱いになるようです。すなわち、当該他方の締約国において協定に基づくか、もしくは申請により年金保険加入が免除されている者は、雇用保険加入も免除されることになります。ただし、自国においては加入しなければなりません。

(2) 内容に関する解説は、メンクハウス、Deutsch-Japanisches Sozialversicherungsabkommen在日ドイツ商工会議所発行のJapan Markt 6/1998, 3-5、及び同名Hilaria Gössmann und Andreas Mrugalla（発行）、11. Deutschsprachiger Japanologentag in Trier 1999, LIT-Verlag, Münster u.a. 2001, 401-410; Bundesversicherungsanstalt fur Angestellte, Zwischenstaatliche Regelungen mit Japan, BfA-Information 43, Berlin 1999; Sozialversicherungsamt, Abkommen zwischen Japan und der Bundesrepublik Deutschland über soziale Sicherheit (Aufbau und Formalitäten), Tokyo ohne Datum、社会保険庁「日独社会保障協定の仕組みと手続き」東京、日付なし（日独対訳）を参照のこと。

(3) 「社会保障に関する日本国とドイツ連邦共和国との協定の適用法令に関する規定を施行するための運用取決め」第二条（Art. 2 der Verwaltungsvereinbarung zur Durchführung der Bestimmungen über die anzuwendenden Rechtsvorschriften des Abkommens zwischen der Bundesrepublik Deutschland und Japan uber soziale Sicherheit.）

二 最初の経験的事例

I 派遣および除外規定

1 派 遣

派遣の定義は、免除要件にとって最も重要な意味を持ちます。

派遣という言葉は、協定の第7条に出てきますが、そこでは、この言葉の定義がなされておりません。従って、ドイツ側でのドイツ年金保険加入継続証明の発行機関であるドイツ疾病保険は、ドイツ国内で有効な派遣の定義が適用されると解釈するでしょう。この定義の出典は、ドイツ社会福祉法典IVの第四条“Ausstrahlung”（法的効力の国外波及）および第五条“Einstrahlung”（法的効力の国内波及）です。一九九七年一一月二〇日付疾病・介護・労災・年金保険機関から成る最高機関および連邦労働庁により公布された被用者の保険法上の判定に関する指針の中に、次のような解説があります。

「派遣とは、国内にある雇用者の命令により被用者が、雇用者のために働くことを目的に外国に赴任することを言う。被用者は、国内の雇用関係の範囲内で派遣されなければならない。このことは、労働関係から発生する主たる義務である就労と報酬の継続を意味する。さらに、外国で就労する者は業務遂行にあたり、その時間、期間、場所および形態について国内の雇用者の指揮・監督権下にある。派遣は、当初より期間が限定されていなければならない」。

これを以って派遣労働者の定義がなされました。この論文中では、派遣社員という言葉は狭い意味で使われております。この定義をもとにすると、協定に基づき免除の恩恵を受ける派遣社員（狭義の）の数は極めて少ないと言えます。実際これに該当するのは、被用者が労働契約を通じて強制的に雇用者と結ばれており、それ自体法人格を持たない外国駐在員事務所のドイツ人雇用者のみとなります。例外的に、特定のプロジェクトのために日本に派遣され、ドイツ企業の子会社や支店に場所を借りて働いている被用者が対象となります。

さらに、欧州連合の社会保障法上の派遣定義というのもあります。そこでは、派遣の概念は明らかに限定されております。欧州連合規則一四〇八／七一の第一四条第1a)項には、派遣期間が終了した者の交代要員に対して派遣はないと書かれています。同じ職務の後継者は、初めから派遣社員ではありえないことになります。この制限は日本に関してはこれまで適用されてこなかったようです。

この制限を厳密に適用すれば、狭義における派遣社員の免除要件を満たす者がいなくなっていたかもしれません。駐在員事務所の代表者は、典型的な例として、ドイツ人被用者が務めているのが常です。

2　除外規定

協定第七条の派遣の定義と同様、第一〇条の除外規定も定義されておりません。ドイツでの管轄機関である外国疾病金庫ドイツ連絡機関（Deutsche Verbindungsstelle Krankenversicherung Ausland）の声明によると、除外規定とは、例えばドイツ人被用者がドイツ企業の日本子会社もしくは支店に期限付きで雇用され、かつドイツにおいては、休止中の労働関係が存在する場合に考慮されるとなっています。

このことの背後には、労働法上三角関係の構図が見られます。一つは、休止中であるドイツの雇用者と被用者の労働契約。これは、本店契約（Stammhausvertrag）と呼んだ方がいいかもしれません。なぜなら、唯一の相互義務であるドイツでの就労と報酬が休止状態にあるからです。二つ目は、就労と報酬支払い義務が履行されている日本の雇用者と被用者間の労働契約。三つ目として、場合によっては、被用者の負担分担に関するドイツ側と日本側の雇用者間の契約があげられます。

この模範例は、社会福祉法典VIの第4条の雇用者と被用者は連名で行う申請に基づくドイツ法上の保険加入義務“Versicherungspflicht auf antrag”の可能性をもとにしたものです。これにより、ドイツの雇用者は、ある限定された期間外国で働く被用者の年金保険強制加入を申請し、その結果、雇用者負担分を支払う義務を負うことになります。これらの労働者も又広い意味では派遣社員となります。

3 結論

協定中に派遣および除外規定の定義がないため、ドイツの管轄機関（疾病保険機関）は、ドイツ国内法を基にシステムを構築することになります。これにより、双方の免除要件は派遣社員のみに開かれていると言えます。第七条は、狭義の派遣社員について、第一〇条は広義の派遣社員について書かれています。ドイツにおいては国内の法律状況との対似が、第一に、"Ausstrahlung"（法的効力の国外波及）、第二に申請による保険強制加入によって明確になります。その一方、欧州連合社会保障法の概念の適用はここには見ることができません。

協定は明らかに、自国の関係機関が、被用者が派遣であるかの判定を行い、自主的に免除要件の適用の可能性について決定し、相手国においては、必要な書式J/D101の提出を以ってこれを受け入れることを前提としているようです。しかし、本協定において相手国の参与権について明確に規定していますので、例えば、派遣の申請に基づく免除および期間の延長の場合、日本もこのドイツ方式を理解し、それに従うかどうかは興味深いところです。分かっている限りにおいては、これまでに日本で拒否されたケースは出ていないようです。ドイツにおける日本人派遣労働者の数が、その反対に比べてはるかに多いという事実に顧みて、日本側が現時点において異議を唱えることは考えづらいと言えます。

II 恩給機関（Versorgungswerke）

協定は、両国の全ての公的年金保険をカバーしているわけではなく、その中に規定された年金保険のみが対象となります。少なくともドイツにおいては、申請によりドイツの普通年金保険への加入が免除される人々のグループがありますが、これらの人々も完全に年金保険加入を免除されている訳ではありません。それどころか、いわゆる恩給機関（Versorgungswerke）への加入義務があります。それらの保険に加入しているのは、医者、法律家および芸術家等の自由業の人達です。

これらの恩給機関への強制加入について、法的にどのように位置づけるかについては、この協定では触れられておりません。自国においては、義務とされている保険である関係上、協定の免除要件が適用されることになります。免除証明は、しかしながら、恩給機関からではなく、免除されなければ本来加入していたであろうと思われる普通年金保険機関により発行されなければなりません。その他については、強制加入保険証明の際の手続きは協定に記されている保険機関と同様です。

III　免除の遡及効

本協定は、二〇〇〇年二月一日を以って施行されました。派遣労働者のための免除証明は、更なる保険料の支払いを避けるために、理論上は、この日を以って雇用者もしくは保険機関に提出可能でありました。実際は、両締約国において書式の準備や保険機関の従業員向の講習などがこの時点では終了しておらず、また、この協定の発効も関係当事者のみが知っているという状況でした。そのため、この日を以って派遣労働者となった者が、免除証明書を提出することにより、すでに支払った保険料を二月一日に遡って償還してもらうことが可能かどうかという質問が即、出されました。協定自体は、この点についてなんら触れておりません。

予想されたことではありますが、保険機関の対応は様々です。日本では或社会保険庁が在日ドイツ人被用者に対して、後日正式に決定するという前提で、まず、証明書なしに免除しました。日本にいるドイツ人被用者で、当該協定第7条に規定される申請の必要のない加入免除対象者というのは極端に少なく、それゆえ、それは見当ちがいの対応であったと言わなければなりません。

大多数の場合、証明書の提示を以って初めて加入免除がなされました。それにより、日本では派遣労働者および協定第一〇条の除外規定該当者は、支払い済みの保険料の償還を二〇〇〇年二月一日まで遡って受けられることになりました。

しかし、これは雇用保険には適用されないようです。このことは、協定議事録にのみ記載があり、免除証明書は年金保険にのみ該当するとしております。それゆえ、この年金保険加入免除証明が雇用保険機関にも適用されるか否か、そしてすでに支払い済みの雇用保険料(雇用者および被用者側負担分)が遡って償還されるかどうかについては未だに不明です。

Ⅳ　強制保険加入違反

本協定の発効により、日本とドイツ両国において外国人被用者も保険に加入する義務があるということが改めて明らかなりました。ドイツに関する限り、ドイツで就労する外国人被用者にとってこのことは、ドイツがすでに他の国々との間で相互社会保障協定を締結をしていることもあり、また、欧州連合加盟国との間にも一定のきまりがあるために明確ではありました。さらに、ドイツの保険機関は、外国人被用者からの保険料の徴収については徹底しており、連邦社会裁判所も、ドイツの或る韓国系企業に対する判断に見られるように、これを支持しています。(4)

他方、日本に在住する外国人被用者にとっては、これ程明確ではありませんでした。日本は、一九九八年四月一日の協定の調印後、在日のドイツ資本の企業に対して抜打調査を開始しました。通常は、企業の税務調査の形を取り、同時に日本にいるドイツ人の公的保険料の企業側負担と被用者側負担についての質問がなされました。また、よく知られている例としては、日本の大学で働くドイツ人講師のケースがあります。彼らの場合、大学側が雇用者負担分の支払いを拒んでいるため、どんなに努力しても、彼らにとって日本の公的保険加入への道は閉ざされたままです。最後に、未解決の問題として、日本にある外資系駐在員事務所で働く外国人の加入義務の実現があります。社会保険機関にとって駐在員事務所という法性格を理解すること、そして外国籍の雇用者が日本の公的保険の雇用者負担を支払うことを認めるのは容易なことではないようです。

それゆえ、日本にいるドイツ人被用者が公的社会保険に加入していなくても驚くには当たらないでしょう。しかし、遅くとも免除証明書の提出があった時点で明らかになると思われます。今までそのようなことは起こっておりませんが、これからは日本側も過去3年間に溯っての保険料を徴収するとか、検察の捜査手続きという手段に出ることも不可能とは言い切れません。

V　税法上の結果的効果

本協定の税法上の結果的効果については様々な理由により規定されておりません。それゆえ、免除要件を利用することにより、年金および雇用保険の分野において、本来法律で認められた二重負担の免除がなされず、税法上課税の対象となる危険性をはらんでいることです。

日独二重課税防止協定のもとでは、免除された被用者は、就労地、すなわち相手国において課税されるのが原則です。同時に租税上関連する社会保険料の支払いは自国で行われます。つまり、課税地と社会保険加入地が別々ということになります。従って、自国での社会保険料の支払いが、相手国の税務署により、そこで支払われた社会保険料と税制上同じ扱いを受けるかどうか、即ち、非課税扱いとなるかどうかが問題となります。

ドイツにおいては、外国法上もしくはここで述べるような二国間の協定により社会保険への強制加入が発生する場合は、所得税法第3条62項により、保険料の雇用者負担分は原則、非課税扱いとなることが保証されております。外国の社会保険への被用者負担分については、残念ながら明確な規定はありません。しかし、支払義務が法律もしくは協定により発生している場合は、やはり被用者にとっても非課税であると想定することが妥当でありましょう。

日本では、知る限りにおいて、両方の場合についても明確な規定がありません。本協定の効力が及ぶ営業年度の決済の大部分が終了していないので、税務署側もこの問題の取扱いに関しての実務経験が不足していることは否めません。在日のドイツ系資本の企業には、ドイツ人被用者のためのドイツ年金保険の雇用者負担分を経費として計上することをお勧めします。日本で納税義務のあるドイツ人被用者に関連して言えることは、雇用者が行う年末調整の段階で、日本で支払った社会保険料が所得税の控除対象となるように、ドイツで支払った社会保険料の被用者負担分も同様の扱いを受けることが望ましいということです。年末調整で認められなかった場合は、三月の確定申告で所得税控除を申請した方がよいでしょう。

（4） 連邦社会裁判所（Bundessozialgericht）の一九九六年一一月七日の判決（事件番号Az. 12RK79/94）

結　論

すべての協定同様、この日独社会保障協定も部分的に未知の法律分野に足を踏み入れることになり、多くの疑問点が出てきます。この協定では、これらの疑問点が意図して解決されないままになっているため、結果的にさらに多くに疑問が存在することになりました。しかし、協定の実施に関するこれまでの経験から言えることは、両国がこの協定の趣旨に添った公平な解決策を講じようと努力する姿勢が見られます。日本の社会保険庁に対するこの協定に基づくドイツ人初の年金受給申請は成功裏に行われたそうです。

21　GATSサービス協定の自由化構造

山浦広海

一　本稿の目的

本稿では、GATS[1]におけるサービス貿易自由化の枠組と自由化の構造を考察する。GATSには、サービス貿易の自由化を義務づける枠組と、自由化義務に基づく自由化を促進したり自由化義務を制限したりする枠組とがある。さらに、自由化交渉の枠組や自由化交渉の方法によるサービス貿易自由化のアプローチの違いも種々ある。

それらにつき考察を加え、国境障壁の削減撤廃を図る比較的単純な物品貿易の自由化の構造よりもはるかに複雑で技巧的な自由化構造を有するGATSの自由化の特性や将来性を見出したい。紙幅の都合上、考察はGATS協定本体の主要部分が中心となる。

（1）General Agreement on Trade in Services. 協定条文および条文解説を含む一般的解説については、外務省経済局サービス貿易室編『WTOサービス貿易一般協定　最近の動きと解説』（一九九七年、日本国際問題研究所）、外務省経済局国際機関第一課編『解説　WTO協定』四六四頁以下（一九九六年、日本国際問題研究所）等参照。

二　GATS協定本体の自由化枠組み

GATS協定本体の条文構成を分ければ、第一部第一条の適用範囲と定義、第二部第二条から第一五条まで一般義務・規律、第三部第一六条から第一八条まで交渉を経て合意される特定の約束による個別自由化義務、第四部第一九条から第二一条までは特定の約束に関する漸進的自由化の交渉枠組となっている。第五部は、第二二条および第二三条の紛争解決手続を中心とするGATSの制度・運営面の規定である。第六部は、第二八条の定義規定を含めた最終規定である。

本稿で考察するのは、第一部から第四部までにおける主要な自由化枠組についてである。第一部の適用範囲及び定義の規定は、GATSによるサービス貿易自由化の対象範囲と自由化の交渉範囲を画定する。GATSのサービス貿易自由化の義務ないし規律を制定するものは、第二部及び第三部の規定である。第四部は、定期的自由化交渉の積み重ねによる漸進的自由化の枠組を規定する。

(1)　サービス貿易自由化の対象枠組

GATS第一条は、GATSの適用範囲を「サービスの貿易に影響を及ぼす加盟国の措置（measures）について適用する」と規定している。GATSは、サービス貿易自由化の対象として、「サービス貿易に影響を及ぼす加盟国の措置」という極めて広範囲なものをとらえている。(2)　措置には、中央国家の措置のみならず、地方政府の措置や権限委譲された民間の措置（証券取引市場の規制など）を含む。

物品貿易のGATTの最恵国待遇、関税譲許、内国民待遇の義務の対象は、関税と関連の国境措置に限定される。しかし、GATSのサービス貿易自由化の対象は、サービス貿易に影響が及ぶとされる限り、実質的に無限定的な国家の全ての措置となる。これがGATS特有のユニバーサル・カバレッジであり、GATSの将来可能性を大きくしている。

協定対象のサービスの定義ないし範囲については、GATSは、「政府の権限の行使として提供されるサービス以外のすべての分野のすべてのサービスをいう[3]」と規定し、サービス自体を限定的に定義することなく、商業取引の対象になるすべてのサービスを対象にしている。これも、サービスの将来の変革や発展を予想しての幅広い定義の仕方といえる。

GATS第一条は、第二項でサービス貿易をいわゆるサービスの国際提供の態様（モード）に応じて広範囲に定めている。すなわち、GATSは、サービス貿易それ自体の定義を行なうことなく、サービス貿易の態様を四つに分けることでサービス貿易を定義している。これは、サービス貿易が将来どのように変革するか予測不可能なため、現時点でサービス貿易を限定的に定義せず、サービスの国際供給態様をすべておさえることで全てのサービス貿易を漏れなくとらえようとするものである。

その第一は、サービスの提供者も消費者も移動することなく、サービスが国境移動するいわゆるクロスボーダー取引である。これは、運輸、通信手段によってサービスが搬送されることで提供が行なわれる。輸送手段や通信手段の発達により、サービスのクロスボーダー取引は今後無限の発展可能性がある。現にインターネットの発展により、居ながらにして外国のサービスを利用することが可能となり、サービスのクロスボーダー取引は、今後のサービス貿易の中枢を占めることが予想される。

第二は、サービスの消費者が相手国に移動してサービスの現地供給を受ける消費者の外国への移動である。現地観光や現地治療や船舶の現地修理が典型的なケースであるが、インターネット経由のサービスの消費は、クロスボーダー取引ともサービス消費者の移動ともとらえうる。

第三は、現地での業務拠点の設置によるサービスの国際提供、いわゆるコマーシャル・プレゼンスである。これは、サービスの現地生産のための人、物、金、サービスのすべての移動を含むものであり、実質的には、サービスの生産・販売をおこなうための直接投資の自由化の取組みを意味する。ウルグアイ・ラウンドまでは、欧米サービス多国籍企業にとり、多国籍事業展開を行なううえで、現地支店、現地子会社の設立や現地企業の買収などにより、外国でコマーシャル・プレゼンスの確保を図ることが重要な経営戦略であり、サービス貿易自由化の主要なターゲットであった。しかし、インターネットの発達により、現地施設が必ずしも必要なくなり、コマーシャル・プレゼンスの重要性は以前より低下しつつあるといえる。

第四は、自然人の現地移動によるサービスの現地提供、いわゆる自然人の移動である。これは各国の入国規制との関係があり、自然人の移動のよるサービス貿易自由化は、かなり困難である。各国とも、いわゆる単純労働者の流入を警戒し、専門家や企業幹部の移動などに限って自然人の移動を認める傾向が強い。しかし、情報産業の発展等により、人材供給が国際化の一途をたどりつつあり、自然人の移動によるサービス貿易自由化の重要性が高まりつつあるとみられる。

このように、ＧＡＴＳは、ユニバーサル・カバレッジによる無限定的なサービス貿易自由化を予定し、モード方式による提供方式の幅広い自由化を促進しようとしている。[4] これは、物品貿易のＧＡＴＴがクロスボーダー取引と限定的な国境措置の規制のみを対象とした貿易自由化の枠組にとどまることと著しい対照をなす。それだけに、GATSのサービス貿易自由化は、将来可能性が大きい反面、技術的には複雑になる。

（2）　GATS第一条第一項、第三項。なお、GATS第二八条(a)の定義規定は、「『措置』とは、加盟国の措置（法令、規則、手続、決定、行政上の行為その他のいずれの形式であるかを問わない）をいう。」としている。その対象は加盟国のあらゆる措置となる。

（3）　GATS第一条第三項(b)。

（4）　GATSのユニバーサル・カバレッジの重要性をインターネットが盛んになる以前から指摘していたものとしては、山浦広海「GATSサービス協定の成立とその意義・一」『貿易と関税』四九頁（一九九四年、日本関税協会）参照。

(2)　一般的自由化義務

GATSは、サービス貿易の自由化義務として、一般的自由化義務ないし一般的自由化規律による加盟国一律の強力な自由化を行なうよりも、交渉による個別自由化の約束の交換に自由化の重点を置いた。そして、最恵国待遇等の一部の一般的自由化義務については、個別自由化交渉に結びつけて、個別自由化義務を受け入れる分野や措置に限り当該一般的自由化義務も適用されるように選択的自由化義務とすることで、個別自由化交渉の対象にした。

これを一般的自由化義務の後退とみることもできるが、個別自由化義務の拘束力に結びつけた自由化規律の強化とみることもできる。こうして、GATSの一般的自由化義務には、個別自由化義務と一体的に自由化交渉の対象に加えられたものが生じた。

また、GATSは、一般的義務で無条件最恵国待遇義務を導入したが、これも個別自由化義務と結びつける形で特定の措置について選択的に無条件最恵国待遇義務を免除することを認める第二条（最恵国待遇）の免除に関する附属書を設けて、最恵国待遇免除措置を登録することを認めている。(5)

これは多国間通商体制の根本原則である無条件最恵国待遇の後退を意味する一方で、個別自由化交渉でこの最恵国待遇の免除を援用するかどうかで相手国の譲歩を迫る交渉武器とするものでもある。ここでも、GATSは最恵国待遇という基本的な一般的義務を選択的で個別的な義務に変質させている。

こうして、GATSの主要な一般的義務は、選択的ないし個別的自由化義務と化して、後述の特定の約束の交換による個別自由化の交渉の対象とされた。これは、GATSの自由化枠組を複雑にし、個別自由化交渉を技巧的にし、複雑かつ対決的にする。そして、交渉結果としての各国の約束表の記載や解釈を複雑困難にする。以下、これらを含む主要な一般的義務の自由化の枠組を考察する。

a　最恵国待遇（第二条）

GATS第二条は、第一項で即時無条件最恵国待遇義務を規定している。最恵国待遇許与の対象は加盟国の措置の全てに及ぶ広範囲なものである。それだけに強力な義務である。

最恵国待遇はそれ自体自由化義務ではないが、自由化の受益を加盟国間で均等に均霑し、自由化を一気に促進する原理である。GATSの最恵国待遇は、GATTの無差別原則を受けたものであり、多国間通商体制を支える根本原則である。他方、無条件最恵国待遇は、自国が自由化をしないで他の加盟国が許与する自由化の利益を一方的に享受するフリーライド（只乗り）を許す。これは相対的に高度に広範囲に自由化を措置している市場規模の大きい国（一般に先進国、ことに米国）に不公平感を与える。

そこで米国は、ウルグアイ・ラウンドの開始以来、無条件最恵国待遇義務を後退させ、条件付最恵国待遇の導入を図るため、あらゆる交渉技法を駆使した。GATSのサービス交渉は、徹頭徹尾この最恵国待遇の許与条件をめぐる米国と残りの国との争いでもあった。その結果行き着いた最恵国待遇の許与条件が第二条の免除に関する附属書の導入であり、最恵国待遇免除措置の登録制度である。(6) GATS第二条は第一項で即時無条件最恵国待遇の大原則の理想を掲げ、第二項で即座にその免除による例外を規定するという矛盾をあらわにしている。この条文構成は、最恵国待遇をめぐる交渉の対決がいかに激甚なものであったかを示して余りある。(7)

この最恵国待遇の免除措置の登録制度は、相手国の譲歩に応じて最恵国待遇の許与を使い分ける条件付最恵国待遇の代替である。最恵国待遇の免除にせよ、条件付最恵国待遇にせよ、それらは有力市場を抱える国に有利に作用する。最恵国待遇の免除登録は、個別自由化交渉に結びつけられて、当該交渉または当該分野の交渉につき、一度だけ援用することが認められる。したがって、当該交渉の最終段階でその援用の有無や内容を示し、最恵国待遇のポジションを確定する。その援用は、原則として五年以内で見直しが行なわれ、継続の必要がある際にも最長で一〇年間の援用にとどめられる。

b　透明性（第三条）

透明性は、貿易に影響が及ぶ一般的適用のある措置やその新設改定を公表したり、WTO事務局に通報したり、他国の照会に応答したりする義務である。これもそれ自体は自由化措置ではないが、透明性を高めることでお互い相手国の貿易に関する措置を的確に知り、マーケット・アクセスを高めることができる。通報や照会制度もあることで、貿易措置に関する相互監視も高まる。透明性は物品貿易のGATTにも含まれている原則であるが、GATSは、透明性確保の義務を一部で個別自由化の約束に結びつけて要求している。(8)

c　経済統合（第五条）

ＧＡＴＳ第五条の経済統合はＧＡＴＴ第二四条（関税同盟及び自由貿易地域）のＧＡＴＳ版である。ＧＡＴＴ第二四条は、関税同盟及び自由貿易地域につき最恵国待遇の例外として一定の要件を付してその協定を容認している。ＧＡＴＳもこれを踏襲し、「相当な範囲の分野」を含めればよいことで、比較的容易に統合協定を容認するなど、さらに積極的に経済統合を受け入れる立場を取っている。とくに、ＧＡＴＳは、経済統合域内法人に内国民待遇を与えるものとしている。つまり、域内に設立された域外系の法人は、域内法人として取り扱われることとなる。域内に支店を設置するよりも現地法人を設立した方が現地事業展開がやりやすくなる。

経済統合はＧＡＴＳの最恵国待遇の例外ではあるが、経済統合域内ではＧＡＴＳの義務や紛争解決手続を免れるループホール（抜穴）ともなる。それにもかかわらず、ＧＡＴＳは、経済統合を相互承認に並べて推奨しているような規定ぶりとなっている。ＧＡＴＳの経済統合はＧＡＴＳないしＷＴＯのサブシステムではなく、ＧＡＴＳないしＷＴＯ枠外の自由化メカニズムを比較的緩やかな制約条件付きで許容するにとどまる。その悪用を防止するうえでは、経済統合をＧＡＴＳないしＷＴＯのサブシステムにする必要があろう。(9)

d　国内規制（第六条）

ＧＡＴＳ第六条は、加盟国は特定の約束を行なった分野における一般的に適用される措置でサービス貿易に影響を及ぼすものが合理的、客観的かつ公平な態様で実施されることを確保するものとしている。これは、サービスの質的規制がサービス貿易に悪影響のないように合理的、客観的かつ公平な態様で実施されることを要求するものである。

これはサービスの質的規制の基準をいうものであるが、個別自由化交渉で特定の約束を行なった分野についてこれを要求するにとどめた。つまり、特定の約束を行なえば、その分野については質的規制の基準についても義務を負うこととなる。これは、一般的義務というよりは、個別自由化義務の一端をなす選択的な義務といえる。

また、GATS第六条は、サービス貿易理事会は、資格要件、資格審査手続、技術基準および免許要件に関する措置が不必要にサービス貿易の障害にならないように所要の機関を設けて必要な規律を策定する旨を定めている。

GATSは、量的な規制はGATS第一六条マーケット・アクセスで扱い、外国のサービスやサービス提供者に対して不利に取り扱う差別的な規制については、GATS第一七条の内国民待遇で削減撤廃を取扱うこととした。他方、質的規制で差別的でないものについては、本条で取り扱うことにした。そこでは、分野別にサービス貿易を阻害しない規制規律を策定して、そのもとで分野別に各国の規制の是正を図っていくこととしている。ウルグアイ・ラウンド・サービス交渉では、その方向付けを行なうにとどまり、具体的な規制規律の検討は、その後の交渉に委ねられている。

規制規律策定の検討は、会計士に関する規制規律から開始され、弁護士等、順次他の自由職業について取り組まれる。当面、自由職業関連の自然人の移動に関する取組みが進められようが、いずれその他の事業規制の規律策定にも及んでくることと想定される。自由職業をはじめ、規制規律の策定は、資格、免許、技術基準等の相互承認にも関連し、規制規律の策定と相互承認の両面で各国制度の調和や調整が今後大きく進展していくものとみられる。

e　承　認（第七条）

ＧＡＴＳは、第七条で、許可、免許、資格証明を付与するための基準を満たすものとして、外国の教育、経験、要件、免許、資格証明を一方的に承認することも、相互承認協定により相互承認することも、最恵国待遇の例外として積極的に認めることとした。この場合、関心ある第三国にも加盟の開放を行なうように、また、承認あるいは相互承認につき、適切な通知をＷＴＯに行なうように開放性と透明性が要求される。サービス貿易では、目下のところ、自由職業の資格、経験、免許要件などの相互承認が中心的に取り上げられつつある。しかし、相互承認は、こうした自然人の移動に限らず、国際的な制度調整で今後多用されるものとみられる。

ＧＡＴＳ第五条の経済統合も本条の承認ないし相互承認もともにＧＡＴＳの最恵国待遇の例外であり、ＧＡＴＳの枠外の自由化取組みである。本条の承認は、資格、基準、免許等を主要な対象とすることで限定的な自由化枠組ではあるが、第六条の規制規律の取組みと併存し、実質的にＧＡＴＳ第六条のサブシステムを構成するものとみられる。

f　独占及び排他的なサービス提供者（第八条）

ＧＡＴＳは、第八条で、電気、ガス、通信、運輸等の公的、準公的な独占および寡占による外国企業参入の制限をなるべく排除するようにしている。ＧＡＴＳは、こうした独占や寡占を加盟国が認めることを排除はしないまでも、各国が個別自由化交渉で約束した最恵国待遇、マーケット・アクセス、内国民待遇に抵触することのないように要求している。また、独占的地位を濫用して、個別自由化を約束した独占権の範囲外の事業に子会社等を通じて外国企業を差別・排除することを禁じている。

これにより、例えば市内回線を独占する電気通信会社が外国通信企業に市内回線の接続を拒否することが許されなくなる。これを受けてＧＡＴＳは、電気通信サービスに関する附属書を設けて、通信ネットワークへのアクセス確保を図った。さらに基本電気通信サービス交渉で、基本電気通信サービスに関して「参照文書」を設けて、独占的ないし寡占的通信事業者の存在により外国企業の参入が制限されがちな基本電気通信サービスにつき競争促進的な規律を導入した。この参照文書の受け入れは、各国の任意に任されたが、多くの国が追加約束に参照文書を加える形でこれを法的義務として受け入れた。

この参照文書方式による独占的ないし寡占的サービスの競争促進的規律の導入による国際競争の導入が電力、石油などのエネルギー・サービス分野をはじめ、独占的ないし寡占的サービス分野で今後応用される余地がある。

g　商慣習（第九条）

ＧＡＴＳは、第九条で民間の競争制限的な取引慣行につき、加盟国間協議制度を導入した。これは、独占禁止政策における礼譲をＧＡＴＳにおいて多国間ベースで導入したこととなり、その点で先駆的で画期的な協定となっている。

サービス貿易に関する限り、民間の競争制限的な取引慣行の排除については、二国間独占禁止協定を締結したうえでの独占禁止政策当局間協議によらず、本条を援用してＷＴＯのもとで通商問題として当事国間協議による善処を求めることができる。

h　一般的例外（第一四条）

ＧＡＴＳは、第一四条で該当措置につきＧＡＴＳのすべての義務を免除する一般的例外を規定している。

これはＧＡＴＴ第二〇条の一般的例外規定に倣ったものである。ＧＡＴＳでは、最恵国待遇の免除登録措置があり、また、個別自由化の約束で内国民待遇を許与しない等で個別自由化義務を免れることも認められる。

そこで本条による一般的例外と最恵国待遇の免除登録を含む個別自由化義務との使い分けが微妙になる。例えば、ＥＵはオーディオ・ヴィジュアル等を念頭に置いて文化的価値の一般的例外を主張したが、文化的価値の一般的例外については米国等の反対が強く、交渉でＥＵはオーディオ・ヴィジュアルにつき、最恵国待遇の免除登録を行ない、自由化約束をしないことで収束している。この意味で、ＧＡＴＳの一般的例外は比較的限定的に構成されている。

ｉ　セーフガード（第一〇条）、政府調達（第一三条）、補助金（第一五条）

ＧＡＴＳは、セーフガード（第一〇条）、政府調達（第一三条）および補助金（第一五条）について、協定内容をウルグアイ・ラウンド後の交渉に委ねている。目下のところ、それらについて交渉は進展していないようである。

セーフガードについては、自由化の抜け穴になるとして先進国は導入に反対である。サービス貿易の統計が取りにくいことで、セーフガードの導入は技術的に困難な側面もある。

政府調達については、透明性の確保の点で途上国側の抵抗が大きいところである。補助金規制は各国の今後の産業政策上の大きな問題となり、交渉は容易ではない。補助金については、当面の対処として、各分野の個別自由化約束で各国とも内国民待遇を許与しないなどと個別自由化約束で対処している。

（５）　ＧＡＴＳ第二条第一項、同第二項、第二条の免除に関する附属書。

（６）　同旨、上田善久「サービス貿易交渉＝その理念と現実＝」『貿易と関税』第四〇巻第七号一〇頁以下（一九九二年、日本関税協会)。また、米国関係者からみた同旨の見解として、Harry L. Freeman, "A Pioneer's View of Financial Services Negotiations in the GATT and in the World Trade Organization: 17 Years of Work for Something or Nothing?", *The GENEVA PAPERS on Risk and Insurance*, No. 84, July 1997, The Geneva Association (Geneva), pp. 371-391.

(7) 最恵国待遇免除措置の導入可否については、フリーライド問題(途上国・日本問題)、相互主義問題(主として金融サービスにおける途上国・日本問題)、文化をめぐる一般的例外導入の可否問題(EU・カナダ問題)、既存の二国間、複数国間体制との抵触(航空、海運)が主要な対立要素となった。なお、宮家邦彦『解説WTOサービス貿易一般協定(GATS)』五二頁(一九九六年、外務省経済局)参照。

(8) 詳しくは、宮家・前掲(注7)六二頁以下参照。

(9) 筆者は、WTOのサブシステムとして二国間、複数国間通商枠組をWTO傘下に置き、WTOの多国間通商体制に段階的に統合する仕組みとして、WTOオムニラテラリズムを提唱している。山浦広海「WTOオムニラテラリズムへの発展・1・2・3」『貿易と関税』四三巻七号二七頁以下、八号七七頁以下、第九号五四頁以下(一九九五年、日本関税協会)参照。

(3) 個別自由化義務

GATSは、第三部第一六条から第一八条まで、特定の約束に係る交渉(コミットメント交渉)を経て許与すべき個別自由化義務として、マーケット・アクセス(第一六条)、内国民待遇(第一七条)、そしてそのいずれでもない追加約束(第一八条)を定めている。これらは、個別自由化交渉を経て画定し、特定の約束としてサービス貿易の分野別、サービス貿易のモード別に各国の約束表に記載される。

GATS第一七条は、交渉による個別自由化義務としてモード別に内国民待遇の留保を明示しない限り内国民待遇を全面許与する原則的許与の義務を規定している。内国民待遇はサービス貿易自由化の中核的自由化義務をなすものであるが、その確保をもってサービス貿易自由化が達成されるわけではない。そこでGATSは第一六条のマーケット・アクセスや第一八条の追加約束を交渉による個別自由化義務として加えている。

さらに、第六条の国内規制についても、第一六条マーケット・アクセスや第一七条内国民待遇の個別自由化に付す分野について自由化を義務付けることで選択的自由化義務が導入されている。これらの個別自由化義務は、サービス貿易の障害が主に各国の規制に現れ、それが量的な障害と質的な障害に別れてそれぞれ内外差別的なものと非差別的なものに区分けされていることに応じて条文整理がなされた。

個別自由化義務の受け入れは、特定の約束に係る交渉として自由化のためのコミットメント交渉を経て各国別になされる。さらに最恵国待遇の免除措置の登録を経て最恵国待遇の許与を制限することも認められる。GATS第三部は最恵国待遇の免除登録措置から独立した義務で、第三部の特定の約束で許与された待遇を超える優遇策のみにつき差別が許され、特定の約束よりも不利に差別すれば特定の約束の譲許違反になるとして、最恵国待遇の免除登録により特定の約束の効果が減殺されないとする見解もある。(10)

しかし、前述したように、最恵国待遇の免除登録制度は、そもそもGATS第二条最恵国待遇条項の中での大原則の重大例外であり、片や条件付最恵国待遇の代替として導入されたのであり、もう片や一般的例外の部分代替として導入されたのであるから、GATS第三部の特定の約束に基づく個別自由化義務については無論のこと、その他のGATSの義務にわたって差別ないし除外を認める事実上のGATS部分適用除外の趣旨を有することは免れない。したがって、第三部の特定の約束は、最恵国待遇の免除登録の範囲や内容や登録の有無により効果が微妙に異なると見るのが妥当である。

無論、特定の約束も最恵国待遇の免除登録措置に絡めて行なわれるので、最恵国待遇の免除登録措置と対応する特定の約束の両方の内容を重ねあわせて初めて当該特定の約束の範囲や効果が明らかになる。特定の約束が最恵国待遇の免除登録から独立しているのであれば、最恵国待遇の免除登録が特定の約束の交渉の梃子として結びつけられ、特定の約束の国別表への記載と並列させて最恵国待遇の免除登録の国別表への記載が行なわれることはありえない。この辺は高度に技巧的なＧＡＴＳの自由化構造の複雑微妙で難解なところである。

特定の約束表記載の方式として、ポジティブ・リスト方式とネガティブ・リスト方式の二つの方式がある。ポジティブ・リスト方式は、自由化を許与する対象と内容を特定して記載する自由化限定記載方式である。ネガティブ・リスト方式は、原則自由化のもとに、例外や留保や制限や条件を特定して記載する原則自由化の約束記載方式である。途上国の市場開放を促進したい先進国は後者を主張し、それに警戒する途上国は前者を主張して対立したが、結局その両者が巧妙に組み合わされるハイブリット方式が取られた。

こうして、マーケット・アクセス交渉の対象にするサービス貿易の分野とモードは、各国が個別に特定させるポジティブ・リスト方式が取られた。他方、マーケット・アクセスの許与内容や制限については、明記しない限り自由化義務が除外されないネガティブ・リスト方式が取られた。この点は、第一七条の内国民待遇の許与についても同様である。

ＧＡＴＳは、ポジティブ・リスト方式の自由化方式が取られたとよく言われるが、第一六条、第一七条ともポジティブ・リスト方式とネガティブ・リスト方式との混合によるハイブリット方式が取られていることに留意を要する。

例えば、対象分野やモードについてはポジティブ・リスト方式記載であるだけに、当該分野ないしモードにつき自由化留保とする場合には、「約束しない」(unbound)との文言が約束表に記載される。これは、当面は自由化しないが、将来の自由化交渉の対象分野・モードとすることを約束したことを意味する。将来とも自由化の交渉に応じない場合には、当該分野・モードにつき、約束表を提出しない。

また、対象分野やモードについては、ポジティブ・リスト方式、約束内容についてはネガティブ・リスト方式なので、当該分野・モードにつき、空欄で約束表を提出すれば、別途制限的記載がない限り、当該分野・モードについては制限のない自由化(unlimited)を許与したことを意味することとなる。それだけに現状維持やアンバウンドの記載が行なわれがちになるが、不知不詳に紛れて約束表の記載に脱漏が生じがちである。

ポジティブ・リスト方式は原則非自由化を意味し、ネガティブ・リスト方式は原則自由化を意味するだけに、ポジティブ・リスト方式よりもネガティブ・リスト方式の方がはるかに強力で広範囲な自由化方式となる。GATSの個別自由化方式は、ポジティブ・リスト方式とネガティブ・リスト方式とが複雑に組み合わされた混合記載方式であり、ネガティブ・リスト方式は目立たない形で導入されていることに留意する必要がある。(11)

a　マーケット・アクセス（第一六条）

GATS第一六条は、マーケット・アクセスの原則的許与義務を規定している。これは、サービス貿易のモード別に許与することで、結局、サービス貿易の分野別、そしてサービス貿易のモード別に許与するマーケット・アクセスの内容を各国の約束表に記載する。そして約束表記載の待遇より不利な待遇をしないことで自由化の約束がなされる。

GATS第一六条は、マーケット・アクセスそのものを定義することなく、約束表に留保内容を明記しない限りマーケット・アクセスの制限が認められないものとして原則的に許与すべきマーケット・アクセスの態様を数量制限、事業形態制限、資本参加制限につき六型態に限定した。(12)

これは、許与すべきマーケット・アクセスを個別にすべて記載するなら、膨大な記載となるのを防止する技術的必要から編み出された交渉および約束表記載の方法である。これら六つのマーケット・アクセス制限型態で質的制限を除くほとんど大部分のマーケット・アクセスの制限が包含される。(13)

b　内国民待遇（第一七条）

内国民待遇は、内外非差別の原則である。(14) 物品貿易のGATTでは、内国民待遇は、関税譲許の実効性を確保するために内国税等の一定の国内措置につき一般的に許与する一般的義務の形態を取っている。しかし、GATSでは、幅広くサービス貿易に関わる全ての国内措置を内外非差別原則の対象としている。そして内国民待遇の達成がサービス貿易自由化の中心的課題ととらえられたことで、広範囲な内国民待遇が一般的義務とされずに、むしろ自由化交渉を通じた個別許与による個別自由化義務とされた。

この点GATSは自由化義務が後退したようにも写るが、定期的個別自由化交渉の積み重ねによる漸進的自由化の達成を図るGATSとしては、広範な内国民待遇に対する個別自由化義務の枠組の構築は、むしろ必然的なサービス貿易自由化の構造ともいえる。

GATSの内国民待遇は、形式的ないし法律上の内国民待遇のみならず、実質的ないし事実上の内国民待遇をも明文規定で求めている。(15) これは、内外競争条件の実質的平等性確保のもとに、必ずしも結果の平等を求める結果主義を意味するものではないまでも、(16) 競争条件の実質的平等性は差別概念を広げるかなり含蓄のある広範な自由化概念としてとらえられるだけに、留意を要する。

例えば、日米保険協議で第三分野の日本大手生損保への開放が外資系生損保を不利にするものとの米国側の問題が提起されて日米間で未曾有の紛糾をみた。その際、第三分野の全面自由化による形式的な内外同等の取扱いが外資系生損保を実質的に競争上不利に置くものとの立場が米国側によって取られたが、これは競争条件の内外実質平等の確保を旨とするGATS第一七条の内国民待遇違反の問題も生じうることであったといえる[17]。

c　追加約束

GATS第一八条は、第一六条のマーケット・アクセスおよび第一七条の内国民待遇とは別に自由化約束を追加的に行なえるように、それらの約束表の記載対象以外の自由化措置を追加約束として約束表の追加約束の欄に記載できるものとした。それには、資格、基準、免許に係るものも含むとされた。資格、基準、免許については、第六条の国内規制で規律策定が予定されているが、追加約束で個別に自由化を約束することができる。

この追加約束では、一部の国が基本電気通信サービスの参照文書の全部または一部を追加約束で約束し、法的拘束力を持たせたことが注目される。基本電気通信サービスの参照文書は、独占的ないし寡占的な基本電気通信サービスの競争促進のための規制規律枠組等を規定したものであり、その受け入れは任意のものとされている。また、それ自体法的拘束力を持ち合わせていない。

この参照文書は、基本電気通信サービスにつき一定水準の寡占規制による自由化を求めるものであり、一律に一定範囲の自由化を定めるフォーミュラー方式の自由化枠組に属する。これが追加約束に取り入れられたことで、フォーミュラー方式の自由化方式がGATSに部分的に加えられたことになる。また、追加約束は、任意に約束を行なうものであるから、特定の追加約束につき、任意に参加する複数国間協定の枠組をなすものでもある。

金融サービスに係る約束に関する了解も基本電気通信サービスの参照文書と類似した側面がある。金融サービスについては、先進国側は、ネガティブ・リスト方式による高度な自由化を狙って日本を含む四カ国が中心になって策定し、導入した文書である。

これは、金融サービスの特定の約束を行なう際の基準として同了解に基づく部分包括的な特定の約束の仕方をネガティブ・リスト方式の記載方式として定めるものである。内容的には、保険や銀行のクロスボーダー取引につきフォーミュラー的なネガティブ・リスト方式での一定範囲の自由化義務を導入しつつ、第一六条、第一七条の自由化を超える追加約束的なものであるが、第一八条の追加約束とはせずに、法的拘束力を不明確にしながら任意に同了解に基づく特定の約束をなしうるものとした。

なお、日本は、金融サービス交渉で、日米保険協議および日米金融協議に基づく一九九六年合意の措置を最恵国待遇で均霑するために、GATS第一八条に基づく追加約束にそれを加えた。これにより、日米二国間合意が多国間枠組に組み込まれ、GATSの義務として国際法上の法的義務を有するものとなった。日米保険協議や日米金融協議は、日米包括経済協議に基づく結果主義の枠組であり、一九九六年合意措置も結果主義の枠組に立つ。これがGATSに組み込まれたことが注目されるとともに、追加約束の濫用が懸念されるところである(18)。

(10)　外務省経済局サービス貿易室編『WTOサービス貿易一般協定　最近の動きと解説』前掲（注1）一三五

頁。

(11) 例えば、金融サービスに係る約束に関する了解は、保険および金融サービスにおける越境取引につき特定の細分野の自由化をネガティブ・リスト方式で定めている(同了解B三およびB四)。そこで約束表でこれを制限することもできる。

(12) GATS第一六条第二項。当該六型態はマーケット・アクセス制限の主要型態であり、自由化の約束表に除外や留保や制限や条件を記載しない限り、原則的自由化が義務づけられる。日本では日本の交渉関係者の多大な貢献でマーケット・アクセス概念を本項六型態に限定したとしてポジティブ・リスト方式のような限定的な自由化義務と受けとめられがちである。しかし、これも六類型については原則自由化を規定するネガティブ・リスト方式導入のためのマーケット・アクセス類型限定であり、主要なマーケット・アクセス制限をカバーする広範な原則的自由化の義務であることに留意を要する。

(13) マーケット・アクセスの質的制限(資格要件、許認可基準等)については、第六条国内規制によるサービス貿易自由化促進のための規制規律としての一般的自由化義務に服することとなる。

(14) 内国民待遇については、一般に内外無差別の原則といわれる。しかし、GATSは、内外相異なる取り扱いの余地を認めており、内国民待遇が内外無差別の原則ではなく内外非差別の原則であることを明示的に確認している(GATS第一七条第二項)。non-discriminationの原則に立って国別の差別を排除する最恵国待遇の原則も同様に国別非差別の原則である。

(15) GATS第一七条第二項は、形式上ないし法律上の(de jure)内国民待遇のみならず事実上の(de facto)内国民待遇をも認めることで、実質的な内国民待遇の充足を定めている。

(16) GATS第一七条第三項は、内外差別における不利益の判断基準を競争条件の変化に置いているが、この点については、結果主義の導入を排除したものとされている。外務省経済局サービス貿易室編『WTOサービス貿易一般協定　最近の動きと解説』前掲(注1)八九頁参照。

(17)　日米保険協議においては、第三分野における内外逆差別ないし米国系企業実質優遇の事実上の既得権をめぐり、内国民待遇はもとより、最恵国待遇についても、de jure問題ではなく、de facto問題が日米間の争点になっている。山浦広海「日米保険協議の反省と教訓（四・完）」『損保企画』第六五八号五頁以下（一九九七年一〇月二五日、損害保険企画）。

(18)　山浦広海「日米保険協議とGATSサービス交渉――保険分野国際化の試練に直面して」『文研論集』第一三一号六一頁以下（二〇〇〇、生命保険文化研究所）参照。

(4)　漸進的自由化

GATSは、第四部で漸進的自由化の枠組を規定している。漸進的自由化は、発展段階の異なる多数の加盟国間で一気に高度なサービス貿易自由化を達成することが困難なことから、個別自由化の定期交渉を積み重ねて実効性のあるサービス貿易自由化を達成しようとするものである。今後個別自由化の定期交渉を積み重ねて実効性のあるサービス貿易自由化を達成していこうとするのがGATSの漸進的自由化の枠組である。この点でGATSは弾力的で現実的な自由化枠組を有する。

a　特定の約束についての交渉（第一九条）

GATS第一九条は、特定の約束についての定期交渉を通じて、漸進的自由化に向けたサービス貿易自由化の取組みの積み重ねを規定している。第一回定期交渉は、WTO発効後五年以内に開始されるものとされている。第二条の免除に関する附属書でも、五年を超える最恵国待遇の免除登録措置についての見直しをWTO発効後五年以内に行なうべきことが規定されている。

したがって、GATS第一九条の第一回目の定期交渉と最恵国待遇の免除登録措置の見直しとは、一体的に組み込まれているといえる。つまり、ウルグアイ・ラウンド同様、最恵国待遇の免除登録は、少なくとも第一回目の定期交渉における交渉の梃子として引き続き活用されることが予定されているといえる。

ＧＡＴＳ第一九条は、定期交渉の都度、交渉のガイドラインと手続を策定するものとしている。また、これを策定するために、サービス貿易理事会がサービス貿易自由化の評価を行なうこととされている。また、交渉のガイドライン策定において、既存の自主的に行なった自由化の取扱いを定めることとなっている。

ｂ　特定の約束に係る表（第二〇条）

ＧＡＴＳは、第二〇条で個別自由化交渉を通じて確定したマーケット・アクセス、内国民待遇および追加約束における各国の特定の約束を約束表に取りまとめ記載することを規定している。そこでは、当該約束の履行のための期間を記入することも認められているので、段階的な自由化の約束を行なう余地もあるものとみられる。

段階的自由化は、自由化が困難な措置にとって現実的で妥当な自由化方式である。ＧＡＴＳは、性急に自由化を急がず、漸進的自由化の取組みとともにこの点穏当な自由化の枠組を構築しているといえる。

三　結　語

本稿は、物品貿易のＧＡＴＴの貿易自由化の構造とサービス貿易のＧＡＴＳの貿易自由化の構造を比較対照することを試みるものではないが、本稿考察を通じた結論的考察を要約して述べれば次のようにいえる。すなわち、物品貿易のＧＡＴＴのもとでの貿易自由化は、関税引き下げにせよ、非関税障壁の削減撤廃にせよ、障壁を完全に削減・撤廃することでいずれ完結する構造となっている。それに対し、ＧＡＴＳのもとでのサービス貿易自由化は、完結のない形で、サービス貿易の新たな発展に応じて次々と自由化が取り組まれる構造となっているといえる。

ＧＡＴＴの自由化は国境障壁の削減撤廃を対象とし、自由化の進展とともに終結に向かう論理構造を取っているが、ＧＡＴＳの自由化は、自由化の進展とともに自由化そのものが無限に拡大発展する論理構造を有しているといえる。それだけに、ＧＡＴＳの自由化の将来性は極めて大きい。

経済のサービス化の進展とともに、サービス貿易の重要性が増している。今後については、インターネットや通信技術、金融技術などの予想を超える技術展開でサービスの国際取引が国際通商の中枢を占めることとなる。ＧＡＴＳはそうした二一世紀技術文明の発展を具体的に予想してそれに対処するサービス貿易自由化の枠組を用意したわけではない。

しかし、ＧＡＴＳは、サービス貿易の将来的発展を見越した広範囲で弾力的な自由化の枠組を擁している。それだけに、ＧＡＴＳサービス協定の自由化構造をとらえ、ＧＡＴＳによるサービス貿易自由化の発展可能性を的確に掌握することは、グローバル化が予想を超えて進展する今後の経済活動に追随していくうえで不可欠の重要性を帯びているといえよう。

22

金融機関の破綻と特例措置の検討
――行政による積極介入の必要性――

山田剛志

問題の所在

我が国では周知のように近年金融機関の破綻が相次いでいる。金融機関救済のための公的負担（いわゆる税金）はほぼ七〇兆という単年度の我が国の予算規模に匹敵する規模に拡大している。他方で二〇〇〇年に入り大手デパートの破綻が相次いだが、公的資金の投入は見送られた。この際に大手デパートは雇用問題などを主張したが、最終的には世論に押される形で直接的な公的資金を投入せずに、大手デパートは施行されたばかりの民事再生法の申請をするという解決が図られた。

我が国はバブル経済崩壊後の長いトンネルから抜け出せずにいるが、金融システム不安が経済再生の足を引っ張ってきたのは紛れもない事実である。根本的な問題は、同じ規模の会社が破綻した場合に、なぜ金融機関の場合には公的資金が投入され、他方事業会社の場合には公的資金が投入されないであろうか、ということである。

この問題を考えるためには、バブル経済崩壊後の我が国の金融破綻と一足早く同様の問題が起き、それが解決された米国の例を比較検討することがもっとも有益であると考えられる。本稿の目的は、米国の金融機関—特に銀行—が法的にどのように特別に処理されたかという検討を通じ、我が国の金融機関の破綻に関し比較法的な考察を与えることである。

そのために我が国においていわゆるバブル経済崩壊以降続出した金融機関の破綻を検討し、その破綻処理を法的側面から検討することから始めたい。その上で一般事業会社の破綻処理と金融機関の破綻処理はどこが違うのか、どのようにしなければならないのかを検討していきたい。

一　我が国の金融機関の破綻と国営銀行

（1）相次ぐ金融破綻（公的資金支援を得たもの）

①　一九九二年

いわゆるバブル経済が崩壊し、資産デフレの進展に伴い金融機関の不良債権が加速度的に増加した。以下では我が国の主要な金融機関破綻を検討していきたい。

一九九〇年代に入り金融システムはしばらくは平静を保っていた。しかし九二年七月に料亭経営者らが預金証書を偽造し違法に融資を受けた事件の後始末として、東洋信金が破綻し、預金保険機構からの資金贈与を請け、三和銀行を中心とした金融機関が営業を譲り受ける形で決着した。(1)

また大口融資先の海運業者の不振により四国の東邦相互銀行が経営難に陥ったが、地元地方銀行の伊予銀行が、金融当局の斡旋により預金保険機構からの支援金と低利融資を前提に吸収合併した。預金保険機構はこのとき低利融資を実行しているが、その後低利融資は実行されていない。

②　一九九三年

一九九三年五月岩手県釜石市の釜石信金が、長年の不良債権により経営危機を迎えていたが、朝日新聞社の報道をきっかけに破綻処理され、同信金は岩手銀行他三行及び三信金に事業譲渡され、解散した。その方法は、いわゆる米国のP&A〔Purchase & Assumption〕方式と呼ばれ、破綻した金融機関が統一的に吸収合併されるのではなくて、分割されて事業人員等が譲渡された。その際預金保険機構から二六〇億が贈与され、出資金は上部団体である全信連が弁済した。(2)

また九三年一一月大阪府民信組がいわゆるイトマン事件の事後処理のため、大阪府の信用組合大阪弘容に吸収合併され、預金保険機構が一九九億円の合併支援贈与を行った。

③　一九九四年

この年には、四月に佐賀県の松浦信組が佐賀銀行に事業譲渡し解散され、また九月には信組岐阜商銀が大阪に本拠をおく信組関西興銀に吸収合併された。後者には預金保険機構から二五億円が資金提供されたが、前者には預金保険機構からの支援はなかった。

さらに大きなインパクトを与えたのが、いわゆる二信組（東京協和・安全信組）の破綻処理である。東京協和信組の元理事長が自らが経営する企業に対し、同信組等から巨額の融資を行い焦げ付きを生じさせついに自主再建を断念した。本件が特徴的なのはその処理方法である。すなわち市中銀行と日銀はじめ預金保険機構が東京共同銀行を設立し、二信組から事業譲渡を受け、東京都も出資をすることになっていた。しかし前都知事の下東京都は都の支出を拒否した。その後東京共同銀行は事実上の債務超過となり、「整理回収銀行」として改組された。

④　一九九五年

前年の信組破綻に引き続き、九五年二月神奈川県の友愛信組が破綻し、神奈川県労金が事業の譲受を行い、預金保険機構は二九億の支援を行った。

また九五年七月末の新聞報道から端を発した事実上の取付が起きたといわれるのが、コスモ信組と木津信組の破綻である。その破綻規模は通常の信組の規模を遙かに越えていた。

コスモ信組からみていくと、その破綻処理に費やされた資金は、業界団体の負担他に日銀二〇〇億、預金保険機構が一、二五〇億を支援した。結局監督官庁である東京都が業務停止命令を発し、コスモ信組は最終的に東京共同銀行に事業譲渡をして解散した。

木津信組は九五年八月同じく業務停止命令を受けた。木津信組はコスモ信組と同じく信組業界では大型の金融機関であったが、不良債権問題が原因で、またコスモ信組崩壊から連日預金流失が続き、当局からの業務停止命令に至ったものである。木津信組は東京共同銀行を改組した整理回収銀行に事業譲渡され、預金保険機構は一兆三四〇億円の贈与を行った。

同じく八月第二地銀であった兵庫銀行が経営破綻に陥った。不良債権がその原因であったが、神戸大震災も資産の悪化に拍車をかけた。兵庫銀行は九五年一〇月に新設されたみどり銀行に営業譲渡、預金保険機構から四、七三〇億円の資金贈与、日銀から一、一〇〇億円の貸出を受けた。

同年一一月福井県第一信組が福井銀行に事業譲渡をし解散、預金保険は五億円の資金贈与を行った。同じく一一月大阪信用組合は東海銀行に事業譲渡して解散し、それに伴う負担は預金保険機構から贈与一、六九七億円、資産買取八、二九億円に上った。

⑤　一九九六年

同年三月第二地銀であった太平洋銀行が、不良債権のため経営が行き詰まり、都銀四行が新設したわかしお銀行に営業譲渡して解散した。預金保険機構は一、一七〇億円の支援を行い、他の都銀の支援と併せて太平洋銀行の回収不能債権を償却する計画であった。

また同年四月関西の山陽、けんみん大和信組が、従来から経営難に陥っていたところ兵庫銀行からの支援が同行が破綻したためうち切られたために、淡陽信組へ事業譲渡して解散した。預金保険機構からは預金保険法改正によりいわゆるペイオフコストを超える資金援助適用第一号として不良債権償却原資二三七億円及び資産買い取り分として七一億円の資金援助が行われた。

同年九月秋田県の能代信金と東京都の武蔵野信金が不良債権のために経営難に陥り、前者は秋田県の大曲信金、後者は東京都の王子信金が信金業界内の支援を受けて吸収合併した。能代信金に関してはある新聞社が九五年五月同信金が経営難であると報じてから、急激に経営が悪化したものである。今回の両信金の破綻に関し、預金保険等の公的支援は受けていない。

しかし一一月に大阪府により業務停止命令を受けた三福信組は、経営を整理回収銀行に移転させ経営破綻し、整理回収銀行は同信組の処理のため預金保険から二六二億の支援を受けた。同信組は理事長のファミリー企業への不良債権等が最終的に解消されなかったといわれる。

また同月和歌山県の第二地銀であった阪和銀行が、同行の監査法人が不良債権償却を主張したことが契機となり、当局から業務停止命令を受け経営破綻した。阪和銀行の元副頭取が一九九三年八月自宅前で射殺されたことも記憶に新しい。阪和銀行は事後処理を行う紀伊預金管理銀行に業務を移管し、同銀行は一九九八年に業務を終了した。同銀行は不良債権償却のため預金保険から一、九二七億円の資金贈与を受けている。この後既存行員が退職金の増額を請求し、預金保険からの贈与額が八六億円増額された。注目すべきはペイオフは実施されず、預金者は全額保護された点である。

⑥　一九九七年

本年はおそらく金融史に関し長く記憶されるであろう年である。九七年三月兵庫県阪神労働信組が兵庫県信組に事業譲渡のうえ解散し、預金保険機構は三七億円の資金贈与、整理回収銀行が四億の不良資産を買い取った。その後四月岐阜県土岐信組が十六銀行に事業譲渡し解散し、預金保険機構は四三億円の資金贈与、整理回収銀行が一一億で億の不良資産を買い取った。同時に岐阜県の東海信組が自力再建困難として岐阜県の斡旋により大垣共立銀行に事業譲渡し解散し、預金保険機構贈与金一七八億円で整理回収銀行が不良資産を買い取った。

翌四月福岡県の北九州信組が地銀の福岡銀行へ事業譲渡を行い解散、不良資産は預金保険機構の資金贈与（七八億円）により整理回収銀行が買い取った。同じく四月神奈川県信組が横浜銀行に事業譲渡を行い、預金保険機構より贈与支援金（贈与一九二億、買い取り二三二億）を受けた。なお同信組は一九九二年に神奈川県下の三信組が合併した信組であったが、破綻した。一九九七年五月大阪田辺信組がさくら銀行に事業譲渡を行い解散した。

銀行及び信組のような預金取扱機関ではないが、一九九七年には複数の証券・生命保険会社も事業譲渡・経営破綻した。四月には日産生命が大蔵省による業務停止命令を受け、経営破綻した。高利の年金・養老保険による逆ざやと外債投資の失敗である。破綻処理には保険契約者保護基金が上限の二、〇〇〇億円贈与したが、予定利率の引き下げで既存の保険契約の保管業務のみに業務を縮小した。また五月には小川証券が、一〇月には越後証券が営業休止の届け出を大蔵省に行った。その後一一月には三洋証券が会社更生法の適用を申請し、事実上倒産した。寄託証券保証機構からの限度外支払いも行われた。同族型の放漫経営と系列ノンバンクの破綻により経営破綻したものであるが、問題はその際に生じたコールマーケットにおける債務不履行である。それがその後の連続する金融機関の経営破綻の一因となった。

一九九七年一一月いわゆる都銀・上位二〇行の一つであった北海道拓殖銀行が巨額の不良債権により債務超過に陥り、第二地銀である北洋銀行及び中央信託銀行に営業譲渡の上破綻、清算となった。直接のきっかけとなったのは、三洋証券破綻によるコールマーケットにおける短期資金調達の不能であった。日銀法二五条による巨額の特融が実施された。

同月旧四大証券の一角を占めていた山一證券が自主廃業、日銀特が実施された。原因はいわゆる帳簿外の債務の発見の結果、格付けが低下し、資金調達ができなくなったことである。その後資産流失が止まらず自主廃業に至ったものである。

同年一一月仙台市の第二地銀であった徳陽シティ銀行が仙台銀行等に営業譲渡して解散となった。大型金融機関倒産の余波で資金調達が困難となり、経営が困難となったものである。

⑦　一九九八年

この年はいわゆる長期信用銀行であった日本債券信用銀行と日本長期信用銀行が金融再生法により一時国有化されるという事態が起きた。

六月には日本長期信用銀行が外資による株式の売り浴びせにより経営が悪化し、特別公的管理申請（国有化）の申請を行った。日本長期信用銀行はいわゆる長期信用銀行一角として、金融債の発行を認められてきたが、バブル期の過剰な融資が多くの不良債権を生んだ。貸株市場が整備されていない、及び貸し株取引に対する規制がなかった点が拍車をかけた。

一二月には日本債券信用銀行が金融再生法三六条による特別公的管理（国有化）の通告を受けた。

⑧　一九九九年

本年はいわゆる第二地銀が数多く破綻した。その原因の一つが九八年四月から金融監督庁（金融庁の前身）が設立され、検査が強化され、いわゆる早期是正措置による自己資本の強化により、経営破綻が相次いだものである。

一九九八年東京都の国民銀行が経営破綻した。直接のきっかけは新聞報道が原因であった。この報道がきっかけで国民銀行から預金が二日で六〇〇億以上が流失したといわれる。金融再生法に従い、金融整理管財人が公的管理を開始し、民間銀行に譲渡されるか、もしくは清算の手続きがとられる。

その後五月大阪の幸福銀行が同じく経営破綻した。オーナー一族の同族経営による不良債権が原因であり、同銀行は金融監督庁に早期是正措置に基づく自己資本増強が不可能であり、経営再建を断念した。その後公的管理に移行している。

六月には東京相和銀行が自己資本比率四％を下回り早期是正措置の対象となり、公的資金の申請もままならず経営破綻に至った。

八月にはいると九八年一〇月大阪の福徳銀行となにわ銀行が合併してできたなみはや銀行が金融監督庁の検査結果を踏まえて破綻申請を行い金融整理管財人の管理の元におかれた。同じく八月金融監督庁は早期是正措置の発動を第二地銀である新潟中央銀行に発動し、同銀行はワンマンといわれた頭取が辞任し、破綻申請を行い、破産管財人の管理に入った。

（2）　金融破綻と金融当局の対応

前述のような金融破綻に対し、金融当局はどのような方法で金融システム安定化を図ってきたのか。年代順に整理していきたい。

①　預金保険機構

預金保険機構は、預金保険法に基づき昭和四六年に設立された特別法人である。そのきっかけとなったのは、昭和四五年金融制度調査会答申「一般金融制度のあり方」である。[(3)] その目的は「預金者等の保護を図るため金融機関が預金等の支払いを行うことにより信用秩序に資することを目的とする（旧預金保険法一条）」である。預金保険機構は政府、日本銀行、民間金融機関の出資により設立された法人である。預金保険機構には理事長・理事及び監事がおかれている。ちなみに従前は理事長は日銀の副総裁が兼務しており、金融機関の破綻もなかったからほとんど仕事を行う必要はなかった。しかしみてきたように金融機関の破綻が相次ぎ預金保険機構の必要性は非常に高まり、現行法では内閣総理大臣が両院の同意を経て任命することになった。

預金保険機構の主な業務に当該金融機関破綻時における預金等の保険があり(預金保険法二条一項)、対象金融機関(銀行、信用金庫、信用組合、労働金庫)が預金等を受け入れることにより、当然に保険関係が成立する。当初は破綻処理方法をいわゆるペイオフに限っていたが、昭和六一年改正により「資金援助方式」が導入された。(4)

その後みてきたように金融機関の破綻に伴う金融不安が拡大し、金融当局はは平成七年金融機関破綻処理及び預金保険改革につき最終報告案を公表した。(5) この報告がもととなり、住専処理を中心とする平成八年いわゆる金融関連三法を中心とする金融関連法が成立した。その中心的な内容は、①住専処理法、②金融機関等健全化法、③金融機関更正手続法、及び④預金保険法(厳密には農水産協同組合貯金保険法も成立した)である。

この中でも重要な法律が②金融機関等健全化法であり、自己資本比率及び早期是正措置の導入を目的とするものである。みてきたように本法の影響は極めて大きく、第二地銀を中心として複数の銀行が早期是正措置により破綻処理された。(6)

預金保険法に関して改正された点で重要なのは、二〇〇〇年三月まで資金援助額をペイオフコスト上限額を超える援助を可能にした。この時限措置の財源として、①特別保険料の徴収を行い、②破綻信用組合の処理のために預金保険機構が行う借り入れに対し政府保証をつけ、③破綻信用組合の受け皿として前出の整理回収銀行を制定したことである。

しかし一九九七年前述のように北海道拓殖銀行を始め大型金融機関の倒産が頻発したために、金融システムに対する不安が非常に増大し、金融安定化二法案（①預金保険法の一部を改正する法律案、②金融機能安定化緊急措置法案）が二月に可決施行された。前者は新設合併にも預金保険機構からの資金援助を可能にしたものであるが、翌一九九八年廃止された。

①　金融再生法

預金保険法の改正など金融安定化二法が可決成立しても、不良債権問題が改善せず、また先述のように早期是正措置による業務停止命令・金融機関破綻が依然として深刻であった。金融システムの不安はいわゆる貸し渋りとして一般企業の資金繰りを悪化させ、また海外ではジャパン・プレミアムとして金融機関自身の資金調達を悪化させた。それを決定的にしたのが、日本債券信用銀行及び日本長期信用銀行の破綻であった。金融システム自体の信用が危うくなった。

そこで抜本的な制度改革が急務となり、一九九八年一〇月金融再生関連四法が可決成立した。すなわち、①金融再生法、(7) ②金融再生委員会設置法、(8) ③金融再生委員会設置法に伴う関係法律の整備に関する法律、及び④預金保険法一部改正法(9)である。

金融再生委員会は大蔵省から独立した外局であり、金融監督庁(10)を所管し（金融再生委員会設置法一六条）、またその下に証券取引等監視委員会が置かれた（同二一条）。その職務は金融破綻処理制度及び金融危機管理に関する調査・調査（同三条）し、また金融機関の業務の適切な運営のための免許又は検査の監督業務を行う。しかし破綻処理制度は大蔵省と共管である。なお金融再生法及び金融再生委員会は二〇〇一年三月までの限時法である。

上述のように金融機関破綻処理に関して、①預金保険法による処理、②会社更生法、民事再生法などの司法処理の他に、③金融再生法による行政主導の破綻処理の三つの方法が確立された[11]。米国では連邦破産法は金融機関については適用除外とされているが[12]、我が国の金融機関は金融機関は株式会社のことが多いが、倒産処理には特別法はなく、一般事業会社と同じであった。しかしこの金融再生法により行政による金融機関独自の破綻処理方法が確立したといえる。

② 司法手続きによる破綻処理

二〇〇〇年から民事再生法が施行され、企業の倒産処理について新しい方法が提示された。金融機関の倒産に関しては現行法上特則がなく一般事業会社と同じ規定の適用がある。しかし銀行法四六条一項及び二項によると、金融業務の専門性の観点から裁判所は「銀行の清算手続、破産手続、和議手続、整理手続き又は更正手続において」金融再生委員会の意見を求めることができ、他方金融再生委員会はこの手続に関し、裁判所に意見が述べられる、といしている。すなわち破産手続に際して金融業務の特殊性を認めて行政庁の関与を積極的に認めたものであると解することができる。

またいわゆる平成八年金融三法により金融機関の破綻処理の一般法として「金融機関等の更正手続の特例等に関する法律」が可決成立した。従来の司法的処理では迅速な破綻処理ができなかったため破綻コストが大幅に嵩む恐れがあった。そのため大きな負担を生むような破綻原因が生じた場合に、破綻に至る直前で金融（監督）庁による破綻申立権が認められた（金融機関更正手続法一六一条以下）。

さらに金融機関が破綻した場合に、当該金融機関の預金者の代理として預金保険機構が権限を変わって行使することになった(同法一七一条)。それに付随して送達が預金者ではなく、預金保険機構に対して送達が行われ(同一六六条)、預金者に対して善管注意義務を負うと規定している(同一八九条)。このように預金保険機構は預金者を代理し、同時に自らも債権者として更正取引に参加するが、預金者の利益を害することはできない。

以上のような規定が存在するが、司法による破綻処理は破綻処理法としては使いにくく、処理に日数がかかる。また私見によると、銀行取締役は代表訴訟(商法二六七条)等に関して一般事業会社の取締役より高い注意義務を負っていると解するが[13]、このように銀行は株式会社でもあるためそれに関連した責任もあることになる。また何よりも重要なのは、通常の破産処理で破綻した金融機関を整理すると破産コストが拡大することである。同時に、例えば前述の阪和銀行の破産に際して生じた問題点の一つは、破綻した和歌山県の当該地域に決済及び融資を行う金融機関が無くなったことであり、そこに住む住民の経済活動に多大な影響を与えたことである。そのため金融機関の破綻処理は損失を最小限にするために迅速に行わなければならず、一般司法処理になじまない側面が多い。

③　預金保険法による破綻処理

みてきたように金融機関の破綻処理には多くの場合、預金保険機構による資金援助が伴う場合が多い。そこで現行法による預金保険機構による可能な資金援助を整理してみたい。

預金取扱金融機関の破綻により預金者の預金の払い戻しが困難となった場合に、預金保険機構は預金者に対し、保険金の払い戻しを行う。この場合の預金の支払いは、金融機関の破綻のような保険事故が発生した場合預金者の請求に基づいて行われる(預金保険法五三条一項)。これがいわゆるペイオフである。このペイオ

フの上限は、昭和六一年に一、〇〇〇万円に引き上げられている。(14)

ペイオフの前提となる保険事故には第一種保険事故と第二種保険事故がある。前者は預金取扱金融機関が預金払い戻しの停止を行ったときに、当該金融機関からの通知により預金保険機構が保険金を支払うか否かを決定し、その上で保険金を支払う(同法五三条一項)。後者は金融機関の営業免許の取消及び破産並びに解散の決議がなされた場合に、当然に預金保険機構から保険金が支払われる。周知のようにペイオフは今まで一度の実施されていないが、政府は当初二〇〇一年三月までだったペイオフ停止期間を延長した。預金保険法によると利息も保護されるが、高利で資金を集め破綻した金融機関の責任を負う必要はなく、元本だけで十分であると解する。

また保険金の直接支払いとは別に合併等に伴う資金援助の制度が昭和六一年に創設された。これによると経営危機にある金融機関を他の金融機関に営業譲渡し、又は合併を推進するために預金保険機構が資金援助を行うことが可能となり(同法五九条)、みてきたように幾度と無く実施されてきた。既述したように信用組合の破綻が相次いだため、預金保険機構の中にペイオフコストを上限とする一般勘定の他に、独立した特別勘定がもうけられ、ペイオフコストを超える資金援助が可能となった。手続的には、当該金融機関の申請に基づき、金融再生委員会が認定した上で、預金保険機構に申し込みを行う。その上で預金保険機構が決定するという手続である(同法六四条一項)。

預金保険機構によるペイオフは上限の範囲内で行われるが、これを超える金額につき、預金保険機構が前述の司法手続きによるときに連鎖倒産等が予想される場合に、預金保険機構が当該債権を買い取ることによる預金債権の買い取りという制度も存在する(同法八一条の二、八一条の三)。同様にペイオフ決定までの預金者保護に資するため仮払金の二〇万を上限として仮払金の制度も存在する（同法五四条三項）。

みてきたように我が国金融機関の破綻処理には、もっぱら資金援助方式が使われてきたが、今後ペイオフが実施される可能性も大いに残されている。

（3） 行政主導による金融機関の破綻処理

既述のように金融機関の破綻が相次いだため、金融システムの安定と再生を図るために、いわゆる金融再生法が制定された。同法では破綻した金融機関の処理に関して一般事業会社とは別の特則をもうけると同時に、金融機関の破綻処理に関して原則を定めたものである。すなわち金融機関の破産管財人による管理及び破綻した金融機関の業務継承、破綻銀行の特別公的管理並びに金融機関等の資産買取の制度による信用秩序維持と預金者の保護が金融再生法の目的である（金融再生法一条）。

金融再生法三条は金融機関の破綻処理に関する原則として、①不良債権の財務内容の開示、②健全性が確保されない金融機関を存続させない、③破綻した金融機関の株主及び経営者責任を明確にすること、④預金者を保護すること、及び、⑤金融機関の破綻処理費用が最小になるようにすること、を規定している。特に注目すべきは、②及び⑤である。前者は当局が公に非健全な金融機関の破綻を認めた点で破綻処理に関し護送船団方式からの脱却を意味し、後者は明文でコストの最小化が宣言されている。この点後に米国の例と検討したい。以下具体的に検討する。

① 金融整理管財人による管理

規模の比較的小さな金融機関が破綻した際に、金融再生委員会により任命された金融整理管財人[15]が破綻金融機関の代表権及び業務執行権を掌握し、財務内容の改善に努め、最終的には営業譲渡、又は合併により破綻金融機関を処理する方式である。[16] その最大の目的は当面は営業が維持されるため取引先に混乱が生じない点である。譲渡先が見つかった金融機関もあるが、譲渡先が見つからない場合結局は破綻処理されることになる。

金融再生委員会は、①当該金融機関の営業が著しく不適切な場合、②営業譲渡が行われることなく業務の全部又は一部が廃止若しくは解散されるとき、当該金融機関が営業する地域又は分野における資金の円滑な需給及び利用者利便に大きな支障がでる恐れがある場合に、金融破産管財人による業務及び財産の管理を命じることができる（同法八条）。

金融整理管財人の管理に関しても、金融再生委員会は調査報告させる権利があり、[17] 再建計画の作成等を命ずることができる(同法一四条)。金融再生法二五条によると、管理の終了は原則一年以内とされ、最長二年とされている。

② 承継銀行の設立

破綻金融機関の経営状況がすでに深刻な状況にある場合には、金融整理管財人による管理ではなくて、破綻金融機関のすべての営業を譲り受ける承継銀行（いわゆるブリッジバンク）を設立して営業や資産を当該承継銀行に移して処理する方法である[18](同法二七条参照)。承継銀行が引き継ぐのは健全債権のみであるので、預金保険機構がこの判定を行う(同法二八条)。承継銀行の設立及び出資を行うのは、預金保険機構であり、同時に経営管理を行う。管理の終了は原則一年であり、最長三年となる。破綻金融機関の法人格が消滅するために、経営者株主の責任が直接問われる。

③ 特別公的管理

金融再生委員会は破綻した金融機関が債務超過であり、当該銀行が破綻した際生じる影響が極めて大きい場合、次の要件のもとで特別公的管理（一時国有化）の決定をする事ができる（金融再生法三六条）。当該銀行の株式を預金保険機構が取得し、一時国有銀行となり、譲り受け先を探すものである。旧日本長期信用銀行と日本債券信用銀行がこの公的管理に置かれた[19]。

破綻してしまった銀行の場合、①当該銀行の破綻により連鎖的な破綻を生じさせ、金融システムが大きな不安を生じさせるとき、②当該銀行が業務を行っている地域又は分野における重要性が高く、当該地域又は分野の経済活動に極めて大きい障害が生じるとき。またまだ銀行は破綻してはいないが、破綻する恐れが高い場合、前述の①②の他に国際金融市場に重大な影響を与える恐れがあること。これらの場合に特別公的管理以外ではこれらの事態を回避することができないことが要件となる。

預金保険機構が株式を取得し公的管理を開始すると、預金保険機構は商法二五四条一項の例外として金融再生委員会の指名に基づき、当該銀行の取締役及び監査役を選任することができ、逆に商法二五七条一項の規定に関わらず金融再生委員会の承認を経て当該銀行の取締役及び監査役を解任することができる（同法四五条）。さらに当該銀行は預金保険機構から業務に必要な資金を借りたり（同法六一条）、預金者保護のため必要な限度で資金援助を預金保険機構に申し込むことができる（七二条）。

このように特別公的管理銀行は、預金保険機構により選任された経営陣のもとで、当該金融機関は資産の健全化、経営の再構築及び不良債権の分離を進め、資産内容が健全となった後に受け皿銀行に営業譲渡されるという計画である[20]。

（4）　金融機能早期健全化法

金融再生法と同時にいわゆる「金融機能早期健全化法」が可決され、自己資本比率に応じ、金融機関の自己申請に基づき、二五兆円の保証枠の中で公的資金を普通又は優先株式購入により自己資本に注入することにより、早期に金融システムの機能の健全化が図られた。なお金融再生法の成立により従前の金融安定化法は廃止された。

公的資金を申請した金融機関は、リストラなどを含む経営健全化計画を提出して、金融再生委員会の承認を申請し、承認された場合に預金保険機構から委託された整理回収銀行が株式等を引き受けるという手続きをとる。

同時に定められた金融機関の早期健全化のための緊急措置に関する法律施行規則（平成一〇年総理府令六七号）によると、金融機関は、①健全行（自己資本比率八％以上：国内基準の場合には四％）、過小資本行（同四％～八％）、著しい過小行（二％～四％）、及び特に著しい過小行（二％未満）の四段階に分けられ、それぞれの段階及び地域の必要性などにより公的資金による資本注入の額、方法が異なる。[21]

このように我が国では金融機関の破綻に際して積極的な行政の関与による米国方式が採られてきた。それでは米国ではどのような経緯で金融機関の破綻処理が行われ、行政による金融機関処理が行われてきたか。

（1）　日本経済新聞一九九二年七月一三日参照。以下逐一参照しないが本文中事実関係を引用する場合には、日本経済新聞紙面による。

（2）　一九八〇年代に米国で金融危機が起きたとき、貯蓄貸付組合（Saving & Loan Association）が数多く破綻した。その際破綻処理に用いられたのが、P&A方式である。吉井敦子『破綻金融機関を巡る責任法制』（多賀出版、一九九九年）三九五頁参照。

(3) 吉井・前掲書三四〇頁参照。

(4) 吉井敦子「大蔵省銀行局長通達の変遷にみる金融自由化」『六甲台論集』三八巻一号一八八頁以下参照。

(5) 大蔵大臣の諮問機関である金融制度調査会金融システム安定化委員会報告（平成七年一二月二二日）参照。

(6) (1)⑦一九九七年参照。

(7) 同法は、前述の金融安定化緊急措置法を廃止し、破綻した銀行を一時国有化することを主な内容とするものである。

(8) 同法は破綻認定及び金融危機管理を主な職務とする金融再生委員会委の設置を内容とする（金融再生委員会設置法二条）。なお実際に同法を立案した大蔵省大臣官房（当時）泉氏には貴重な情報を頂いた。

(9) 同改正は、不良債権処理を推進するための整理回収機構の創設を内容としていた。

(10) 同監督庁は、二〇〇〇年七月一日から大蔵省の金融企画局と統合され金融庁となった。

(11) 吉井・前掲書三四七頁参照。

(12) 同、三四七頁及び二〇九頁以下参照。

(13) 拙稿「銀行の取締役の注意義務」『法政理論』参照。

(14) 吉井・前掲書三五〇頁参照。

(15) 通常は弁護士が就任する。登記簿にも金融整理管財人として登記され、名実ともに実権を握る（金融再生法一一条）。

(16) 既述したように第二地銀が破綻するとこのような方法が採られるが、日本経済新聞二〇〇〇年八月一五日によると、破綻した旧国民銀行が八千代銀行に営業譲渡されることになったと報道された。

(17) 日本経済新聞二〇〇〇年八月一六日によると、旧日本長期信用銀行（新生銀行）に関する調査報告書が完成し、長銀破綻の主な原因は市場を無視した経営、特に全く正確なディスクロージャーを行わなかったため、最後は市場に反撃・復讐された、とされている。

(18) 既述したわかしお銀行がそれにあたる。

(19) 二〇〇〇年八月現在日本長期信用銀行は米国のリップルウッドグループに譲渡され新生銀行となり、日本債券信用銀行はソフトバンクグループと交渉中である。

(20) この際健全であった資産から二次的損失が生じた場合、国が元の値段で当該資産を買い戻すといういわゆる「瑕疵担保特約」が新生銀行のケースで問題となっている。

(21) 健全行の場合には銀行の申請により、整理回収銀行が優先株等の引き受けを行う。過小資本行の場合にも銀行の申請により、整理回収銀行が優先株等の引き受けを行うが、この際かなり厳しい経営合理化が求められる。著しい過小資本行の場合には優先株のときと普通株のときがある。特に著しい過小資本行の場合には、当該銀行が特にその地域に必要な場合に限られる。

二 米国における金融機関の破綻

(1) 金融機関破綻の背景

米国ではわが国より早く金融自由化が進展し、多くの金融機関が破綻した。特に深刻であったのは、貯蓄貸付組合［Saving & Loan Association以下S&Lｓと略記する］の破綻である。S&Lｓはかつて規制金利や税制上の優遇措置等、わが国の護送船団方式類似の環境の中で順調な拡大を示してきたが、金利の自由化で市場資金金利が高騰し、そのため資金調達が逆ざやとなり、多くの金融機関が破綻した。[22] 法的には、その原因は、①預金機関規制緩和及び通貨管理法［Depository Institutions Deregulation and Monetary Control Act of 1980: DIDMCA〕及び②一九八二年ガーンセントジャーメイン預金金融機関法〔Garn St. Germain Depository Institutions Act of 1982〕が従来S&Lsに許されていなかった企業貸付、不動産担保ローン、消費者ローンを一定程度認めたことにより、危機的状況に陥った[23]。それに拍車をかけたのが、石油産業の不況や不動産不況である。また慣れない不動産融資でも政府がスポンサーとなっている企業〔GSEs〕による融資と競合し、競争力がないことを示していた。

しかし最も大きな問題は経営陣の詐欺的取引、信認義務違反〔breach of fiduciary duty〕、不適切な業務管理である[24]。すなわち①不適切な取締役会の監督、②不安定な資金調達源への依存、③内部腐敗〔Internal Fraud〕、④詐欺的取引、⑤過大な報酬、及び⑥乱脈融資である。なぜならS&Lsの中でも経営管理がしっかりしている金融機関は、厳しい経営環境の中でも生き残っているからである。従って米国の金融機関―特にS&Ls―が破綻した根本原因は金融機関の取締役の権限濫用行為、不良融資にあったのである[25]。

さらに同じくらい重要な問題は、政府による監督の失敗〔basic failures of supervision〕である。つまり経[26]営破綻が差し迫った状態〔imminent〕に至るまで、連邦住宅貸付銀行理事会〔Federal Home Loan Bank Board: FHLBB〕をはじめとする監督当局が、延命させてきたことである。FHLBBがこの際行ったことは、破綻したS&Lsの市場からの早期退出ではなく、S&Lsの会計基準を緩和して、延命を図ったことである。また吸収合併に際しても営業権の評価を緩やかに行った結果、経営を悪化させるだけであった。更に連邦貯蓄貸付保険公社〔Federal Savings and Loan Insurance Corporation〕[27]は債務超過の状態にある金融機関の吸収合併に際して支援金を出すという政策をとった。その結果当局の財政は悪化し、この政策は失敗に終わった。結局このような政策は破綻処理金額を拡大させるだけで状況を好転させることは出来ず、むしろS&Lsの破綻が続出することによりＦＳＬＩＣ自体が五〇〇億ドル以上の赤字を抱えて破綻した。そこで抜本的な解決が必要となった。

（２） 金融機関改革復興執行法と行政の関与

既述のように政府による猶予［forbearance］が逆の効果しかもたらさなかったので、米国政府及び議会は、貯蓄金融機関及び金融機関の経営の安定化と正常化を意図して、一九八九年金融機関改革復興執行法［Financial Institutions Reform, Recovery and Enforcement Act of 1989: FIRREA］が制定された。これは預金保険法［Deposit Insurance Act］の第三章を改正する法律である。(28) 重要な改正点は従前の「猶予」政策から「早期介入」［early intervention］への政策転換である。

金融機関改革復興執行法によりＳ＆Ｌｓに対する規制の枠組みが大きく変化した。詳しい訂正は別稿に譲るが前述の連邦貯蓄貸付保険公社は連邦保険公社［Federal Deposit Insurance Corporation: FDIC］に統合され、連邦保険公社はＳ＆Ｌｓと銀行の双方を管轄するようになった。さらに経営破綻したＳ＆Ｌｓを処理する機関として整理信託公社［Resoltion Trust Corporation］が一九九五年一二月三一日までという時限的に設立された。整理信託公社は破綻金融機関の資産処分、債権回収、Ｓ＆Ｌｓの経営関係者の責任追及を民事・刑事にわたり積極的に行った。(29) 整理信託公社が解散されたあとは連邦保険公社がその資産及び負債または破綻処理業務が受け継がれた。

また破綻処理に関して特に注目されるのは、一般事業会社と異なり、連邦破産法の適用が除外されることである。(30) 金融機関に対しては連邦預金保険法が適用され、それぞれの免許の根拠法に従い債務超過が宣言された後に、破産管財人が任命される。この場合に管財人は連邦保険公社か整理信託公社が就任する。両機関は、破綻処理を行う権限を持ち、司法機関による破綻処理の管轄外機関となる。このように米国では立法により金融機関の破綻処理を行政が主導権を持ち、司法手続きとは別の手続きで行っている。

(22) この点は多くの文献で同様の記述がある。例えば、斉藤精一郎『ゼミナール現代金融入門』(日本経済新聞社) 二六四頁以下参照。及び、吉井・前掲書四頁以下参照。
(23) Cf. G.N. Olson, *Government Intervention: the Inadequacy of Bank Insolvency Resoltion-Lessons from the American Experience*, R. Lastra and H. Schffman (ed.) Bank Failures and bank Insolvency Law in Economies in Transition, 1999, Boston, p. 118.
(24) Cf. *ibid*., p. 119.
(25) 例えばカリフォルニア州のリンカーン貯蓄貸付組合では、チャールス・キーティング氏により一九八四年に買収され、そこから様々な名目で資金を引き出し自ら経営する不動産業の資金調達として濫用していた。cf .Martin Mayer *The greatest ever bank robbery* (New York, 1989) p.165 ff.
(26) Cf. *ibid*., p. 119-120.
(27) FSLICは後述する金融機関改革復興執行法［Financial Institutions Reform, Recovery and Enforcement Act of 1989: FIRREA］により廃止されるまで、S&Lsの預金保険機構であった。
(28) Bernard Reams, *A Legislative History of the Financial Institutions Reform, Recovery and Enforcement Act of* 1989*: Public Law 101-73, 101 st Congress and Related Acts Vol. 1*. (New York, 1998) p. 1 ff.
(29) 米国では金融機関の破綻が取締役らの不正行為に起因する場合が多かった。金融機関の取締役の注意義務に関しては別稿で論じたい。

(30) Cf. Olson., *op. cit.*, 121 ff. また、吉井・前掲書二〇頁参照。

まとめにかえて

このように日米両国において、金融機関の破綻は、バブル崩壊・金利の上昇などの外的環境の変化の他に、金融機関の経営者の責任に負うところが多大である。米国においても金融機関の破綻に犯罪的行為が多く拘わっていたことから、規制当局の権限により金融機関の取締役等への責任追及が盛んに行われており、この点も別な考察が必要である。(31)

またみてきたように金融機関の破綻に際しては行政の積極的関与なくしては事態は改善せず、わが国の今回の措置はその観点からは概ね正しいものと評価される。しかし米国の歴史的教訓を生かせず、いたずらに損害を拡大した点、及び金融機関の取締役の責任を追及する法的手段が整備・理解されていない点は多いに改善されるべきである。

米国の検討から明らかになったことは、金融機関のような専門的な業務で、しかも地域で唯一の金融機関である場合ように、公共性がある場合には、通常の司法手続きによる破綻処理ではなく、行政が主導で積極的な破綻処理が必要で、それを可能にするような法的措置が必要であることである。検討してきたように、わが国の法制度にはこの点は欠けているといわざるを得ない。同時に預金保険機構のような機関が税金という公的資金を導入する際には、特別な原則・理念がが必要なはずである。しかし公的資金の導入とそれに必要な諸原則に関しても、紙面の関係から他の機会に譲りたい。

（31）　吉井・前掲書はこの点にも詳しい検討がある。筆者は、銀行取締役の注意義務は一般事業会社の取締役の注意義務基準と同じ基準ではなく、特有の要素を考慮した基準で判断されるべきと解している。後日この立場から改めて検討する。

23　企業規模の上限に対する法的規制
――企業はどこまで大きくなれるのか――

山部俊文

一　はじめに

1　本稿は企業規模の上限に対する法的な規制を取り上げて若干の検討を試みるものである。右の課題を端的に言えば、副題として掲げた「企業はどこまで大きくなれるのか」ということになる。もちろんこの問いかけは、事実としてではなく、規範としての問いかけである。企業規模について「立入禁止」の領域があるかもしれない、ということである。

2　近時、わが国に限らず、諸外国にあっても巨大企業の合併・統合・買収が相次いで行われている。「日本に世界最大級の○○が誕生」などと言われると、（他人ごとながら）何か「よいこと」のような気がしないではないが、同時に「こんなに大きな企業が出現して大丈夫だろうか」という不安もよぎる。企業が「大きい」ことは何か問題を生じさせないのであろうか。

企業規模が過度に大きい、つまり「大き過ぎる」ことを理由に規制を加えることは、そんなに突拍子もないことではない。企業規模を画する法的規制は、後述するように、現行の法体系・法秩序の下でも存在する。現在は消滅したものの、歴史上かつて存在した規制もある。直接に企業規模を規制するものではないが、それに大きな影響を与えることから企業規模の上限に対する規制としての機能を有する場合もある。

3　本稿はそれら企業規模の上限に関する法的規制について若干の検討を加えるものである。ただ、本稿では、会社法にも言及を行うものの、独禁法、その中でも一般集中規制と呼ばれる規制を中心に取り上げている。これは筆者の能力の（それこそ）「上限」によるところが大きい。独禁法の一般集中規制を企業規模の上限に関する規制として位置付け、その基本的考え方を検証することが本稿の主たる内容となる。

一般集中規制に関しては、持株会社を「解禁」した平成九年の独禁法改正法の附則の五年後の見直し規定を承けて、現在、九条の持株会社規制を含め、九条の二の大規模会社の株式保有の総額規制、一一条の金融会社の株式保有比率の規制について、その改定に向けた検討が開始されている。[1] 平成九年改正以降、一般集中規制に対する学界・経済界の興味関心は薄れたようにも見える。平成九年改正によりすでに「勝負はあった」と受けとめられているのかもしれないが、持株会社解禁論議のいわば第二ラウンドとも言える時期に一般集中規制についてその基本的考え方を改めて検証することにはそれなりの意義があると考える。

4　本稿は、Abhandlung と言うよりは、Essay に属するものであるが、本稿のテーマ（だけ）は、ドイツ・フライブルク学派の成果を踏まえて商法学・経済法学をリードして来られた小島康裕教授のご退官を記念する論文集に相応しいものと考える。それが不十分ながらも小稿を物した理由である。

二　企業の「規模」

1　企業の「大きさ」あるいは「規模」とは何であろうか。それは何を尺度として測定されるのであろうか。また、特に大規模企業について「経済力」という用語が使われることが多いが、「経済力」とは何であろうか。さらに、独禁法の法文には「事業支配力」という文言があるが、それはどのような意味なのか。本節では、企業の「規模」、「経済力」、「事業支配力」という本稿においてキーワードとなる用語・概念について考えることとしたい。

2　企業の「大きさ」あるいは「規模」を示す指標として最初に思い浮かぶのは、「売上高」と「総資産額」であろう。それらは各々企業のフローとストックの（金銭的な）大きさに対応する。売上高は当該企業の（一定期間の）経済活動の大きさを、総資産額は（特定の時点における）当該企業の保有財産の大きさを示すので、一般論として企業の「大きさ」あるいは「規模」を測る指標として適切なものと思われる。

もっとも、売上高や総資産は業種によってその持つ意味合いも異なる。とりわけ金融業（銀行業）と非金融業の企業について、その売上高及び総資産額によってどちらが「大きい」かを判断することは難しい（と言うか、どちらが「大きい」のかよく分からない）。銀行業にあっては預金という膨大な負債があり、それに見合う膨大な資産がある。金融業（銀行業）と非金融業に共通する規模の指標としては正味の財産である純資産額というものも考えられる。また、非金融業にあっても製造業と販売業（商社）では特に売上高の有する意味は異なると思われる。一般に販売業の売上高は製造業に比して大きな数字となるようである。

その他、企業のストックやフローという面では、資本の額、負債の額、営業利益、経常利益と言った尺度も考えられるし、企業の人的な面での「大きさ」に着目するならば株主の数及び従業員の数という尺度も考えられる。さらに、特定の市場での当該企業の「大きさ」を考える場合には、(売上数量又は売上高による)市場占拠率という指標もある。

このように企業の「規模」を測る尺度は様々なものがあり得る。[2]「規模」に着目して法的な規制を施す場合に、これらの指標のいずれを用いるかは、各々の規制の目的・趣旨によるであろう。実際に法が企業の規模に関連して何らかの規制を行う場合は、それぞれの規制の目的・趣旨に応じて、これらの指標を使い分けているとみることができる。[3]

3　右に述べたことは、単一企業を念頭に置いたものであるが、株式保有を通じた結合企業についても、同様に考えることができる。すなわち、当該企業グループ全体の総資産額、売上高というものを考えればよい。むしろ、大規模企業が単体で存在していることなどは今日ではあり得ないであろうから、結合関係にある企業全体を捉えなければ意味はないとも言い得る。[4]

4　次に、企業の「経済力」の問題である。「経済力」とは何であろうか。「経済力」という用語は、経済法・独禁法の領域だけではなく広く用いられる。筆者はそれを自明の概念とは思わないが、その意味内容を明示してこの用語を使用する例はほとんどないのが現状である。「経済力」の概念に言及する数少ない論稿によれば、経済力は市場支配力のように直接に競争と結び付いた概念ではなく、大企業が取引相手方(中小企業)に対して有する取引力、国民経済全体に対する影響力、政治的・社会的な様々な影響力のことを意味するとされる(5)（「取引力」の意味が必ずしも明らかではないが、取引条件を自らに有利なものとすることができる力というような意味であろう）。

「経済力」という概念・用語の現実の使用例を見れば、それは、特定の企業ないし企業の集団について、他の企業への影響力、とりわけ取引条件に対する影響力（タテの関係での他の企業への影響力）を中心に理解されているようにも思われる。いずれにせよ、「経済力」（の大きさ）は「規模」（の大きさ）そのものではないにしても、大規模企業が大きな「経済力」を有していることが前提とされているようである。そして、「規模」・「経済力」は総資産額によって測るとされることが多い(6)。その理由は必ずしも明らかとは言えない。なぜ売上高ではなく総資産額なのかよく分からないが、先に述べたように売上高では業種によるバラツキが大きく、経済力を示す規模の指標として不適切であるとの考えがあるのかもしれない(7)。

5　また、経済力と類似の用語・概念として、独禁法の法文にも採用されている「事業支配力」というものがある(8)（一条及び九条一項・二項・五項）。この「事業支配力」も、法文で採用されているわりにはその意味内容が追究されることは少なく、明確に定義されている訳ではないようであるが(9)、これも大体において他の企業に対する支配力、さらには広く国民経済全体への影響力を意味しているようである(10)(11)。

「経済力」と「事業支配力」の関係も必ずしも明らかではないが、学説にあってはこれらを特に区別せずに用いているようである（「経済力集中」と「事業支配力集中」が互換的に用いられている(12)）。それらは、いずれも他の企業に対する影響力（支配力）や国民経済全体に対する影響力を意味し、総資産額によって示される企業規模そのものではないにせよ、規模が大きな企業が大きな経済力や事業支配力を有していると理解されていと見ることができる(13)。

三　企業規模と会社法

1　では、企業規模というものに対して、法はどのような態度を採っているのか。まず、会社法の企業規模に対する態度を見ることとしたい。

2　改めて言うまでもないが、会社法は企業規模の上限を少なくとも直接には規制していない。つまり「青天井」である。

会社企業は自由に企業規模を大きくすることができる。それは当該企業単独の内部的な規模拡大でもよいし、他の企業の営業・財産・株式の取得による外部的な規模拡大でもよい。もちろん、株式会社の場合、一定の事項には取締役会決議や株主総会決議などを経ることを要するが、それらは会社の適正な意思決定及び少数派株主などを保護するための手続的な規制である（もちろん、手続的な難易は影響を与える）。合併などを行うかどうかそれ自体は、会社自身が自由に決定できる。所定の手続を経ていれば「企業はどこまでも大きくなれる」というのが会社法上の帰結となる。(14)

3　もっとも、会社法上の規模の上限規制については、「かつては存在したが、今はない」というのがより正確な言い方となろう。また、他方で、会社法上の制度は企業規模に影響を与えている。会社法は企業規模と無関係ではない。

前者について言えば、初期（と言っても一九世紀前半）の会社法制にあっては、①最高資本額の制限、②存続期間の制限、③会社の事業範囲の制限及び他の会社の株式取得の禁止（いわゆる「能力外の法理」）などという形で、企業結合を含む企業規模ないし事業の拡大を抑止する規律が存在した。(15) 会社法制がこのような制約

を課したのは、「資本の集中とくに株式会社機構に対する猜疑と恐怖の現れにほかならない」とされる。(16)

後者について言えば、言わずもがなのことであろうが、社員＝株主の責任が私法の一般原則通り無限責任であったり、株主総会において一株主が有する議決権数に制限があれば、また、株式の自由譲渡が認められていなければ、資本の集中には自ずとブレーキがかかる。それらが会社法上の制約として存在すれば、企業規模の無制限の拡大を抑止する機能を有するはずである。それらはいわば会社企業の規模拡大に対する自律的抑止装置とでも言うべきものになり得る。

4　もちろん、現在の会社法制においてはそういった規制は存在しない。最高資本額の制限などは撤廃され、株主有限責任、資本多数決、株式の自由な譲渡は株式会社法の原理原則とまで言われるようになった。過去に存在した企業規模の無制限の拡大を抑止する会社法上の仕組は、会社法の歴史における「エピソード」として片付けるには余りに重い内容を含んでいるが、経済力・企業規模に対する規制については、現在では会社法はその機能を失い、独禁法にその役割が委ねられたと見るべきなのであろう。(17)

5　いずれにせよ、なぜ現在の会社法制には規模という視点が欠落しているのであろうか。一つのあり得べき（そして、おそらくは正しい）解答は「その必要がないから」というものであろう。これは次のような論旨となろうか。すなわち、会社法は会社をめぐる関係者（株主・経営者・債権者）の私的利害を調整する法規であり、そのような私人間の利益調整にとって会社の「大きさ」に何か意味があるというものではない、というものである。

しかし、会社法を純粋に私的な利害関係の調整規範としてのみ把握するのは、理念としても事実としても再検討の余地がありそうである。会社法が経済全体に対して有する機能を視野に入れて会社法の規律を組み立てることが誤りとは思われない。その点で、会社法が（会社）企業の規模について何らかの規律を行うことはあり得てよいと思う。(18)

四　企業規模と独禁法

1　現行の法体系・法秩序の下で、企業規模を規制する仕組みを有しているのは、独禁法である。

企業規模の上限を画する、という視点から独占禁止法の規制を見れば、次の三つの規制を掲げることができる。すなわち、①独占的状態の規制（二条七項、八条の四）、②持株会社規制をはじめとする一般集中規制（九条、九条の二、一一条、一七条、一七条の二）、③合併規制をはじめとする企業結合規制（市場集中規制）（一〇条、一三条ないし一八条）、である。

①の独占的状態の規制は、寡占的な市場構造において一定の弊害が生じている場合に、企業分割などの措置をとることができるとするものである（八条の四第一項）。独占的状態が成立するための要件は、(a)同種・類似の商品の一年間の国内総供給額が一〇〇〇億円を超えていること、(b)同種の商品からなる一定の事業分野において一の事業者の市場占拠率が1／2を超え、又は二の事業者の市場占拠率の合計が3／4を超えていること、(c)当該事業分野への参入が困難であること、(d)商品の価格の上昇が著しいなどの弊害が生じてることである（二条七項）。そこでは独占的状態の成立要件の一つとしてであるが、市場シェア(b)という形で市場ベースでの企業規模の上限が具体的・客観的に示されている。

次いで②の一般集中規則であるが、改めて言うまでもなく、(a)持株会社規制、(b)大規模事業会社の株式保有の総額規制、(c)金融会社の株式保有比率の規制がある。

(a)の持株会社規制では、持株会社が「事業支配力の過度の集中」をもたらす場合に、その設立・転化が禁止される（九条一項・二項）。「事業支配力の過度の集中」については、九条五項に定義規定があり、それを承けて公取委のガイドライン[19]が策定されている。周知のことであろうが、次の三つの類型が「事業支配力が過度に集中することとなる」場合として掲げられている。(i)第一類型は、持株会社グループ（持株会社＋子会社＋実質子会社）の規模が大きく、かつ、相当数の主要な事業分野の各々において別々の大規模会社を有する場合である。具体的には、持株会社グループの総資産合計額が一五兆円を超え、当該持株会社グループが五以上の事業分野の各々において三〇〇〇億円を超える会社を傘下に有する場合である。(ii)第二類型は、持株会社が大規模な金融会社と非金融会社を有する場合である。具体的には、持株会社が単体総資産一五兆円を超える金融会社と、単体総資産が三〇〇〇億円を超える非金融会社を傘下に有する場合である。(iii)第三類型は、持株会社が相互に関連性を有する相当数の主要な事業分野の各々において別々の有力な会社を有する場合である。具体的には、持株会社が相互に関連性の有する原則五以上の主要な事業分野の各々において、当該事業分野における売上高のシェアが一〇％以上又は売上高上位三位以内の有力な会社を傘下に有する場合である。これら三類型の持株会社が禁止されることとなり[20]、禁止違反に対しては株式の処分などが命じられる（一七条の二第二項）。

(b)の大規模事業会社の株式保有の総額規制では、資本の額が三五〇億円以上又は純資産の額が一四〇〇億円以上の株式会社（金融業を除く）は、右の額のいずれか多い額を超えて国内の会社の株式を保有してはならないとされる（九条の二第一項）。(c)の金融会社の株式保有比率の規制では、金融業を営む会社は、他の国内の会社の株式について、その発行済株式総数の五％を超えて保有してはならないとされる（一一条一項）。これらの禁止に違反する場合は、公取委は株式の処分などの排除措置を命ずることができる（一七条の二第一項）。

最後に、③企業結合規制（市場集中規制）についてであるが、会社は、他の会社の株式の保有、合併又は会社分割などによって「一定の取引分野における競争を実質的に制限することとなる場合」には、当該株式保有（一〇条）、合併（一五条）、会社分割（一五条の二）、営業譲受けなど（一六条）をしてはならない。それに違反する場合は、公取委は株式の処分、営業の一部譲渡などの排除措置を命ずることができる（一七条の二第一項・第二項）。

2　これらの規制について、企業規模の上限規制という観点から若干のコメントを付す。

①の独占的状態の規制では、ベースとなるのは特定の市場である。[21]独占的状態の成立要件の一つとして市場シェアが設定されているので、この規制は市場シェア基準による上限規制と位置づけることができるが、独占的状態の成立には参入障壁の存在や弊害の発生なども要求されているので、単なる数値による上限規制ではなく、定性的な要素も含まれている。

③の企業結合規制も、同様に市場（一定の取引分野）をベースに置いた規制である。ただ、③では①と異なりシェア××％という固定的な基準はない。[22]「競争の実質的制限」の判断にあたっては、シェアを含む市場の様々な状況が考慮され、市場支配的地位を形成又は強化すると評価される場合に当該企業結合は禁止されることとなる。いわば定性的な基準による市場ベースの上限規制と言い得る。

また、③は株式保有などのいわゆる外部的成長による企業規模・範囲の拡大のみを対象としている点で、内部的成長をも規制の対象とする①とは異なる。企業規模の拡大が合併・株式取得などの外部的成長を通じて行われる場合にのみ規制を加えるのは、独禁法的文脈では次のように理由付けられる。すなわち、合併・

株式取得などによる規模拡大は、(商品)市場での競争のテストを経た成長ではないということである。競争のテストを経た形での企業規模の拡大(内部的成長)であれば、当該企業規模は経済合理性の所産であると見ることができる。内部的成長による企業規模拡大は、当該企業の事業能力の向上によりもたらされる。しかし、外部的成長の場合は、既存の企業の帰属が変わるだけである。そして、内部的成長による場合と比して容易かつ迅速に企業グループの規模を拡大することができる。とりわけ株式取得は企業結合の有効な手段であり、規模拡大が過剰なものとなり易いことから、事業支配力の集中が過度に促進される危険があるとされる。[23] 外部的成長による企業規模の拡大は、その意味で独禁法上正当化されにくいということになる。[24] このような外部的成長への否定的評価は、②の一般集中規制にも通ずる(そこでは株式保有しか規制していない)。

3　①③に対して、②の一般集中規制は直截に企業(グループ)の規模の上限を画す機能を有する規制と言い得る。つまり、特定の市場をベースにすることなく(別の言い方をすれば、わが国全体をベースとして)、端的に企業(グループ)の規模が「大き過ぎる」ことが規制の主たる根拠となっていると見ることができる。

先に示した持株会社ガイドラインの第一類型について言えば、持株会社グループの総資産合計額一五兆円という数字が示されている。つまり、総資産合計額が一五兆円を超えるような持株会社(グループ)は「大き過ぎる」のである。この一五兆円という数字は、政治的な背景もありそうで、理屈で詰めることのできる性質のものではないかもしれないが、一応、いわゆる六大企業集団を念頭に置いたものとされている。六大企業集団のうち最も規模が小さなもの(住友グループ)の非金融企業の連結総資産合計額が約二一兆円であったことが目安とされたようである。[25] そこでは、現在の六大企業集団の各々においてその主要メンバーが(金融会社を除いて)持株会社の下に統合されることは許容されない、つまり、そこまでの企業(グループ)の規模拡大は許容されないことが宣言されていると見ることができる。もっとも、九条は持株会社に対する規制（しかも、頂点に持株会社が存在する形の企業グループへの規制）として設定されているので、持株会社という形態をとらない場合は九条の規制を受けることはない。

4　②(b)の大規模事業会社の株式保有の総額規制は、保有株式の取得価額の総額について資本の額又は純資産の額のいずれか大きい方を限度とするものである。当該企業の資本や総資産の大きさに応じて許容される株式保有も変動するが、一定の数値により株式保有の上限が画されているという意味で、当該企業グループの拡大を抑止する機能を持つ規制であり、その意味において企業（グループ）の規模を制限する規制と言い得る。ただ、持株会社であれば「事業支配力の過度の集中」がもたらされる場合に規制を受け、一般事業会社（非持株会社）であれば純資産額又は資本の額が株式保有の限度となるというのでは、いくぶん整合性に欠けるところがあるのも確かである。

5　②(c)の金融会社の株式保有比率の規制は、金融会社による他の企業の支配を抑止する規制である。金融会社は原則として一般事業会社を子会社とすることができないこととなるので、[26] これも当該金融会社グループの規模拡大を抑制する機能を持つ規制と見ることができる。もっとも、九条の二の場合と同様、九条との関係において一一条は厳格に過ぎるかもしれないが、一一条は純粋に過度の事業支配力の集中の規制としてだけではなく、「癒着の防止」（金融会社と事業会社の親密な関係により資金の流れに偏りが生じ、事業会社間の競争に悪影響が生ずること）及び不公正取引・不公正競争等の防止という観点からの（金融法的）規制としての意味合いも有していることが指摘されているので、[27] 九条との整合性の観点のみからの評価は避けた方がよい。

五　企業規模と一般集中規制

1　平成九年の独禁法改正により、持株会社が「解禁」された。「事業支配力が過度に集中することとなる」持株会社は依然として禁止されてるものの、その規制基準である「事業支配力が過度に集中することとなる」の内容からすれば、「事実上、ほとんどすべての持株会社が解禁された」との見方[28]もあながち間違いとは言えないかもしれない。[29]他方で、九条の二や一一条の規制は基本的に維持されている。このような現行一般集中規制はその基本的な考え方及び規制基準において果たして適切なものと言い得るのか。本節では、規模の規制という視点から若干の検討を試みることとしたい。

2　独禁法九条、九条の二及び一一条からなるとされる一般集中規制は、経済的観点及び政治的・社会的観点から事業支配力の過度の集中を防止する規制であると理解されてきた。端的に言えば、企業（グループ）の規模があまりに「大き過ぎる」（独禁法の法文に沿って言えば、事業支配力が過度に集中する）のは一国（つまり日本）の政治・経済・社会にとって好ましくない、という観点からの規制であると理解できる。なるほど、あまりに巨大な企業（グループ）というのは我々の手に負えない存在となるようにも思う。しかし「好ましくない」とはどのような意味かを詰めて考えると、はっきりしないところもある。また、企業規模に上限があるとしても、どこまでが許容され、どこからが「大き過ぎる」のかを直接に判断することには困難がつきまとう。

3　事業支配力・経済力の過度の集中の弊害については、平成九年の独禁法改正の際に[30]、活発な議論が行われている。「弊害」として考えられたことを列挙すれば、次のようになる[31]（もっとも、そこには様々な次元のものが混在している)。すなわち、①事業支配力の過度の集中は、自由と民主主義を理念とする政治・経済・社会体制に対して脅威となり得ること、②企業の絶対的規模の格差が拡大すると、資金調達力・宣伝力・流通経路への影響力・原材料調達力・技術力等の総合的な事業能力において競争企業との間で格差が増大し、個別市場での競争に対して望ましくない影響を与えるおそれがあること、③(企業集中により当該企業の事業の範囲が広がることで)多角化が進展すると、競争企業が多数の市場で同じ顔ぶれとなり(多数市場での接触)、一市場で協調関係が形成された場合に他の市場にもそれが波及するおそれがあること(同一製品を複数の地域市場で販売する場合も同様の問題が生ずる)、④同じく多角的化の進展により一市場での(超過)利潤を原資として別市場において略奪的価格設定など、競争企業を排除したり抑圧する反競争的行為が行われるおそれがあること、⑤同じく多角化の進展により、競争制限的な抱き合わせ取引や相互取引が生ずるおそれがあること、⑥結合関係にある企業に取引関係がある場合、取引先の確保や取引上の優遇を受けることが可能となり、競争者に対して有利な地位に立つこととなり、あるいは、排他的な取引や相互取引などの閉鎖的取引・系列取引が行われるおそれがあること、などである。(32)

まず、①であるが、これは巨大な規模の企業(グループ)が、政治・経済・社会に対して大きな影響力を持つことを危惧するものであろう。これに対しては、民主主義を保障するには、第一義的には、報道の自由・表現の自由の確保、政治資金の規制、公平な選挙制度等が重要であり、民主主義の確保に対する一般集中規制の意義は乏しい、あるいは、経済力の集中と自由や民主主義との因果関係は必ずしも明確なものとは言えないとの反論がある。(33)

次に②であるが、これは、格差が構造的・固定的なものとなって、活発な競争が行われにくくなる、という趣旨であろう。⑤⑥は、競争上の能力（価格・品質・サービス）以外の要因で取引関係が形成される（競争が歪曲される）ことを問題とする趣旨と思われる。

4　以上がこれまで指摘されてきた弊害（のおそれ）である。この点、一般集中とその弊害についてもっと明確な関係が示されなければ、規制を正当化できないとの批判がある。[34] しかし、これに対しては、そもそも一般集中規制は具体的に特定・立証された現実の弊害に対処するものではなく、そのような弊害の発生する「可能性」ないし「おそれ」に対処する予防的な規制であるので、具体的な弊害を立証することを要求するのは的外れである、[35] あるいは、弊害の可能性が根拠のないものではない以上、規制は必要であるとの反論がなされる。[36]

また、逆に、一般集中について弊害（のおそれ）がないこともまた明確に示されている訳ではない。これが訴訟であれば、真偽不明の場合は「立証責任」を負う者がその「不利益」を負担するということで解決される。立証が難しい（あるいは、できない）場合は、結局、立証責任を負う側が「敗れる」こととなる。この場合の立証責任は、いずれの主張をする側にあるのか。もちろん、これは比喩であるが、状況は「立証責任」が機能する局面と類似している。平成九年改正時において、一般集中規制の撤廃（持株会社解禁）を主張する論者は、「弊害」の存在について、規制の存続を主張する側にそれを明確に示すように求め、[37] 他方で、一般集中規制（持株会社禁止）に肯定的な立場を採る者は「弊害」のおそれや可能性が否定されない限り規制を存続させるべきとした。[38]

実際のところ、上述のような弊害が現実化する可能性はどれほどあるのか。「可能性」の問題として言えば、「ある」ということになろうが、印象・直感の域を出ないし、他方で、弊害現実化の可能性がないということも証明されている訳ではなく、弊害がないというのも、これまた印象論・直感の域を出るものではないようにも思われる。議論は決め手を欠き、結局、論者の認識・評価に左右され、平行線を辿ることとなりそうである。

5　弊害の有無や弊害と一般集中との因果関係が必ずしも明らかではない以上、「何が原則か」を問う必要が出てくる。この場合の原則が何かというのも実は難しいところがあるが、少なくとも企業（グループ）の規模の上限について「原則自由」（つまり青天井）という考えは、必ずしも適切であると思われない。先に見たように、企業法制（とりわけ会社法制）の歴史を見れば、当初は最高資本額の制限、存続期間の制限などという形で企業規模・経済力・他の企業の支配の無制限の拡大を抑止する規制が組み込まれていた。「原則」の意味を法制の出発点として捉えると、そこにあったのは無制限の企業規模拡大への危惧であり、その抑止装置である。また、巨大企業・巨大な経済力に対して警戒感を抱くのは、ごく自然な反応であり、健全な態度であろう。[39] 企業規模あるいは経済力の無制限の拡大に対して何らかの歯止めが必要なのではないか、ということを出発点とすることが、さほど誤まった態度であるとは思われない。

6　もっとも、市場での競争が機能している限りで、企業の経済力は我々の社会に正しく組み込まれ、その規模も自ずと経済合理性に裏付けられる所に落ち着くであろう。競争こそが過度に大きな経済力を有する企業の出現を阻止し、あるいは、その経済力行使を掣肘する最良の仕組みであろう。企業規模についての対処も、その基本は、個別市場での「公正かつ自由な競争」の維持・促進にあると思われる。そこでは市場での競争のテストを通じて経済合理性に基づく適正な企業規模の上限が画され、経済力の行使も適正なものとなるはずである。基本となるのは、（一般集中規制以外の）独禁法の規制の的確な執行であり、あるいは従来必ずしも「公正かつ自由な競争」の原理が徹底されていなかった領域に対してもそれを導入することであると考えられる。逆に言えば、競争が十分に機能していない場合、あるいは、独禁法の規制が必ずしも十分に機能していない場合には、一般集中規制は正当化され易くなる。しかし、先も述べたように、株式取得などの企業の外部的成長による規模拡大は、いわば瞬時の規模拡大であり、市場での競争のテストを通じた規模拡大とは異なる。株式取得など外部的成長について右の考え方をそのまま当てはめるのは適当でないであろう。株式取得・合併などに対しては独禁法一〇条・一五条など市場集中規制によって的確に対処可能であるとの見方もあり得ようが、市場集中規制にあっては、種々の経済分析に基づいて当該市場での競争の状況を予想し、許容されるべき市場ベースの企業規模を規制当局が直接に判断しなければならないという困難に直面する。(40)市場集中規制の機能に過大の期待を抱くのは危険であろう。

7　いずれにせよ、わが国の経済社会において企業が競争的に事業活動を展開し、市場も開放されている（そして独禁法の執行も的確に行われている）という評価・認識を持てば一般集中規制は過剰な規制として不要なものと映るであろうし、それらが不十分であるという評価・認識の下では、企業規模の上限を画し、競争上の悪影響を予防する一般集中規制は必要であるという結論を導き易くなる。

六　結びにかえて

1　以上、本稿では企業の「大きさ」に対する法的規制という観点から、会社法及び独禁法についてその規制の態様を概観した。企業規模が「大き過ぎる」ことに対して規制を行うという考え方自体は基本的に是認できると思われるが、ただ、どのような規模が「大き過ぎる」のかの判断は簡単にできるものではない。(41)

どこからが禁止されるべき領域で、どこまでが許容されるべき領域かという問題に対して理詰めで具体的な判断基準を提示するのは難しい。

現行九条の持株会社規制について言えば、戦前の「財閥」に質・量ともに匹敵するような規模の企業グループの存在は、経済的観点のみならず、政治的・社会的観点からも問題があるとの共通の認識が経験的に成立しているものと思われる。この点で、持株会社ガイドラインが採ると思われる六大企業集団の各集団の主要メンバー企業を持株会社の下に統合するような企業グループの形成は許容されないとの立場（第一類型）は、基本的に支持できよう。

2 なお、事業支配力の過度の集中をもたらす可能性があるのは、持株会社に限られないことからすれば、持株会社のみについて「事業支配力の過度の集中」を基準として規制を加えるのは疑問がある。非持株会社（一般事業会社・金融会社）による株式保有は、現行法の下では九条の二及び一一条によって持株会社規制よりも厳格な形式的規制が設定されているので問題は生じないであろうが、逆に、特に九条との関係では、九条の二及び一一条が過剰規制となっている可能性がある。もっとも、一一条については、金融会社と一般事業会社の「癒着」や不公正取引・不公正競争等の防止の規制という側面も併せ有していることから、九条の二と同列に扱う訳には行かないが、九条の二については、「事業支配力の過度の集中」を規制基準とする規制に移行させることを検討してよいようにも思われる。

3 企業規模規制のあるべき姿としては、会社法制の中に自律的な規模規制が組み込まれ、そして、市場での公正かつ自由な競争の確保を通じて企業規模の上限が画されるというものとなろうが、いわば最後の歯止めとして企業（グループ）規模を直接に規制する一般集中規制を設けることは基本的に是認してよいように思う。その場合、規制の実効性を確保するために、規制当局（公取委）が一定の数値を示して基準を策定することも現実的な手法として認められてよいであろう。

（1）　平成九年の独禁法改正法附則五条において、改正法施行後五年が経過した時点で、持株会社規制及び大規模会社の株式保有の総額規制について検討を加え、所要の措置を講ずるとされた。それを踏まえ、「規制緩和推進三カ年計画（再改定）」（閣議決定・平成一二年三月三一日）(http://www.somucho.go.jp/gyoukan/kanri/kise3-saikai.htm) において、持株会社規制の見直しと、大規模会社の株式保有の総額規制の適用除外株式の範囲の拡大及び裾切り要件の引上げの方向での見直しが謳われ、平成一二年末の「規制改革についての見解」（行政改革推進本部規制改革委員会・平成一二年一二月一二日）(http://www1.kantei.go.jp/jp/gyokaku-suishin/12nen/1215kantei/kakuron03.html) では、持株会社規制、大規模会社の株式保有の総額規制とともに金融会社の株式保有規制が「必要……以上に事業活動を制約する懸念がある」とした上で、「企業再編が急速に進んでいる昨今の経済変化を踏まえれば、企業組織形態の選択に当たっては、企業にできるだけ多くの選択肢を与えるためにも、現行の持株会社規制、大規模会社の株式保有総額規制、金融会社の株式保有規制については、一定規模以上の株式保有に関する外形的な規制形式を可能な限り廃止することとして、事業支配力の過度集中の弊害を除去するための実効的な規制を導入する必要性の可否を検討し、平成一三年度中に結論を得て、平成一四年度中に所要の措置を講ずるべきである」とされた。このような状況の中、公取委も平成一三年二月から独禁法の一般集中規制全般にわたって見直し作業を開始している (http://www.jftc.go.jp/pressrelease/01.february/01020702.htm)。

（2）　商法特例法は、「国民経済上の影響の大きさ」の観点から（竹内昭夫『改正会社法解説〔新版〕』（一九八三・有斐閣）二四頁）、一定の規模を有する株式会社を大会社として会計監査人による監査などを要求しているが、同法が採用する基本的な尺度は、資本の額と負債の額である（二条）。もっとも、同法改正（一九八一年）の過程において、その他に年間営業収入（売上高）や従業員数という尺度の採用について議論があったとされている（竹内・同書二三頁以下）。

（3） 例えば、商法特例法にあっては、資本の額が五億円又は負債の額が二〇〇億円以上の株式会社を大会社とし、会計監査人による監査（二条）などを要求している。また、同法二一条の二及び二一条の三は、株主の数が一〇〇〇人以上の商法特例法上の大会社について株主総会の招集通知に参考書類を添付することを義務づけ、書面によって議決権が行使ができる旨を定めている。銀行法五条は、銀行業を営む株式会社の資本の額を一〇億円以上としている。独禁法にあっては、課徴金の算定について、資本の額及び従業員数により、算定率を別なものとしている（七条の二）ほか、資本の額、総資産額、純資差額を手がかりに、種々の規制を置いている。

（4） なお、企業規模に対する規制を考える場合は、本文で示した会計上の数額に着目する以外に、当該企業の事業の範囲の制限（例えば、銀行法は、銀行単体についてはいわゆる他業禁止や子会社業務規制により（同法一〇条ないし一二条、一六条の二）、銀行持株会社についても業務範囲規制や子会社業務規制（五二条の五、五二条の七）により、その事業範囲を限定している）もそれに含めて考えることができなくはないが、本稿ではそれら業務規制については取り上げない。

（5） 舟田正之「持株会社の一部解禁について」ジュリスト一一二三号（一九九七）二二頁。伊従寛＝矢部丈太郎編『独占禁止法の理論と実務』（二〇〇〇・青林書院）二五七頁。

（6） 舟田・前掲註（5）二二頁は、「個別の大企業の経済力は、『総合的事業規模』（九条五参照）ないし『総資産』（九条六項）によって計る他はないであろう」とし、公取委も「……大企業の総合的な経済力を最も的確に表していると考えられる総資産を基本的指標……」とするとしている（『公正取引委員会年次報告／平成八年版』（一九九七・公正取引協会）一五七頁）。

（7） もっとも、売上高、総資産額、さらに純資産額や従業員数は、いずれもある程度の相関関係があると推測されるので、いずれを採用してもさほどの違いはないとも言い得る。

(8)　一般集中という用語も、広く用いられている。「一般集中」とは、国民経済全体、あるいは広範囲の産業分野（製造業）全体における企業の経済力の集中のことを意味するとされる（参照、前掲注(7)『公正取引委員会年次報告』一五六頁以下）。

(9)　独禁法九条五項は事業支配力の過度の集中について定義規定を設けているが、それは「事業支配力が過度に集中することとなる」の定義であって、そこから事業支配力の意味が明らかになる訳ではない。

(10)　商工省企画室『独占禁止法の解説』（一九四七・時事通信社）一一頁によれば、「『事業支配力』とは企業間に生ずる支配力であって一企業内部の問題ではない。また、『事業支配力の過度の集中』とは、具体的には不当な事業能力の較差とか、第四章に規定する事項を包括して指している」との説明がある。この説明の前半部分（「企業間に生ずる……」）を見ると、事業支配力とは「他の企業を支配する力」を意味しているようである。そして、後半部分において昭和二八年改正で削除された不当な事業能力の較差の排除の規定（旧四条）を持ち出していることからすると、他の企業を支配する力というものを企業の事業能力という視点から捉えているようである。今村成和『独占禁止法〔新版〕』（一九七八・有斐閣）三頁も、独禁法一条の「事業支配力の過度の集中（の防止）」について、企業の大きさそのものを規制対象とした不当な事業能力の較差の規制との対応で捉えている。

(11)　伊従寛「持株会社解禁後に残る問題をめぐって」経理情報七八三号（一九九六）一五頁は、「事業支配力の過度の集中」について、「初期の英文では、“excessive concentration of power over enterprises” となっており、ある事業者（企業）の他の複数の事業者の事業活動に対する支配力の過度の集中であって……」としている。「初期の英文」が何を指しているのか不明であるが、いずれにしても、事業支配力とは他の企業を支配する力を意味し、特定の市場なり事業分野なりを支配すること（市場支配）ではないとしている。

(12)　例えば、実方謙二『独占禁止法〔第四版〕』（一九九八・有斐閣）八七頁。根岸哲＝舟田正之『独占禁止法概説』（二〇〇〇・有斐閣）六四頁も、経済力の集中＝事業支配力の集中＝一般集中という理解を示す。

(13) なお、筆者は、「経済力」にせよ「事業支配力」にせよ、自明の概念でない以上、それらの意味を明確にして議論した方がよいと考えているが、これまでのところ、それらの意味は必ずしも明らかにされていないように思われる。この点に関連して、伊従・前掲注(11)一五頁以下は、経済力を特定の企業ないし企業グループの対外的な影響力として捉え、特定の系列内（グループ内）の他の企業に対する支配力を系列支配として捉える。そして、両者を包含する影響力・支配力を事業支配力として把握している。

(14) 会社法に規模の視点が完全に欠落している訳ではない。資本の額については、その下限を直接に規制する規定があるし（商法一六八条ノ四は株式会社の資本の額について最低一〇〇〇万円とする）、先に見たように（注(3)参照）、商法特例法は会社の規模に応じて種々の規制を加えている。

(15) 参照、久保欣哉「株式会社法と私的自治」一橋論叢七九巻四号（一九七八）四六二頁、同「競争的株式会社への展望」田中誠二ほか『会社法学の新傾向とその評価』（一九七八・千倉書房）二七五頁。

例えば、一八一一年の米国ニューヨーク州の一般会社法では、一定の製造業を目的とし、資本金一〇万ドル、存続期間二〇年を超えないものについて所定の基本定款を提出することにより会社の設立が認められたとされる（大隅健一郎『新版株式会社法変遷論』（一九八七・有斐閣）八九頁、小山賢一『アメリカ株式会社法形成史』（一九八一・商事法務研究会）四三頁・一一四頁以下）。また、米国にあっては、一八八九年にニュージャージー州が会社が他の会社の株式を取得することを認めるまでは、他社株式の取得は認められていなかった（参照、川浜昇「持株会社解禁と独占禁止法」経理情報七八三号（一九九六）二八頁）。

(16) 大隅・前掲注(15)九〇頁。

(17) もっとも、筆者は、事業支配力ないし経済力の過度の集中を抑止する規制、さらには、企業結合（外部的成長）による市場支配力の形成・強化を阻止する規制（市場集中規制）を全面的に独禁法に委ねることについては、若干の疑念を持っている。というのは、独禁法による規制にあっては、（市場集中規制による場合を含め）企業が「大き過ぎる」かどうかを規制当局（公取委）が直接に判断しなければならないからである。そこでは、個々の市場において精緻な経済分析が要求され（市場集中規制）、あるいは、客観的な規制基準を設定する場合も一種の思い切り・割り切りが必要となり（現行の持株会社ガイドライン（後掲注(19)）、果たして適切な規制を行うことができるのかどうか疑問がないではないからである（参照、久保・前掲注(15)〔「競争的株式会社法への展望」〕三〇八頁）。会社法上の自律的なメカニズムを用いることができればそれにこしたことはないようにも思う。例えば、関俊彦「株主有限責任制度の未来像」旬刊商事法務一四〇二号（一九九五）二二頁以下は、法人株主の有限責任を否定するという「大胆」な方向性を打ち出しておられるが、仮にそれが実現されるとすれば、株式保有を通じた企業グループの拡大は、自ずと抑止されることとなろう。

(18)　参照、川浜・前掲注(15)二八頁。

(19)　「事業支配力が過度に集中することとなる持株会社の考え方」公正取引委員会平成九年一二月八日（公正取引五六七号（一九九八）三〇頁以下に掲載）

(20)　独禁法九条五項は、事業支配力の過度の集中を、(ア)総合的事業規模が相当数の事業分野にわたって著しく大きいことなど三つの類型のいずれかに該当し、(イ)国民経済に大きな影響を及ぼし、(ウ)公正かつ自由な競争の促進の妨げとなることと定義している。この規定とガイドラインが掲げる三類型の基準の関係について、ガイドラインの基準は(ア)に該当するかどうかだけを示し、それ以外に(イ)(ウ)の要素を満たさないと事業支配力の過度の集中とはならないとする解釈もあるが（根岸＝舟田・前掲注(12)一二二頁、村上政博『持株会社解禁と企業結合規制』（一九九七・きんざい）五六頁、同『独占禁止法研究Ⅱ』（一九九九・弘文堂）一一〇頁以下）、ガイドラインの文言や公取委担当者の解説からすれば、ガイドライン自体は、ガイドラインが提示する三類型の基準を満たせば、原則として上記(ア)(イ)(ウ)の要素は充足されるとの考えに立っているものと思われる（参照、鵜瀞恵子「持株会社解禁に係る独占禁止法改正の概要」ジュリスト一一二三号（一九九七）一一頁）。

(21)　正確には「一定の事業分野」である。一般に「市場」とは独禁法上「一定の取引分野」の意味で用いられるが、ここではさほど厳密に言葉を使い分けることはしないでおく（独占的状態における一定の事業分野は、地理的には日本全国となる点、商品市場も個別具体的にではなく一定の客観的基準で画定される点で、一定の取引分野としての「市場」とは異なる)。

(22) もっとも、ガイドライン(「株式保有、合併等に係る『一定の取引分野における競争を実質的に制限することとなる場合』の考え方」公正取引委員会平成一〇年一二月二一日・公正取引五七九号(一九九九)三四頁に掲載)において、競争の実質的制限とならない場合について、シェアの基準を掲げている(第三の二(一)(参考一))。

(23) 参照、実方・前掲注(12)八七頁。

(24) 参照、実方・前掲注(12)一二八頁以下。

(25) 宮本信彦「『事業支配力が過度に集中することとなる持株会社の考え方』の概要」旬刊商事法務一四八〇号(一九九八)一三頁。

(26) 現在の法運用では、金融会社に対する株式の取得は規制されないので、許容される領域は広い(「独占禁止法一一条の規定による金融会社の株式保有の認可についての考え方」公正取引委員会一九九七年一二月八日(公正取引五六七号(一九九八)三四頁に掲載)・第一の一(二))。

(27) 参照、実方・前掲注(12)一〇九頁、舟橋和幸編『独占禁止法による合併・株式保有規制の解説』別冊商事法務一六九号(一九九六)一二二頁以下、泉水文雄「金融持株会社と独占禁止法の諸論点」公正取引五七七号(一九九八)二三頁。

(28) 白石忠志『独禁法講義〔第二版〕』(二〇〇〇・有斐閣)一一三頁。

(29) なお、現時点で連結総資産額が一五兆円を超える非金融業の企業グループがある。NTT(日本電信電話)グループ(二〇〇一年三月期の連結総資産額二一兆二一四一億円)やトヨタ自動車グループ(同一七兆五一九四億円)である(もっとも、トヨタ自動車グループは特殊会社形態を採用していないので、独禁法九条の適用対象とはならない)。また、持株会社規制の発動が問題となる場合は、「一定の取引分野における競争を実質的に制限することとなる」株式保有を禁止する独禁法一〇条による規制も問題となる場合があると思われる。
(30) 平成九年独禁法改正時の様々な議論については、谷原修身『独禁法九条の改正と問題点』(一九九七・中央経済社) に要領よくまとめられている。
(31) 参照、実方・前掲注(12)八八頁以下、後藤晃「一般集中の規制」後藤晃ほか編『日本の競争政策』(一九九九・東京大学出版会) 二四〇頁以下。
(32) その他、先に述べたように、一一条の金融会社による株式保有については、不公正取引・不公正競争等の温床となることも指摘されている。
(33) 参照、後藤・前掲注(31)二四二頁以下。なお、川浜・前掲注(15)二七頁。
(34) 後藤・前掲注(31)二四八頁。
(35) 参照、舟田・前掲注(5)二三頁。なお、平成九年改正によってもこの予防的規制という基本的性格に変動が生じたものではないと解されている (参照、実方・前掲注(12)八七頁)。
(36) 金子晃「持株会社解禁をめぐって」公正取引五三七号 (一九九五) 二二頁。
(37) 三輪芳朗「持株会社への偏見・差別を排す」週刊東洋経済一九九七年三月二九日号五七頁。
(38) 金子・前掲注(36)二二頁。
(39) 参照、三輪芳朗「特集コーポレート・ガバナンス／市場における競争の役割」ジュリスト一〇五〇号 (一九九四) 九六頁。なお、この論文は平成九年改正前独禁法の時期のものであり、、三輪教授ご自身は持株会社解禁を主張されている。
(40) 参照、本稿注(17)。
(41) 市場集中規制にあっても同様の困難があることは、本稿注(17)及び前節の最後で述べた通りである。市場集中規制では一定の取引分野 (市場) をベースとするものの、結局、当該市場においてどこまでが許容される企業規模であるのかを規制当局が直接に判断することとなる。

24 金融市場におけるセーフティネット
——預金保険機構、保険契約者保護機構、投資者保護基金

吉川吉衞

一　はじめに

日本の金融市場におけるセーフティネットについて論じたい。[1] 日本の金融システムは、一九九六年の橋本政権が打ち出した日本版金融ビッグバン政策によって大きく変わりつつある。フリー、フェア、グローバルを目標とする金融ビッグバンは一九九八年六月の金融システム改革法によって、法制的にはおおむね整えられた。

金融ビッグバンを起こさざるを得なくなった直接の切っ掛けは、一九八〇年代後半のバブル経済の発生と九〇年代初頭のその破裂である。しかし、バブルの破裂にともなう銀行等の不良債権処理問題は、また企業の過剰債務もあって、一九九七年から一九九八年にかけて金融危機をもたらした。ここに、金融ビッグバンのための恒常的措置に、金融危機対処のための緊急避難的、特例的措置が絡むことになった。特例措置は、二〇〇一年三月末をもって撤廃される予定であった。しかし予定どおり実施されたのは証券分野であって、銀行、保険に関してはおおむね一年延期となった。

以上が、日本の現状である。そのようななかでのセーフティネットについて取り上げたい。世界的に見て、興味深い事例もある。本稿では先ず、リスクマネジメントの観点をふまえて、銀行、保険、証券に即しながら、セーフティネットの分析・検討を行う。次いで、証券の投資者保護基金を大きく取り上げたい。日本には、「一国二基金」という世界的に珍しい事例があるからである。逆選択（adverse selection）とモラルハザード（moral hazard）という分析道具を使って考察することとしたい。

（1） 小島康裕先生には、御著書等を通じてまた折りに触れて謦咳に接しご教示をたまわった。その構想力の大きさと分析の鋭さに驚かされるのがつねであった。先生の益々のご活躍と一層のご健勝を祈念申し上げます。
本稿は、二〇〇一年三月三〇日に開催された韓国リスク管理学会第二四回全国大会での報告原稿「日本金融市場のセーフティネットとリスクマネジメント——預金保険機構、保険契約者保護機構、投資者保護基金」の一部である。報告原稿に当日の質疑応答や意見交換、また韓国金融監督院等でのヒアリングなどをふまえて加筆補正したものが、同学会機関誌に掲載される予定である。大阪市立大学大学院法学研究科後期博士課程二回生の洪済植氏によって、原稿の翻訳と通訳がなされた。また、同大学院法学研究科教授藤田勝利氏にお世話になった。この紙面を借り、記して謝意を表したい。なお、この報告の直接の基礎となった論考に拙稿「投資者保護基金についての若干の考察——可変的負担金率組込みのふたつの理由とファーストロス」『証券研究年報』（大阪市立大学証券研究センター）一五号（二〇〇〇年一二月）一七—三五頁がある。いまとなっては考察が足りなかった点があるが、ご参照くだされば幸甚である。

二 セーフティネット

二、一 銀行に関するセーフティネット

二、一、一　事前的規制としての銀行の健全性確保策

日本において金融規制の担い手は、従来の大蔵省から、一九九八年六月に総理府の外局として設立された金融監督庁へと移り、さらに二〇〇〇年七月にそれを衣替えした金融庁となった。金融行政も、大きく転換されつつある。大蔵省に先導された護送船団行政から、市場規律を重視するプルーデンス政策（prudential policy）への転換である。プルーデンス政策とは、金融システムの全体としての健全化・安定化を図る政策である。(2) 金融システム全体が健全かつ効率的であるためには、なによりも個々の金融機関の経営が健全でなければならない。

さて、個々の金融機関、すなわち銀行に対する健全性確保策を見てみよう。第一に、コンプライアンス（法令等遵守）の確保であり、第二に、自己資本比率によって測られる財務の安全性の確保である。そして第三に、業務の適切性の確保である。ここに、業務の適切性とは、銀行がrisk-based approachを採用していることである。すなわち、銀行が自ら負担するリスクを正確に把握した上で、その管理システムを構築し、かつ効果的に活用している状態にあることをいう。(3) それゆえ、業務の適切性の確保とは、端的にいえばリスク管理体制の確立である。

金融庁の前身である金融監督庁は、一九九九年七月に「金融検査マニュアル」を公表し同月に施行した。同マニュアルでは、検査の仕方を従来の監督当局による行政指導型から金融機関による自己管理型へと転換するとともに、検査の重点を従来の資産査定中心からリスク管理重視へと移した。そうして、コンプライアンス体制とリスク管理体制の確立を金融機関に対して要請している。(4) つまり、金融庁の検査であるオンサイト・イグザミネーションによって、個別銀行の健全性確保策である第一と第三が果たされていることになる。

銀行の財務の安全性確保は、いうまでもなく自己資本比率規制を中核とする早期是正措置によって果たされる。自己資本比率規制とは、一言でいえば保有リスクに対して、バッファーを備えさせるものである（バッファー／リスク）。銀行の負債は、元本保証＋αのある確定債務である。確定債務に対し、バッファーは必要ないと一応いえる。しかし、＋αを果たすために、銀行は貸付けをし資産運用等を行う。ここに、デフォルトの可能性が生じる。信用リスクを把握するために、バッファーが必要となる（ＢＩＳ第一次規制にいうTier Ⅰ〔基本項目〕、Tier Ⅱ〔補完項目〕）。また、金利・為替・株式などにみられる市場価格の下落により、資産価値低下の可能性が生まれる。市場リスク把握のためにも、バッファーが必要となる（ＢＩＳ第二次規制にいうTierⅢ〔準補完的項目〕）。こうして、銀行の自己資本比率規制が組み立てられている。

健全性確保策の第三である金融検査におけるリスク管理のチェック項目としては、信用リスク、市場関連リスクの他にも、資金繰りリスクである流動性リスク、事務不備のリスクであるオペレーショナル・リスクまたは経営管理リスクである事務リスク、そしてコンピュータ等に関するリスクであるシステムリスクが挙げられている。

二、一、二　事後的規制としての預金保険機構

銀行の経営危機がやがて経営破綻となったとき、預金保険制度が機能する。預金保険制度は、日本において一九七一年に創設された預金保険機構に始まるが、一九九八年の金融システム改革法によって改組され、また二〇〇〇年五月に制度改正された。その業務についてみると、制度に加入している金融機関、すなわち銀行、長期信用銀行、信用金庫、信用協同組合、労働金庫、信用金庫連合会、信用協同組合連合会、労働金

庫連合会から、保険料を収納して、金融機関が預金等の払戻しを停止した場合に必要な保険金・仮払金の支払いと預金等債権の買取りを行うほか、破綻金融機関に係る合併等に対し適切な資金援助を行うものである(預金保険二条、三四条)。

金融機関の加入は強制とされ、機構は唯一のものである(同法四条)。保険料については目下、一律の保険料であるが、二〇〇〇年の制度改正により可変保険料率の導入の可能性が生まれた。すなわち、当該の条文が「特定の金融機関に対し差別的取扱い(金融機関の経営の健全性に応じてするものを除く。)をしないように定められなければならない。」(同法五一条二項)となり、丸括弧の部分が挿入されたのである。しかし、金融審議会答申は、「その実施については、当面、慎重に対応すべきである」としている。(5)

その可変預金保険料制度(risk-based deposit insurance premiums)は、アメリカにおいて既に一九九三年に導入された。これは、客観的な自己資本の充実度と、主観的な監督官庁による健全性検査の評価とからなるマトリックスのなかで、銀行のリスク・タイプを区分し、具体的には六つの段階的保険料率を設定するものである。(6) 段階的な保険料率が、オンサイト・イグザミネーションの主観的な監督官庁検査にもとづく個別金融機関の健全性評価と、オフサイト・モニタリングの客観的な自己資本比率という算定要素でもって組み立てられていることに注目したい。

二、二　保険会社に関するセーフティネット

二、二、一　保険会社の健全性確保策

保険会社として、本稿では保険料積立金の管理を必要とする生命保険等の長期保険を取り扱う保険会社を

想定しておく。保険会社に対する健全性確保策は、第一にコンプライアンス（法令等遵守）の確保、第二に自己資本比率（ソルベンシーマージン比率）にもとづく財務の安全性の確保、そして第三に業務の適切性の確保である。このような保険会社の健全性確保策は、銀行に対するものとほぼ等しい。また、銀行と同様に、金融庁の検査により個別保険会社の健全性確保策である第一と第三が果たされている。(7)

保険会社の負債は、条件付き債務または評価性債務である。条件付き債務に対しては、債務そのものに対するバッファーが必要である。それが、責任準備金であり、激動の時代であるこんにちでは、ソルベンシーマージンも必要だとされている。条件付き債務のリスクである保険リスクと予定利率リスクを把握するために、バッファーが必要である。また、保険会社の資産運用にともなう資産運用リスクとして、価格変動等リスク、信用リスク、関連会社リスク、オフバランス取引リスク、これらに準ずるリスク、がある。さらに、保険会社の経営管理リスクがある。これらのリスクについても、バッファーが必要である。こうして、保険会社のソルベンシーマージン比率規制が組み立てられている。

金融庁の保険会社検査においては、第一のコンプライアンス体制の確立において、法令等遵守のなかに保険募集管理が別個のチェック項目としてある。第三のリスク管理体制のチェック項目としては、保険引受リスク、市場関連リスク・信用リスク・不動産投資リスクからなる資産運用リスクとともに、流動性リスク、事務リスク、そしてシステムリスクが項目として挙げられている。

二、二、二　保険契約者保護機構

保険会社について、預金保険類似の制度が、一九九五年に五六年振りに抜本改正された保険業法により創設された保険契約者保護基金である。この基金は、破綻保険会社に対する救済保険会社の出現を予定した制度であった。しかし、現実の生保破綻に際して、そのような保険会社は現れなかった。一九九八年の金融システム改革法により、当該の場合も想定した制度改革がなされて、同基金は保険契約者保護機構として改組された。

保険契約者保護機構の業務についてみると、救済保険会社が現れた場合において、破綻保険会社にかかる保険契約の移転等における資金援助を行う。また、救済保険会社が現れる見込みがない場合には、自ら破綻保険会社の保険契約を引受け、承継保険会社の経営管理を行う（保険二五九条、二六五条の二八第一項）。さらにそれらを妨げない限度で、保護機構の会員に対する資金の貸付け等を行うものである（同二六五条の二八第一項第二項、二七〇条の七、二七〇条の八など）。

保険会社の加入は強制だが、機構は法文上において複数の設立が可能である（保険二六五条の三）。負担金率については、預金保険機構と同じく、二〇〇〇年の制度改正により可変負担金率の導入が可能となった。すなわち、当該の条文が「特定の会員に対し差別的取扱い（会員の経営の健全性に応じてするものを除く。）をしないものであること。」（同二六五条の三四第五項二号）となり、丸括弧の部分が挿入されたからである。

ところで、筆者は従来から、次のように論じていた。「保護機構の特定の会員に対し『差別的取扱いをしない』（保険二六五条の三四第五項二号。なお、預金保険五一条二項）との規定について改めて考えてみよう。それにはふたつの意味があるように思われる。高リスク主体と低リスク主体があるときに、これに一律料率を課すことは、(a)リスクの質の差異を無視する差別的取扱いであるとも、逆に、(b)リスクの質の異なる主体の（差別的でない）同一の扱いであるともいえる。つまり、条文の当該文言からは、(a)であり可変的負担金率を導入せよとも、これとは逆に、(b)であり一律の負担金率であれとも、相反するふたつの意味で解釈することが可能である。」[8]、と。つまり、旧条文に関しては、そもそもふたつの解釈が可能であったのである。この点、このたびの改正は、条文がもつ意味を一義的に明確にしたものと思われ感慨深い。

二、三 証券会社に関するセーフティネット

二、三、一 証券会社の健全性確保策

日本において証券会社とは一般に、ブローカーレイジ（顧客が委託する売買）、ディーリング（自己の計算による売買）、そしてアンダーライティング（新発行有価証券の取得・分売）を兼営するものである。証券会社に対する健全性確保策は、第一にコンプライアンス（法令等遵守）の確保、第二に自己資本規制比率にもとづく財務の安全性の確保であり、これらだけだ、と筆者には考えられる。いいかえれば、銀行や保険会社において要請された確保策の第三である業務の適切性の確保は、原則として必要ない。証券会社の場合には、第三の確保策は、少なくとも証取法の上では公的規制として要請されていない[9]。

証券会社には、負債はないといえる。いいかえれば、証券取引において元本保証はなく、損失保証の債務は現在では明文で厳格に禁止されている（旧証取五〇条の三第一項。現四二条の二第一項）。一九九一年に、損失補てん、飛ばしなど証券不祥事が発生したが、当時は実務や学説において、損失保証自体は私法上は有効と解されていた[10]。もっとも、日本の証券会社において、それでは運用をともなう債務は絶無かといえば、これはそうではない。たとえば、ブローカーズ・ローンがある。また、証券会社によってはＭＲＦがある。

証券会社における財務の安全性確保策として、自己資本規制比率がある。証券会社は、バッファーとして、

①価格変動リスク等の市場リスク相当額、②デフォルトのリスク等の取引先リスク相当額、そして③事務処理の誤り等の経営管理リスクである基礎的リスク相当額を備えなければならない。すなわち、証券会社は、必要な自己資本の額の、①、②、③の合計額に対する比率が、一二〇パーセントを下回ることがないように義務づけられている（証取五二条一項・二項）。

さて、証券会社の規制に関しては後で論じることとの関連から、その早期是正措置について、ここで記しておこう。内閣総理大臣は、自己資本規制比率を経常的にモニタリングしており、当該比率が悪化した場合には、三段階の早期是正措置を講じる。(1)一二〇パーセント未満のときには、証券会社の業務の方法の変更、財産の供託その他監督上必要な事項の命令、(2)一〇〇パーセント未満となったときは、三ヵ月以内の期間を定めて業務停止の命令、さらに(3)業務停止命令後、三ヵ月を経過しても一〇〇パーセントを下回っており、かつそれが回復する見込みがないと認められるときは、登録の取消しを行うことができる（証取五六条の二）。

二、三、二　投資者保護基金

投資者保護基金の源は、昭和四〇年（一九六五）不況以後の一九六九年に創設された寄託証券補償基金に遡る。その後の一九九五年のふたつの信用金庫の破綻に始まる金融不安のなかで、一九九七年に証券会社の経営破綻が相次いだが、このような状況に寄託証券補償基金は十分に対応できなかった（発動実績は、いずれも一九九七年以降だが七件）。そこで、一九九八年の金融システム改革法にもとづく証取の改正により、投資者保護基金が設置された（発動実績はその後、群馬県の南証券の一件）。

　投資者保護基金の業務についてみると、主要な業務は、一般顧客に対する支払いと、これは従来の寄託証券補償基金にはなかった新業務だが証券会社等に対する返還資金融資である（証取七九条の四九第一号・二号）。すなわち、投資者保護基金の主要な業務のひとつは、証券会社が経営破綻し、顧客からの預かり資産の円滑な返還が困難であると認められた場合において、顧客から請求があったときには、顧客ひとりあたり一〇〇〇万円まで保護する。ただし、二〇〇一年三月末までに証券会社が破綻した場合には、全額保護の特例措置がある。投資者保護基金の一〇〇〇万円という金額制限は、金額それ自体としては、預金保険機構や保険契約者保護機構とおおむね同様である。しかしながら、特例措置は、銀行と保険の場合には、おおむね二〇〇二年三月末まで一年延長となったが、証券の場合には予定どおり撤廃された。

　ところで、顧客からの預かり資産とはなにか。念のために予めひらたく記しておくと、証券会社において、顧客からの保護預かりの有価証券、そして、顧客が有価証券を売却し他の銘柄を購入するまでのあいだ一時的に預かる現金、また信用取引の際に

表１　日本のふたつの投資者保護基金

日系主体　　　　　　　　　　外資系主体

第１基金	俗称	第２基金
日本投資者保護基金 (JIPF) 1998年11月24日	正式名称 （略称） 創立総会	証券投資者保護基金 (SIPF) 1998年11月20日
217社 ８社 225社	国内 外資 合計	１社 44社 45社
300億円 100万円	基金規模 入会金	100億円 150万円
常時140％以上	自己資本 規制比率	常時150％以上 月末200％以上
99年４月から導入	分別管理	基金への加入条件
無し	外部監査	有り

（注）　数字等は、いずれも基金創設時のもの。
（出所）　日本投資者保護基金、証券投資者保護基金。

証券会社に支払われる証拠金などの金銭のことである（本稿三、一で改めて論じる）。

証券会社の基金への加入は強制だが、基金は法文上において（異論はあるが）複数の設立が可能である（証取七九条の二七、同二八）[11]。そのこともあり、日本においては世界的にも珍しい「一国二基金」の状態となっている。日本投資者保護基金（俗称・第一基金）と証券投資者保護基金（第二基金）とである（表1「日本のふたつの投資者保護基金」参照）。基金への負担金率については――これも銀行や保険とは大きく異なるのだが――、二〇〇〇年の制度改正においても法文上一律の負担金率が維持された。いいかえれば、可変負担金率の導入可能性は、法文上はないのである。

さて、日本の証券市場のセーフティネットにかかわりなぜ、投資者保護基金は「一国二基金」なのか。また、投資者保護基金においてはなぜ、可変負担金率の導入は見送られたのか。または、そもそも投資者保護基金において、可変負担金率の導入は理論上不必要なことであるのか。以下本稿では、主としてこのふたつの論点をめぐって考察することとしたい。

（2）岡部光明『環境変化と日本の金融　バブル崩壊・情報技術革新・公共政策』（日本評論社、一九九九年）一〇月、一七八頁、また拙著『保険事業と規制緩和』（同文舘出版、一九八五年七月）一九頁参照。

（3）野村修也「金融機関の健全性確保」ジュリスト増刊二〇〇〇―一一『あたらしい金融システムと法』（二〇〇〇年一一月）一四二頁。

（4）『金融検査マニュアル（預金等受入金融機関に係る検査マニュアル）』（平成一一年七月、最終改正、平成一三年四月）参照。

（5）平成一一年一二月二一日、金融審議会答申「特別措置終了後の預金保険制度及び金融機関の破綻処理のあり方について」五、預金保険制度の他の論点、(5)預金保険料。

(6)　岡部・前掲書四一一頁に掲げられているアメリカ預金保険料の段階的料率の表をみられたい。

(7)　『保険会社に係る検査マニュアル』（平成一二年六月、最終改正、平成一三年四月）、参照。

(8)　拙稿「支払保証基金（保険契約者保護機構）についての若干の考察」『近代企業法の形成と展開』（奥島孝康教授還暦記念　第二巻）（成文堂、一九九九年一二月）五〇五—五〇六頁。

(9)　たとえば、証取一条の目的規定には「国民経済の適切な運営及び投資者の保護に資するため」とあるだけである。この規定の文言と、銀行一条、保険一条の文言とを比較されたい。

(10)　河本一郎／大武泰南『証券取引法読本〔第四版補訂版〕』（有斐閣、二〇〇〇年一〇月）二九四頁参照。

(11)　加入強制がある反面で、基金には締結強制がある。基金は、証券会社が当該基金に加入しようとするときは、業務の種類に関する特別の事由その他の正当な事由がない限り、その加入を拒絶しまたは不当な条件を付することはできない。証取七九条の二六第二項。

三　投資者保護基金の「一国二基金」——逆選択

三、一　顧客資産の分別保管

投資者保護基金の「一国二基金」という事態に立ち至った経緯を明確にするためには、証券会社における顧客資産の分別保管について論じておかなければならない。証券会社は、証券取引にともない顧客から有価証券や金銭の預託を受けることが多い。ところが従来、保護預かり有価証券についてはおおむね分別管理が行われていたが、金銭については顧客の資産と証券会社の資産が混合して管理されているものが多かった。そこで、一九九七年の証券会社の相次ぐ経営破綻に際して、顧客の権利保全上の問題が生じたのである。一九九八年の金融システム改革法にもとづく証取法改正により、証券会社は、顧客から預託を受けた有価証券および金銭を、自己の固有資産と分別して保管しなければならないこととされた。

この証券会社の分別保管義務（証取四七条）とは、次のようなものである。証券会社は、有価証券店頭デリバティブ取引、外国市場証券先物取引、その他これらの取引に類するものとして金融庁長官が指定する取引（選択権付き債券売買取引でその権利を行使しない場合、当該取引にかかる契約が解除される取引）を除いて、顧客から預託を受けた有価証券および顧客の計算において自己が占有する有価証券、つまり特定性のある有価証券については、確実にかつ整然と保管する方法によって、証券会社の固有財産と分別して保管しなければならない。また、証券会社が預託を受けた金銭や特定性のない有価証券については、証券業を行わないこととなった場合に顧客に返還すべき額に相当する金銭（顧客分別金）を、国内において信託会社等に信託することによって、証券会社の固有財産と分別して保管しなければならない。これらの義務に違反すると、行政処分の対象となり（同法五六条一項三号）、刑事罰が科される（同法一九八条の四第一号）。

念のためにここで、記しておきたいことがある。証券会社において、顧客資産の分別保管や顧客分別金の信託が適正になされていれば、投資者保護基金はそもそも不要であろう。しかし、現実の事態はそう簡単ではない。分別保管の必要性がかねてより指摘されてきたアメリカにおいても、一九七〇年の証券投資者保護法にもとづき設立された証券投資者保護公社（Securities Investor Protection Corporation）がかかわる件数は、最近一〇年間の平均で七件あるという。(12) また、顧客分別金の計算は毎日なされるが、信託財産の差換えは週一回以上なので差換え時と破綻時とのタイムラグにより信託すべき金額の全額が信託されているとは限らないとか、証券会社が返済義務を履行するために資産を換金するのにそもそも時間を要するとかの問題がある。(13) それゆえ、投資者保護基金はセーフティネットとして、やはり必要とされるのである。

三、二　顧客預かり資産の分別保管の不備――空白の四ヵ月

分別保管義務は、先に論じたように一九九八年の法改正にもとづくものである。この規定の施行は、翌年一九九九年の四月とされた。ところが一方、投資者保護基金の規定の施行は、一九九八年一二月であった。分別保管義務の規定の施行が遅れた理由は、証券会社それぞれにおける事務体制作りを考慮した結果だという[14]。だが、投資者保護基金の設置と、本来その前提であるべき分別保管の実施との時間的齟齬は四ヵ月にわたり、それは顧客の権利保全にとって空白の期間であった。そこで、とくに外国証券会社系は、この問題を重視し批判して独自の動きを示すこととなった。日本の国内証券会社系において、顧客資産の分別保管が不備であり、証券会社の経営破綻にともなう拠出を合理的に見積もることができない、資産管理が不透明である等の批判を行ったのである。結局、外国証券会社系は、日本の国内証券会社系の第一基金に対し、独自基金として第二基金を設立することとなった。

三、三　逆選択と可変負担金率

以上のような、証券市場における外国証券会社系と日本の国内証券会社系の動きを情報の経済学の観点からみると、興味深い事態として見えてくる。つまり、外国証券会社系の証券会社の行動は、逆選択である。本稿では、逆選択発生の理由等の説明は割愛する[15]。

外国証券会社系の行動がなぜ、逆選択であるか。その理由は、かれらにとって、国内証券会社系の投資者保護基金への参加にともなう負担金は、自己の証券会社が経営破綻に際し顧客の預かり資産を返還することが出来なくなるリスクの質を反映しないだろうと考えた（かれらは自社のリスクの質は、国内証券会社系の証券

会社のそれよりもベターだと考えた）のである。それゆえ、第一基金への参加をヘジテートしたのである。

このように事態を捉えると、ふたつの基金を統一するための理論的方策が見えてくる。それは、証券会社それぞれの経営破綻に際し顧客の預かり資産返還が不可能となるリスクの質を、負担金へ反映させることである。(16)

端的に結論をいえば、可変負担金率を投資者保護基金に組み込むということである。証券会社それぞれにおいて、自社の経営破綻にともなう顧客の預かり資産返還不可能のリスクの質が負担金率に反映されるならば、証券会社それぞれにおいて不満は解消されたことになる。その限りで、証券会社が複数の基金を必要とする理由がなくなる。要するに、可変負担金率を投資者保護基金に組み込むことによって、逆選択は克服される。ふたつの投資者保護基金の統合は理論的に可能になる、と考えられるのである。

だがしかし、投資者保護基金への可変負担金率の組み込みは、先に本稿二、三、二で指摘したように――銀行や保険会社とは異なり――なされなかった。これは、なにゆえなのであろうか。この問題を明確に論じるために次に、投資者保護基金をめぐるモラルハザードを取り上げてみよう。

(12) 証券取引法研究会「平成一〇年証券取引法の改正について(5)――証券投資者保護基金」『インベストメント』五三号第一号（通巻三一七号、二〇〇〇年二月）三三頁（龍田　節発言）。
(13) 近藤光男／吉原和志／黒沼悦郎『新訂版　証券取引法入門』（商事法務研究会、一九九九年七月）三五七頁、北村雅史「証券会社破綻時におけるセーフティーネット――投資者補償制度」『金融法務研究』第一六号（二〇〇〇年四月）八四頁、河本／大武・前掲書一五〇―一五一頁参照。
(14) 河本＝大武・前掲書一五一頁
(15) 逆選択は、いわゆる「レモンの原理」として知られ、G、A、アカロフがアメリカの中古車市場において見い出した原理である。拙著／丁炳大・李秉奭訳『事故と保険の理論——自動車保険に関する法経済学的考察』（一九九八年）、九五—九六、一一〇—一一二、一一八—一二〇頁において詳しく論じているのでご参照ありたい。本記念論集の性格から韓国語を解する読者もおられることと思い、また筆者にとっては同書が当該問題に関する最新の著作であるので、引用した次第である。

（16）拙著／丁・李訳『事故と保険の理論』一二二—一二五頁。

四　投資者保護基金とモラルハザード——可変負担金率をめぐって

四、一　早期是正措置と投資者保護基金の〈切断〉

セーフティネット、たとえば預金保険制度を完全なものにすると、個々の金融機関がそれを当てにして、過大なリスク負担をまねきがちになるというモラルハザードが発生する。そこで、金融機関のモラルハザードを抑止するために——支払限度額の設定等とともに——、早期是正措置と連動した可変保険料率が導入されることになる。既にアメリカでは繰り返すが、一九九三年より導入されている。またそのような事態は、保険会社においても同様である。日本において、預金保険機構と保険契約者保護機構における可変保険料率または可変負担金率の導入可能性が、二〇〇〇年の法改正において規定された。なおここでも、モラルハザード発生の理由等の説明は割愛する。(17)

しかし、証券会社の場合には証取法の改正に際して、可変負担金率の導入可能性は規定されなかった。それはなぜか。

理由として、早期是正措置と投資者保護基金の〈切断〉を挙げることができるであろう。証券規制においては、証券会社の財務健全性の確保策である自己資本規制比率を中核とする早期是正措置と、投資者保護基金は〈切断〉されている。なぜかといえば、投資者保護基金の補償対象は、顧客の預かり資産それ自体だからである。いいかえれば、その補償は、顧客からの預かり資産のその資産運用にかかわるという類のものではないからである(なお、本稿二、三、一参照)。したがって仮に、証券会社が過大なリスク負担の結果、経営破綻し清算に至るとしても、証券会社における顧客の預かり資産は――それとなんら関係なく――、分別保管されている筈であるから、当該の投資者に返却される。また、そのような自力弁済が証券会社において難しければ、このようなときには投資者保護基金から、当該の投資者に対し支払いがなされる(本稿二、三、二)。

そのような限りで、証券会社の財務健全性の確保策と、顧客の預かり資産に関する分別保管や投資者保護基金とは〈切断〉されていると言えるだろう。

しかしながら、両者が〈切断〉されているとしても、現実には過大なリスク負担をまねきがちになるという証券会社のモラルハザードは発生する。そのとき、その証券会社において、投資者保護基金の存在を全く当てにしていないとは言えないだろう。完全否定は、現実においては難しいように思われる。だが、証券会社の当該のモラルハザードについては、なお一層の分析・検討が必要である。

四、二　経営破綻のリスクと分別保管不備のリスク

証券会社が経営破綻に至るには、主に三つの事由があると考えられる。売買手数料の激減、ディーリングの失敗、そしてこれは違法なことだが、損失補てん・飛ばしである。証券会社において、過大なリスク負担

の可能性は大いにある。コール・ローンの重要な取り手のひとつは（最近は減っているが）証券会社である。証券会社の過大なリスク負担というモラルハザードは、場合によっては証券会社を経営危機に陥らせ、ときには経営破綻に導く。その過程で、証券会社による顧客の預かり資産の流用がないではない。法律の上ではともかく、実際には、証券会社の経営破綻のリスクと、分別保管不備のリスクとが無関係だとは言えないであろう。

四、三　証券会社におけるリスク変動の速さ

それでは、証券会社の経営破綻のリスクを指標化した自己資本規制比率を、投資者保護基金の負担金率に連動させるべきか。仮に連動させるべきだとして、それは可能であろうか。結論を先にいうと、もし仮に連動させるべきだとしても、それは難しい。証券会社が負担するリスクは、変動が激しい。証券会社は、毎年三月、六月、九月および一二月の末日における自己資本規制比率を記載した書面を作成し、当該末日から一ヵ月を経過した日から三ヵ月間すべての営業所に備え置き、公衆の縦覧に供しなければならないとされている（証取五二条三項）。そのタームは、三ヵ月である。

これに対して、たとえば銀行の場合には、業務の適切性、財務の安全性の状況に関する説明書類を、当該銀行の営業所において公衆の縦覧に供しなければならないが、これは「営業年度ごとに」である（銀行二一条一項）。また、保険会社の場合も、業務の適切性、財務の安全性の状況に関する説明書類を、主たる事務所や従たる事務所において公衆の縦覧に供しなければならないが、これは「事業年度ごとに」である（保険一一一条一項）。銀行や保険会社の場合には、そのタームは一ヵ年なのである。

ここにおいて、証券会社が負担するリスクの変動の速さとその公衆縦覧のタームから判断すると、証券会社の自己資本規制比率を投資者保護基金の負担金率に反映させることは——もし仮に反映させるべきだとしても——、実際には、難しいのではないかと思われる。

だが、そのことは決して、投資者保護基金の負担金率が可変的であるべきことを否定するものではないだろう。

四、四　小　括

ここで、原点に戻って改めて考えてみよう。証券会社の経営破綻のリスクと、分別保管不備のリスクとは別物である。もっとも、ふたつのリスクは、証券会社にとって、実際には付かず離れずのところがある。しかし、理屈の上では全く別物であり、法律では別物であることが行政処分と刑事罰をともなって強制されている。

一方、投資者にとっては、ふたつのリスクは——少なくとも筋論としては——全く別物である。証券会社の典型的な姿をブローカーレイジと捉えるならば、投資者にとって、証券会社の経営危機、経営破綻は無関係の事柄である。しかし、分別保管の不備はそうではない。密接に関係する事柄である。

そうだとすると、ここで大きな結論が出る。投資者をまさに保護する基金である投資者保護基金においては、その負担金の料率の算定要素は、分別保管不備のリスクにかかわる事柄でもって決定されるべきだということである。これが基本的なことである。いいかえれば、当該の算定要素は、証券会社の経営破綻のリスクの度合いによって決すべき事柄ではないのである。

このように見てくると、日本の第二基金が第一基金とは異なり、外部監査があることを加入条件としているのは適切なことだ、と理解できる。また、第二基金が第一基金に対して、自己資本規制比率の点で差別化をはかっていることも(表1を改めて見られたい)、現実論としては理解できるところである。もっとも、第二基金が加入者に対して一定の自己資本規制比率を要請していることは加入条件であって、基金の可変負担金率の問題ではない。投資者保護基金に関する自己資本規制比率の利用は、その辺が妥当なところであろう。

(17)　拙著／丁・李訳『事故と保険の理論』一一一―一二〇頁をみられたい。

五　まとめ

本稿をまとめると、次のとおりである。日本において金融システムの転換は、法制的にはおおむね整えられたと言える。しかし、金融機関の不良債権処理問題、企業の過剰債務の問題は、これからが正念場である。監督官庁の政策は、護送船団行政からプルーデンス政策へと転換した。セーフティネットに関しては、日本において証券の投資者保護基金が「一国二基金」であり、世界的にみても、興味深い事例である。銀行の預金保険機構と、保険の保険契約者保護機構に関しては、二〇〇〇年の法律改正で、可変保険料率または可変負担金率の将来の導入可能性が生まれた。証券ではそうではない。

しかし、証券の投資者保護基金についても筆者は、分別保管不備のリスクとの関連で可変負担金率が、基本的には設定されるべきだ、と考える。もっとも、現実には、証券会社の経営破綻のリスクと分別保管不備のリスクとは関連するのであるから、その限りで自己資本規制比率は、可変負担金率の算定にとって補完的なものとして配慮されるべきであろう。また、投資者保護基金への加入条件として、分別保管の適切性についての外部監査の有無を掲げることは、合理的なことだと考える。また、加入条件に一定の自己資本規制比率を加えることも、補完的な加入条件としては理解できることである。

〔付記〕『証券検査マニュアル』について

『証券検査マニュアル』（以下、マニュアルという）が金融庁検査局長名の金検第一七〇号（平成一三年六月一四日）をもって通達され、同年一〇月から施行される。マニュアルには、「法令等遵守」とならび「財務規制（リスク管理）」の項目がある。これはいったい——本稿二、三、一の論述との関連で——、どのように理解されるべきか。

結論を先ず述べると、証券会社に対する健全性確保策の第三である「財務規制（リスク管理）」は公的規制としては必要ない、と筆者は考える。ここで原点にもどって問題を考えてみよう。預金者等の保護、保険契約者等の保護のための公的規制の根拠は、市場における非対称情報の存在、またしたがって取引交渉力（bargaining power）の著しい差異にもとづく（銀行の場合にはさらに、決定的な根拠として決裁システムにかかわるシステミック・リスクの現実化防止がある）。これに対して、投資者の保護にあたっては、原則としてそれらは根拠とならない。また繰り返すが、証券会社には、基本的には負債がない。そして、銀行法一条、保険業法一条の目的規定には、「銀行（保険業）の業務の健全かつ適切な運営」の確保という文言があるが、証券取引法一条には、それに相当する文言がない。

こうして、市場の実態、取引の性格、および法の趣旨からすれば、銀行や保険会社に対する健全性確保策の第三としての金融庁の検査は、公的規制として、〝原則的なもの〟である。それに対して、証券会社の場合には、当該の検査は規制緩和が唱えられているにもかかわらず実施されようとするものであり、目下の日本の現状における〃例外的なもの〃だ、と筆者は考える。この辺のことを意識してか、証券検査マニュアルは――金融検査マニュアル、保険検査マニュアルが「業務の健全性及び適切性確保」と記すのに対して――、自己資本規制比率と関連させての「財務の健全性の確保」をうたっている。

（初校に際して。平成一三年六月一六日）

25　自己株式取得に関する取締役の資本維持責任

吉本健一

一　はじめに

商法上、株式会社の自己株式取得は原則的に禁止されている（商二一〇条）。しかし、平成六（一九九四）年に、自己株式を例外的に取得できる場合を拡大する商法改正が行われ、その後も平成九（一九九七）年、平成一〇（一九九八）年、平成一一（一九九九）年、平成一二（二〇〇〇）年と、立て続けに商法改正および特例法の制定や改正が行われた結果、現在（平成一二（二〇〇〇）年末）では、自己株式取得の例外的許容範囲はかなり広がっている。

自己株式取得の原則禁止は、自己株式取得による種々の弊害を一般的・予防的に防止するために認められているから、[1] このように自己株式取得が許容される範囲が拡大すると、そのような弊害を防止するための代替措置が必要であると考えられる。そして、そのような代替措置の一つとして、取締役の責任が重要な役割を期待されるようになる。とくに、自己株式取得の弊害の一つである資本の空洞化を防止して債権者を保護するためには、自己株式取得の財源をいわゆる配当可能利益に限るとか、それ以外の財源を認める場合にもその範囲を厳格に限定する必要があるとともに、これを補完するものとして取締役の資本維持責任が重要な機能を果たすことになる。

本稿では、最近の改正により自己株式取得が例外的に許容される場合について、取締役の資本維持責任の内容を体系的観点から検討する。(2)

二　最近の法改正

(1)　平成六年商法改正前

平成六年商法改正前は、自己株式の取得は商法二一〇条に規定する四つの場合にのみ認められていた。すなわち、株式の消却のため（同条一号）、合併または営業全部の譲受によるとき（同条二号）、会社の権利実行に当たりその目的を達成するために必要なとき（同条三号）、株主の株式買取請求権行使に応じて自己株式を買い取るとき（同条四号）、である（平成六年改正前商二一〇条）。このほか、昭和五六年改正によりいわゆる単位株制度が導入され、単位未満株の買取請求があった場合も自己株式の取得が認められていた（昭和五六年改正付則一九条）。

ここでは、自己株式取得が例外的に許容される場合について、取締役の資本維持責任は規定されていなかった。それは、自己株式取得の例外的許容が非常に限定的であり、自己株式の取得により資本維持が害されるおそれは、それほど大きくないと考えられたからであろう。しかし、株主の株式買取請求権の行使の場合には、取得財源が配当可能利益に限られないし、また取得株数にも制限がないので、場合によっては会社がかなり大量の自己株式を取得することを義務づけられることになり、資本維持の観点からは問題がないとはいえない。(3)

(2)　平成六年商法改正

平成六年改正では、自己株式取得が例外的に許容される場合が大幅に拡大した。すなわち、①定款で株式譲渡を制限している会社において、株主または株式取得者から譲渡承認および買受人指定請求があった場合に、会社を買受人に指定する場合（平成六年改正商二〇四条ノ三ノ二、二〇四条ノ五、二一〇条五号）、②定款で株式譲渡を制限している会社において、株主の相続人から自己株式を取得する場合（同商二一〇条ノ三）、③使用人に対して株式を譲渡する目的で、定時総会決議に基づき自己株式を取得する場合（同商二一〇条ノ二）、④定時株主総会決議に基づき、株式消却のために自己株式を取得する場合（同商二一二条ノ二）、である。

いずれの場合にも、債権者保護のため取得財源は配当可能利益を基準としている。すなわち、③および④の場合は、取得価額の総額が配当可能利益から定時総会において配当しもしくは支払うことを決定しまたは資本組入額の合計額を控除した額（同商二一〇条ノ二第三項、二一二条ノ二第三項）、また①および②の場合は、いわゆる中間配当可能利益から中間配当額を控除した額（同商二〇四条ノ三ノ二第五項、二〇四条ノ五、二一〇条ノ三第二項）に限られ、自己株式取得財源の面で資本維持がはかられている。そして、これらの場合において、営業年度末においても資本維持を確保するため、取締役は営業年度末において配当可能利益の欠損(4)が生ずるおそれがある場合には、自己株式を取得してはならないとされている（①、②および③について、同商二一〇条ノ四第一項。④について、同商二一二条ノ二第五項）[5]。

後者の資本維持義務に違反したために、営業年度末において配当可能利益に①、②および③により取得し保有している自己株式の時価の合計額を加えてもマイナスとなった場合には（以下、この状態を「広義の配当可能利益の欠損」という）[6]、取締役は、①、②および③の場合は自己株式取得額から①、②および③により取得した自己株式を処分した場合の処分額および保有している場合の時価の合計額を控除した額（自己株式の取得・処分により社外に流出した額）と広義の配当可能利益の欠損額とのいずれか少ない額、また④の場合には自己株式取得額と同欠損額とのいずれか少ない額を、会社に対して連帯して賠償する責任を負う（①、②および③について、同商二一〇条ノ四第二項。④について、同商二一二条ノ二第六項）[7]。これらの責任は取締役の過失責任であり、また取締役会決議に基づく自己株式の取得につき、商法二六六条二項および三項が準用されている（①、②および③について、同商二一〇条ノ四第二項但書、三項。④につき同商二一二条ノ二第七項）。これに対して、前者の取得財源規制に違反して自己株式が取得された場合については、利益配当および中間配当の場合のような（商二六六条一項一号）取締役の責任規定がない。

(3) 平成九年商法改正および利益消却特例法の制定[8]

平成九年には、取締役および使用人に対するいわゆるストック・オプション制度を導入し、自己株方式のストック・オプション（株式買受権）が付与された場合に、株式買受権行使に備えて自己株式を取得することを認めるための商法改正がなされた（平成九年改正商二一〇条ノ二）。この場合の取締役の資本維持責任は、平成六年改正商法における使用人に株式を譲渡するための自己株式取得の場合と同様である。

また、同年には公開会社について、定款規定がある場合には、株式の利益消却を行うために取締役会決議に基づき自己株式を取得することを認める「株式の消却の手続に関する商法の特例に関する法律（利益消却特例法）」が成立・施行された[9]。この場合の自己株式取得に関する財源規制としては、取得価額の総額がいわゆる中間配当可能利益から中間配当額を控除した額の二分の一以下とされ（消却特例法三条五項）、取締役会決議に基づく自己株式の買受けは、決議後の最初の決算期に関する定時総会の終結後は行うことができない（消却特例法三条六項）。取得財源規制に違反した場合には、違法に買い受けた自己株式の取得価額について、取締役の賠償責任が規定されている（消却特例法六条一項、二項）。この点は、平成六年および九年改正商法による自己株式取得とは異なる。また、営業年度末における資本維持責任として、定時総会決議に基づく利益消却に関する商法二一二条ノ二第五項、六項および七項が準用された（消却特例法七条一項[10]）。

(4)　平成一〇年利益消却特例法改正

平成一〇年には、利益消却特例法が改正され、自己株式の取得財源が拡大された。すなわち、中間配当可能利益から中間配当額を控除しても欠損が生じていないことを条件に（改正消却特例法三条の二第六項）、資本準備金および利益準備金の合計額から資本の四分の一に相当する額を控除した額を限度として、資本準備金を財源として消却のために自己株式を取得することが認められた（同消却特例法三条の二第一項、三項および五項）。そして、この規定に基づく自己株式取得についても、財源規制違反の場合の取締役の賠償責任が規定されている（同消却特例法六条一項、二項）。また、営業年度末における資本維持責任については、同法七条一項により商法二一二条ノ二第五項、六項および七項が準用されると解される。[11] さらには、配当可能利益の算定上資産の拘束項目である資本準備金（商二九〇条一項二号）の減少をもたらすため、債権者保護手続（異議申述催告手続）が要求されるが、資本減少の場合（知れたる債権者に対する個別の催告）ではなく、合併の場合の手続（官報および公告紙による催告の可能性）が準用されている（同消却特例法七条一項、商四一二条）。この利益消却特例法の改正は、議員立法によるもので、平成一二年三月三一日までの時限立法とされた（ただし、平成一二年三月三一日までに取締役会決議があった自己株式の買付けについては、従前の例による。平成一〇年改正付則五条）。[12]

(5)　平成一一年土地再評価法改正

平成一〇年に制定された「土地の再評価に関する法律（土地再評価法）」は、監査特例法上の大会社および一定の金融機関が、その所有する事業用土地を再評価することにより自己資本を高め、その結果金融の円滑および企業経営の健全性の向上に寄与することを目的として（土地再評価法一条）、平成一二年三月三一日までの一決算期に事業用土地を再評価することを認めるものであった（土地再評価法五条）。平成一〇年の土地再評価法は、その文言上は金融機関のほか一般的に大会社をも対象とするものであったが、実際には金融機関の自己資本比率の向上を狙った議員立法であった。[13]

土地再評価法は、平成一一年に一般事業会社における株式消却を目的として改正され、[14] 再評価の期限が一年延長されるとともに（改正土地再評価法五条）、事業用土地の再評価に基づき繰延税金資産または繰延税金負債を加減した再評価差額金（同土地再評価法七条一項、二項）について、定款の規定に基づき、平成一三年三月三一日までの間に限り、取締役会の決議により消却のために再評価差額金を財源とする自己株式の取得が認められた（同土地再評価法八条の二第一項、二項）[15]。この場合は、再評価差額金から土地の再評価時の差額（同土地再評価法三条一項）の三分の一に相当する額を控除した額を限度とし、これに違反した場合の取締役の責任については利益消却特例法六条の規定が準用されている（同土地再評価法八条の二第三項）。また、資本準備金を財源とする自己株式取得と同様に、定時総会決議に基づく利益消却のための自己株式取得に関する取締役の営業年度末における資本維持責任に関する商法の規定が準用されている（同土地再評価法八条の二第三項、商二一二条ノ二第五項、六項、七項）。他方で、配当可能利益の算定上会社資産拘束項目としての再評価差額金（同土地再評価法七条の二第一項）の減少をもたらす株式消却であるにもかかわらず、利益消却特例法上の資本準備金による自己株式の消却の場合のような債権者保護手続は要求されていない。

(6)　平成一二年利益消却特例法改正

平成一〇年の改正利益消却特例法により認められた資本準備金を財源とする消却のための自己株式取得は、平成一二年三月末までの時限立法であったが、平成一二年の同法改正により二年間延長され、平成一四年三月三一日まで時限が延長された（平成一二年改正消却特例法平成一〇年付則五条）[16]。

三　問題の検討

1　さて、以上のような頻繁な改正を経て構築された現行の自己株式取得に関わる取締役の資本維持責任には、大きく分けて二つの類型がある。第一の類型は、自己株式の取得財源規制にかかわるもので、財源規制に違反して（財源がないにも関わらずあるいは財源の範囲を超えて）自己株式を取得した場合の賠償責任である。第二の類型は、営業年度末における資本維持責任であり、営業年度末に配当可能利益の欠損が生ずるおそれがあるときは自己株式を取得してはならないのに、自己株式を取得した結果、営業年度末に広義の配当可能利益の欠損が生じた場合の賠償責任である。これらをまとめると表のようになるが、その規定振りは、

	第一類型（財源規制違反）	第二類型（広義の配当可能利益欠損）	備考
平成六年改正商二〇四条ノ三ノ二	規定なし	二一〇条ノ四第二項	譲渡制限株式の買受け
商二一〇条ノ三	規定なし	二一〇条ノ四第二項	譲渡制限株式の相続人からの取得
商二一〇条ノ二	規定なし	二一〇条ノ四第二項	使用人に譲渡するための取得
商二一二条ノ二	規定なし	二一二条ノ二第六項	消却のための取得
平成九年改正商二一〇条ノ二	規定なし	二一〇条ノ四第二項	ストック・オプション実施のため
平成九年利益消却特例法	六条一項	七条一項（商二一二条ノ二第六項の準用）	取締役会決議に基づく消却のための取得
平成一〇年改正利益消却特例法	六条一項	七条一項（商二一二条ノ二第六項の準用）	資本準備金 債権者保護七条一項（商四一二条の準用）
平成一一年改正土地再評価法	八条の二第三項（消却特例法六条一項の準用）	八条の二第三項（商二一二条ノ二第六項の準用）	再評価差額金 債権者保護規定なし
平成一二年改正利益消却特例法			資本準備金 期限の延長

統一性・体系性の見地からは必ずしも整合的でない部分がある[17]。

2　まず第一に、平成六年改正商法において自己株式取得が認められた例外的許容事由については、第一類型の資本維持責任に関する規定が存在しない。これに関しては、規定がない以上この場合の資本維持責任はなく、一般の法令違反に基づく損害賠償責任（商二六六条一項五号）のみが問題となるとする見解[18]と、利益配当および中間配当の場合の資本維持責任に関する商法二六六条一項一号を類推するという見解[19]が対立している。前者の見解の根拠としては、利益配当や中間配当と異なり、自己株式の取得では会社から資金が流出する代わりに自己株式が取得され、これについては貸借対照表上資産性が認められていることが挙げられていた[20]。

しかし、商法二一二条ノ二に基づく自己株式の取得は株式消却を目的とするもので、取得後遅滞なく失効の手続がとられることからすると（商二一一条）、第三者への売却処分を目的とする自己株式取得と同列に扱うことはできない。また、平成九年の利益消却特例法に基づく自己株式取得では、前述のように財源規制に関する第一類型の資本維持責任が課せられている（利益消却特例法六条一項）[21]。したがって、消却を目的とする自己株式取得である商法二一二条ノ二の場合も、財源規制に関する第一類型の取締役の資本維持責任を肯定すべきであると考える。その根拠規定としては、平成九年の利益消却特例法制定後は、利益消却特例法六条一項を類推するという立場をとるべきであろう[22]。そして、この場合の賠償額については、自己株式取得を授権する株主総会決議や取締役会決議による取得予定額が取得財源の限度額を超過している場合は、決議自体が無効であるからこれに基づく自己株式取得全体が違法となり、その取得額全額が、また決議による取得予定額は取得財源額の範囲内であっても、取得財源の限度額を超過して自己株式が取得された場合は、限度額超過部分が違法であり、その超過額が、賠償すべき額となる。[23]

さらに考えると、平成六年改正前から認められていた商法二一二条一項但書の場合における消却目的の自己株式取得についても、同様に利益消却特例法六条一項を類推して、第一類型の取締役の資本維持責任を肯定すべきであろう。

これに対して、第三者への処分を予定した自己株式取得である商法二〇四条ノ三ノ二、商法二一〇条ノ三および商法二一〇条ノ二の場合については、会社から流出した資金の代わりに自己株式が資産として貸借対照表に計上されるし（商二八五条ノ六、計算規二三条）、また自己株式が相当の時期あるいは一定の期間に処分された場合には対価が流入するから、財源規制に関する第一類型の取締役の資本維持責任は問題とならないと解すべきではないだろうか。[24]

3　第二に、平成一〇年の改正利益消却特例法に基づく資本準備金を財源とする自己株式の取得、および平成一一年の改正土地再評価法に基づく再評価差額金を財源とする自己株式の取得では、財源規制に関する第一類型の資本維持責任（改正利益消却特例法六条一項および改正土地再評価法八条の二第三項）に加えて、第二類型の営業年度末における広義の配当可能利益の欠損塡補責任に関する商法二一二条ノ二第六項および七項が準用されている（同利益消却特例法七条一項および同土地再評価法八条の二第三項）。

しかしながら、その規定の意味には注意が必要である。すなわち、この場合の自己株式取得は、配当可能利益ではなく、資本準備金または再評価差額金を財源とするものであるから、自己株式の取得額に相当する資金が会社から流出するとともに、資本準備金または再評価差額金が減少するのであって、自己株式の取得によって会社の配当可能利益の額が影響を受けることはないはずである。再評価差額金の性質については議論があるものの、未実現の評価損益に関わるものとして資本準備金と同様の性格を有するものと解され、[25] それゆえにこそ、配当可能利益等の算定においても控除項目として、会社資産を拘束する（同土地再評価法七条の二第一項）とされているのである。したがって、資本準備金を財源とする自己株式の取得自体が広義の配当可能利益の欠損を惹起することはないし、またこのことは再評価差額金を財源とする自己株式の取得の場合もまったく同様である。

そこで、これらの自己株式取得につき商法二一二条ノ二第五項ないし第七項を準用することは（同利益消却特例法七条一項、同土地再評価法八条の二第三項）、配当可能利益を財源とする自己株式取得の場合とは意味が相当に異なるといわなければならない。[26] この場合の取締役の資本維持責任は、資本準備金または再評価差額金による自己株式の取得とは関係のない事由により営業年度末に配当可能利益の欠損が生ずるおそれがあるときも、取締役はこれらを財源とする自己株式の取得をしてはならず（商二一二条ノ二第五項）、それにもかかわらず営業年度末に広義の配当可能利益の欠損が生じたときは、自己が無過失であることを立証しないかぎり、当該欠損額または自己株式取得額のいずれか少ない額を賠償する責任を負うことを意味する（商二一二条ノ二第六項、七項）。このような取締役の資本維持責任は、それ以外の自己株式取得の場合とは異質の責任であり、これらの自己株式取得が配当可能利益ではなく、資本準備金または再評価差額金を財源とするために、会社債権者の利益を害するおそれが大きいことに配慮して、[27] とくに認められた責任であると解することになろう。しかしもし、この場合の取締役の資本維持責任を、自己株式取得を原因とする広義の配当可能利益の欠損とは無関係の特別責任であると解するならば、その賠償範囲は広義の配当可能利益の欠損額の塡補に限るべきであろう。[28]

以上に対して、配当可能利益ないし中間配当可能利益を財源とする自己株式の取得に関する営業年度末における第二類型の取締役の資本維持責任は、広義の配当可能利益の欠損額と自己株式の取得額(消却目的の場合)、または当該欠損額と自己株式取得額から取得した自己株式を処分した場合の処分額および保有している場合の時価の合計額を控除した額(第三者への処分目的の場合)との、いずれか少ない額である。それゆえ、この場合にとくに前者の額よりも後者の額が少ない場合は後者の額が賠償責任額となることから、この取締役の資本維持責任は、自己株式取得を原因として営業年度末に広義の配当可能利益の欠損が生じたことについての塡補責任であると解される。(29)

4　第三に、平成一〇年改正利益消却特例法による資本準備金を財源とする自己株式の取得の場合には、まさに資本項目からの会社財産流出であり、資本準備金という配当可能利益や中間配当可能利益の算定上の資産拘束項目が減少するから、会社債権者保護のため、合併の場合の債権者保護手続が準用されている(改正利益消却特例法七条一項、商四一二条)。これに対して、平成一一年改正土地評価法に基づく再評価差額金を財源とする自己株式の取得では、資本準備金を財源とする自己株式取得の場合のような合併における債権者保護手続は要求されていない。しかしながら、この場合も、資本項目からの会社財産流出に伴い、配当可能利益等の算定上会社資産拘束項目である再評価差額金の減額を生ずる点では、資本準備金を財源とする自己株式取得の場合と同様であるから、債権者保護手続が必要であるといわなければならない。前述のように、この場合も取締役には営業年度末における第二類型の資本維持責任が課せられているが、この責任があるからといって、そもそも再評価差額金の減額を自由に認めるのであれば、資本維持の意味がなくなってしまうからである。

これに対して、再評価差額金は資本準備金と同様の資産拘束性があるが、他方では、再評価された土地が譲渡された場合には取り崩され（改正土地再評価法八条）、貸借対照表上は利益として認識される。それゆえ、再評価差額金は利益の繰延としての性格をも有しており[30]、その減額には債権者保護手続を要しないとの考え方もありうる。しかし、この場合も、再評価差額金が未実現の損益であることを考慮して会社資産拘束性を認めているといえ[31]、これを財源とする自己株式取得では、やはり債権者保護手続を要するというべきである。

このように改正土地再評価法に基づく株式の消却には疑問が多いが、改正利益消却特例法における資本準備金による消却のための自己株式取得の場合も、合併における債権者保護手続（官報および公告紙による催告の可能性）を準用している点において批判を免れない[32]。なぜならば、資本準備金の減少は資本減少と同様に、配当可能利益等の算定上の資産拘束項目の額を減少させるものであり、債権者の利益に与える影響が、会社財産の増加をもたらす合併の場合とは異なるからである[33]。もっとも、資本減少には債権者保護（知れたる債権者に対する個別の催告）が厳重に要求されるが、資本準備金は資本と比較してその拘束性が弱いともいえる[34]。資本準備金の使用目的としては、資本欠損の塡補および資本の組入があるが（商二八九条一項）、資本欠損の塡補のための資本準備金の使用は株主総会の普通決議で行うことができ（商二八一条一項）、また資本組入は取締役会決議のみで行うことができ（商二九三条ノ三）、いずれの場合も債権者保護手続は要求されていないからである。しかし、資本欠損の塡補や資本組入は資本項目の調整にすぎず、会社財産の流出がないのに対して、自己株式の取得では資金の流出がある（対価として取得した自己株式は遅滞なく失効手続がとられる。同利益消却特例法五条）。また、資本組入は、資本準備金からより拘束性の強い資本への振替であるから、会社債権者にとっては有利であるともいえる。それゆえ、資本欠損の塡補および資本組入のための資本準備金の使用について債権者保護手続がないことを根拠に、資本準備金を財源とする自己株式の取得について、合併の場合の債権者保護手続でよいということにはならない。

四　おわりに

以上、自己株式取得における取締役の資本維持責任を、体系的な整合性の観点から検討した。自己株式の取得を予想される弊害の防止策をとった上で認めることは、一概に否定すべきではないであろう。しかし、最近における自己株式取得事由の拡大の多くは、緊急の経済対策として年度末に駆け込みで成立した議員立法によることもあってか、商法全体の体系性を損ない、また個別の取得事由規制の間の整合性にも欠け、拙速であるとの印象を拭えない。(35) それゆえ、理論的にも実際的にも十分な検討を経た上で、早急に整備が行われることが望ましい。また、このようなことが続くと、議員立法はすべて問題があるとの誤った先入観が生ずるおそれなしともしない。議員立法であっても、商法のような基本法に関わる問題は、慎重に検討・審議を行うべきことに変わりはないというべきである。(36)

(1)　自己株式取得による弊害として、①株主に対する出資の払戻であり、資本の空洞化を生ずる、②株主平等原則に違反する、③会社支配の歪曲を生ずる、④相場操縦やインサイダー取引などにより株式取引の公正性を害する、などのおそれが指摘される。上柳克郎ほか編『新版注釈会社法(3)』二二七頁以下〔蓮井良憲〕(有斐閣、一九八六年)など参照。

(2)　なお、自己株式取得に関する取締役の責任を論ずるには、自己株式取得が法令に違反して無効であるか否かも影響する。小林量「自己株式の取得と取締役の責任」森本滋ほか編『企業の健全性確保と取締役の責任』二四三頁以下(有斐閣、一九九八年)、二四三頁、二五〇頁参照。しかし、公開会社における法令違反の自己株式取得は、通常取引の安全を考慮して無効の主張が許されず（龍田節「違法な自己株式取得の効果」論叢一三六巻四＝五＝六号一頁以下（一九九五年）、一三頁以下参照）、また自己株式取得が無効であっても、会社財産からの流出が現実に回復しない限りは、取締役の責任は存続すると考えられる。本稿では、一応自己株式の取得が有効である場合を前提とする。

（3）　平成七年に椿本精工は子会社である中島製作所を吸収合併したが（現ツバキ・ナカシマ）、その際椿本精工の筆頭株主で二一・三％を保有するＴＨＫは合併に反対し、合併決議が成立したことを受けて株式買取を請求したと報じられた。日本経済新聞平成七年八月一七日朝刊参照。

（4）　この意味につき、上柳克郎ほか編『新版注釈会社法第3補巻平成六年改正』九二頁〔森本滋〕（有斐閣、一九九七年）参照。

（5）　これは、①および②の場合については、自己株式の取得（会社資金の流出）が営業年度中に生ずる以上、中間配当の場合（商二九三条ノ五第四項）と同趣旨の規制が及ぶことは当然であるが、③および④の場合にも、自己株式取得に関する決定（授権）は定時総会において利益処分と同時になされるが、これに基づく自己株式の取得自体は営業年度中になされるために、その時点では実際に配当可能利益があるかどうかは不明であり、それゆえ中間配当の場合と同趣旨の規制を置いたものである。吉戒修一『平成五年・六年改正商法』四四〇頁（商事法務研究会、一九九六年）。

（6）　したがって、ここでは会社の資産に①、②および③により保有する自己株式（時価）が含まれることになる。

（7）　つまり、営業年度末における取締役の資本維持義務については、取得して保有する自己株式は会社資産から控除されるのに対して（改正商二一〇条ノ四第一項および同商二一二条ノ二第五項）、これに違反した場合の取締役の資本維持責任については、このような自己株式も会社資産に算入されており（同商二一〇条ノ四第二項および同商二一二条ノ二第六項）、義務と責任との間にずれがみられる。なお、上柳克郎ほか編『新版注釈会

社法第4補巻平成九年改正』一三五頁〔吉原和志〕（有斐閣、二〇〇〇年）参照。

（8） 平成九年の自己株式取得に関する商法改正および利益消却特例法の制定は、いわゆる議員提案による立法である。

（9） これは、平成六年の改正商法により、定時総会の決議に基づき利益消却のために自己株式を取得することが認められたが（商二一二条ノ二）、営業年度の途中で株式を消却する必要が生じ、定時総会まで待つことができないような「特に必要があると認めるとき」（消却特例法三条一項）に、定款規定に基づき取締役会決議による自己株式の取得および消却を認めるものである。法務省民事局参事官室「ストック・オプション制度に関する商法改正等について」商事一四五九号一一頁以下（一九九七年）、一四頁参照。

（10） これは、自己株式の取得が、定時総会ではなく、営業年度途中における取締役会決議に基づいてなされる以上、当然の規定である。吉原・前掲注（7）一三三頁参照。

（11） 改正利益消却特例法七条一項は、「商法第二一二条ノ二第五項から第七項までの規定は第三条一項の規定による株式の買受けについて……準用する。」となっており、三条の二に基づく資本準備金を財源とする自己株式取得は含まれていないようにも読める。しかし、他の条文規定（四条、五条など）からみて、「第三条一項の規定による株式の買受け」には、三条の二に基づく自己株式取得も含まれると解すべきである。いずれにしても、改正利益消却特例法は、非常に複雑でわかりにくい規定振りとなっており、拙速の弊害がみられる。岩原紳作「緊急経済対策としての平成一〇年商法関連法の改正〔上〕」商事一四九二号四頁以下（一九九八年）、一一頁参照。

（12） 本改正法は、緊急の経済対策ということで、平成一〇年三月三〇日に成立し、即日施行された。

（13） 大原一三「土地再評価法の成立について」税経通信五三巻六号二頁以下（一九九八年）参照。この法律も、緊急経済対策として、平成一〇年三月三一日に成立し、即日施行された。

（14） 勝山進「土地再評価の実態と課題」企会五一巻一一号七四頁以下（一九九九年）参照。

(15)　この改正も議員立法であり、平成一一年三月三一日成立し、同日施行された。
(16)　この改正も議員立法であり、平成一二年三月二九日に成立し、同月三一日に公布・施行された。
(17)　これらの責任は、いずれも賠償責任とされているため（第一類型につき利益消却特例法六条一項、第二類型につき商二一〇条ノ四第二項および商二一二条ノ二第六項参照）、その性質を損害賠償責任と解する余地もある。第一類型の責任につき、岸田雅雄「株式消却手続特例法について」ジュリ一一一六号三二頁以下（一九九七年）、三四頁、岩原・前掲注(11)一五頁、吉原・前掲注(7)一二八頁、第二類型の責任につき、吉戒・前掲注(5)四四一頁、上柳ほか編・前掲注(4)九五頁〔森本滋〕参照。しかし、賠償額が法定されていることからして、いずれも損害の有無とは関係のない資本維持のための弁済ないし塡補責任と解すべきであろう。したがって、この責任とは別に法令違反による損害賠償責任（商二六六条一項五号）が問題となりうる。
(18)　前田雅弘「自己株式取得と取締役の責任」ジュリ一〇五二号二三頁以下（一九九四年）、二四頁、吉本健一「取締役の会社に対する責任」今中利昭先生還暦記念『現代倒産法・会社法をめぐる諸問題』五一一頁以下（民事法研究会、一九九五年）、五二〇頁、吉戒・前掲注(5)四三九頁、上柳ほか編・前掲注(4)六八、七一頁〔江頭憲治郎〕、九四頁〔森本滋〕。
(19)　河内隆史「自己株式の取得と取締役の責任」加美和照編『取締役の権限と責任』四四三頁以下（中央経済社、一九九四年）、四四四頁、前田庸「自己株式取得規制の緩和について」鴻常夫先生古稀記念『八〇年代企業立法の軌跡と展望』一頁以下（一九九五年）、二〇頁、龍田・前掲注(2)一三頁、小林・前掲注(2)二五〇頁。
(20)　吉本・前掲注(18)五二〇頁。
(21)　これに対して、吉原教授は、この規定を取締役が商法二六六条一項五号に基づく責任を負担することを確認する趣旨であると解される。吉原・前掲注(7)一二七―一二八頁。
(22)　この責任の性質は、財源規制に違反した利益配当および中間配当に関する資本維持責任である商法二六六条一項一号とパラレルに考えられるであろう。したがって、私見では過失責任ということになる。吉本・前掲

注(18)五一八—五一九頁参照。

(23) 利益消却特例法六条一項の資本維持責任につき、吉原・前掲注(7)一二九頁参照。本文で述べた後者の場合に、授権決議による取得予定額を超過しているが、取得財源の限度額の範囲内における自己株式の取得については、商法二六六条一項五号の責任が問題となる。

(24) 吉本・前掲注(18)五二〇頁。仮に資本維持責任を肯定する場合には、賠償額の算定上取得額から取得した自己株式の処分額と保有する自己株式の時価の合計額を控除すべきであろう。前田(庸)・前掲注(19)二〇—二一頁、小林・前掲注(2)二五一頁参照。

(25) 菊谷正人「土地再評価法の抜本的改正」税経通信五四巻一〇号一七頁以下(一九九九年)、二一頁参照。

(26) 岩原教授は、資本準備金を財源とする場合の準用を当然であるとされる。岩原・前掲注(11)一六頁(注二)。

(27) このことは、この場合の自己株式の取得が、資本準備金を財源とする場合は資本準備金と利益準備金の合計額から資本の四分の一に相当する額を控除した額、再評価差額金を財源とする場合は再評価差額金から再評価時の差額の三分の一に相当する額を控除した額を、それぞれ限度とする点にも現れている。

(28) 仮に、取締役がこの責任に基づいて自己株式取得額を賠償した場合に、貸借対照表上の処理としては、資産の部に賠償額分の現金が増加することに対応して、自己株式の取得によりいったん減少した資本の部の資本準備金または再評価差額金が増加(復活)するのであろうか。そうであれば、賠償後も広義の配当可能利益の欠損額は減少しないことになる。

(29) この点について、前田庸教授は、広義の配当可能利益の欠損が自己株式の取得によるものでないこと、たとえば自己株式取得後に会社資産の減少等が生じたことを証明すれば、取締役は免責されるとされる。前田庸「商法及び有限会社法の一部を改正する法律案要綱について〔上〕」商事一三四六号二頁以下(一九九四年)、二三頁。同旨、吉戒・前掲注(5)四四二頁。これに対して、前田雅弘教授は、たとえ欠損の原因が自己株式取得以外のことであるとしても、それによって欠損の生じることを自己株式取得時に予測しうべきであったのなら、取締役は責任を免れないとされる。前田(雅)・前掲注(18)二八頁注(13)。本文で述べたように、この第二類型の資本維持責任は、自己株式取得によって生じた広義の配当可能利益の欠損を塡補する責任であるが、自己株式取得とは関係のない事由によって欠損が生じた場合であっても、自己株式を取得していなければ欠損が発生しないかまたは欠損額がその分だけ少なかったはずであるから、欠損発生の予測につき過失がある限り、自己株式取得によって欠損が発生しまたは拡大した額につき資本維持責任が生ずることになる。これに対して、資本準備金または再評価差額金を財源とする自己株式取得の場合の第二類型の資本維持責任は、自己株式取得が広義の配当可能利益の欠損の発生または拡大にまったく影響を与えていないにもかかわらず、自己株式取得額または欠損額のいずれか少ない額を賠償しなければならない点が異なる。

(30)　岸田雅雄「株式消却特例法の改正と土地再評価法」税経通信五三巻六号一七頁以下（一九九八年）、二四頁参照。

(31)　中井隆司「改正消却特例法および土地再評価法の施行に伴う商法計算書類の取扱い」商事一四八九号八頁以下（一九九八年）、一二頁参照。

(32)　上村達男「資本準備金による自己株式消却をめぐる問題点」ジュリ一一三二号六三頁以下（一九九八年）、六五、六七頁。

(33)　この点は、債務超過会社の合併が認められるかにもよるが、少なくとも債務超過会社を消滅会社とする合併はできないとするのが通説である。吉本健一「企業再編成と会社法」自正五一巻一二号二二頁以下（二〇〇〇年）、三二頁注(22)参照。

(34)　岸田・前掲注(30)二〇頁参照。

(35)　岩原・前掲注(11)一三頁、一六頁参照。

(36)　岩原紳作「会社法改正の回顧と展望」商事一五六九号四頁以下（二〇〇〇年）、一二頁参照。

［付記］

(1)　土地再評価法の議員提案に基づく改正法が平成一三年三月三〇日成立し、同三月三一日に公布・施行された。これにより、土地の再評価の実施期限および再評価差額金を原資とする自己株式の取得・消却の期限が平成一四年三月三一日まで延長された。

(2)　いわゆる金庫株制度の導入等を内容とする商法改正法が平成一三年六月二二日成立し、同六月二九日に公布された。同改正法は公布日から六月以内に施行されるが、自己株式の取得・保有・処分につき、現行法に大幅な変更を加えている。改正法の検討は別の機会に譲らざるをえないが、取締役の責任に関しては、本稿にいう第二類型の資本維持責任のみを規定している点が注目される。

小島康裕先生を語る

藤田勝利

二〇〇一年三月末をもって敬愛する小島康裕先生が新潟大学を定年退職された。先生は東北大学法学部助手、福島大学経済学部講師を経て、一九六七年四月に新潟大学人文学部助教授として着任されて以来、三四年の長きにわたって商法を担当され、新潟大学の法律部門の要として新潟大学の学部改組から大学院博士課程の設置に至る飛躍的な発展に多大の貢献をされてきた。制度上やむを得ないこととはいえ、二一世紀の幕開けに通算四〇年に及ぶ国立大学教員生活に終止符を打たれたことは、小島先生らしいドラマチックな歴史的事実を象徴するかのようでもある。

小島先生と私は東北大学法学部の同窓ではあるが、私は先生より八歳ほど年少で、しかも東北大学では大学院学生や助手の経験をしていないため、いつ頃から先生の面識を得るようになったかはっきりとは記憶していない。しかし偶然ではあるが、先生が新潟大学に赴任された同じ年に私も大阪市立大学法学部の助手に採用され、五ヵ月ほど服部栄三先生のご指導の下で内地研修をしたことがあり、東北大学商法研究会、後の商事法学会に参加させていただいた関係で、機会があるごとに三〇年以上も親しくしていただいていることは事実であり、懇親会における世人の真似のできない豪快な飲みっぷりや研究会・学会における報告者の意表をつく鋭い弁舌は初対面の時から今に至るまで先生の持ち味として印象深く脳裏に刻まれていることも確かである。

私が研究者としてスタートしたときから、天の声のように、学者は研究・教育・大学行政の三つが一体となってバランスよくできなければならないと自覚し、自分自身の目標としてきたが、小島先生は見事にそれを実践されてきた。周知のように、大学行政においては、法学部長、研究科長さらには学長特別補佐として常に学部改革の主導的担い手であられたし、教育面でも、地方の国立大学では異例と思われるほど、多数の学者・法曹さらには産業界や官界に有為な人材を送り込まれている。小島先生の教育に対する熱意は、例えば一九九〇年以来、三年に一度の割合で他大学にあまり例のない「海空法」や「物流法」の集中講義の担当を仰せつかっているが、このように従来の法律科目にとらわれない新分野の講義を学生たちに提供されてきた姿勢にもうかがえる。

しかし、それら以上に小島先生を特徴づけているのは、研究面における、小島商法学ともいいうる商法学者としての学風であろう。商法を個別経済主体間の利害調整を目的とする、政治経済からニュートラルな法と理解する伝統的商法学に対して、それは企業の自由を野放し的に許容し、大企業の独占維持に寄与するだけであるとの批判的立場から、幅広く数々の研究業績を公表されてきた。その代表作である『大企業社会の法秩序』（一九八一年、勁草書房）および『市場経済の企業法』（一九九四年、成文堂）は精読する者にとって、研究意欲をそそる刺激的な主張が随所にみられる。「反独占」と公序としての「営業の自由」をキーワードに、概念法学的ではなく政治と企業の癒着という現実社会の事実認識の上にたって、反独占の企業法つまり人間の物心両面におけるバランスのとれた豊かさを実現するため巨大企業のコントロール・システムをどのように構築するかを構想して企業法学に取り組んでこられた。この小島先生の立場は、いわば「人間の尊厳」

を企業法学の指導理念とし、ローマ法の流れを汲む伝統的西欧流の法思想に立脚しながら、企業を株主の私有物ではなく社会的存在として捉え、私的独占の排除によって消費者や公害の被害者などを含む経済的弱者としての一般大衆を保護しようとするもので、私自身大いに共鳴したものである。

この情熱あふれる小島先生は、これまた因縁めいた気がしているが、私の学生時代のゼミ指導教授であった菅原菊志先生の後任として、この四月より関東学園大学法学部教授として引き続き商法を担当されている。ご自宅から大学まで約二六〇キロを毎週クルマで通われていると知り、そのバイタリティーには驚くばかりである。「定年」は長い人生行路で碇《いかり》を下ろして次の航路を決める通過点としての「碇《てい》年」と捉えるべきだという見方もあるように、先生はこれから健康に留意されつつ、ますます著作活動その他に専念され、我々後進の羅針盤として活躍されることを願ってやまない。

小島先生との浅からぬご縁から、厚かましくも私事にわたる感想めいたことを感謝の気持ちも込めて書かせていただいたが、このたびの記念論文集の刊行にあたっては、小島先生と縁のあるドイツ及び日本全国の中堅・少壮の商法学者を中心に貴重な論文を寄稿していただいたことに厚くお礼申し上げる。また信山社の袖山貴氏には、このような刊行の機会を与えていただいたことに心から感謝の意を表する次第である。

平成一三（二〇〇一）年七月

小島康裕教授　略歴および著作目録

経　歴

一九三五年　九月　九日　東京都品川区生まれ
一九五四年　三月　成城高等学校卒業
一九五五年　四月　東北大学法学部入学
一九五九年　三月　東北大学法学部卒業
一九六一年　四月　一日　東北大学法学部助手
一九六四年　三月一六日　福島大学経済短期大学部助手
一九六五年　一月　一日　同　講師
一九六六年　四月　一日　福島大学講師経済学部に併任
一九六七年　四月　一日　新潟大学助教授人文学部に昇任
一九七五年　四月　一日　新潟大学大学院法学研究科担当
（一九七五年四月一日付けで新潟大学大学院法学研究科修士課程を設置）
一九七六年　八月　一日　新潟大学教授人文学部に昇任
一九七七年　五月　二日　新潟大学教授法文学部
一九八〇年　四月　一日　新潟大学教授法学部（法文学部を人文学部、法学部および経済学部に分離改組）
一九八一年　三月　ミュンスター大学（当時、西ドイツ）留学（文部省在外研究員・一九八二年一月まで）
一九八三年　四月　東北大学より法学博士の学位を授与される

一九八六年　四月　一日　新潟大学評議員に併任（一九九〇年二月一日まで）
一九九〇年　二月　一日　新潟大学法学部長に併任（一九九三年五月一日まで）
一九九〇年　五月　一日　新潟大学大学院現代社会文化研究科長に併任（一九九〇年四月一日付けで新潟大学に大学院現代社会文化研究科博士課程を設置。併任期間は一九九七年三月三一日まで）。研究科設置以来同研究科担当。
一九九九年一〇月　一日　新潟大学就職部長に併任
二〇〇〇年　四月　一日　新潟大学評議員・学長特別補佐に併任
二〇〇一年　三月三一日　定年により退官
二〇〇一年　四月　一日　新潟大学より新潟大学名誉教授の称号を授与される。
二〇〇一年　四月　一日　関東学園大学法学部教授

著作目録

著　書

大企業社会の法秩序　一九八一年（昭和五六年）五月　勁草書房　本文二九〇頁
新手形法小切手法読本　一九八七年（昭和六二年）三月　同文舘出版　本文二二〇頁
市場経済の企業法　一九九四年（平成六年）四月　成文堂　本文二二〇頁
手形法小切手法読本　一九九八年（平成一〇年）一二月　信山社出版　本文一七四頁
会　社　法　二〇〇〇年（平成一二年）八月　成文堂　本文三一七頁（共著）

学術論文

大企業社会の法秩序（法学博士学位論文）　一九八三年（昭和五八年）四月　東北大学

流動資産の評価　一九六四年（昭和三九年）　四月　商事法務研究会『商事法務研究』三一一号四―一二頁

株式会社法財務規定における債権者保護政策の反省　一九六四年（昭和三九年）　九月　福島大学経済学会『商学論集』　三三巻二号八二頁

建設助成金本質論とその課題　一九六五年（昭和四〇年）　一月　中央経済社『企業会計』一七巻一号七六―八二頁

資本修正の商法的評価に関する一考察　一九六五年（昭和四〇年）　五月　東北法学会『東北法学会雑誌』一四号一―一六頁

会計技術の発達と株式会社会計法　一九六六年（昭和四一年）　五月　実務会計社『実務会計』一巻五号二六―三六頁

ドイツ株式法における初期資産評価論と秘密積立金概念の生成　一九六六年（昭和四一年）九月　福島大学経済学会『商学論集』　三五二号四五―八二頁

一九世紀ドイツ株式法における株式会社観の変遷と資産評価論　一九七一年（昭和四六年）三月　新潟大学法学会『法政理論』三巻二号一〇二―一四一頁

仮処分による取締役職務代行者の地位　一九七三年（昭和四八年）一〇月　日本評論社『法学セミナー』二一五号一〇一一―一〇五五頁

ドイツ株式法における「営業の自由」　一九七三年（昭和四八年）一〇月　お茶の水書房『社会科学の方法』五二号一一—一八頁

「企業者の自由」と「営業の自由」（上）　一九七五年（昭和五〇年）四月　御茶ノ水書房『社会科学の方法』七〇号一—六頁

「企業者の自由」と「営業の自由」（下）　一九七五年（昭和五〇年）六月　御茶ノ水書房『社会科学の方法』七二号一〇—一六頁

日本法学における反独占理論の問題性　一九七五年（昭和五〇年）七月　日本評論社『法学セミナー』二四一号九四—九九頁

株式会社設立準則主義の虚構性と社員権説の歴史的性格　一九七五年（昭和五〇年）八月　日本評論社『法学セミナー』二四二号八二—八七頁

独占禁止法制の歴史的性格と「公共の福祉」　一九七五年（昭和五〇年）九月　日本評論社『法学セミナー』二四三号七六—八二頁

「企業の社会的責任」の法的性格　一九七五年（昭和五〇年）一〇月　日本評論社『法学セミナー』二四四号八六—九三頁

日本の株式会社の発展と現代法的課題　一九七六年（昭和五一年）三月　新潟大学法学会『法政理論』八巻二号二四—四五頁

企業の社会的責任と反独占の法理　一九七六年（昭和五一年）九月　日本私法学会『私法』三八号一九七—二〇二頁

戦後商法学における株式民主化論の問題性—昭和二五年商法の歴史的性格をめぐって—　一九七七年（昭和五二年）五月　有斐閣『企業と法（上）』（西原寛一先生追悼論文集）九一—一一二頁

民商法と独占禁止法　一九七七年（昭和五二年）一一月　法律文化社『現代の民事法』（川崎・重倉先生古稀記念論文集）二四九—二七五頁

政治と企業　一九八〇年（昭和五五年）六月　日本評論社『法律時報』五二巻六号一〇一—一〇五頁

Die Entwicklung des modernen japanischen Rechts bis zum zweiten Weltkrieg　一九八二年（昭和五七年）一〇月　新潟大学法学会『法政理論』一五巻一号　ドイツ語校閲Klaus Broncdics, p. 300-291.

株式会社の自由化と結社の自由　一九八三年（昭和五八年）七月　御茶ノ水書房『社会科学の方法』一六九号一一—一八頁

行政法・経済法領域の拡大と私法原理——ウルトラ・ヴァイレス・ルールの消長をめぐって——　一九八四年（昭和五九年）一月　東北大学『法学』四七巻六号九一—一一五頁

商法における商行為主義から商人主義への発展と「営業の自由」　一九八六年（昭和六一年）七月　法務総合研究所『民事研修』三五二号一一—二三頁

民事法における人間像　一九八八年（昭和六三年）三月　大阪市立大学『法学雑誌』三四巻三・四号四一〇—四三五頁

財産権の自由と経済的権力　一九八九年（平成元年）一〇月　日本公法学会『公法研究』五一号一四七—一六〇頁

江戸時代の企業法と民法の継受――ひとつの法の近代化論批判――　一九九〇年（平成二年）一〇月　商事法務研究会『商法学における論争と省察』（服部栄三先生古稀記念論文集）三一五―三四三頁

市場法、商事契約法及び消費者保護法　一九九一年（平成三年）一月　東北大学法学会『法学』五四巻六号六四―九〇頁

企業社会と自由――ガットとアメリカ的保護主義の激突――　一九九一年（平成三年）五月　有斐閣『ジュリスト』九七八号六七―七三頁

Some Legal Aspects on the Economic Conflicts between Japan and the United States　一九九二年（平成四年）三月　新潟大学法学会『法政理論』二四巻四号　二七〇―二六〇頁　英語校閲Matthew D. Forrest Jr.

貿易政策と消費者・納税者の保護――「不公正貿易」概念がエスカレートする自滅的保護主義貿易政策――　一九九三年（平成五年）一一月　中央経済社『多国籍企業の法規制（久保欣哉先生退官記念論文集）』二八九―三〇二頁

商行為の代理と代理人に対する履行の請求――最大判昭和四三・四・二四　一九九四年（平成六年）四月　日本評論社『商法の判例と論理――昭和四〇年代の最高裁判例をめぐって（倉沢康一郎教　授還暦記念論文集）』九―二四頁

最高裁における松田・大隅論争　一九九六年（平成八年）一二月　日本評論社『昭和商法学史（岩崎稜先生追悼論文集）』一四一―一五八頁

会社法改正作業の核心――先送りできないコーポレイト・ガバナンスの変革――　一九九八年（平成九年）一二月　日本評論社『法学セミナー』五一六号四四―四七頁

民事法における個人法と企業法　一九九八年（平成一〇年）三月　信山社出版『現代企業法の理論（菅原菊志先生古稀記念論文集）』二二六―二四五頁

企業による環境破壊と取締役の責任　二〇〇〇年（平成一二年）三月　新潟大学法学会『法政理論』三二巻三・四号四〇六(5)―三九〇(21)頁

その他（共同執筆）

別冊法学セミナー・コンメンタール商法（会社法）（共著）　一九七〇年（昭和四五年）二月　日本評論社　分担部分　二八一条乃至二八四条ノ二の注釈（二六一―二七〇頁）

逐条判例会社法全書三（株式会社の機関）（共著）　一九七三年（昭和四八年）七月　商事法務研究会　分担部分　商法二三三条乃至二三八条の注釈（二九―五六頁）

逐条判例会社法全書一（総則・合名会社・合資会社）（共著）　一九七四年（昭和四九年）四月　商事法務研究会　分担部分　商法六八条乃至七二条の注釈（一〇一―一二八頁）

逐条判例会社法全書四（新株発行・計算・社債・整理）（共著）　一九七四年（昭和四九年）　商事法務研究会　分担部分　二八一条乃至二八四条ノ二の注釈（八一―一一二頁）

別冊法学セミナー・コンメンタール商法（会社法）改訂版（共著）　一九七五年（昭和五〇年）二月

商法セミナー法学全集一二（共著）　一九七五年（昭和五〇年）二月　日本評論社　分担部分「授権株式の増加の定款変更」（二三五―二三九頁）

会社法務事故百科（共著）　一九七五年（昭和五〇年）一二月　金融法務事情　分担部分二二七乃至二二九解説（二七―二八一頁）

別冊法学セミナー判例商法（共著）　一九七六年（昭和五一）年四月　日本評論社　分担部分［合資会社二四八乃至二五二事件（二三六―二三八頁）］

商法（判例と学説）（共著）　一九七七年（昭和五二）年四月　日本評論社　分担部分「取締役の職務執行停止・代行者選任の仮処分」（二三九―二四九頁）

判例コンメンタール　商法Ｉ（下）（共著）　一九七七年（昭和五二）年四月　三省堂　分担部分　商法四九二条ノ二乃至五〇〇条（一二〇六―一二四一頁）

会社法（教科書）（共著）　一九七八年（昭和五三年）四月　同文館出版　分担部分　第二章第六節（一九七―二一四頁）

ケーススタデイ商法Ⅲ（共著）　一九七九年（昭和五四年）一月　法学書院　分担部分「善意者の介在と悪意の手形所持人」（一六三―一七〇頁）

ケーススタデイ商法Ⅳ（共著）　一九七九年（昭和五四年）八月　法学書院　分担部分「一人会社と法人格の否認」他二編（五二―五九、一三五―一四一、一四二―一四七頁）

商法総則・商行為法―解説と基本判例（共著）　一九八二年（昭和五五年）六月　文真堂　分担部分「精米行為の商行為性」他五扁（一三二―一三六、二一三―二三五、二四六―二五四頁）　（第二版）一九八二年（昭和五七

年）一月
論点商法入門（共著）　一九八一年（昭和五六年）四月　同文舘出版　分担部分「商号専用権」他一篇（一一―一九頁）（改訂）一九八三年（昭和五六年）五月
会社法――概説と基本判例（共著）　一九八一年（昭和五六年）一〇月　文真堂　分担部分「決議取消訴における被告適格」の他四篇（二三四―二四六頁）
（第二版）一九八二年（五七年）二月
（第三版）一九九〇年（平成二年）二月
現代法の体系（共著）　一九八二年（昭和五七年）法律文化社　分担部分「企業活動の法」（一七七―一九二頁）
現代企業組織法（企業法Ⅱ）（共著）　一九八五年（昭和六〇年）二月　同文舘出版　分担部分「企業の会計と開示」（二一三―二四〇頁）
現代企業活動法（企業法Ⅲ）（共著）　一九八六年（昭和六一年）四月　同文舘出版　分担部分「営業の自由」（四〇―五二頁）
論点会社法（共著）　一九八九年（平成元年）一月　同文舘出版　担当部分「転換社債の評価」ほか九篇（二七五―二八九頁）

（書評）

小橋一郎『手形行為論』（昭和三九年四月・有信堂）（単著）　一九六六年（昭和四一年）五月　福島大学経済学会『商学論集』三四巻四号二四四―二六〇頁

八木　弘『株式会社財団論』（昭和三八年九月・有斐閣）（単著）　一九六五年（昭和四〇年）一月　実務会計社『実務会計』一巻一号一三五―一三八頁
富山康吉『現代商法学の課題』（昭和五〇年七月・成文堂）（単著）　一九七六年（昭和五一年）三月　有斐閣『民商法雑誌』七三巻六号八七四―八九三頁
別府三郎『大株主権力の抑制措置の研究』（平成四年三月・嵯峨野書院）（単著）　一九九二年（平成四年）九月　日本評論社『法律時報』六四巻一〇号一〇〇―一〇一頁

（判例研究他）

商法（総則・商行為）判例百選（共著）　一九七五年（昭和五〇年）一〇月　有斐閣『別冊ジュリスト』一二九号六二―六三頁
（第二版）一九八三年（昭和五八年）一二月
（第三版）一九九四年（平成六年）七月
最判昭和五三年九月一四日金融商事判例五五八号三頁（単著）　一九七九年（昭和五四年）五月　ぎょうせい『法律のひろば』三二巻一五号八四―八八頁
昭和六三年度重要判例解説（単著）　一九八九年（平成元年）六月　有斐閣『別冊ジュリスト』九三五号　九三―九四頁
平成会社判例一五〇集（共著）　一九九九年（平成一一年）　商事法務研究会　一七八―一七九、一九〇―一九一頁

『商法の争点』（共著） 一九七八年（昭和五八年） 一二月 有斐閣『ジュリスト増刊』一四八―一四九頁
（第二版） 一九八三年（昭和五八年）一二月
「（解説） 手形と商業・金融革命（単著） 一九九〇年（平成二年） 一一月 有斐閣『法学教室』一一二号一三―一七頁

（翻 訳）

K. バルト『ドイツ貸借対照表法発達史』第一巻（商法）Kuno Barth, Die Entwicklung des Deutschen Bilanzrechts Bd. 1 (Handelsrecht)（1）（単訳） 一九七〇年（昭和四五年）三月 新潟大学法学会『法政理論』二巻一・二号九五―一四六頁
〃 （2） 一九七〇年（昭和四五年） 八月『法政理論』三巻一号七四―一二六頁
〃 （3） 一九七一年（昭和四六年） 一〇月『法政理論』四巻一号一〇七―一六六頁
〃 （4完） 一九七三年（昭和四八年） 一月『法政理論』五巻二号八七―一三〇頁

（学界報告）

企業の社会的責任と反独占の法理 一九七五年（昭和五〇年）一〇月 日本私法学会（於・同志社大学）第二部会個別報告
財産権の自由と経済的権力 一九八八年（昭和六三年）一〇月 日本公法学会（於・成城大学）憲法部会シンポジュウム報告

現代企業法の新展開
——小島康裕教授退官記念——

2001年（平成13年）9月22日　第1版第1刷発行
1937-0101

編　集　泉　田　栄　一
関　　英　昭
藤　田　勝　利

発行者　今　井　　貴

発行所　信山社出版株式会社
〒113-0033　東京都文京区本郷6-2-9-102
電　話 03（3818）1019
FAX 03（3818）0344
henshu@shinzansha.co.jp

Printed in Japan

印刷・製本／勝美印刷・大三製本
ISBN4-7972-1937-8 C3332
1937-0101-02-040-020
NDC分類 320.001